교회사적으로 엮어낸

신앙고백집

김향주 편저

엘맨
하나님의 사람을 만들어 가는 ELMAN

교회사적으로 엮어낸
신앙고백집

초판1쇄 2019년 12월 25일

지은이 : 김향주
펴낸이 : 이규종
디자인 : 최주호(Ernst Peter Choi)
펴낸곳 : 엘맨 출판사
등록번호 : 제13-1562호(1985.10.29.)
등록된곳 : 서울시 마포구 신수동 448-6
전화 : (02) 323-4060,6401-7004
팩스 :(02) 323-6416
이메일 : elman1985@hanmail.net
www.elman.kr
ISBN : 978-89-5515-666-9 03230

값 23,000 원

교회사적으로 엮어낸
신앙고백집

김향주 편저

엘맨
하나님의 사랑을 만들어 가는 ELMAN

목차

Ⅲ. 웨스트민스터 신앙고백서

서문

장로교 이름을 걸고 목회하는 OO교회의 담임목사가 웨스트민스터 신앙고백서를 가르치는 부교역자를 그 교회에서 파직 시켰다는 소식을 제자로부터 접하고 한국교회 신앙의 뿌리가 통째로 흔들리고 있다는 생각에 수일동안 밤잠을 설친적이 있다.

성경은 오류 없는 하나님의 말씀이다. 신앙고백서는 성경에 수록된 내용을 교리적으로 체계화 하여 문서로 표출하고 있다. 성경은 하나님을 신앙하고 생활 하는 제 1의 문서이며 그것에 따른 신앙고백서는 제 2의 문서이다. 이 신앙고백서는 성경의 교리학을 정립하는 기본 원리이다. 신앙고백서는 지엽적 또는 개인적 신앙체험이나 학술적 표출을 넘어선 우주적 신앙고백을 필요로 한다. 그러므로 역사적 신앙고백은 교회역사를 통해, 일관성 있게, 선지자들과 사도들의 신앙에 기초하여, 객관적으로 고백한 교리적 체계를 집대성한 성경교리이다.

이 신앙고백의 교리는 성경을 하나님의 말씀으로 신앙하는데 있어 수많은 순교자들의 피값으로 얻어진 열매이다. 예수님께서 승천하신 후 사도들에 의해 세워진 신약교회는 교리적 전투를 복음전도와 함께 병행해 왔다. 그 전투의 열매가 바로 이 역사적 신앙고백서이다. 이 역사적 신앙고백서는 합의적 요소와 함께 체계적 정립을 거쳐 집합된 성경교리이다. 이 교리는 개혁파 신학의 뼈대가 되는 원리이다. 그러므로 개혁파 신학은 성경교리의 학문화를 말한다.

가장 간결한 신앙고백서는 사도 신조이다. 성경의 내용을 세분하여 사도 신조를 확대해 교리적 체계화를 이루어 낸 것이 교회사적 신앙고백이다.

본서에서는 웨스트민스터 신앙고백서에 관련된 내용을 모두 수록했다. 웨스트민스터 신앙고백서는 교회사를 통한 최종의 신앙고백서라고 말해도 과언이 아니다. 그리고 각 신조에 해당된 역사적 배경을 간단하게 기술했다. 신앙고백서가 형성되기 까지 많은 순교자들의 피가 요구되었기 때문에 역사적 배경은 신앙고백서를 이해하는데 많은 도움을 줄 것으로 생각된다.

특히 초 신자들을 교육하는데 이 신앙고백서에 수록된 제네바 교리서, 소 요리문답, 그리고 하이델버그 요리문답서 등이 아주 유용한 교재가 될 것이며 또한 성도들의 성숙도를 더하기 위한 교육용으로는 웨스트민스터 신앙고백서가 참으로 유용한 교재가 될 것이다.

이 책을 출간하는데 모든 자료를 제공해 주신 신원균 박사에게 감사를 드린다.

하나님의 측량할 수 없는 은혜가 이 책을 사용하는 교회위에 넘치기를...

Ⅰ. 고대신조

1. 사도신조

사도 신조는 성경의 편집과 더불어 신앙고백서로 정해졌다. 예수님께서 승천하시고 로마 정부로부터 300여 년 동안 가해진 피의 박해를 견디기 위해 성경을 요약한 간단한 신앙고 백서가 필요했다. 그것은 성도들의 신앙을 지탱하게 하는 근원이었다. 사도 신조는 사도들 이 저술한 신경이란 말이 아니고 사도들의 신앙을 전수한다는 의미이다. 이는 모세, 선지자 들, 그리고 사도들의 신앙고백을 따라 교회사적 정통을 지속하는 신학 노선을 의미한다. 그 러므로 정통성을 주장하는 개혁파 신학은 사도 신조의 확대해석이라고 말할 수 있다. 어떠 한 경우도 사도 신조를 왜곡하거나 불신하는 경우 이교도로 취급해야 한다. 속사도들이 세 상을 떠난 후 200년경부터 세례식을 거행할 때 사용하기 위한 신앙고백서가 필요함에 따라 성경을 요약한 내용을 가르쳐 온 것이 사도신조이다. 우리말 구 번역에는 **"음부에 내려 가 사"** 란 말이 없는데 360년에 아리안(Arian) 고백서에 처음으로 삽입되었고 750년에 정식으 로 채택되었다. 또한 "가톨릭 즉 공회(Catholic)" 라는 말이 650년에 "성도의 교제"와 함 께 첨가되었다. 사도 신조는 세례문답용으로 사용할 뿐 아니라 이단을 구별하여 잘못된 교 리를 규정하는데 사용 되었다.

교회사적 신앙고백의 정통성을 따라 삼위일체론에 의해 사도 신조에 신앙고백서를 재구 성하려고 하면 **"전능하사 천지를 만드시고, 보존하시고, 다스리시고, 섭리하신 하나님"** ... 그리고 **"그리스도의 구속을 죄인의 심령 속에 적용하시는 성령님을 믿사오며"** ... 라고 함 이 더 좋을 것이다. 그런데 현재 우리가 고백하고 있는 사도 신조는 초대교회 당시의 역사 적 배경이 깔려 있음을 이해해야 한다. 그것은 당시 로마 정부의 지배 하에서 예수 그리스 도의 역사적 사건이 초미의 관심사였다. 그러므로 사도 신조에 나타난 기독론이 많은 분량 을 차지한 것은 당연한 이치이다.

[구 번역]
전능하사 천지를 만드신 하나님 아버지를 내가 믿사오며,
그 외아들 우리 주 예수 그리스도를 믿사오니, 이는 성령으로 잉태하사,
동정녀 마리아에게 나시고, 본디오 빌라도에게 고난을 받으사,
십자가에 못 박혀 죽으시고, 장사한지, (음부에 내려가시고),
사흘 만에 죽은 자 가운데서 다시 살아나시며, 하늘에 오르사,
전능하신 하나님 우편에 앉아 계시다가,
저리로서 산 자와 죽은 자를 심판하러 오시리라.
성령을 믿사오며, 거룩한 공회와,
성도가 서로 교통하는 것과, 죄를 사하여 주시는 것과,
몸이 다시 사는 것과, 영원히 사는 것을 믿사옵나이다. 아멘.

[새번역]
나는 전능하신 아버지 하나님, 천지의 창조주를 믿습니다.
나는 그의 유일하신 아들, 우리 주 예수 그리스도를 믿습니다.
그는 성령으로 잉태되어 동정녀 마리아에게서 나시고,
본디오 빌라도에게 고난을 받아 십자가에 못 박혀 죽으시고,
장사된 지(음부에 내려가시고) 사흘 만에 죽은 자 가운데서 다시 살아나셨으며,
하늘에 오르시어 전능하신 아버지 하나님 우편에 앉아 계시다가,
거기로부터 살아있는 자와 죽은 자를 심판하러 오십니다.
나는 성령을 믿으며, 거룩한 공교회와 성도의 교제와 죄를 용서 받는 것과
몸의 부활과 영생을 믿습니다. 아멘.

[라틴어에 따른 번역]

Credo; 나는 믿습니다.

Credo in Deum Patrem omnipotnetem, Creatorem caeli et terrae;
나는 전능하신 아버지, 천지의 창조자 하나님을 믿습니다.

Et in Iesum Christum, Filium eius unicum, Dominum nostrum;
그리고 그의 독생자 우리 주 예수 그리스도를

qui conceptus est de spiritu sancto, natus ex Maria virgine;
성령으로 잉태되시고, 동정녀 마리아로부터 태어나시고

passus sub Pontio Pilato, crucifixus, mortuus, et sepultus;
본디오 빌라도 지배 하에서 고난을 당하시고, 십자가에 달리시고, 돌아가시고, 장사
되시고,

descendit ad inferna; tertia die resturrexit a mortuis;
그는 음부에 내려 가셨고, 사흘 만에 죽은 자들로부터 부활하셨습니다.

ascendit ad caelos; sedet ad dexteram Die Patris omnipotentis;
하늘로 올라 가셨고 전능하신 성부 하나님 우편에 앉아 계십니다.

inde venturus(est) iudicare vivos et mortuos.
거기로부터 산자들과 죽은 자들을 심판하러 오실 것입니다.

Credo in Spiritum sanctum; santam ecclesiam catholicam;
나는 성령과 거룩한 공교회와

sanctorum communionem; remissionem peccatorum;
성도들의 교통함과 죄인들의 죄용서와

carnis resurrectionem; vitam aeternam. Amen.
육체의 부활과 영원한 생명을 믿습니다. 아멘.

2. 니케아 신조

A.D. 325년 로마의 콘스탄틴(Constantin) 황제는 교리를 통일시키기 위한 회의를 니케아에 소집하도록 주선했다. 그 이유는 교회가 동서로 갈라지게 되면 로마 국가가 갈라질 수 있는 위험에 처해 있었기 때문이었다. 당시 아리우스(Arius)는 그리스도의 신성이 성부의 신성과 동일하지 않다고 주장했다. 성자는 일종의 피조물로서 시작이 있었다고 주장했다. 이에 반하여 아다나시오스(Athanasios)는 "그리스도는 아버지의 영원한 아들이요, 아버지와 동일한 본질(homousios)이다." 라고 주장했다. 이 기독론의 신앙고백은 교회 역사를 통해 지금까지 지켜온 성경교리인데 다음과 같다.

나는 유일무이하시고 전능하시며, 천지와 모든 보이는 것과, 보이지 않는 것을 창조하신 하나님 아버지를 믿사오며, 유일하신 주 예수 그리스도를 믿습니다. 그는 하나님의 독생자이시며, 온 우주에 앞서 나셨고, 참 신이시며, 참 빛이시며, 참 신 가운데 신이시며, 하나님에게서 나셨고, 창조함을 받지 않으셨고, 성부 하나님과 동일 실체이시며, 그로 말미암아 모든 만물이 창조되었고, 우리 인간들과 우리의 구원을 위하여, 하늘에서 내려오셨고, 성령으로서 동정녀 마리아에게서 인간으로 나셨고, 우리를 위하여, 본디오 빌라도에게 십자가에 달려 죽으셨습니다. 그는 고난을 받으시고, 장사함을 받으셨으나, 제 삼 일째 되는 날 성경에 기록된 말씀에 따라 다시 살아나셨고, 하늘에 오르사 성부의 오른편에 앉으셨으며, 장차 산 자와 죽은 자들을 심판하려 영광 가운데 다시 오실 것인데 그의 나라는 영원무궁합니다. 그리고 나는 주님되시며 생명의 공급자 되시는 성령을 믿습니다. 그는 아버지와 아들로부터 나셨고 아버지와 아들과 함께 경배와 영광을 받으시며 그는 선지자들을 통해 말씀하신 분 입니다. 나는 또한 거룩하고 보편적이며 사도적인 교회를 믿습니다. 나는 죄를 용서해 주는 한 세례만을 인정하며 죽은자의 부활과 내세의 삶을 바라봅니다. 아멘.

3. 니케아-콘스탄티노플 신조

A.D. 381년 데오도시우스 황제는 콘스탄티노플에서 제 2회 세계 기독교 교리를 정립하기 위한 종교회의를 개최하였다. 제 1회 세계 종교회의인 니케아 회의 이후 계속된 기독론 분쟁을 종식하고, 성령을 신성과 동질성이라는 교리를 수용하고, 니케아 신조를 일부 수정한 회의였다. 그 내용은 다음과 같다.

나는 한 분이시며, 전능하사 천지와 보이는 것과 보이지 않는 모두를 만드신 하나님 아버지를 믿습니다. 또 한 분 주 예수 그리스도를 믿으니, 그는 하나님의 독생자이시오 만유보다 먼저 아버지께로서 나신 자요, 신 중의 신이시며 빛 중의 빛이시오, 참 하나님의 참 하나님이시오, 지음 받지 않고 나셨으며, 아버지와 한 동일 본체를 가지셨고, 그로 말미암아 만물이 지은바 되었으며, 우리 인생과 우리의 구원을 위하여 하늘로부터 내려오사, 성령으로 말미암아 동정녀 마리아에게서 나셨으며, 우리를 위하여 본디오 빌라도에게 십자가에 못 박히심을 당하시사, 고난을 받아 장사지낸바 되었으며, 삼일 만에 성경대로 부활하사, 하늘에 올라 아버지 우편에 앉으시고, 영광중에 산 자와 죽은 자를 심판하러 오사, 그의 나라를 그치지 않게 하실 것을 믿습니다. 나는 성령, 곧 주 되시고 생명을 주시는 자를 믿으니, 이는 아버지 그리고 아들에게서 나셨으며, 아버지와 아들과 더불어 찬송과 경배를 받으시며, 선지자들로 말씀하신 분이십니다. 나는 하나인 거룩한 교회와 사도적 교회를 믿습니다. 나는 죄를 사하는 세례가 하나만 있는 것으로 알며, 나는 죽은 자의 부활과 세상에 생명이 임할 것을 기다립니다.

4. 칼케돈 신조

A.D. 451년 데오도시우스 2세가 칼케돈(Chalcedon)에서 제 4차 세계교회 에큐메니칼 교회 회의를 소집하였다. 동시에 유티케스주의, 네스토리우스주의, 아폴로나리우스주의, 아리우스주의를 규탄하는 모임이었다. 520-630명이나 되는 주교와 감독이 모였는데 교황 레오 1세의 사절인 두 명과 아프리카에서 도망 온 두 감독을 제외하고는 모두 동방교회의 주교들이었다. 당시 기독론 논쟁은 신인 양성에 대하여 어느 쪽이 더 우세한가? 라는 논쟁이 극심하게 대두되었다. 기독론에 대한 이견이 니케아 회의 이후에도 계속됨에 따라 그리스도의 신인 양성을 종결지어 성경의 교리를 확정하려는데 목적이 있었다. 다음에 기록된 고백서를 보면 그 내용을 알 수 있다.

그러므로 교부들을 따라서 우리는 모든 사람이 한 분이신 유일한 성자, 우리 주 예수 그리스도를 고백하도록 가르치는 일에 하나가 되었다. 그는 하나님이시며 또한 사람으로 완전하시며, 그는 실제로 하나님이시며 또 실제로 사람이시며, 합리적인 영혼과 몸을 가지고 계신다. 그의 신성에 관한 한 그는 성부와 동일한 본질을 타고 나셨고 또 그의 인성에 관한 한 그는 다만 죄를 제외하고는 모든 면에서 우리와 같으시다. 시간이 시작하기 전에 그의 신성은 성부에게서 독생하셨고 그리고 그의 인성은 우리의 본질을 타고 나셨다. 이처럼 다만 죄를 제외하고는 그는 모든 면에서 우리와 같으시다. 시간이 시작하기 전에 그의 신성은 성부에게서 독생하셨고 그리고 지금 마지막 날에 와서 우리와 우리의 구원을 위하여 그는 동정녀 마리아에게서 나셨으니 그의 인성 면에서 마리아는 하나님의 어머니이시다. 우리는 이 한 분의 유일하신 그리스도-성자, 주, 두 가지 본성을 타고 나신 독생자를 인정하며, 이 두 가지 본성이 혼동되거나, 한 본성이 다른 본성으로 변하거나, 두 다른 분리된 모습으로 갈라지거나, 양성의 영역과 기능에 따라 각각 대립되지 않는 것을 인정한다. 각성의 특성은 연합으로 인하여 무효가 되지 않는다. 오히려 각성의 고유성이 보존되고 양성이 한 품성과 한 인격으로 일치를 이룬다. 양성은 갈라지거나 두 품성으로 분리될 수 없고 오직 합하여 하나님의 한 분이시며 유일하게 독생하신 하나님, 주 예수 그리스도가 되셨다. 옛 예언자들도 이렇게 증거 하였고, 주 예수 그리스도도 우리에게 이렇게 가르치셨고, 교부들의 신조도 이렇게 우리에게 전달되었다.

5. 아다나시오스 신조

아다나시오스(Magnus Athanasios, 295?-372)는 알렉산드리아에서 출생하여 그곳에서 신학원인 교리 학교에서 교육을 받았다. 감독인 알렉산더 밑에서 집사 직분을 수행하다가 325년 니케아 회의에 참석하여 아리우스에 대항하여 그리스도의 신인 양성을 주장하였다. 336년 아리우스파와 황제의 세력에 밀려 트리르로 추방되었다가 337년 콘스탄티누스가 죽자 돌아왔으나 339년 다시 로마로 추방되었다가 346년 서방 황제 콘스탄스의 영향으로 회복되었다. 그는 356년 다시 아쿠일레이아로 추방당했고 362년 애굽의 사막지대로 네 번째 추방당했다. 그는 성경대로의 그리스도의 양성을 지키는 신앙을 고수하다가 381년 콘스탄티노플 회의에서 아리우스파에 승리하여 정통신학을 정립하는데 큰 기여를 했다.

아다나시오스 신조는 사도 신조 그리고 니케아 신조와 더불어 고대 신조 가운데 3대 신조로 불리 운다. 이 신조의 기원과 출처로 보아 아다나시오스 라는 명칭이 부당하다. 이 신조를 아다나시오스가 저술한 것이라고 서방교회에서 인정한 것은 8세기 말이다. 그러나 동방교회에서는 11세기까지도 저술에 대한 역사적 사실을 인정하지 않았으며 오늘날도 마찬가지이다. 결국 이 신조의 저술에 대한 역사적 사실은 미지수로 남을 수밖에 없다. 그 고백의 내용은 다음과 같다.

1. 누구든지 구원을 받고자 하는 사람은 모든 것 이전에 먼저 이 신앙을 소유해야 한다.
2. 누구든지 이 신앙을, 완전하고 순결하게 지키지 않으면, 틀림없이 영원한 멸망을 받을 것이다.
3. 이 신앙이란 다음의 것들이다.삼위(三位)자체가 일체(一體)이시고, 일체(一體)자체가 삼위이신, 유일하신 하나님을 믿는 것이다.
4. 이 삼위는 혼합한 것도 아니요, 그 본질을 나눈 것도 아니다.
5. 왜냐하면 아버지의 한 인격(위)과 아들의 다른 인격(위), 또한 성령의 또 다른 인격(위)이 계시기 때문이다.
6. 그러나 성부와 성자와 성령의 신격은 모두가 다 하나요 그 영광도 동일하며 그 위엄도 함께 영원한 것이다.
7. 성부와 성자와 성령은 그 자체로 존재한다.

8. 성부께서 창조함 받지 않으신 것 같이, 성자도 창조함 받지 않으셨으며, 성령도 창조함 받지 않으셨다.

9. 성부께서 다 이해할 수 없는 분이신 것 같이, 성자도 다 이해할 수 없는 분이시고, 성령도 다 이해할 수 없는 분이시다.

10. 성부께서 영원하신 것같이, 성자도 영원하시며, 성령도 영원하시다.

11. 그럼에도 불구하고 그들은 세 영원한 분들이 아니시며, 한 영원한 분이시다.

12. 창조되지도 않으셨고 우리의 이해를 초월한 세 하나님이 계신 것이 아니라, 창조 되지도 않으시고 인간의 이해를 초월한 단 한 하나님만이 계실 뿐이다.

13. 성부께서 전능하시듯이 성자와 성령도 전능하시다.

14. 그러나 세 하나님의 전능자가 계신 것이 아니요, 오직 한 하나님의 전능자가 계실 뿐이다.

15. 성부가 하나님이시듯이 성자도 성령도 하나님이시다.

16. 그럼에도 세 하나님이 계신 것이 아니라 한 하나님만이 계실 뿐이다.

17. 성부께서 주님이시듯이 성자도 성령도 주님이시다.

18. 그럼에도 주님이 세 주가 아니라 한 주이실 뿐이다.

19. 우리는 이 각각의 삼위(三位)께서 그 스스로 하나님이시오, 주님이시라는 사실을 기독교의 진리로 받는 바이다.

20. 따라서 세 하나님이 계시며 세 분 주님이 계시다는 말은 참 기독교인으로서 금한다.

21. 성부는 그 무엇에서 만들어지지 않으셨으니, 곧 창조함 받지도 않으시고, 나지도 않으셨다.

22. 성자는 성부에게서만 나시며, 지음을 받았거나, 창조되신 것이 아니다.

23. 성령은 성부와 성자에게서 보냄을 받으셨으나 지음을 받았거나 창조되었거나 발생된 분이 아니시고, 나오신 것이다.

24. 따라서 세 분 성부가 아닌 한분 성부, 세 분 성자가 아닌 한분 성자, 세 분 성령이 아닌 한분 성령만이 계실 뿐이다.

25. 이 삼위에 있어서 그 어느 한 위(位)가 다른 한 위(位)에 앞서거나 뒤에 계신 것이 아니며, 어느 한 위(位)가 다른 위보다 크거나 작을 수도 없다.

26. 다만 삼위가 함께 영원하며 동등하다.

27. 따라서 앞서 말한 대로 이 모든 것에서 삼위(三位)가 일체(一體)이시며, 일체(一體)가 삼위(三位)인 하나님께서 경배를 받으셔야 한다.

28. 그러므로 구원을 받으려는 이는, 삼위일체에 관하여, 이와 같이 믿지 않으면 안될 것이다.

29. 동시에 영원한 구원을 얻는 데에는 우리 주 예수 그리스도의 성육신에 대하여 올바로 믿어야 한다.

30. 올바른 믿음이란 하나님의 아들이신 우리 주 예수 그리스도께서는 하나님이시오 동시에 인간이라는 사실을 믿고 고백하는 것이다.

31. 그는 성부의 본질에서 나신 신이시며, 이 세상이 생기기 전에 나신 자요, 동시에 인간으로서는 그 어머니의 본질로부터 이 세상에서 나신 분이시다.

32. 완전한 하나님이시오 또한 완전한 인간으로서 이성 있는 영과 인간의 육신으로서 생존하신다.

33. 신성으로서는 성부와 동등하시나 그의 인성으로서는 성부보다 낮으신 분이시다.

34. 비록 그는 하나님이시며 인간이 되시었지만 둘이 아니요, 한 분 그리스도이실 뿐이다.

35. 하나 됨에 있어서는 그의 신성이 육신으로 변화된 것이 아니라[육신화(肉身化)가 아니며], 인간의 몸을 취한(그의 인성을 신성 안에 받아들임으로써) 하나님이 되신 분이시다.

36. 온전히 하나인데 그 본질이 혼합된 분이 아니라 품격의 통일성으로 하나 되신 분 이시다.

37. 한 인간이 영혼과 육신을 가졌듯이 한 그리스도께서는 하나님이시오 동시에 인간이 되신다.

38. 그 분은 우리를 위해 고난 받으시고 음부에 내려가셨다가 삼일 만에 죽은 자 가운데서 다시 사셨다.

39. 그는 하늘에 오르사 전능하신 하나님 곧 성부의 오른편에 앉아 계시며

40. 거기로부터 산 자와 죽은 자를 심판하러 오실 것이다.

41. 그분이 오실 때에 모든 사람들은 육체로 부활할 것이며

42. 자신들의 행위에 따라 심판을 받을 것이다.

43. 그리고 선한 일을 행한 자는 영생으로 나가고 악한 일을 행한 자는 영원한 불에 들어갈 것이다.

44. 이것이 교회의 참 신앙이며 이를 신실하게 믿지 않는 자는 구원을 얻지 못하는 것이다. 아멘.

II. 종교개혁 신앙고백서

1. 제네바 교리문답(1542)

제네바 교리 문답서는 1542년 존 칼빈(John Calvin)이 제네바 교회에서 자녀들과 새 신자들을 성경적으로 교육하기 위해 작성한 교재이다. 이 교리 문답서는 후에 웨스트민스터(Westminster) 교리문답과 하이델버그(Heidelberg) 요리문답의 기초가 되었다는 것은 그의 영적 천재성을 증명한 것이라고 말할 수 있다. 십계명, 사도신경, 그리고 주기도문 강해는 지금까지 웨스트민스터 소 교리 문답과 더불어 깊은 감명을 주는 해석이란 평가를 받고 있다. 칼빈은 제네바 종교개혁을 위해 온몸을 던졌다. 파리 대학 학장 니콜라스 콥(Nicholas Cop)의 취임 연설문을 개혁신학의 바탕위에 칼빈이 써 주었다는 사실이 발각되어 종교적 평화를 교란 시켰다는 죄목으로 투옥되어 옥고를 치른 후 조용히 근신 하기는 고사하고 미사를 반박하는 논설을 발표한 후 망명길을 가다가 제네바에서 파렐(Farel)을 만나 제네바 종교개혁에 일생을 바쳤다. 1538년 칼빈은 개혁운동의 반대파에 의해 의회로부터 파렐과 함께 추방을 당하고 말았다. 그러다가 1541년 칼빈을 추방하던 파가 실권하고 옹호하던 파가 승리하여 다시 제네바로 금의환향하였다. 그는 아카데미를 개교하여 5년간 1,300여명의 제자들을 길러냈으며 그들이 전 유럽에서 종교개혁의 씨앗을 뿌리는 역할을 감당하였다. 그는 격주로 매일 설교했으며 2,304회를 넘도록 설교의 격무를 감당했다. 거듭된 망명생활 가운데 부레(de Bure)와 결혼하여 아들을 얻었으나 곧 죽고 결혼 9년 만에 그의 아내도 죽는 불행을 맞이했다. 그는 아내를 못 잊어 그리움의 편지를 파렐에게 수차 보내기도 하였다. 수많은 반대파들의 모함 속에서 고독한 삶을 극복하고 어떻게 그토록 깊고 방대한 기독교강요와 성경 주석을 펴내게 되었는지 신비스럽기만 하다. 그는 걸어 다니는 병원으로 불리었으며 1564년 5월 27일 임종할 무렵 "자신의 무덤에 비명(碑銘)을 기록하지 말라." 는 유언을 남기고 하늘나라로 갔다. 다음에 서술된 교리문답은 정통 개혁파 신학의 교리 문답서에서 중요한 내용들 일부를 추가로 보충한 것이다.

I. 믿음에 관하여

[1주일]

1문: 인간의 삶의 제일 된 목적이 무엇입니까?

답: 하나님을 아는 것입니다.[1]

2문: 무슨 이유에서 당신은 그렇게 말합니까?

답: 하나님은 우리들 가운데서 영광을 받으시기 위하여 우리를 지으시고 세상에 살게 하신 것이기 때문입니다. 또 하나님은 우리의 삶의 근원이시기 때문에 우리가 하나님의 영광을 위해 삶을 살아가는 것은 당연한 일입니다.[2]

3문: 그러면 인간에게 있어서 최상의 행복은 무엇입니까?

답: 위와 같습니다.

4문: 왜 당신은 그것을 최상의 행복이라고 말합니까?

답: 왜냐하면 우리가 하나님을 알지 못하면 동물보다 더 비참하기 때문입니다.[3]

5문: 이런 이유에서 우리가 하나님의 뜻에 따라 살지 않는 것보다 더 큰 불행이 없다는 것을 알 수 있습니까?

답 : 예, 확실히 그렇습니다.[4]

---

1) (요17:3) 영생은 곧 유일하신 참 하나님과 그의 보내신 자 예수 그리스도를 아는 것이니이다. (전12:13) 일의 결국을 다 들었으니 하나님을 경외하고 그 명령을 지킬지어다. 이것이 사람의 본분이니라.

2) (롬11:36) 이는 만물이 주에게서 나오고 주로 말미암고 주에게로 돌아감이라 영광이 그에게 세세에 있으리로다. 아멘. (행17:28) 우리가 그를 힘입어 살며 기동하며 있느니라. 너희 시인 중에도 어떤 사람들의 말과 같이 우리가 그의 소생이라 하니. (고전10:31) 그런즉 너희가 먹든지 마시든지 무엇을 하든지 다 하나님의 영광을 위하여 하라.

3) (욥25:4-6) 그런즉 하나님 앞에서 사람이 어찌 의롭다 하며 부녀에게서 난자가 어찌 깨끗하다 하랴. 하나님의 눈에는 달이라도 명랑치 못하고 별도 깨끗지 못하거든, 하물며 벌레인 사람, 구더기인 인생이랴.

4) (신8:3) 너를 낮추시며 너로 주리게 하시며 또 너도 알지 못하며 네 열조도 알지 못하던 만나를 네게

6문: 그러면 하나님에 대해서 참되고 올바르게 아는 것은 어떠한 것입니까?

답: 우리가 하나님께 영광을 돌리기 위한 목적으로 하나님을 아는 가운데 있습니다.[5)]

7문: 하나님께 영광을 바르게 돌리기 위한 방법은 무엇입니까?

답: 그것은 하나님을 전적으로 신뢰하며, 그분의 거룩한 뜻에 복종하면서 하나님을 섬기고, 우리의 모든 어려움 중에서 그분에게 도움을 청하며, 그분 안에서 구원과 모든 좋은 것이 하나님에게서만 나온다는 것을 마음과 입(행위)으로 표현하고 인정하는 것입니다.[6)]

[2주일]

8문: 이 모든 것을 순서로 만들어서 자세하게 이야기 해 봅시다. 첫 번째는 무엇입니까?

답: 하나님께 대한 신뢰를 갖는 것입니다.

9문: 그것을 위해서는 어떻게 하면 되는 것입니까?

답: 먼저 하나님을 전능하시고 지극히 선하신 분으로 아는 것입니다.

10문: 그것으로 충분합니까?

답: 아닙니다.

11문: 충분하지 않는 이유가 무엇입니까?

답: 우리는 하나님께서 자신의 돕는 능력을 우리에게 보이시거나 그의 선함을 나타내

먹이신 것은 사람이 떡으로만 사는 것이 아니요 여호와의 입에서 나오는 모든 말씀으로 사는 줄을 너로 알게 하려 하심이니라. (행13:36) 다윗은 당시에 하나님의 뜻을 좇아 섬기다가 잠들어 그 조상들과 함께 묻혀 썩음을 당하였으되...

5) (시115:1) 여호와여 영광을 우리에게 돌리지 마옵소서. 우리에게 돌리지 마옵소서. 오직 주의 인자하심과 진실하심을 인하여 주의 이름에 돌리소서.

6) (신10:12-13) 이스라엘아 네 하나님 여호와께서 네게 요구하시는 것이 무엇이냐? 곧 네 하나님 여호와를 경외하여 그 모든 도를 행하고 그를 사랑하며 마음을 다하고 성품을 다하여 네 하나님 여호와를 섬기고 내가 오늘날 네 행복을 위하여 네게 명하는 여호와의 명령과 규례를 지킬 것이 아니냐?

실 만한 가치 있는 존재들이 아니기 때문입니다.

12문: 그러면 더 필요한 것이 무엇입니까?

답: 하나님께서 우리들을 사랑하고 계신다는 것과 그분이 우리의 아버지와 구원자가 되시기를 원하신 다는 사실을 확신해야 합니다.[7]

13문: 어떻게 우리는 이 사실을 알 수 있습니까?

답: 하나님의 말씀을 통해서 알 수 있습니다. 하나님께서는 예수 그리스도 안에서 하나님의 긍휼을 우리에게 나타내시며 우리를 향한 당신의 사랑을 확신시켜 주십니다.[8]

14문: 하나님께 대한 참된 신뢰의 근거는 예수 그리스도 안에서 하나님을 아는 것에 있다는 말입니까?

답: 예, 그렇습니다.[9]

[사도신경]

15문: 그러면 이런 지식의 핵심을 요약한다면 당신은 어떻게 요약할 수 있습니까?

답: 이것은 모든 그리스도인들이 고백하는 신앙고백에 요약되어 있습니다. 우리는 이것을 보통 사도신경이라고 부르고 있습니다. 왜냐하면 이것은 그리스도인들이 교회 안에서 항상 고백했던 것이며 또한 이것은 순수한 사도적 가르침으로부터 나온 참된 신앙의 요약이기 때문입니다.

---

7) (사63:16) 주는 우리 아버지시라 아브라함은 우리를 모르고 이스라엘은 우리를 인정치 아니할지라도 여호와여 주는 우리의 아버지시라 상고부터 주의 이름을 우리의 구속자라 하셨거늘…

8) (롬5:8) 우리가 아직 죄인 되었을 때에 그리스도께서 우리를 위하여 죽으심으로 하나님께서 우리에게 대한 자기의 사랑을 확증하셨느니라.

9) (요14:6-7) 예수께서 가라사대 내가 곧 길이요 진리요 생명이니 나로 말미암지 않고는 아버지께로 올 자가 없느니라. 너희가 나를 알았더면 내 아버지도 알았으리로다. 이제부터는 너희가 그를 알았고 또 보았느니라.

16문: 이 사도신경을 암송해 봅시다.

답: ① 전능하사 천지를 만드신 하나님 아버지를 내가 믿사오며 ② 그 외아들 우리 주 예수 그리스도를 믿사오니 ③ 이는 성령으로 잉태하사 동정녀 마리아에게 나시고 ④ 본 디오 빌라도에게 고난을 받으사 십자가에 못 박혀 죽으시고 장사한 지(장사되어 음부에 내려가셨다가) ⑤ 사흘 만에 죽은 자 가운데서 다시 살아나시고 ⑥ 하늘에 오르사 전능 하신 하나님 우편에 앉아 계시다가 ⑦ 저리로서 산 자와 죽은 자를 심판하러 오시리라 ⑧ 성령을 믿사오며 ⑨ 거룩한 공회(公會)와 성도가 서로 교통하는 것과 ⑩ 죄를 사하여 주 시는 것과 ⑪ 몸이 다시 사는 것과 ⑫ 영원히 사는 것을 믿사옵나이다. 아멘.

[3주일]

17문: 이 신앙고백을 자세하게 설명하기 위해서 이것을 몇 부분으로 나누어 볼 수 있 습니까?

답: 4가지 부분입니다.

18문: 어떤 것들입니까?

답: 첫째로 하나님 아버지께 대한 것입니다.

둘째로 하나님의 아들 예수 그리스도에 대한 것입니다.

셋째로 성령님께 대한 것입니다.

넷째로 교회에 관한 것이며 동시에 교회를 향하신 하나님의 모든 은혜로우신 행 위들에 관한 것입니다.

19문: 하나님은 오직 한 분뿐이신데 당신은 왜 아버지(성부), 아들(성자), 성령(성신) 을 말하고 있습니까?

답: 우리는 단 하나의 신적 본질 안에서 만물의 시작, 기원, 그리고 제 일 원인이신 아 버지와 영원한 지혜이신 아들과 모든 피조물 위에 부어지시기는 하나 언제나 당신 자신 안에 거하시는 하나님의 힘과 능력이신 성령님을 고찰해야 하기 때문입니다. (마28:19) 그러므로 너희는 가서 모든 족속으로 제자를 삼아 아버지와 아들과 성령의 이름으로 세 례를 주고.[10]

---

10) (고후13:13) 주 예수 그리스도의 은혜와 하나님의 사랑과 성령의 교통하심이 너희 무리와 함께 있

20문: 당신은 우리가 유일하신 한 분 하나님 그 자체에서 세 위격(位格)을 명확히 구분할 때 그것이 전혀 부적절하지 않으며, 그렇게 함에도 불구하고, 하나님께서는 분리되지 않으신다고 이해하고 있습니까?

답: 그렇습니다.[11]

[하나님 아버지]

21문: 이제 사도신경의 첫 번째 부분을 말해보십시오.

답: 전능하사 천지를 만드신 하나님 아버지를 내가 믿사오며

22문: 당신은 왜 하나님을 아버지로 부릅니까?

답: 그것은 예수 그리스도께서 하나님(성부)을 부르는 이름입니다. 그는 하나님의 영원한 말씀이며 영원 전부터 하나님(성부)에게서 나셨습니다. 그 후 그분은 세상에 나타나셨을 때 하나님의 아들로 인정되었고 알려졌습니다. 이처럼 하나님이 예수 그리스도의 아버지라는 사실로부터 하나님께서 우리들의 아버지도 되신다는 결론이 나온 것입니다.[12]

23문: 당신은 어떤 의미에서 하나님께서 전능하시다고 생각합니까?

답: 그것은 단순히 하나님은 능력을 가지고 계시지만 이제는 그것을 쓰시지 않으신다고 말하는 것이 아니고, 이 말은 하나님께서 모든 피조물들을 당신의 손과 주권 안에 두고 계시며, 만사를 당신의 섭리대로 처리하시며, 세상을 당신의 뜻에 따라 통치하시며, 그리고 일어나는 모든 일들을 당신께서 기뻐하시는 대로 이끌어 가심을 뜻하는 것입니다.[13]

을지어다.

11) (신6:4) 이스라엘아 들으라. 우리 하나님 여호와는 오직 하나인 여호와시니….

12) (히5:5) 또한 이와 같이 그리스도께서 대제사장 되심도 스스로 영광을 취하심이 아니요 오직 말씀하신 이가 저더러 이르시되 너는 내 아들이니 오늘날 내가 너를 낳았다 하셨고…

13) (시115:3) 오직 우리 하나님은 하늘에 계셔서 원하시는 모든 것을 행하셨나이다.

24문: 당신의 말대로 하면 하나님의 능력은 행함이 없는 것이 아니라 점점 더 활동하신다는 말이군요. 즉 하나님께서는 항상 활동하시고 계시며 좋은 일과 나쁜 일을 모두 포함해서 어떤 것이라도 하나님에 의하지 않거나 혹은 하나님의 허락과 명령 없이는 생기지 않는다는 말입니까?

답: 그렇습니다.

[4주일]

25문: 당신은 왜 하나님께서 하늘과 땅을 지으신 주인이라고 덧붙였습니까?

답: 하나님께서는 당신의 사역들을 통하여 우리에게 자기 자신을 나타내셨기 때문에 우리는 이것들 안에서 그분을 찾고 구해야 합니다. 왜냐하면 우리의 지성은 하나님의 본질을 이해할 능력이 없기 때문입니다. 그러나 세계는 우리에게 마치 하나의 거울과 같아서 이 거울로 우리가 하나님을 아는데 적당할 만큼 하나님을 바라볼 수 있습니다. [14]

26문: 당신은 '하늘과 땅'이라는 말에서 다른 피조물들을 제외하는 것입니까?

답: 아닙니다. 다른 피조물들도 역시 이 두 단어 속에 포함되어 있습니다. 왜냐하면 모든 피조물은 하늘에 속하든지 아니면 땅에 속하기 때문입니다.

27문: 그러면 피조물을 항상 각자의 상태로 유지하도록 돌보는 일은 한 번 이러한 것을 만드는 일보다 더 큰 일인데 당신은 왜 하나님을 단지 창조주라고만 부릅니까?

답: 그것은 하나님께서 한 번 피조물들을 손으로 지으시는 큰일을 하신 다음에는 버려두시고 돌보지 않는다는 뜻이 아닙니다. 오히려 세계가 처음에 하나님에 의하여 창조된 것처럼 지금도 여전히 그 상태로 하나님께서 유지하시는 것이며, 하늘과 땅과 모든 피조물들은 하나님의 힘이 아니고는 존재를 보존할 수 없음을 의미하는 것입니다. 또한 하나님께서는 모든 피조물들을 당신의 손 안에 넣고 계시기 때문에 하나님께서는 만물을 통치하시고 지배하시는 권세를 가지고 계신다는 것입니다. 그러므로 하나님께서는 하늘과 땅의 창조주이시기 때문에 당신의 사랑과 능력과 지혜를 통하여 자연의 모든 질서를

---

14) (시104:24) 여호와여 주의 하신 일이 어찌 그리 많은지요? 주께서 지혜로 저희를 다 지으셨으니 주의 부요가 땅에 가득하니이다. (롬1:20) 창세로부터 그의 보이지 아니하는 것들 곧 그의 영원하신 능력과 신성이 그 만드신 만물에 분명히 보여 알게 되나니 그러므로 저희가 핑계치 못할지니라.

인도하십니다. 즉 비와 가뭄, 우박과 폭풍과 좋은 날씨, 풍년과 흉년, 건강과 갖가지 질병을 주십니다. 이것을 요약해서 말하면 다음과 같습니다. 하나님께서는 항상 모든 피조물들을 하나님의 뜻대로 하나님을 섬기게 하시기 위해서 하나님의 통치를 받게 하신다는 것입니다.[15]

28문: 그러면 악마들과 악한 사람들도 하나님의 주권 아래에 있습니까?

답: 하나님께서는 당신의 성령을 통하여 이들을 인도하시지는 않더라도 하나님께서는 이들을 제어하고 계시기 때문에 이들은 하나님께서 허락지 아니하시는 한 꼼짝도 할 수 없습니다. 또한 하나님께서는 비록 이들의 의사와 의도에 반대되더라도 이들을 억제하여 당신의 뜻을 이루십니다.[16]

29문: 이런 사실을 아는 것이 당신에게 무슨 유익이 있습니까?

답: 많은 유익이 있습니다. 만일 악마들과 악한 사람들이 하나님의 뜻을 거스려 어떤 일을 할 수 있는 능력을 가지고 있다면 그것은 비참한 일이 되고 말 것입니다. 그렇게 되면 우리는 저들로부터 위협을 받고 있는 한 결코 양심의 평화를 소유하지 못하게 될 것입니다. 그러나 우리는 하나님께서 저들을 억제하고 계시므로 저들이 하나님의 허락 없이는 아무것도 할 수 없다는 사실을 알고 있기 때문에 편히 쉬며 즐거워할 수 있는 이유를 갖고 있는 것입니다. 그것은 하나님께서 우리의 보호자가 되사 우리를 지켜 주시겠다고 약속하고 계시기 때문입니다.[17]

[예수 그리스도]

[5주일]

---

15) (롬8:28) 우리가 알거니와 하나님을 사랑하는 자 곧 그 뜻대로 부르심을 입은 자들에게는 모든 것이 합력하여 선을 이루느니라.

16) (욥1:12) 여호와께서 사단에게 이르시되 내가 그의 소유물을 다 네 손에 붙이노라 오직 그의 몸에는 네 손을 대지 말지니라 사단이 곧 여호와 앞에서 물러 가니라.

17) (계2:26-27) 이기는 자와 끝까지 내 일을 지키는 그에게 만국을 다스리는 권세를 주리니, 그가 철장을 가지고 저희를 다스려 질그릇 깨뜨리는 것과 같이 하리라 나도 내 아버지께 받은 것이 그러하니라.

30문: 이제 둘째 부분으로 들어가 봅시다.

답: '그 외아들 우리 주 예수 그리스도를 믿사오니'

31문: 이 부분에서 말하는 것의 의미가 무엇입니까?

답: 그것은 하나님의 아들을 우리의 구원자로 인정하는 것과 그분이 어떻게 우리를 죽음에서 구해내어 우리에게 구원을 얻게 해 주셨는가를 말하는 것입니다.

32문: 당신이 그분을 "예수" 라고 말하는 것은 무슨 뜻입니까?

답: 그것은 '구원자' 라는 뜻입니다. 이 이름은 하나님의 명령을 받은 천사가 그분에게 주신 이름입니다. (마1:21) 아들을 낳으리니 이름을 예수라 하라 이는 그가 자기 백성을 저희 죄에서 구원할 자이심이라 하니라.

33문: 이 말은 예수님이 이 이름을 사람들로부터 얻었다는 것보다 더 가치가 있다는 말입니까?

답: 확실히 그렇습니다. 하나님께서는 예수님께서 이렇게 불리기를 원하셨기 때문에 실제로도 그대로 불려야 합니다.

34문: 그 다음에 나오는 "그리스도" 란 말의 의미는 무엇입니까?

답: 예수님의 일은 이 칭호를 통해서 더 잘 설명되고 있습니다. 즉 그분은 왕, 제사장, 선지자로 임명을 받기 위하여 하나님 아버지에 의해 기름부음을 받았다는 것을 의미합니다.

35문: 당신은 이 사실을 어떻게 압니까?

답: 성경에(구약) 의하면 기름 붓는 예식은 이런 세 가지 일에 적용되고 있으며 또한 그분에게 이런 일들이 거듭해서 인정되고 있습니다(신약).

36문: 그분은 어떤 종류의 기름에 의해 기름 부음을 받으셨습니까?

답: 그것은 고대의 왕들, 제사장들, 그리고 선지자들의 경우와 같이 눈에 보이는 기름이 아니었습니다. 그것은 성령님의 은혜에 의한 것이었습니다. 이 성령님의 은혜는 과거

에 행해졌던 외적 기름 부음의 본질적인 것입니다. [18]

37문: 그리스도가 통치하는 왕국은 어떤 형태입니까?

답: 그것은 영적인 것이며 그 왕국은 의와 생명을 지니고 있는 말씀과 성령으로 이루어져 있습니다. [19]

38문: 제사장 직이란 무엇입니까?

답: 하나님의 뜻에 맞는 제사(희생)를 드림으로써 하나님의 은혜와 사랑을 얻고 또 하나님의 진노를 막기 위하여 하나님 앞에 나아가는 직분이자 권한입니다. [20]

39문: 당신은 어떤 의미에서 예수 그리스도를 선지자라고 부릅니까?

답: 왜냐하면 그분은 이 세상에 오셨을 때 그는 하나님 아버지의 가장 높으신 대언자요, 보내심을 받은 자였습니다. 또한 하나님의 뜻을 세상에 분명히 밝혀 주셨으며 그리고 모든 예언들과 계시를 완성시키셨기 때문입니다. [21]

[6주일]

40문: 이러한 사실들이 당신에게 어떤 유익이 있습니까?

답: 모든 것이 우리를 유익하게 하기 위한 것입니다. 왜냐하면 예수 그리스도께서 이

---

18) (행10:38) 하나님이 나사렛 예수에게 성령과 능력을 기름 붓듯 하셨으매 저가 두루 다니시며 착한 일을 행하시고 마귀에게 눌린 모든 자를 고치셨으니 이는 하나님이 함께 하셨음이라.

19) (요18:36) 예수께서 대답하시되 내 나라는 이 세상에 속한 것이 아니라 만일 내 나라가 이 세상에 속한 것이었더면 내종들이 싸워 나로 유대인들에게 넘기 우지 않게 하였으리라 이제 내 나라는 여기에 속한 것이 아니니라. (살후2:13) 주의 사랑하시는 형제들아 우리가 항상 너희를 위하여 마땅히 하나님께 감사할 것은 하나님이 처음부터 너희를 택하사 성령의 거룩하게 하심과 진리를 믿음으로 구원을 얻게 하심이니...

20) (히2:17) 그러므로 저가 범사에 형제들과 같이 되심이 마땅하도다. 이는 하나님의 일에 자비하고 충성된 대제사장이 되어 백성의 죄를 구속하려 하심이라.

21) (히1:1-2) 옛적에 선지자들로 여러 부분과 여러 모양으로 우리 조상들에게 말씀하신 하나님이 이 모든 날 마지막에 아들로 우리에게 말씀하셨으니 이 아들을 만유의 후사로 세우시고 또 저로 말미암아 모든 세계를 지으셨느니라.

세 직분의 은혜를 받은 것은 우리로 하여금 이 은사들에 참여하도록 하기 위한 것이기 때문입니다. 즉 우리가 그분의 충만함으로부터 모든 것을 받도록 하기 위한 것입니다. [22]

41문: 좀 더 자세히 설명해 보십시오.

답: 예수 그리스도께서 모든 은사들과 함께 성령을 충만히 받으신 것은 하나님께서 적절하다고 생각하시는 정도에 따라 이것들을 각 사람에게 나눠주시기 위함이었습니다. 그래서 우리는 우리가 소유하고 있는 모든 영적인 은혜들을 마치 우물에서 물을 마시듯이 그분으로부터 얻는 것입니다. [23]

42문: 그리스도께서 다스리는 왕국은 우리에게 무슨 유익이 있습니까?

답: 그것은 그분을 통해서 우리의 양심이 죄에서 해방을 받고 또한 그분의 영적인 풍요함으로 충만해져서 의롭고 거룩한 삶을 살 수 있게 되었고 그리고 우리는 우리 영혼의 적인 악마와 죄와 육과 세상을 이길 수 있는 능력을 소유하게 되는 유익이 있습니다.

43문: 그리스도의 제사장직은 우리에게 무슨 유익이 있습니까?

답: 첫째로 그리스도께서는 이 직분을 통해서 우리들을 하나님 아버지와 화해시키시는 중보자가 되셨다는 것입니다. 둘째로 이 직분을 통해서 우리는 하나님 앞에 나아가 우리 자신으로부터 나오는 모든 것과 함께 우리 자신을 하나님께 제물로 바칠 수 있는 길을 얻게 되었다는 것입니다. 이 때문에 우리는 그분의 제사장직에 참여하고 있는 유익을 얻게 된 것입니다. [24]

44문: 그리스도의 선지자 직은 우리에게 무슨 유익이 있습니까?

답: 이 직분이 주 예수님께 주어진 것은 그분이 당신의 백성들의 주(主)와 교사가 되기 위해서입니다. 그 목적은 아버지와 아버지의 진리에 대한 참된 지식을 우리에게 가르쳐 주심으로서 우리로 하여금 하나님 집의 학생들이 되게 하시려고 하는 것입니다.

---

22) (요1:16) 우리가 다 그의 충만한데서 받으니 은혜 위에 은혜러라.

23) (엡4:7) 우리 각 사람에게 그리스도의 선물의 분량대로 은혜를 주셨나니. (골2:3) 그 안에는 지혜와 지식의 모든 보화가 감추어 있느니라.

24) (히10:19) 그러므로 형제들아 우리가 예수의 피를 힘입어 성소에 들어갈 담력을 얻었나니...

45문: 그러면 당신이 결론짓는 것은 결국 이 '그리스도'라는 칭호가 하나님께서 당신의 아들에게 주신 세 가지 직분들을 포함하고 있는데 그 목적은 이 직분들의 열매와 능력을 당신의 백성들에게 전달해 주시기 위함이라고 말하는 것입니까?

답: 그렇습니다.

[7주일]

46문: 하나님께서는 우리 모두를 자기의 자녀라고 부르시는데 당신은 왜 그분을 하나님의 독생자라고 부릅니까?

답: 우리가 하나님의 자녀로 불리는 것은 태어나면서(본성적으로) 부터가 아닙니다. 다만 양자로 만드시고, 또 은혜에 의한 것이어서 하나님께서 우리를 자기의 자녀로 여기시는 한에 있어서 그러한 것입니다. 그러나 아버지의 본질로부터 나신 주 예수께서는 하나님과 동일 본질을 소유하고 계십니다. 그리하여 그분이 하나님의 독생자라고 불리는 것은 옳은 것입니다. 왜냐하면 그분만이 본성적으로 아들이시기 때문입니다.[25]

47문: 당신의 말은 이 명예는 오직 그리스도에게만 고유한 것이며, 또 그분에게만 본성적으로 속해 있는 것이지만, 우리가 이 명예를 소유하고 있는 것은 우리가 그분의 지체들이 된 이유로 은혜로써 이것에 참여하게 되었기 때문이라는 것입니까?

답: 그렇습니다. 이 참여와 관련해서 그리스도께서는 성경의 다른 곳에서 많은 형제들 중에 처음 난자라고 불리고 있습니다.[26]

48문: 그 다음에 나오는 말은 무슨 뜻입니까?

답: 그 말은 하나님의 아들이 우리의 구주와 되시기 위해서 어떤 방법으로 아버지에 의해 기름부음을 받으셨는가를 설명해 주고 있습니다. 즉 그분은 우리 인간의 육신을 취하시고 우리의 구원에 필요한 사역들을 성취하셨다는 것인데 다음과 같습니다.

---

25) (요1:14) 말씀이 육신이 되어 우리 가운데 거하시매 우리가 그 영광을 보니 아버지의 독생자의 영광이요 은혜와 진리가 충만하더라.

26) (롬8:29) 하나님이 미리 아신 자들로 또한 그 아들의 형상을 본받게 하기 위하여 미리 정하셨으니 이는 그로 많은 형제 중에서 맏아들이 되게 하려 하심이니라. (요일1:3) 우리가 보고 들은 바를 너희에게도 전함은 너희로 우리와 사귐이 있게 하려 함이니 우리의 사귐은 아버지와 그 아들 예수 그리스도와 함께 함이라.

49문: '이는 성령으로 잉태하사 동정녀 마리아에게 나시고'라는 두 구절을 당신은 어떻게 이해하고 있습니까?

답: 이것은 그리스도께서 마리아의 몸에서 그녀와 똑같은 몸으로 되어졌다는 것을 뜻하는데 그렇게 된 것은 그분이 예언된 바와 같이 다윗의 자손이 되시기 위함이었습니다. 그러나 그것은 어떤 인간의 협력이 없이 오직 성령님의 기적적인 활동에 의해서 된 것입니다.[27]

50문: 그리스도께서 우리의 육신을 취하실 필요가 있습니까?

답: 그렇습니다. 인간이 하나님을 거슬려 범한 불복종은 인간의 본성 안에서 원 상태로 회복될 필요가 있었습니다. 그리고 그리스도께서는 그 외의 다른 방법으로는 아버지 하나님과 우리를 결합시키기 위한 중보자가 될 수 없으셨습니다.[28]

51문: 그러면 당신은 예수 그리스도는 구주의 임무를 이루기 위하여 우리 자신의 인격과 같은 인간이 되지 않으면 안 되었다고 생각하는 것입니까?

답: 그렇습니다. 우리는 우리 자신에게 결핍되어 있는 모든 것을 그분 안에서 회복해야 하기 때문입니다. 이것은 다른 방법으로는 이루어질 수 없는 것입니다.[29]

52문: 그런데 이것은 왜 인간의 행위나 자연 질서를 통해서가 아니고 오직 성령님에 의해서 일어나야만 합니까?

답: 왜냐하면 인간의 본성은 그 자체가 부패되었기 때문입니다. 그리하여 성령님께서는 이 잉태를 인도하시어 우리 주님을 모든 부패로부터 보호하시고 또 그분을 거룩함

---

27) (시132:11) 여호와께서 다윗에게 성실히 맹세하셨으니 변치 아니 하실지라. 이르시기를 네 몸의 소생을 네 위에 둘지라. (눅1:35) 천사가 대답하여 가로되 성령이 네게 임하시고 지극히 높으신 이의 능력이 를 덮으시리니 이러므로 나실 바 거룩한 자는 하나님의 아들이라 일컬으리라.

28) (롬5:15) 그러나 이 은사는 그 범죄와 같지 아니하니 곧 한 사람의 범죄를 인하여 많은 사람이 죽었은즉 더욱 하나님의 은혜와 또는 한 사람 예수 그리스도의 은혜로 말미암은 선물이 많은 사람에게 넘쳤으리라. (딤전2:5) 하나님은 한 분이시오 또 하나님과 사람 사이에 중보도 한 분이시니 곧 사람이신 그리스도 예수라.

29) (행4:12) 다른 이로서는 구원을 얻을 수 없나니 천하 인간에 구원을 얻을만한 다른 이름을 우리에게 주신 일이 없음이니라 하였더라.

으로 채워주셨던 것입니다.

53문: 이로써 다른 사람들을 거룩하게 만들어야 하실 그리스도께서는 아무 흠이 없으시고, 모태로부터 본래적인 깨끗함으로 하나님께 바쳐지셨으며, 인간의 보편적인 부패의 지배를 받지 않으신다는 사실이 확증되었다는 것입니까?
답: 예, 그렇습니다.

[8주일]
54문: 그러면 왜 그분이 우리의 주님이 되십니까?
답: 그분은 우리를 다스리시고, 하늘과 땅 위에서 하나님의 왕권과 주권을 행사하시며, 천사들과 성도들의 머리가 되시도록 하나님 아버지로부터 세우심을 받으셨기 때문입니다.[30]

55문: 왜 당신은 그분의 전 생애를 생략하고 출생에서 즉시 죽음으로 넘어갑니까?
답: 여기서는 단지 우리의 구원에 속한 본질적인 것에 대해서만 언급하고 있기 때문입니다.

56문: 왜 당신은 한 마디로, '그분이 죽으셨다.'고 말하지 않고 본디오 빌라도에 관하여 말하며 또한 그에게서 고난을 받았다고 말합니까?
답: 그것은 단순히 이 이야기의 확실성을 우리에게 증명하기 위할 뿐만 아니라 또한 그분의 죽음이 정죄와 연결되어 있다는 사실을 명백하게 표현하기 위한 것입니다.

57문: 어떻게 해서 그렇습니까?
답: 그리스도께서 죽으신 것은 우리가 마땅히 받아야 할 징벌을 스스로 담당하시고 이를 통해 우리를 이 징벌로부터 구해내시기 위함이었습니다. 우리가 하나님의 심판 앞에서 악행자로서 죄를 가지고 있었기 때문에 그리스도께서 우리 대신 지상의 심판자 앞에 출두하여 그분의 입을 통해 정죄 받기를 원하셨는데 이는 하늘에 계신 재판관의 보좌

---

30) (골1:18) 그는 몸인 교회의 머리라 그가 근본이요 죽은 자들 가운데서 먼저 나신 자니 이는 친히 만물의 으뜸이 되려 하심이요.

앞에서 우리를 '죄가 없다.' 라고 해 주시기 위함이었습니다.

58문: 그렇지만 빌라도는 무죄하다고 선고했습니다. 그리고 그는 주님께서 그러한 판단을 받아 마땅한 것처럼 그렇게 주님을 정죄하지는 않았습니다.

답: 두 가지가 다 인정됩니다. 왜냐하면 주님께서 빌라도를 통해서 의롭다고 인정된 것은 당신의 죄과 때문이 아니라 우리의 죄과로 인하여 고난을 받으셨다는 것을 보여주기 위함입니다. 그러나 주님께서 동일한 사람을 통해 공적으로 정죄를 받으신 것은 주님께서 참으로 우리의 대리자이심을 즉 우리의 죄를 사하시기 위해서 우리 대신 정죄 받으셨음을 보여주기 위함이었습니다.[31]

59문: 잘 말씀하셨습니다. 만일 그리스도께서 죄인이었다면 그분은 다른 사람들을 위해 죽임을 당할 수 있는 자격이 없었을 것입니다. 그러나 그분의 정죄가 우리의 해방이 되기 위해서는 그분이 범법자 중 하나로 여김을 받을 필요가 있었다는 말이군요.

답: 그렇습니다.[32]

[9주일]

60문: 그리스도께서 십자가에 못 박히신 것은 사람들이 다른 방법으로 그분을 죽게 했을 때보다 다른 더 깊은 의미가 있습니까?

답: 그렇습니다. 사도바울은 이 점을 잘 증거하고 있습니다. 그는 그리스도께서 나무에 달리심은 우리의 저주를 스스로 짊어지시고 우리를 그 저주로부터 해방하시기 위함이었다고 말하고 있습니다. 왜냐하면 이런 식의 죽음은 하나님으로부터 저주를 받은 것이기 때문입니다.[33]

---

31) (눅23:14) 이르되 너희가 이 사람을 백성을 미혹하는 자라하여 내게 끌어 왔도다. 보라 내가 너희 앞에서 사실하였으되 너희의 고소하는 일에 대하여 이 사람에게서 죄를 찾지 못하였고...

32) (사53:12) 이러므로 내가 그로 존귀한 자와 함께 분깃을 얻게 하며 강한 자와 함께 탈취한 것을 나누게 하리니 이는 그가 자기 영혼을 버려 사망에 이르게 하며 범죄자 중 하나로 헤아림을 입었음이라 그러나 실상은 그가 많은 사람의 죄를 지며 범죄자를 위하여 기도 하였느니라 하시니라.

33) (갈3:13) 그리스도께서 우리를 위하여 저주를 받은바 되사 율법의 저주에서 우리를 속량하셨으니 기록된바 나무에 달린 자마다 저주 아래 있는 자라 하였음이라.

61문: 뭐라고요? 예수 그리스도께서 하나님 앞에서까지 저주를 받으셨다고 말하는 것은 그분을 모욕하는 것이 아닙니까?

답: 그렇지 않습니다. 그리스도께서는 이 저주를 받으시면 서도 그는 자기 능력으로 저주를 멸하셨기 때문입니다. 그래서 그분은 자신의 복된 상태를 결코 잃어버린 적이 없으셨는데 이는 우리를 당신의 축복으로 채워주시기 위함이었습니다.

62문: 그 뒤에 나오는 말인 '장사되어'를 설명해 보십시오.

답: 죄로 말미암아 죽음이 저주로써 인간에게 부과되었기 때문에 예수 그리스도께서는 이 저주를 견뎌내셨고 또 이를 견뎌내심으로 이를 정복하셨습니다. 또한 당신의 죽음이 진정한 죽음임을 보여 주시기 위해서 주님께서는 다른 사람들처럼 무덤 속에 장사되어지를 원하셨습니다.

63문: 그러나 우리는 죽는 일을 조금도 멈추지 않기 때문에 이 그리스도의 승리는 우리에게 어떤 유익을 준다고 생각하기가 어렵지 않습니까?

답: 그렇지 않습니다. 성도들의 죽음은 이들을 더 좋은 생명에로 안내해 주는 통로에 불과한 것이기 때문입니다.

64문: 그러면 이제 우리는 죽음을 마치 무서운 일처럼 두려워해서는 안 되고 오히려 우리를 멸하기 위함이 아니고 구원코자 그곳에 앞서가신 우리의 머리이신 예수 그리스도를 기쁜 마음으로 따라갈 뿐이라는 말입니까?

답: 그렇습니다.

[10주일]

65문: '음부에 내려가셨다가'라는 말이 가르치는 의미는 무엇입니까?

답: 이것은 그리스도께서 영과 육체의 분리를 뜻하는 자연적인 죽음의 고통만을 겪으신 것이 아니고 그분의 영혼이 베드로가 '죽음의 고통'이라고 말한 것처럼 상상하기 힘든 괴로움 속에 갇혀 있었음을 말해 주는 것입니다.[34]

---

34) (행2:24) 하나님께서 사망의 고통을 풀어 살리셨으니 이는 그가 사망에게 매여 있을 수 없었음이라.

66문: 어떤 이유로 그런 일이 생겼으며, 또한 어떻게 일어났습니까?

답: 그리스도께서는 죄인들을 대신하여 죄를 지시기 위해서 하나님 앞에 나아가셨으므로 그 분은 마치 하나님으로부터 버림 받기나 한 것처럼 아니, 하나님께서 마치 그분을 향해 진노하시기나 한 것처럼 당신의 양심 안에서 이러한 가공할 만한 고통을 느끼셔야만 했습니다. 그리하여 그리스도께서는 깊은 고통 중에 부르짖었습니다. "나의 하나님, 나의 하나님, 어찌하여 나를 버리셨나이까?" [35]

67문: 하나님께서는 실제로 예수 그리스도에 대해 진노하셨습니까?

답: 그렇지 않습니다. 그러나 하나님께서는 이사야를 통해서 예언된 말씀을 증명하시기 위해 그분에게 고통을 가하지 않으면 안 되었던 것입니다. 즉 그리스도께서 아버지의 손에 맞으신 것은 우리의 죄 때문이었으며, 또한 그분은 우리의 죄악을 짊어지셨습니다. [36]

68문: 그러나 친히 하나님이신 그가 마치 하나님으로부터 버림받기나 한 것처럼 어떻게 그러한 심한 공포 속에 머물러 있을 수 있습니까?

답: 우리는 그리스도께서 당신의 인성에 따라 이러한 극단적인 곤궁 속에 계셨다고 이해해야 합니다. 이렇게 되기 위해서 그분의 신성은 마치 잠시 동안 숨어계신 듯 신성의 능력을 나타내 보여 주지 않으셨던 것입니다.

69문: 세상의 구원자이신 예수 그리스도께서 어떻게 그러한 저주(고난) 가운데 빠질 수 있습니까?

답: 그리스도께서는 그 고난에 머물러 있기 위한 것이 아니었습니다. 왜냐하면 그분은 우리가 말한 그 공포를 느끼셨지만 그것에 패배당하시거나 억눌리지 않으셨습니다. 오히려 이를 깨뜨리고 멸하시기 위해서 음부의 권세에 대항하여 싸우셨기 때문입니다.

---

35) (마27:46) 제 구시 즈음에 예수께서 크게 소리 질러 가라사대 엘리 엘리 라마 사박다니 하시니 이는 곧 나의 하나님, 나의 하나님, 어찌하여 나를 버리셨나이까? 하는 뜻이라.

36) (사53:5) 그가 찔림은 우리의 허물을 인함이요 그가 상함은 우리의 죄악을 인함이라 그가 징계를 받음으로 우리가 평화를 누리고 그가 채찍에 맞음으로 우리가 나음을 입었도다.

70문: 여기서 우리는 그리스도께서 겪으신 고통과 하나님께서 진노하시어 벌하시는 죄인들이 느끼는 고통 사이의 차이점을 보게 됩니다. 왜냐하면 그분 안에 일시적으로 있었던 것이 죄인들에게는 영원한 것이며, 그분에게는 단지 찌르는 가시에 불과했던 것이 죄인들에게는 그들을 죽게 하는 칼이 되기 때문입니다.

답: 그렇습니다. 예수 그리스도께서는 이런 고난 가운데서도 하나님을 바라보는 일을 결코 중단하지 않으셨습니다. 그러나 하나님께서 벌하신 죄인들은 절망하고 하나님에 대하여 불평불만을 품고 드디어는 하나님을 저주하게 됩니다.

[11주일]

71문: 지금까지 말한 예수 그리스도의 죽음에서 우리는 어떤 열매(선물)을 얻을 수 있습니까?

답: 예, 있습니다. 첫째로 예수 그리스도께서는 하나님 앞에서 우리를 위해 속죄해 주시고, 우리를 향한 하나님의 진노를 막아주시고, 우리를 하나님과 화해시켜 주신 희생제물이라는 것입니다. 둘째로 예수 그리스도의 피는 씻는 역할을 하기에 이를 통해서 우리의 영혼은 모든 더러움으로부터 깨끗하게 씻음을 받았습니다. 셋째로 그리스도의 죽음을 통해서 우리의 죄악들은 없어졌으며 하나님 앞에서 더 이상 기억되지 않으며 따라서 우리에 대한 채무증서가 없어졌다는 것입니다.

72문: 그리스도의 죽으심으로부터 우리가 얻는 다른 유익이 또 있습니까?

답: 많이 있습니다. 우리가 그리스도의 참된 지체들이라면 우리의 옛 인간은 십자가에 못 박히게 되며, 우리의 육체는 억제를 당하여 악한 욕심들이 더 이상 우리 안에서 우리를 다스리지 못하게 됩니다.

73문: 다음 조항을 말해 보십시오.

답: 그것은 그리스도께서 사흘 만에 부활하셨다는 것입니다. 이것으로 그분은 죽음과 죄에 대한 승리자라는 사실이 증거 되었습니다. 부활을 통하여 그분은 죽음을 이기셨으며, 악마의 쇠사슬을 끊어 버리셨으며, 모든 악마의 권세를 파괴시켜 버렸기 때문입니다.

74문: 그리스도의 부활은 얼마나 많은 유익들을 우리에게 가져다줍니까?

답: 첫째로, 그리스도께서는 당신의 부활을 통하여 우리로 하여금 의로움을 충만히

얻도록 해 주셨습니다. 둘째로 그리스도의 부활은 우리도 언젠가는 동일하게 영광스럽고 썩지 않을 몸으로 부활하리라는 확실한 보증이 됩니다. 셋째로 만일 우리가 진정으로 이 부활에 참여하게 되어 있다면 우리는 이미 지금부터 새 생명으로 부활하여 하나님을 섬기며 그분의 기쁘신 뜻대로 거룩하게 살 수 있다는 것입니다. [37]

[12주일]
75문: 다음을 말해보십시오.
답: '하늘에 오르사' 입니다.

76문: 그리스도께서 하늘에 오르셨으므로 그분은 이제 더 이상 땅 위에 계시지 않는다는 말입니까?
답: 예, 그리스도께서는 아버지로부터 명령 받으신 것과 우리의 구원을 위해 필요한 모든 것들을 행하셨기 때문에 더 이상 지상에 머물러 계실 필요가 없으신 것입니다.

77문: 이 '하늘에 오르심(승천)'은 우리에게 어떤 유익을 줍니까?
답: 두 가지 유익이 있습니다. 첫째로, 예수 그리스도께서는 우리를 위해 이 땅으로 내려오셨던 것처럼 우리를 위해 다시금 하늘로 올라 가셨던 것입니다. 이를 통해서 그분은 우리가 그곳에 들어갈 수 있도록 허락해 주셨고 또한 과거 우리의 죄 때문에 닫혀있던 하늘 문이 이제는 우리에게 열려져 있다는 사실을 가르쳐 주는 보증이 되는 것입니다. 둘째로, 그리스도께서는 우리의 중보자와 변호자가 되시기 위해 그 곳에서 아버지의 면전으로 나아가십니다. [38]

---

37) (롬4:24) 의로 여기심을 받을 우리도 위함이니 곧 예수 우리 주를 죽은 자 가운데서 살리신 이를 믿는 자니라. (고전15:20) 그러나 이제 그리스도께서 죽은 자 가운데서 다시 살아 잠자는 자들의 첫 열매가 되셨도다. (롬6:4) 그러므로 우리가 그의 죽으심과 합하여 세례를 받음으로 그와 함께 장사되었나니 이는 아버지의 영광으로 말미암아 그리스도를 죽은 자 가운데서 살리심과 같이 우리로 또한 새 생명 가운데서 행하게 하려 함이니라.

38) (롬6:8) 만일 우리가 그리스도와 함께 죽었으면 또한 그와 함께 살줄을 믿노니 (히7:25) 그러므로 자기를 힘입어 하나님께 나아가는 자들을 온전히 구원하실 수 있으니 이는 그가 항상 살아서 저희를 위하여 간구하심이니라.

78문: 그러나 예수 그리스도께서는 하늘에 계심으로써 세상에서 떠나셨고 이제는 더 이상 우리와 함께 계시지 않는 것입니까?

답: 아닙니다. 그리스도께서는 정반대의 말씀을 하셨습니다. 즉 그분은 세상 끝날 까지 우리와 함께 계실 것이라고 말씀하셨습니다. [39]

79문: 그리스도께서 우리와 함께 계시는 것은 육신적인 형태를 통해서입니까?

답: 아닙니다. 하늘로 올리움을 받으신 몸과 세상 모든 곳에 계신 신성은 서로 다른 별개의 사항입니다. [40]

80문: 그리스도께서 '하나님 아버지의 우편에 앉아 계신다.'는 말을 당신은 어떻게 이해하십니까?

답: 그것은 그리스도께서 모든 것을 통치하시기 위하여 하늘과 땅의 주권을 받으셨다는 뜻입니다. [41]

81문: 여기서 말하고 있는 '오른편'과 '앉아 계심'은 무슨 뜻입니까?

답: 이 말은 이 세상의 왕들로부터 취한 하나의 비유입니다. 즉 그들은 자기들의 이름으로 통치하도록 임명한 대리자들을 그들의 오른편에 앉힙니다.

82문: 당신은 바울이 말한 대로 그리스도께서 교회의 머리가 되셨으며, 또한 모든 높은 것 보다 더 높여졌고, 모든 이름 위에 뛰어난 이름을 받았다는 말이군요?

답: 그렇습니다. [42]

---

39) (마28:20) 내가 너희에게 분부한 모든 것을 가르쳐 지키게 하라. 볼지어다 내가 세상 끝날 까지 너희와 항상 함께 있으리라 하시니라.

40) (행1:9) 이 말씀을 마치시고 저희 보는데서 올리워 가시니 구름이 저를 가리워 보이지 않게 하더라. (벧전1:8) 예수를 너희가 보지 못하였으나 사랑하는 도다 이제도 보지 못하나 믿고 말할 수 없는 영광스러운 즐거움으로 기뻐하니...

41) (마28:18) 예수께서 나아와 일러 가라사대 하늘과 땅의 모든 권세를 내게 주셨으니...

42) (엡1:22) 또 만물을 그 발아래 복종하게 하시고 그를 만물 위에 교회의 머리로 주셨느니라. (빌2:9) 이러므로 하나님이 그를 지극히 높여 모든 이름 위에 뛰어난 이름을 주사...

83문: 다음을 말해 보십시오.

답: '저리로서 산 자와 죽은 자를 심판하러 오시리라.' 이 말은 그리스도께서 언젠가는 세상을 심판하시기 위해서 하늘로부터 나타나실 것인데 이 때 그리스도께서는 사람들이 그분의 승천하실 때 본 모습 그대로 오실 것이라는 뜻입니다.

84문: 마지막 심판은 세상의 마지막에 있을 것인데, 왜 당신은 그 때에 어떤 사람은 살아 있을 것이고 또 어떤 사람은 죽어 있을 것이라고 말하고 있습니까? 모든 사람은 한 번 죽을 것으로 명령되어 있지 않습니까?

답: 바울은 이 질문에 대해 다음과 같이 답하였습니다. 그 때 살아남아 있는 사람들은 저들의 부패가 제거되기 위해서 또한 그 몸이 썩지 않는 것으로 되기 위하여 몸이 순식간에 변화될 것이라고 했습니다. [43]

85문: 그러면 당신은 이 변화가 저들의 최초의 본성을 제거하고 다른 상태로 살아나기 때문에 그것은 그들에게 있어서도 마치 죽음과 같은 것이라고 생각하는 것입니까?

답: 그렇습니다.

86문: 예수 그리스도께서 세상을 심판하시기 위해서 언젠가는 다시 오시리라고 하는 사실로부터 우리가 얻는 유익은 무엇이 있습니까?

답: 아주 큰 위로가 있습니다. 그분께서 나타나시는 것은 다른 이유가 아니라 오직 우리의 구원을 위해서임이 굳게 약속되어 있습니다.

87문: 그러므로 우리는 최후의 심판을 두려워해서도, 또한 그것에 대해 공포감을 가져서도 안 된다는 말입니까?

답: 그렇습니다. 최후의 심판자는 다른 이가 아니라 우리의 보호자이며 우리를 변호해 주시는 예수 그리스도 바로 그분이기 때문입니다.

---

43) (히9:27) 한 번 죽는 것은 사람에게 정하신 것이요 그 후에는 심판이 있으리니 (고전15:52-3) 나팔 소리가 나매 죽은 자들이 썩지 아니할 것으로 다시 살고 우리도 변화하리라. 이 썩을 것이 불가불 썩지 아니할 것을 입겠고 이 죽을 것이 죽지 아니함을 입으리로다.

[성령 하나님]

[14주일]

88문: 세 번째 부분으로 들어가 봅시다.

답: 이것은 성령 하나님에 대한 부분입니다.

89문: 이 신앙이 우리에게 어떤 유익이 있습니까?

답: 여기서 우리는 하나님 아버지께서 예수 그리스도 안에서 우리를 대속해 주시고 구원해 주신 것과 마찬가지로 성부 하나님의 성령을 통해서 우리로 하여금 이 속죄와 구원에 참여하도록 만들어 주신다는 것을 알게 됩니다.

90문: 왜 그렇습니까?

답: 예수 그리스도의 피가 우리를 깨끗케 해 주시기 때문에 성령님께서는 이 그리스도의 피를 우리의 양심에 뿌려주셔서 우리의 양심이 깨끗하게 되도록 해 주셔야 하는 것입니다.

91문: 좀 더 자세히 설명해 보십시오.

답: 우리 마음속에 거하시는 성령님께서는 우리로 하여금 예수님의 능력을 깨닫고 느끼게 만들어 주신다는 것입니다. 성령님께서는 우리를 밝히시어(조명) 우리로 하나님의 은혜를 알도록 만들어 주시는 것입니다. 즉 성령님께서는 자신의 은혜를 우리의 영혼 속에 확증하시고, 인치시며, 그 은혜가 우리 안에 거하도록 만들어 주시는 것입니다. 또한 성령님께서는 우리를 거듭나게 하시며 새로운 피조물로 만들어 주십니다. 그리하여 우리는 성령님을 통해서 예수 그리스도 안에서 우리에게 제시된 모든 선물과 은혜들을 얻게 되는 것입니다.

[교회]

[15주일]

92문: 다음의 내용은 무엇입니까?

답: 4번째 부분인데 여기서 우리는 보편적 교회를 믿는다고 고백합니다.

93문: 공동적 교회란 무엇입니까?

답: 공동적 교회란 하나님께서 영원한 생명을 얻도록 작정하시고 선택하신 성도들의 모임을 말합니다.

94문: 이 조항을 믿을 필요가 있습니까?

답: 당연히 있습니다. 우리가 만일 예수 그리스도의 죽음과 이미 언급된 모든 것들의 은혜를 가치가 없는 것으로 생각하여 열매 없게 하지 않으려면 이것을 당연히 믿어야 합니다. 왜냐하면 이것들로부터 자연적으로 생기는 열매가 교회이기 때문입니다.

95문: 그러면 당신은 지금까지 구원의 원인과 근거에 대해서 말했습니다. 즉 하나님께서 예수 그리스도에 의하여 우리를 자비와 사랑 안에서 받아들여 주신 것과 이 은혜가 성령에 의하여 우리에게 견고케 되었다는 것입니다. 그러나 여기서는 거기에 대하여 한층 더 큰 확신을 우리에게 제공하기 위해 그 모든 것의 실현과 성취가 제시되고 있다는 말입니까?

답: 그렇습니다.

96문: 당신은 어떤 의미에서 교회를 거룩하다고 말합니까?

답: 성부 하나님께서는 당신께서 택하신 자들 안에서 당신의 영광이 빛나게 하기 위해 이들을 의롭게 하시고 정결케 하시어 거룩하고 흠이 없게 만드셨기 때문입니다. 이것은 예수 그리스도께서도 당신의 교회를 구속하신 후 이를 거룩하게 만드셨는데 이는 당신의 교회가 영광스럽고 흠이 없도록 하기 위함이었던 것이었습니다.[44]

97문: '공동적' 이란 무슨 뜻입니까?

답: 성도들의 머리는 오직 한 분뿐이시라는 것과 모든 사람들은 이 한 몸 안에서 연합되어 있어야 한다는 것을 의미합니다. 그러므로 여러 교회들이 있는 것이 아니라 전 세계에 흩어져 있는 단 하나의 교회가 있을 뿐입니다. [45]

---

44) (엡5:26-27) 이는 곧 물로 씻어 말씀으로 깨끗하게 하사 거룩하게 하시고, 자기 앞에 영광스러운 교회로 세우사 티나 주름 잡힌 것이나 이런 것들이 없이 거룩하고 흠이 없게 하려 하심이니라.

45) (엡4:4-5) 몸이 하나이요 성령이 하나이니 이와 같이 너희가 부르심의 한 소망 안에서 부르심을

98문: '성도의 교통(사귐)'이란 무슨 뜻입니까?

답: 이것은 교회의 회원들 사이에 있는 일치를 보다 잘 표현하기 위한 것입니다. 또 이 사실을 통해서 우리는 주님께서 교회에 주신 은혜의 선물들은 모든 성도의 각각의 유익과 구원을 위하도록 해야 하는 것임을 알 수 있습니다. 그 까닭은 그들은 다 서로 사귐을 가지고 있기 때문입니다.

99문: 그러면 당신이 교회에 관하여 말하는 이 거룩함은 현재 완전한 것입니까?

답: 아닙니다. 교회가 이 세상 안에서 싸우고 있는 중에는 그렇지 못합니다. 왜냐하면 교회의 역사 속에서 교회는 언제나 불안전한 형태로 남아 있었기 때문입니다. 이것은 교회가 그 머리되신 예수 그리스도와 완전히 결합되어 그분에 의해 완전히 거룩하게 되기까지는 결코 제거되지 않을 것입니다.

100문: 이런 공동적 교회는 이를 믿는 것 외의 다른 방법으로는 이해 될 수 없습니까?

답: 하나님께서는 이를 알 수 있도록 우리에게 주신 외적인 표징에 따르면 보이는 교회가 있습니다. 그러나 이 신앙고백에서는 본래 하나님께서 구원하시기 위해 선택하신 사람들의 공동체에 대해서 말하고 있습니다. 그렇기 때문에 이 공동적 교회는 사람의 눈에는 충분하게 볼 수 없습니다.

[용서]

[16주일]

101문: 다음에 나오는 말은 무엇입니까?

답: 죄를 사하여 주시는 것입니다.

102문: 용서라는 말을 어떻게 이해합니까?

답: 하나님께서 당신의 은혜로우신 자비하심으로써 당신의 성도들의 죄를 용서해 주

입었느니라. 주도 하나이요 믿음도 하나이요 세례도 하나이요. (고전12:27) 너희는 그리스도의 몸이요 지체의 각 부분이라.

시고 또한 없애 주신다는 뜻입니다. 따라서 이 죄들은 하나님의 심판대 앞에서 전혀 기억되지 않을 것입니다. 그리고 하나님께서는 이 죄들 때문에 자신의 성도들을 벌하시지 않으실 것이라는 뜻입니다.

103문: 이로부터 우리 자신의 공로나 노력을 통해서는 하나님께 용서를 얻을 수 없다는 것입니까?

답: 그렇습니다. 예수님께서 이것에 대한 값을 치르셨으며, 또한 이에 대한 고통을 감당하셨기 때문입니다. 그렇기 때문에 우리 편에서는 이에 대한 어떤 공로적인 배상도 치를 수 없는 것입니다. 우리는 우리의 모든 죄악 된 행위들에 대한 용서를 다만 하나님의 순전하신 은혜로써 받아들이는 것뿐입니다.

104문: 왜 이 조항이 교회에 관한 조항 다음에 고백되어지고 있습니까?

답: 왜냐하면 먼저 하나님의 백성 안에 가입되고 그리스도의 몸과의 일치와 결합 위에 굳게 서서 교회의 진정한 일원이 되지 않는 한 어느 누구 한 사람도 죄의 용서를 받을 수 없기 때문입니다.

105문: 그러면 교회 밖에는 단지 저주와 죽음만이 있다는 말입니까?

답: 분명히 그렇습니다. 성도들의 공동체로부터 분리하여 따로 분파를 만드는 자들은 그들의 분열 상태에 있는 한 결코 구원을 바랄 수 없습니다.

[육신의 부활과 영생]

[17주일]

106문: 다음에 나오는 말은 무엇입니까?

답: 몸이 다시 사는 것과 영원히 사는 것입니다.

107문: 왜 이 조항이 사도신경에 들어가 있습니까?

답: 우리의 참된 행복이 이 세상 안에 있지 않다는 것을 보여주기 위해서입니다. 이것은 두 가지의 목적을 가지고 있습니다. 첫째로, 이 세상을 마치 이국땅처럼 통과해 나아가는 것을 배우며 모든 지상적인 사물들을 억제하며 우리의 마음을 조금도 이러한 것에

두지 않는 것을 배우기 위함입니다. 둘째로, 우리는 비록 아직 하나님께서 예수 그리스도 안에서 우리에게 베풀어 주신 은혜의 열매들을 완전히 보지 못한다 하더라도 우리로 하여금 용기를 잃지 않고 계시의 날까지 인내로써 이를 기다리도록 하기 위한 것입니다.[46]

108문: 이 부활은 어떻게 일어납니까?

답: 이전에 이미 죽은 사람들은 그들의 육신을 다시 얻게 될 것입니다. 이 육체는 성질이 전혀 다른 상태를 가졌기 때문에 죽음과 부패의 지배를 더 이상 받지 않을 것입니다. 그러나 본래의 외적 육체와 동일한 존재 형태를 보존 할 것입니다. 그리고 부활의 때까지 아직 살아 있는 사람들은 하나님께서 순식간에 변화를 통해서 기적적으로 다시 일으켜질 것입니다.[47]

109문: 이 부활 사건은 의인들이나 악인들에게 모두 일어납니까?

답: 그렇습니다. 그렇지만 이 부활은 서로 다른 조건에서 일어날 것입니다. 왜냐하면 한 쪽은 구원과 기쁨에로 부활할 것이며, 다른 쪽은 저주와 죽음에로 부활할 것이기 때문입니다.[48]

110문: 그런데 이 신앙고백에서는 왜 영생에 대하여만 언급이 있고 지옥에 대해서는 언급이 없습니까?

답: 왜냐하면 이 신앙의 요약 속에는 성도의 마음에 위로를 주는 것만 기록되어 있는 것입니다. 즉 이 신앙의 요약에는 하나님께서 당신의 종들에게 베푸시는 은혜들만을 우리에게 말해주고 있는 것입니다. 따라서 여기엔 하나님의 나라로부터 제외된 악한 사람들에 대해서는 전혀 언급이 없는 것입니다.

---

46) (히11:13, 16) 이 사람들은 다 믿음을 따라 죽었으며 약속을 받지 못하였으되 그것들을 멀리서 보고 환영하며 또 땅에서는 외국인과 나그네로 증거하였으니 … 저희가 이제는 더 나은 본향을 사모하니 곧 하늘에 있는 것이라 그러므로 하나님이 저희 하나님이라 일컬음 받으심을 부끄러워 아니하시고 저희를 위하여 한 성을 예비하셨느니라.

47) (고전15:52) 나팔 소리가 나매 죽은 자들이 썩지 아니할 것으로 다시 살고 우리도 변화하리라.

48) (요5:29) 선한 일을 행한 자는 생명의 부활로 악한 일을 행한 자는 심판의 부활로 나오리라.

[참된 신앙]

[18주일]

111문: 이제 우리는 신앙이 설 수 있는 기초를 소유하고 있으므로 이로부터 참된 신앙이 무엇인지를 생각할 수 있겠지요?

답: 그렇습니다. 참된 신앙이란 성부 하나님이 예수 그리스도를 인하여 우리의 아버지가 되시고 구원자 되심을 그분의 복음으로 친히 가르쳐 주신대로 우리를 향하신 하나님의 사랑에 대해서 성령의 은혜를 통해 분명하고도 확고하게 아는 것입니다.

112문: 우리는 이 신앙을 우리 자신의 힘을 통해서 스스로 얻을 수 있는 것입니까? 아니면 오직 하나님의 은혜를 통해서 얻는 것입니까?

답: 성경에서는 이 신앙이 오직 성령님의 특별한 선물이라고 가르쳐 줍니다. 그리고 이 사실은 우리의 경험을 통해서도 알 수 있는 분명한 것입니다.

113문: 좀 더 자세히 설명해 보십시오.

답: 우리의 이해력은 너무도 약하기 때문에 하나님의 영적 지혜를 깨달아 알 수는 없습니다. 우리의 마음은 의심에 빠지거나 자기 자신이나 여러 가지 피조물에 대한 잘못된 신뢰에로 완전히 기울어져 있습니다. 그러나 성령님께서는 우리의 마음을 밝히셔서(조명) 우리가 그 어떤 방법으로 도무지 깨달을 수 없는 이 신앙을 깨닫게 해 주십니다. 즉 성령님께서는 구원의 약속들을 우리의 마음속에 확증해 주시고 인 쳐주심으로써 우리를 강한 확신 속에 굳게 세워 주십니다.[49)]

114문: 우리가 이런 신앙을 소유하게 될 때 이 신앙으로부터 어떤 유익이 있습니까?

답: 이 신앙은 우리를 하나님 앞에서 의롭다고 인정해 줌으로써 우리로 영생을 얻게 해 줍니다.

115문: 뭐라고요? 인간은 거룩한 삶과 그리고 하나님의 뜻에 따라 살 때 이런 선행

---

49) (엡1:13) 그 안에서 너희도 진리의 말씀 곧 너희의 구원의 복음을 듣고 그 안에서 또한 믿어 약속의 성령으로 인치심을 받았으니...

을 통해서 의롭게 되는 것이 아닙니까?

답: 만일 어떤 완벽한 사람이 발견된다면 우리는 그를 의로운 사람이라 부를 수 있을 것입니다. 그러나 우리 모두는 가련한 죄인들에 불과하기 때문에 우리가 하나님의 심판대 앞에서 대답할 수 있기 위해서는 우리 자신 외의 다른 곳에 우리의 의로움을 찾아야 하는 것입니다.[50]

[19주일]

116문: 우리의 모든 행위들이 하나님 앞에서 우리에게 혜택을 입힐 수 있게 할 수 없을 정도로 심하게 정죄를 받았다는 것입니까?

답: 그렇습니다. 우리가 우리 자신의 본성으로부터 행하는 모든 일들은 죄악된 것입니다. 따라서 그것들은 하나님을 기쁘시게 할 수 없습니다. 하나님께서는 이것들을 모두 정죄하십니다.[51]

117문: 당신은 하나님께서 자신의 은혜로 우리를 받아주시기 전에는 마치 악한 나무가 악한 열매를 맺을 수밖에 없는 것처럼 우리가 죄만 지을 수밖에 없다고 생각하는 것입니까?

답: 그렇습니다. 비록 우리의 행위들이 외적으로 볼 때에는 아름다운 모습을 띠고 있다고 할지라도 이것들은 정녕 악한 것입니다. 왜냐하면 하나님께서 감찰하고 계시는 우리의 마음이 부패되어 있기 때문입니다.

118문: 그러면 당신은 우리가 우리의 공로와 노력을 통해서 하나님의 호감을 사서 우리에게 은혜를 베푸시도록 할 수 없고 오히려 그와 정반대로 하나님의 진노를 부추기는 일밖에 할 수 없다고 생각하는 것입니까?

답: 그렇습니다. 하나님께서는 우리의 행위는 전혀 고려해 넣지 않으시고 오직 당신의 순전한 궁휼과 자비로 말미암아 예수 그리스도 안에서 우리를 기쁘게 용납하시고 그리스도의 의를 우리에게 돌리시며 우리의 죄악을 조금도 우리에게 돌리시지 않으신다는

---

50) (롬3:10-11) 기록한바 의인은 없나니 하나도 없으며, 깨닫는 자도 없고 하나님을 찾는 자도 없고 (롬3:23) 모든 사람이 죄를 범하였으매 하나님의 영광에 이르지 못하더니...

51) (시51:5) 내가 죄악 중에 출생하였음이여 모친이 죄 중에 나를 잉태하였나이다.

것입니다.[52)]

119문: 그러면 당신은 사람이 오직 믿음으로만 의롭게 된다고 말하는 것입니까?

답: 우리가 복음의 약속들을 믿고 이를 마음으로부터 나오는 신뢰로서 받아들일 때 이런 의를 얻을 수 있기 때문입니다.[53)]

120문: 당신은 하나님께서 복음을 통해서 이런 의를 우리에게 제시한 것처럼 이런 의를 받는 수단(도구)까지도 우리에게 제시하고 있다고 말하는 것입니까? 즉 우리는 오직 믿음을 통해서 이런 의를 받는다는 말입니까?

답: 그렇습니다.

[행위]

[20주일]

121문: 그러나 하나님께서는 이미 우리를 받아 주셨기 때문에 우리가 은혜에 의하여 행하는 행위는 하나님을 기쁘시게 할 수 있는 것이 아닙니까?

답: 맞습니다. 하나님께서는 이 행위들 자체가 지니고 있는 가치 때문이 아니라 하나님 자신의 관대하심으로 이 행위들을 용납해 주시는 것입니다.

122문: 뭐라고요? 이 행위들이 성령님으로부터 비롯된 것인데 용납되어질 가치가 없다는 것입니까?

답: 그렇습니다. 우리의 육신 가운데에는 언제나 어떤 결함이 항상 있기 때문에 우리의 행위들은 이것에 더럽혀지는 것입니다.

---

52) (딛3:5-7) 우리를 구원하시되 우리의 행한바 의로운 행위로 말미암지 아니하고 오직 그의 긍휼하심을 좇아 중생의 씻음과 성령의 새롭게 하심으로 하셨나니, 성령을 우리 구주 예수 그리스도로 말미암아 우리에게 풍성히 부어주사, 우리로 저의 은혜를 힘입어 의롭다 하심을 얻어 영생의 소망을 따라 후사가 되게 하려 하심이라.

53) (롬10:10) 사람이 마음으로 믿어 의에 이르고 입으로 시인하여 구원에 이르느니라.

123문: 그러면 이 행위들을 하나님께서 받으실 만하게 만드는 수단은 무엇입니까?

답: 그것은 신앙 안에서 행해질 때 그렇게 됩니다. 즉 하나님께서는 사람의 행위를 엄격하게 심사치 않으시고 모든 불완전함과 오점을 예수 그리스도의 거룩을 가지고 덮어 주시며 그 행위를 온전한 것으로 간주하시며 받아들여 주신다는 것을 마음에 확실히 믿어야 합니다.

124문: 이것은 그리스도인들이 하나님께서 자신을 부르신 이후에는 그 자신의 행위로 말미암아 의롭게 된다는 말입니까? 또 행위를 통해 하나님의 사랑을 받을 만한 자격을 갖추게 되어 구원이나 은혜를 얻는다는 말입니까?

답: 아닙니다. 오히려 그 정반대입니다. 성경에는 살아 있는 사람은 어떤 자도 하나님 앞에서 의롭다는 인정을 받지 못한다고 기록되어 있습니다. 그러므로 우리는 하나님께서 우리를 심판하지 않으시도록 그리고 하나님께서 우리가 진 빚을 계산하지 않으시도록 위해서 기도해야 합니다.[54]

125문: 그러면 성도들의 모든 선한 행위는 무익하다는 말입니까.

답: 아닙니다. 하나님께서는 이 세상에서와 천국에서 이 선행들에 대해 보답해 주시겠다고 약속하셨기 때문에 무익하지 않습니다. 그러나 이 모든 보답은 하나님께서 우리를 은혜로써 사랑해 주신다는 사실과 하나님께서는 우리의 모든 허물을 덮어두시되 기억치 아니하신다는 전적인 자비와 은총으로 되는 것이지 우리의 공로로 되는 것은 아닙니다.

126문: 그러나 선한 행위를 하지 않고도 의롭게 인정받는다고 믿을 수 있습니까?

답: 그것은 불가능합니다. 왜냐하면 예수 그리스도를 믿는다는 것은 우리가 그분을 영접하는 것이요 그분이 당신 자신을 우리에게 주시는 것이기 때문입니다. 그래서 그분은 단순히 우리를 죽음에서 해방시키고 자기의 무죄하신 공로를 통하여 우리를 죽음으로부터 구출해 내시고 우리를 하나님 아버지와 화목하게 해 주시겠다고만 약속한 것이 아니라 당신의 성령님을 통해서 우리를 새롭게 태어나도록 해서 우리가 거룩하게 살아가도

---

54) (시143:2) 주의 종에게 심판을 행치마소서 주의 목전에는 의로운 인생이 하나도 없나이다.

록 해 주시겠다고 약속하셨기 때문입니다.

127문: 그렇기 때문에 신앙은 우리로 하여금 선행에 대해서 무관심하거나 게을러지지 않게 해 줄 뿐만 아니라 선행들이 만들어지는 근원이 되기도 한다는 말입니까?

답: 그렇습니다. 바로 이런 이유 때문에 복음의 교리는 신앙과 회개의 두 가지가 모두 포함되는 것입니다.

[회개]

[21주일]

128문: 회개란 무엇입니까?

답: 회개란 죄악에 대한 불쾌감과 선에 대한 사랑을 말하는데 이것은 하나님께 대한 경외로부터 나옵니다. 또한 이 회개는 우리를 이끌어 육신의 죄악을 억제하게 함으로써 우리가 성령님에 의해 통치되고 인도함을 받아 하나님을 섬길 수 있도록 만들어 줍니다.

129문: 이것은 바로 앞서서 말한 그리스도인의 생활에 대한 두 번째 점이라고 생각합니까?

답: 그렇습니다. 참되고 올바르게 하나님을 섬기는 것은 그분의 뜻에 복종하는 데 있다고 우리는 말합니다.

130문: 왜 그렇습니까?

답: 하나님께서는 우리의 스스로가 상상에 따라서 만든 섬김이 아니라 당신 자신의 기뻐하시는 바에 따라 섬김 받으시기를 원하시기 때문입니다.

II. 율법

[십계명]

131문: 하나님께서 우리를 통치하실 목적으로 우리게 주신 규칙이 무엇입니까?

답: 하나님의 율법입니다.

132문: 율법의 내용은 어떻게 되어 있습니까?

답: 율법은 두 부분으로 나뉘어져 있습니다. 첫째 부분은 네 가지 계명을 포함하고 있으며, 둘째 부분은 여섯 가지 계명을 포함하고 있습니다. 그래서 율법의 계명은 모두 열 가지입니다.

133문: 이 구분은 누가 만든 것입니까?

답: 하나님 자신입니다. 하나님께서는 이것을 두 돌 판에 써서 모세에게 주시고 그 율법이 열 가지 계명으로 요약된다고 말씀하셨습니다.[55]

134문: 첫째 돌 판의 핵심은 무엇입니까?

답: 하나님께 올바로 영광을 돌리는 방법을 말씀해 주고 있습니다.

135문: 둘째 돌 판의 핵심은 무엇입니까?

답: 우리가 우리의 이웃과 더불어서 어떻게 살아야 하며 우리가 그들에게 행해야 할 것이 무엇인지를 말씀해 주고 있습니다.

[1 계명]

[22주일]

136문: 제 일 계명을 말해 보십시오.

답: "이스라엘아 들으라, 나는 너를 애굽 땅 종 되었던 집에서 인도하여 낸 너의 하나님 여호와로라. 너는 나 외에는 다른 신들을 네게 있게 말지니라(출20:2-3)." 입니다.

137문: 그 뜻을 말해 보십시오.

답: 하나님께서는 처음 부분을 율법 전체에 대한 서론으로 제시하고 있습니다. 즉 하나님께서는 당신을 영원하신 분 그리고 세상의 창조주라고 부름으로써 당신께서 세상 만물에 대한 명령권이 있음을 주장하십니다. 그 후 하나님께서는 우리가 당신의 계명에

---

55) (출32:15) 모세가 돌이켜 산에서 내려오는데 증거의 두 판이 그 손에 있고 그 판의 양면 이편저편에 글자가 있으니 (신4:13) 여호와께서 그 언약을 너희에게 반포하시고 너희로 지키라 명하셨으니 곧 십계명이며 두 돌 판에 친히 쓰신 것이라.

대해 친근한 마음을 가질 수 있도록 당신 자신을 우리의 하나님이라고 부르십니다. 만일 하나님께서 우리의 구원자라면 우리는 마땅히 그분의 말씀에 복종하는 백성이 되어야 합니다.

138문: 그러나 그 다음에 나오는 하나님께서 애굽 땅으로부터의 구원에 관해 하신 말씀은 특별히 이스라엘 민족에게만 행하신 것이 아닙니까?

답: 단편적으로 볼 때는 그렇게 보입니다. 그러나 하나님의 말씀의 특성인 영적인 본질로 볼 때 이 말씀은 일반적으로 모든 시대의 모든 성도들에게 다 적용되는 말씀인 것입니다. 즉 하나님께서는 죄라는 영적 종살이로부터 그리고 악마의 압제로부터 우리의 영혼을 구원하셨기 때문입니다.

139문: 하나님께서는 왜 율법의 처음에 이런 것을 말씀하고 계십니까?

답: 우리가 하나님의 선하신 뜻을 따르는 것이 얼마나 당연하고 마땅한 일이며 또한 우리가 그 반대되는 일을 행하는 것이 얼마나 배은망덕한 일인가를 우리에게 가르치기 위해서 입니다.

140문: 제 일 계명에서 하나님께서 우리에게 요구하시는 것이 무엇입니까?

답: 하나님께만 속한 영광을 다른 곳에 옮기지 말고 오직 그분을 위해서만 준비해야 한다는 것입니다.

141문: 오직 하나님께만 있는 고유한 영광이란 무엇입니까?

답: 오직 하나님만을 경배하며, 그분에게만 간구하고, 그리고 그분만을 신뢰하는 것입니다. 또한 하나님의 존귀와 위엄에 돌려 드려야 할 모든 것들입니다.

142문: 왜 하나님께서는 '내 앞에서' 라고 말씀하고 계십니까?

답: 하나님께서는 모든 것을 보고 계시고, 알고 계시며, 또한 인간들이 지니고 있는 은밀한 생각까지 심판하시는 분이시기 때문입니다. 이것은 하나님께서 단지 겉으로의 신앙고백만을 통해서가 아니라 우리의 참된 진실성과 마음의 중심으로부터 나오는 사랑 안

에서 하나님으로서 인정받으시기를 원하고 계심을 뜻하는 것입니다.[56]

[2 계명]

[23주일]

143문: 제 이 계명을 말해보십시오.

답: "너를 위하여 새긴 우상을 만들지 말고 또 위로 하늘에 있는 것이나 아래로 땅에 있는 것이나 땅 아래 물속에 있는 것의 아무 형상이든지 만들지 말며 그것들에게 절하지 말며 그것들을 섬기지 말라(그것들에게 영광을 돌리지 말라)(출20:4-5)." 입니다.

144문: 이 말씀은 하나님께서 어떠한 형상도(image) 만들지 못하도록 전적으로 금하신 것입니까?

답: 그렇지 않습니다. 이 말씀은 하나님께서 하나님을 형상화(가시적으로 나타내는 것)할 목적으로 혹은 그것을 통해서 하나님을 경배할 목적으로 우리가 어떤 형상을 만들지 못하도록 금하신 것입니다.

145문: 왜 우리는 하나님을 보이는 형상으로 표현하지 말아야 합니까?

답: 영이시며 영원하신 알 수 없는 하나님과 생명 없이 썩어질 눈에 보이는 물체 사이에는 그 어떤 일치점도 존재하지 않기 때문입니다.[57]

146문: 하나님을 이런 식으로 표현하기를 원한다는 것은 결국 하나님의 명예(존귀)를 더럽힌다는 말입니까?

답: 분명히 그렇습니다.

---

56) (잠23:26) 내 아들아 네 마음을 내게 주며 네 눈으로 내 길을 즐거워할지어다.

57) (신4:15) 여호와께서 호렙산 화염 중에서 너희에게 말씀하시던 날에 너희가 아무 형상도 보지 못하였은즉 너희는 깊이 삼가라. (행17:24-25) 우주와 그 가운데 있는 만유를 지으신 신께서는 천지의 주재시니 손으로 지은 전에 계시지 아니하시고 또 무엇이 부족한 것처럼 사람의 손으로 섬김을 받으시는 것이 아니니 이는 만민에게 생명과 호흡과 만물을 친히 주시는 자이심이라.

147문: 여기서는 어떤 예배형식이 정죄되고 있는 것입니까?

답: 마치 하나님께서 어떤 형상을 통해서 우리에게 나타나시는 것처럼 그 형상 앞에 나아와 기도를 드린다든지 그 형상 앞에 무릎을 꿇는 다든지 그밖에 다른 어떤 존경의 표시를 행하는 모든 것을 말합니다.

148문: 그러므로 이 계명에서는 모든 조각이나 그림 즉 예술품들이 금지되고 있는 것으로 이해해서는 안 되고 단지 하나님을 섬기기 위해 만들어진 모든 형상들, 외형적인 형상들 안에서 하나님을 공경하는 일, 그리고 그것으로 어떤 종교적인 형태들이든지 이 형상들을 우상숭배로 오용하는 것이 정죄되고 있다는 것입니까?

답: 그렇습니다.

149문: 이 계명의 목적은 무엇입니까?

답: 제 일 계명은 하나님께서 우리가 예배해야 될 분은 다른 헛된 신들이 아니라 오직 하나님 자신뿐이심을 선언하신 것이고 이제 여기서는 우리를 모든 미신들과 육신적인 예배 방식으로부터 우리를 구해내시기 위해 무엇이 올바르고, 하나님께서 받으시고, 그리고 기뻐하시는 예배의 방법인지를 우리에게 가르쳐 주시는 것입니다.

[24주일]

150문: 다음을 말해 보십시오.

답: 하나님께서는 이 계명에 한 가지 위협의 말씀을 첨가하셨습니다. 즉 "나 여호와 너의 하나님은 질투하는 하나님인즉 나를 미워하는 자의 죄를 갚되 아비로부터 아들에게로 삼, 사대까지 이르게 하거니와" 입니다.

151문: 왜 하나님께서는 당신의 능력에 대해서 말씀하십니까?

답: 하나님께서는 자신의 영광을 유지할 수 있을 만큼 강력한 분이시라는 사실을 나타내 보이시기 위함입니다.

152문: 하나님께서 말씀하시는 '질투'란 무엇을 말합니까?

답: 하나님께서는 자신과 동등하게 여김을 받는 그 어떤 신에 대해 참으실 수 없다는 뜻입니다. 즉 하나님께서는 당신의 무한하신 사랑으로 당신 자신을 우리에게 주셨기 때

문에 우리 또한 전적으로 오직 하나님의 것이 되기를 원하신다는 것입니다. 이런 이유 때문에 우리 영혼의 순결은 영혼을 오직 그분에게만 드리는 것이며 반면에 우리가 하나님 이외의 어떤 다른 미신에 빠지는 것은 우리 영혼의 간음이 되는 것입니다.

153문: 아버지의 죄를 자식에게 벌한다는 말씀을 어떻게 이해해야 합니까?

답: 이 말씀은 우리에게 보다 큰 공포와 두려움을 주기 위한 것입니다. 그래서 하나님께서는 단지 당신 자신에게 죄를 범하는 사람들만을 보복하시리라고 말씀하지 않으시고 이들 이후에 오는 아들의 자손이 저주를 받으리라고 말씀하신 것입니다.

154문: 그러면 남 때문에 사람을 죄인으로 처벌한다는 것은 하나님의 공의에 어긋나는 것이 아닙니까?

답: 만일 우리가 인류의 형편이 어떠한 것인가를 생각한다면 이 문제는 해결이 될 것입니다. 즉 우리는 모든 본성적으로 저주를 받은 존재이기 때문에 설사 하나님께서 우리를 현 상태대로 그냥 내버려 두신다 하더라도 우리는 하나님께 대해 아무런 불평을 할 수 없습니다. 따라서 하나님께서 당신의 종들의 자녀들을 축복하실 때 이것은 하나님께서 당신의 종들에 대해 은혜와 사랑을 나타내 보여 주신다는 것을 말해 주는 것이며 반면 이와 같이 하나님께서 악인의 자녀들을 저주 가운데 버려두실 때 이것은 악인들에 대한 하나님의 징벌의 표시가 되는 것입니다.

155문: 하나님께서는 계속해서 어떤 말씀을 하셨습니까?

답: 하나님께서는 우리를 부드럽게 격려해 주시기 위해서 당신을 사랑하며 당신의 계명을 지키는 자들에게는 천대까지 은혜를 베푸신다고 말씀하셨습니다.

156문: 이 말은 어느 한 성도의 복종이 그의 모든 자손을 구원할 것이라는 뜻입니까? 비록 그의 자손이 악한 자인데도 말입니다.

답: 그렇지 않습니다. 이 말씀은 하나님께서 성도들을 사랑하시기 때문에 성도들에 대한 자신의 인자하심을 확대시켜 그들의 자손에게까지도 당신의 은혜로우신 분으로 깨닫도록 해 주시겠다는 것입니다. 즉 하나님께서는 신도들의 자손들을 육신적인 것을 따라서만 번영케 하는 것이 아니고 성령의 인도를 통해서 자손들을 거룩하게 하여 당신의 뜻에 복종하도록 만들어 주시겠다는 것입니다.

157문: 그러나 이것은 영구적인 것이라고 말씀하시는 것이 아닐 것이지요?

답: 그렇습니다. 주님께서는 악인의 자녀들에게도 긍휼을 베푸실 자유를 가지고 계시기 때문입니다. 또한 하나님께서는 성도들의 자녀들 가운데서도 당신께서 기뻐하시는 자들을 선택하시거나 버릴 수 있는 권세를 가지고 계시기 때문입니다. 그렇지만 하나님께서 이렇게 자유롭게 행하시는 것은 우리가 그분의 약속이 결코 공허하거나 무효하게 되는 것이 아니라는 사실을 깨달을 수 있는 정도 내에서 행하시는 것입니다.[58]

158문: 왜 하나님께서는 여기서 축복하실 때는 천대라고 말씀하시고 위협하실 때는 단지 삼, 사대라고만 말씀하십니까?

답: 이는 하나님의 본성이 엄격하거나 가혹하심을 행하시는 것보다는 인자와 친절을 베푸시는데 있다는 것을 분명히 가르치기 위해서 입니다. 이것은 하나님께서 '나는 자비로우며 노하기를 더디 한다.' 라고 말씀하신 것과 같습니다.[59]

[삼 계명]

[25주일]

159문: 제 삼 계명을 말해 보십시오.

답: "너는 너의 하나님 여호와의 이름을 망령되이 일컫지 말라(출20:7)." 입니다.

160문: 이것은 무슨 뜻입니까?

답: 이것은 하나님께서 단순히 거짓된 맹세뿐만 아니라 필요 이상의 서약이나 무의미한 맹세에서 하나님의 이름을 남용하는 것을 우리에게 금하시는 것입니다.

161문: 그러면 우리는 맹세를 통해서 하나님의 이름을 사용해도 괜찮습니까?

---

58) (롬9:15) 모세에게 이르시되 내가 긍휼히 여길 자를 긍휼히 여기고 불쌍히 여길 자를 불쌍히 여기리라 하셨으니, 그런즉 원하는 자로 말미암음도 아니요 달음박질하는 자로 말미암음도 아니요 오직 긍휼히 여기시는 하나님으로 말미암음이니라.

59) (시103:8) 여호와는 자비로우시며 은혜로우시며 노하기를 더디 하시며 인자하심이 풍부 하시도다.

답: 그렇습니다. 두 가지 경우가 있습니다. 첫째는 하나님의 진리(말씀)를 잘 보존하기 위해서 입니다. 둘째는 성도 가운데서 사랑과 일치를 유지하기 위해서 맹세를 할 수 있습니다.

162문: 하나님의 영광을 모독하는 맹세를 경계하는 것 외에 다른 의미는 없습니까?
답: 그것은 하나의 실례입니다. 이것은 하나님의 이름은 그것을 찬송하기 위하여 두려움과 겸손으로써만 부르는 것이지 그 밖의 방법으로는 결단코 사용해서는 안 된다는 것을 일반적으로 가르치는 것입니다. 왜냐하면 하나님의 이름은 거룩하고 또 존귀하기 때문입니다. 그렇기 때문에 우리는 그분의 이름을 모욕하거나 혹은 모욕의 원인을 만들어 주는듯한 것들도 삼가고 조심해야 하는 것입니다.

163문: 어떻게 이런 정신과 태도를 가질 수 있습니까?
답: 이것은 우리가 하나님의 이름을 경배와 찬양 이외의 목적으로 하나님과 그의 사역들에 대해서 생각하거나 말하지 않을 때 가능한 것입니다.

164문: 이 계명에 첨가된 말씀은 무엇입니까?
답: "나 여호와는 나의 이름을 망령되이 일컫는 자를 죄 없다 하지 아니하리라." 입니다.

165문: 하나님께서는 성경의 다른 곳에서도 모든 범죄자들을 벌하시리라고 일반적으로 말씀하고 계신데 이 계명의 심판이 가지는 특별한 뜻과 의미가 있습니까?
답: 그것은 하나님께서 어떻게 그의 이름의 영광을 특별한 계명으로써 보존하시는지를 선언하고자 원하시는 것이므로 그분의 이름을 모욕하는 자를 하나님이 참지 않으시고 반드시 심판하신다고 말씀하는 것입니다. 이러므로 우리가 한층 더 신중하게 존경심을 가지고 그의 이름을 부르며 하나님을 경외하도록 하기 위함인 것입니다.

[사 계명]

[26주일]
166문: 제 사 계명을 말씀해 보십시오.

답: "안식일을 기억하여 거룩히 지키라. 엿새 동안은 힘써 네 모든 일을 행할 것이나 제 칠일은 너의 하나님 여호와의 안식일인즉 너나 네 아들이나 네 딸이나 네 남종이나 네 여종이나 네 육축이나 네 문안에 유하는 객이라도 아무 일도 하지 말라. 이는 엿새 동안에 나 여호와가 하늘과 땅과 바다와 그 가운데 모든 것을 만들고 제 칠일에 쉬었음이라. 그러므로 나 여호와가 안식일을 복되게 하여 그 날을 거룩하게 하였느니라(출 20:8-11)." 입니다.

167문: 하나님께서는 우리가 제 칠일에 쉬도록 하기 위해 일주일 중 엿새 동안 일하라고 명령하셨습니까?

답: 단순히 그런 것은 아닙니다. 하나님께서 엿새 동안 일하도록 허락을 내리실 때 일곱째 날은 일해서는 안 되는 날로 보류해 놓으신 것입니다.

168문: 하나님께서 일곱째 날에 어떤 일도 하지 말도록 금하신 것입니까?

답: 이 계명은 몇몇 특수한 특징의 고려를 해야 합니다. 즉 안식일 준수는 고대 이스라엘의 낡은 율법 의식의 하나이기 때문입니다. 이런 의식적 행위는 예수 그리스도의 오심으로 이 계명은 폐지되었습니다.[60]

169문: 당신은 이 계명이 본래 유대인들에게 해당되는 것이고 구약시대에만 주어진 것이라고 생각하는 것입니까?

답: 그것이 율법의 의식인 한 그렇습니다.[61]

170문: 뭐라고요? 그러면 이 계명 안에는 의식적 형태 외에 다른 요소가 들어 있다는 말입니까?

답: 이 계명에는 세 가지의 내용들을 가지고 있습니다.

---

60) (골2:16-17) 그러므로 먹고 마시는 것과 절기나 월삭이나 안식일을 인하여 누구든지 너희를 폄론하지 못하게 하라. 이것들은 장래 일의 그림자이나 몸은 그리스도의 것이니라.

61) (히9:9-10) 이 장막은 현재까지의 비유니 이에 의지하여 드리는 예물과 제사가 섬기는 자로 그 양심상으로 온전케 할 수 없나니 이런 것은 먹고 마시는 것과 여러 가지 씻는 것과 함께 육체의 예법만 되어 개혁할 때까지 맡겨 둔 것이니라.

171문: 그것은 어떤 것입니까?

답: 첫째로 성도의 영적인 안식을 상징적으로 나타내기 위한 것입니다. 둘째로 교회의 질서(규율)를 유지하기 위한 것입니다. 셋째로 종(아랫사람)들의 고통을 경감시켜 주고 위로해 주기 위한 것입니다.

172문: 영적인 안식이란 무엇입니까?

답: 주님께서 우리 안에서 역사하실 수 있도록 우리 자신의 일들을 중지하는 것입니다.

173문: 이 영적인 안식을 위해서 우리는 어떻게 해야 합니까?

답: 하나님께서 당신의 영을 통하여 우리를 통치하실 수 있도록 우리가 우리 자신의 육체를 억제하고 우리의 본성적 욕구를 포기해야 합니다.

174문: 이 일은 일주일 동안 한 번만 행할 의무가 있는 것입니까?

답: 아닙니다. 이것은 모든 날 끊임없이 행해야 되는 것입니다. 왜냐하면 우리는 이미 그 일을 시작했기 때문에 전 생애에 걸쳐서 계속 행해야 하는 것입니다.

175문: 그러면 왜 그것을 구체적으로 나타내는데 어떤 일정한 날을 설정한 것입니까?

답: 상징은 사실과 전적으로 같을 필요는 없습니다. 양자 사이에는 어떤 유사한 점만 있으면 그것으로 충분합니다.

176문: 왜 다른 날이 아니고 제 칠일이 이런 상징을 나타내기 위해서 정해졌습니까?

답: '7'이란 숫자는 성경에서 "완성"을 의미합니다. 따라서 그것은 "영원성"을 표현하는데 매우 적합합니다. 또한 그것은 우리의 영적 안식이 현재 생활에서는 다만 시작한데 지나지 않으며 우리가 이 세상을 떠날 때까지는 결코 완전하게 되지 않으리라는 것을 가르치기도 합니다.

[27주일]

177문: 여기서 우리 주님께서 자신이 쉬신 것처럼 우리도 쉬어야 한다고 말씀하시는 것은 어떤 근거에서 그렇게 말할 수 있습니까?

답: 하나님께서는 엿새 동안 만물을 창조하시고 제 칠일은 이 창조물들을 바라보시는 일로 보내셨습니다. 그리고 하나님께서는 우리를 보다 낫게 이 일을 잘 행할 수 있도록 하기 위해서 당신 자신을 우리에게 본보기로 제시해 주셨기 때문입니다. 이런 이유로 인해서 우리는 하나님과 일치하는 것 이상 더 바람직한 것을 찾아 볼 수 없는 것입니다.

178문: 우리는 매일같이 하나님의 모든 사역들을 묵상해야 합니까? 아니면 일곱째 날에 하는 것으로 충분합니까?

답: 이것은 매일 행해져야 하는 것입니다. 그러나 우리의 연약함 때문에 그것을 위한 특정한 날이 존재하는 것입니다. 이런 이유는 앞에서 말씀드린 3가지 내용(171문 참조) 중에서 '교회의 질서'에 속하는 것입니다.

179문: 이 날에 우리가 마땅히 지켜야 할 일을 무엇입니까?

답: 그것은 사람들이 하나님의 진리로 교육을 받도록, 공동으로 기도를 드리도록, 그리고 믿음과 경건의 증거를 나타내도록 함께 예배로 모이는 것입니다.

180문: 이 계명이 종들의 고통 경감과 위로를 위해서도 주어졌다는 것은 무슨 뜻입니까?

답: 이것은 다른 사람들의 지배 밑에 있는 종들에게 휴식을 주기 위해 주어졌다는 뜻입니다. 뿐만 아니라 이것은 공공질서에도 유익이 됩니다. 왜냐하면 쉬는 날이 하루 있을 때 사람들은 나머지 날 동안엔 일하는 습관을 갖게 되기 때문입니다.

181문: 이제 이 계명의 내용을 요약해 봅시다.

답: 이 계명이 율법의 의식에 관한 한 이 계명의 의식들은 폐기되었다는 것입니다. 왜냐하면 예수 그리스도 안에서 이것의 참된 의미가 완성되었기 때문입니다.

182문: 어떤 의미에서 그렇습니까?

답: 우리의 옛사람이 그리스도의 죽으심의 능력을 통해서 십자가에 못 박히며 그리스

도의 부활을 통해서 새 생명 가운데서 다시 살아난다는 의미에서 그렇습니다.[62]

183문: 이 계명의 내용 중에서 우리에게 아직 남아 있는 것은 무엇입니까?

답: 주님의 말씀을 듣고 공중기도를 드리며 그리고 성례전에 참여하기 위하여 교회 내에서 제정된 규칙을 준수하고 성도들 사이에 세워진 영적규칙도 위반해서는 안 된다는 점입니다.

184문: 그러면 이런 형식들은 우리에게 유익이 없는 것입니까?

답: 아닙니다. 유익이 대단히 큽니다. 우리는 이런 것들을 진리의 본질에까지 몰고 가야 하는 것입니다. 즉 우리가 그리스도의 참된 지체들이 된 이상 우리는 우리를 그분의 통치에 내어 맡기기 위해서 우리 자신의 일을 중지해야 합니다.

[오 계명]

[28주일]

185문: 십계명의 둘째 판으로 넘어가 봅시다.

답: "네 부모를 공경하라(출20:12)." 입니다.

186문: '공경' 한다는 말은 무슨 뜻입니까?

답: 자녀들이 그들의 부모에 대해 겸손하고, 그분들에게 순종하며, 그분들에게 존경과 감사를 드리고, 그분들을 도우며, 그분들의 명령에 따라야 한다는 것을 뜻합니다.

187문: 계속해 보십시오.

답: 하나님께서는 이 계명에 한 가지 약속을 첨가하여 말씀해 주셨습니다. "그리하면 너의 하나님 나 여호와가 네게 준 땅에서 네 생명이 길리라." 입니다.

---

62) (롬6:6) 우리가 알거니와 우리 옛 사람이 예수와 함께 십자가에 못 박힌 것은 죄의 몸이 멸하여 다시는 우리가 죄에게 종노릇하지 아니하려 함이니...

188문: 이것은 무슨 뜻입니까?

답: 하나님께서는 부모에게 마땅한 공경을 행하는 자들에게 장수를 허락하시리라는 것입니다.

189문: 이 세상의 삶은 비참으로 가득 차 있는데도 어찌하여 하나님께서는 오래 살게 해 주시는 것을 은혜로 간주하며 이를 사람에게 약속하실 있단 말입니까?

답: 이 세상의 삶이 비록 비참한 것이라고는 하나 그것은 믿는 자에게 하나님의 축복의 하나입니다. 왜냐하면 하나님께서 일평생 동안 성도를 보호하고 인도해 주실 때 이것은 아버지로서의 사랑을 나타내 주시는 분명한 증거이기 때문입니다.

190문: 그러면 일찍 죽는 사람은 하나님으로부터 저주를 받았다는 말이 되는 것입니까?

답: 아닙니다. 하나님께서는 종종 당신께서 매우 사랑하시는 사람들을 이 땅으로부터 가장 빨리 데려가시기도 하기 때문입니다.[63]

191문: 이렇게 이중적으로 일하신다면 하나님께서 어떻게 당신의 약속을 지키실 수 있습니까?

답: 우리는 하나님께서 지상의 행복에 대해 우리에게 약속하신 모든 것을 조건적으로 이해해야 합니다. 즉 '그것들이 우리의 영적 구원을 위해서 유익한 것인 한' 이라는 조건을 붙여서 이해해야 합니다. 이 사실이 항상 앞서 이해되지 않으면 우리의 생각은 혼란에 빠지고 말 것입니다.

192문: 그러면 부모를 거역하는 자들에 대해서는 어떻게 생각합니까?

답: 하나님께서는 최후의 심판 날에만 이들을 벌하시는 것이 아니고 현재의 삶에서도 그들의 육신에 대해 징벌하실 것입니다. 즉 하나님께서 이들을 일찍 죽게 하신다든지, 수치스럽게 죽게 하신다든지, 또는 그밖에 다른 방법으로 죽게 하신다든지 한다는 것입니다.

---

63) (행12:2) 요한의 형제 야고보를 칼로 죽이니...

193문: 하나님께서는 이 계명에서 특히 가나안 땅에 관해서 말씀하시는 것이 아닙니까?

답: 그렇습니다. 이 계명은 이스라엘 자손들에게 관계된 것입니다. 그러나 오늘날에는 이 말씀은 보다 더 일반적(포괄적)으로 이해되어야 합니다. 왜냐하면 우리가 어떤 나라에 가든지 그곳의 땅은 하나님의 것이기 때문에, 하나님께서 우리의 거처를 주셨기 때문입니다.[64]

194문: 위와 같은 내용이 이 계명의 전부입니까?

답: 비록 이 계명이 부모에 대해서만 말하고 있다 하더라도 우리는 이것이 모든 연장자(상전=윗분들=지도자)들을 포함하고 있는 것으로 이해해야 합니다. 즉 부모에게 해당되는 똑같은 원리가 이들에게도 적용되기 때문입니다.

195문: 어떤 원리입니까?

답: 그것은 하나님께서 그들에게 권위를 주셨기 때문입니다. 즉 하나님이 주신 권위가 아니면 아버지나 왕이나 그 밖의 어떤 연장자에게도 권위가 있을 수 없기 때문입니다.[65]

[육 계명]

[29주일]
196문: 제 육 계명을 말해보십시오.
답: "살인하지 말지니라(출20:13)." 입니다.

197문: 이 계명은 단지 외적인 살인 행위에 대해서만 금지하고 있는 것입니까?

답: 아닙니다. 여기서 말씀하시는 하나님은 우리의 외형적 행위뿐만 아니라 무엇보다 더 우리의 내적인 마음의 모든 악한 충동을 금하시기 위해서 이 계명을 제정하신 것

---

64) (시24:1) 땅과 거기 충만한 것과 세계와 그 중에 거하는 자가 다 여호와의 것이로다.

65) (롬13:1) 각 사람은 위에 있는 권세들에게 굴복하라 권세는 하나님께로 나지 않음이 없나니 모든 권세는 다 하나님의 정하신 바라.

입니다.

198문: 그러면 당신은 여기서 하나님께서 금하시는 어떤 "내면적인 살인"이라는 것이 존재한다는 말입니까?

답: 그렇습니다. 그것은 이웃에 대한 미움, 원망, 또한 이웃에게 악을 행하려는 모든 욕망을 말하는 것입니다.[66]

199문: 그러면 우리의 이웃에 대해서 단지 미워하지 않는다든가, 아니면 악한 마음을 품지 않으면 그것으로 충분한 것입니까?

답: 아닙니다. 하나님께서 미움을 정죄하실 때 그 분은 우리가 이 죄를 다만 두려워하는 것뿐만 아니라 우리가 온전한 마음으로 그리고 어떤 거짓도 없이 우리의 이웃을 사랑하고 그들의 생명의 안전을 돌아보기를 원하시는 것이 포함되어 있는 것입니다.

[칠 계명]

200문: 제 칠 계명을 말해 보십시오.

답: "간음하지 말지니라(출20:14)." 입니다.

201문: 이것은 무슨 뜻입니까?

답: 이것은 모든 간음은 하나님에 의해 저주를 받는다는 것입니다. 그러므로 우리가 우리에 대한 하나님의 진노를 자초하지 않으려면 금욕해야 한다는 것입니다.

202문: 이것은 외적인 간음만을 금지하는 것입니까?

답: 아닙니다. 우리는 항상 이 계명을 정하신 하나님의 성품을 고려해야 합니다. 그 분은 단지 외적인 행위에만 머물러 계신 것이 아니라 우리 마음의 성향을 요구하고 계시기 때문입니다.[67]

---

66) (마5:22) 나는 너희에게 이르노니 형제에게 노하는 자마다 심판을 받게 되고 형제를 대하여 라가라 하는 자는 공회에 잡히게 되고 미련한 놈이라 하는 자는 지옥 불에 들어가게 되리라.

67) (잠23:26) 내 아들아 네 마음을 내게 주며 네 눈으로 내 길을 즐거워할 지어다.

203문: 그러면 이 계명은 어떤 의미들을 더 포함하고 있습니까?

답: 우리의 몸과 영혼은 성령님의 전이기 때문에 우리는 이를 아주 단정하게 보전해야 한다는 것입니다. 또한 우리의 행위에 대해서 뿐만 아니라 마음의 간음에 대한 욕망, 말 그리고 몸짓에 대해서까지도 순수해야 한다는 것이 포함되어 있습니다. 그래서 우리의 어떤 부분도 더러움에 오염되어서는 안 된다는 것을 말하는 것입니다.[68]

[팔 계명]

[30주일]

204문: 제 팔 계명을 말해 보십시오.

답: "도적질하지 말지니라(출20:15)." 입니다.

205문: 이 계명은 일반 재판에 의해서 징벌을 받는 그러한 도적질만을 금하고 있는 것입니까? 아니면 그 의미에 있어서 더 넓은 의미를 갖고 있습니까?

답: 여기서 말하는 도적질이란 그것이 폭력을 통해서, 교활함을 통해서, 그리고 하나님께서 인정치 아니하시는 또 다른 방법을 통해서건 모든 부당한 상거래 및 이웃의 재산을 빼앗는 모든 부정직한 수단들을 포함하고 있습니다.

206문: 이러한 외적행위를 하지 않는 것으로만 충분합니까? 아니면 내적인 마음 역시 여기에 포함되어야 합니까?

답: 우리는 언제나 이 계명을 정하신 하나님의 성품을 고려해야 합니다. 왜냐하면 그분은 영적인 존재이시기 때문에 그분은 여기서 단순히 외적인 절도행위에 대해서만 말씀하지 않으시고 이웃을 희생시켜서 부유해 지려는 계획, 의도, 그리고 생각에 대해서도 말씀하시는 것입니다.

207문: 그러면 우리는 어떻게 해야 합니까?

---

68) (고전3:17) 누구든지 하나님의 성전을 더럽히면 하나님이 그 사람을 멸하시리라 하나님의 성전은 거룩하니 너희도 그러하니라. (마5:28) 나는 너희에게 이르노니 여자를 보고 음욕을 품는 자마다 마음에 이미 간음. 하였느니라.

답: 우리는 시민 각자가 자기의 재산을 잘 지킬 수 있도록 우리에게 부여된 의무를 다 해야 합니다.[69]

[구 계명]

208문: 제 구 계명을 말해 보십시오.

답: "네 이웃에 대하여 거짓 증거 하지 말지니라(출20:16)." 입니다.

209문: 이 계명은 재판 시 위증하는 것만을 금하고 있습니까? 아니면 이웃에 대해 행하는 모든 거짓말을 전적으로 금하고 있는 것입니까?

답: 모든 거짓말을 금하고 계신 것입니다. 하나님께서는 한 가지 종류를 지적함으로써 우리가 이웃 사람에 대하여 부정하게 욕을 말해서는 안 되며 또 거짓말을 하거나 이웃 사람의 재산과 명예를 결단코 손상시켜서는 안 되는 것 등등 일반적인 교훈을 주시는 것입니다.

210문: 왜 이 계명은 공적인 위증에 대해서 말하고 있습니까?

답: 이것은 우리로 하여금 험담과 중상의 악을 몹시 혐오하도록 만들어 주기 위해서 입니다. 즉 거짓되게 이웃을 중상하고 이웃의 명예를 훼손하는 습관을 가지고 있는 사람은 후에 법정에서도 쉽게 위증할 수 있다는 사실을 나타내 줌으로 더욱 경고하는 것입니다.

211문: 이 계명은 외적으로 부당하게 말하는 것만을 금하고 있는 것입니까?

답: 아닙니다. 이것은 앞의 계명들처럼 두 가지를 다 말하고 있는 것입니다. 즉 외적으로 부당하게 말하는 행위뿐만 아니라 내적으로 악한 의도조차도 하나님 앞에서는 죄가 되는 것입니다.

212문: 그러면 이 계명이 말하는 것을 요약해 보십시오.

---

69) (잠6:6) 게으른 자여 개미에게로 가서 그 하는 것을 보고 지혜를 얻으라. (잠6:8) 먹을 것을 여름 동안에 예비하며 추수 때에 양식을 모으느니라. (잠6:10-11) 좀 더 자자, 좀 더 졸자, 손을 모으고 좀 더 눕자 하면, 네 빈궁이 강도 같이 오며 네 곤핍이 군사 같이 이르리라.

답: 이 계명은 이웃을 악평한다거나 중상하려는 생각을 갖지 말고 사실과 일치하는 한 이웃을 좋게 평가해 주고 이웃의 좋은 평판을 보전해 주라는 것입니다.

[십 계명]

[31주일]
213문: 마지막 계명을 말해 보십시오.

답: "네 이웃의 집을 탐내지 말지니라. 네 이웃의 아내나 그의 남종이나 그의 여종이나 그의 소나 그의 나귀나 무릇 네 이웃의 소유를 탐내지 말지니라"(출20:17)입니다.

214문: 만일 모든 계명이 당신이 말한 대로 영적인 것이라면, 즉 다른 모든 계명들이 외적 행위들뿐만 아니라 마음의 성향까지도 규제하기 위한 것이라면, 왜 이 계명에서는 특별히 후자에 대해서 언급하고 있는 것입니까?

답: 주님께서는 다른 계명들을 통해서 우리의 외적 행동과, 충동, 그리고 의지까지도 다스리신다고 말씀해 주셨습니다. 그리고 여기서는 더 나아가 하나님께서는 우리의 생각 속에 어떤 욕망이나 탐욕들을 품고 있기는 하나 아직 확정된 의도에까지는 이르지 못한 우리 마음의 생각에 대해서도 다스리고 계심을 강조해서 말씀해 주시려는 것입니다.

215문: 당신은 성도에게 다가오는 아주 작은 욕망까지도 죄라고 생각하십니까? 비록 그가 이것에 대해 저항하고 결코 여기에 동의하지 않았는데도 말입니다.

답: 비록 그런 유혹에 동의하지 않아도 모든 악한 생각은 우리의 육의 연약함에서 오는 것이 분명합니다. 그러나 저는 이 계명이 아직 확정된 의도에까지 이르지는 않았으면서도 인간의 마음을 자극하며 괴롭히는 탐욕에 대해서 말하고 있는 것이라고 생각합니다.

216문: 이제 확고한 의지적 결단을 은밀히 갖고 있는 나쁜 충동들이 벌써 앞에서 정죄되었듯이 주님께서는 우리에게 아주 완전한 거룩함을 요구하고 계시는 것이라고 생각하고 있는 것이군요. 그리하여 그 어떤 악한 욕망도 우리의 마음속에 들어와 우리의 마음을 부추기고 움직여 악에게로 이끌어가지 못하게 하신다고 말입니다.

답: 그렇습니다.

[율법의 요약]

217문: 이제 우리는 율법 전체를 요약해 볼 수 있습니까?

답: 예, 할 수 있습니다. 즉 우리는 그것을 두 가지로 요약할 수 있습니다. 첫째로 우리가 온 마음과 온 생명과 온 힘을 다해 하나님을 사랑해야 한다는 것입니다. 둘째는 우리가 이웃을 우리 자신처럼 사랑해야 한다는 것입니다.[70]

218문: "하나님을 사랑한다고" 하는 것에는 어떤 의미가 포함되어 있습니까?

답: 우리가 하나님을 하나님으로 사랑한다면 이는 우리가 그분을 주님이요, 구주요, 아버지로 인정한다는 것입니다. 그리고 여기에는 사랑과 더불어 하나님을 향한 거룩한 두려움, 경외, 신뢰, 그리고 복종이 포함되어 있습니다.

219문: 온 마음과 온 생명과 온 힘을 다한다는 말은 무슨 뜻입니까?

답: 주님을 향한 우리의 열심과 열정이 너무나 커서 이 사랑에 배치되는 그 어떠한 욕망, 뜻, 계획, 그리고 생각도 우리 안에 자리 잡지 못하게 해야 한다는 것입니다.[71]

[32주일]

220문: 둘째 조항은 무슨 뜻입니까?

답: 우리는 본성상 우리 자신을 사랑하는 성향이 대단하여 이 감정이 다른 모든 성향들을 제압 해 버립니다. 이처럼 이웃에 대한 사랑이 우리를 이끌어서 우리의 생각과 행동의 기준이 되도록 해야 한다는 것입니다.

221문: 그러면 우리의 이웃은 누구입니까?

답: 단순히 우리의 부모, 친척, 친구, 그리고 우리와 교제하는 사람들뿐만 아니라 우리가 모르는 사람들과 또한 우리의 원수들까지도 우리의 이웃입니다.

---

70) (마22:37-40) 예수께서 가라사대 네 마음을 다하고 목숨을 다하고 뜻을 다하여 주 너의 하나님을 사랑하라 하셨으니, 이것이 크고 첫째 되는 계명이요, 둘째는 그와 같으니 네 이웃을 네 몸과 같이 사랑하라 하셨으니, 이 두 계명이 온 율법과 선지자의 강령이니라.

71) (시73:25) 하늘에서는 주 외에 누가 내게 있으리요 땅에서는 주밖에 나의 사모할 자 없나이다.

222문: 이들은 우리와 어떤 관련이 있습니까?

답: 이런 이웃의 관계는 하나님께서 지상의 모든 사람들 가운데 세워주신 인간의 질서로서 신성불가침한 것이며 우리의 죄악으로도 폐기될 수 없는 것입니다.

223문: 그러면 만일 누군가 우리를 미워하더라도 그것은 그 사람 자신만의 일이어서 위와 같은 하나님의 질서에 의하면 그는 우리의 이웃됨을 잃어버린 것이 아니므로 우리는 그를 계속 이웃으로 간주해야 한다는 말입니까?

답: 그렇습니다.

[율법의 이행]

224문: 율법에는 하나님을 올바로 섬기는 방법이 내포되어 있습니다. 따라서 그리스도인은 이 율법의 명령에 따라서 살아야만 하는 것입니까?

답: 그렇습니다. 그러나 모든 사람 안에는 항상 결함이 자리 잡고 있기 때문에 이 율법을 완전하게 행할 수가 없습니다.

225문: 그렇다면 왜 주님께서는 우리의 능력에 지나치는 그러한 완전한 기준을 요구하십니까?

답: 주님께서는 우리가 해야 될 의무가 없는 것을 요구하시지는 않습니다. 그러나 우리가 여기서 명령되어진 것에 우리의 삶을 일치시키기 위해 노력하기만 한다면 주님께서는, 우리가 아직 완전에 이르기엔 먼 상태에 있다 할지라도, 부족한 점을 우리의 탓으로 돌리지 않으십니다.

226문: 당신은 지금 일반적으로 모든 사람들에 대해서 말하고 있습니까? 아니면 단지 신자들에 대해서만 말하고 있는 것입니까?

답: 성도들에 대해서 말하고 있는 것입니다. 왜냐하면 성령에 의해서 거듭나지 않은 사람들은 율법에 있는 가장 사소한 것도 행할 수 없기 때문입니다. 또 설혹 율법의 어느 한 부분을 행하는 사람이 있다고 하더라도 그것으로 그 사람이 율법 전체를 지켜야 하는 의무를 벗어난 것이 아닙니다. 왜냐하면 우리 주님께서는 율법의 내용을 완전히 성취하

지 않는 자는 저주를 받을 것이라고 선언하고 계시기 때문입니다. [72]

[율법의 직무]

[33주일]

227문: 이로부터 우리는 두 종류의 사람이 존재하기 때문에 율법도 이중의 역할을 가지고 있다는 결론을 내려야 합니까?

답: 그렇습니다. 율법은 불신자들에 대해서는 단지 이들을 논박하여 하나님 앞에서 더 이상 변명할 수 없도록 하는데 효과적이기 때문입니다. 즉 바울이 지적하고 있는 대로 율법은 죽음과 정죄의 직무를 가지고 있습니다. 그러나 율법은 성도들에 대해서는 아주 특별한 다른 용도를 가지고 있습니다. [73]

228문: 그 용도는 어떤 것입니까?

답: 첫째로, 율법은 행위를 통해 의롭게 될 수 없다는 사실을 신자들에게 보여줌으로써, 즉 그들을 겸손하게 만들어 줌으로써 그들로 하여금 예수 그리스도 안에서 구원을 찾도록 준비시켜 줍니다. 둘째로, 율법은 그들이 할 수 있는 이상의 것을 요구함으로써 그들에게 힘과 능력을 주시게끔 주님께 간구하도록 권면해 줍니다. 동시에 율법은 그들로 교만에 빠지지 않도록 그들이 불의한 존재임을 항상 자인하게끔 훈계해 줍니다. 셋째로, 율법은 성도들을 하나님께 대한 경외와 두려움 가운데 붙들어 두기 위한 울타리와도 같습니다. 즉 성도들의 삶의 규범으로서의 역할을 행사한다는 것입니다.

229문: 그러면 이 말은 비록 우리가 이 덧없는 삶의 날 동안 율법을 결코 성취할 수 없다 하더라도 율법이 우리에게 완전을 요구하는 것은 결코 무익한 일이 아니라고 생각하는 것입니까? 즉 이 율법은 우리가 지향해야 할 목표를 제시해 줌으로써 각자가 하나

---

72) (신27:26) 이 율법의 모든 말씀을 실행치 아니하는 자는 저주를 받을 것이라 할 것이요 모든 백성은 아멘 할지니라.

73) (롬3:3) 어떤 자들이 믿지 아니하였으면 어찌 하리요? 그 믿지 아니함이 하나님의 미쁘심을 폐하겠느뇨? (고후3:6) 저가 또 우리로 새 언약의 일군 되기에 만족케 하셨으니 의문으로 하지 아니하고 오직 영으로 함이니 의문은 죽이는 것이요. 영은 살리는 것임이니라.

님께서 베풀어주신 은혜에 따라 거기에 도달하기 위해 열심히 노력하도록 만들어 주며 또 날마다 진보해 나아가도록 해 주기 때문이라는 것입니까?

답: 예. 저도 그렇게 생각합니다.

230문: 율법에서 우리는 모든 선에 대한 완전한 규범을 소유하고 있습니까?

답: 그렇습니다. 그래서 하나님께서는 율법 준수 이외의 다른 어떤 것을 우리에게 요구하시지 않습니다. 반면에 하나님께서는 이 율법의 내용 이외에 인간이 행하려고 노력하는 그 어떤 것도 인정치 않으시고 완전히 거부해 버리십니다. 왜냐하면 하나님께서는 복종 이외의 다른 제물을 요구하시지 않기 때문입니다. [74)

231문: 그렇다면 선지자들이나 사도들이 행한 훈계, 충고, 명령, 그리고 권면들은 무엇에 소용되는 것입니까?

답: 그것들은 단순히 율법을 해설한 것에 불과한 것으로 우리를 율법에 대한 복종으로부터 이탈시켜 놓기 위한 것이 아니라 우리를 율법에로 인도하기 위한 것들입니다.

232문: 그러나 율법은 각 개인이 해야 할 사명을 말하고 있지 않습니까?

답: 예, 그렇습니다. 이를테면 율법에서 각자에게 속하는 것은 각자에게 돌려야 한다고 말하는 경우에 각자가 자기의 입장에서 자기의 책무가 무엇인지를 우리가 충분히 결론지을 수 있습니다. 또 앞에서 말한 대로 우리는 그 설명을 성경 전체에 걸쳐서 발견합니다. 즉 주님께서는 율법 속에 요약한 것을 상세하게 가르쳐 주시기 위해 성경 도처에서 이를 다루고 계시기 때문입니다.

III. 기도에 관하여

---

74) (마7:23) 그 때에 내가 저희에게 밝히 말하되 내가 너희를 도무지 알지 못하니 불법을 행하는 자들아 내게서 떠나가라 하리라. (삼상15:22) 사무엘이 가로되 여호와께서 번제와 다른 제사를 그 목소리 순종하는 것을 좋아하심 같이 좋아하시겠나이까? 순종이 제사보다 낫고 듣는 것이 수양의 기름보다 나으니. (렘7:23-24) 오직 내가 이것으로 그들에게 명하여 이르기를 너희는 내 목소리를 들으라. 그리하면 나는 너희 하나님이 되겠고 너희는 내 백성이 되리라. 너희는 나의 명한 모든 길로 행하라. 그리하면 복을 받으리라 하였으나 그들이 청종치 아니하며 귀를 기울이지도 아니하고 자기의 악한 마음의 꾀와 강퍅한 대로 행하여 그 등을 내게로 향하고 그 얼굴을 향하지 아니하였으며…

[기도에 관한 일반적 가르침]

[34주일]

233문: 하나님을 경외하는 두 번째 부분인 하나님께 대한 복종에 관해서는 충분히 다루었으므로 이제는 세 번째 부분에 대해서 말해봅시다.

답: 그것은 모든 궁핍 가운데서 하나님께 기도드리는 것입니다.

234문: 당신은 우리가 오직 하나님 한분에게만 기도를 드려야 한다고 생각하십니까?

답: 그렇습니다. 하나님께서는 당신의 하나님 되심에 적합한 영예로써 이를 요구하고 계시기 때문입니다.

235문: 만일 그렇다면 어떻게 우리가 사람들에게 기도의 도움을 요청할 수 있습니까?

답: 이 두 가지는 서로 다른 사항들입니다. 왜냐하면 우리가 하나님께 구하는 것은 우리가 하나님 외에 다른 데서는 여하한 좋은 것도 기대하지 않는 것과 하나님 외에 다른 어떤 곳에도 근거지를 가지고 있지 않는 것을 확증하는 것입니다. 그렇지만 하나님께서 이를 허락해 주시는 한 그리고 하나님께서 우리를 도울 능력과 수단을 다른 사람들에게 부탁해 주시는 한 우리는 사람들에게서도 도움을 구할 수 있는 것입니다.

236문: 당신은 사람들로부터 도움을 구하는 것이 유일하신 하나님께 간구 드리는 것과 모순되지 않는다고 생각하는 것입니까? 왜냐하면 우리가 그들에게 신뢰를 두고 있지 않기 때문이며 하나님께서 우리를 도우시기 위해 그들을 당신의 좋은 것의 대리자요 분배자로 삼으셨다는 전제 하에서만 그들에게 도움을 구하기 때문이라는 것입니까?

답: 그렇습니다. 사실 사람들이 우리에게 가져다주는 좋은 것은 다 하나님 자신에게서 오는 것으로 알고 받아야 합니다. 참으로 하나님께서는 그들의 손을 통하여 그것들을 우리에게 보내시기 때문입니다.

237문: 그렇다면 우리는 사람들이 우리에게 베풀어주는 좋은 선한 것에 대해서 그들에게 감사하지 말아야 한다는 말입니까?

답: 아닙니다. 감사해야 합니다. 비록 단순히 그들의 손을 통하여 그 좋은 것이 우리

에게 전달된다 할지라도 그 명예를 하나님이 그들에게 주셨기 때문입니다. 왜냐하면 하나님은 이러한 모양으로 우리를 그들과 연결시켜서 우리가 그들과 서로 이웃이 되는 것을 바라시기 때문입니다.

238문: 여기서 우리는 천사들이나 세상을 떠난 성자(聖者)들에게 기도해서는 안 된다는 결론을 내릴 수 있습니까?

답: 그렇습니다. 하나님께서는 성자들에게 우리를 도우며 보조해 주는 직책을 부여해 주지 않으셨기 때문입니다. 또 천사들에 대하여는 비록 하나님께서 우리의 구원을 돕기 위해 그들을 사용하신다 하더라도 하나님께서는 우리가 그들에게 기도한다거나 그들에게 호소하는 것을 원치 않으십니다.

239문: 그러면 주님께서 내리신 명령에 일치하지 않는 모든 것은 주님의 뜻에 위반된다는 말입니까?

답: 그렇습니다. 만일 우리가 주님께서 부여해 주신 것으로 만족해하지 않는다면 그것은 분명한 불신앙의 표시이기 때문입니다. 더 나아가서 우리가 하나님께 도움을 구하며 그분의 명령을 따르는 대신 그들에게 호소하며 그들에게 우리의 신뢰의 일부를 둔다면 이것은 우상숭배가 되는 것입니다. 즉 하나님께서 당신 자신을 위해서만 남겨 두신 것을 그들에게 가져다주는 것이기 때문입니다.

[35주일]

240문: 이제는 하나님께 기도드리는 방법에 대해서 말해봅시다. 기도는 말로 하는 것으로 충분합니까? 아니면 기도할 때 영과 마음이 같이 요구됩니까?

답: 기도할 때 말은 어느 때나 꼭 필요한 것은 아닙니다. 그러나 영과 마음은 언제나 있어야 하는 것입니다.

241문: 어떻게 이것을 증명할 수 있습니까?

답: 하나님께서는 영이시기 때문에 언제나 마음을 요구하십니다. 하나님과의 교제가 문제되는 기도에 있어서는 특히 더 요구됩니다. 즉 하나님께서는 당신에게 진실하게 기도하는 사람에게만 가까이 하시겠다고 약속하셨습니다. 반면에 하나님께서는 마음의 동

반 없이 위선적으로 기도하는 모든 사람들을 저주하십니다. [75)]

242문: 그러므로 입으로만 행해지는 기도들은 모두 무익하다는 말이군요?

답: 무익할 뿐만 아니라 하나님을 불쾌하게 하는 것입니다.

243문: 기도할 때 어떤 마음이 있어야 합니까?

답: 먼저 우리는 각자 자신의 비참과 궁핍을 느껴야만 합니다. 이 감정은 우리 안에 슬픔과 괴로움을 일으켜 줍니다. 그 다음 우리는 하나님 앞에서 은혜를 얻으려는 갈급한 마음을 가져야 합니다. 이 마음은 우리의 마음을 불붙게 하며 우리 안에 기도의 열정을 일으켜 줍니다.

244문: 이것은 우리의 본성으로부터 나오는 것입니까? 아니면 하나님의 은혜로부터 나오는 것입니까?

답: 이것은 우리가 너무 어리석기 때문에 하나님께서 역사하셔야만 합니다. 즉 사도 바울이 말한 것과 같이 성령님께서는 우리를 인도하시어 말할 수 없는 탄식을 하도록 만드시며 우리의 마음속에 하나님께 간구하고자 하는 마음과 열정을 만들어 주십니다. [76)]

245문: 그러면 우리는 우리 스스로 하나님께 기도하도록 우리 자신을 재촉할 것이 아니라는 말입니까?

답: 아닙니다. 오히려 정반대입니다. 이 말은 우리가 우리 안에 그러한 마음의 감동을 느끼지 못할 때 그렇게 만들어 주시도록 주님께 간구해야 한다는 것입니다. 즉 주님께서 우리로 당신께 올바른 기도를 드리기에 적합하도록 만들어 주시기를 간구 한다는 말입니다.

---

75) (시145:18) 여호와께서는 자기에게 간구하는 모든 자 곧 진실하게 간구하는 모든 자에게 가까이 하시는도다. (사29:13) 주께서 가라사대 이 백성이 입으로는 나를 가까이하며 입술로는 나를 존경하나 그 마음은 내게서 멀리 떠났나니 그들이 나를 경외함은 사람의 계명으로 가르침을 받았을 뿐이라.

76) (롬8:26) 이와 같이 성령도 우리 연약함을 도우시나니 우리가 마땅히 빌 바를 알지 못하나 오직 성령이 말할 수 없는 탄식으로 우리를 위하여 친히 간구하시느니라.

246문: 그러면 당신은 혀가 기도에 있어서 전적으로 무익하다고는 생각지 않으시는 것이군요?

답: 그렇습니다. 어떤 경우에 혀는 영을 도와주고 또 영을 붙들어 굳게 해 주어서 하나님에게서 쉽게 벗어나는 일이 없도록 하고 있기 때문입니다. 그밖에도 혀는 다른 모든 지체들 보다 뛰어나게 하나님께 영광을 돌리기 위해 창조되었으므로 모든 방법을 다하여 이 목적을 위하여 쓰이는 것은 참으로 합당한 것입니다. 또한 마음의 열정은 그 뜨거움과 격렬함으로 말미암아 종종 혀를 제어하여 본의 아니게 말하도록 만들기도 합니다.

247문: 그렇다면 방언으로 기도하는 것에 대해서는 어떻게 생각하십니까?

답: 이것은 하나님을 조롱하는 것이며 일종의 사악한 위선입니다.[77]

[36주일]

248문: 하나님께 기도드릴 때 간구한 것을 얻게 될 것인지 못 얻게 될 것인지 알지 못하면서 기도하는 것인가? 아니면 이 때 우리의 기도가 응답되어질 것이라는 확신을 가져야만 합니까?

답: 우리의 기도는 다음과 같은 기초를 갖고 있어야 합니다. 즉 우리의 기도들은 하나님에 의해 열납되어 진다는 것과 그리고 우리의 구하는 바가 합당한 것인 한에서 우리가 그것을 얻게 된다는 것입니다. 바울은 올바른 기도란 신앙으로부터 나온다고 말하였습니다. 즉 우리가 하나님의 선하심을 신뢰하지 않을 경우 그분에게 진정으로 기도 드린다는 것은 불가능하기 때문입니다.[78]

249문: 하나님께서 기도를 들어 주실 지의 여부에 대해 알지 못하는 사람들과 기도의 응답을 의심하는 사람들은 어떻게 됩니까?

---

77) (고전14:6) 그런즉 형제들아 내가 너희에게 나아가서 방언을 말하고 계시나 지식이나 예언이나 가르치는 것이나 말하지 아니하면 너희에게 무엇이 유익하리요? (고전14:11) 그러므로 내가 그 소리의 뜻을 알지 못하면 내가 말하는 자에게 야만이 되고 말하는 자도 내게 야만이 되리니 (고전14:19) 그러나 교회에서 네가 남을 가르치기 위하여 깨달은 마음으로 다섯 마디 말을 하는 것이 일만 마디 방언으로 말하는 것보다 나으니라.

78) (롬10:14) 그런즉 저희가 믿지 아니하는 이를 어찌 부르리요? 듣지도 못한 이를 어찌 믿으리요? 전파하는 자가 없이 어찌 들으리요?

답: 그들의 기도는 아무런 약속도 소유하고 있지 않기 때문에 매우 무익한 것이 됩니다. 그 이유는 우리가 믿고 구하면 받는다고 말씀하기 때문입니다.[79]

250문: 이제는 우리가 어떻게 어떤 자격으로 하나님 앞에 나아갈 용기를 가질 수 있는지에 대해서 알아보아야 합니다. 왜냐하면 우리는 그럴 만한 자격을 도무지 갖추고 있지 못하기 때문입니다.

답: 첫째로, 우리는 이에 대한 약속들을 소유하고 있다는 것입니다. 우리는 우리의 자격을 고려하지 말고 이 약속들에 머물러 있어야 합니다. 둘째로, 만일 우리가 하나님의 자녀들이라면 하나님께서는 당신의 성령님을 통하여 우리를 이끄시고 다스리셔서 마치 자식이 아버지께로 오듯이 친밀하게 당신께 나아 올 수 있도록 만들어 주십니다. 셋째로, 땅에 있는 가련한 벌레요 비참한 죄인들인 우리가 영광스러운 하나님의 보좌 앞에 나아가는 것을 두려워하지 않도록 하나님께서는 예수님을 우리에게 중보자로 주셨습니다. 이는 우리가 그분을 통해서 하나님께 나아 갈 수 있는 길을 얻음으로써 우리가 맛볼 은혜에 대해 의심하지 않도록 하기 위함입니다.[80]

251문: 당신은 우리가 오직 예수 그리스도의 이름으로만 하나님께 기도드려야 된다고 생각하십니까?

답: 그렇습니다. 왜냐하면 우리에게는 그것에 대하여 분명한 명령이 주어져 있기 때문입니다. 또 그렇게 하면 그의 중보에 의하여 우리의 소원을 들어 주실 것이 약속되어 있기 때문입니다.[81]

252문: 그러므로 우리가 중보자로서 예수 그리스도를 모시는 것과 하나님께서 예수 그리스도 때문에 우리를 반기시고 소원을 들어주시도록 그를 우리들 앞에 세우실 것을

---

79) (마21:22) 너희가 기도할 때에 무엇이든지 믿고 구하는 것은 다 받으리라 하시니라.

80) (렘29:12) 너희는 내게 부르짖으며 와서 내게 기도하면 내가 너희를 들을 것이요. (갈4:6) 너희가 아들인고로 하나님이 그 아들의 영을 우리 마음 가운데 보내사 아바 아버지라 부르게 하셨느니라. (딤전2:5) 하나님은 한 분이시오 또 하나님과 사람 사이에 중보도 한 분이시니 곧 사람이신 그리스도 예수라.

81) (요14:13) 너희가 내 이름으로 무엇을 구하든지 내가 시행하리니 이는 아버지로 하여금 아들을 인하여 영광을 얻으시게 하려 함이라.

조건으로 하여 우리가 감히 하나님에게 친히 호소하는 것은 결단코 무모함이나 어리석은 교만이 아니라는 것이지요?

답: 그렇습니다. 그리스도께서는 우리에게 하나님께로 나아가 기도할 수 있는 길을 열어 주셨음은 물론 지금도 우리를 위해 기도해 주시는 고로 우리가 마치 그리스도의 입을 통해 기도하는 것처럼 하나님께 기도드리고 있는 것입니다.

[주기도문]

[37주일]

253문: 이제 우리들이 드리는 기도의 내용에 대해서 말해봅시다. 우리는 머릿속에 생각나는 모든 것에 대해 간구 할 수 있습니까? 아니면 기도에 대한 어떤 규정이 있는 것입니까?

답: 만일 우리가 기도할 때 자신의 생각을 따라서 기도한다면 우리의 기도들은 매우 무질서하게 되고 말 것입니다. 우리는 무지하여 어떻게 하는 것이 잘 간구하는 것인지 판단할 수 없기 때문입니다. 또한 우리의 욕구들은 매우 난잡하므로 이것들에 대한 통제의 고삐를 늦추어서는 안 되기 때문입니다.

254문: 그러면 어떻게 하는 것이 좋습니까?

답: 하나님 자신이 스스로가 적절하다고 생각하시는 바에 따라 우리를 가르쳐 주셔야만 합니다. 즉 하나님께서는 우리의 손을 잡고 인도하셔야 하며 우리는 그분을 따라가야만 하는 것입니다.

255문: 하나님께서 기도에 관해 우리에게 주신 규범은 어떤 것입니까?

답: 하나님께서는 전체 성경을 통해서 매우 풍성하게 가르쳐 주셨습니다. 그러나 우리가 어떤 분명한 목표에 보다 더 잘 이르도록 하기 위해서 하나님께서는 하나의 본보기를 제공해 주셨습니다. 여기서 하나님께서는 합법적이면서도 우리에게 유익한 기도의 모든 요점들을 간결하게 요약해 주시고 있습니다.

256문: 그것을 말해 보십시오.

답: 이것은 주님께서 기도에 대해 가르쳐 달라는 제자들의 요청을 받으신 후 그들에

게 이렇게 기도하라고 대답해 주신 것입니다.

"그러므로 너희는 이렇게 기도하라. 하늘에 계신 우리 아버지여 이름이 거룩히 여김을 받으시오며, 나라이 임하옵시며, 뜻이 하늘에서 이룬 것같이 땅에서도 이루어지이다. 오늘날 우리에게 일용할 양식을 주옵시고, 우리가 우리에게 죄 지은 자를 사하여 준 것 같이 우리 죄를 사하여 주옵시고, 우리를 시험에 들게 하지 마옵시고, 다만 악에서 구하옵소서 ({대개} 나라와 권세와 영광이 아버지께 영원히 있사옵나이다 아멘)." (마6:9-13) (눅11:1-4) 입니다.

257문: 주기도문을 이해하기 쉽게 하기 위해서 이것이 몇 개의 조항으로 되어 있는지 말해 보십시오.

답: 여섯 가지입니다. 이들 중 처음 세 가지는 하나님의 영광에만 관련된 것입니다. 여기서는 우리 자신에 대한 고려가 전혀 언급되지 않고 있습니다. 그 다음에 나오는 다른 세 가지는 우리들 자신을 위한 것으로 우리의 행복과 유익에 관련된 것입니다.

258문: 뭐라고요? 우리에게 아무런 유익도 돌아오지 않는 것을 하나님께 간구해야 한다는 말입니까?

답: 참으로 하나님께서는 그의 무한한 자비로써 그분의 이름의 영광을 위하여 존재하시지만 동시에 우리에게 유익하지 않는 것은 하나도 없도록 모든 것을 섭리로 정하시고 처리하시고 계십니다. 따라서 당신의 이름이 거룩히 여김을 받으실 때 하나님께서는 이것을 우리의 성화로 바꾸어 놓으시며 그의 나라가 임할 때 우리도 그 나라에 참여하게 해 주셨습니다. 그러나 이러한 것들을 갈망하며 구할 때 우리는 우리 자신에 대해 생각한다거나 우리 자신의 유익을 구해서는 안 되고 오직 하나님의 영광만을 찾아야 합니다.

259문: 당신의 말은 이 세 가지 간구들이 우리에게 유익한 것들이지만 우리가 이 간구를 할 때 오직 하나님께서 영광을 받으시기를 갈망하는 이 한 가지 마음만을 가지고 간구해야 한다는 말입니까?

답: 그렇습니다. 이와 마찬가지로 나머지 세 간구들이 우리 스스로에게 유익한 것들을 갈망하도록 규정된 것이긴 하나 우리는 이 간구들 안에서도 하나님의 영광을 마음에 간직해야 합니다. 그리하여 하나님의 영광이 우리의 모든 간구의 최종적인 목표가·되어

야만 하는 것입니다. [82]

[38주일]

260문: 이제 주기도문의 해석으로 들어가 봅시다. 먼저 하나님께서는 왜 여기서 다른 이름이 아닌 '우리 아버지' 라 불리우고 계십니까?

답: 우리는 기도할 때 우리의 양심이 굳은 확신을 가져야 될 필요가 있기 때문입니다. 즉 우리 하나님께서 '우리 아버지' 라는 한 마디 말로 불리실 때 이 말은 아버지와 같은 다정함과 사랑스러움을 뜻하는 것이어서 우리 안에 있는 모든 불안과 의심과 곤혹스러움을 제거 해 주며 우리로 하여금 친밀함을 가지고 하나님께 나아 갈 수 있는 용기를 부여 해 주시는 것입니다. [83]

261문: 그러면 우리는 어린아이가 그의 아버지에게 나아가듯 감히 친밀한 마음으로 하나님께 나아 갈 수 있다는 말입니까?

답: 그렇습니다. 우리는 이것으로 우리가 구하는 것을 반드시 얻으리라는 큰 확신을 가지고 나아가게 되는 것입니다. 왜냐하면 악한 우리도 자녀들이 빵과 고기를 우리에게 구할 때 이를 거절할 수 없다면 선하실 뿐만 아니라 온갖 모든 좋은 것의 근원이신 하나님께서는 당신의 자녀들의 간구를 더더욱 거절하지 않으실 것이기 때문입니다. [84]

262문: '우리 아버지' 라는 명칭으로부터 기도는 오직 예수 그리스도의 중보에 기초를 두어야 한다는 것을 분명히 증거 할 수 있습니까?

답: 있습니다. 하나님께서는 우리가 예수 그리스도의 지체인 한에서만 당신의 자녀들이라고 인정하시기 때문입니다.

---

82) (시115:1) 여호와여 영광을 우리에게 돌리지 마옵소서! 오직 주의 인자하심과 진실하심을 인하여 주의 이름에 돌리소서!

83) (롬8:15) 너희는 다시 무서워하는 종의 영을 받지 아니하였고 양자의 영을 받았으므로 아바 아버지라 부르짖느니라.

84) (마7:11) 너희가 악한 자라도 좋은 것으로 자식에게 줄줄 알거든 하물며 하늘에 계신 너희 아버지께서 구하는 자에게 좋은 것으로 주시지 않겠느냐?

263문: 왜 당신은 하나님을 '나의 아버지' 라고 부르지 않고 일반적으로 '우리 아버지' 라고 부릅니까?

답: 성도 각자는 하나님을 개인적으로 자기 자신의 하나님이라 부를 수 있습니다. 그러나 예수 그리스도께서는 이 기도의 모범을 통해서 우리에게 공동적으로 기도하는 것을 가르쳐 주신 것입니다. 그것은 우리는 기도하면서 이웃에 대하여 사랑을 실천할 것과 또 자기의 일만을 걱정해서는 안 된다는 것을 가르치시기 위함이었던 것입니다.

264문: '하늘에 계신' 이라는 말은 무슨 뜻입니까?

답: 그것은 하나님이 지극히 높으시고, 모든 권능이 있으시며, 그분을 다 이해할 수 없다는 말입니다.[85]

265문: 어째서 이런 표현이 필요한 것입니까?

답: 우리가 하나님께 기도드릴 때 우리의 생각을 하늘로 들어 올리는 것을 배움으로써 그분을 육적이거나 지상적인 것으로 상상하지 아니하고 또 그분을 우리의 뜻에 종속시키지 아니하고 오히려 겸손하게 그분의 영광스러운 위엄을 경배하기 위해서 입니다. 또한 우리가 하나님께 대해 보다 분명한 신뢰를 갖기 위해서입니다. 왜냐하면 하나님께서는 하늘에 계신 만물의 통치자이시며 주님이 되시기 때문입니다.[86]

[39주일]

266문: 이제 첫 번째 간구인 '당신의 이름이 거룩히 여김을 받으시오며' 에 대해서 말해 보십시오.

답: 하나님의 이름이란 그것을 가지고 우리 인간 사이에서 하나님이 찬양을 받으실 그의 명성인 것입니다. 그러므로 우리는 그분의 영광이 모든 곳에서 그리고 모든 일을 통

---

85) (롬11:33-36) 깊도다 하나님의 지혜와 지식의 부요함이여 그의 판단은 측량치 못할 것이며 그의 길은 찾지 못할 것이로다. 누가 주의 마음을 알았느뇨? 누가 그의 모사가 되었느뇨? 누가 주께 먼저 드려서 갚으심을 받겠느뇨? 이는 만물이 주에게서 나오고 주로 말미암고 주에게로 돌아감이라 영광이 그에게 세세에 있으리로다. 아멘.

86) (신4:15) 여호와께서 호렙산 화염 중에서 너희에게 말씀하시던 날에 너희가 아무 형상도 보지 못하였은즉 너희는 깊이 삼가라. (시115:3) 오직 우리 하나님은 하늘에 계셔서 원하시는 모든 것을 행하셨나이다.

해서 찬양을 받기를 원해야 하는 것입니다.

267문: 당신은 하나님의 영광이 증가되거나 감소될 수 있다고 생각하는 것입니까?

답: 그분의 영광 그 자체는 그렇게 변화 될 수 없습니다. 그러나 그분의 영광은 영광답게 밖으로 드러나야 합니다. 하나님께서 하시는 일이 어떤 일이든지 그분의 모든 사역들은 본래의 모습 그대로 영광스럽게 나타나 보여 져야 합니다. 그래서 모든 면에서 하나님께 영광이 돌아가도록 하자는 것입니다.

268문: 당신은 두 번째 간구인 '하나님의 나라' 를 무엇이라고 이해하고 있습니까?

답: 하나님의 나라는 주로 두 가지로 설명할 수 있습니다. 첫째로 하나님께서는 당신의 영을 통해 당신의 택하신 백성들을 통치하신다는 것입니다. 그리고 둘째로 하나님께서는 당신의 통치에 복종하기를 원치 않는 버림받은 자들(유기자들)은 깊은 구렁에 빠뜨려서 심판하신다는 것입니다. 이는 하나님의 권세에 저항할 수 있는 세력이란 아무것도 존재하지 않는다는 사실이 명백하게 드러나도록 하기 위함입니다.

269문: 그러면 '나라이(가) 임하옵시며' 라는 것은 무슨 뜻입니까?

답: 이 기도의 의미는 주님께서 당신의 택하신 성도들의 숫자를 날마다 증가시켜 주시라는 것과 그들에게 은혜를 날마다 더하여 주셔서 결국 이들을 모든 은혜로 충만하게 채워 달라는 것입니다. 또한 주님께서 당신의 진리(말씀)를 점점 밝게 해 주시고 당신의 공의를 드러내 주셔서 이를 통해서 사탄과 그의 왕국의 힘이 소멸되고 모든 불의가 파멸되게 해 달라는 기도입니다.

270문: 이런 일이 이미 현재에 일어나고 있지 않습니까?

답: 부분적으로는 일어나고 있습니다. 그러나 우리는 이것이 계속 성장하여 결국은 완성에 이르는 데까지 나아가게 되기를 갈망하는 것입니다. 이 완성은 최후의 심판 날에야 비로소 이루어질 것입니다. 이 날엔 오직 하나님만이 찬양을 받으실 것이며 모든 피조물들은 그분의 위대하심에 눌려 무릎을 꿇게 될 것이고 하나님 자신은 모든 일에 있어서 모든 것의 주인이 되실 것입니다.[87]

_____

87) (고전15:28) 만물을 저에게 복종하게 하신 때에는 아들 자신도 그 때에 만물을 자기에게 복종케 하

271문: 셋째 간구인 ‘하나님의 뜻’ 이 이루어지기를 기도하는 것은 무슨 뜻입니까?

답: 이것은 모든 피조물이 하나님께 굴복하여 그분에게 복종하게 되기를 원하며 또한 모든 것이 하나님의 선하시고 기뻐하시는 뜻대로 이루어지기를 간구하는 것입니다. [88]

272문: 당신은 그 어떤 것도 하나님의 선하신 뜻을 거스려 일어날 수 없다고 생각하는 것입니까?

답: 그렇습니다. 우리는 모든 일이 하나님께서 마음에 정하신대로 이루어지도록 인도하여 주시기를 기도할 뿐만이 아니라 더 나아가서 모든 반역을 심판하셔서 모든 사람들의 의지를 오직 당신의 뜻대로 이루어 주시기를 간구하는 것입니다. [89]

273문: 이 기도를 드릴 때 우리는 우리 자신의 뜻을 포기하는 것입니까?

답: 그렇습니다. 이것은 하나님께서 당신의 선하신 뜻을 거역하는 우리의 모든 욕망들을 꺾어 주셔서 이것들을 전혀 무익하고 무력하게 만들어 주시도록 간구하는 것이며 또한 더 나아가서 하나님께서 우리 안에 새 영과 새 마음을 창조하셔서 우리가 우리 자신으로부터는 아무것도 원치 아니하고 우리가 완전히 하나님과 같은 생각과 마음을 갖도록 오직 하나님의 성령님만이 우리 안에 계셔서 원하시고 구해 주실 것을 간구하는 것입니다. [90]

274문: ‘하늘에서 이루어진 것같이 땅에서 이루어지이다’ 라는 말을 첨가한 것은 무엇 때문입니까?

신 이에게 복종케 되리니 이는 하나님이 만유의 주로서 만유 안에 계시려 하심이라.

88) (엡1:11) 모든 일을 그 마음의 원대로 역사하시는 자의 뜻을 따라 우리가 예정을 입어 그 안에서 기업이 되었으니...

89) (사14:24) 만군의 여호와께서 맹세하여 가라사대 나의 생각한 것이 반드시 되며 나의 경영한 것이 반드시 이루리라. (사14:27) 만군의 여호와께서 경영 하셨은 즉 누가 능히 그것을 폐하며 그 손을 펴셨은 즉 누가 능히 그것을 돌이키랴? (롬8:28) 우리가 알거니와 하나님을 사랑하는 자 곧 그 뜻대로 부르심을 입은 자들에게는 모든 것이 합력하여 선을 이루느니라.

90) (롬8:27) 마음을 감찰하시는 이가 성령의 생각을 아시나니 이는 성령이 하나님의 뜻대로 성도를 위하여 간구하심이니라.

답: 하늘에 있는 피조물인 천사들은 어떤 반항도 할 수 없이 그저 묵묵히 하나님께 순종하기 위해 애쓰고 있습니다. 우리는 바로 그와 같은 순종이 땅에서도 이루어지기를 간구하는 것입니다. 즉 모든 사람들이 하나님께 대한 자발적인 복종으로 되돌아오기를 원하는 것입니다.

[41주일]

275문: 둘째 부분으로 들어가 봅시다. 당신이 구하는 '일용할 양식'이란 무엇을 말하는 것입니까?

답: 일반적으로 우리는 육체의 결핍에 대하여 없어서는 안 되는 일체의 모든 것 즉 먹는 것과 입는 것에 관해서 뿐만 아니라 우리가 평온하게 우리의 양식을 먹을 수 있기 위하여 적당하고 유익하게 여기는 모든 일을 말합니다.

276문: 하나님께서는 우리의 손의 수고를 통해서 양식을 얻으라고 명령하셨는데 어찌하여 당신은 하나님께 양식을 달라고 기도합니까?

답: 비록 하나님께서 우리로 수고하여 살도록 만들어 놓으셨다 하더라도 우리의 노동, 솜씨, 그리고 열심이 우리를 먹여 살리는 것은 아닙니다. 우리를 부양하는 것은 우리의 손과 우리의 노동에 대해 내리시는 하나님의 축복이며 바로 이 축복이 우리의 노동을 번창하게 만들어 주는 것입니다. 나아가서 우리가 비록 음식물들을 마음대로 사용할 수 있다 하더라도 우리를 양육하는 것은 이 음식물이 아니라는 사실을 알아야 합니다. 우리를 양육하는 것은 이 음식물을 수단으로써 사용하시는 주님의 능력인 것입니다.[91]

277문: 일용할 양식을 구할 때 '나의(우리의) 양식'이라고 부르는 이유는 무엇입니까?

답: 이 양식이 본래 우리에게 속한 것은 아니라 할지라도 그것은 하나님의 자비하심을 통하여 우리의 것이 된 것입니다. 또한 이 말을 통해 우리는 다른 사람의 양식을 탐내지 말고 오직 하나님의 명령에 따라 합법적인 수단을 통해 얻게 될 양식만을 구해야 함

---

91) (신8:17-18) 또 두렵건대 네가 마음에 이르기를 내 능과 내 손의 힘으로 내가 이 재물을 얻었다 할까 하노라. 네 하나님 여호와를 기억하라. 그가 네게 재물 얻을 능을 주셨음이라. 이같이 하심은 네 열조에게 맹세하신 언약을 오늘과 같이 이루려 하심이니라.

을 배우게 되는 것입니다.

278문: '일용할' (필요한) 그리고 '오늘날' (매일)이라고 말하는 이유가 무엇입니까?

답: 그것은 우리에게 만족하는 법과 또한 우리의 형편에 필요 이상으로 요구하거나 탐내지 않는 것을 가르치기 위한 것입니다.

279문: 이 기도가 모든 사람에게 공통적으로 적용된다면 저축이나 노년기를 위하여 많은 재산을 가지고 있는 부자들은 어떻게 '일용할 양식'을 구할 수 있습니까?

답: 부자든 가난한 사람이든 모든 사람은 그들이 소유하고 있는 모든 것이 주님께서 그것을 사용할 수 있도록 허락해 주시지 않는다면, 그리고 주님께서 당신의 은혜를 통해 그것이 자신들에게 유익이 되도록 만들어 주시지 않는다면, 결코 그들에게 유익이 될 수 없다는 사실을 알아야 합니다. 따라서 우리가 설사 모든 것을 소유하고 있다 하더라도 하나님께서 그것을 사용할 수 있도록 허락해 주시지 않는 한 우리는 사실상 아무것도 소유하고 있지 않는 것이 되고 마는 것입니다.

[42주일]
280문: 다섯 번째 기도의 내용은 무엇입니까?
답: 하나님께서 우리 죄를 사해 주시기 바란다는 것입니다.

281문: 이 간구가 필요 없을 만큼 완전히 의로운 사람은 없는 것입니까?
답: 예, 없습니다. 왜냐하면 예수님께서는 그의 교회를 위하여 이 형식을 그의 사도들에게 주셨기 때문입니다. 따라서 누구든지 이 기도를 그만 두기를 원하는 사람은 그리스도인들의 공동체를 거부하는 것이나 마찬가지입니다. 또 사실 성경이 우리에게 증거 하여 주는 것은 가장 완전한 사람이라도 스스로 의롭게 하기 위하여 하나님 앞에 한 가지 점을 주장하려고 한다면 많은 점에서 죄 있는 사람으로 발견될 것입니다. 그러므로 우리는 하나님의 긍휼하심에 우리의 모든 피난처를 가져야 하는 것입니다.[92]

---

92) (욥9:3) 사람이 하나님과 쟁변하려 할지라도 천 마디에 한 마디도 대답하지 못하리라.

282문: 왜 이 죄의 용서가 우리에게 주어져야 한다고 생각하십니까?

답: 예수 그리스도께서 사용하신 말씀들 자체가 이를 증거해 주십니다. 즉 모든 죄는 우리를 영원한 죽음의 형벌에서 면제를 받지 못하게 하는 부채인 것입니다. 그렇기 때문에 우리는 하나님께서 당신의 순전한 은혜만으로써 우리를 용서해 주시기를 간구해야만 하는 것입니다.

283문: 당신은 우리가 하나님의 값없으신 자비하심으로만 죄의 용서를 받는 다고 생각합니까?

답: 그렇습니다. 만일 하나님께서 우리의 모든 죄를 용서해 주심으로써 우리에게 당신의 순전하신 은혜를 베풀어주시지 않는다면 우리는 자신이 범한 아주 사소한 허물에 대해서까지도 하나님을 만족시켜 드릴 수 없기 때문입니다.

284문: 하나님께서 우리 죄를 사해 주실 때 우리에게 돌아오는 열매와 유익이 무엇입니까?

답: 죄의 용서를 통해서 우리는 마치 의롭고 죄가 없는 것처럼 인정받아서 하나님의 마음에 드는 사람이 되는 것입니다. 그리고 우리의 양심은 우리를 향하신 하나님의 아버지와 같은 사랑을 확신하게 되는데 바로 이 사랑으로부터 우리의 구원과 생명이 흘러나오는 것입니다.

285문: '우리가 우리에게 죄지은 사람들을 용서해 줌과 같이 우리 죄를 사하여 주옵시고' 라고 기도할 때 당신은 우리가 사람들을 용서해 줌으로써 하나님께로부터 용서받을 수 있는 자격을 얻게 된다고 생각하는 것입니까?

답: 아닙니다. 그렇게 되면 용서는 더 이상 은혜로운 것이 되지 못할 것이며 또한 예수 그리스도의 죽음이 필요한 만큼 이루어진 속죄 행위에 기초를 두는 것도 아니게 될 것이기 때문입니다. 그러나 이것은 사람들이 우리에게 끼치는 여러 가지 잘못들을 우리가 용서해 줄 때 우리는 예수님의 온화하심과 관대하심을 본받아 따르는 것이 되는 것입니다. 또한 그렇게 함으로써 우리는 우리가 그분의 자녀들임을 나타내 보여 주는 것이 됩니다. 즉 그것은 우리가 하나님의 자녀임을 확신시켜 주기 위한 징표가 되는 것입니다. 그리고 이것은 반대로 우리가 우리에게 잘못이 있는 사람들을 너그럽게 용서해 주고 그들에게 은혜를 베풀어주지 않을 경우 우리는 하나님의 심판 시에 극도의 엄격함과 준엄함

만을 받게 된다는 사실을 가르쳐 주는 것입니다.

286문: 그러면 당신은 다른 사람들이 잘못 행한 것을 용서해 줄 수 없는 사람들은 하나님께서 당신의 자녀로 인정해 주시지 않을 것이며 또한 하나님의 은혜에 참여 할 기대를 갖지 않도록 하시는 것으로 생각하는 것입니까?

답: 그렇습니다. 우리는 모든 사람은 그 이웃에게 행하는 것과 같은 모습으로 자신들도 반드시 보응을 받을 것임을 알아야 할 것입니다.

[43주일]
287문: 여섯 번째 기도로서 다음의 뒤따르는 간구는 무엇입니까?
답: '우리를 시험에 들게 하지 마옵시고 다만 악에서 구하옵소서'

288문: 당신은 이것이 다섯 번째 간구와 연결되는 것으로 생각합니까?
답: 그렇습니다. 이것은 다섯 번째 간구의 해석에 해당하는 것입니다.

289문: 이 기도의 내용은 무엇입니까?
답: 하나님께서 우리로 악에 빠지지 않도록 해 주시기를 간구하는 것이며 우리가 악마에 의해 그리고 우리를 거슬러 싸우는 육신의 악한 욕심에 의해 쓰러지지 않게 해 주시도록 간구하는 것입니다. 또한 하나님께서 우리에게 저항할 수 있는 힘을 주시고, 우리를 당신의 손으로 붙들어 주시고, 그리고 보호해 주심으로 우리를 지키시고 인도해 주시도록 기도하는 것입니다.

290문: 어떻게 그런 일이 일어납니까?
답: 하나님께서 성령님을 통해 우리를 통치해 주셔서 우리로 선을 사랑하고 악을 미워하며 당신의 공의를 따르고 죄를 피하도록 만들어 주실 때 그렇게 됩니다. 왜냐하면 우리는 성령님의 능력으로 말미암아 악마와 죄와 육체의 욕심을 억제할 수 있기 때문입니다.

291문: 이것은 모든 사람에게 필요한 것입니까?
답: 그렇습니다. 악마는 우는 사자처럼 우리를 삼키기 위해 항상 우리를 감시하고 있기 때문입니다. 하나님께서 우리를 굳게 해 주셔서 승리하게 해 주시지 않는다면 우리는

너무나도 약한 존재여서 악마에 의해 넘어뜨림을 당하게 되고 말 것입니다. (벧전5:8) 근신하라 깨어라 너희 대적 마귀가 우는 사자같이 두루 다니며 삼킬 자를 찾나니...

292문: '시험(유혹)'이라는 말은 무슨 뜻입니까?

답: 악마가 우리를 속이기 위해서 사용하는 모든 간계와 기만술입니다. 악마는 우리의 본성이 속기 쉬운 것을 틈타서 우리를 넘어뜨리기 위해서 유혹을 이용하며 우리를 속이는 것입니다. 또 우리의 의지는 선(善)보다는 악(惡)에 더 빠지기 쉽기 때문에 더욱 그렇습니다.

293문: 그러나 그런 일은 악마의 고유한 일인데 당신은 왜 하나님을 향하여 결코 악에 빠지지 말도록 간구하는 것입니까?

답: 하나님께서는 당신의 긍휼하심으로써 당신의 성도들을 보호해 주시고 악마가 그들을 유혹하지 못하도록 하시며 죄가 그들을 제압하지 못하게 하시기 때문입니다. 또한 하나님께서는 당신께서 벌하기를 원하시는 사람들을 버리실 뿐만 아니라, 그들로부터 당신의 은혜를 거두실 뿐만 아니라, 그들을 악마에게 내맡겨 악마의 다스림에 굴복하게 하시며, 그들의 눈을 멀게 하시고, 그리고 그들을 타락한 가운데 버려두시기 때문입니다.

294문: '{대개} 나라와 권세와 영광이 아버지께 영원히 있사옵나이다.'라는 첨가 부분은 무슨 뜻입니까?

답: 이 부분은 우리의 기도가 하나님과 그분의 능력 그리고 그분의 선하심 안에 근거되어 있는 것이지 우리 안에 근거되어 있지 않다는 사실을 우리에게 다시 한 번 알려주기 위한 것입니다. 우리는 입을 열고 하나님께 간구 할 자격이 없기 때문입니다. 또한 이 부분은 우리의 모든 기도들이 하나님의 찬송으로써 끝낼 것을 우리에게 가르치시려는 것입니다.

295문: 주기도문에 언급되어진 것 외의 다른 것을 간구해서는 안 되는 것입니까?

답: 우리가 기도할 때 다른 말들과 다른 형식 그리고 다른 방식을 사용할 수 있다 하더라도 우리는 바른 기도의 유일한 규범인 주기도문과 부합하지 않는 그 어떠한 기도도 하나님을 기쁘시게 할 수 없을 것이라고 생각해야 합니다.

IV. 성례전에 관하여

[하나님의 영광과 우리의 신앙고백]

[44 주일]

296문: 이제는 우리가 하나님께 드려야 할 경외의 네 번째 부분을 언급해 봅시다.

답: 그것은 우리가 모든 선한 것의 주인이신 하나님을 영화롭게 하기 위해 그분을 마음으로부터 인정하며 입으로 고백하는 것입니다. [93]

297문: 하나님께서는 이를 행할 수 있도록 우리에게 어떤 규칙을 부여해 주셨습니까?

답: 성경 안에 포함되어 있는 모든 찬송들과 감사들은 우리에게 규칙과 기준이며 교훈이 됩니다.

298문: 그것은 주기도문에서 이미 언급되어 있습니까?

답: 그렇습니다. 하나님의 이름이 거룩히 여김을 받으시기를 간구 할 때 우리는 하나님의 모든 일들이 실제로 그대로 영광스럽게 나타나기를 간구하는 것입니다. 그래서 하나님께서 벌하실 때 의로우신 분으로, 또 용서하실 때 긍휼이 많으신 분으로, 그리고 당신의 약속들을 성취하실 때는 신실한 분으로 여김을 받으셔야만 합니다. 요컨대 하나님의 영광이 빛나지 않는 곳은 단 한 부분도 없어야만 하는 것입니다. 바로 이것이 우리가 모든 선한 것에 대해 하나님께 감사와 찬양을 돌려 드린다는 내용인 것입니다.

299문: 지금까지 말한 전부에서 우리는 어떤 결론을 내릴 수 있습니까?

답: 그것은 앞에서 언급한 것처럼 진리의 말씀을 증거 하는 것인데 즉 영원한 생명은 참된 하나님과 그가 보내신 분 예수 그리스도를 아는 일입니다. 우리가 하나님을 아는 것은 그분에게 마땅한 영광을 드리기 위함입니다. 즉 하나님께서 우리의 주님이 되실 뿐만 아니라 우리의 아버지와 구주가 되시도록 하기 위한 것이며 우리는 모두 그분의 영광을

---

93) (롬10:10) 사람이 마음으로 믿어 의에 이르고 입으로 시인하여 구원에 이르느니라.

위해 바쳐진 그분의 자녀, 종, 그리고 그분의 백성이 되기 위한 것입니다.[94]

[은혜의 수단으로서 하나님의 말씀에 관하여]

[45 주일]

300문: 그러한 성도의 참된 행복에 이르는 방법은 무엇입니까?

답: 이를 위해서 하나님께서는 우리에게 당신의 거룩한 말씀을 남겨 주셨습니다. 이 말씀이야말로 하늘나라에 들어가는 입구와 같습니다.

301문: 당신은 어디서 그 말씀을 얻습니까?

답: 그것은 오직 성경 66권에 있습니다.

302문: 우리는 성경으로부터 유익을 얻기 위해서는 그것을 어떻게 사용해야 합니까?

답: 하늘에서 온 진리로서 양심이 완전한 확신을 가지고 받아들이고 솔직한 순종으로써 그 말씀에 복종하며, 진심으로 이것을 사랑하여 따르며, 그리고 우리가 그 말씀과 하나가 되기 위하여 이 말씀을 우리 마음속에 새겨 넣어야 합니다.

303문: 그것은 전적으로 우리의 능력으로 되는 것입니까?

답: 그렇지 않습니다. 우리 안의 성령님을 통해서 그렇게 되도록 역사하시는 분은 오직 하나님이십니다.

304문: 그렇지만 우리는 우리에게 제시된 말씀에 귀를 기울이고 듣기 위해서 그리고 이것을 읽기 위해서 애쓰고 열심을 내야 할 것이 아닙니까?

답: 물론입니다. 먼저 성도 각자는 개인적으로 이를 위해서 힘을 써야 합니다. 그리고 특히 우리 성도들은 하나님의 말씀이 설교되어지는 그리스도의 집회에 가서 자주 설교를 들어야 합니다.

305문: 교회의 공적 집회에 참석하여 가르침을 받지 않고 집에서 개인적으로 말씀을

---

94) (요17:3) 영생은 곧 유일하신 참 하나님과 그의 보내신 자 예수 그리스도를 아는 것이니이다.

읽는 것만으로는 충분치 않다는 말입니까?

답: 그렇습니다. 또한 하나님께서는 이를 위한 수단도 제공해 주셨습니다.

306문: 교회의 공적집회에 꼭 참석해야 할 이유가 무엇입니까?

답: 예수 그리스도께서 당신의 교회 안에 이 질서를 세워 놓으신 것은 두 세 사람을 위한 것이 아니라 일반적으로 교회의 모든 성도를 위한 것이기 때문입니다. 게다가 그리스도께서 이것만이 성도를 교육하고 양육하는 유일한 수단이라고 선언해 주셨습니다. 그렇기 때문에 우리는 주님보다 더 지혜롭지 못하기 때문에 우리 모두는 이 질서를 고수해야 합니다.[95]

307문: 교회에 목사들이 꼭 있어야만 합니까?

답: 그렇습니다. 우리는 그들의 말을 잘 귀담아 들어야 하며 그들의 입을 통해 흘러나오는 주님의 가르침을 겸손히 받아드려야만 합니다. 그래서 누구든지 그들을 경멸하고 그들의 말에 경청하는 것을 거부하면 그 사람은 곧 예수 그리스도를 물리치는 것이며 성도들의 공동체로부터 떠나는 것이나 마찬가지 입니다.[96]

308문: 목사들로부터 한 번 가르침을 받는 것으로 충분합니까? 아니면 그 가르침을 계속적으로 받아야 합니까?

답: 만일 열심히 추구하여 항상 끈기 있게 계속하지 않으면 시작하지 않는 것과 같습니다. 왜냐하면 우리는 끝까지 늘 예수 그리스도의 학생이 되어야 합당하기 때문입니다. 또 예수 그리스도는 자기의 이름으로 우리를 가르치기 위하여 교회의 목사들을 세워주셨기 때문에 더욱 열심히 평생 동안 계속해서 가르침을 받아야 합니다.

---

95) (엡4:11) 그가 혹은 사도로, 혹은 선지자로, 혹은 복음 전하는 자로, 혹은 목사와 교사로 주셨으니...

96) (살전2:13) 이러므로 우리가 하나님께 쉬지 않고 감사함은 너희가 우리에게 들은바 하나님의 말씀을 받을 때에 사람의 말로 아니하고 하나님의 말씀으로 받음이니 진실로 그러하다. 이 말씀이 또한 너희 믿는 자 속에서 역사하느니라. (눅10:16) 너희 말을 듣는 자는 곧 내 말을 듣는 것이요 너희를 저버리는 자는 곧 나를 저버리는 것이요 나를 저버리는 자는 나 보내신 이를 저버리는 것이라 하시니라.

[하나님의 은혜의 수단으로서 성례에 관하여]

[46 주일]

309문: 말씀 이외에 하나님께서 우리와 교제하시는 다른 방도는 없습니까?

답: 하나님께서는 말씀의 설교에 성례들을 첨가해 놓으셨습니다.

310문: 성례란 무엇입니까?

답: 성례란 하나님의 은혜를 외적으로 증거 하는 것으로써 이 외적인 표시를 통해 하나님께서는 우리에게 영적인 은혜들을 제시해 주십니다. 이렇게 하시는 것은 하나님께서 우리의 마음속에 당신의 약속들을 보다 강력하게 새겨 넣으시기 위한 것이며 우리로 하여금 이 약속들에 대해서 더 큰 확신을 갖도록 만드시기 위한 것입니다.

311문: 뭐라고요? 외적이고 물질적인 표시가 우리의 양심을 견고하게 해 주는 능력을 가지고 있다는 말입니까?

답: 성례가 그 자체의 힘으로 그런 능력을 나타내는 것은 아닙니다. 단지 하나님이 그렇게 하실 목적으로 성례를 사용하시기 때문에 그런 힘이 있게 된 것입니다.

312문: 하나님의 약속을 우리 마음속에 새기는 것은 성령님의 고유한 직무인데 어찌해서 당신은 이를 성례들에게 부과하고 있습니까?

답: 이 두 가지는 근본적으로 서로 다른 성격인 것입니다. 즉 우리의 마음을 움직여 감동시키시며 우리의 오성(五性)을 조명하시고 또 우리의 양심을 굳게 해 주시는 분은 오직 성령님뿐 이십니다. 따라서 그와 같은 모든 일은 오직 성령님 자신의 사역으로 간주되어야만 하는데 이는 그로 인하여 우리가 성령님께 찬양을 드리기 위한 것입니다. 반면에 하나님께서는 그가 좋다고 생각하시는 데 따라 보다 열등한 방법으로써 성례들을 사용하시는 것입니다. 그러나 이 경우 성령님의 능력은 조금도 감소되는 일은 없습니다.

313문: 당신은 성례들의 효력이 외적인 요소에 달려 있는 것이 아니라 전적으로 오직 성령님께로부터 비롯된다고 생각하는 것입니까?

답: 그렇습니다. 하나님께서는 당신 자신의 능력에 어떠한 손상도 가하심이 없이 당신께서 제정하신 방법들을 통해서 은혜 베푸시기를 원하시는 것입니다.

314문: 하나님께서 그렇게 하시는 이유가 무엇입니까?

답: 우리들의 연약함을 도와주시기 위해서입니다. 만일 우리가 천사들처럼 영적인 본성을 가지고 있다면 하나님과 그분의 은혜들을 바로 볼 수 있지만 그러나 우리가 육의 몸으로 둘러싸여 있는 고로 하나님께서는 천상(天上)적이고 영적인 은혜들을 우리에게 제시하기 위해 외적인 표시들을 사용하실 필요가 있으신 것입니다. 그렇지 않을 경우 우리는 이것들을 이해할 수 없기 때문입니다. 뿐만 우리가 하나님의 거룩한 모든 약속을 확고하게 믿을 수 있게 우리의 모든 감각이 이 방법의 수단으로 사용되어지는 것은 우리에게 적당한 일입니다.

[47 주일]

315문: 하나님께서 우리의 연약함과 필요 때문에 성례들을 제정하신 이상 우리가 이를 불필요하다고 생각함은 오만 불손한 태도가 된다고 생각합니까?

답: 분명히 그렇습니다. 따라서 누구든지 성례들이 필요 없다고 생각하면서 고의적으로 그 사용을 회피하는 자는 예수 그리스도를 모욕하는 것이며 그분의 은혜를 거부하는 것이고 또 성령님을 소멸하는 것입니다.

316문: 그러나 선한 사람이나 악한 사람이 실제로 함께 성례를 받고 있는데 성례들이 어떤 은혜의 확신을 줄 수 있습니까?

답: 비록 불신자들과 사악한 사람들이 성례를 통해서 제시되는 은혜를 무효화시킨다 하더라도 이러한 것 때문에 성례의 고유한 작용이 없어지는 것은 아닙니다.

317문: 그렇다면 성례들은 어떻게 그리고 언제 그 고유한 효력을 일으키게 되는 것입니까?

답: 우리가 오직 예수 그리스도와 그분의 은혜만을 구하면서 믿음으로 이 성례들에 참여할 때 효력을 일으키게 됩니다.

318문: 왜 우리가 성례에서 예수 그리스도를 구해야 되는 것입니까?

답: 저는 우리가 성례에서 구원을 찾기 위해 외적인 표시에 집착을 가져야 한다든가 또는 그 자체에 어떤 감추어진 능력이 있다고 말하는 것이 아닙니다. 그 반대로 우리는 이 표시가 우리를 예수 그리스도께로 올바로 인도할 수 있는 보조수단이라 생각하는 것

입니다. 이렇게 함은 우리가 예수님 안에서만 구원과 모든 행복을 구하기 위해서 입니다.

319문: 성례에 참여하기 위해서는 신앙이 요구되는 것이라면 어째서 당신은 이 성례들이 우리로 하여금 하나님의 약속에 대한 확신을 갖게 하고 또 우리 자신의 신앙을 굳게 할 목적으로 우리에게 주어졌다고 말합니까?

답: 신앙이란 우리 안에서 한 번 시작되었다는 것으로 충분한 것이 아닙니다. 이 신앙은 계속적인 양육과 공급을 받아야 하며 우리 안에서 매일 성장해야 하고 증가해 나아가야만 하는 것입니다. 그렇기 때문에 하나님께서는 신앙을 양육하고 견고하게 하며 또한 증가시키기 위하여 우리에게 성례들을 주신 것입니다. 이것이 바울이 성례들이란 하나님의 약속을 우리 마음속에 확증하기 위해 필요한 것이라고 말한 의미인 것입니다.[97]

320문: 그러나 만일 하나님의 약속들이 성례들에 의해 우리 안에서 충분히 견고하게 되지 않는다면 그리고 우리를 위해 별다른 보조 수단도 가지고 있지 않다면 이것은 결국 불신앙의 표가 되는 것이 아닙니까?

답: 아닙니다. 이것은 다만 성도의 믿음이 작고 연약하다는 표시입니다. 즉 이러한 믿음은 하나님의 자녀들에게 늘 있는 것이며 그렇다고 해서 이들이 신자들의 자격을 잃어버리는 것은 아닙니다. 왜냐하면 신자들의 신앙은 완전한 상태에 머물러 있는 것이 아니기 때문입니다. 즉 우리가 이 세상에 사는 동안 우리의 육 안에는 언제나 어떤 불신의 찌꺼기가 항상 남아 있기 때문입니다. 그렇기 때문에 우리는 항상 성장하며 자라가야 하는 것입니다.

[48 주일]

321문: 교회 안에는 몇 개의 성례가 있습니까?

답: 예수님께서 모든 성도들의 공동체를 위해서 제정하신 것은 단지 두 가지 입니다.

322문: 그것이 무엇입니까?

답: 세례와 성찬입니다.

---

97) (롬4:11) 저가 할례의 표를 받은 것은 무할례 시에 믿음으로 된 의를 인친 것이니 이는 무 할례자로서 믿는 모든 자의 조상이 되어 저희로 의로 여기심을 얻게 하려 하심이라.

323문: 이 두 가지 성례 사이엔 어떤 공통점과 차이점이 있습니까?

답: 세례란 하나님의 교회 안으로 들어오는 입구와도 같습니다. 이것은 우리가 하나님께 대해 관계가 없었던 이방인과 같은 존재였음에도 불구하고 하나님께서 우리를 당신의 가족의 받아들여 주신다는 사실을 확증해 주는 것입니다. 성찬은 우리에게 있어서 마치 어느 가정의 좋은 아버지가 그의 가족을 양육하며 음식물을 공급하는 일에 있어서 힘을 쓰듯이 하나님이 우리를 양육하며 즐기게 하려고 원하신다는 사실을 증거해 주는 것입니다.

[세례]

324문: 두 성례들에 대해서 보다 분명한 이해를 얻기 위해 각각에 설명을 더해 봅시다. 우선 세례의 의미가 무엇입니까?

답: 세례는 두 가지 의미를 가지고 있습니다. 즉 먼저 주님은 세례에서 우리에게 죄의 용서를 나타내시며 다음으로는 영적으로 새로워지는 중생을 나타내십니다.[98]

[49 주일]

325문: 물은 이러한 사실들을 나타내기 위하여 실제적인 사실들과 어떤 유사한 점을 가지고 있습니까?

답: 모든 죄의 용서는 마치 씻음과 같습니다. 즉 우리의 외적인 몸이 물로 씻을 때 깨끗하게 되듯이 우리의 영혼이 세례로써 더러움으로 부터 정결하게 되는 것입니다.

326문: 세례의 또 다른 의미에 대해서 말해 보십시오.

답: 중생의 시작은 인간의 본성이 죽음을 당하는 것이며 중생의 결과는 하나님의 영을 통해 새로운 피조물이 되는 것이므로 물이 머리 위에 뿌려지는 것은 죽음을 상징하는 표시로서 우리 머리 위에 부어지는 것입니다. 그러나 그것은 또한 우리의 부활이 상징적으로 제시되어 나타나기도 합니다. 즉 이것은 물 뿌림이 우리가 물속에 빠져 익사할 정도로 오래 계속 되질 않고 순간적으로 행해진다는 것을 통해서 나타내 줍니다.

---

98) (엡5:26) 이는 곧 물로 씻어 말씀으로 깨끗하게 하사 거룩하게 하시고 (롬6:4) 그러므로 우리가 그의 죽으심과 합하여 세례를 받음으로 그와 함께 장사되었나니 이는 아버지의 영광으로 말미암아 그리스도를 죽은 자 가운데서 살리심과 같이 우리로 또한 새 생명 가운데서 행하게 하려 함이니라.

327문: 당신은 물이 우리 영혼을 깨끗이 씻는 다고 생각합니까?

답: 그렇지 않습니다. 왜냐하면 영혼이 깨끗케 되는 것은 오직 예수 그리스도의 피를 통해서만 이루어지는 것이기 때문입니다. 즉 그리스도의 피가 뿌려진 것은 우리의 모든 더러움을 깨끗케 하고 우리를 하나님 앞에서 흠 없이 정결하게 설 수 있도록 해 주는 것입니다. 이것은 성령의 힘으로 우리의 양심에 그 피가 부어지는 때 우리에게 완성되는 것입니다. 바로 이런 사실이 성례를 통해서 우리에게 확증되는 것뿐입니다.

328문: 당신은 물이 단지 하나의 상징일 뿐이라고 생각하는 것입니까?

답: 이것은 하나의 상징이기는 하지만 진리와 결합(사실과 결합된)되어 있는 상징입니다. 왜냐하면 하나님은 우리에게 어느 하나도 헛되이 약속하시지 않으셨기 때문입니다. 따라서 세례 시에 죄의 용서가 우리에게 실제적으로 주어진다는 것과 우리가 이 죄의 용서를 받는 것은 분명한 사실인 것입니다.

329문: 이 은혜는 모든 사람에게 차별 없이 성취되는 것입니까?

답: 그렇지 않습니다. 많은 사람들이 자신들의 사악함으로 말미암아 이 은혜의 작용을 무효화시키고 있기 때문입니다. 그러나 신실한 성도들만이 세례의 유익을 얻는다고 해서 인간의 사악함이 성례로 하여금 나타나게 되는 그 고유한 효력을 없어지게 하는 것은 아닙니다.

330문: 중생은 어디서 그 능력을 얻는 것입니까?

답: 예수 그리스도의 죽음과 부활로부터입니다. 왜냐하면 그리스도의 죽음은 다음과 같은 능력을 소유하고 있기 때문입니다. 즉 이를 통해서 우리의 옛 사람의 본성은 십자가에 못 박힘을 당하며 우리의 죄 된 본성은 장사되어 더 이상 우리를 다스릴 지배력을 갖지 못하게 되는 것입니다. 그리고 하나님의 의를 따라가는 새로운 삶은 그리스도의 부활로부터 나오는 것입니다.

331문: 세례 시에 이 은혜가 어떻게 우리에게 주어지는 것입니까?

답: 세례 시 우리에게 주어지는 약속을 받기에 우리의 자세가 바르고 합당할 때 우리는 이때 예수 그리스도로 옷 입고 또한 그분의 성령을 받게 됩니다.

332문: 우리 입장에서 세례 시 갖추어야 할 바르고 합당한 자세는 무엇입니까?

답: 그것은 신앙과 회개입니다. 우리는 예수 그리스도 안에서 영적으로 깨끗함을 소유하게 되었다는 사실을 반드시 신뢰해야만 합니다. 그리고 우리는 우리로 하나님의 뜻에 따라 살게끔 우리의 육신적인 욕심을 제거하기 위해 성령님께서 우리 안에 거하신다는 사실을 내적으로 확신을 가져야 하며 또 우리의 행실을 통해서 이런 삶을 드러내어 알게 해야 합니다.

[유아세례]

[50 주일]

333문: 세례 시에 그런 준비된 자세가 요구된다면 어떻게 우리가 어린아이들에게 세례를 베풀 수 있습니까?

답: 모든 연령의 계층이 신앙과 회개가 세례 시에 항상 선행해야 한다고 말하는 것은 아닙니다. 이것은 다만 이것들을 행할 수 있는 어른들에게 반드시 있어야만 된다는 말입니다. 그렇기 때문에 아이들은 성년이 된 후 세례의 열매를 제시해서 나타내면 충분한 것입니다.

334문: 위에서 연령층을 두 부류로 나누는 것에 어떤 모순이 없다는 것을 증명할 수 있습니까?

답: 구약의 할례는 모세와 선지자들이 말한 것처럼 회개의 표시였으며 또한 바울이 말한 대로 신앙의 표시이기도 했던 것입니다. 그럼에도 불구하고 하나님께서는 이 할례예식에서 어린아이들을 제외시키지 않으셨던 것입니다.[99]

335문: 우리가 세례 시 어린아이들을 받아들이는 것은 할례 시에 있어서와 똑 같은 근거에서 그렇게 한다는 것을 증명할 수 있습니까?

답: 예, 할 수 있습니다. 왜냐하면 하나님께서는 옛날 이스라엘 백성에게 주신 모든

---

99) (렘4:4) 유다인과 예루살렘 거민들아 너희는 스스로 할례를 행하여 너희 마음 가죽을 베고 나 여호와께 속하라 그렇지 아니하면 너희 행악을 인하여 나의 분노가 불같이 발하여 사르리니 그것을 끌 자가 없으리라. (롬4:11) 저가 할례의 표를 받은 것은 무 할례 시에 믿음으로 된 의를 인친 것이니 이는 무 할례자로서 믿는 모든 자의 조상이 되어 저희로 의로 여기심을 얻게 하려 하심이라.

약속을 지금은 세계 전체의 당신의 교회에 확대하고 계시기 때문입니다.[100]

336문: 그러면 이런 구약시대의 일들을 신약시대의 우리가 그 표시들의 의미를 받아들이고 사용해야 한다는 말입니까?

답: 성경 전체를 잘 살펴보면 그러한 것을 알 수 있습니다. 즉 예수 그리스도께서 우리로 하여금 전에 이스라엘 백성에게 있었던 은혜에 참여하도록 하시는 것은 그 은혜를 우리 안에서 감소시키시기 위함도 아니요 전에 있었던 은혜보다 더 모호하게 만드시기 위함도 아니었습니다. 오히려 주님께서는 그 은혜를 더욱 분명하게 밝혀 놓으셨고 또한 확실하게 증가 시키셨던 것입니다.

337문: 만일 우리가 어린아이들에게 세례를 베풀어주지 않는다면 예수님께서 이 땅에 오심으로 말미암아 하나님의 은혜가 오히려 감속하게 될 것이라고 보는 것입니까?

답: 물론입니다. 유아세례를 금지 할 경우 우리는 구약시대 사람들이 누렸던 어린아이들에 대한 하나님의 선하심과 긍휼하심의 증거를 잃어버리게 되기 때문입니다. 유아세례는 우리의 위로에 크게 소용되며 처음부터 있어 왔던 약속을 더욱 굳게 하는 데에도 크게 효력이 있습니다.

338문: 그러면 당신은 하나님께서 옛날에 스스로 어린아이들의 주가 되시는 것을 선언하시고 이 약속이 그들의 몸에 외부적인 표시를 통해서 그들의 육체 안에 새겨 넣으시기를 원하신 것이므로 예수 그리스도께서 오신 후에도 이 약속이 감소되지 않아야 된다고 생각하는 것이군요. 즉 구약이나 신약이나 동일한 약속이 계속 남아 있기 때문이고 또한 이 약속이 말씀에 의해 보다 분명하게 더 확증되고 있고 또한 실제적인 사실들로부터 더욱 확증되었다는 말이지요?

답: 그렇습니다. 그리고 이뿐 아니라 세례의 효력과 본질이 어린아이들에게도 주어지는 것이 분명하기 때문에 이 보다 더 낮은 외적인 표시를 그들에게 빼앗고 금지시킨다는 것은 부당한 것이며 그리고 어린아이들을 모욕하는 행동이 될 것입니다.[101]

---

100) (엡2:14) 그는 우리의 화평이신지라 둘로 하나를 만드사 중간에 막힌 담을 허시고... (엡2:19) 그러므로 이제부터 너희가 외인도 아니요 손도 아니요 오직 성도들과 동일한 시민이요 하나님의 권속이라.

101) (막10:16) 그 어린 아이들을 안고 저희 위에 안수하시고 축복하시니라.

339문: 그러면 어떤 거룩한 목적으로 이 유아세례를 행하는 것이 합당한 것입니까?

답: 어린아이들이 성도들의 후손에게 약속된 하나님의 축복의 상속자들이라는 사실을 인정하는 표시와 증거로써 이를 행해야 하는 것입니다. 즉 이들이 장성한 후 자신들이 받은 세례의 진리를 인정하고 이 세례로부터 유익을 얻도록 하기 위해서 시행하는 것입니다.

[성찬]

[51 주일]

340문: 성찬에 관해서 말해봅시다. 먼저 성찬의 의미가 무엇입니까?

답: 예수 그리스도께서 성찬을 제정하신 것은 우리 영혼이 그분의 실제적인 살과 피와의 연합을 통해서 영생에 대한 소망 가운데서 양육을 받게 된다는 사실을 우리에게 확신시켜 주시기 위함이었습니다.

341문: 왜 주님께서는 떡을 통해서 당신의 몸을 그리고 포도주를 통해서 당신의 피를 나타내 보여주신 이유가 무엇입니까?

답: 그것은 떡이 우리의 몸에 대하여 가지고 있는 특성은 이 죽을 수밖에 없는 생명 안에서 그것이 몸을 지탱하고 유지하게 하듯이 주님의 몸이 우리의 영혼에 대하여 갖는 특성도 영적으로 우리 영혼을 기르고 유지하며 살리는 것을 나타내기 위한 것입니다. 마찬가지로 포도주가 육체적으로는 사람을 강하게 하여 기력을 회복시키고 기쁨을 주듯이 주님의 피는 우리의 기쁨이며 우리의 영적 기력을 회복하는 힘이라는 것을 나타내 주는 것입니다.

342문: 우리는 실제적으로 주님의 몸과 피에 연합되어야 할 필요가 있는 것입니까?

답: 분명히 그렇습니다. 왜냐하면 우리의 구원의 보장은 예수님이 하나님 아버지께 대해 바친 복종에 있으며 이 복종은 마치 우리의 자신의 것인 양 우리에게 돌려지기 때문인 것입니다. 그렇기 때문에 우리는 이것을 반드시 소유해야 합니다. 이처럼 그분이 주시는 모든 은사들은 그분이 당신 자신을 우리에게 먼저 주시지 않는 한 우리의 것이 될 수 없기 때문입니다.

343문: 그리스도께서 우리를 하나님 아버지와 화해시키시고 우리를 저주로부터 구원해 내시기 위해 죽음을 당하셨을 때 그분은 이미 그 순간 당신 자신을 우리에게 주신 것이 아닙니까?

답: 그렇습니다. 그렇지만 만일 우리가 우리를 위한 그리스도의 고난을 받아들여 우리 자신 안에서 그분의 죽음과 고난의 열매 및 효력을 느끼지 못한다면 그것은 우리에게 충분한 것이 되지 못하는 것입니다.

344문: 그것을 받아들이는 방법은 오직 신앙이지 않습니까?

답: 그렇습니다. 그러나 신앙은 단순히 그분이 우리를 영원한 죽음으로부터 구원하시고 우리에게 생명을 주시기 위해 죽으시고 부활하셨다는 사실을 믿는 것만이 아니라 지금 그분이 우리 안에 거하시고 머리가 지체들을 가지고 있는 그러한 불가분리적 연합으로 우리와 밀접하게 결합되어 계셔서 이 결합의 능력으로 우리를 당신의 모든 은혜에 참여하도록 만들어 주신다는 사실을 믿는 것입니다.

[52 주일]

345문: 이 연합(교제)은 성찬을 통하지 않고서는 이루어질 수 없는 것입니까?

답: 그렇지 않습니다. 바울이 말한 것처럼 우리는 복음의 설교를 통해서도 이 교제를 가질 수 있습니다. 즉 예수님께서는 우리가 그분의 뼈에서 나온 뼈요, 그분의 살에서 나온 살이며, 그리스도께서는 우리 영혼을 먹이시기 위해 하늘로부터 내려온 생명의 떡이시며, 또한 아버지와 그리스도께서 하나이심 같이 우리도 그리스도와 하나 될 것임을 여러 성경을 통해 말씀해 주셨습니다.[102]

346문: 우리는 성찬에서 이것 이상으로 얻는 것이 무엇입니까? 즉 성찬의 역할은 무엇입니까?

---

102) (고전1:21) 하나님의 지혜에 있어서는 이 세상이 자기 지혜로 하나님을 알지 못하는 고로 하나님께서 전도의 미련한 것으로 믿는 자들을 구원하시기를 기뻐하셨도다. (엡5:30) 우리는 그 몸의 지체임이니라. (요6:51) 나는 하늘로서 내려온 산 떡이니 사람이 이 떡을 먹으면 영생하리라. 나의 줄 떡은 곧 세상의 생명을 위한 내 살이로라 하시니라. (요17:21) 아버지께서 내 안에 내가 아버지 안에 있는 것 같이 저희도 다 하나가 되어 우리 안에 있게 하사 세상으로 아버지께서 나를 보내신 것을 믿게 하옵소서.

답: 그것은 그리스도와의 영적인 교제가 우리 안에서 보다 충분하게 확증되며 증거 된다는 것입니다. 바로 예수 그리스도께서 세례와 복음을 통해 우리와 교제를 가지게 되는 것이 사실이라 할지라도 이것은 단지 부분적인 것이지 완전한 것은 아니기 때문입니다.

347문: 그러면 우리가 떡의 표시를 통해서 얻는 것이 무엇입니까?

답: 그것은 우리를 하나님과 화해시키기 위해 희생 제물로 바쳐졌던 주 예수님의 몸이 지금 우리에게 주어지는 것은 우리가 이 화해에 참여하고 있다는 사실을 확신시켜 주기 위함입니다.

348문: 그러면 포도주의 표시를 통해서 얻는 것은 무엇입니까?

답: 주 예수님께서 우리 죄의 대속물로 자기 피를 지금 우리에게 주어 마시게 하시는 것은 우리로 하여금 어떠한 의심도 하지 않고 당신의 피의 열매를 얻도록 하기 위한 것입니다.

349문: 당신의 말은 성찬이 우리를 예수 그리스도의 죽음과 고난에로 나아가도록 만드는 것인데 이는 우리로 그 고난의 열매에 참여하도록 하기 위한 것이라는 말입니까?

답: 그렇습니다. 왜냐하면 우리의 속죄를 위하여 유일하고 영원한 효력을 지닌 희생 제물이 우리 구원을 위해서 이미 바쳐졌기 때문에 이제 남은 것은 우리가 이를 받아들이고 즐기는 것뿐입니다.

350문: 그러면 성찬이 제정된 것은 예수님의 몸을 매번 하나님 아버지께 제물로 봉헌(드리기)하기 위함이 아니라는 말이지요?

답: 그렇습니다. 이 봉헌의 직무를 가지신 분은 오직 영원한 대제사장이신 예수님 한 분뿐이시기 때문입니다. 예수님께서 우리에게 명하시는 것은 당신 자신의 몸을 봉헌하지 말고 다만 우리는 이를 받기만 하라고 명령하신 것입니다. [103]

---

103) (히5:5) 또한 이와 같이 그리스도께서 대제사장 되심도 스스로 영광을 취하심이 아니요 오직 말씀하신 이가 저더러 이르시되 너는 내 아들이니 오늘날 내가 너를 낳았다 하셨고 (마26:26) 저희가 먹을 때에 예수께서 떡을 가지사 축복하시고 떼어 제자들을 주시며 가라사대 받아먹으라 이것이 내 몸이니라 하시고...

[53 주일]

351문: 왜 두 가지의 표시가 있는 것입니까?

답: 주님께서 두 가지의 표시를 주신 것은 우리의 연약함 때문인 것입니다. 즉 주님께서는 당신께서 우리 영혼의 양식이 되실 뿐만 아니라 우리 영혼의 음료도 되심을 우리에게 가르쳐 주시기 위해서 그렇게 하신 것입니다. 그리하여 우리가 다른 곳이 아닌 주님 안에서만 충분하고도 완전한 양식을 구하도록 하기 위함이었던 것입니다.

352문: 모든 사람이 아무런 구분 없이 누구나 두 번째 표시인 잔에 참여할 수 있습니까?

답: 예수님의 명령에 따르면 반드시 참여 할 수 있습니다. 이 명령에 위배되는 것은 그 어떤 것도 정해서는 안 되는 것입니다.

353문: 성찬에서 우리는 위에서 말한 것처럼 어떤 상징만을 가지는 것인가? 아니면 이것들이 실제로 우리에게 주어지는 것이 있습니까?

답: 예수 그리스도께서는 진리이신고로 그분이 성찬에 관해 행하신 약속들이 이루어지지 않을 것이라고 의심해서는 안 됩니다. 즉 그분이 성찬에서 보이시는 표시가 실제적으로 입증되지 않을 것처럼 의심해서는 안 됩니다. 따라서 우리는 그리스도께서 한 생명 안에서 우리를 당신과 연합시키기 위해 당신 자신이 약속하시고 제시하신 바에 따라 우리를 당신 자신의 실체(subustance)에 참여케 하신다는 사실을 반드시 믿습니다.

354문: 그렇지만 예수님의 실제적인 몸은 하늘에 계시고 우리의 몸은 땅위에서 순례자로 있는데 어떻게 그런 일이 일어날 수 있습니까?

답: 그것은 성령님의 이해하기 어려운 능력으로 일어나는 것입니다. 즉 성령님은 장소와 시간을 통해 떨어져 있는 사물들을 서로 잘 결합하는 능력을 가지고 계시기 때문입니다.

355문: 당신은 그리스도의 몸이 떡 속에 그리고 그 피가 잔속에 포함되어 있다고 생각하는 것입니까?

답: 아닙니다. 그 정반대입니다. 우리는 성찬을 통해서 얻게 되는 것을 이해하기 위해서는 우리의 마음을 높여 하늘로 향해 가도록 해야 합니다. 즉 그곳에는 예수 그리스도께

서 아버지의 영광중에 거하고 계시기 때문입니다. 그리고 우리는 바로 그곳으로부터 우리의 구원을 기다리고 있는 것입니다. 그렇기 때문에 우리는 썩어 없어질 물질적인 떡과 포도주에서 그리스도를 찾아서는 안 되는 것입니다.

356문: 그러면 당신은 이 성찬에는 두 가지 요소 즉 우리가 눈으로 보고, 손으로 만지며, 그리고 혀로 맛보아 느낄 수 있는 물질적인 떡과 포도주이며 다른 하나는 우리 영혼을 내적으로 먹이시는 예수 그리스도가 존재한다는 말입니까?

답: 그렇습니다. 그리하여 우리의 몸이 생명의 표시에 참여 할 수 있게 되었기 때문에 우리는 성찬에서 우리의 몸의 부활에 대해 담보물처럼 확실한 증거를 갖게 됩니다.

[54 주일]
357문: 성찬의 올바른 사용 방법은 무엇입니까?

답: 이것은 바울이 말한 것처럼 성찬에 참여하기 전에 각자는 먼저 자기 자신을 잘 살펴보아야만 하는 것입니다.[104]

358문: 어떤 부분에 대해서 우리 자신을 살펴야 하는 것입니까?

답: 자신이 예수 그리스도의 참된 지체인지 아닌지를 살펴야 하는 것입니다.

359문: 어떤 증거들을 통해서 이것을 알 수 있는 것입니까?

답: 회개와 참된 신앙을 소유하고 있는지 아닌지, 진실한 사랑을 가지고 이웃을 사랑하고 있는지, 그리고 어떤 미움이나 원한 그리고 불화에 의해 결단코 더럽혀지지 않았는지를 살피는 것입니다.

360문: 믿음과 사랑이 조금의 흠도 없이 완전해야 된다는 말입니까?

답: 이 두 가지는 모두 순수하고 거짓되지 말아야 하는 것입니다. 그러나 조금의 흠도 없는 완전무결함을 인간들 가운데서는 발견할 수 없습니다. 그렇기 때문에 조금의 흠도 없이 완전무결하게 되지 않고서는 성찬에 참여하는 것이 불가능하다고 한다면 성찬은 헛되이 만들어진 것이 되고 말 것입니다.

---

104) (고전11:28) 사람이 자기를 살피고 그 후에야 이 떡을 먹고 이 잔을 마실지니...

361문: 그러면 우리의 연약함은 우리가 성찬에 참석하는 것을 막을 수 없다는 말입니까?

답: 그렇습니다. 만일 우리가 연약하지 않다면 성찬은 우리에게 아무런 필요가 없는 것입니다. 즉 성찬은 우리의 연약함에 대한 보조수단으로 또한 동시에 위안을 주기 위해서 만들어진 것이기 때문입니다.

362문: 이 두 가지 성례들은 또 다른 목적으로 사용됩니까?

답: 예, 다른 목적이 또 있습니다. 이것들은 우리의 신앙고백의 외적인 표현이며 또한 표시가 되는 것입니다. 즉 우리는 이것들을 통해서 우리가 하나님의 백성에 소속되었다는 것과 또한 개인적으로 그리스도를 자신의 구주로 고백하는 그리스도인 됨을 고백하는 증거가 되는 것입니다.

363문: 성찬에 참여하기를 원하지 않는 사람들에 대해서 우리는 어떻게 판단해야 합니까?

답: 우리는 그런 사람을 그리스도인으로 여겨서는 안 되는 것입니다. 왜냐하면 그는 그렇게 함으로써 그리스도인임을 고백하려고 하지 않고 침묵 가운데서 그리스도를 부인하는 것이기 때문입니다.

364문: 이 두 성례는 한 번 받고 나면 그것으로 충분한 것입니까?

답: 세례는 단 한 번만 받도록 명령하셨기 때문에 반복해서 받는 것은 잘못된 것입니다. 그러나 성찬은 계속적으로 받을 것을 명령하셨습니다.

365문: 그 이유는 무엇입니까?

답: 세례를 통해 하나님께서는 우리를 당신의 교회 안으로 인도하여 처음 영접해 주십니다. 그러나 일단 영접해 주신 후 하나님께서는 계속해서 우리를 영적 양식으로 먹여 주시겠다는 의도를 성찬을 통해서 분명하게 가르쳐 주셨습니다.

[55 주일]

366문: 세례를 베푸는 일과 성찬을 집행하는 일은 누가 행하는 것입니까?

답: 그것은 교회 안에서 설교하도록 공적으로 직무를 맡고 있는 사람입니다. 왜냐하

면 말씀을 증거 하는 일과 성례를 시행하는 일은 서로 밀접하게 결합되어 있기 때문입니다.

367문: 이것에 대한 분명한 증거가 있습니까?

답: 있습니다. 주님께서는 세례를 베푸는 일과 설교하는 일을 특별히 당신의 사도들에게 위탁하셨습니다. 그리고 성찬도 마찬가지로 사도들에게 예수님 자신의 모범을 따라서 이를 행하도록 명령하셨습니다. [105]

368문: 그런데 성례를 집행하는 목사들은 아무런 구분도 없이 참석자들 모두에게 성례 참여를 허락해야 하는 것입니까?

답: 세례는 앞에서 언급한 것처럼 계층과 관련해서는 어른이나 어린이나 구분해서는 안 됩니다. 그러나 성찬에 관해서는 목사는 성찬 받기에 전혀 불합당한 사람을 성찬에 참석하지 못하도록 해야 합니다.

369문: 왜 그렇습니까?

답: 그것은 성찬을 모독하며 더럽히는 것이 되기 때문입니다.

370문: 하지만 가룟 유다가 제 아무리 악했다고 해도 우리 주님께서는 성찬 때 그를 참여하도록 하시지 않았습니까?

답: 그의 죄는 아직 감추어져 있었기 때문입니다. 또 비록 우리 주님께서 이를 모두 알고 계셨을지라도 모든 사람에게는 충분히 드러나지 않았기 때문입니다.

371문: 그러면 거짓 위선자들에 대해서는 어떻게 해야 합니까?

답: 목사들은 이들을 성찬 받기에 합당치 않은 자로 여겨서 성찬 시에 금지 시킬 수가 없습니다. 다만 주님께서 이들의 사악함을 외적으로 드러내 주실 때까지 기다려야만 하는 것입니다.

---

105) (마28:19) 그러므로 너희는 가서 모든 족속으로 제자를 삼아 아버지와 아들과 성령의 이름으로 세례를 주고 (눅22:19) 또 떡을 가져 사례하시고 떼어 저희에게 주시며 가라사대 이것은 너희를 위하여 주는 내 몸이라 너희가 이를 행하여 나를 기념하라 하시고...

372문: 그러면 목사가 성찬을 받기에 합당하지 않은 사람들을 친히 알고 있다거나 다른 사람들로부터 고발을 받았으면 어떻게 해야 합니까?

답: 이 경우에도 충분한 증거나 교회의 공적 재판을 통해서 판결이 없을 때는 이들을 성찬에 금지 시켜서는 안 됩니다.

373문: 그렇다면 이 사건을 처리하기 위해서 어떤 규율이나 담당기관이 있어야 한다는 말입니까?

답: 교회가 잘 관리되려면 이런 질서와 규율이 필요합니다. 그래서 교회에서는 일어날지도 모르는 잘못들을 감시하기 위해서 감독자를 선출해야 합니다. 이들은 교회의 공적 권위를 소유하고 성찬에 전혀 참석할 수 없는 부도덕한 자들과 또한 성찬을 받게 되어 하나님의 이름을 욕되게 하고 교우들을 실족하게 할 수 있는 그런 자들은 성찬에 참여하지 못하도록 금지시키는 일을 해야 합니다.

2. 프랑스 신앙고백서(1559년)

칼빈(Calvin)의 조국은 프랑스이다. 프랑스 신앙고백서는 칼빈의 작품이다. 프랑스는 유럽에서 로마 카톨릭의 위세를 강하게 떨쳤던 국가였다. 칼빈은 분명코 프랑스의 종교가 개혁되기를 간절히 희망했을 것이다. 옥고를 치른 후 망명 중에 그의 수많은 친구들이 화형을 당했다는 소식은 그의 마음을 더욱 상하게 만들었음에 틀림없다. 조국의 종교개혁을 위해 자기가 저술한 기독교강요에 왕에게 보내는 긴 편지를 서문으로 첨가하여 보냈다. 그리고 자기의 조국에서 소수파를 형성하고 있었던 프로테스탄트 교회들을 위해 신앙 고백서를 저술하여 보내 주었다. 칼빈의 제자 샤데이우(De Chandieu)가 개편하여 1559년 파리 노회에서 승인을 받았고 1571년 프랑스 프로테스탄트 총회로 부터 정식으로 승인을 받았다.

하나님

제1조

우리는 하나님께서 단 한 분만 계시며 그분은 영적이시며, 영원하시며, 보이지 않으시며, 불변하시며, 무한하시며, 우리의 이해를 초월하시며, 말로써 다 형용할 수 없으시며, 전능한 단 하나의 단순한 본질을 가지신 분이시며, 가장 지혜로우시고, 가장 선하시고, 가장 정의로우시며, 가장 자비로우신 분임을 믿고 고백한다.

성경

제2조

하나님께서는 사람들에게 자기 자신을 다음과 같이 계시하셨다. 첫째, 그의 행하신 일들과 창조와 그리고 만물의 유지와 다스림을 통하여, 둘째는 더 분명하게 그의 말씀을 통한 것인데 처음에는 직접 말씀 하셨으나 나중에는 우리가 성경이라고 부르는 책들 안에 계시를 기록되게 하셨다.

제3조

이 성경은 구약과 신약의 정경들로 구성된 것인데 다음과 같다. 모세의 오경인 창세기, 출애굽기, 레위기, 민수기, 신명기, 그리고 여호수아, 사사기, 룻기, 사무엘상, 사무엘하, 열왕기상, 열왕기하, 파랄리포메논(Paralipomenon)이라고도 불리는 역대기상, 역대기하, 에스라, 느헤미야, 에스더, 욥기, 시편, 잠언 혹은 솔로몬의 격언인 전도서, 솔로몬의 아가, 이사야, 예레미야, 예레미야의 애가, 에스겔, 다니엘, 호세아, 요엘, 아모스, 오바댜, 요나, 미가, 나훔, 하박국, 스바냐, 학개, 스가랴, 말라기, 그리고는 마태복음, 마가복음, 누가복음, 요한복음, 누가의 둘째 책 혹은 사도행전, 로마인들에게 보낸 편지인 로마서, 고린도인들에게 보낸 첫째 편지, 고린도인들에게 보낸 둘째 편지, 갈라디아인들에게 보낸 편지, 빌립보인들에게 보낸 편지, 골로새인들에게 보낸 편지, 데살로니가인들에게 보낸 첫째 편지, 데살로니가인들에게 보낸 둘째 편지, 디모데에게 보낸 첫째 편지, 디모데에게 보낸 둘째 편지, 디도에게 보낸 편지, 빌레몬에게 보낸 편지, 히브리인들에게 보낸 편지, 야고보의 편지, 베드로의 첫째 편지, 베드로의 둘째 편지, 요한의 첫째 편지, 요한의 둘째 편지, 요한의 셋째 편지, 유다의 편지, 요한계시록이다.

제4조

우리는 이 책들이 정경이며 우리의 신앙의 확실한 규범임을 아는데, 그것은 의견의 일치나 교회의 합의보다는 오히려 성령의 증거와 내적인 조명에 의하는 것이니, 그러므로 성령님께서는 아무리 유익할지라도 교리를 찾아낼 수 없는 교회의 다른 문서들과 정경들을 우리가 구별할 수 있게 하신다.

제5조

성경 안에 있는 말씀은 하나님에게서 나왔으며 이 책의 권위는 다만 하나님에게서만 받은 것이지 사람에게서 받은 것이 아님을 우리는 믿는다. 그리고 성경이 모든 진리의 척도이며 하나님을 섬기는 일과 우리의 구원에 필요한 모든 것을 포함하고 있는 만큼 사람이나 천사라 할지라도 성경에 더 첨부하거나 혹은 성경에서 삭제하거나 그 책을 고치는 것은 잘못하는 일이다. 따라서 고전, 관습, 다수, 사람의 지혜, 판단, 선포, 칙령, 포고, 회의, 환상, 혹은 이적 등등의 어떠한 것의 권위도 성경의 여러 책들을 반대할 수 없고 오직 모든 것이 성경에 일치되게 검토되며, 규정되며, 그리고 개혁되어야 한다. 그러므로 우리는 세 가지 신앙고백, 즉 사도신조, 니케아신조 및 아타나시우스신조를 고백하는 까닭은 이 신조들이 하나님의 말씀에 일치되기 때문이다.

삼위일체

제6조

성경의 책들은 앞에서 고백한 대로 하나의 단순한 거룩한 본질이시며 곧 삼위(三位)이신 성부, 성자, 성령이 있음을 가르친다. 성부는 만물의 최초의 원인이며, 원리이며, 그리고 기원이다. 성자는 성부의 말씀이며 영원한 지혜이다. 성령은 성부의 덕력(德力)이며, 능력이며, 그리고 효능이다. 성자는 성부에게서 영원부터 탄생하신 분이다. 성령은 성부와 성자에게서 영원히 나오시는 분이다. 이 삼위(三位)는 혼동되지 않고 구별이 있되, 서로 분리되지 않고 동일한 본질을 가지며, 그리고 영원성과 능력이 평등하시다. 여기에 있어서 우리는 옛날의 회의들이 제정한 것을 고백하며, 성 힐라리(Hilary), 성 아타나시우스, 그리고 성 키릴(Cyril)과 같은 교부들이 배척한 모든 종파들과 이단들을 기피한다.

창조

제7조

하나님은 삼위(三位)의 동시적 사역으로 그의 능력과 지혜와 다 알 수 없는 선으로 만물을 창조하셨으니 하늘과 땅과 그 안에 있는 모든 것 뿐만 아니라 보이지 않는 영들까지인데 그 중의 어떤 것은 타락하여 멸망하였고 어떤 것은 여전히 순종하고 있다. 전자는 악으로 부패되어서 모든 선의 원수들이 되었고 결과적으로 전체 교회의 원수들이 되었다. 후자는 하나님의 은혜로 보존되어서 하나님의 이름을 영화롭게 하며 그가 선택하신 삶들의 구원을 돕는 사역자들이 되었다.

섭리

제8조

하나님은 만물을 창조하셨을 뿐만 아니라 그것들을 주관하시며 지도하시며 그의 주권적 의지로써 세상에서 생기는 모든 일들을 처리하시며 정비하심을 우리가 믿는다. 그러나 그가 악을 지으신 분이라든지, 혹은 죄책이 그에게 전가되는 것을 믿지 않으니, 그의 뜻은 모든 정의와 공의의 최상의 절대무오한 척도가 되기 때문이다. 그러나 그분은 악마들과 죄인들이 범하며 죄책을 져야 할 악을 선으로 변하게 하실 수 있도록 모든 것을 주관하심을 우리는 믿으면서 우리에게 숨겨진 비밀들 앞에 겸손히 머리를 숙이며 우리의 이해가 미치지 않는 것에 대하여서는 질문을 일삼지 않고 다만 우리의 평화와 안전을 위하여 성경에서 우리에게 계시된 것을 이용할 뿐이다. 왜냐하면 하나님은 모든 것을 자기에게 복종하게 하셔서 성부로서의 관심을 가지고 우리를 지켜보시어 자기의 뜻을 어기면 우리의 머리털 하나도 떨어지지 않게 하시기 때문이다. 그러나 그분은 악마들과 우리의 모든 원수들을 제압하셔서 자기의 허락 없이 그들이 우리를 헤칠 수 없게 하신다.

죄

제9조

사람은 하나님의 형상으로 순전하고 완전하게 창조된 것과 자기 자신의 죄 때문에 그가 받은 은혜에서 떨어져 나가서 공의와 모든 선의 근원이신 하나님으로부터 소외되어서 본성이 전적으로 부패되었음을 우리는 믿는다. 그리고 믿음이 어두워졌고 심정이 부패하였으므로 사람의 모든 순수성을 잃어버렸고 그 안에 선한 것이 아무것도 없게 되었다. 그리고 비록 사람이 여전히 선과 악을 구별할 수 있다손 치더라도 사람이 하나님을 찾을 때 그가 가진 빛은 어둠이 되어 그의 지성과 이성으로는 도무지 하나님에게 나아 갈 수 없다. 또 비록 이것저것을 하도록 사람이 자기를 격려할 의지를 가지고 있을지라도 의로운 일을 행하도록 하나님이 사람에게 주신 자유를 가지고 있을 뿐이다.

제10조

아담의 후손은 다 원죄에 묶여 있는데 이것은 유전적인 악이어서 펠라기우스(Pelagius)파가 선언한 단순한 모방이 아님을 우리는 믿으며 그들의 과오를 미워한다. 또 우리는 죄가 어떻게 이 사람에게서 저 사람에게로 전해지는지 질문할 필요가 없다고 생각하는데 그 까닭은 하나님이 아담에게 주신 것은 아담에 대한 것이 아니고 그의 모든 후손에 대한 것이기 때문이다. 그리하여 아담 안에서 우리는 모든 선한 것들을 박탈당하였고 그와 함께 죄와 비참한 상태에 빠졌다.

제11조

이 악은 참으로 죄이며 비록 모태에 있는 어린 아이들까지 포함하여 전체 인류를 정죄하기에 충분하며 하나님도 그 악을 그렇게 생각하신다고 우리는 또한 믿는다. 세례를 받은 후도 죄과는 여전히 죄의 상태로 있되 하나님의 자녀들에 대해서는 죄과에 대한 정죄가 폐지되는 것은 단순히 그의 자유로운 은혜와 사랑에 기인한다. 그리고 더 나아가서 죄과는 언제나 악의와 반역의 열매를 맺는 본성을 가지는 것이고 가장 거룩한 사람들이 죄악에 저항할지라도 현세에서는 여전히 많은 약점과 불완전한 것을 지니게 된다.

예정

제12조

우리는 모든 사람이 빠져 있는 이 부패와 보편적인 정죄로부터 하나님은 자기의 영원하시고 불변하신 뜻에 따라 예수 그리스도 안에서 자기의 선하심과 자비로써만 선택하신 사람들을 그들의 업적을 고려하지 않고 자기 자신의 자비의 풍부하심을 그들 가운데서 나타내시기 위하여 부르셨으며 자기의 공의를 그들에게 나타내시기 위하여 여타의 사람들은 동일한 부패와 정죄 아래 남겨두셨다고 믿는다. 전자를 하나님이 세계의 창조 이전에 예수 그리스도 안에서 정하신 자기의 불변한 목적에 따라 분별하시기까지는 후자보다 더 나은 사람들이 아니었다. 또한 누구도 자기 자신의 선행으로 이러한 보상을 얻을 수 없으니 그 까닭은 본성적으로 사람은 하나님이 우리들 마음에 먼저 넣어 주시지 않으면 단 한 가지도 선한 감정이나 애정이나 혹은 생각을 품을 수가 없기 때문이다.

예수 그리스도

제13조

우리는 예수 그리스도 안에서 우리의 구원을 위하여 필요한 모든 것이 제공되었고 또 전달되었다고 믿는다. 그는 우리의 구원을 위하여 주워진 분이며 또 우리의 지혜와, 의와, 성화와, 그리고 구원이 되셨다. 그리하여 만일 우리가 그를 거절하면 우리의 피난처로서 발견될 수 있는 유일한 성부의 자비를 부정하는 것이 된다.

제14조

우리는 하나님의 지혜이며 그의 영원하신 아들이신 예수 그리스도가 우리 인간의 육신을 취하시고 하나님과 사람이 한 인격(Person) 안에 거하게 되었으며 우리와 같은 사람으로서 몸과 영혼이 고난을 당할 수 있으되 죄의 모든 허물에서 자유로우심을 믿는다. 그리고 비록 그가 성령의 능력으로 잉태되었을지라도 육신적으로는 아브라함과 다윗의 후손이다. 여기에 있어서 우리는 과거에 교회를 어지럽혔던 모든 이단들과 특별히 세르베투스의 악마적인 망상을 배척한다. 그는 예수 그리스도에게 환상적인 신적 속성을 돌리면서 그를 만물의 이념이니 모형이라고 부르거나 또는 하나님의 인격을 가진, 혹은 상징적인 아들이라고 부르다가 나중에는 피조물이 아닌 세 가지 요소를 지닌 몸을 가진 분이라고 말함으로써 양성을 혼돈케 하거나 파괴하게 이르렀다.

그리스도의 신성과 인성

제15조

우리는 한 인격 곧 예수 그리스도 안에 두 본성(신성과 인성)이 실질적으로 그리고 분리되지 않게 접하고 연합되어 있으나 각 본성이 그 본래의 성격을 지니고 있어서 이 연합으로 신성이 그 속성을 보유하면서 피조물이 아닌 무한하고 무소부재한 존재로 남아 있음을 믿는다. 또 그의 인간성은 유한하고 인간의 형태, 한계, 그리고 속성을 가지고 있는 것과 또 예수 그리스도가 죽음에서 부활하여 그의 몸이 영생을 얻었지만 그의 몸에서 몸의 참된 본성이 제거되지 않았다는 것을 믿는다. 그리하여 우리는 그의 신성을 생각하되 그의 인간성을 제거하지 않는다.

제16조

우리는 하나님이 그의 아들을 보내셔서 우리에게 자기의 사랑과 무한한 선의를 보여 주시기로 의도하시고 모든 의를 성취하시기 위하여 그를 죽는 자리에 내어주셨고 우리에게 하늘의 생명을 주시기 위하여 죽음에서 다시 살아나게 하셨음을 믿는다.

칭의 = 의롭게 하심

제17조

우리는 예수 그리스도가 십자가 위에서 주신 완전한 희생제물로써 우리를 하나님과 화해시키시고 그 앞에서 의롭다고 인정하셨으니 이는 그가 우리 죄를 용서하시고 도말하시지 않는 한 우리가 하나님에게 용납될 수 없을 뿐더러 그의 자녀가 될 수 없기 때문이라고 믿는다. 이렇게 하여 우리는 예수 그리스도를 통하여 깨끗하고 완전하게 되었으며, 그의 죽음으로 우리가 완전히 의롭다고 인정을 받았으며, 그리고 오직 그의 공로로만 우리가 우리의 허물과 죄과로부터 구제될 수 있음을 선언한다.

제18조

우리는 시편에 말씀한 대로(시32:2) 우리의 모든 의는 우리 죄의 용서에 달렸으며 우리의 유일한 복도 또한 거기에 있음을 믿는다. 그러므로 우리는 하나님 앞에서 달리 의롭게 되는 모든 방법을 거부하며 어떠한 선행과 공로도 내세우지 않고 우리의 모든 죄를 도말하는 동시에 하나님의 면전에서 은혜와 선의를 발견할 수 있게 우리에게 돌려주신 예수 그리스도의 순종에만 단순히 의지한다. 그리고 실로 우리가 조금이라도 이 토대에서 떠나가면 다른 데서 안식을 찾을 수 없고 언제나 괴로워해야 한다고 믿는다. 우리가 예수 그리스도 안에서 사랑을 받을 것을 결단하기 전에는 결단코 하나님과 화평할 수 없을 것이니 우리 자신은 하나님으로 부터 미움을 받을 수밖에 없는 존재이기 때문이다.

제19조

우리는 이 방법에 따라 하나님이 우리에게 자신을 아버지로서 나타내실 것을 확신하고 그에게 기도할 자유와 특권을 갖는다고 믿는다. 그 까닭은 이 중보자 밖에는 하나님에게 접근해 갈 수 있는 길이 달리 없기 때문이다. 그리고 그의 이름을 기도의 응답을 듣기 위해서 우리는 우리의 머리이신 그에게서 우리의 생명을 받아야 한다.

제20조

우리는 "그가 우리의 구원을 위하여 고난을 받으셨으므로 누구든지 그를 믿으면 멸망하지 않으리라." 고 기록대로 믿음만으로 우리가 의롭게 된 것을 믿는다. 그리고 이것은 그를 통하여 우리에게 주신 생명의 약속들을 우리의 것으로 삼으며 또 그 약속들을 받을 때 우리는 하나님의 말씀으로 세움을 받았으며 속일 수 없음을 확신하면서 그 약속들의 효과를 느끼는데 달려있다. 이렇듯 믿음을 통한 우리의 의인됨은 하나님이 선언하시고 그리고 자기 사랑을 우리에게 증명하여 주신 자유로운 약속에 달린 것이다.

제21조

우리는 성령의 신비한 능력으로 믿음 안에서 조명을 받았으며 이것은 하나님이 뜻하신 사람들에게 주신 고마운 특별한 은사이어서 선택된 사람이 영광을 받을 이유는 없고 다만 자기들이 다른 사람들 보다 낫게 호의를 받은데 대하여 이중으로 감사할 수밖에 없다. 우리는 또한 믿음이 선택된 사람들에게만 주어져서 바른 길로 인도하시려는 것뿐만 아니라 그들이 끝까지 믿음을 계속 가지도록 하시는 것으로 믿는다. 왜냐하면 하나님은 이 일을 시작하셨을 뿐더러 그 일을 또한 완성하실 것이기 때문이다.

선행

제22조

우리는 이 믿음으로 말미암아 새 생명으로 다시 태어났으나 본성적으로 죄를 지을 수 있다고 믿는다. 이제 우리는 하나님이 우리에게 자기의 성령을 주실 것이라고 복음서가 우리에게 주신 그 약속을 받음으로 거룩하게 그리고 하나님을 두려워하면서 살 은혜를 믿음으로 받는다. 이 믿음은 거룩한 생활을 못하게 우리를 방해하거나 혹은 의를 사랑하지 않게 만들지 않고 반드시 우리 안에서 모든 선한 일을 맺게 하신다. 더구나 하나님은 우리 안에서 구원을 위하여 일하시며 또 우리의 마음을 새롭게 하여 선한 일을 결심하게 하시지만 우리가 행하는 선한 행위들은 그의 성령에게서 나온 것이며, 그것이 우리의 의인을 위하여 공을 세운 것이 아니며, 또한 그 선행들이 우리를 하나님의 아들들로 채택되게 할 수 있는 힘을 가진 것도 아니니, 그 까닭은 우리가 만일 예수 그리스도가 우리를 놓아주신 그 속량에 의존하지 않으면 우리는 언제나 의심하며 마음에 쉼이 없을 것으로 믿기 때문이다.

의식법/도덕법/율법

제23조

우리는 예수 그리스도가 세상에 오셨을 때 율법의 명령들은 끝났으며 비록 그 의식들은 이제는 더 사용되지 않지만 그것들의 실체와 진리는 그것들을 완성시키신 예수 그리스도 안에 남아 있다고 고백한다. 그리고 더구나 우리는 우리의 생활을 다스리기 위함과 동시에 복음의 약속들의 확인을 위해서 율법과 선지자들의 도움을 받아야 한다고 믿는다.

제24조

예수 그리스도가 우리의 유일한 변호자이시며, 또 그가 자기 이름으로 아버지에게 기도하도록 명령하시므로 하나님이 자기 말씀으로 우리에게 가르치신 모범과 일치되는 기도가 아니면 올바른 것이 못되기 때문에 우리는 죽은 신도들을 대신하여 드리는 기도에 관한 착상은 불합리하며 예배의 올바른 길에서 벗어나게 유도하는 사탄의 생각이라고 믿는다. 우리는 또한 사람이 하나님 앞에서 자신들을 구원하려고 하는 모든 다른 방법은 예수 그리스도의 희생과 고난을 해하는 것이므로 배격한다.

마지막으로, 우리는 연옥이 동일한 출처에서 나온 착각으로 생각하며 거기에서 또한 수도원의 서약, 성지순례, 성직자의 결혼금지, 육식금지, 특정 제일(祭日)들(성일〈聖日〉들=부활절 및 성탄절 등)을 지키는 의식들, 고백제도, 면죄부, 그리고 사죄와 구원을 얻는 공적을 세우려는 제도로 인해 그 밖의 모든 것들이 생겼다. 우리가 이러한 것들을 배격하는 까닭은 그것들에 부착되어 있는 공로사상만이 아니고 그것들이 사람들의 양심에다가 멍에를 메우는 인간의 발명이기 때문이다.

교회

제25조

이제 우리는 복음을 통해서만 그리스도를 알 수 있기 때문에 우리는 그의 권위로 세워진 교회의 제도는 신성한 것이 되어야 하며 따라서 교훈을 주기 위한 목사가 없이는 교회가 존재할 수 없으며 그가 정식으로 초청되고 그 직책을 충실하게 수행할 때 우리가 그를 존경하며 순종해야 한다고 믿는다. 하나님이 이러한 도움과 종속적인 방편을 꼭 필요로 하시는 것이 아니고 다만 이러한 제약으로 그가 우리를 다스리시기를 좋아하시기 때문이다. 여기에 있어서 우리는 자기들의 세력이 미치는 한도에서 말씀의 설교와 성례전을 파괴하고자 하는 모든 공상가들을 배척하는 바이다.

제26조

우리는 아무도 자기 자신을 유리시켜서 혼자 만족할 것이 아니고 오직 모두가 합동하여 교회의 연합을 유지해야 하며, 하나님이 교회의 참된 제도를 세우신 곳에서는 어디서든지, 또 비록 집정관들과 그들의 법령이 이 제도에 역행한다 할지라도 공적인 교훈과 예수 그리스도의 멍에에 복종해야 한다고 믿는다. 왜냐하면 만일 우리가 교회제도에 참여하지 않거나 혹은 거기서 분리해 나가면 하나님의 말씀에 어긋나기 때문이다.

제27조

그럼에도 불구하고 우리는 어느 것이 참된 교회인지를 조심스럽게 구별하는 것이 중요하다고 믿는데 참된 교회라는 명칭이 악용되기 쉽기 때문이다. 그리하여 우리는 하나님의 말씀대로의 교회는 그의 말씀과 그 말씀이 가르치는 순수한 종교에 순종하는 일에 하나가 된 신실한 성도들의 공동체라고 말한다. 그 성도들은 그 말씀 안에서 생애를 이끌어 전진해 가며 성장과 전진이 있어야 하겠다고 느낄 때는 언제나 하나님을 두려워하는 생각으로 더 성장해 간다. 그들이 비록 계속적으로 노력하지만 자기들의 죄의 용서밖에는 다른 아무 희망을 가질 수 없다. 그럼에도 불구하고 우리는 성도들 가운데는 위선자들과 버림받은 자들이 있을 수 있으나 그들의 사악이 교회의 이름을 파괴할 수 없음을 믿는다.

제28조

우리는 이 신앙을 가지고 바로 말한다면 하나님의 말씀을 받아들이지 않거나, 신앙고백이 그 말씀에 종속하지 않거나, 또는 성례전을 사용하지 않는 교회란 있을 수 없다고 선언하는 바이다. 그러므로 우리가 교황의 집회들을 정죄하는 까닭은 거기서는 하나님의 순수한 말씀이 추방되었고 그들의 성례전은 부패되었거나 거짓된 것으로 변했거나 혹은 파괴되었으며 모든 미신과 우상이 들어 있기 때문이다. 그리하여 우리는 이러한 행사에 참여하여 그 교회에 다니는 사람은 다 그리스도의 몸으로부터 자신들을 분리시키고 절단시킨다고 주장한다. 그럼에도 불구하고 교회의 어떤 흔적이 교황의 교회에도 남아 있고, 세례의식의 효과와 실체가 남아 있으며, 또 세례의 효과가 집례자에게 달린 것이 아니기에 우리는 그 교회에서 세례를 받은 사람들은 다시 세례를 받아야 할 필요가 없다고 고백한다. 그러나 그 세례의 부패 때문에 우리의 아이들이 계속해서 그 교회에서 세례를 받게 된다면 아이들은 반드시 오염되게 될 것이다.

교회정치

제29조

우리는 참된 교회는 우리의 주 예수 그리스도가 세우신 질서에 따라 통치되어야 한다고 믿는다. 즉 교회에는 목사들, 장로들, 그리고 집사들이 있는 까닭은 순전한 교훈이 유지되며 악덕이 시정되고 억제되며, 또 가난하고 고통을 받는 모든 사람들이 필요에 따라 구제를 받기 위함이다. 또 집회가 하나님의 이름으로 모이며 거기서 성인이나 아이들이나 다 경건의 훈련을 받기 위함이다.

제30조

우리는 모든 참된 목사는 어떠한 곳에서든지 단 한 분의 머리, 단 한 분의 군주, 전체교회의 감독이신 예수 그리스도 아래서 동일한 권위와 평등한 권세를(동등권) 가지고 있으며, 따라서 어떠한 교회도 다른 교회를 통치하거나 지배할 권위를 주장할 수 없다고 믿는다.

제31조

우리는 누구도 자기 자신의 권위에 따라 교회의 통치에 간여할 수 없고 다만 가능한

한, 또 하나님이 허락하시는 한, 그리고 선거를 통하여 될 수 있다고 믿는다. 우리가 여기에 예외적인 조건을 만든 까닭은 때에 따라서는 또는 교회의 지위가 방해를 받고 있는 오늘에 있어서 하나님은 황폐되고 부패한 교회를 회복시키기 위하여 특별한 방법으로 사람들을 일으켜 세우실 필요가 있기 때문이다. 그러나 그것은 그렇다고 치고라도 우리는 언제나 이 규칙에 맞춰야 하며, 모든 목사, 장로, 및 집사는 자기들의 직책이 소명을 받고 있는 증거를 가져야 한다고 믿는다.

제32조

우리는 또한 감독으로서 선택된 사람들이 교회의 모든 지체의 관리를 위하여 취할 방법에 대하여 그들이 서로 연구하며 그들이 우리 주 예수 그리스도가 우리에게 정해 주신 것에서 결단코 떠나서는 안 될 것을 믿는다. 그런데 이것은 편의상 각처에서 어떤 특별한 제도들이 있을 수 있음을 막지 않는다.

제33조

그러나 하나님을 예배한다는 구실 아래서 사람들이 도입하여 사람의 양심을 구속하려는 모든 인간의 발명들과 법들을 우리는 배격한다. 이 점에 있어서 우리 주 예수 그리스도가 권징에 대하여 말씀하신 것에 따라야 하는데 우리는 그것이 파문의 선행조건들과 결론들을 위하여 필요함을 증명하며 또 고백한다.

성례전

제34조

우리는 성례전이 말씀을 보다 더 충분하게 확인하여 주며 또 그것이 우리에게 하나님의 은혜의 약속과 표가 되며 또 이 방법으로 우리의 신앙을 도우며, 위로하여 줄 수 있는 것은 우리 안에 있는 약함 때문이며, 또 성례전은 하나님이 자기의 성령을 통해 역사하시는 외부적인 표지들이니 그는 아무 것도 헛되게 우리에게 보여주시지 않으심을 믿는다. 그러나 우리는 성례전의 본체와 진리는 예수 그리스도 안에 있으며 성례전 그 자체는 다만 연기와 그림자에 불과함을 주장한다.

세례

제35조

우리는 모든 교회에 공통되는 단 두 가지 성례전을 고백한다. 그 처음 것은 세례 의식인데 이것은 우리를 자녀로 삼는 증거로 주신 것이다. 왜냐하면 세례로 우리 주 예수 그리스도의 피로 씻음 받아 우리가 정결하게 되며 그의 몸에 접붙임을 받고 그 결과 성령으로 순진한 생명으로 중생되기 때문이다. 또 우리는 한 번만 세례를 받지만 그것으로 우리가 받는 은혜는 우리의 전 생애를 통하여 확대되어 예수 그리스도가 항상 우리를 의롭게 보시며 성화하시는 영구한 보증이 됨을 주장한다. 그럼에도 불구하고 세례의식은 믿음과 회개의 의식이지만 하나님은 어린이들을 그 부모들과 함께 교회에 받아들이시고 예수 그리스도의 권위로 신자들의 자녀들에게 세례를 받게 할 것을 주장한다.

성찬

제36조

우리는 둘째 성례전인 성찬의식은 예수 그리스도와 우리들 사이의 결합의 증거임을 고백한다. 그것은 그가 우리를 위하여 한 번 죽으시고 부활하셨을 뿐만 아니라 또한 그의 피와 살을 가지시고 우리를 양육하시기 때문이니 이것으로써 우리는 그와 하나가 되며 그의 생명이 우리의 것이 될 것이다. 그는 세상을 심판하시기 위하여 오실 때까지 하늘에 계시지만 성령의 신비하고도 이해할 수 없는 능력으로 그의 몸의 피의 실재를 가지고 우리를 양육하심을 믿는다. 이 일은 영적으로 이뤄지는 것으로 주장하는 까닭은 사실과 진리 대신에 상상과 공상을 대치시키기 때문이 아니고 다만 이 신비의 위대성이 우리의 감각과 자연의 법칙들을 초월하기 때문이다. 요컨대 이것은 하늘에 속하는 일이므로 믿음으로만 이해될 수밖에 없는 것이다.

제37조

우리는 이미 말한 대로 성찬과 또 세례의식에 있어서 하나님이 거기서 우리에게 나타내시는 것을 현실에서 또 참으로 우리에게 주신다고 믿는다. 그러므로 우리는 이러한 표지들과 함께 그것들이 우리에게 제시하는 것을 참으로 소유하며 즐긴다. 또 이렇게 하여 그리스도의 거룩한 식탁에서 물이 그릇을 채우듯이 순전한 믿음을 가지고 나아오는 사람은 다 그 표지들이 증명하는 것과 같은 것을 참으로 받는다. 예수 그리스도의 살과 피는 떡과 포도주가 몸을 가리키듯이 영혼의 식물과 음료수가 되어 있는 것이다.

제38조

이렇게 하여 우리는 세례의 물은 약한 물질이지만 참으로 예수 그리스도의 피와 성령의 효능으로 우리의 영혼을 내부적으로 정결하게 하심을 밝히는 것이라고 주장한다. 또 떡과 포도주는 성찬 의식으로 우리에게 주시며 우리의 참된 영의 식물이 됨을 주장한다. 왜냐하면 예수 그리스도의 살은 우리의 식물이고 그의 피는 우리의 음료수임을 우리의 육안으로 보듯이 우리에게 제시하고 있기 때문이다. 그러므로 우리는 우리 주 예수 그리스도가 이 떡은 내 몸이며 또 이 잔은 내 피라고 말씀하신데도 불구하고 이러한 표지들을 받기를 원하지 않는 열광주의자들과 성례전 상징주의자들을 배격한다.

국가

제39조

우리는 하나님이 무질서한 욕망을 억제할 법률들과 집정관들을 두셔서 이 세상이 통치되기를 원하신다고 믿는다. 그리하여 그는 왕국, 공화국, 또 세습적 및 비세습적인 여러 나라와 또 정당한 정부에 속한 모든 것과 또 그것들의 창시자로 인정될 수 있기를 바라는 것들을 설립하셨다. 그러므로 하나님은 다만 십계명의 제2판(5-6계명)을 어길 뿐만 아니라 첫째 돌판도(1-4계명) 어기는 범죄를 제지하시기 위하여 위정자의 손에 검을 쥐어 주셨다. 그 결과 우리는 하나님을 위하여, 그저 그들이 고관이기 때문에 복종하는 것이 아니고, 그들을 존경하고 그들에게 합당한 경의를 표하며, 또 그들을 하나님의 대리자, 또는 사무원으로 간주하여야 한다. 하나님은 그들에게 올바르고 신성한 직무의 수행을 위임하셨다.

제40조

그리하여 우리는 그들의 법률과 규칙에 따르며, 세금, 조세, 그 밖의 의무를 수행하며, 또 선의와 자유의지를 가지고, 비록 그들이 불신자라 할지라도, 하나님의 절대주권이 침해를 받지 않는 한 복종하는 멍에를 메야 한다. 그러므로 우리는 권위를 거부하고 재산의 공유와 혼란을 일삼으며 정의의 질서를 전복시키려는 모든 사람들을 배격한다.

3. 스코틀랜드 신앙고백서(1560)

스코틀랜드(Scotland) 신앙고백서는 스코틀랜드 의회에 의해 1560년 채택 되었다. 이 고백서는 존 녹스(John Knox)와 그 외의 다섯 명의 목사들이 4일 동안 25개 조항으로 작성했다. 이 고백서는 전형적인 칼빈(Calvin)의 신앙사상을 이어받은 신조문서이다.

이 신앙고백서를 둘러싼 당시 스코틀랜드 정치 상황은 매우 복잡한 배경을 깔고 있었다. 스코틀랜드 왕국은 영국을 대적하는 정부를 형성하고 있었는데 그 배후에는 로마 교조주의(Catholicism)를 선호하는 프랑스가 있었기 때문이다. 그러나 16세기 스코틀랜드는 영국과 화친을 시도하기 위하여 스코틀랜드의 제임스 4세는 영국의 헨리 7세의 딸인 마가렛과 결혼하였다. 그런 와중에 프랑스와 정치적 관계를 맺어오던 전통을 이어가기 위해 제임스 4세의 아들인 5세는 프랑스의 메리와 결혼하였다. 즉 스코틀랜드는 영국은 물론 프랑스와도 친화를 지속하려는 정치적 양수를 쓰고 있었다. 여기서 스코틀랜드는 프랑스의 로마 캐톨릭의 영향 아래로 기울어지기 시작했다. 이즈음에 개혁교회가 들어오기 시작하였다. 스코틀랜드 당국은 개혁교회 신자들을 마구 잡이로 박해를 가하기 시작했다. 많은 순교자들이 나온 것은 당연한 결과였다. 이 때 캐톨릭으로 기울어지는 정부의 박해정책을 보고만 있을 수 없었던 개신교인들이 추기경을 살해하고 앤드류 성을 점령하고 말았다. 이에 정부군의 힘이 미치지 못하여 그 성은 개혁교회 신앙의 요새가 되었다. 이 기회를 잡아 1560년 8월 의회가 모여 교황제도를 추방하고 신앙고백서 제정에 들어갔다. 1560년 8월 18일에 칼빈의 제자인 존 낙스(John Knox)와 다섯 명의 목사들에 의해 완성된 고백서를 발표하게 되었다. 이 고백서는 1567년 스코틀랜드 당국에 의해 공식 인정을 받았다.

제1조 하나님에 관하여

우리는 유일하신 하나님을 고백하며 또 인정하며 그에게만 의뢰하며 섬기며 그만을 예배하며 그만을 믿는다. 하나님은 영원, 무한, 불가해, 전능 및 불가시적(不可視的)인 분이며, 본질에 있어서는 하나이면서 동시에 성부, 성자, 성령의 삼위(三位)로 구별된다. 우리는 이 하나님이 천지에 있는 모든 것과 보이는 것과 보이지 않는 것 전부를 창조하시고 보존하시며, 측량할 수 없는 섭리로써 지배하시며, 그 자신의 영광이 나타나도록 하나님은 만물을 그의 영원한 지혜, 선, 정의로 정하신 것을 고백한다(창1:1; 행17:28; 잠16:4).

제2조 인간의 창조에 관하여

우리는 우리의 하나님이 인간을 창조하신 것을 고백하며 또 인정한다. 즉 그는 우리의 시조 아담을 자기의 형상을 닮게 만드시고 그에게 지혜, 주권, 정의, 자유의지, 그리고 자기 자신에 대한 분명한 지식을 주셔서 사람의 본성 안에 불완전한 것이 없게 하셨다(창 1:26, 27, 28; 골 3:10; 엡 4:24). 이 영광과 완전에 위배되게 남자와 여자가 다 같이 타락하였다. 여자는 뱀 때문에 타락하였고 남자는 여자의 말에 따라 타락하였다. 말씀으로 금단의 나무의 열매를 먹으면 죽으리라고 분명히 말씀하셨던 하나님의 주권적인 존엄에 반역하게 되었다(창 3:6; 2:17).

제3조 원죄에 관하여

일반적으로 원죄라고 불리는 죄로 인간 안에 있는 하나님의 형상이 완전히 파손되어 인간과 그 후손은 하나님에 대적하는 자 즉 사탄의 노예로서 죄악에 봉사하는 자가 되었다(시 51:5; 롬 5:10, 7:5; 딤후 2:26; 엡 2:1-3). 그 결과 영원한 사망이 위로부터 중생하지 못하였던 자와 또 현재 중생하지 못한 자와 또 장래에도 중생하지 못할 자들을 지배하며 주관할 것이다. 성령은 하나님이 선택하신 자의 마음속에 그의 말씀 안에 계시된 하나님의 약속에 대한 확고한 신앙을 창조하심으로 우리를 중생시키신다. 그리하여 우리는 이 믿음으로 그리스도 예수와 그리스도 안에서 우리에게 약속하신 축복과 은사들을 굳게 붙잡는다(롬 5:14, 6:23; 요 3:5; 롬 5:1; 빌 1:29).

제4조 약속의 계시에 관하여

하나님은 인간이 그에게 대한 복종으로부터 무섭게 타락한 후 다시 아담을 찾아 그의 이름을 불러 그의 죄를 책망하시고 죄를 선고하시고 마지막에는 "여자의 후손이 뱀의 머리를 깨뜨릴 것이다."는 기쁜 약속을 즉 그 후손이 악마의 일을 타파하리라는 약속을 그에게 주셨음을 우리는 믿는다. 이 약속은 종종 반복되었고 차차 분명하게 되었다. 그리하여 기쁨에 넘치고 믿음이 돈독한 신자들이 부단히 이 약속을 이어받고 믿어 온 것이다. 즉 아담으로부터 노아에게, 노아로부터 아브라함에게, 아브라함으로부터 다윗에게, 그리고 마지막에는 그리스도 예수의 성육신에 이르기까지 율법 아래서 믿음이 독실한 선조들 모두가 그리스도 예수의 기쁜 날을 바라보고 기쁨에 넘쳤었다(창 3:9, 3:15, 12:3, 15:5, 6; 삼하 7:14; 사 7:14, 9:6; 학 2:7, 9; 요 8:56).

제5조 교회의 지속과 증가와 보존에 관하여

우리는 항상 하나님은 아담 이후 예수 그리스도가 육신을 취하시고 이 땅에 오실 때까지 모든 시대에 있어서 그의 교회를 보존하시고 인도하시고 증가시키시고 교회에 영예를 주시고 죽음에서 생명으로 불러내셨다고 믿는다. 하나님은 아브라함을 그의 고국으로부터 불러내셔서 그를 인도하시고 그의 자손을 번성케 하셨다. 이상하게도 하나님은 그를 지키시고 바로의 노예와 억압에서 구하셨고 그리고 그들에게 율법과 제도와 의식을 주셨다. 또 하나님은 그들에게 가나안 땅을 주셨고 판관들 시대를 거쳐서 사울 다음에 왕으로서 다윗을 주셨고 그의 자손에게서 나온 한 사람이 영원히 왕좌를 차지하실 것을 약속하셨다.

하나님은 이 백성에게 계속 예언자를 보내셔서 그들이 우상숭배에 기울어졌을 때 하나님의 정도(正道)에로 인도하셨다. 그러나 하나님은 그들이 완고하여 공의를 경멸하였으므로 그들을 적군의 손에 넘기셨다. 옛날 모세의 입으로 위협을 받은 대로 거룩한 도성이 파괴되고 궁전은 불타고 모든 땅은 70년간 황폐하였던 것이다. 하나님은 은혜로써 다시 그들을 예루살렘으로 이끌어 내셨고 도성과 궁전이 재건되었다. 그러나 약속에 따라 메시아가 오실 때까지 그들은 사탄의 온갖 유혹과 공격을 참고 견디었다.

제6조 예수 그리스도의 성육신에 관하여

때가 차서 하나님은 성자, 곧 영원한 지혜, 하나님 자신의 영광의 본체이신 독생자를 세상에 보내셨다. 성자는 성령의 역사로 여자 곧 처녀의 본질에서 인성을 취하셨다. 이렇게 하여 다윗의 후손인, 하나님의 약속의 천사의 지시에 따라, 약속된 메시아가 탄생하셨다. 우리는 그를 임마누엘 즉 하나님과 사람의 두 완전한 본성이 한 품격으로 통일되어 결합된 참 하나님 참 사람으로 고백하고 인정하였다. 우리는 이 고백에 따라 아리우스, 마르키온, 유티케스, 네스토리우스를 배격해야 할 해로운 이단으로서 벌하였고, 또 그의 신성의 영원성을 부인하거나, 인간성의 진실성을 부인하거나, 그 두 가지 본성을 혼합하거나, 분리시키는 사람들을 벌하는 것이다.

제7조 왜 중보자, 화해자는 참 하나님이시며 참 사람이어야 하는가?

우리는 예수 그리스도에게 있는 신성과 인성 사이의 신성한 결합은 하나님의 영원불변한 뜻에 따라 된 것이며 우리의 모든 구원은 여기서 생기며 그것에 의존하는 것으로 믿는다.

제8조 선택에 관하여

하나님의 은혜만 의지하여 하나님의 아들 예수 그리스도 안에서 우리를 선택하신 영원하신 아버지 되시는 하나님은 창세 이전부터 그를 우리의 머리로 삼으시고 또 우리의 형제이며 우리의 목자로서 우리 영혼의 위대한 감독으로 정하셨다. 하나님의 공의와 우리의 죄의 적대관계 때문에 육적 인간은 아무도 하나님에게 능히 가까이 이룰 수 없었다. 하나님의 아들이 우리에게 내려오셔서 자진하여 우리의 몸과 살과 뼈를 취하셔서 하나님과 인간 사이의 중보자와 화해자가 되시고 그를 믿는 자에게 하나님의 아들이 될 수 있는 권리를 주셨다. 그가 친히 다음과 같이 증거 하셨다.

"나는 내 아버지이며 너희의 아버지 곧 내 하나님이며 너희의 하나님이신 분에게 올라간다."라고...

아담 안에서 우리가 가졌던 가장 거룩한 하나님과의 교제가 다시 우리에게 회복되었다. 그러므로 우리는 의심하지 않고 하나님을 우리의 아버지라고 부른다. 또 하나님이 우리를 지으신 분이므로 멸망할 우리와 같이 계실 수 없다. 하나님은 그의 독생자를 우리의 형제가 되도록 우리에게 주셨고 이미 말한 대로 우리의 유일한 중보자로서 그를 인정할 때 받을 은혜를 우리에게 주셨다.

또 구주, 속죄 주, 참 하나님, 참 사람이 되는 것이 필요하였다. 왜냐하면 그는 우리의 죄 때문에 지셔야 할 형벌을 대신 받아야만 되었고 심판자이신 하나님 앞에 친히 나타나서 우리의 인간성에 따라 우리의 죄와 불순종 때문에 고난을 받으셨고 그의 죽음으로써 사망의 창시자를 정복하고 승리해야만 되었기 때문이었다. 그러나 유일하신 하나님은 죽임을 당할 수 없고 또 인간성만으로는 사망을 정복할 수 없기 때문에 그는 두 본성을 하나의 품격으로 결합시키신 것이다. 한 쪽은 죄 때문에 우리가 받을 사망의 약점이고, 다른 쪽은 무한한 능력 즉 사망을 정복하시고 우리에게 생명, 자유, 영원한 생명을 획득해 주신 신성이다. 이렇게 고백하고 결코 의심하지 않고 믿는다.

제9조 그리스도의 죽음, 고난, 그리고 장사에 관하여

우리 주 예수 그리스도는 우리를 위하여 자진하여 희생물로서 그의 아버지에게 바쳐 죄인의 고뇌를 경험하시고 우리 죄 때문에 상처를 입으시고 고난을 받으시고 하나님의 죄 없는 어린양으로서 세상의 심판에 따라 정죄 되었고 그것 때문에 하나님의 법정에서 우리의 죄가 용서를 받는다. 그는 다만 하나님의 뜻에 따라 저주를 받고 십자가 위에서 잔인한 죽음의 고통을 받으신 것만이 아니고 그는 죄인이 당연히 받아야 할 아버지의 진노를 일시적으로 받아 고통을 받으신 것이다. 그러나 우리는 그가 몸과 영혼으로 고통을 당하시고 사람들의 죄를 위한 완전한 변상을 치르신 그 고난 가운데서도 아버지의 사랑하시는 유일한 아들이었음을 확신한다. 또 우리는 우리의 죄를 위한 다른 희생이 있을 수 없다고 확신하지 않으면 그리스도의 죽음을 손상시키는 것이며 죄의 용서와 변상을 그의 죽음으로 우리가 영원히 획득한 것임을 우리가 확신하고 의심하지 않는다.

제10조 부활에 관하여

우리는 의심 없이 다음과 같이 믿는다. 즉 사망의 슬픔이 생명의 창시자를 속박할 수 없다. 우리 주 예수 그리스도는 십자가에 못 박혀서 죽어 매장되어 음부에 내려가셔서 우리를 의롭게 하시기 위하여 다시 살아나시고 사망의 창시자를 정복하시고 우리에게 다시 생명을 주셨다. 그리하여 우리는 사망과 사망의 속박을 이긴 것이다. 우리 구주의 부활이 실로 무덤이 열리고 죽은 자가 살아남으로써 또 그의 원수의 증거에 의하여 예루살렘 거리에 많은 사람이 나타난 것으로써 확증된 것을 알 수 있다. 또 이것은 천사의 증거와 사도들과 그리고 회개한 사람들로서 구주의 부활 후에 그들과 같이 먹고 마신 사람들의 증언으로 확증되었다.

제11조 승천에 관하여

우리는 처녀에게서 탄생해서 십자가에 달려 장사되었다가 다시 살아나신 주님의 몸이 모든 것의 성취를 위하여 승천하신 것을 의심하지 않는다. 또 주님은 우리의 이름과 위로를 위하여 천지의 모든 권세를 받으셨다. 또 주님은 아버지 우편에 앉아서 그의 나라에서 왕으로 취임하셨고 우리를 위해서는 변호사이시며 유일한 중보자이시다. 형제들 가운데서 주님만이 영광, 존귀, 그리고 특권을 소유하시다가 마침내 그의 모든 원수들이 그의 발을 올려놓는 때가 올 것이다. 그렇게 하여 우리는 그 원수들이 최후의 심판을 받을 것으로 확신한다. 또 그 심판의 집행을 위하여 우리 주 예수 그리스도가 먼저 승천하신 모습으로 눈에 보이게 재림하실 것을 믿으며 그때 모든 사람들이 새로 회복되어 의를 위하여 학대, 굴욕, 그리고 악에 시달려 고난을 받은 사람들이 처음으로 약속된 복인 불멸의 생명을 이어받을 것을 믿는다.

그러나 반대로 강퍅하고 불순종하고 잔인한 박해자들과 더럽혀진 자들과 우상숭배자들과 여러 가지 불신하는 자들은 완전한 암흑 속에 던짐 받을 것인데 거기서는 구더기는 죽지 않을 것이며 불은 꺼지지 않을 것이다. 그 날과 그날의 심판을 기억하는 것은 우리에게 있어서는 다만 우리의 욕망을 억제하는 한 가지 구원일 뿐 아니라 무한한 위로가 된다. 이것으로 세상의 왕들의 위협과, 현세의 위험과, 그리고 죽음의 공포도 우리를 우리의 머리이신 유일한 중보자 예수 그리스도 안에 있는 축복의 결사를 포기하게 만들지 못한다. 우리는 그리스도 예수를 약속의 메시아, 변호자, 그리고 중보자임을 고백하고 확신한다. 주님의 영예와 직책에 맞서서 사람이나 혹은 천사가 스스로 교만을 부린다면 우리는 우리의 주권자이시며 최고의 지배자이신 예수그리스도를 모독하는 것으로 보고 그들을 혐오할 것이다.

제12조 성령의 신앙에 관하여

우리의 이 신앙과 신앙의 확신은 육과 혈 즉 우리 인간 안에 있는 자연의 힘에서 생기는 것이 아니고 성령의 감동으로 생기는 것이다. 그 성령을 우리는 성부와 성자와 동등하신 하나님으로 고백한다. 성령은 우리를 깨끗하게 하여 그의 역사를 통하여 우리를 진리로 인도하신다. 우리는 영원한 하나님의 원수이며 성령이 없이는 성자 예수 그리스도를 알지 못한다. 왜냐하면 우리는 자연 그대로는 죽는 자이며 눈이 어두우며 강퍅하기 때문에 만약 주 예수의 성령이 죽은 자를 되살리시며 우리 마음에서 암흑을 제거하시고 그의 기뻐하시는 뜻에 복종하도록 우리의 완고한 마음을 쳐부수지 않으시면 우리는 찔려도 느끼지 못하며, 빛이 드러나도 보지 못하며, 그리고 계시되어도 하나님의 뜻에 복종하지 않는다.

이렇게 하여 우리는 성부 하나님이 우리가 아직 존재하지 않았을 때 우리를 창조하셨고 또 우리가 아직 원수 되었을 때 예수그리스도가 우리를 속량 하시게 하셨다고 고백한다. 이처럼 우리는 또한 성령이 우리의 중생 이전이든 이후이든 간에 우리에게서 나오는 아무런 공로 없이 우리를 성화 시키시고 중생 시켰음을 고백한다. 이것을 다음과 같이 분명한 말로 설명할 수 있다. 즉 우리는 창조와 속죄의 존귀와 영광을 스스로 취할 수 없는 것처럼 중생과 성화를 위해서도 그 어떤 영광이나 영예도 쾌히 포기하고자 한다. 왜냐하면 우리 스스로는 한 가지도 선량한 생각을 하지 못하며 우리 안에서 계속 역사하시는 하나님만이 우리를 그의 과분한 은혜의 영광과 찬양으로 인도하시는 분이시기 때문이다.

제13조 선한 행위의 원인에 관하여

선한 행위의 원인에 관하여 우리는 그것이 자유의지에 있는 것이 아니고 주 예수 그리스도의 영에 있다고 고백한다. 그의 영은 참된 믿음에 의하여 우리 마음 안에 들어와 살며 우리가 그 안에서 걷도록 하나님이 준비하시는 대로 선한 일을 주신다. 그러므로 성화의 영이 없는 사람에게도 그리스도가 그 마음 안에 계신다고 말하는 것은 하나님을 모독하는 것으로 우리는 굳게 믿는다. 그러므로 살인, 억압자, 잔인한 박해자, 불륜한 자, 불신자, 우상숭배자, 술 취하는 자, 도둑질 하는 자, 그리고 불의를 행하는 자는 참된 신앙을 갖지 못하며 그들이 악을 계속하여 행하는 한 예수의 영을 절대로 갖지 못하는 것이다. 하나님이 선택하신 자녀들이 참된 신앙으로 받는 주 예수의 영은 모든 사람의 마음의 소유가 되어서 그들을 새로 지으신다.

그리하여 그들이 전에 사랑했던 것을 미워하고 전에 미워했던 것을 사랑하게 된다. 그리하여 하나님의 자녀들 안에서 영과 육 사이의 영원한 투쟁이 벌어진다. 그것은 육적이며 자연적 인간이 자기 자신의 타락으로 스스로 쾌락과 향락에 도취하여 고난을 당할 때는 불평을 품으며, 번영할 때는 의기양양하며, 그리고 언제나 하나님의 존엄을 파손하는 경향성을 갖는다. 그러나 우리가 하나님의 자녀들임을 우리의 영혼에서 증거 하시는 하나님의 영에 의하여 우리는 불순한 쾌락에 저항하며, 이 타락의 속박으로부터 구출되기 위하여 하나님 앞에서 애통하며, 마침내 우리의 죽어야 할 몸에서 왕 노릇 못하게 죄를 정복한다. 하나님의 영이 없는 육의 사람에게는 이러한 투쟁이 없고 탐욕을 품으면서도 회개하지 않고 악마처럼 죄를 따른다. 또 그들의 타락한 욕망이 그들을 부패시킨다. 그러나 하나님의 자녀들은 위에서 말한 대로 죄와 싸우며 불의에 유혹되었음을 알면 크게 슬퍼한다. 만일 그들이 넘어지면 열심히 회개하여 다시 일어난다. 그들은 이러한 일을 자기 자신들의 힘으로 행하지 않고 주 예수의 힘으로 행한다. 주 예수 없이는 아무 일도 해낼 수 없다.

제14조   어떠한 행위가 하나님 앞에 선한 것으로 인정되는가?

우리는 하나님이 거룩한 율법을 사람에게 주셔서 그것으로 하나님의 신성한 존엄에 반역하는 모든 행위를 금지하실 뿐더러 하나님이 기뻐하시며 보답하여 주시기로 약속하신 모든 일을 행하도록 명령하셨다고 고백한다. 또 그러한 행위는 두 가지로 분류된다. 하나는 하나님의 영광을 위하여 하는 일이며 다른 하나는 이웃 삶을 위하여 행하는 일이다. 그리고 이 둘을 하나님의 계시하신 뜻에 따라 확신하는 바이다. 유일하신 하나님을 소유하고, 유일하신 하나님을 예배하고, 그리고 유일하신 하나님께 영광을 돌리는 일은 우리의 모든 고통 속에서도 하나님을 찾아 부르며, 하나님의 이름을 높이며, 그리고 성례전을 통한 교제를 가지는 일은 십계명의 첫째 부분에 기록되어 있는 행위이다. 부모, 왕후, 지배자, 위에 있는 권위를 존경하는 일, 그들을 사랑하고 도우며 또 하나님의 명령에 어긋남이 없이 그들의 명령에 복종하며, 죄 없는 생명을 도우며, 억압자를 진압하며, 압박하는 자를 막으며, 우리의 몸을 정결하게 가지며, 진실과 절제로써 생활하며, 모든 사람과 더불어 말과 행위에 있어서 올바르게 행하는 일, 그리고 마지막으로 모든 이웃 사람을 해치려는 욕망을 억제하는 일, 이러한 것은 십계명 둘째 부분에 기록된 선한 행위일뿐더러 그런 일은 그들이 스스로 행해야 할 일로써 명령된 것으로서 하나님을 기쁘게 하는 행위들이다.

여기에 반대되는 것은 가장 혐오할 죄이며 그것은 언제나 하나님이 싫어하시며 하나님의 진노를 초래할 일이다. 즉 우리가 필요할 때 하나님만을 불러 구하는 일을 하지 않고, 또 존경하는 마음으로 그의 말씀을 듣지 않고 그 말씀을 경멸하는 일, 우상을 갖는 일, 혹은 그것을 예배하고 우상숭배를 지키며 그것을 변호하는 일, 하나님의 존귀한 이름을 생각하는 일이 적은 일, 예수 그리스도의 성례전을 더럽히며 남용하며 경시하는 일, 살인하거나 혹은 그 일에 동의하며 사람을 미워하는 마음을 가지며, 우리가 그 일을 반대할 때 피를 흘리게 하겠다고 말하는 일, 마지막으로 첫째와 둘째 부분 이외의 다른 어떤 계명이라도 범하는 것은 죄가 된다는 것을 우리는 고백하고 확신한다. 이것으로써 하나님의 진노와 불만이 오만하고 감사하지 않는 세상에 대하여 불붙게 된다.

그러므로 율법에 하나님이 기뻐하실 일로서 나타나 있는 하나님의 계명을 신앙을 가지고 행하는 행위만이 선한 행위임을 우리는 확신한다. 반대로 악한 행위는 단순히 하나님의 계명에 어긋나게 행하는 일일뿐더러 신앙과 하나님 예배에 있어서 단순히 인간적인 발견과 고안 이외에 아무런 확신도 없이 행하는 일임을 우리는 확신한다. 이러한 일을 하나님은 예언자 이사야와 우리 주 예수그리스도에 의하여 다음과 같이 가르치시고 거부하신 것이다. "그들은 나를 헛되이 예배하며 사람의 계명을 하나님의 것인 양 가르친다."

제15조　율법의 완전과 인간의 불완전에 관하여

우리는 하나님의 율법이 가장 올바르고, 가장 신성하고, 가장 공정하고, 가장 완전하며, 또 가장 완전하게 지켜지도록 명령된 것이며 생명과 영원한 행복을 인간에게 줄 수 있는 것으로 고백하고 인정한다. 그러나 우리의 성질은 타락하여 극히 약하고 불완전하여 우리는 결코 완전하게 율법의 행위를 완수할 수 없다. 만일 우리가 중생 한 후에도 죄를 범하지 않는다고 말한다면 우리는 스스로를 속이며 하나님의 진리가 우리 안에 있지 않는 것이다. 그러므로 우리는 하나님의 의가 되며 속죄의 주가 되는 예수 그리스도를 알아야 한다. 그는 율법의 마지막이며 완성자이시다. 그의 공로로 우리에게 자유가 주어졌고 모든 점에 있어서 우리는 율법의 요구를 충족시킬 수 없지만 하나님의 저주는 우리 위에 내리지 않는다.

아버지 되시는 하나님의 아들 예수 그리스도의 몸에 비춰서 우리를 보시며 우리의 불완전한 복종을 완전한 것으로 간주하시고 받아들이시고 성자의 의를 가지고 많은 허물을 가진 우리의 행위를 가리워 주신다. 그러나 이것은 우리가 자유를 얻었다고 해서 율법에 복종할 의무가 없음을 의미하지 않고 오직 인간은 그리스도에게 있어서만 율법이 요구하는 율법에 대한 복종이 요청되는 것이며 또 지금도 또 장래에도 요청 될 것이다. 그러나 우리가 모든 것을 행했을 때 겸손하게 무익한 종임을 고백해야 한다. 그러므로 자기 자신의 행위의 공적을 자랑하거나 자기의 공적을 신뢰하는 사람은 누구든지 헛된 것을 자랑하며 저주받을 우상숭배에 신뢰하는 것이다.

제16조　교회에 관하여

우리는 성부, 성자, 성령의 한 하나님을 믿듯이 처음부터 있었고, 지금도 있고, 또 세상 끝날 에도 있을 하나의 교회 즉 예수 그리스도에 대한 참된 신앙으로 예배하는 하나님의 선택을 받은 사람들의 하나의 공동체를 믿는다. 그리고 그리스도 예수는 교회의 유일한 머리시며 교회는 또 그리스도 예수의 몸이며 신부이다. 이 교회는 가톨릭 즉 보편적인 것이다. 왜냐하면 교회는 모든 나라, 모든 국민, 유대인, 그리고 이방인을 막론하고 말이 다른 사람들을 포함하고 있기 때문이다. 교회에서는 성부 하나님의 성자 그리스도 예수와 교제하며 성령에 의한 성화가 이뤄진다. 그러므로 교회는 세속적인 사람들의 교제가 아니고 성도의 교제라고 불린다. 교회는 하늘의 예루살렘의 시민으로서 측량할 수 없는 이익의 열매 즉 한 하나님, 한 주 예수, 한 신앙, 그리고 한 세례를 가진 이 교회 밖에는 생명이 없고 영원한 행복이 없다.

그러므로 우리는 이러한 것을 모독하는 자들을 극도로 혐오하며, 공평과 정의에 따라 사는 사람들, 또 고백하는 신앙을 믿는 사람들이 구원을 받는다고 우리는 확신한다. 그리스도 예수 없이는 생명도 구원도 없다. 그러므로 성부가 성자 예수그리스도에게 주신 사람들 아니고는 아무도 교회에 속할 수 없고, 그리스도 앞에 나아온 사람들이 그의 교리를 고백하고 그를 믿는다. 우리는 신앙이 독실한 부모와 함께 그들의 아이들을 이해하게 된다. 교회는 눈에 보이지 않고 유일하신 하나님만이 알고 계시며 하나님이 선택하신 사람들만이 교회를 알고 있다. 또 교회는 이미 세상을 떠난 선택된 사람들도 포함한다. 이것을 일반적으로 승리의 교회라고 부르며 죄와 악마에 대항하여 싸우며 앞으로 세상에 살 사람들도 포함한다.

제17조 영혼의 불멸에 관하여

선택된 사람들로서 죽은 사람은 그의 노고로부터 풀려서 평안과 휴식을 얻는다. 그들은 어떤 환상가가 주장하듯이 자는 것도 아니고 또는 망각에 빠지는 것도 아니고 오직 하나님의 선택을 입은 우리 모두가 이 세상에서 받는 공포, 고통, 그리고 유혹으로부터 구원을 받는다. 이렇게 하여 승리의 교회의 이름을 지니게 된다. 반대로 악하며 불신앙한 자들로서 죽으면 말로 표현할 수 없는 고통과 어려움을 받는다. 그들이 기쁨과 고통을 느끼지 않는 잠에 들어가지 않는 것은 누가복음 16장의 예수 그리스도의 비유와 강도에 대한 그의 말씀과 제단 아래서 울부짖는 영혼이 "거룩하시고 진실하신 주님, 우리가 얼마나 더 오래 기다려야 땅위에 사는 자들을 심판하시고 또 우리가 흘린 피의 원수를 갚아주시겠습니까?"고 증거 하는 말씀에서 밝혀진다.

제18조 무엇으로 참된 교회는 거짓된 교회와 구별되며, 교회의 교의의 바른 판단은 무엇인지에 관하여

사탄은 처음부터 해로운 유대인 회당을 하나님의 이름으로 가장하기 위하여 노력하여 잔인한 살해자의 마음을 불붙여서 참된 교회와 그 회원들을 박해하여 괴로움을 더하게 하였다. 그것은 마치 가인이 아벨을, 이스마엘이 이삭을, 에서가 야곱을, 그리고 유대인의 사제들이 그리스도 예수와 그 후의 사도들에게 행한 일과 같다. 가장 필요한 것은 참된 교회가 분명하고 완전한 징표에 의하여 추악한 회당과 구별되어서 우리가 어떤 것을 버리고 다른 것을 용납할 때 스스로 속여서 우리 자신이 정죄 되지 않도록 하는 일이다. 그리스도 예수의 정결한 신부가 무서운 창부 즉 악의가 가득 찬 교회를 식별할 수 있는 징표와 증거는 결단코 역사가 오래 된데 달려있지 않으며, 잘못된 칭호에 달린 것도 아니며, 영원한 감독직의 세습에 달린 것도 아니고, 어떤 약속된 지위에 달린 것도 아니고, 또 어떤 한 가지 과오에 동조하는 사람들의 수에 달린 것도 아니다.

가인은 나이와 지위로서는 아벨과 셋을 능가하였다. 예루살렘은 지구상의 모든 장소를 능가하는 특권을 가지고 있었다. 거기서는 또한 사제가 아론으로부터 이어져 있었다. 또 많은 사람이 학자, 바리세인들, 그리고 사제들에게 복종하고 있었고 또 그리스도 예수와 그의 교훈도 믿고 인정하였다. 그러나 아무리 깊이 생각하는 사람도 전날에 한때 이름이 붙었던 그 어느 것도 하나님의 교회였다고 인정하지 않을 것이다. 그러므로 하나님의 참된 교회의 표지는 첫째로 하나님의 말씀의 참된 설교라고 우리는 고백하며 확신한다. 선지자들과 사도들의 책이 진술하듯이 하나님은 자기 말씀 가운데서 자신을 계시하신 것이다. 둘째는 그리스도 예수의 성례전의 올바른 집행이다. 이것으로 사람이 하나님의 말씀과 약속에 결합되어서 마음에 그것을 새기는 것이다.

마지막으로 교회의 훈련이 올바로 시행되며 하나님의 말씀의 규정으로 악덕이 억제되고 선행이 육성되는 것이다. 이러한 징조가 보이고 어떤 때이든 두 세 사람의 소수는 물론 많은 사람이 그 규정을 지키는 곳에는 의심할 것 없이 참된 그리스도의 교회가 존재하는 것이다. 그리스도는 약속대로 그들의 교회 안에 계신다. 앞에서 말한바 세계 교회만이 아니고 특히 바울이 하나님의 말씀의 역할을 전파하여 심은 고린도, 갈라디아, 그리고 에베소 및 그 밖의 장소는 하나님의 교회라고 불린다. 우리는 스코틀랜드 왕국에서 참된 신앙으로 예배를 드리는 거리와 도시와 그 밖의 곳에서 그리스도의 이름을 고백하는 교회를 가질 것을 권한다. 우리의 교회에서 가르치는 교리는 하나님의 말씀, 구약과 신약 성경, 그리고 교회가 고대로부터 항상 경전으로서 가지고 있던 책 안에 포함되어 있다.

그 책 안에 백성들의 구원을 위하여 믿어야 할 모든 것이 충분히 나타나 있음을 우리는 확신한다. 우리가 고백하고 있는 성경의 해석은 결단코 개인의 힘이나, 공작 인물의 힘이나, 그리고 교회의 힘에 따라서 되는 것이 아니며 또 어떠한 인격과 지위의 우월성으로 되는 것이 아니고 성경을 기록하신 하나님의 영에 달린 것이다. 성경의 해석과 의미에 관하여서 또 어떤 부분과 어떤 문장에 대한 남용을 시정하기 위하여 하나님의 교회에서 논쟁이 생길 때 성령이 성경 안에서 여러 모양으로 말씀하신 것 이상으로 우리 이전의 사람들이 말하거나 행한 것을 중요시해서는 안 된다. 통일성을 지닌 성령이신 하나님의 영은 결코 모순되지 않는다는 것은 누구나 다 같이 고백하는 바이다. 만일 어떤 교사나 교회나 회의의 해석, 결정, 그리고 고시가 있더라도 성경에 쓰인 하나님의 말씀에 어긋나는 것이면 비록 회의, 왕국, 그리고 국민이 그것을 인정하고 용납한다 할지라도 그것이 성경의 참된 해석과 의미가 아님이 분명하다. 우리의 신앙의 근본적인 관점과 성경의 본문에 위배되는 해석을 받아들이거나 동의해서는 안 된다.

제19조   성경의 권위에 관하여

우리 하나님의 말씀인 성경이 충분히 사람들에게 하나님의 지식을 주는 것을 믿고 고백하는 바대로 성경의 권위는 다만 하나님에게서 오는 것이며 사람이나 천사에 달린 것이 아님을 확신한다. 그러므로 성경은 교회(로마 캐톨릭)에서 받아들인 것 이외에 다른 어떤 권위도 갖지 않는다는 말은 하나님을 모욕하는 일이며 참된 교회를 해치는 것으로 확신한다. 참된 교회는 항상 교회의 신랑이며 목자이신 그리스도의 음성을 듣고 따르는 것이며 스스로 주인이 되어 그 음성을 지배하려 하지 않는 것이다.

제20조   총회와 그 힘과 권위 및 총회의 소집의 이유에 관하여

신앙이 돈독한 사람들이 정식으로 소집된 총회에 모여 우리에게 제안된 것을 경솔한 비난을 받지 않도록 올바른 조사도 없이 총회라는 이름 아래서 사람들에게 강요한다면 우리가 그것을 받아들일 필요가 없다. 그들은 사람이므로 중요한 일에 있어서도 과오를 범할 수 있음은 분명한 일이다. 그 회의가 하나님의 말씀에 따라 주어진 결정과 명령을 선언하는 한 우리는 그 회의를 존중하고 승인해야 한다. 만일 사람들이 총회의 이름 아래서 새로운 신조의 작성을 주장하거나 혹은 하나님의 말씀에 위반된 조직이나 교의의 작성을 주장한다면 우리의 영혼이 유일하신 하나님의 음성에서 떠나서 인간의 교의와 조직에 복종시키는 악마의 계교이므로 우리는 이것을 거부한다. 총회를 소집하는 이유는 하나님이 전에 주시지 않으신 영원한 율법을 만들기 위함이 아니며 또 새로운 신조를 만들거나 하나님의 말씀의 권위를 부여하기 위함도 아니다. 또 하나님의 말씀과 거룩한 말씀의 해석에 의하여 그가 전에 원하시지 않았던 것이나 성경에서 우리에게 제시하시지 않은 것을 우리에게 강요하기 위함도 결코 아니다(회의의 명목에 부합되기 위하여)

회의의 이유는 한편으로는 이교도를 논박하기 위하여 한편으로는 회원들의 신앙고백을 후세에 전하기 위함이다. 그리고 이 두 가지는 다 하나님의 말씀의 권위에 의하여 행하는 것이며 총회가 하는 일은 과오가 없다는 의견이나 특권으로 하는 것이 아니다. 이

것이 총회의 주된 이유라고 우리는 믿는다. 그 밖의 이유는 선량한 정치를 위한 것이다. 교회에서는 하나님의 집에서처럼 모든 것이 품위 있고 질서 있게 지켜져야 하기 때문이다. 우리는 어떠한 정치와 의식도 그것이 모든 시대와 장소를 위하여 제정된 것으로 생각하지 않는다. 왜냐하면 의식은 사람들이 계획한 것이고 일시적이기 때문이다. 그것들이 교회를 교화하기보다는 오히려 미신을 품게 하는 때는 그것을 변경해도 좋으며 또 변경시켜야 한다.

제21조 　성례전에 관하여

성부는 율법 아래서 희생의 사실 외에 두 가지 주요 예전을 두셨다. 즉 할례와 유월절이다. 그리고 이것을 무시하는 자는 하나님의 백성으로 인정되지 않았다. 그와 같이 복음의 시대에도 두 가지 성례전이 있음을 믿고 인정한다. 그것은 주 예수께서 제정하신 것이고 주님의 몸의 일원으로 간주되는 모든 사람이 그것을 행하도록 명령하셨다. 즉 세례의식과 성찬예식 곧 주님의 몸과 피의 교제라고 불리는 것이다. 옛 계약의 성례전과 같이 새 계약의 성례전은 단지 주님의 백성과 주님의 계약을 갖지 않는 사람들과 구별하는 것뿐만 아니라 하나님의 아들들의 신앙의 권장과 성례전에 참여함으로서 그의 마음에 주님의 약속의 확신을 주며 선택된 자들이 자기들의 머리가 되는 그리스도 예수와 함께 갖는 결합, 일치, 및 교제의 확신을 마음에 새기도록 하나님께서 정하신 것이다.

그리하여 우리는 성례전이 보이는 표지 외에 다른 아무 것도 아니라는 공허한 고백을 배격한다. 우리는 세례의식에 의하여 그리스도 예수와 연결되어 주님의 의에 참여하는 자가 되고 그것으로써 우리의 죄가 가려지고 용서된 것을 확신한다. 또 바로 집행된 성찬예식에 있어 그리스도 예수는 우리와 결합되고 주님은 우리의 영혼의 양식이 된다. 우리는 교황이 해로운 것을 가르치고 또 저주받을 것을 믿고 있듯이 떡이 그리스도의 몸으로 포도주가 피로 실체의 변화가 이뤄진다고 생각하지 않는다. 그러나 우리가 성례전을 올바로 사용함으로써 그리스도 예수의 몸과 피에 의하여 주어지는 실제적인 일치와 결합은 성령의 역사에 의해 이뤄지는 것이다. 이 성령은 우리의 신앙을 통하여 우리로 하여금 눈에 보이고, 육신적이고, 그리고 지상적인 모든 것을 초월하게 하시고 더 나아가 우리를 위하여 상처를 입고 피를 흘리시고 이제는 하늘에서 우리를 위하여 하나님 우편에 계시는 그리스도 예수의 몸과 피와 실제로 연합한다.

하늘에 계셔서 영광 가운데 계시는 주님의 몸과 땅 위에서 죽을 우리들 사이의 무한한 간격에도 불구하고 우리가 떼는 떡이 그리스도 몸과의 교제이며 우리가 마시는 잔은 그의 피에 참여하는 교제임을 확신한다. 그러므로 우리는 신앙이 독실한 사람이 주님의 성찬을 올바로 받음으로써 주 예수의 몸을 참으로 먹고 그의 피를 참으로 마시며 이 일을 통하여 주님은 그들 안에 계시고 그들은 주님 안에 있음을 고백하고 확신한다. 살은 바로 주님의 살이 되고 뼈는 주님의 뼈가 된다. 그리하여 영원한 하나님이 예수 그리스도의 몸(이 몸 자체의 조건과 성질은 멸하여 썩어질 것)에다가 생명과 영생을 주신 것처럼 그리스도 예수는 우리가 그의 살을 먹고 그의 피를 마심으로써 우리에게도 동일한 특전을 주셨다.

그것은 단순히 일시적으로 주시는 것도 아니다. 신앙이 돈독한 사람들이 주님의 성만찬을 올바로 받을 때 자연적인 인간이 알 수 없는 그리스도 예수와의 신비한 결합을 가지게 되는 것을 우리는 확신한다. 신앙이 착실한 사람도 태만과 인간적인 약함 때문에 주님의 성찬을 받는 그 순간에도 얻을 수 있을 만큼의 이익도 얻지 못하지만 옥토에 뿌려져 살아 있는 씨처럼 풍성한 열매를 얻을 수 있을 것을 우리는 확신한다. 주 예수의 올바른 제도에서 결코 분리될 수 없는 성령은 신비한 역사의 열매인 신앙을 헛되게 하지 않으신다. 이 모든 것은 성례전이 우리에게 유효한 것이 되게 하신 유일하신 분 예수 그리스도를 붙드는 참된 신앙에서 오는 것이라고 우리는 말한다. 그러므로 우리를 향해 성례전이 단순한 표지라고 확언하거나 확신한다고 욕하는 사람들은 우리를 모욕하며 분명한 진리에 위배되게 말하는 사람들이다.

그러나 우리는 영원한 실체이신 그리스도 예수와 성례전의 표지인 여러 가지 원소들 사이에는 한 가지 구별이 있음을 솔직히 고백한다. 그러므로 우리는 표지가 의미하는 실체 대신에 그 표지를 예배하는 것이 아니며 또한 그 표지를 무시하는 것이 아니다. 우리는 그 표지의 원소들을 무용한 것으로 해석하지 않고 우리 자신들을 열심히 살펴본 후 경건하게 그것들을 사용하게 된다. 왜냐하면 사도가 다음과 같이 확신하였기 때문이다. "주님의 몸이 의미하는 바를 깨닫지 못하고 먹고 마시는 사람은 주님의 몸과 피를 범하게 된다."(고전11:29) 라고 말했다.

제22조 성례전의 올바른 집행에 관하여

성례전이 올바로 집행되기 위해서는 두 가지 필요한 일이 있다고 우리는 생각한다. 첫째는 말씀의 설교를 위하여 지정된 사람이어야 한다고 우리는 확신한다. 즉 올바른 교사가 이것을 집행할 일이다. 하나님은 이 교사의 입에 권고의 설교를 넣어 주신다. 교사들은 교회에서 올바르게 선택된 사람들이다. 둘째는 하나님이 정하신 물질과 방법으로 집행할 일이다. 그렇지 않으면 우리는 그리스도 예수의 참된 성례전이 아니라고 믿는다. 그러므로 우리는 성례전의 분할에 관한 로마 교회의 교의를 혐오한다. 첫째 그 교회의 교역자는 그리스도 예수의 교역자는 아니다. 왜냐하면 이것은 참으로 끔직한 일인데 이들은 여성들도 개 교회에서 설교하고 세례를 베풀도록 허용한다. 이것은 성령이 금하고 계신 것이다. 둘째로 그들은 이 성례전을 그리스도의 성업과 근본적으로 아무 관계도 없는 다른 성례전과 혼동시키고 있다.

즉 기름, 소금, 춤, 그리고 세례의식 때의 다른 방법의 집행 등은 모두다 인간의 고안에 속한 것이다. 성찬의 떡을 상자에 넣어서 거리와 한길에 가지고 나가 돌리며 그것으로 성찬을 존경하게 만든다는 것은 그리스도의 성례전을 파손하는 일이며 올바른 사용이 못된다. 그리스도는 "받아먹어라 이것은 나의 몸이다.…나를 기념하여 이것을 행하라."고 하셨다. 그의 말씀과 권고에 따라 주님은 거룩한 몸과 피의 성례전을 위하여 떡과 포도주를 성별 하셨다. 그것은 모든 사람들이 먹고 마시게 하기 위한 것이지 교황이 가끔 집행한 대로 그것이 신으로서 예배되거나 숭배되어서는 안 된다. 또 사람들에게서 성찬의 일부 즉 거룩한 잔을 빼앗아 마시지 못하게 하는 자도 하나님을 모독하는 자이다.

또 성례전이 제정된 목적을 교역자와 수찬자가 다 같이 이해하고 주의할 필요가 있다. 왜냐하면 수찬자가 거기에 대한 의견이 다르다면 올바로 성례전을 사용할 수 없기 때문이다. 비록 교역자라 할지라도 성례전을 하나님이 제정하신 것임에도 불구하고 분명히 잘못된 교의를 가르친다면 악한 사람은 그것이 하나님이 제정하신 목적과는 다른 목적으로 사용할 것이기 때문에 그것은 하나님 앞에서 혐오 할 일이다. 이제 이런 일이 로마 교회의 성례전에서 나타나는데 이런 것은 주 예수의 거룩한 성업의 외적인 형식과 그 목적과 견해를 파손하는 것이라고 우리는 믿는다.

그리스도가 행하시고 또 행하도록 명령하신 것은 복음서와 바울에게서 분명하게 나타나 있다. 사제가 단상에서 행한 것을 우리가 상기할 필요가 없다. 그리스도가 제정하시고 또 우리가 이러한 방법으로 사용해야만 할 목적과 이유는 "너희가 이 떡을 먹고 이 잔을 마실 때마다 나를 기념하라."는 말씀에 분명히 밝혀져 있다. 즉 그것은 주님의 죽음을 나타내며 그분이 오실 때까지 찬미하고, 설교하고, 존귀를 돌리며, 그리고 찬양할 것을 제시하고 있다. 그러나 로마 교회의 사제가 어떤 목적과 어떠한 견해를 가지고 미사를 집행하는지는 미사의 용어와 그들의 스승에게서 살필 수 있다. 즉 그들은 산 자와 죽은 자의 죄를 용서받기 위하여 성부 하나님에게 희생 제물을 바치는 것이다. 이 교리는 그리스도 예수를 모독하는 것이며 한때 많은 사람의 정죄를 위하여 바치신 주님의 유일한 희생을 훼손하는 것이어서 우리가 극도로 혐오하며 비난하는 것이다.

제23조 　성례전의 참여자에 관하여

우리는 세례 의식은 성인으로서 사려가 있는 사람들에게와 신자의 유아들에게도 베푸는 것으로 믿고 또 인정한다. 그리고 신앙과 이해를 갖지 못한 유아에게 세례를 베푸는 것을 거부한 재세례파의 과오를 우리는 거부한다. 그러나 주님의 성찬은 신앙의 권속들에게만 합당한 것임을 우리는 고백한다. 우리는 그들의 신앙과 이웃 사람에 대한 의무를 시험해 볼 수 있다. 신앙 없이 성만찬을 먹고 마시거나 더구나 자기들의 형제들과 분열되어 다툰다면 합당하지 않게 먹는 것이다. 그러므로 우리 교회에서는 우리들의 교역자가 공적으로 또는 특별하게 주 예수의 만찬을 허락할 수 있는 사람들의 신앙과 생활에 관하여 조사를 한다.

제24조 　국가 공직에 관하여

우리는 제국, 왕국, 그리고 영지 및 도시 등은 하나님이 구별하시고 또 제정하신 것으로 고백하고 인정한다. 제국의 황제, 왕국의 왕, 영지의 군주, 그리고 도시를 관리하는 권력과 권위는 하나님의 신성한 명령으로 하나님 자신의 영광이 드러나도록 또 인류의 이익과 복지를 위하여 제정된 것이다. 그러므로 장기간 수립된 시민적 질서를 부수고 혼란시키는 자는 인류의 원수일 뿐더러 하나님의 뜻을 위반하여 싸우는 자임을 우리는 확신한다.

우리는 이러한 권위를 가진 사람을 사랑하고, 존경하고, 두려워하고 그리고 가장 높여야 할 것으로 확신한다. 왜냐하면 그들은 회의 때에 하나님 자신이 앉아서 재판하는 하나님의 대리자이기 때문이다. 또 재판관과 왕후는 선한 사람들을 칭송하며 보답하고 악인의 처벌을 위하여 하나님으로부터 검을 받았다.

또 왕후, 군주, 그리고 관리는 우선 근본적으로 종교의 보존과 정화를 위한 임무를 가진 것으로 우리는 확신한다. 그것은 시민적 질서를 위할 뿐더러 참된 종교의 유지와 우상과 미신의 박멸을 위하여 정해진 것이다. 다윗, 여호사밧, 히스기야, 그리고 요시아 및 그 밖의 왕들이 신앙의 정화를 위하여 주의를 집중시켰고 특별한 칭찬을 받은 것을 볼 수 있다. 그러므로 위의 권세는 다만 자기의 의무를 행하는 데 지나지 않으므로 그것에 반항하는 것은 하나님의 명령에 반항하는 것이며 죄가 된다고 우리는 확신한다. 그러나 왕후와 군주가 부지런히 자신들의 직무수행을 하는 한 누구든지 이들을 돕지 않고, 조언해 주지 않고, 그리고 봉사하지 않으면 이는 하나님께 대해서 일하지 하지 않는 것이나 다름없다는 사실을 우리는 고백한다.

제25조 교회에 거져 주신 은사들에 관하여

하나님의 말씀이 올바르게 설교되고, 성례전이 올바르게 집행되고, 그리고 하나님의 말씀에 따라 훈련이 실시되는 것은 참된 교회의 무오한 표지이지만 그리스도 예수가 선택하신 사람들로서 특별한 사람들만이 이 교제에 결합되어 있음을 의미하지 않는다. 왜냐하면 가라지도 곡식과 함께 파종되어서 함께 자라기 때문이다. 즉 하나님으로부터 버림받은 사람도 선민들의 사람 안에 결합되어 있어서 그들과 함께 외적인 말씀과 성례전의 은혜를 입으로만 받을 수 있기 때문이다. 이러한 사람은 얼마 동안 신앙을 고백해도 마음으로 하지 않고 다시 타락하여 마지막까지 견디지 못한다.

그들은 그리스도의 죽음, 부활, 그리고 승천의 열매를 갖지 못한다. 그러나 우리가 앞에서 말한 대로 마음에서 진실 되게 믿고 입으로 분명하게 예수를 주님으로 고백하는 사람은 반드시 은혜를 받을 것이다. 첫째 이 세상에서 죄의 용서는 다만 그리스도의 피를 믿는 신앙에만 달린 것이고 죄는 우리의 소멸적인 몸에 계속 붙어 있을지라도 그 죄를 우리에게 전가하시지 않고 그리스도의 의로써 덮어 주신다는 것이다. 둘째는 전체의 심판에 있어서 모든 사람에게 몸의 부활을 주신다는 것이다. 바다는 그 속에 있는 죽은 사람을 내어놓으며, 땅은 그 안에 갇힌 자를 내어놓으며, 영원한 하나님은 그의 손을 티끌 위에 펼치시며, 죽은 자들은 썩지 않는 자로 부활하며, 모든 사람이 매장되던 날의 모습으로 되살아나며, 그리고 그들의 행위에 따라 영광 아니면 형벌을 받을 것이다.

이제는 헛된 환희, 잔악, 음행, 미신, 그리고 우상숭배는 꺼지지 않는 불로 심판을 받을 것이다. 거기서 그들은 몸과 영혼이 영원한 고통을 받으며 또 모든 더러움과 악 가운데서 악마에게 봉사하게 될 것이다. 그러나 끝까지 잘 견디어 주 예수에게 신앙을 계속 고백한 자는 영광, 존귀, 그리고 불멸을 얻어서 예수 그리스도와 함께 영원한 생명으로 인도되며 주님에게 선택된 자는 다 그의 영광의 몸과 같이 되어서 성부 하나님의 왕국에 들려 올라갈 것이다. 여기서 하나님은 모든 것의 모든 것이 되시며 영원히 하나님으로 영원토록 계신다. 성자와 성령과 함께 성부 하나님에게 지금으로부터 영원히 영광과 존귀를 드리는 바이다. 아멘.

"주여 일어나셔서 당신의 원수들을 쳐부수소서. 당신의 거룩한 이름을 미워하는 그들이 당신 앞에서 도망쳐 가게 하소서. 당신의 종에게 힘을 주셔서 확신을 가지고 용감하게 당신의 말씀을 전하게 하소서. 모든 백성들이 당신의 참된 지식을 알게 하소서. 아멘."

4. 벨직 신앙고백서(1561)

스코틀랜드와 함께 유럽에서 개혁파 신앙을 가장 강하게 사수하였던 지역이 화란의 남부 지역 벨기에였다. 사도신조를 위시하여 어거스틴과 칼빈의 뒤를 따르는 개혁파 신학을 뿌리 깊이 내리게 한 지역이었다. 16세기 종교개혁 이후 각 국가의 정부가 로마 캐톨릭과의 정치적 유착으로 유럽의 각 지역에서 피의 박해를 피해 벨기에 지역에 많은 개혁파 신앙인들이 모여들고 있었다. 이미 1523년 어거스틴 파의 수도사였던 헨리 보에스(Henry Voes)와 요한 에쉬(John Esch)가 화형을 당하면서도 사도신조와 하나님을 외치며 숨을 거두었다. 당시 개혁교회 신자들은 반역자들로 몰려 10만명 이상의 순교자들이 탄생하게 되었다. 그들은 "이 신앙고백에 표현된 바의 진리를 거부당하느니 차라리 등에 채찍을 받고, 혀가 잘리며, 입에 재갈이 물리며, 그리고 온 몸이 불구덩이에 던져지는 것이 더 낫다."라는 신앙고백을 지키려는 순교정신으로 무장되었다.

이와 같은 순교의 역사를 지니고 있는 본 신앙고백서는 순교자 가이오 드 브레스(Guido de Bres)가 프랑스어로 작성한 것인데 후에 프렌시스 주니우스(Francis Junius)에 의해 더욱더 칼빈주의적 사상을 포함시켜 작성한 것이다. 본 신앙고백서는 1566년 엔트웹 회의와 1568년 베셀 회의에서 채택되었고 1618-1619년 도르트 회의에서 하이델버그 요리문답과 함께 개혁교회 신앙고백서로 채택되었다.

제1장   유일하신 하나님

우리는 우리가 하나님이라고 부르는 오직 그 분만이 유일한 절대자요, 영적인 존재자이심과 또한 그 분은 영원하시며 인간의 이해를 초월한 분이시며, 불가시적이며, 불변하신 분이시며, 무한하시고, 전능하시며, 그 지혜는 완전하시고, 의롭고 선하신 분이시며, 모든 선의 넘치는 근원이 되심을 마음으로 믿고 입으로 고백하는 바이다.

제2장   인간이 하나님을 깨달아 알 수 있는 방법

다음의 두 가지로 우리는 하나님을 알 수 있다: 첫째로는 그 분의 창조하심과 보호하심 그리고 그 분의 온 우주를 다스리심에 의해서인데, 이것은 우리의 눈으로 볼 때 크고 작은 온갖 피조물이 하나님을 알 수 있도록 우리를 인도하는 훌륭한 지침서로서 우리 앞에 놓여 있다는 것인데, 마치 사도 바울이 "그의 보이지 아니하는 것들, 곧 그의 영원하신 능력과 신성이 그 만드신 만물에 분명히 보여 알게 되나니"(롬1:20) 라고 함과 같다. 모든 만물은 인간으로 하여금 하나님을 충분히 깨달아 알게 해주며 따라서 인간에게는 변명이 있을 수 없다. 둘째로, 우리는 그 분의 성스럽고 거룩하신 말씀을 통하여, 즉 이 세상에서 그의 영광스러우심과 인간을 위한 구원에 관하여 분명히 알 수 있도록 쓰여진 그 말씀에 의하여 더욱 분명하고 충만하게 그 분을 알 수 있다.

제3장   기록된 하나님의 말씀

우리는 하나님의 말씀이 인간의 뜻에 의해 나온 것이거나 전해진 것이 아니라 마치 사도 베드로가 말한 것처럼 "오직 성령의 감동하심을 입은 사람들이 하나님께 받아"(벧후 1:21) 쓰여진 것임을 고백한다. 또한 우리는 하나님께서 우리의 구원을 위한 특별한 은총으로 인하여 그의 종들과 선지자들 그리고 사도들을 명하심으로 하나님의 계시된 말씀이 쓰여졌음과, 하나님께서 스스로 자신의 손으로 십계명을 기록하셨음을 고백한다. 따라서 우리는 이 글들을 성스러운 하나님의 말씀이라고 부르는 바이다.

제4장   정경(正經)인 하나님의 말씀

우리는 정경이라고 부르는 하나님의 말씀이 신약과 구약으로 되어 있음을 믿는다. 이것은 하나님의 교회에서 이름 지어진 것이다. 구약은 모세가 기록한 창세기, 출애굽기, 레위기, 민수기, 신명기를 비롯해서 여호수아, 사사기, 룻기, 사무엘상. 하, 열왕기상. 하, 역대상. 하, 에스라, 느헤미야, 에스더, 그리고 욥기, 다윗의 시편, 솔로몬의 세 책 즉 잠언, 전도서, 아가, 그리고 대선지서인 이사야, 예레미야, 에스겔, 다니엘, 그리고 열두 명이 기록한 소선지서인 호세아, 요엘, 아모스, 오바댜, 요나, 미가, 나훔, 하박국, 스바냐, 학개, 스가랴, 말라기이다.

신약은 사 복음서인 마태, 마가, 누가, 요한을 비롯해 사도행전, 그리고 사도 바울의 열 네 서신 즉, 로마서, 고린도전. 후서, 갈라디아서, 에베소서, 빌립보서, 골로새서, 데살로니가전. 후서, 디모데전. 후서, 디도서, 빌레몬서, 그리고 히브리서이며, 그 외에 다른 사도들의 일곱 서신, 즉 야고보서, 베드로전. 후서, 요한 1,2,3서, 유다서, 요한계시록 이다.

第5장 하나님의 말씀의 신성함과 권위의 근거

우리는 이 모든 성경을 우리의 믿음을 규정하며 기초를 이루는 것으로 또한 믿음을 확증시키는 성스러운 정경으로 믿는다. 이 쓰여진 모든 것을 확실히 믿는 것은 교회가 이를 받아들였거나 승인했기 때문이 아니라, 무엇보다도 성령께서 우리의 마음속에서 그 말씀이 하나님께로부터 왔음을 증거 하기 때문이며, 성경이 그 스스로 증거 하기 때문이다. 또한 어리석은 자라 할지라도 예언된 말씀이 성취됨을 알 수 있기 때문이다.

第6장 정경과 외경 또는 위경(僞經)의 차이점

우리는 다음의 책들, 즉 에스드라 제 삼. 사권, 토비트, 유디드서, 지혜서, 벤 시락의 지혜, 바룩서, 에스더서의 부록, 불구덩이 속의 세 소년 찬미서, 수산나의 역사서, 벨과 용, 므낫세의 기도, 마카비의 두 책 등 소위 외경이라고 부르는 것과 정경을 구별하는 바이다. 이 책들은 그 내용이 정경에 기록된 내용과 일치하는 한계 내에서만 읽혀질 수 있고 교훈을 줄 수 있을 뿐이다. 또한 기독교 신앙의 어떤 면이라도 확증을 줄 수 있는 능력이나 효능과는 거리가 멀 뿐 아니라 이 책들로 인해 정경의 권위를 손상시킬 수는 없다는 것이다.

第7장 유일한 신앙의 규범으로서의 성경의 충족성

우리는 성경이 하나님의 뜻을 충분히 내포하고 있으며 인간이 구원을 얻기에 필요한 모든 것을 충분히 그 속에서 지시하고 있음을 믿는다. 하나님이 인간에게 요구하시는 예배의 모든 태도가 그 속에 다 기록되어 있으므로 심지어 사도 바울이 말한 바와 같이 하늘에서 내려온 천사라 할지라도 성경 외의 것을 가르치는 것은 누구를 막론하고 합당한 일이 아니다. 이 책의 말씀 외에 무엇을 더하거나 제하여 버린다는 것이 금지되어 있음은 모든 면에서 성경의 말씀이 완전하고 충분한 것임을 명백히 보여주는 것이다.

아무리 거룩한 인간이라 할지라도 그 인간의 글은 거룩한 하나님의 말씀과는 비교할 수 없으며 세상의 관습이나 고대의 제도, 대중의 태도, 그리고 사람들 또는 그들의 판결 혹은 규칙이 하나님의 진리의 말씀과는 동일한 가치가 있다고 여기지 않는 바이다. 왜냐하면 진리는 그 모든 것 위에 존재함을 말하고 있기 때문이다. 따라서 우리는 불변하는 하나님의 말씀과 일치하지 않는 그 어떤 영이라도 배격하는 바인데 이는 사도 요한이 "오직 영들이 하나님께 속하였나 시험하라(요일4:1)." "누구든지 이 교훈을 가지지 않고 너희에게 나아가거든 그를 집에 들이지도 말고 인사도 말라(요이10)."라고 말씀한 것과 같다.

제8장 하나님은 그 본질에 있어서는 하나이시나 삼위(三位)인 세 인격에 있어서는 구별되심

우리는 진리 되신 하나님 말씀에 따라서 본질에 있어서는 단 한 분이신 하나님을 믿으며 또한 동시에 그분은 곧 공유할 수 없는바 인격적이시며, 참되시며, 진리 되신, 그리고 영원히 구별되신 삼위(三位) 즉 성부와 성자와 성령이심을 믿는다. 성부는 원인과 근원이 되시고 모든 가시적인 것뿐만 아니라 불가시적인 모든 것의 시작이 되시는 분이시며, 성자는 말씀과 지혜와 하나님의 형상이 되시는 분이시며, 그리고 성령은 영원한 능력과 힘이 되시며 성부와 성자로부터 기인하는 분이시다. 그럼에도 불구하고 하나님은 이 구분에 의하여 나누어지는 분이 아니신데 그 이유는 성경의 말씀은 우리에게 성부와, 성자와, 성령은 각기의 인격성을 가지시고 그 특성에 의하여 구별되기는 하나 이 세 인격은 오직 한 분이신 하나님이라고 가르치고 있기 때문이다.

따라서 성부는 성자가 아니시며, 성자는 성부가 아니신데, 이와 마찬가지로 성령은 성부도 아니시며 성자도 아니심이 명백하다. 그럼에도 불구하고 이 세 구별된 인격은 나누어지거나 혼합되어 있는 것이 아닌데 그 이유는 성부나 성령은 육체를 입지 않으셨고 다만 성자만이 육체 가운데 계셨기 때문이다. 성부는 성자 없이는 계시지 않았고 또한 성령 없이 존재하지도 않으셨다. 이 삼위(三位)는 영원하심과 그 본질에 있어서 공유하시는 분이시다. 어떤 분이 처음이고 어떤 분이 나중이 되시는 그러한 분들이 아니시다. 왜냐하면 삼위는 진리와 능력 그리고 선하심과 자비하심에 있어서 한 분이시기 때문이다.

제9장   한 분 하나님의 삼위(三位) 인격 되심에 관한 전장(前章)의 증거

위에서 언급한 모든 사실은 거룩한 하나님의 말씀의 증거에서뿐만 아니라 우리 자신 속에서 깨닫는 바 그 증거가 주는 힘에 의하여 알 수 있다. 우리고 하여금 성(聖) 삼위 일체를 믿도록 가르치는 성경의 증거들은 구약의 여러 곳에서 기록되어 있으며 이를 분별하고 판단하는 데 있어서 모든 구절들을 열거하는 것이 반드시 필요한 것은 아니다.

창1:26-27에는 "하나님이 가라사대 우리의 형상을 따라 우리의 모양대로 우리가 사람을 만들고... 하나님이 자기 형상 곧 하나님의 형상대로 사람을 창조하시되 남자와 여자를 창조하시고"라고 되어 있으며 창3:22에도 "보라 이 사람이 선악을 아는 일에 우리 중 하나 같이 되었으니"라고 말씀하고 있다. "우리의 형상을 따라 우리의 모양대로"라는 말속에는 하나님을 중심으로 한 그 속에 한 분 이상의 또 다른 분들이 계심을 보여주고 있다. 그리고 "하나님이 창조하시니라."는 말 속에는 하나님께서 하나의 통일을 이루고 계심을 보여준다. 물론 하나님께서 얼마나 많은 인격을 가지고 계신지에 대하여는 언급이 없으나 구약에서 불분명한 이 문제가 신약에 와서 매우 분명하게 보여짐은 명백한 사실이다. 왜냐하면 주님께서 요단강에서 세례를 받으실 때 "이는 내 사랑하는 아들이요."라는 하나님의 음성이 들렸고 성자께서 물에서 올라오실 때 성령께서 비둘기의 모습으로 강림하셨던 것이다. 이 모습은 또한 모든 사람이 세례를 받을 때에 그리스도에 의하여 세워진 것인데 이는 "모든 족속으로 제자를 삼아 아버지와 아들과 성령의 이름으로 세례를 주고(마28:19)."라고 하신 말씀과 같은 것이다. 또한 누가복음에서도 천사 가브리엘은 주의 어머니인 마리아에게 이렇게 말씀하셨다. "성령이 네게 임하시고 지극히 높으신 이의 능력이 너를 덮으시리니 이러므로 나실 바 거룩한 자는 하나님의 아들이라 일컬으리라(눅1:35)." 또한 주 예수 그리스도의 은혜와 하나님의 사랑과 성령의 교통하심이 너희 무리와 함께 있을지어다(고후13:13)."라고 했으며 "하늘에서 증거하는 자가 셋이니, 아버지와 말씀과 성령이니, 이 셋은 하나이니라."라고 했던 것이다.

이 모든 것을 볼 때에 신적인 본질에 있어서 한 분이신 세 인격이 계심은 분명히 알 수 있다. 또한 이 가르침이 모든 인간의 이해를 넘어선다 할지라도 하나님의 말씀에 의하여 우리는 이것을 믿으며 장차 이 온전한 가르침을 깨닫고 하늘나라에서 이로 인해 즐거워할 것을 믿는 바이다.

더욱이 우리는 이 삼위의 특별한 직위와 그 행하심이 우리 인간을 향하고 계심을 주목해야 할 것이다. 성부는 그의 능력으로 인하여 우리의 창조자가 되시며, 성자는 그의 피로써 우리의 구원자요 구속주가 되시며, 성령은 그가 우리 마음속에 거하심으로 우리를 거룩하게 하시는 분이신 것이다.

삼위일체에 관한 가르침은 사도 시대로부터 오늘날에 이르기까지 참된 교회의 가르침에 의하여 늘 확증되었고 주장되어 왔으며 이는 유대교나 이슬람교 또한 마르키온파, 마니교, 프락세아스, 사벨리우스, 사모나테누스, 아리우스등 정통 교부들에 의하여 거짓 기독교로 또는 이단들이라고 정죄 받은 자들의 주장과는 다른 것이다. 따라서 이런 점에서 볼 때, 우리는 기꺼이 세 신경, 즉 사도신경, 니케아 신경, 그리고 아타나시우스 신경을 받아들이는 바이며 이것은 고대 교부들에 의하여 확증된 바와 일치하는 것이다.

제10장 예수 그리스도는 참되시며 영원하신 하나님이심

우리는 예수 그리스도께서 신적 본질에 따라 하나님의 독생자이심과 영원부터 계시되 피조 되거나 창조함 받은 분이 아니시며(왜냐하면 창조 받으신 분이라면 피조물이 되시므로), 오히려 하나님의 영광의 광채시오 그 본체의 형상을 따라 성부와 함께 그 본질에 있어서나 영원에 있어서, 또한 그 모든 것에서 하나님과 동등하신 분이시다. 예수 그리스도께서 하나님의 아들이 되심은 그가 우리를 만드신 순간부터 시작되는 것뿐만 아니라 성경의 모든 증거가 우리에게 가르치는 바대로 영원 전부터 되시는 것이다. 모세는 하나님께서 세계를 창조하셨다고 말하며 사도 요한은 그가 하나님이라고 부르는 바 그 말씀에 의하여 만물이 만들어졌다고 증거하고 있다. 또한 그는 하나님께서 그 아들로 인하여 이 세계를 만들었다고 증거 하는데 다시 말해서 하나님께서는 예수 그리스도로 말미암아 이 모든 것을 창조하셨다는 것이다. 따라서 우리가 하나님이라고 부르는 말씀이신 예수 그리스도는 모든 만물이 그로 말미암아 창조될 당시에도 계셨음이 분명한 것이다. 그러므로 미가 선지자는 (미5:2) "그의 근본은 상고에 태초에니라."고 했으며 사도는 (히7:3)에 "시작한 날도 없고 생명의 끝"도 없다고 했다. 따라서 그 분은 우리가 바라고 예배하며 섬겨야 할 참되고 영원하신 전능한 하나님이시다.

제11장 성령은 참되시며 영원하신 하나님이심

또한 우리는 성령이 영원 전부터 성부와 성자에게서 나오신(발출) 분이심을 믿고 고백하는 바이다. 따라서 성령은 만들어지거나 창조함을 받은 것이나 생겨난 것이 아니요 오직 성부와 성자로부터 나오신 것임을 믿는다. 순서에 있어서 성령은 성 삼위일체의 제 삼위에 해당하며 성부와 성자와 더불어 동일한 본질과, 위엄과, 그리고 영광을 가지신 분이시며 따라서 성경이 우리에게 교훈 해 주는 대로 참되시며 영원한 하나님이시다.

제12장　만물의 창조, 특히 천사들의 창조에 관하여

우리는 성부께서 그 말씀, 즉 그 아들로 말미암아 무(無)에서 하늘과 땅 그리고 온갖 피조물들을 만드셨으며, 이 모든 것이 창조 시에는 성부께 좋게 보였으며, 모든 피조물들은 그 존재나 모습 또는 형태 그리고 그 직위에 있어서 창조주를 섬기도록 되었음을 믿는다. 우리는 하나님께서 그의 영원하신 섭리와 그 무한한 능력으로 그 모든 것들을 보존하시고 다스리시되 인간으로 하여금 하나님을 섬기게 하심을 믿는다.

또한 하나님은 천사들을 선하게 지으셨고 자신의 전달자가 되어 그의 택하신 자를 섬기도록 만드셨다. 그런데 천사 중의 얼마가 하나님께서 주신 그 높은 지위에서 영원한 파멸로 떨어졌으며 그 밖의 천사들은 하나님의 은혜로 계속 그 자리를 지킴으로 처음 상태를 유지하고 있다. 악마와 귀신의 영들은 타락하여 하나님과 선한 일에 원수가 되었고, 극도로 타락하여 살인자로서 교회와 신자들을 파괴시키고자 하며, 그 악한 궤계로써 모든 것을 멸망시키고자 한다. 따라서 그 사악함으로 말미암아 영원한 형벌을 받아 날마다 무서운 고통이 있을 따름이다.

그러므로 우리는 영들과 천사들의 존재를 부인한 사두개인들의 잘못을 거부하며 이를 배격하는 바이다. 또한 악마들은 그들 스스로의 근원을 가지고 있으며 그 악마들은 타락한 것이 아니라 원래부터 그 본성상 사악하다고 주장하는 마니교의 잘못됨을 배격하는 바이다.

제13장　하나님의 섭리와 만물을 주관하심.

우리는 선하신 하나님께서 만물을 창조하신 후에 그 만물을 내버려두시거나 운명이나 우연에 맡기신 것이 아니라 그의 거룩하신 뜻대로 다스리시고 주관하심으로 이 세상의 그 어떤 일이라도 하나님의 허락 없이는 일어날 수 없음을 믿는다. 그럼에도 불구하고 하나님은 발생하는 그 어떤 죄에 대한 책임자가 될 수 없으신 분이다. 왜냐하면 그의 능력과 선하심은 너무나 위대하고 인간의 이해를 초월하기 때문에 사단과 사악한 인간들이 불의를 행한다 할지라도 그는 가장 놀랍고도 의로운 태도로써 자신의 사역을 명하시고 이를 이루고 계시기 때문이다. 또한 인간의 이해를 초월한 하나님의 놀라우심에 대해 생각해 볼 때 우리는 우리의 이해 능력의 한계를 넘어 있는 그 놀라우신 뜻을 호기심으로 감히 찾아 알 수는 없으며, 다만 지극한 겸손과 경외함으로 우리를 초월한 하나님의 의로우신 판단을 따를 뿐이며, 그리스도의 말씀 속에서 계시하여준 그 사실만을 배울 뿐 그 말씀의 한계를 벗어나서는 안 되는 그리스도의 제자들로서 만족을 해야 할 것이다.

이 가르침은 우리에게 말할 수 없는 위로를 주는데 그 이유는 그 어떤 일도 우연히 생기는 것이 아니라 가장 은혜로우신 하늘에 계신 아버지의 뜻을 따라 일어남을 이 교훈을 통하여 알 수 있기 때문이다. 하나님은 아버지의 심정을 가지시고 우리를 돌보시며 마치 "너희 아버지께서 허락지 아니하시면 그 하나라도 땅에 떨어지지 아니하리라 너희에게는 머리털까지 다 세신 바 되었나니(마10:30)." 라고 하심같이 모든 피조물들을 그의 능력으로 감싸고 계신다. 우리는 바로 이 하나님을 전적으로 의지하며 그의 뜻이나 허락 없이는 사단이나 온갖 악의 세력이라도 우리를 해칠 수 없음을 확신한다. 따라서 우리는 '신은 그 어떤 것도 돌보시지 않고 다만 만물을 우연에 방치하셨다'고 주장하는 에피쿠루스 학파의 거짓된 주장을 철저히 배격한다.

제14장 인간의 창조와 타락 그리고 참된 선을 행함에 있어서의 인간의 무능력.

우리는 하나님께서 인간을 창조하시되 흙으로 지으셨고 모든 면에서 하나님의 뜻을 따라 행할 수 있도록 하나님의 모양과 형상으로, 즉 그의 선하심과 의로우심, 또한 거룩한 형상으로 만들어졌음을 믿는다. 그러나 인간은 영광된 위치에 있었음에도 그것을 깨닫지 못했을 뿐만 아니라 인간의 존귀함을 알지 못하여 자신을 스스로 사악한 죄악에 내던져 결국은 사단의 유혹에 넘어져 죽음과 저주의 상태에 빠졌음을 볼 수 있다. 왜냐하면 인간은 그가 받았던 생명의 계명들을 범했기 때문에 죄로 인해 참 생명이신 하나님께로부터 멀어졌고 따라서 인간이 전적으로 부패해졌기 때문이다. 이렇게 됨으로 인간은 육체적으로나 영적으로 죽을 수밖에 없게 되었다. 인간이 모든 면에서 악해지고 잘못되어 부패함으로 하나님께로부터 받았던 그 놀라운 은혜들을 다 잃어버리고 그 중에 지극히 작은 부분만 남게 되었는데 그러나 그것으로 인해 인간이 변명할 수는 없다. 왜냐하면 성경이 "빛이 어두움에 비취되 어두움이 깨닫지 못하더라(요1:5)." 고 말씀한 바와 같이 우리 속에 비친 빛이 어두움으로 변해 버렸기 때문인데 사도 요한은 여기에서 인간을 어두움으로 부르고 있다.

따라서 우리는 인간의 자유 의지에 관하여 이 가르침과 모순되는 것을 배격하는 바인데, 왜냐하면 인간은 죄의 노예일 뿐이며 "하늘에서 주신 바 아니면 사람이 아무 것도 받을 수 없기(요3:27)." 때문이다. 자기 스스로 선을 행할 수 있다고 자랑할 수 있는 사람이 결코 있을 수 없는데 왜냐하면 예수께서는 "아버지께서 이끌지 아니하면 아무라도 내게 올 수 없다(요6:44)." 고 하셨기 때문이다. 그 누가 자기 자신의 의지를 자랑할 수 있으며 "육신의 생각은 하나님과 원수"임을 깨달을 수 있겠는가? 그 누가 자신의 지식을 자랑할 수 있겠는가? 왜냐하면 성경은 육신에 속한 사람은 하나님의 성령의 사역을 받을 수 없다고 말씀하기 때문이다. 요약한다면, 우리는 어떤 생각조차도 감히 우리 것으로 내놓을 수 없는데, 이는 성경이 다음과 같이 말씀하고 있기 때문이다. (고후3:5) "우리가 무슨 일이든지 우리에게서 난 것같이 생각하여 스스로 만족할 것이 아니니 우리의 만족은 오직 하나님께 로서 났느니라." 따라서 우리는 사도가 (빌2:13) "너희 안에서 행하시는 이는 하나님이시니 자기의 기쁘신 뜻을 위하여 너희로 소원을 두고 행하게" 하신다고 말씀한 바를 확실하게 붙잡고 나가야 할 것이다. 주께서 (요15:5) "나를 떠나서는 너희가 아무 것도 할 수 없음이라"고 말씀하신 바와 같이 오직 그리스도께서 우리에게 주신 말씀 외에는 인간이 이해할 수 있는 것이 없고 또한 하나님의 뜻을 따를 수도 없는 것이다.

제15장 원죄

우리는 아담의 불순종으로 말미암아 원죄가 모든 인간에게 내려졌음을 믿는다. 이것은 전적인 부패와 유전적인 질병으로서 심지어 모태에 있는 아이에게까지도 전염되어 온갖 종류의 죄악을 낳게 함으로 죄의 온상이 되었고 따라서 이 모든 죄악이 하나님 보시기에 너무나 천하고 혐오할 만한 것이라. 모든 인간이 저주를 받기에 충분한 것이다. 이 모든 죄를 없앤다거나 멸절시킨다는 것은 불가능하며 심지어 세례를 받는 일로도 할 수가 없는데 왜냐하면 죄란 마치 샘에서 물이 솟아나듯이 이 비참한 근원에서 만들어지기 때문이다. 비록 이 죄악이 하나님의 자녀들에게는 진노를 받기에까지 전가된 것은 아니라 할지라도 이들이 죄 사함을 받은 것은 오직 하나님의 사랑과 자비에 의해서일 뿐이다. 하나님의 자녀들이 죄악 속에서도 안일하게 거한다는 뜻이 아니라 어떤 면에서는 이 타락으로 인하여 성도들은 이 사망의 육신 세계에서 구원을 받기 위해 탄식하며 갈망하고 있음을 보여준다. 따라서 우리는 죄란 단지 모방하는 데서 생겨난다고 주장하는 펠라기우스 학파의 잘못을 배격하는 바이다.

제16장 영원한 선택

우리는 아담의 후손이 그 첫 조상의 범죄로 인해서 타락되어 멸망에 빠졌다는 것과 따라서 하나님께서는 자신의 그 모습 즉 자비로우심과 공의로우심을 나타내 보이셨음을 믿는다. 자비롭다함은 하나님께서 인간의 어떤 노력과는 관계없이 하나님의 영원하고 불변하신 계획 속에서 우리의 주되신 예수 그리스도 안에서 택함 받은 모든 사람들을 이 파멸의 자리에서 구원하여 보존하시기 때문이요 공의롭다 함은 그 외의 다른 모든 사람들을 타락과 파멸 속에서 그대로 살아가도록 내버려두심에 있다.

제17장   타락한 인간의 회복

우리는 가장 자비로우신 하나님께서 가장 놀라우신 지혜와 선하심으로 인간이 육체적이며 영적인 사망에 빠져 들어가 전적으로 비참한 지경에 이르렀음을 아시고 그 아들(여인의 후손으로 태어날)로 하여금 그 보좌를 떠나서 뱀의 머리를 상하게 하고 그 아들을 복되게 하실 것을 약속하시고 범죄한 인간일지라도 그를 기뻐하시고 위로해 주시는 이심을 믿는다.

제18장   예수 그리스도의 성육

따라서 우리는 하나님께서 그의 거룩하신 선지자들의 입을 통하여 조상들에게 약속하신바 이르시되, 하나님의 영원하신 독생자를 정하신 때에 이 세상에 보내심으로, 참되신 인간이심에도 불구하고, 죄는 없으신 채 종의 모습을 취하셔서, 사람과 같이 되게 하심으로, 하나님의 약속을 성취하심을 믿는다. 인간이 되신 것을 사람의 수단에 의해서가 아니라 성령의 능력의 은총을 입은 처녀 마리아이 몸을 통하여 이뤄진 것인데 예수 그리스도는 육신에 있어서만 참 인간의 성품을 취하신 것이 아니라 참 인간의 영혼에 있어서도 그러하셨으므로 그는 참 사람이 되셨던 것이다. 인간이 육신만 죄를 범하여 타락한 것이 아니라 영혼도 타락하였으므로 예수께서는 인간의 이 두 본성을 회복시키기 위해서 육신과 영혼의 두 면을 모두 취해야만 하셨던 것이다.

따라서 우리는(그리스도는 마리아에게서 육신을 취하시고 오신 것을 부인하는 재세례파의 이단설에 대항하여) 그리스도께서 육신과 혈통을 취하시되 육신으로는 다윗의 후손이요, 다윗의 씨에서 난자요, 여인에게서 난 자로서 마리아의 태의 열매요, 다윗의 가지요, 이새의 뿌리에서 난 싹이요, 유다 자손에게서 생겨난 자요, 육신으로는 유다 자손이요, 아브라함의 씨이심을 믿는 바이다. 또한 우리는 하나님께서 예수 그리스도를 아브라함의 씨에서 나게 하시고, 죄는 없으시되 모든 면에서 그 형제들과 같이 인간의 모습을 갖게 하신 것은 그 분이 진실로 우리의 임마누엘 되심, 즉 하나님이 우리와 함께 하신다는 사실을 이루시기 위해서였음을 믿는다.

제19장   그리스도의 인격 속에 있는 두 성품의 연합과 구별

우리는 이런 의미에서 하나님의 아들의 인격이 인간의 성품과 구별될 수 없도록 연합되어 있음을 믿는다. 이 뜻은 하나님의 두 아들이 있다는 것과 두 인격이 있다는 것이 아니라 다만 두 성품이 한 사람 속에 연합되어 있다는 것이요 여전히 그 성품은 그 자체의 구별된 성향을 지니고 있다는 것이다. 마치 신의 성품이 태초부터 우주에 충만했을 뿐, 무엇에 의해 만들어진 것이 아닌 것처럼, 그리스도의 인성도 그 성품을 잃지 않고 유한한 인간의 본성을 지닌 채 참 인간의 모습으로 계셨던 것이다. 비록 그리스도께서 그의 부활하심으로 영생을 취하셨다 하더라도 인간 본성의 그 실재가 변화한 것이 아닌데 이는 마치 그의 육신의 실재를 따라 우리의 구원과 부활이 이뤄질 것과 다를 바가 없는 것이다.

그러나 이 두 본성들은 한 인격 속에서 매우 밀접하게 연합하여서 심지어 그의 죽으심에 의해서도 두 본성이 구별될 수 없는 것이다. 따라서 그가 돌아가실 때에 아버지의 손에 자신을 맡긴 것은 그가 육신으로부터 떠나게 되는 참 인간의 마음을 지녔기 때문이었던 것이다. 그러나 곧 이 신의 본성은 심지어 그가 무덤에 있었을 때 조차라도 인간의 본성과 항상 연합되어 있었던 것이며, 하나님 아버지께서는 그리스도께서 어린아이였을 때에도 늘 그의 마음속에서 계셨던 것처럼 비록 이런 사실은 분명하게 나타나 있지는 않으나, 늘 그 속에서 함께 계셨던 것이다. 따라서 우리는 그 분께서 순전한 하나님이시며 동시에 순전한 인간이심을 고백한다. 순전한 하나님이라 함은 죽음을 이기신 그의 능력에 의해서이며 순전한 인간이라 함은 그의 육신의 연약함을 따라 그가 우리를 위해서 죽으셨기 때문이다.

제20장 하나님께서는 그리스도 안에서 그의 공의와 자비를 나타내심

우리는 완전한 자비와 공의를 가지신 하나님께서 불순종으로 인한 죄를 완전히 회복시키기 위하여 죄의 대가로서 받는 가장 쓰라린 고통과 죽음을 맛보도록 하기 위해 그의 아들을 보내셨음을 믿는다. 따라서 하나님께서는 그 아들을 통하여 공의로우심을 나타내 보이시되 아들에게 우리의 모든 죄악을 담당시키셨으며 죄로 인해 저주를 받아 마땅한 우리에게 자비로우심과 선하심을 쏟아 주시되 그 아들로 하여금 우리를 대신해 죽게 하시고 우리의 의로움을 위하여 그를 일으키셨음을 믿으며 바로 그를 통하여 우리가 영원한 삶을 얻게 됨을 믿는 바이다.

제21장 우리를 위한 대제사장이신 그리스도의 속죄

우리는 예수 그리스도께서 멜기세덱의 반차를 좇아 영원한 대제사장으로 엄숙히 기름 부음을 받으셨음을 믿으며, 또한 우리를 위해 자신을 십자가에 드림으로 아버지를 기쁘게 하여 그 진노를 없이 하셨고, 앞서 선지자들이 예언했던 것처럼 우리의 죄를 씻어 주시기 위하여 보혈을 흘리셨음을 믿는다. (사53:5) 그가 찔림은 우리의 허물을 인함이요 그가 상함은 우리의 죄악을 인함이라 그가 징계를 받음으로 우리가 평화를 누리고 그가 채찍에 맞음으로 우리가 나음을 입었도다. (사53:7) 마치 도수장으로 끌려가는 어린양과 털 깎는 자 앞에 잠잠한 양 같이 그 입을 열지 아니하였도다. (사53:12) 범죄자 중 하나로 헤아림을 입었음이라. 비록 처음에는 본디오 빌라도에 의해 무죄한 분으로 판결 받았으나 결국은 행악자로 정죄를 받으셨던 것이다.

따라서 우리의 죄악으로 인하여 받을 수밖에 없었던 무서운 형벌을 그의 영혼뿐만 아니라 육신으로도 짊어지신 채 불의한 인간이 감당할 수 없는 그 고통을 의로우신 그 분께서 보혈을 땅에 흘리심으로만이 이루어졌던 것이다. 그는 이렇게 부르짖으셨다.(마27:46) "나의 하나님, 나의 하나님, 어찌하여 나를 버리셨나이까? 하는 뜻이라." 우리의 죄를 사해 주시기 위하여 그는 이렇게 고초를 당하셨던 것이다. 그러므로 우리는 사도 바울이 말한 (빌3:7-8) "그러나 무엇이든지 내게 유익하던 것을 내가 그리스도를 위하여 다 해로 여길뿐더러 또한 모든 것을 해로 여김은 내 주 그리스도 예수를 아는 지식이 가장 고상함을 인함이라. 내가 그를 위하여 모든 것을 잃어버리고 배설물로 여김은 그리스도를 얻고"라는 고백을 마땅히 하는 바인데 바로 그분의 아픔 속에서 우리는 온갖 안위를 얻게 되는 것이다. 단번에 희생이 되심으로 영원토록 온전케 된 바 바로 이 희생 제물이 되신 그리스도 외에는 하나님과 인간을 화목하게 할 수 있는 그 어떤 방법이나 길이 있을 수 없다. 바로 이런 이유로 해서 그는 하나님의 천사에 의하여 "예수" 즉 구세주라고 불림을 받았는데 이는 (마1:21) "이는 그가 자기 백성을 저희 죄에서 구원할 자"라는 뜻이다.

제22장 예수 그리스도를 믿는 믿음을 통한 칭의

우리는 이 놀라운 비밀스런 지식을 얻기 위하여 성령께서 우리의 마음속에서 올바른 믿음을 밝히 보여주심을 믿는데 이 믿음은 그가 마땅히 받으셔야 하는바 그의 모든 공로를 받아들이며 그 분 외에는 그 어떤 것도 이를 대신할 수 없다는 것이다. 다시 말해 다음의 둘 중의 하나, 즉 우리의 구원에 필요한 모든 것은 예수 그리스도 안에 있는 것이 아님을 믿든지, 또는 만일 모든 것이 그리스도 안에 있는 것이라면 믿음으로 예수 그리스도를 소유한 사람들은 그리스도 안에서 완전한 구원을 얻었음을 믿든지 해야 할 것이다. 따라서 구원에 있어 그리스도만으로는 완전하지 않고 그 외에 무언가 더 필요한 것이 있다고 주장하는 사람은 엄청난 신성 모독죄를 범하는 것인데 왜냐하면 그것은 그리스도께서 단지 절반의 구원자밖에 되지 못한다는 주장이 되기 때문이다.

그러므로 우리는 사도 바울이 고백한 대로 오직 믿음으로만 의롭게 되었다는, 또는 행위로서가 아니라 믿음으로만 의롭게 되었다는, 말을 마땅히 하는 바이다. 그러나 좀 더 분명히 말해서 믿음이란 그 자체가 우리를 의롭게 한다는 것은 아니다. 왜냐하면 믿음이란 단지 하나의 방편일 뿐이요 이 방편이 되는 믿음으로 우리는 그리스도를 우리의 의로움으로 받아들이게 되는 것이기 때문이다. 하지만 예수 그리스도는 그의 모든 공로를 우리에게 전가시켜 주셨으므로 그가 우리를 위해 행하신 모든 거룩한 사역들이 우리의 의로움이 되는 것이다. 따라서 믿음이란 그의 모든 공로 안에서 우리를 그와 교통하도록 해주는 도구인데 우리가 이 모든 공로를 받아들일 때에 이것은 우리를 모든 죄악에서 멀리 해 주는 그 이상의 것이 될 수 있는 것이다.

제23장 하나님 앞에서 의롭다 함을 얻는 조건.

우리는 구원이 예수 그리스도께서 우리의 죄악을 씻어 주셨음으로 되어짐을 믿는데 바로 여기에 우리가 하나님 앞에서 의롭다 함을 얻는 의미가 있는 것이다. 이것은 마치 다윗과 사도 바울이 가르쳐 준 바 하나님께서는 인간에게 그 행위와는 관계없이 의를 심어 주셨다고 선언함과 같은 것이다. 또한 사도 바울은 그리스도 예수 안에 있는 속죄의 은혜로 말미암아 하나님께서 값없이 우리를 의롭게 하셨다고 말한다.

그런고로 우리는 모든 영광을 하나님께 돌리고 우리 자신을 그 분 앞에서 낮추면서 우리의 본래의 모습을 늘 인식하며 이 은혜의 기초를 항상 굳게 붙잡고 나갈 것인데, 다시 말해서 우리 속에서는 그 어떤 신뢰할 만한 요소라든지 자랑거리가 없고, 다만 십자가에 돌아가신 그리스도의 순종하심을 의지하고 따르면서 그를 믿을 때 그리스도의 순종이 우리의 것이 될 수 있다는 사실을 우리는 믿는 것이다. 이 진리는 우리의 모든 죄악을 사해 주시며 우리로 하여금 하나님께 담대히 나가고자 하는 힘을 주기에 충분하며 최초의 인간이었던 아담이 당황하여 무화과 잎으로 몸을 감추려고 했던 사실과는 달리 두려움이나 무서움에서 벗어날 수 있다는 것이다. 따라서 만일 우리 인간이 우리 자신이나 보잘 것 없는 다른 피조물들을 의지한 채 하나님 앞에 나간다면 불행한 일이지만 우리는 마땅히 소멸될 수밖에 없을 것이다. 그러므로 우리는 다윗과 같이 기도를 해야만 할 것이다. "주의 종에게 심판을 행치마소서 주의 목전에는 의로운 인생이 하나도 없나이다(시143:2)."

제24장 인간의 성화와 선행

우리는 하나님께서 주시는 말씀을 듣고 배움으로 또한 성령의 역사를 통하여 얻게 된 이 참된 신앙이 인간을 중생케 하여 새로운 피조물로 변화시켜 인간으로 하여금 새로운 삶을 얻게 하여 죄의 사슬에서 해방시켜 준다는 것을 믿는다. 그러므로 의롭다 칭함을 받은 이 믿음 때문에 경건하고 거룩한 생활이 태만해져도 된다는 주장은 옳지 않으며 반대로 경건하고 거룩한 생활이란 하나님을 사랑함으로 나타나는 생활태도가 아니라 자기 사랑에서나 형벌의 두려움에서 나오는 것이라는 주장 역시 그릇된 것이다. 따라서 인간에게서 이 거룩한 믿음이 열매를 맺지 못한다는 것은 있을 수 없는 일인데 왜냐하면 우리가 말하는 믿음이란 죽은 믿음이 아니라 성경에서 일컫는 "사랑을 통하여 역사하는 믿음"이기 때문이요. 이것은 곧 하나님께서 말씀 가운데서 인간에게 명하신 실천하는 믿음인 것이다.

이 선한 일들은 마치 좋은 믿음의 뿌리에서 선한 열매가 나오듯이 하나님 보시기에 받으실 만한 착한 행위들로서 이모든 것은 하나님의 은혜로 인하여 거룩하게 되는 것이다. 그럼에도 불구하고 우리를 의롭게 하는 데 있어 이 선행들이 아무런 가치가 없는데, 왜냐하면 의롭다 칭함을 받는 것은 선을 행하기 전일지라도 오직 그리스도를 믿는 믿음 안에서만 되어가는 것이기 때문이다. 그리스도를 믿는 믿음이 선행(先行)되지 않고서는 그 어떤 인간의 행위도 선할 수 없는데 그 이유는 좋은 나무 열매를 맺으려면 그 나무 자체가 우선 좋아야만 하기 때문인 것과 마찬가지다.

그러므로 우리가 선행을 하는 것은 결코 그것으로 공적을 쌓기 위함이 아니다(무엇으로 우리에게 공로가 있겠는가?). 선한 일을 행하는데 있어 우리가 하나님께 빚진 자이지 결코 하나님이 우리에게 빚진 분이 아니시다. 왜냐하면 하나님은 "자기의 기쁘신 뜻을 위하여(우리로 하여금) 소원을 두고 행하게 하시기(빌2:13)" 때문이다. 따라서 우리는 기록된 다음의 말씀에 주의를 기울여야 할 것이다. "이와 같이 너희도 명령받은 것을 다 행한 후에 이르기를 우리는 무익한 종이라. 우리의 하여야 할 일을 한 것뿐이라 할지니라(눅17:10)." 그렇다고 하나님께서 선한 일에 대하여 상급을 주신다는 사실을 부인하는 것은 아니다. 다만 하나님께서 주시는 그 모든 영광스런 상급은 오직 은혜로만 이루어진다는 것을 말하고자 하는 것이다.

더 나아가 이것은 우리가 비록 선한 일을 행하기는 하지만 우리의 구원이 선행에 기초하고 있지 않다는 말인데 외냐하면 우리 육체는 죄로 오염 되어서 징벌을 받기에 적합할 뿐 선행을 할 수 없으며 그런 선행을 행한다 하더라도 우리 마음속에 티끌 하나만큼의 죄악이라도 들어 있는 것은 인간이 하나님으로부터 소외되기에 충분하기 때문이다. 그렇게 되면 우리는 늘 의심하는 중에서 확실한 상태에 거하지 못한 채 이리저리 요동하며, 만일 이 선행이 우리 구주의 고난당하심과 죽으심의 공로에 의지하지 못한다면, 우리의 연약한 마음은 계속 괴로운 상태 속에 있게 될 것이다.

25장   의식법의 폐기

우리는 율법의 의식이나 율법이 그리스도의 오심으로 인해 끝났다는 것과 그 분명치 않았던 일들이 모두 성취되었다는 것을 믿는다. 따라서 율법의 참 진리와 그 실체는 이 모든 것의 완성 자 되신 예수 그리스도 안에서 우리에게 여전히 남아 있기는 하되 이 율법의 의식을 지키는 일이 그리스도인들에게 있어서는 필요 없다고 믿는 바이다. 그러나 우리는 복음의 가르침을 확증시키도록 하기 위하여 하나님의 뜻을 따라 그의 영광을 높이기 위한 생활을 규정해 나가도록 율법과 선지자들에게서 얻은 그 모든 증거들을 여전히 사용하는 바이다.

26장   그리스도의 중보자 되심

우리는 우리 스스로가 하나님께로 나갈 수 없고 다만 중보자 되시고 우리를 돌보시는 의로우신 예수 그리스도를 통해서만 하나님께로 갈 수 있음을 믿는다. 이 예수 그리스도는 성육(成肉)하심으로 한 인격 속에 신성과 인성을 모두 지닌 분으로서 인간이 되신 예수 그리스도를 통하지 않고서는 결코 하나님께로 가까이 갈 수 없다. 이 분이야말로 그 거룩한 하나님의 엄위로우심에 접근하도록 해주신 분이심을 믿는다. 그러나 성부께서 그와 인간 사이에 세워 주신 중재자 되신 예수 그리스도는 결코 그의 위엄으로써 우리에게 공포감을 주거나 우리 멋대로 다른 것을 찾도록 하지는 않으신다. 왜냐하면 하늘과 땅에 있는 그 어떤 피조물이라도 예수 그리스도보다 더 우리를 사랑하는 존재는 없으며 예수 그리스도는 비록 "하나님의 본체"이시나, 우리를 위해 "자기를 비어 종의 형체를 가져 사람들과 같이 되었고"(빌2:7), 범사에 그 형제들과 같이 되셨던 것이다. 그러므로 만일 우리를 사랑하여 가까이 나아오고자 하는 분을 우리가 찾고자 한다면, 우리를 위해 자기 생명을 내버리기까지 우리를 사랑하시고, 심지어 그에게 원수 되었을 때라도 우리를 사랑하셨던 그 분 외에 어떤 다른 존재를 찾을 수 있겠는가? 따라서 능력과 권위를 지니신 분을 찾고자 한다면 "하나님의 오른편"에 앉으셨을 뿐만 아니라 "하늘과 땅의 모든 권세를 받으신" 분이 예수 그리스도 외에 누가 있을 수 있겠는가? 하나님의 사랑하는 아들 이 외에 그 누가 이 음성을 들을 수 있단 말인가?

그러므로 예수 그리스도를 욕되게 할 뿐 그를 영화롭게 하지 아니하며, 하나님의 사람들이 가르쳐 준 바를 행하지도 필요로 하지도 않으며, 그리고 기록한 말씀의 경계를 계속 거부하는 이 모든 것은 오직 불신앙으로 말미암는 것이다. 여기에서 우리는 우리의 무가치함을 변명해서는 안 될 것이다. 왜냐하면 우리가 하나님께 기도하는 것은 공적에 근거해서가 아니라 주 예수 그리스도의 놀라우심과 그 보배로우심에 근거하여 드리는 것이며 바로 이 예수 그리스도의 의로우심이 믿음으로 우리의 것이 되기 때문이다.

따라서 사도는 이와 같은 인간의 어리석은 두려움, 아니 더 분명하게 말해서 인간의 불신앙을 우리에게서 제거하기 위하여 다음과 같이 정당하게 말하고 있다. "그러므로 저가 범사에 형제들과 같이 되심이 마땅하도다. 이는 하나님의 일에 자비하고 충성된 대제사장이 되어 백성의 죄를 구속하려 하심이라. 자기가 시험을 받아 고난을 당하셨은 즉 시험 받는 자들을 능히 도우시느니라(히2:17-18)." 또한 우리로 하여금 담대히 하나님께 나가도록 하기 위하여 다음과 같이 권면하고 있음을 본다. "그러므로 우리에게 큰 대제사장이 있으니 승천하신 자 곧 하나님 아들 예수시라 우리가 믿는 도리를 굳게 잡을지어다. 우리에게 있는 대제사장은 우리 연약함을 체휼하지 아니하는 자가 아니요 모든 일에 우리와 한결같이 시험을 받은 자로되 죄는 없으시니라. 그러므로 우리가 긍휼하심을 받고 때를 따라 돕는 은혜를 얻기 위하여 은혜의 보좌 앞에 담대히 나아 갈 것이니라(히 4:14-16)." 또한 사도는 이렇게 외치고 있다. "그러므로 형제들아 우리가 예수의 피를 힘입어 성소에 들어갈 담력을 얻었나니… 우리가 마음에 뿌림을 받아 양심의 악을 깨닫고 몸을 맑은 물로 씻었으나 참 마음과 온전한 믿음으로 하나님께 나아가자(히10:19-22)." 또한 "예수는 영원히 계시므로 그 제사 직분도 갈리지 아니하나니 그러므로 자기를 힘입어 하나님께 나아가는 자들을 온전히 구원하실 수 있으니 이는 그가 항상 살아서 저희를 위하여 간구하심이니라(히7:24-25)."

무엇이 더 필요한 것인가? 그리스도께서는 스스로 이렇게 말씀하시지 않았던가? "예수께서 가라사대 내가 곧 길이요 진리요 생명이니 나로 말미암지 않고는 아버지께로 올 자가 없느니라(요14:6)." 하나님께서 기꺼이 그 아들을 우리에게 중보자로서 주신 것을 기뻐하셨다면 우리가 다른 중보자를 얻고자 할 이유가 어디 있을 것인가? 그러므로 다른 중보자를 구한다거나 그를 발견할 수 없다 하여 다른 중보자를 찾음으로 참 중보자 되신 그리스도를 저버리는 일이 있어서는 결코 안 될 것이다. 왜냐하면 하나님께서는 그 아들을 우리에게 내주실 때 우리가 죄인 되었음을 이미 알고 계셨기 때문이다.

따라서 우리는 그리스도의 명하심을 따라서 마치 주께서 기도를 가르쳐주실 때에 그의 이름으로 무엇이든지 아버지께 구하면 다 이루어 주신다고 약속하신 것과 같이 오직 한 분의 중보자이신 예수 그리스도를 통하여 하늘 아버지께 간구하는 것이다.

27장　보편적인 기독교 교회

우리는 어떤 보편적인 혹은 우주적인 교회, 다시 말해서 예수 그리스도를 믿음으로 구원받고 그의 보혈로 죄 씻음 받으며 성령으로 성화되어 인치심 받음을 믿는 진실한 그리스도인들의 거룩한 교회를 믿는다고 고백하는 바이다. 그리고 이 거룩한 교회는 순간적으로 비록 작아 보이고 인간들이 볼 때는 아무 것도 아닌 것처럼 여김을 받는다 하더라도 마치 아합 왕의 시대와 같은 위급한 경우에라도 하나님께서 바알에게 무릎 꿇지 아니한 칠천 명을 남겨 두셨던 것같이 이 악한 세상에 대항할 수 있도록 하나님에 의하여 보호를 받으며 유지되는 것이다.

더욱이 이 거룩한 교회는 어떤 장소나 특정한 사람에 한정되거나 경계를 이루는, 또는 속박을 받는 것이 아니라 온 세계에 널리 퍼지는 것이요, 동시에 믿음의 힘에 의하여 동일한 성령 안에서 마음과 뜻을 합하여 하나로 뭉쳐야만 된다는 것이다.

28장　모든 그리스도인은 참 교회와 연결되어야 한다.

우리는 이 거룩한 공회가 구원받은 사람들의 모임이요, 그 외에는 구원이 있을 수 없으므로 그리스도인은 어떤 상태나 조건 속에 있든지 간에 이 거룩한 모임에서 벗어나서는 안 되며 그 스스로 이 모임의 구성원이 되어야만 한다는 사실과, 그리고 모든 그리스도인은 마땅히 이 공회에 모여서 하나가 되어야 한다는 사실을 믿는 바이다. 이렇게 함으로써 교회가 하나가 되고 그들 스스로가 교회의 원리와 그 가르침에 따르며 예수 그리스도의 명령에 복종하고 서로가 동일한 몸의 지체 역할을 하면서 하나님께서 각자에게 주신 은사를 따라 사랑으로 봉사하는 일을 담당하는 것이다.

그리고 이 일이 더욱 효과적으로 이뤄지도록 하기 위하여 비록 하나님께서 명하신 말씀이 국가의 행정 명령이나 칙령에 어긋나는 일이 있다 하더라도 우리는 하나님의 말씀에 따라 하나님께서 세워 주신 교회에서 스스로 그 구성원이 되어야 하며 따라서 자신들을 교회에서 속하지 않는 사람들과 구별하는 것은 모든 믿는 자의 마땅히 행할 바이다. 그러므로 같은 교회 내에서 신자들 사이에 구별을 한다는 것이나 또한 신자들끼리 화목을 이루지 못하는 것도 하나님의 명령을 거역하는 행위가 되는 것이다.

29장 참 교회의 특징 및 거짓 교회와의 차이점.

우리는 마땅히 성실하고 주의 깊게 참 하나님의 교회가 무엇인가를 말씀을 통해 알아야만 한다고 믿는 바인데 그 이유는 이 세상에 모든 이단도 스스로 교회라는 이름으로 존재하기 때문이다. 여기에서 우리가 말하는 것은 위선자들, 비록 외형적으로는 교회 안에서 선한 성도들과 함께 존재하면서 실상은 참 교회의 요소가 아닌 자들에 대하여 말하는 것이 아니다. 여기서 우리가 말하고자 하는 것은 스스로 교회라고 부르는 온갖 이단들로부터 참 교회의 하나 됨이 반드시 구별되어야 한다는 것이다.

참 교회임을 알 수 있는 몇 가지 사실은 다음과 같다. 만일 복음의 순수한 교리가 전파되고, 그리스도에 의해 세워진 성례가 순수하게 이행되며, 그리고 교회의 가르침으로 인해 죄를 징벌(권징)하는 일이 일어난다면 이는 참 교회에 속하는 것이다. 요컨대 모든 일이 참된 하나님의 말씀에 따라 이뤄지며, 동시에 말씀에 어긋나는 모든 일이 제거될 때, 그리고 예수 그리스도께서 교회의 유일한 머리되신 분으로 인정됨으로 그 누구도 이 분에게서 벗어날 권리가 없다는 사실을 인정할 때에만 참 교회로 분명히 알 수 있는 것이다.

교회의 성도에 관하여 생각해 볼 때 다음의 몇 가지로 인하여 그들이 그리스도인 됨을 알 수 있다. 즉 믿음으로 예수 그리스도를 유일한 구세주로 받아들인 후에 죄를 멀리하며, 의를 따라 살고 참 하나님과 이웃을 사랑하며, 그리고 모든 것을 참으면서 육체의 정욕을 십자가에 못 박는 삶을 살아갈 때에 그리스도인의 흔적을 갖게 되는 것이다.

그러나 그렇다고 해서 그리스도인들에게는 마치 허물이 전혀 없는 것처럼 오해해서는 안 된다. 다만 그리스도인들은 모든 생활에 있어서 성령을 힘입어 모든 죄악과 싸워 나가면서 그리스도를 믿는 믿음을 통하여 모든 죄를 사해 주신 우리 주 예수 그리스도의 보혈과 죽으심, 고난당하심, 그리고 순종하심에 힘입어 살아가는 것이다.

거짓 교회란 하나님의 말씀의 능력과 권위보다는 그들 스스로의 능력과 권위를 내세우면서 그리스도의 명령에 따르고자 하지 않는 교회이다. 또한 그들은 그리스도께서 가르치신 말씀대로 성례를 시행치 않고 그들 스스로의 생각에 맡긴 채 말씀에서 무언가를 더하는데, 다시 말해서 그리스도보다는 사람에게 더 의존하며, 하나님의 말씀을 따라 거룩하게 사는 자를 핍박하며, 그리고 그들의 죄와 욕심과 우상 숭배를 책망하는 자를 핍박하는 것이다. 이 두 가지 유형의 교회는 쉽게 알 수 있고 구별할 수 있다.

30장 교회 행정과 그 직무에 관하여

우리는 참 교회가 주님께서 말씀 가운데에서 가르쳐 주신 그 영적인 형태에 의해 다스려져야만 한다는 것을 믿는다. 다시 말해서 목사에 의해 하나님의 말씀이 강론되며 성례가 이뤄지고, 목사와 더불어 장로와 집사가 교회 회의를 구성하며, 이렇게 됨으로써 참종교가 보존되며 모든 곳에서 진실한 가르침이 전파되고, 영적인 방법에 의하여 범죄자들이 징벌을 받으며, 그리고 구속을 받게 되는 것이다. 또한 가난한 자와 억눌린 자가 그들의 필요에 따라 구제 받고 안위를 얻게 되는 것이다. 따라서 마치 사도 바울이 디모데전서에서 기록한 바와 같이 믿음 있는 성도들이 뽑히게 될 때 교회 안에서는 모든 일이 선한 순서와 질서를 따라 이루어져 가는 것이다.

31장 목사, 장로 그리고 집사(교회 직원에 관하여)

우리는 하나님의 말씀을 따른 목사와 장로 그리고 집사가 주의 택함을 입어 하나님의 말씀이 지시해 주는 질서 속에서 교회의 정당한 선택에 의해 그 각자의 직무에 따라 뽑혀져야만 함을 믿는다. 그러므로 각자는 부당한 방법으로 처신할 것이 아니라 자신이 선택됨으로 하나님을 기쁘시게 할 때까지 기다려야만 할 것이다. 또한 택함 받은 소명에 대해 증거를 갖고 이것이 주께로부터 받은 것임을 확신하고 명심해야 할 것이다.

하나님의 말씀에 따른 목사는 그가 어떤 형편에 있든지 간에 유일한 목자요 교회의 머리되신 그리스도를 섬기는 모든 목사들과 같이 동일한 힘과 능력을 가지는 것이다. 더욱이 하나님의 거룩한 질서가 파괴되거나 경솔히 여겨지지 않도록 하기 위해 모든 사람은 하나님의 말씀을 맡은 목사와 교회의 장로들을 그 맡은 일을 위하여 높이 존경할 자로 여기고 불평과 다툼과 논쟁이 없이 가능한 한 그들과 화평을 갖도록 해야 할 것이다.

32장 교회의 질서와 가르침

우리는 비록 교회를 다스리는 사람들이 교회를 질서 있게 움직이기 위하여 만든 규칙과 질서들이 쓸모 있고 유익하다 하더라도 그 모든 것은 유일한 주인이신 그리스도께서 세우신 모든 규례로부터 벗어날 수 없다는 사실을 믿는다. 따라서 우리는 인간적인 모든 생각과 인간의 양심을 묶어 버리며 강요함으로써 하나님을 섬기도록 하는 그 어떤 인간적인 수단들을 배격하는 바이다. 그러므로 우리는 오직 모든 사람들이 하나님께 순종하도록 가르치며 돌봄으로 조화와 일치를 이루도록 하는 길만을 받아들인다. 바로 이 목적을 위해서 하나님의 말씀이 지시해주는 모든 가르침을 따라 징계하거나 다스리는 일이 필요한 것이다.

33장 성례

우리는 은혜로우신 하나님께서 우리의 연약함과 부족함을 미리 아시고, 우리를 위해 성례를 제정하셔서 그의 약속하심에 이르기까지 인을 쳐주시며, 우리를 향하신 하나님의 선함과 은혜로 약속해 주심으로 우리의 신앙을 일으켜 주시며, 그리고 강하게 해 주심을 믿는다. 하나님께서는 복음의 말씀에 따라 우리에게 약속을 주시되, 두 가지 측면에서 즉 그의 기록된 말씀의 선언하심을 따라 그리고 그가 우리 속에서 역사하심을 따라 좋을 것을 주시는데, 이로써 하나님은 우리에게 내려주신 구원을 확증하도록 하시는 것이다. 이런 것들은 내적이며 보이지 않는 것들에 대한 외적인 징표들인데 이러므로 하나님께서는 성령의 능력으로 우리 속에 역사하는 것이다. 따라서 그 징표들은 우리를 기만하기 위한 속임수나 무의미한 것이 아닌 것이다. 왜냐하면 예수 그리스도는 이 모든 것의 참된 주인이시오 그가 없이는 일순간이라도 이 모든 것이 무의미하기 때문이다.

더 나아가 우리는 그리스도께서 세우신 다음의 두 성례에 만족하는데, 이는 우리 주 예수 그리스도의 세례와 성찬인 것이다.

34장 세례

우리는 율법의 완성이 되시는 예수 그리스도께서 그 보혈을 흘리시되 인간이 죄에 대한 속죄나 보상으로 마땅히 드려야 되는 그 피를 대신 흘려주심으로 모든 속죄를 이루셨음을 믿고 고백하는 바이다. 또한 우리는 그가 피 흘려주심으로 할례를 폐기하시고 그 대신에 세례를 규정하셨음을 믿는 바이다. 이 세례로서 우리가 그리스도에게 속하였음을 앎으로 다른 모든 사람이나 다른 종교들과 구별되어 하나님의 교회에 속하게 되는 것이며, 이로써 그를 영원토록 우리의 자비로우신 하나님이시오, 아버지이시라고 증명하는 것이다.

이러므로 주께서는 물론 세례를 받고자 하는 그리스도인들에게 명하시기를 "아버지와 아들과 성령의 이름으로" 세례를 받도록 하셨는데, 이것이 뜻하는 것은 마치 사람이 물속에 들어가서 몸의 더러운 것을 씻어내듯이 물 뿌림의 세례를 받음으로 성령의 능력에 의해 그리스도의 피가 그 영혼을 내적으로 깨끗케 하여 죄를 씻어줌으로 우리들로 하여금 진노의 자식에서 하나님의 자녀들로 중생케 하는 것이다. 이것은 외적인 물에 의해 이뤄지는 것이 아니라 하나님의 아들의 보혈을 받아 되는 것이다. 이것은 마치 사탄과 같은 바로의 폭정을 모면하기 위하여 건너가지 않으면 안 되었던 홍해와 같은 것인데 이로써 우리가 영적인 가나안 땅에 들어갈 수 있는 것과 같은 것이다. 그러므로 목사는 그 직무에 따라 주께서 의미를 부여하신 이 가시적(可視的)인 성례를 행하는 것인데 이는 은사요 눈에 보이는 은혜로써 세례를 통하여 죄를 씻고 깨끗케 함으로 우리 영혼의 추하고 불의한 모든 것을 정결케 하는 것이다. 또한 우리의 마음을 새롭게 하고 모든 위로로 우리 마음을 채우며, 우리를 향하신 아버지의 선하심을 받아들이며, 그리고 새사람으로 옷 입어 과거의 모든 행위와 더불어 옛 사람을 벗게 되는 것이다.

그러므로 간절한 마음으로 영생을 얻고자 하는 사람은 세례를 받아야 하며 일단 세례를 받은 사람은 또 받을 필요가 없는데 이는 우리가 두 번 태어날 수 없는 것과 같은 것이다. 또한 세례는 물이 우리에게 부어지고 우리가 이를 받는 순간에만 유용한 것이 아니라 우리의 전 생애를 통하여 효험이 있게 되는 것이다.

따라서 우리는 재세례파의 잘못을 배격한다. 그들은 한 번 받은 세례에 만족하지 않고 더구나 유아 세례를 반대한다. 그러나 믿는 자들은 마치 이스라엘 자손들이 어린아이들에게 내려진 동일한 약속에 근거하여 할례를 받았듯이 언약의 징표로서 세례를 받아야 마땅한 것이다. 진실로 그리스도께서는 어른들을 위해서 뿐만 아니라 어린 아이들의 죄 씻음을 위해서도 그의 보혈을 흘려주셨던 것이다. 그런 고로 어린아이들도 그들이 태어나자마자 주께서 명하신 대로, 마치 희생 제물이 되는 어린양과 같이, 그리스도의 고난과 죽으심에 참여해야 마땅하다. 이로써 그리스도께서 그들을 위해 행하신 표적과 성례를 받을 수 있게 되는 것이다. 더 나아가 할례가 유대인들에게 행해졌듯이 세례는 우리 자손들에게 행해져야 마땅한 것이다. 바로 이런 이유로 사도 바울은 세례를 "그리스도의 할례"라고 불렀던 것이다.

35장 성만찬

우리는 이미 중생함을 얻고 교회의 지체가 된 사람들을 가르치시고 도우시기 위하여 구세주이신 예수 그리스도께서 성만찬을 제정해 주셨음을 믿고 고백하는 바이다. 중생한 성도들에게는 다음의 두 가지의 생활면을 갖게 되는데, 첫째는, 육신적이며 일시적인 것이다. 이는 태어날 때부터 갖는 것이요 모든 사람에게 공통적인 것이다. 둘째는, 영적이며 영원한 것인데 이는 중생할 때 갖게 되는 것이요 그리스도의 몸에 참여하는 복음의 말씀에 의하여 효력을 얻게 되는 것이다. 이런 생활은 누구에게나 주어진 것이 아니라 하나님의 택함 받은 자에게만 될 수 있는 것이다. 하나님은 육체와 이 세상의 삶을 위하여 일용할 양식을 우리에게 내려주시는데 이것은 생활 그 자체로서 누구에게나 있어야 되는 것이다. 그러나 하나님께서는 신자들이 지녀야 되는 영적이며 영원한 삶을 영위하도록 하늘에서 내려온 생명의 양식을 우리에게 주신다. 이는 곧 예수 그리스도를 의미하는 것으로서 우리가 그를 취할 때 모든 성도들이 영적인 생명을 공급받고 힘을 얻는다. 다시 말해서 신자들이 믿음으로 그리스도를 인정하고 그를 영접할 때에 그러하다는 말이다.

주님께서는 이 영적이며 신령한 양식을 보여주시기 위하여 이 세상의 가시적인 제도를 세우셨는데 그의 몸을 상징하는 떡과 그의 피를 상징하는 포도주가 그것이다. 이것은 마치 우리가 이 예식을 잘 행하되 육신의 손과 입을 통하여 먹고 마심으로 우리의 생명이 공급을 받듯이 믿음으로 우리의 영혼의 유일한 구세주이신 그리스도의 참 몸과 피를 취함으로 영적 생명을 유지해 나갈 수 있는 것이다.

마치 성령의 역사가 인간에게는 감추어져 있어서 깨닫기 어렵듯이 이 성례의 참 의미가 우리의 이해를 초월해 깨닫기가 어렵기는 하지만 예수 그리스도께서는 우리로 하여금 성례를 헛되이 행치 않도록 명령하셨다. 그분은 우리 속에서 이 거룩한 징표들을 통하여 그의 사역을 이루고 계신다. 우리가 먹고 마시는 것이 그리스도께서 가지셨던 몸과 피라고 말하는 것이 잘못된 것은 아니지만 그리스도의 몸과 피를 우리가 취하는 수단은 육신의 입을 통해서가 아니라 믿음을 통한 영에 의해서인 것이다. 따라서 그리스도께서 비록 하늘에 계신 아버지의 오른편에 앉아 계시기는 하지만 그는 우리로 하여금 믿음으로 그와 하나가 되게 하시는 분이시다. 이 예식은 영적인 식탁에서 이뤄지는데 그리스도께서는 그 모든 은혜로써 우리와 교통하시며 그를 즐거워하도록 할 뿐만 아니라 그의 고난과 죽으심의 공로를 또한 기꺼이 얻도록 하신다. 이것은 그의 살을 취함으로써 영양을 공급받고 든든해져서 우리의 가련하고 쓸쓸한 영혼이 위로를 받도록 함이요 그의 피를 마심으로써 영혼을 소생시키고 새롭게 함에 있는 것이다.

더 나아가 이 성례식이 비록 의미심장한 일과 연관되어 있기는 하지만 이 두 예식을 모든 사람이 다 받을 수는 없다. 진실로 경건치 않은 이들은 이 예식을 행한다 하더라도, 이 성례식의 참 진리를 받을 수 없는데, 이는 마치 유다와 마술사 시몬이 이 예식을 좇아 행하기는 했으나 이 예식의 참 의미가 되시며 모든 믿는 자와 하나가 되시는 그리스도를 영접하지 못한 것과 같다.

끝으로 우리가 성례 예식을 성도가 모인 곳에서 행하되 겸손과 경외심을 가지고 하는 것은 우리 구세주이신 그리스도의 죽으심을 엄숙히 기념하고 감사하면서 동시에 기독교의 신앙을 고백하는 일이 되기 때문이다. 따라서 먼저 자기를 잘 살피지 않고 이 예식에 참여하는 자들은 이 떡과 잔을 마심으로 스스로 심판에 이르게 될 뿐이다. 요컨대 우리가 이 거룩한 예식을 행할 때는 하나님과 이웃을 뜨겁게 사랑하는 마음을 가져야 한다는 것이다.

그러므로 이 성례 예식에 있어 인간이 조작하여 덧붙인 모든 조잡하고 그릇된 생각들을 불경건한 것으로 배격하는 바이다. 따라서 그리스도와 사도들이 우리에게 가르쳐준 그 예식의 규정에 만족하며 그들이 말한 바로 즉 그 방식대로 행해야만 한다는 것을 확증하는 바이다.

36장 정부에 관하여

우리는 은혜로우신 하나님께서 인간의 타락으로 말미암아 왕과 군주와 행정 장관을 세우셨음을 믿는데 이는 세상이 특정한 법과 정책에 의해 다스려짐으로 인간의 방종이 제어되고 만사가 선한 질서와 순서에 따라 움직여지도록 하기 위함이다. 죄를 지은 자들을 징벌하고 선을 행한 자들을 보호하기 위하여 하나님께서는 위정자들을 세우신 것이다.

그들의 직무는 국가의 안녕에 관심을 갖고 이를 보호할 뿐만 아니라 그리스도의 왕국을 이뤄나가도록 하는 것이므로 이 신성한 직무를 잘 지켜 나가야 할 것이다. 따라서 그들은 어디서나 복음서의 말씀이 전해지도록 옹호해야 하는데 이럼으로써 주께서 말씀 가운데에 명하신 대로 누구나 하나님을 높이고 경배하게 하는 것이다.[1]

더 나아가 형편과 자격 또는 조건이 어떠하든지 간에 국가를 다스려 나가는 자들에게 순종하는 것은 주어진 의무이다. 세금을 내며 하나님의 말씀에 그릇되지 않는 모든 일에 있어서 그들을 높이고 존경하며 순종해야 할 것이다. 하나님께서 그 모든 길에 있어서 그들을 다스리시고 인도하시도록 기도해야 하는데, 이러므로 "모든 경건과 단정한 중에 고요하고 평안한 생활"(딤전2:2)을 하게 되는 것이다. 여기에서 우리는 권세자요 통치자들을 배격하고 공의를 무시하며 재산의 공유를 내세워 하나님께서 인간에게 세우신 선한 질서와 순서를 깨뜨리는 재세례파와 그 외의 거짓을 선동하는 자들을 철저히 배격하는 바이다.

37장 최후심판에 관하여

끝으로 우리는 하나님의 말씀에 따라 주께서 약속하신 때가 이르고 구원받은 수가 차

---

1) 본 항목은 원문은 다음과 같다. "그들의 직무는 국가의 안녕에 관심을 갖고 이를 보호할 뿐만 아니라 이 신성한 직무를 지켜 나가야 하는데, 즉 모든 우상과 거짓된 예배를 배격함으로 적그리스도의 왕국이 멸하고 그리스도의 나라가 이뤄나가도록 해야 한다는 것이다."

게 되면 우리의 주이신 예수 그리스도께서는 마치 하늘로 승천하셨듯이 놀라운 영광과 위엄으로 하늘로부터 이 세상에 가시적인 모습으로 강림하시되 산 자와 죽은 자를 심판하는 심판주로 또한 옛 세상을 불과 화염으로 사르셔서 깨끗케 하시는 분으로 오실 것을 믿는다.

그 때에는 모든 개개인 즉 남녀노소 할 것 없이 태초부터 지금까지의 모든 사람들이 천사장의 소리와 하나님의 나팔 소리에 의해 놀라운 심판 주 앞에 서게 될 것이다. 모든 죽은 자들은 무덤에서 일으킴을 받아 그 영혼과 몸이 연합되어 예전에 살던 모습으로 되어 질 것이다. 살아 있는 자들에 관해 볼 때 그들은 죽은 자들과는 달리 죽음을 보지 않은 채 썩어질 모습에서 썩지 않는 빛나는 모습으로 변화될 것이다. 그 때에 죽은 자들이 이 땅위에서 선악 간에 행한 그들의 행위를 따라 책들이 펴지고(다시 말하면 인간의 양심이다.) 책들에 기록된 대로 심판을 받게 될 것이다. 진실로 모든 이들은 그들이 말한 무익한 말들, 즉 오락의 말이나 농담조차 판단을 받게 될 것이며, 그리고 인간의 말한 것이나 위선조차 밝히 드러내어 보이게 될 것이다.

따라서 심판은 악하고 불경건한 이들에게는 두렵고 떨리는 것이며 택함 받은 의인들에게는 소망과 위로가 되는 것인데 그 이유는 그 때에야 의로운 자들에게 완전한 구원이 이뤄지며 그들이 수고한 모든 노력과 상급을 받게 되기 때문이다. 또한 그들의 무죄가 모든 이들에게 알려질 것이요, 사악한 자들에게 임할 하나님의 무서운 진노를 보게 될 것인데, 이 사악한 자들은 모두가 이 세상에서 무죄한 자들을 박해하고 억누르고 괴롭힌 사람들로서 그들의 양심의 증거를 따라 심판을 받고 죽지는 아니하되 악한 자들과 악한 천사들을 위하여 예비 된 영원한 불 속에서 고통을 받게 될 것이다.

그러나 반대로 선택된 신실한 성도들은 영광과 존귀로 관 쓰임을 받을 것이요, 하나님의 아들은 아버지와 그 택함 받은 천사들 앞에서 성도들의 이름을 밝히게 되고, 그들의 눈에서 모든 눈물이 씻김을 받고, 이 세상에서 있을 때 많은 재판관과 통치자들에 의해 이단이요 불경스럽다고 정죄 받은 성도들의 주장이 그 때에는 하나님의 아들로 주장되어 질 것이다. 따라서 주께서는 은혜의 선물로서 인간의 생각으로는 도저히 해볼 수 없는 놀라운 영광을 성도들에게 내려 주실 것이다. 그러므로 우리는 우리 주 예수 그리스도 안에서 하나님의 약속을 마음껏 즐길 수 있기 위하여 이 놀라운 날을 간절한 마음으로 고대하는 바이다. 아멘.

"아멘 주 예수여 오시옵소서(계22:20)."

5. 하이델베르그 요리문답(1563)

　　신성 로마 제국의 선제후령(選帝侯領)이 된 독일 선거구의 수도인 하이델베르그(Hei-delberg)에서 프레드릭 Ⅲ세((Frederick Ⅲ)의 명에 의해 이 요리문답이 조성되었기 때문에 하이델베르그 요리문답이라 부르게 되었다. 경건한 통치자인 프레드릭 Ⅲ세는 칼빈의 종교개혁이 주도권을 행사할 수 있도록 분위기를 조성하기 위하여 하이델베르그 대학 교수인 자카리우스 우르시누스(Zacharius Ursinus)와 궁정의 설교자인 캐스퍼 올레비아누스(Caspar Olevianus) 로 하여금 간단한 성경 요리문답의 지침서를 만들도록 부탁하였다. 요리문답이 발간 된 후 왕과 칼빈주의에 정통한 신앙인들에 의해 승인을 얻어 1563년 초에 정식 출판을 보게 되었다. 이 요리문답은 1년에 3판이나 더 출간하게 될 정도로 대중에게 알려졌으며 매 주일 교리를 가르치는 용도로 사용하게 되었다. 미루어 보아 칼빈의 영향력은 스위스를 비롯하여 프랑스, 화란, 독일, 스코틀랜드, 그리고 웨스트민스터 신앙고백의 산지인 영국에 이르기까지 전 유럽으로 퍼져 나갔다. 칼빈은 검은 죄악으로 뒤덮여져 가고 있었던 유럽을 건졌다. 그의 영향력은 유럽의 교회뿐 아니라 정치, 노동, 그리고 교육에 이르기까지 깊숙이 파고들었다. 그러므로 개혁파 신학은 성경을 절대적으로 신봉하는 신학위에 인류가 마지막 소망을 걸어야 할 최후의 보류이다.

서론

제 1 문 : 살거나 죽거나 당신의 유일한 위안은 무엇입니까?

답 : 몸과 영혼이 살거나 죽거나[1] 내 자신에 속한 것이 아니고[2] 나의 미쁘신 구주 예수 그리스도에게 속한 것입니다.[3] 주께서 자신의 보배로운 피로 나의 모든 죄값을 치러 주셨고[4] 악마의 지배로부터 나를 완전히 해방 시켜 주셨습니다.[5] 또한 하늘에 계신 아버지의 뜻이 아니고는[6] 나의 머리털 하나도 상하지 않듯이 주는 나를 지켜주십니다.[7] 실로, 이 모든 것이 나의 구원을 위한 그의 목적에 부합됨이 틀림없습니다.[8] 내가 주의 것이기에 주께서 성령으로 말미암아 영원한 생명을 보증하시고[9] 나의 온 마음을 다하여 기꺼이 주를 위하여 살게 하십니다.[10] 이것이 나의 유일한 위안입니다.

1)로마서14:7-9. 2)고린도전서6:19-20. 3)고린도전서3:23. 디도서2:14. 4)베드로 전서1:18-19. 요한일서1:7-9;2:2. 5)요한복음8:34-36. 히브리서2:14-15. 요한일서3:1-11. 6)마태복음10:29-31. 누가복음 21:16-18. 7)요한복음6:39-40. 10:27-30. 데살로니가후서3:3. 베드로전서1:5. 8)로마서8:28. 9)로마서8:15-16. 고린도후서1:21-22. 5:5. 에베소서1:13-14. 10)로마서8:1-17.

제 2 문 : 당신이 이러한 기쁜 위안 속에서 기꺼이 살고 죽기 위하여 당신이 알아야 할 것은 무엇입니까?

답 : 세 가지가 있습니다. 첫째, 나의 죄와 그 비참이 얼마나 심각하며[11] 둘째, 어떻게 나의 모든 죄와 비참한 결과에서 해방되며[12] 셋째, 어떻게 구원을 주신 하나님께 감사를 드릴 것인가 하는 일입니다.[13]

11)로마서3:9-10. 요한일서1:10. 12)요한복음17:3. 사도행전4:12. 10:43. 13)마태복음 5:16. 로마서6:13. 에베소서5:8-10. 디모데후서2:15. 베드로전서2:9-10.

제 1 부 인간의 비참

제 3 문 : 어떻게 당신의 비참을 알 수 있습니까?

답 : 하나님의 율법이 내게 가르쳐 줍니다.[1]

1)로마서3:20. 7:7-25.

제 4 문 : 하나님의 율법이 당신께 요구하는 것은 무엇입니까?

답 : 그리스도께서 마태복음 22장 37-47절에서 요약하여 다음과 같이 가르쳐 주십니다. "네 마음을 다하고 목숨을 다하고 뜻을 다하고 힘을 다하여[2] 주 너의 하나님을 사랑하라 하셨으니 이것이 크고 첫째 되는 계명이요. 둘째는 그와 같으니 네 이웃을 네 몸과 같이 사랑하라 하셨으니[3] 이 두 계명이 온 율법과 선지자의 강령이니라.

2)신명기 6:5. 10:12-13. 3)레위기19:18.

제 5 문 : 당신은 그 모든 계명을 완전히 지킬 수 있습니까?

답 : 아닙니다.[4] 나는 하나님과 내 이웃을 미워하는 본성을 가지고 있습니다.[5]

4)로마서3:9-24. 요한일서1:8-10. 5)창세기6:5. 예레미야17:9. 로마서7:23-24. 8:7. 에베소서 2:1-3. 디도서3:3.

제 3 주일

제 6 문 : 그렇다면 하나님께서 본래 인간을 사악하고 불의하게 창조 하셨습니까?

답 : 결코 아닙니다. 하나님께서는 인간을 자기의 형상대로[1] 선하게[2] 즉 의롭고 거룩하게 창조하셨습니다.[3] 그리하여 창조주 하나님을 바르게 알고[4] 온 마음을 다하여 그분을 사랑하며 하나님과 함께 영광과 존귀를 위하여[5] 영원한 복락 가운데 살면서 그분과 함께 영원히 행복하게 살도록 하셨습니다.

1)창세기1:26-27. 2)창세기1:31. 3)에베소서4:24. 4)골로새서3:10. 5)시편 8편.

제 7 문 : 그러면 인간의 타락한 본성은 어디서 왔습니까?

답 : 우리의 첫 조상 아담과 하와가 에덴동산에서 불순종하여 타락함으로 비롯 되었습니다.[6] 그 타락으로 말미암아 우리의 본성이 부패되어 인간의 삶은 너무나 오염되어 인간은 모두가 다 죄의 상태에서 잉태되고 출생하게 되었습니다.[7]

6)창세기 3장. 7)로마서 5:12,18,19.

제 8 문 : 그렇다면 우리는 너무 부패하여 선이란 전혀 행할 수도 없고 모든 악한 일을 할 수밖에 없는 경향성으로 기울어질 뿐입니까?

답 : 그렇습니다.[8] 우리가 하나님의 영으로 거듭나지 않는 한 그렇습니다.[9]

8)창세기6:5,8:21. 욥기14:4. 이사야 53:6. 9)요한복음3:3-5.

제 4 주일

제 9 문 : 그렇다면 하나님께서 인간이 지킬 수도 없는 율법을 통하여 우리에게 요구하신다는 것은 하나님이 불의하시다는 것을 의미하지 않습니까?

답 : 전혀 아닙니다. 하나님께서는 인간을 만드실 때 율법을 지킬 수 있는 능력을 주셨습니다. [1] 그러나 인간이 악마의 유혹으로 말미암아[2] 고의적으로 불순종 함으로[3] 자신은 물론 후손들까지 그 능력을 잃게 된 것입니다. [4]

1)창세기1:31. 에베소서4:24. 2)창세기3:13. 요한복음8:44. 3)창세기3:6. 4)로마서5:12,18,19.

제 10 문 : 하나님께서는 그러한 불순종과 반항을 형벌 없이 그대로 버려둘 수도 있지 않았습니까?

답 : 결코 그렇지 않습니다. 왜냐하면 하나님의 진노는 우리의 원죄와 실제적인 죄에 대하여 불쾌하게 여기시며 의로운 재판관이신 하나님은 일시적으로 또한 영원히 죄인들을 벌하십니다. [5] 하나님께서는 다음과 같이 선언 하셨습니다. "율법에 기록된 모든 말씀을 지켜 행하지 아니하는 자는 저주 아래 있는 자라." [6]

5)출애굽기34:7. 시편5:4-6. 나훔1:2. 로마서1:18. 에베소서5:6. 히브리서 9:27. 6)신명기27:26. 갈라디아3:10.

제 11 문 : 그렇다면 하나님은 자비가 없으신 분입니까?

답 : 하나님은 분명히 자비로우신 분이지만[7] 또한 공의로우신 분입니다. [8] 하나님의 공의는 죄, 곧 그의 높으신 존엄에 어긋나는 죄악에 대하여 무거운 처벌 즉 육신과 영혼의 영원한 형벌을 내리십니다. [9]

7)출애굽기34:6. 시편103:8-9. 8)출애굽기20:5. 23:7. 34:7. 나1:2-3. 신명기7:9-11. 시편5:4-6. 히브리서10:30-31. 9)마태복음25:35-46.

제 2 부 인간의 구원

제 5 주일

제 12 문 : 공의로우신 하나님의 심판에 따라 우리는 이 세상의 일시적인 형벌과 오는 세상에서 영원한 형벌을 받게 됩니다. 어떻게 하면 이 심판을 피할 수 있으며 다시 하나님의 사랑을 받게 되고 회목하게 될 수 있겠습니까?

답 : 하나님은 자신의 공의가 만족되기를 원하십니다.[1] 그러므로 그의 공의에 대하여 우리 스스로나 다른 사람에 의하여 완전히 보상되지 않으면 안 됩니다.[2]

1)출애굽기23:7. 로마서2:1-11. 2)이사야63:11. 로마서8:3-4.

제 13 문 : 우리 자신이 하나님의 요구하심에 만족을 드릴 수 있습니까?

답 : 절대 없습니다. 사실, 오히려 우리의 빚이 날마다 늘어갈 뿐입니다.[3]

3)마태복음6:12. 로마서2:4-5.

제 14 문 : 그러면 다른 피조물이 우리를 대신해서 하나님께 만족을 드릴 수 있습니까?

답 : 없습니다. 우선은 하나님께서 인간의 죄 때문에 다른 피조물을 벌하시기를 원치 않으십니다.[4] 더구나 어떠한 피조물도 죄에 대한 하나님의 영원한 진노를 감당할 수 없으며 다른 피조물을 구속할 수도 없습니다.[5]

4)에스겔18:4,20. 히브리서2:14-18. 5)시편49:7-9. 130:3.

제 15 문 : 그렇다면 우리는 어떤 중보자와 구원자를 찾아야 합니까?

답 : 그는 참 사람인 동시에[6], 진실로 의로우시고[7] 그리고 모든 피조물보다 더 큰 능력을 소유하신 참 하나님이셔야 합니다.[8]

6)로마서1:3. 고린도전서15:21. 히브리서2:17. 7)이사야53:9. 고린도후서5:21. 히브리서7:26. 8)이사야7:14. 예레미야23:6. 요한복음1:1.

제 6주일

제 16 문 : 왜 그분은 참 사람이면서 진실로 의로우셔야 합니까?

답 : 하나님의 공의는 죄를 범한 사람에게 그 죄에 대한 배상을 요구하기 때문에 사람이 죄를 지었으니 사람이 자기 죄의 값을 치러야 합니다.[1] 그러나 죄인은 다른 사람들의 죄값에 대한 배상을 치를 수가 없습니다.[2]

1)로마서5:12. 고린도전서15:21. 히브리서2:14-16. 2)히브리서7:26-27. 베드로전서3:18.

제 17 문 : 왜 그분은 참 하나님이셔야 합니까?

답 : 그분이 참 하나님이셔야 그의 신적인 능력으로 하나님의 진노의 짐을 몸소 감당

하여 한 인간의 본성으로 짐을 질 수 있으며 우리에게 의와 생명을 회복시켜 주실 수 있기 때문입니다. [3]

3)이사야 53장. 요한복음3:16. 고린도후서5:21.

제 18 문 : 그러면 그 중보자 곧 참 하나님이시며, 참 사람이시고, 진실로 의로우신 분은 누구입니까?

답 : 우리 주 예수 그리스도이십니다. [4] 그 분은 우리를 완전히 자유롭게 하고, 하나님 앞에서 거룩하게 하고, 의로워지도록 하기 위하여, 우리의 구속을 위해 하나님의 지혜로우심으로 우리에게 오셨습니다. [5]

4)마태복음1:21-23. 누가복음2:11. 디모데전서2:5. 5)고린도전서1:30.

제 19 문 : 우리는 그것을 어떻게 알 수 있을까요?

답 : 성경이 우리에게 알려줍니다. 하나님께선 이미 에덴동산에서 복음을 계시하셨고 [6] 그 후엔 거룩한 족장들과[7] 선지자들을 통하여 선포하셨고[8] 율법의 의식과 희생 제사를 통하여[9] 상징적으로 보여 주셨으며 마침내 그의 사랑하시는 독생자를 통하여 완성하셨습니다. [10]

6)창세기3:15. 7)창세기22:18. 49:10. 8)이사야53장. 예레미야23:5-6. 마태복음7:18-20. 사도행전10:43. 히브리서1:1-2. 9)레위기1-7장. 요한복음5:46. 히브리서10:1-10. 10)로마서10:4. 갈라디아서4:4-5. 골로새서2:17.

제 7주일

제 20 문 : 모든 사람들이 아담을 통하여 타락한 것처럼 그리스도를 통하여 모든 사람들이 구원을 받는 것입니까?

답 : 아닙니다. 참된 믿음으로 그리스도에게 접붙여져서 그의 모든 은혜를 받은 사람들만이 구원을 받는 것입니다. [1]

1)마태복음9:14. 요한복음3:16,18,36. 로마서11:16-21.

제 21 문 : 참된 믿음이란 무엇입니까?

답 : 참된 믿음이란 하나님께서 말씀으로 계시하신 모든 것은 진실하다는 것을 아는 지식입니다. [2] 즉 그리스도의 순전한 은혜로 말미암아[3] 다른 사람뿐만 아니라, 나

도 역시[4] 죄를 용서받았고 하나님 앞에서 영원히 의롭게 되었으며 구원받게 되었다는 것을[5] 성령께서[6] 말씀을 통하여[7] 내게 불어넣어 주시는 것을 믿는 굳건한 확신입니다. [8]

2)요한복음17:3,17. 히브리서11:1-3. 야고보서2:19. 3)로마서3:21-26. 갈라디아서2:16. 에베소서2:8-10. 4)갈라디아서2:20. 5)로마서1:17. 요한복음3:5. 사도행전16:14. 6)마태복음16:15-17. 요한복음3:5. 사도행전16:14. 7)로마서1:16. 10:17. 고린도전서1:21. 8)로마서4:18-21. 5:1. 10:10. 히브리서4:14-16.

제 22 문 : 그러면 그리스도인들은 무엇을 믿어야 합니까?

답 : 하나님께서 복음으로 우리에게 약속하신 모든 것입니다.[9] 그 복음의 개요는 사도신경에 요약되어 있는데 전 보편적 세계적으로 고백되어지는 믿음의 고백인 기독교 신조입니다.

9)마태복음28:18-20. 요한복음20:30,31.

제 23 문 : 사도신경의 조항들은 어떤 것입니까?

답 :

1) 나는 하늘과 땅을 만드신 전능하신 하나님 아버지를 믿는다.

2) 또한 그의 외아들이신 주 예수 그리스도를 믿는다.

3) 그는 성령에 의해 잉태되시고 동정녀 마리아에게서 나시고

4) 본디오 빌라도에게 고난을 받으시고 십자가에 못 박혀 죽으시고 장사 되셨으며 음부에 내려가셨다가

5) 사흘 만에 죽은 자 가운데서 부활하셨으며

6) 하늘에 오르사 전능하신 하나님 우편에 앉아계시다가

7) 거기로부터 그는 산자와 죽은 자를 심판하시기 위해 오실 것을 믿는다.

8) 나는 성령을 믿는다.

9) 거룩한 보편적 교회와 성도의 교제와

10) 죄의 용서와

11) 죽은 자의 부활과

12)영생을 믿는다.

제 8주일

제 24 문 : 사도신경은 어떻게 구분됩니까?

답 : 셋으로 구분됩니다. 즉 처음 부분은 성부 하나님과 우리의 창조하심에 관한 것입니다. 둘째 부분은 성자 하나님과 우리의 구속에 관한 것입니다. 셋째 부분은 성령 하나님과 우리의 성화에 관한 것입니다.

제 25 문 : 하나님은 오직 한분[1]이라 하면서 왜 삼위(三位), 즉 성부 성자 성령을 말합니까?

답 : 하나님께서 말씀으로 자신을 그렇게 계시하셨기 때문입니다.[2] 이 삼위(三位)가 곧 유일하고 참되고 영원한 하나님을 나타내셨기 때문입니다.

1)신명기6:4. 고린도전서8:4,6. 2)마태복음3:16,17. 28:18,19. 누가복음4:18(이사야 61:1). 요한복음14:26. 15:26. 고린도후서13:14. 갈라디아4:6. 디도서3:5-6.

하나님 아버지에 관하여

제 9주일

제 26 문 : "전능하사 천지를 만드신 하나님 아버지를 내가 믿습니다."라고 고백할 때 당신은 무엇을 믿습니까?

답 : 우리 주 예수 그리스도의 영원한 아버지 곧 무에서 천지만물을 창조하시고[1] 영원한 계획과 섭리로[2] 그 모든 것들을 보존하시고 다스리시는 분이 나의 하나님이시며 또한 그 아들 그리스도로 말미암아 나의 아버지시라는 것입니다.[3] 나는 하나님을 매우 신뢰하므로 하나님께서 나의 몸과 영혼에 필요한 모든 것을 채워주시며[4] 이 슬픈 세상에서 내게 닥친 모든 역경을 선으로 바꿔주실 것을 굳게 믿습니다.[5] 하나님은 전능하시기 때문에 능히 이 일을 하실 수 있으며[6] 신실하신 아버지이시기 때문에 기꺼이 그렇게 하실 것입니다.[7]

1)창세기1-2장. 출애굽기20:11. 시편33:6. 이사야44:24. 사도행전4:24. 14:15. 2)시편104편. 마태복음6:30. 10:29. 에베소서1:11. 3)요한복음1:12,13. 로마서8:15,16. 갈라디아서4:4-7. 에베소서1:5. 4)시편55:22. 마태복음6:25,26. 누가복음12:22-31. 5)로마서8:28. 6)창세기18:14. 로마서8:31-19. 7)마태복음7:9-11.

제 27 문 : 하나님의 섭리란 무엇입니까?

답 : 섭리란 하나님께서 항상 지니고 계신 전능하신 권능으로서[1] 하나님께서는 그것으로 하늘과 땅과 모든 만물을 붙드시고[2] 다스리십니다. 따라서 꽃잎과 풀잎, 비와 가뭄, 풍년과 흉년, 양식과 음료, 건강과 질병, 번영과 궁핍,[3] 이 모든 것들이 사실상 우연히 다가오는 것이 아니라[4] 아버지의 자애로운 손길로부터 오는 것입니다.[5]

1)예레미야23:23,24. 사도행전17:23-28. 2)히브리서1:3. 3)예레미야5:24. 사도행전14:15-17. 요한복음9:3. 잠언22:2. 4)잠언16:33. 5)마태복음10:29.

제 28 문 : 하나님의 창조와 섭리를 앎으로써 얻는 유익은 무엇입니까?

답 : 범사에 감사하게 되고[6] 역경에 처할 때는 인내하게 되며[7] 장차 아무 피조물이라도 우리를 당신의 사랑에서 떼어놓을 수 없게 하시는[8] 신실하신 하나님 아버지께 장래 일에 관하여 큰 확신을 갖게 됩니다. 만물이 온전히 그의 것이기에 그의 뜻이 아니고서는 아무것도 움직이거나 움직여지지 않는 것입니다.[9]

6)신명기8:10. 데살로니가전서5:18. 7)욥기1:21,22. 야고보서1:3. 로마서5:3-5. 8)시편55:22. 로마서8:38-39. 9)욥기1:12. 2:6. 잠언21:1. 사도행전17:24-28.

하나님 아들에 관하여

제 29 문 : 왜 하나님의 아들을 '구세주' 라는 뜻의 '예수' 라고 부릅니까?

답 : 그가 우리를 죄에서 구원하셨기 때문입니다.[1] 구원은 오직 예수께 있으니 다른 곳에서 구원을 찾는 것은 소용없는 일입니다.[2]

1)마태복음1:21. 히브리서7:25. 2)이사야43:11. 요한복음15:5. 사도행전4:12. 디모데전서 2:5.

제 30 문 : 자기들의 행복과 구원을 자기 노력에 의해서든지 다른 어떤 방법을 통해서든지 또는 다른 성자들에게서 찾는다면 그들은 실로 예수님을 단 한분 구주로 믿을 수 있습니까?

답 : 그렇지 않습니다. 비록 그들이 예수님께 속했다고 주장할지라도 사실은 그들의 행위로 말미암아 유일한 구원자이신 구주 예수님을 부인하는 것입니다.[3] 예수님이

완전한 구주가 아니라고 하거나, 아니면 참된 믿음으로 구세주를 영접한 사람들이 그들의 구원에 필요한 모든 것을 그분 안에 다 소유하고 있다고 믿는 것이든지 둘 중에 하나를 믿어야 하는 결론이 나옵니다. 4)

3)고린도전서1:12,13. 갈라디아서5:4. 4)골로새서1:19-20. 2:10. 요한일서1:7. 히12:2.

<u>제 12주일</u>

제 31 문 : 왜 예수님을 '기름부음을 받은 자' 라는 뜻의 '그리스도' 라고 부릅니까?

답 : 성부 하나님께서 성령의 기름 부으심으로1) 우리의 구속에 대한 하나님의 오묘한 경륜과 뜻을2) 완전하게 계시해 주시는 위대한 선지자와 교사가 되셨고3) 자기 몸을 화목제로 드려 우리를 구원하셨을 뿐 아니라4) 늘 우리의 기도를 하나님께 간구하시는5) 대제사장이 되셨으며6) 우리를 말씀과 성령으로 다스리시고 죄에서 승리하시는 삶을 살도록 늘 지켜 보호하시는7) 영원한 왕이 되셨기 때문입니다. 8)

1)누가복음3:21,22. 4:14-19. 이사야61:1. 히브리서1:9. 시편45:7. 2)요한복음1:18. 15:15. 3)사도행전3:22(신명기18:15). 4)히브리서9:12. 10:11-14. 5)로마서'8:34. 히브리서9:24. 6)히브리서7:17(시편 110:4). 7)마태복음28:18-20. 요한복음10:28. 요한계시록12:10-11. 8)마태복음21:5. 스가랴9:9.

제 32 문 : 그러면 당신은 그리스도인이라 불리는 이유가 무엇입니까?

답 : 믿음으로 내가 그리스도와 한 지체가 되어9) 그의 기름부음에 동참하였기 때문입니다. 10) 내가 기름부음을 받음으로써 주의 이름을 고백하고11) 나의 몸을 산제사로 드리며12) 자유롭고 선한 양심을 가지고 죄와 마귀에 대항하여 싸우며13) 장차 그리스도와 더불어 영원히 만물을 다스리기 때문입니다. 14)

9)사도행전11:26. 고린도전서12:12-27. 10)사도행전2:17(요엘 2:28). 요한일서2:27. 11)마태복음10:32. 로마서10:9-10. 히브리서13:15. 12)로마서12:1. 베드로전서2:5,9. 13)갈라디아서5:16-17. 에베소서6:11. 디모데전서1:18-19. 14)마태복음25:34. 디모데후서2:12.

<u>제 13주일</u>

제 33 문 : 우리들도 하나님의 자녀인데 유독 예수님만 '외아들' (독생자)이라고 부르는 까닭은 무엇입니까?

답 : 예수님만이 하나님의 영원하신 참 아들이시기 때문입니다.[1] 그러나 우리들도 예수님을 통하여 은혜로 말미암아 하나님의 자녀로 입양되었기 때문입니다.[2]

1)요한복음1:1-3,14,18. 히브리서1:1,2. 2)요한복음1:12. 로마서8:14-17. 에베소서1:5,6.

제 34 문 : 예수님을 '우리 주' 라고 부르는 까닭은 무엇입니까?

답 : 금이나 은이 아니라 예수님의 보배로운 피로[3] 우리를 육적으로나 영적으로 죄와 마귀의 권세에서 해방시켜 주셨고[4] 우리의 몸과 영혼을 당신의 소유로 삼으시기 위해 사셨기 때문입니다.[5]

3)베드로전서1:18,19. 2:9. 4)골로새서1:13,14. 히브리서2:14,15. 5)고린도전서6:20. 디모데전서2:5,6.

<u>제 14주일</u>

제 35 문 : '성령으로 잉태하사 동정녀 마리아에게 나시고' 라는 말은 무엇을 뜻합니까?

답 : 하나님의 영원하신 아들이 참되시고 영원하신 하나님의 본질을 그대로 지니신 채[1] 성령의 사역을 통하여[2] 처녀 마리아의 혈육으로부터[3] 진정한 인간의 본질을 취하셔서 죄를 제외하고는[4] 모든 것이 우리와 같은 사람이 되어[5] 다윗의 후손으로 나셨다는 뜻입니다.[6]

1)요한복음1:1. 10:30-36. 사도행전13:33(시편 2:7). 골로새서1:15-17. 요한일서5:20. 2)누가복음1:35. 3)마태복음1:18-23. 요한복음1:14. 갈라디아4:4. 히브리서2:14. 4)히브리서4:15. 7:26,27. 5)빌립보서2:7. 히브리서2:17. 6)사무엘하7:12-16. 시편132:11. 마태복음1:1. 로마서1:3.

제 36 문 : 성령에 의해 예수님의 거룩한 잉태와 탄생으로 말미암아 우리가 얻는 유익은 무엇입니까?

답 : 그가 우리의 중보자가 되셔서[7] 흠 없고 완전한 성결로써 잉태될 때부터 가지고 있는 우리의 죄를 하나님 앞에서 제하여 주시는 것입니다.[8]

7)디모데전서2:5,6. 히브리서9:13-15. 8)로마서8:3,4. 고린도후서5:21. 갈라디아4:4,5. 베드로전서1:18,19.

<u>제 15주일</u>

제 37 문 : '고난을 받으사' 라는 말은 무엇을 뜻합니까?

답 : 예수님께서의 지상 생활 특히 그의 마지막 생애에 있어 전 인류의 죄에 대한 하나님의 진노를 친히 몸과 영혼으로 감당하셨다는 것입니다.[1] 그 결과 단 하나의 속죄의 희생으로서 그리스도의 고난은 우리의 몸과 영혼을 영원한 정죄로부터 해방시켜서[2] 우리를 위하여 하나님의 은혜와, 의와, 영생을 주시기 위한[3] 유일한 구속 제사였습니다.[4]

1)이사야53:4. 베드로전서2:24. 3:18. 2)로마서8:1-4. 갈라디아3:13. 3)요한복음3:16. 로마서 3:24-26. 4)롬3:25. 히브리서10:14. 요한일서2:2. 4:10.

제 38 문 : 왜 예수님은 총독 '본디오 빌라도' 에게 재판을 받으셨습니까?

답 : 예수님은 죄가 없으신 분이지만 우리 위에 선고되어야 했던 엄격한 하나님의 심판으로부터 우리를 구원하기 위하여[5] 총독에게 재판을 받으신 것입니다.[6] (추가: 이 말은 예수님께서 죄가 없으심을 드러내기 위해서 공적인 심판이 필요했던 것이며 또한 한편으로는 하나님의 무서운 죄에 대한 심판을 대신 받으신 것을 드러내는 것이었다).

5)이사야53:4,5. 고린도후서5:21. 갈라디아3:13. 6)누가복음23:13-24. 요한복음19:4. 12-16.

제 39 문 : 예수님께서 다른 방법으로 죽음을 당하시기보다 "십자가에 달려 죽으셨다."는 것이 그렇게도 중요한 것이 있습니까?

답 : 그렇습니다. 십자가의 죽음은 하나님의 저주의 죽음이기 때문에[7] 그의 죽음은 내가 받아야 할 저주를 대신 짊어지셨다는 확신을 줍니다.

7)갈라디아3:10-13(신명기 21:23).

제 16주일

제 40 문 : 그리스도께서 자기를 낮추시되 십자가에 죽기까지 하신 이유가 무엇입니까?

답 : 하나님의 공의와 진리가 그것을 요구하기 때문입니다.[1] 즉 오직 하나님의 아들의 죽음을 통하는 방법 외에는 우리의 죄에 대한 값을 지불할 수 있는 다른 방법이 있을 수 없기 때문입니다.[2]

1)창세기2:17. 2)로마서8:3,4. 빌립보서2:8. 히브리서2:9.

제 41 문 : 왜 그리스도는 "장사지내" 졌습니까?

답 : 그의 장사는 그의 죽음이 실제적으로 사실이라는 것을 증거해 주기 때문입니다.[3]

3)이사야53:9. 요한복음19:38-42. 사도행전13:29. 고린도전서15:3,4.

제 42 문 : 그리스도께서는 우리를 대신해 죽으셨다면 우리가 또 죽어야 할 이유는 무엇입니까?

답 : 우리의 죽음은 죄의 값을 치루는 행위가 아닙니다.[4] 오히려 우리로 더 이상 범죄하지 않게 하여 영생으로 인도하는 관문인 것입니다.[5]

4)시편49:7. 5)요한복음5:24. 빌립보서1:21-23. 데살로니가전서5:9,10.

제 43 문 : 십자가를 통한 그리스도의 희생과 죽음으로부터 얻게 되는 또 다른 유익은 무엇입니까?

답 : 우리의 옛 자아가 그와 함께 십자가에 못 박히고 죽고 묻힘으로써[6] 육신의 악한 욕망이 더 이상 우리를 지배하지 못하게 되고[7] 그 대신 우리 자신을 감사의 제물로 드리게 되는 것입니다.[8]

6)로마서6:5-11. 골로새서2:11,12. 7)로마서6:12-14. 8)로마서12:1. 에베소서5:1-2.

제 44 문 : 왜 사도신경에는 "음부에 내려가셨다가" 라는 귀절이 덧붙여져 있습니까?

답 : 내가 개인적인 유혹과 위기에 처해 있을 때마다 주 예수 그리스도께서 그 삶을 통하여 특히 십자가상에서 말로 다할 수 없는 영혼의 슬픔과 고통을 겪으심으로써 지옥의 고통과 슬픔으로부터 나를 구원하셨다는 것을 확신시켜 주기 위해서 입니다.[9] (즉 실제적으로 지옥에 내려가셨다는 의미가 아님을 주의해야 한다.)

9)이사야53장. 마태복음26:36-46. 27:45-46. 누가복음22:44. 히브리서5:7-10.

제 17주일

제 45 문 : 그리스도의 부활이 우리에게 주는 유익은 무엇입니까?

답 : 첫째, 그리스도께서 죽음을 이기고 부활하심으로써 성취하신 의에 우리도 동참할 수 있게 되었습니다.[1] 둘째, 그의 능력으로 말미암아 우리도 이미 새로운 생명으로 부활한 것입니다.[2] 셋째, 그리스도의 부활은 영광스러운 우리의 부활에[3] 대한 보증입니다.

1)로마서4:25. 고린도전서15:16-20. 베드로전서1:3-5. 2)로마서6:4-11. 에베소서2:4-6. 골로

새서3:1-4. 3)로마서8:11. 고린도전서15:12-23. 빌립보서3:20,21.

제 18주일

제 46 문 : "하늘에 오르사" 라는 말의 의미는 무엇입니까?

답 : 그리스도께서는 제자들이 보는 가운데 지상으로부터 하늘로 올라가셨으며[1] 장차 산 자와 죽은 자를 심판하기 위해 다시 오실 때까지[2] 우리를 위해 그곳에 계신다는 것입니다.[3]

1)사도행전1:9. 마가복음16:19. 누가복음24:51. 2)사도행전1:11. 마태복음24:30. 3)히브리서 4:14. 9:24. 로마서 8:34. 골로새서 3:1-4.

제 47 문 : 그러나 그리스도께서는 이 세상 끝날 까지 항상 우리와 함께 계시겠다고 약속하시지 않았습니까?[4]

답 : 그리스도는 참 인간이요 참 하나님이십니다. 그는 인간적인 본성(인성)으로는 지금 이 땅 위에 계시지 않습니다. 그러나 그의 신성과 위엄과 은혜와 그의 영으로 우리와 항상 함께 하십니다.

4)누가복음24:50,51. 사도행전1:9-11. 마태복음28:20. 히브리서8:4. 요한복음16:28. 17:11. 행 3:21. 요한복음14:18.

제 48 문 : 만일 신성이 계시는 모든 곳에 인성이 함께 계시지 않는다면 그리스도 안에 있는 두 본성은 서로 분리되어 있는 것이 아닙니까?

답 : 결코 그렇지 않습니다. 신성은 불가해하고 어디에나 현존하시기 때문에, 그 취한 바 인성의 관계를 초월하여 있으며 동시에 언제든지 그 인성에 임재하시어 인격적으로 인성과 결합되어 있습니다(사도행전7:49. 골로새서2:9. 요한복음3:13,11:15. 마태복음28:6).

제 49 문 : 그리스도의 승천에서 우리가 얻는 유익은 무엇입니까?

답 : 첫째로, 그는 하늘에 계신 그의 아버지 앞에서 우리의 변호 자가 되신다는 것입니다.[1] 둘째로, 머리 되시는 그분이 그의 지체인 우리를 그에게 접붙이실 것에 대한 확실한 증거로서 우리는 우리의 몸을 하늘에서 갖는다는 것입니다.[2] 셋째로, 그는 우리들에게 땅위의 것이 아니라 자신이 앉아 계시는 하나님의 우편의 것을 찾게 하는 힘을 가지고

계시는 그의 영을[3] 또 하나의 보증으로[4] 우리에게 내 주신다는 것입니다.

1)로마서8:34. 요일2:1. 2)요한복음14:2. 17:24. 20:17. 에베소서2:6. 3)골로새서3:1. 요한복음 14:16. 16:17. 사도행전2:33. 4)고린도 후서1:22. 5:5.

제 19주일

제 50 문 : 왜 그다음 구절에 "하나님 우편에 앉으시고"라는 말을 첨가한 이유가 무엇입니까?

답 : 그리스도께서는 하늘에 오르셔서 하나님 우편에 앉으셨는데 그곳은 그분이 교회의 머리이시고[1] 성부께서 그분을 통하여 만물을 다스리시고 계심을 보여주는 곳입니다.[2]

1)에베소서1:20-23. 골로새서1:18. 2)마태복음 28:18. 요한복음 5:22,23.

제 51 문 : 우리의 머리이신 그리스도의 그러한 영광에서 우리에게 주는 유익은 무엇입니까?

답 : 첫째, 그리스도는 성령을 통하여 지체인 우리들에게 하늘의 은사를 부어주십니다.[3] 둘째, 그리스도는 그 크신 능력으로 모든 원수들로부터 우리들을 지키고 보호해 주십니다.[4]

3)사도행전2:33. 에베소서4:7-12. 4)시편 110:1,2. 요한복음10:27-30. 요한계시록19:11-16.

제 52 문 : "산 자와 죽은 자를 심판하기 위한" 그리스도의 재림은 당신에게 어떤 위안을 줍니까?

답 : 박해와 고통 가운데 처해 있을 때에도 나는 머리를 들고 하늘을 보며 내 대신 하나님의 심판대 앞에 서서 심판을 받음으로써 나에게 미칠 모든 저주를 없애 주신[5] 심판의 주를 확신 있게 기다립니다. 그리스도께서는 모든 원수들에게 영원한 형벌을 내리실 것입니다. 그러나 나를 비롯한 모든 택함을 받은 성도들은 하늘의 기쁨과 영광으로 인도하실 것입니다.[6]

5)누가복음21:28. 로마서 8:22-25. 빌립보서 3:20,21. 디도서 2:13-14. 6)마태복음 25:31-46. 데살로니가후서 1:6-10

성령 하나님에 관하여

제 20 주일

제 53 문 : "성령"에 대해서는 무엇을 믿습니까?

답 : 첫째, 성부 성자와 함께 성령도 영원한 하나님이십니다.[1] 둘째, 성령께서는 나로 하여금 참 믿음을 통하여 그리스도와 하나 되어 그의 모든 은총에 동참하게 하시며[2] 나를 위로하시고[3] 영원히 함께 계시기 위하여[4] 개인적으로 내게 임하신 것입니다.[5]

1)창세기1:1-2. 마태복음28:19. 사도행전5:3,4. 2)갈라디아서3:14. 3)요한복음15:26. 사도행전 9:31. 4)요한복음14:16,17. 베드로전서4:14. 5)고린도전서6:19. 고린도후서1:21,22. 갈라디아서 4:6.

제 21주일

제 54 문 : "거룩한 공회(교회)에 관하여" 당신은 무엇을 믿습니까?

답 : 하나님의 아들께서 성령과 말씀을 통하여[1] 태초부터 종말에 이르기까지[2] 전 인류 가운데[3] 영생을 얻도록 선택된 성도를[4] 참 믿음 안에서 하나가 된 공동체로[5] 모으시며, 보호하시며, 그리고 보전하신다는 것을 믿습니다. 물론, 나도 이 공동체에 속해 있으며[6] 언제까지나 그 일원으로 남게 될 것입니다.[7]

1)요한복음10:14-16. 사도행전20:28. 로마서10:14-17. 골로새서1:18. 2)이사야서59:21. 고린도전서11:26. 3)창세기26:4. 요한계시록5:9. 4)마태복음16:18. 요한복음10:28-30. 로마서8:28-30. 에베소서1:3-14. 5)사도행전2:42-47. 에베소서4:1-6. 6)요한일서3:14,19-21. 7)요한복음 10:27,28. 고린도전서1:4-9. 베드로전서1:3-5.

제 55 문 : "성도가 서로 교통하는 것"이란 말의 의미는 무엇입니까?

답 : 첫째, 신자들은 공동체의 일원으로서 그리스도와 연합하여 그의 모든 부요와 은사들을 공유한다는 것입니다.[8] 둘째, 각 신자들은 자신의 은사들을 다른 사람들의 유익과 덕을 위하여 감사함으로 사용해야 할 의무가 있다는 것입니다.[9]

8)요일1:3. 롬8:32. 고전6:17. 시편103:3,4,10,12. 미가서7:18,19. 고린도후서 5:18-21. 요한일서 1:7. 2:2. 9)로마서 7:21-25. 고린도전서12:21. 빌2:4-8.

제 56 문 : "죄를 사하여 주시는 것"에 대하여 당신은 무엇을 믿습니까?

답 : 나는 그리스도의 화목 사역의 연고로 말미암아 하나님께서 내 죄를 더 이상 기억하지 않으신다는 것과[10] 나를 미혹하는 죄성에 대하여[11] 정죄치 아니하심을 믿습니다.

오히려 하나님께서는 은혜로 말미암아 내게 그리스도의 의를 덧입혀 주셔서 심판으로부터 절대 유죄 선고를 받지 않고 나를 영원히 해방시켜 주셨습니다. [12]

10)요한복음3:17,18. 로마서8:1,2. 요일2:2. 11)로마서7:21-25. 12)요한복음3:17. 로마서 8:1,2. 예레미야31:34.

<u>제 22주일</u>

제 57 문 : "몸의 부활"은 당신에게 어떠한 위안을 줍니까?

답 : 내 생명이 끝난 후 바로 내 영혼이 머리되신 그리스도께로 갈 뿐 아니라[1] 내 몸도 그리스도의 능력으로 일으킴을 받아서 영혼과 다시 결합하여 그리스도의 영화스러우신 몸과 같이 될 것입니다. [2]

1)누가복음6:22. 23:43. 빌립보서1:21-23. 2)고린도전서15:20,42-46,54. 빌립보서3:21. 요한일서 3:2

제 58 문 : "영원히 사는 것"에 관한 구절은 당신을 어떻게 위로합니까?

답 : 현재 내가 이미 영원한 기쁨을[3] 마음속으로 경험하고 있듯이 죽은 후에도 눈으로 보지 못하고, 귀로도 듣지 못하고, 그리고 사람의 마음으로 생각지 못하였던 완전한 행복 즉 하나님을 영원히 찬양하는 복을 누리게 될 것입니다. [4]

3)로마서14:17. 4)요한복음17:3. 고린도전서2:9.

<u>제 23주일</u>

제 59 문 : 이 모든 것을 믿으면 당신에게 어떠한 유익이 있습니까?

답 : 하나님 앞에서 나는 그리스도 안에서 나는 의롭다는 것과 또한 영생을 이어받는다는 것입니다. [1]

1)요한복음 3:36. 로마서 1:17(하박국 2:4). 로마서 5:1,2,17.

제 60 문 : 어떻게 하여야 하나님 앞에서 의로워질 수 있습니까?

답 : 예수 그리스도께 대한 참된 믿음을 통해서만 가능합니다. [2] 비록 내 양심이 하나님의 모든 계명을 범하였고 그 계명 중 어느 하나도 지키지 못했으며[3] 아직도 죄로 향하는 성향을 지니고 있다고[4] 고소할지라도 하나님께서는 이렇게 무가치한 나를[5] 그리스도께 대한 참된 믿음으로 말미암아[6] 마치 내가 죄지은 일이 없는 것처럼 그리스도께서 나

를 위하여 순종하신 것을[7] 내가 순종한 것처럼 대하시며 그리스도의 완전한 속죄의 의와 성결을 나의 것으로 인정해 주셨습니다.[8] 단지 내가 해야 할 일은 믿는 마음으로 이러한 하나님의 선물을 받는 것뿐입니다.[9]

2)로마서3:21-28. 갈라디아서2:16. 에베소서2:8,9. 빌립보서3:8-11. 3)로마서 3:9,10. 4)로마서7:23. 5)디도서3:4,5. 6)로마서3:24. 에베소서2:8. 7)로마서4:24,25. 고린도후서 5:21. 8)로마서 4:3-5(창세기 15:6). 고린도후서 5:17-19. 요한일서 2:1,2. 9)요한복음 3:18. 사도행전 16:30,31.

제 61 문 : 왜 믿음으로만 하나님 앞에서 의로워질 수 있다고 말합니까?

답 : 하나님께서 나를 기쁘게 받으시는 것은 내 믿음에서 어떤 가치가 있기 때문이 아닙니다. 오직 그리스도의 속죄와 의와 거룩 때문에 내가 하나님에 대하여 의로운 자가 된 것입니다.[10] 그것을 받아들이고 그리스도의 의를 내것으로 삼을 수 있는 방법은 오직 믿음뿐입니다.[11]

10)고린도전서1:30,31. 11)로마서10:10. 요한일서5:10-12.

제 24주일

제 62 문 : 왜 선행을 통해서는 하나님 앞에서 의로워질 수 없으며, 왜 어느 한 부분의 선행도 의로워지는데 전혀 도움이 되지 않습니까?

답 : 하나님의 심판대 앞에 설 수 있는 의는 절대적으로 완전해야 하며 모든 면에서 하나님의 율법에 완전히 합치되어야 합니다.[1] 그런데 우리가 아무리 최선의 공로를 다한다고 해도 그 모든 것은 불완전하며 여전히 죄로 더럽혀져 있기 때문입니다.[2]

1)로마서 3:20. 갈라디아서 3:10(신명기 27:26). 2)이사야 64:6.

제 63 문 : 하나님께서는 선행에 대하여 이 세상과 오는 세상에서 보상해 주시겠다고 약속하셨는데, 왜 당신은 그토록 선행이 아무런 공로가 없다고 무시 합니까?[3]

답 : 그 보상은 공로에 의해 대가가 주어지는 것이 아니라 은혜로 주시는 선물이기 때문입니다.[4]

3)마태복음5:12. 히브리서11:6. 4)누가복음17:10. 디모데후서4:7,8.

제 64 문 : 그렇다면 사람들은 그러한 교훈으로 인해 선행에 관하여 무관심해지고 사악해지지 않겠습니까?

답 : 결코 아닙니다. 참된 믿음으로 그리스도와 연합한 사람들은 감사의 열매를 맺지 않는다는 것은 불가능하기 때문입니다.[5]

5)마태복음 7:18. 누가복음 6:43. 요한복음 15:5.

거룩한 성례에 관하여

제 25주일

제 65 문 : 당신은 믿음으로 말미암아 그리스도와 그의 은혜에 참여하고 있다고 고백합니다. 그렇다면 그 믿음은 어디서 오는 것입니까?

답 : 성령께서 거룩한 말씀을 통하여[1] 우리 마음에 믿음을 넣어 주시며[2] 거룩한 성례를 사용하시어[3] 그 믿음을 강하게 하십니다.

1)로마서10:17. 베드로전서1:22-25. 2)요한복음3:5. 고린도전서2:10-14. 에베소서2:8. 3)마태복음28:19,20. 고린도전서10:16.

제 66 문 : 성례란 무엇입니까?

답 : 성례란 우리 눈으로 볼 수 있는 거룩한 표시이며 날인입니다. 하나님께서 그것을 세우셔서 그것을 집행하는 우리들로 하여금 복음의 약속한 것을 보다 명확하게 이해할 수 있게 하셨을 뿐 아니라 친히 자신의 약속을 보증하신 것입니다.[4] 하나님께서 약속하신 복음은 이것입니다. 즉, 은혜로 말미암아 그리스도께서 단번에 십자가에서 영원한 속죄를 드림으로써[5] 우리의 죄를 용서하시고 영생을 주시는 것입니다.

4)창세기17:11. 신명기30:6. 레위기6:25. 이사야6:6-7. 로마서 4:11. 5)마태복음 26:17. 사도행전 2:38. 히브리서 10:10.

제 67 문 : 그러면 말씀과 성례는 우리의 믿음을 구원의 유일한 근거로서 그리스도의 십자가에서 수행된 예수 그리스도의 희생에로 향하게 합니까?

답 : 그렇습니다. 성령께서는 말씀을 통하여 우리에게 가르치실 뿐 아니라 거룩한 성례를 통하여 우리의 구원이 전적으로 십자가에서 우리를 위해 죽으신 그리스도께 달려 있다고 확신시켜 줍니다.[6]

6)로마서6:3. 고린도전서11:26. 갈라디아서3:27.

제 68 문 : 신약성경을 통해서 볼 때 그리스도께서는 몇 가지 성례를 제정하셨습니까?

답 : 두 가지입니다. 즉, 세례와 성만찬입니다.[7]

[7]마태복음28:19,20. 고린도전서11:23-26.

거룩한 세례에 관하여

제 26주일

제 69 문 : 거룩한 세례는 십자가에서 이루신 단 한번 희생당하신 그리스도의 속죄사역이 당신을 위한 일이었다는 것을 어떻게 생각나게 하며 확신시켜 줍니까?

답 : 그리스도께서는 다음과 같은 방법으로 합니다. 그리스도께서는 물로 외부적 씻음의 제도를 정하셔서[1] 물이 더러운 몸을 씻어내듯이 그의 피와 영으로 우리 영혼의 죄악을 깨끗이 씻어 주시겠다는 약속을 하신 것입니다.[2]

[1]사도행전2:38. [2]마태복음3:11. 28:19. 마가복음16:16. 사도행전2:38. 로마서6:3-10. 베드로전서 3:21.

제 70 문 : 그리스도의 피와 영으로 씻음 받는다는 것은 무슨 뜻입니까?

답 : 그리스도의 피로 씻음 받았다는 것은 그리스도께서 십자가에서 나를 위하여 흘리신 피로 말미암아 하나님께서 은혜로 내 죄를 용서하셨다는 뜻입니다.[3] 그리스도의 영으로 씻음 받았다는 것은 성령께서 나를 거듭나게 하시고 그리스도의 지체가 되도록 구별하셔서 점차 죄에 대하여는 죽고 거룩하고 의로운 삶을 살도록 해 주셨다는 뜻입니다.[4]

[3]스가랴13:1. 에베소서1:7,8. 히브리서12:24. 요한계시록1:5. [4]요한복음1:33. 에스겔36:25-27. 요한복음3:5-8. 로마서6:4. 고린도전서6:11. 골로새서2:11,12.

제 71 문 : 우리가 물세례로 씻음을 받는 것처럼 그리스도의 피와 영으로도 씻음 받는다는 확실한 약속이 어디에 있습니까?

답 : 다음과 같이 그리스도께서 세례를 제정하신 구절입니다. "그러므로 너희는 가서 모든 족속으로 제자를 삼아 아버지와 아들과 성령의 이름으로 세례를 주라"[5] 고 하셨고 "믿고 세례를 받는 사람은 구원을 얻을 것이요 믿지 않는 사람은 정죄를 받으리라"[6] 고 말씀하셨습니다. 이 약속은 성경에서 세례가 중생의 물과[7] 죄의 씻음[8] 이라고 언급된

다른 성구에서도 반복되었습니다.

5)마태복음28:19. 6)마가복음16:16. 7)디도서3:5. 8)사도행전22:16.

<u>제 27주일</u>

제 72 문 : 물에 의한 외부적 씻음 자체가 죄를 씻어 줍니까?

답 : 아닙니다. 오직 예수 그리스도의 피와 성령만이 우리의 모든 죄를 씻어 줍니다.[1]

1)마태복음3:11. 베드로전서3:21. 에베소서5:26. 요한일서1:7.

제 73 문 : 그러면 왜 성경말씀이 세례를 중생의 물과 죄의 씻음이라고 부르고 있습니까?

답 : 거기에는 충분한 이유가 있습니다. 하나님께서는 우리에게 물이 우리의 더러움을 씻어주듯이 그리스도의 피와 영이 우리의 죄를 씻어준다는 점을 세례를 통해 가르치시려는 것입니다.[2] 그러나 더욱 중요한 것은 하나님께서 이러한 신령한 약속과 표적을 통하여 우리의 죄에 대한 영적인 씻음이 물에 의한 몸의 씻음처럼 실제적이라는 점을 확신시켜 주시고 있다는 것입니다.[3]

2)고린도전서6:11. 요한계시록1:5. 7:14. 3)마가복음16:11. 사도행전2:38. 로마서6:3,4. 갈라디아서3:27.

제 74 문 : 유아들도 세례를 받아야 합니까?

답 : 그렇습니다. 어른들뿐만 아니라 유아들도 하나님의 언약 속에 포함된 하나님의 백성입니다.[4] 유아들도 어른들 못지않게 그리스도의 피를 통한 죄의 용서와 믿음을 주시는 성령을 약속 받았습니다.[5] 그러므로 유아들은 언약의 증표인 세례로 말미암아 그리스도의 교회에 속하게 되고 불신자들의 자녀들과 구별되는 것입니다.[6] 구약에는 이것이 할례로 말미암아 이루어졌으며[7] 신약에 와서 세례로 대치된 것입니다.[8]

4)창세기17:7. 마태복음19:14. 5)이사야44:1-3. 사도행전2:38,39. 16:31. 6)사도행전10:47. 고린도전서7:14. 7)창세기17:9-14. 8)골로새서2:11-13.

거룩한 성만찬에 대하여

<u>제 28주일</u>

제 75 문 : 십자가에서 단번에 드리신 그리스도의 속죄제사와 그의 모든 은혜에 당신이 참여하고 있다는 것을 성만찬은 어떻게 상기시키고 확신시켜 줍니까?

답 : 그것은 다음과 같습니다. 그리스도께서는 나와 모든 신자들에게 나를 기념하여 이 뗀 떡을 먹고 이 잔을 마시라고 명령하셨습니다. 그리고 명령과 함께 이런 약속을 하셨습니다.[1] 첫째, 그의 몸은 나를 위하여 떼신 주님의 떡과 나를 위하여 피를 흘리신 나에게 주신 잔을 내 눈으로 분명히 보듯이 주님의 몸도 나를 위하여 바쳐지고 찢기 우셨으며 그의 피도 나를 위하여 십자가에서 흘리신 것이 분명합니다. 둘째, 그리스도의 몸과 피의 상징으로 내게 주어진 주님의 떡과 잔을 집례자로부터 받아서 입으로 맛보는 것이 분명하듯이 주님께서도 십자가에 달리신 몸과 흘리신 피로 영생에 들어가도록 내 영혼을 새롭게 하시며 양육하게 하시는 것이 분명합니다.

1)마태복음26:26-28. 마가복음14:22-24. 누가복음22:19,20. 고린도전서 10:16- 17. 11:23-25. 12:13.

제 76 문 : 십자가에 달리신 그리스도의 몸을 먹고 흘리신 피를 마신다는 말의 뜻은 무엇입니까?

답 : 그것은 믿는 마음으로 그리스도의 모든 고난과 죽음을 받아들이는 것이며 믿음으로 죄의 용서와 영생을 얻게 된다는 뜻입니다.[2] 더욱이 그것은 그리스도 안에서와 우리 안에 거하시는 성령을 통하여 우리가 그리스도의 복된 몸에 연합됨을 의미합니다.[3] 그래서 주님은 하늘에 계시고[4] 우리는 땅에 있을지라도 우리의 육체는 주님의 살이며 주님의 뼈가 되는 것입니다.[5] 그리하여 우리 신체의 각 부분이 한 영혼에 의하여 지배를 받듯이 우리도 한 성령에 의하여 지배를 받으면서 영원히 살게 되는 것입니다.[6]

2)요한복음6:35,40,50-54. 3)요한복음6:55. 고린도전서12:13. 4)사도행전1:9-11. 고린도전서 11:26. 골로새서3:1. 5)고린도전서6:15-17. 에베소서5:29,30. 요한일서4:13. 6)요한복음6:56-58. 15:1-6. 요한일서3:24.

제 77 문 : 신자들이 떡을 떼어 먹고 잔을 마시는 것처럼 그리스도는 그의 몸과 피로서 먹이고 양육한다고 어디서 분명히 약속했습니까?

답 : 성만찬의 제도 안에서 약속되었는데[1] 다음과 같습니다. "내가 너희에게 전한 것은 주께 받은 것이니 곧 주 예수께서 잡히시던 밤에 떡을 가지사 축사하시고 떼어 이르시되 이것은 너희를 위하는 내 몸이니 이것을 행하여 나를 기념하라 하시고 식후에 또한

이와 같이 잔을 가지시고 이르시되 이 잔은 내 피로 세운 새 언약이니 이것을 행하여 마실 때마다 나를 기념하라 하셨으니 너희가 이 떡을 먹으며 이 잔을 마실 때마다 주의 죽으심을 오실 때까지 전하는 것이니라(고전 11:23-26)." 또한 이 약속은 사도 바울에 의하여 이렇게 가르쳐 지고 있다. "우리가 축복하는 바 축복의 잔은 그리스도의 피에 참여함이 아니며 우리가 떼는 떡은 그리스도의 몸에 참여함이 아니냐? 떡이 하나요. 많은 우리가 한 몸이니 이는 우리가 다 한 떡에 참여함이라(고전10:16-17)" 라고 하였습니다.

1)마태복음26:26-28. 마가복음14:22-24. 누가복음22:19-20.

<u>제 29주일</u>

제 78 문 : 떡과 포도주는 그리스도의 실제 몸과 피로 변화됩니까?

답 : 아닙니다. 세례의 물이 그리스도의 피로 변화되지 않고 그 자체가 죄를 씻지 못하며 다만 하나님께서 주신 사죄의 표적과 확인에 지나지 않는 것과 같이[1] 성만찬의 떡이 비록 성별되었다 할지라도 본질과 용어상[2] 그리스도의 몸이라고 불리워질 지라도[3] 그리스도의 실제 몸으로 변화되는 것은 아닙니다.[4]

1)에베소서5:26. 디도서3:5. 2)마태복음26:26-29. 3)고린도전서10:16,17. 26-28. 4)창세기 17:10,11. 출애굽기12:11. 고린도전서10:1-4.

제 79 문 : 그러면 왜 그리스도께서는 떡을 자기 몸이요, 잔을 자기 피, 혹은 피로 맺은 새 언약이라고 부르셨습니까? 그리고 사도 바울이 만찬을 그리스도의 몸과 피에 '실제적으로 동참하는 것(직접 먹고 마심)' 이라고 말하는 이유는 무엇입니까?

답 : 거기에는 충분한 이유가 있습니다. 그리스도께서는 우리에게 떡과 포도주가 우리 육신의 일시적 생명을 유지하게 하듯이[5] 십자가에 달리신 자신의 몸과 흘리신 피가 진실로 우리 영혼에 참된 양식과 음료가 된다는 것을 가르치시려는 것입니다. 그러나 더욱 중요한 것은, 우리가 그를 기념하면서 이 거룩한 상징물들을 실제로 받아먹듯이 우리도 성령의 사역으로 말미암아 눈에 보이는 상징과 보증에 의하여 주님의 실제 몸과 피에 참여한다는 것을 확신시켜 주시려는 것입니다.[6] 즉 우리는 우리의 입으로 그를 기념하는 이 거룩한 표적을 받는 것과 같이 확실하게 성령의 역사를 통하여 그의 참된 몸과 피에 참여할 수 있다는 것입니다. 그리고 마치 우리가 몸소 고난을 겪어 죄의 값을 지불한 것처럼 주님의 고난과 순종을 우리의 공로로 간주해 주신다는 것입니다.[7]

5)요한복음6:51-55. 6)고린도전서10:16-17. 11:26. 7)로마서6:5-11.

제 30주일

제 80 문 : 성만찬은 로마 캐톨릭의 미사와 어떻게 다릅니까?

답 : 성만찬은 십자가에서 단번에 드리신 예수 그리스도의 영원한 속죄를 통해서 우리의 죄가 완전히 용서받았다는 선언입니다.[1] 또한 그것은 성령께서, 하늘 아버지 우편에 계시면서,[2] 우리의 경배를 받으시는 그리스도에게[3] 우리를 연합케 하신다는 선언입니다.[4] 그러나 미사는 그리스도의 몸이 사제들에 의하여 날마다 산자들과 죽은 자들을 위하여 드려지지 않으면 그의 십자가 고난을 통해서는 사죄를 얻지 못한다고 가르칩니다. 또한 그리스도의 몸이 떡과 포도주의 형태로 나타나셔서 그곳에서 그리스도가 경배를 받으신다고 가르칩니다. 그러므로 미사는 단번에 드리신 예수 그리스도의 희생제사를 근본적으로 부인하는 것이며 저주받을 우상숭배인 것입니다.

1)요한복음19:30. 히브리서17:27. 9:12. 25-26. 10:10-18. 2)히브리서1:3. 8:1. 사도행전7:55-56. 3)마태복음6:20-21. 요한복음4:21-24. 빌립보서3:20. 골로새서3:1-3. 4)고린도전서6:17. 10:16-17.

제 81 문 : 어떤 사람을 위하여 주의 만찬이 제정되었습니까?

답 : 자기의 죄를 미워하고 고난과 죽음에 의하여 자기 죄가 용서받고, 사악함이 가려진다는 것을 믿으며, 그리고 그 믿음이 더욱 강해져서 더 나은 삶을 살기를 원하는 사람들입니다. 그러나 위선자들과 회개치 않는 자들은 그들의 심판을 먹고 마시는 것이 됩니다.[5]

5)고린도전서10:19-22. 11:26-32.

제 82 문 : 자신의 고백과 행위에 의한 불신앙과 불 경건을 통하여 하나님을 적이라고 주장하는 자들을 성만찬에 참여하게 해도 됩니까?

답 : 안됩니다. 그것은 하나님의 언약을 무시하는 일이며 전 회중에게 하나님의 진노를 초래하는 일입니다.[6] 그러므로 그리스도 및 사도들의 교훈을 좇아서 그리스도의 교회는 천국의 열쇠를 공적으로 사용하여 그들이 회개할 때까지는 그들을 배제시켜야 할 의무가 있습니다.

6)고린도전서11:17-34. 시편50:14-16. 이사야1:11-17.

제 83 문 : 천국의 열쇠의 핵심은 무엇입니까?

답 : 거룩한 복음의 설교와 회개를 위해 시행되는 기독교 권징입니다. 즉 이 두 가지를 통하여 천국의 문은 복음 전파와 권징을 통하여 신자들에게는 열리고 불신자들에게는 닫히는 것입니다.[1]

제 84 문 : 어떻게 천국의 문이 복음 전파에 의하여 열리고 닫힙니까?

답 : 그것은 그리스도의 명령에 따라서 이루어집니다. 즉, 모든 신자들이 참된 믿음으로 복음의 약속을 믿을 때 하나님께서 그리스도의 공로로 말미암아 그들의 모든 죄를 용서해 주신다는 것을 사람들에게 공적으로 선포하고 선언함으로써 천국의 문은 열리는 것입니다. 그러나 불신자들과 위선자들에게는 그들이 회개하지 않는 한 하나님의 진노와 영원한 저주를 받게 된다고 공적으로 선포하고 선언함으로써 천국의 문은 닫히는 것입니다. 금생과 내생에 대한 하나님의 심판은 이러한 복음 증언에 기초하고 있습니다.[2]

1)마태복음16;19. 요한복음20:22-23. 2)요한복음3:31-36. 20:21-23.

제 85 문 : 천국의 문이 기독교 권징에 의하여 어떻게 닫히고 열립니까?

답 : 그것은 그리스도의 명령에 의하여 이루어집니다. 즉 누구든지 그리스도인이라고 자칭한다 할지라도 비기독교적인 교리를 믿고 비기독교적인 생활을 하고 교우들의 계속적인 권면에도 불구하고 자신의 잘못과 사악함을 끝까지 고집하여 그 사실이 교회의 직임자들에게 알려지고 마침내 그들의 훈계마저 거부한다면, 그 직임자들은 그러한 자에게 성례참여를 금지시킴으로써 성도의 교제에 참여하지 못하게 해야 합니다. 하나님께서도 그를 그리스도의 왕국에서 쫓아내실 것입니다.[3] 만일 이러한 사람이 참다운 회개를 약속하고 그것을 실천해 보이면 그리스도와 그 교회의 일원으로 다시 받아들이게 됩니다.[4]

3)마태복음18:15-20. 고린도전서5:3-5. 11-13. 데살로니가후서3:14-15. 4)누가복음15:20-24. 고린도후서2:6-11.

제 3부 인간의 감사

제 32주일

제 86 문 : 우리는 우리 자신의 공로 없이 다만 하나님의 은혜로 말미암아 그리스도를 통하여 우리의 죄와 그 비참한 상태에서 구원을 받았는데 왜 우리가 선을 행해야 합니까?

답 : 분명히 그리스도께서는 자신의 피로우리를 구속하셔서 그분의 성령을 통하여 자기 자신의 형상에 맞도록 우리를 새롭게 하셨습니다. 그러나 우리는 우리의 모든 생활을 통해서 우리에게 베푸신 모든 은총에 대하여 하나님께 감사를 드리고[1] 우리를 통하여 그리스도가 영광을 받으시도록 하기 위한 것입니다.[2] 뿐만 아니라 우리 자신도 구원의 열매에 의해서 우리 믿음이 확실하게 될 뿐만 아니라[3] 우리의 경건한 행실에 의해서 이웃을 그리스도에게로 인도할 수 있게 되기 때문입니다.[4]

1)로마서6:13. 12:1-2. 베드로전서2:5-10. 2)마태복음5:16. 고린도전서6:19-20. 3)마태복음7:17-18. 갈라디아서5:22-24. 베드로후서1:10-11. 4)마태복음5:14-16. 로마서14:7-19. 베드로전서2:12. 3:1-2.

제 87 문 : 하나님께 감사하지도 않으며 회개하지도 않으므로 그 길에서 돌이켜 하나님께로 돌아오지 않는 사람도 구원받을 수 있습니까?

답 : 구원받을 수 없습니다. 성경은 우리에게 부정한 자, 우상숭배자, 간음하는 자, 도적질하는 자, 술 취하는 자, 비장하는 자, 거짓말쟁이, 강도 등과 같은 자들이 하나님의 나라를 기업으로 물려받지 못한다고 가르쳐 줍니다.[5]

5)고린도전서6:9-10. 갈라디아서5:19-21. 에베소서5:1-20. 요한복음3:14.

제 33주일

제 88 문 : 참다운 회개 또는 회심에는 몇 가지가 있습니까?

답 : 두 가지인데, 하나는 옛사람이 죽는 것이고 또 하나는 새사람으로 사는 일 입니다.[1]

1)로마서6:1-11. 고린도후서7:10-17. 에베소서4:22-24. 골로새서3:5-10.

제 89 문 : 옛 사람을 죽이는 일이란 무엇입니까?

답 : 우리의 죄를 마음속 깊이 슬퍼하고 그것을 더욱 더 미워하고 피하는 일입니다.[2]

2)시편51:3-17. 요엘서2:12-13. 로마서8:12-13. 고린도후서7:10.

제 90 문 : 새사람으로 산다는 것은 무엇입니까?

답 : 그리스도를 통하여 진정한 기쁨과, 즐거움과, 그리고 사랑으로 하나님을 기뻐하

고[3] 하나님의 뜻에 따라 모든 선(말씀)을 즐거이 행하는 것입니다. [4]

3)시편51:8-12. 이사야57:15. 로마서5:1. 14:17. 4)로마서6:10-11. 갈라디아서 2:20.

제 91 문 : 선한 일은 무엇입니까?

답 : 우리 자신의 의견이나 사람의 관습에 따라서 하는 것이 아니라[5] 하나님의 율법에 따라서[6] 하나님의 영광을 위하여[7] 참된 믿음으로만 행하는 일이 선입니다. [8]

5)신명기12:32. 이사야29:13. 에스겔20:18-19. 마태복음15:7-9. 6)레위기18:4. 사무엘상 15:22. 에베소서2:10. 7)고린도전서10:31. 8)요한복음15:5. 히브리서11:6.

제 34주일

제 92 문 : 하나님은 율법에 무엇을 말씀하셨습니까?

답 : 하나님께서는 다음과 같이 말씀하셨습니다(출애굽기20:1-17. 신명기5:6-21).

제 1계명: "나는 너를 애굽 땅 종 되었던 집에서 인도하여 낸 너의 하나님 여호와로라. 너는 나 외에는 다른 신들을 네게 있게 말지니라."

제 2계명: "너를 위하여 새긴 우상을 만들지 말고, 또 위로 하늘에 있는 것이나, 아래로 땅에 있는 것이나, 땅 아래 물속에 있는 것의 아무 형상이든지 만들지 말며, 그것들에게 절하지 말며, 그것들을 섬기지 말라. 나 여호와 너의 하나님은 질투하는 하나님인즉 나를 미워하는 자의 죄를 갚되, 아비로부터 아들에게로 삼사대까지 이르게 하거니와, 나를 사랑하고 내 계명을 지키는 자에게는 천대까지 은혜를 베푸느니라."

제 3계명: "너는 너의 하나님 여호와의 이름을 망령되이 일컫지 말라. 나 여호와는 나의 이름을 망령되이 일컫는 자를 죄 없다 하지 아니하리라."

제 4계명: "안식일을 기억하여 거룩히 지키라. 엿새 동안은 힘써 네 모든 일을 행할 것이나, 제 칠일은 너의 하나님 여호와의 안식일인즉, 너나 네 아들이나, 네 딸이나, 네 남종이나, 네 여종이나, 네 육축이나, 네 문안에 유하는 객이라도 아무일도 하지 말라. 이는 엿새 동안에 나 여호와가 하늘과 땅과 바다와 그 가운데 모든 것을 만들고 제 칠일에 쉬었음이라. 그러므로 나 여호와가 안식일을 복되게 하여 그 날을 거룩하게 하였느니라."

제 5계명: "네 부모를 공경하라. 그리하면 너의 하나님 나 여호와가 네게 준 땅에서 네 생명이 길리라."

제 6계명: "살인하지 말지니라."

제 7계명: "간음하지 말지니라."

제 8계명: "도적질하지 말지니라."

제 9계명: "네 이웃에 대하여 거짓 증거 하지 말지니라."

제 10계명: "네 이웃의 집을 탐내지 말지니라. 네 이웃의 아내나, 그의 남종이나 그의 여종이나, 그의 소나 그의 나귀나 무릇 네 이웃의 소유를 탐내지 말지니라."

제 93 문 : 이러한 계명들은 어떻게 나눠집니까?

답 : 두 부분으로 나눠집니다. 첫째 부분은 우리가 하나님과 어떠한 관계를 가지면서 살아야 할 것인가를 가르치고 있으며, 둘째 부분에서는 우리가 이웃 사람들과 어떻게 살아가야 하는가를 가르쳐 주고 있습니다.[1]

1)신명기4:13. 10:3-4. 출34:28. 마태복음22:37-39.

제 94 문 : 제 1계명에서 하나님이 요구하시는 것이 무엇입니까?

답 : 나의 구원을 잃어버릴 위험성이 있기 때문에 나는 모든 우상 숭배와,[2] 마술과, 미신적인 제사를 피하고 버려야 하며,[3] 성자들이나 피조물들에게 기도하는 것도 피하고 버려야 합니다.[4] 그리고 유일하신 참 하나님만을 올바르게 인정하고[5] 신뢰하며,[6] 겸손과[7] 인내심을 가지고,[8] 모든 선을 받기를 원하며,[9] 나의 온 마음을 가지고 하나님을 사랑하고,[10] 두려워하며,[11] 존경해야 합니다.[12] 간단히 말해서 무슨 일이든지 하나님의 뜻을 거스리는 일이라면 결단코 행하지 않아야 한다는 것입니다.[13]

2)고린도전서6:9-10. 10:5-14. 요한일서5:21. 3)레위기19:31. 신명기18:9-12. 4)마태복음4:10. 요한계시록19:10. 22:8-9. 5)요한복음17:3. 6)예레미야17:5-7. 7)베드로전서5:5-6. 8)골로새서1:11. 히브리서10:36. 9)시편104:27-28. 야고보서1:17. 10)마태복음 22:37(신명기6:5). 11)잠언9:10. 베드로전서1:17. 12)마태복음4:10(신명기6:13). 13)마태복음5:29-30. 10:37-39.

제 95 문 : 우상숭배란 무엇입니까?

답 : 우상숭배란 자신의 말씀을 통하여 자신을 계시하신 유일하고 참되신 하나님 대신에 또는 그 옆에(동등하게) 그 무엇을 신뢰하거나 만들어 소유하는 것을 말합니다.[14]

14)역대상16:26. 갈라디아4:8-9. 에베소서5:5. 빌립보서3:19. 신13:1-3.

제 35주일

제 96 문 : 제 2계명에서 우리를 향하신 하나님의 뜻은 무엇입니까?

답 : 어떠한 형태로든 신의 형상을 만들지 말고[1] 말씀을 통하여 명령하신 방법과 다르게 그를 섬기지 말라는 것입니다.[2]

1)신명기4:15-19. 이사야40:18-25. 사도행전17:29. 로마서1:23. 2)레위기10:1-7. 사무엘상15:22-23. 요한복음4:23-24.

제 97 문 : 그러면 아무 형상도 만들지 말아야 합니까?

답 : 하나님은 눈에 보이는 어떠한 모양을 가진 분으로 그려질 수 없으며 그려져서도 안 됩니다. 피조물은 그림으로 그려질 수 있으나 그것들이 예배의 대상이 되거나 하나님을 섬기는 수단으로 사용되지 못하도록 하나님은 그러한 형상들을 만들거나 가지지 말라고 하셨습니다.[3]

3)출애굽기34:13-17. 민수기33:52. 열왕기하18:4-5. 사40:25.

제 98 문 : 그렇다면 그 형상들을 교회에서 학습보조 교재로 사용하는 것도 안됩니까?

답 : 그렇습니다. 우리가 하나님 보다 더 현명해지려고 해서도 안 됩니다. 하나님께서는 그분의 백성들이 생명이 없는 말 못하는 우상에 의해서가 아니라[4] 살아있는 말씀의 전파를 통해서[5] 자기 백성들이 가르침 받기를 원하십니다.

4)예레미야10:8. 하박국2:18-20. 5)로마서10:14-17. 디모데후서3:16-17. 베드로후서1:19.

제 36주일

제 99 문 : 제 3계명에서 우리를 향하신 하나님의 뜻은 무엇입니까?

답 : 하나님을 모독하거나 그의 이름을 빌어서 저주,[1] 거짓맹세,[2] 또는 불필요한 맹세를[3] 하지 말며 침묵하는 방관자가 되어서 그러한 무서운 죄악에 간접적으로 동참하지도 말라는 것입니다.[4] 요컨대 그 계명은 존경심을 가지고 하나님의 거룩한 이름을 사용하여서[5] 우리의 모든 말과 행위로[6] 그에게 신앙을 고백하고[7] 기도하며[8] 찬양하여야 한다는 것입니다.

1)레위기24:10-17. 2)레위기19:12. 3)마태복음5:37. 야고보서5:12. 4)레위기5:1. 잠언29:24. 5)시편99:1-5. 예레미야4:2. 6)골로새서3:17. 7)마태복음10:32-33. 로마서10:9-10. 8)시편50:14-15. 디모데전서2:8.

제 100 문 : 맹세와 저주로써 하나님의 이름을 모독하는 것이 그것을 방조하거나 금지시키지 않은 자들에게까지 분노하실 만큼 그렇게 무서운 죄입니까?

답 : 진실로 그렇습니다.[9] 하나님의 이름을 모독하는 것보다 더 큰 죄가 없으며 그것보다 더 그의 분노를 자아내게 하는 것도 없습니다. 그래서 하나님은 그 죄에 대하여 죽음의 형벌을 내리시는 이유가 여기에 있습니다.[10]

9)레위기5:1. 10)레위기24:10-17. 잠언29:24.

제 37주일

제 101 문 : 그러나 우리가 하나님의 이름으로 경건하게 맹세한다면 그것은 할 수 있는 일입니까?

답 : 그렇습니다. 하나님의 영광과 이웃의 유익을 위하여 진리를 보존하고 신뢰를 증진시키려는 목적에서 맹세가 필요한 상황이 생기거나 정부가 그것을 요구할때 가능합니다. 이러한 맹세는 하나님의 말씀에 근거하여 인정되고 있으며[1] 신구약의 신자들에 의하여 적절하게 사용되기도 했습니다.[2]

1)신명기6:13. 10:20. 예레미야4:1-2. 히브리서6:16. 2)창세기21:24. 여호수아9:15. 열왕기상1:29-30. 로마서1:9. 고린도후서1:23.

제 102 문 : 성자들이나 다른 피조물에 의지해서 맹세해도 됩니까?

답 : 안됩니다. 합법적인 맹세는 진리에 대한 증거를 소유한 채 만일 거짓 맹세를 한다면 벌을 내리시는 유일하신 분 하나님을 부르는 것을 의미합니다.[3] 어떠한 피조물도 그러한 영예를 받기에 합당한 것이 없습니다.[4]

3)로마서9:1. 고린도후서1:23. 4)마태복음5:34-37. 23:16-22. 야고보서5:12.

제 38주일

제 103 문 : 제 4계명에서 우리를 향하신 하나님의 뜻은 무엇입니까?

답 : 첫째, 복음전파와 복음에 관한 교육이 계속되어야 하며[1] 특별히 주일에 하나님의 말씀을 배우며[2] 성례에 참여하고[3] 공적인 기도를 드리며[4] 가난한 자들을 위한 헌금을 바치기 위하여[5] 하나님의 백성들의 모임에 정규적으로 참석해야 합니다.[6] 둘째, 주님께서 내 속에서 성령을 통하여 역사하심으로써 나는 힘겨운 일상생활의 악으로부터 벗어나서 이생에서 이미 영원한 안식을 누리도록 요구하고 있는 것입니다.[7]

1)신명기6:4-9. 20-25. 고린도전서9:13-14. 디모데후서2:2. 3:13-17. 디도서1:5. 2)로마서
10:14-17. 고린도전서14:31-32. 디모데전서4:13. 3)고린도전서11:23-24. 4)골로새서3:16. 디모데
전서2:1. 5)시편50:14. 고린도전서16:2. 6)신명기12:5-12. 시편 40:9-10. 68:26. 사도행전2:42-
47. 히브리서10:23-25. 7)이사야66:23 히브리서4:9-11.

제 39주일

제 104 문 : 제 5계명에서 우리를 향하신 하나님의 뜻은 무엇입니까?

답 : 나의 아버지와 어머니 그리고 웃어른들을 존경하고 사랑하며 순종하라는 것입니다. 그들이 나를 훈계하고 징계할 때 그들에게 순종하고 복종하라는 것입니다.[1] 하나님께서 그들을 통하여 우리를 다스리시기 때문에[2] 되도록이면 그들의 결점까지도 참고 받아들이라는 것입니다. 왜냐하면 그들이 우리를 다스리는 것이 하나님을 기쁘게 하는 것이기 때문입니다.[3]

1)출애굽기21:17. 잠언1:8. 4:1. 로마서13:1-2. 에베소서5:21-22. 6:1-9. 골로새서3:18-4:1.
2)마태복음22:21. 로마서13:1-8. 에베소서6:1-9. 골로새서3:18-21. 3)잠언20:20. 23:22. 베드로
전서2:18.

제 40주일

제 105 문 : 제 6계명에서 우리를 향하신 하나님의 뜻은 무엇입니까?

답 : 내 이웃을 생각이나, 말이나, 외모나, 몸짓으로 그리고 더욱 분명하게는 실제 행동으로 얕잡아보거나, 모욕하거나, 증오하거나, 죽이지 않아야 하며 다른 사람들의 그러한 일에도 가담하지 말아야 합니다.[1] 근본적으로 복수에 불타는 모든 마음을 끊어버려야 합니다.[2] 또한 내 자신을 해롭게 하거나 성급하게 위기에 빠뜨리지 않아야 합니다.[3] 정부가 무기를 갖추고 있는 까닭의 하나는 바로 살인을 막기 위한 것입니다.[4]

1)창세기9:6. 레위기19:17-18. 마태복음5:21-22. 26:52. 2)창세기25:21-22. 마태복음18:35.
로마서12:19. 에베소서4:26. 3)마태복음4:7. 26:52. 로마서13:11-14. 4)창세기9:6. 출애굽기21:14.
로마서13:4.

제 106 문 : 이 계명은 오직 살인만을 언급하는 것입니까?

답 : 살인을 금지시킴으로써 하나님께서는 살인의 근원 곧 시기, 증오, 분노, 앙심 등을 미워하신다는 것을 우리에게 가르쳐 주십니다.[5] 하나님의 눈에는 이러한 것들이 모

두 살인에 해당합니다.[6]

5)잠언14:30. 로마서1:29. 12:19. 야고보서1:20. 갈라디아서5:19-21. 요한일서2:9-11. 6)요한일서3:15.

제 107 문 : 그러한 방법으로 우리 이웃을 죽이지 않으면 그것으로 충분한 것입니까?

답 : 아닙니다. 하나님께서는 시기와 증오와 분노를 정죄하심으로써 이웃을 내 몸과 같이 사랑하고[7] 인내와 화평과 온유와 자비와 우정으로 대하며[8] 할 수 있는한 그들을 위험으로부터 보호하고 심지어 원수들에게까지 선을 베풀라고 가르쳐 주십니다.[9]

7)마태복음7:12. 22:39. 로마서 12:10. 8)마태복음5:3-12. 누가복음6:36. 로마서12:10-18. 갈라디아서6:1-2. 에베소서4:2. 골로새서3:12. 베드로전서3:8. 9)출애굽기23:4-5. 마태복음5:44-45. 로마서12:20-21(잠언 25:21-22).

제 41주일

제 108 문 : 제 7계명에서 우리를 향하신 하나님의 뜻은 무엇입니까?

답 : 하나님께서는 모든 불륜한 행위를 정죄하십니다.[1] 따라서 우리도 그것을 미워하고[2] 거룩한 혼인을 통한 생활에 있어서나 독신으로 살든지 순결하게 살고 규모 있게 살아야 할 것을 가르치고 있습니다.[3]

1)레위기18:30. 에베소서5:3-5. 2)유다서22-23. 3)고린도전서7:1-9. 데살로니가전서4:3-8. 히브리서13:4.

제 109 문 : 이 계명에서 하나님은 오직 간음과 같은 무거운 죄만을 금하신 것입니까?

답 : 우리의 몸과 영혼은 성령께서 거하시는 거룩한 성전(殿)이므로 하나님께서는 우리의 몸과 영혼이 정결하고 거룩하기를 원하십니다. 그래서 하나님은 모든 불륜한 행동을 금하고 표정이나 말이나 생각이나 욕망 또한 그 이외에 무엇이든지 다른 사람을 그러한 곳으로 끌어가게 하는 것을 금하고 있습니다.[4]

4)고린도전서15:33. 에베소서5:18. 마태복음5:27-29. 고린도전서6:18-20. 에베소서5:3-4.

제 42주일

제 110 문 : 제 8계명에서 하나님이 금하시는 것은 무엇입니까?

답 : 하나님께서는 단지 법률로 금지되어 있는 공공연한 도둑질과 강도짓만을 금하신 것이 아닙니다.[1] 하나님의 눈에 비치는 도둑질이란 비록 그것이 겉으로는 합법적으로 보일지라도 실제로는 이웃을 속이는 모든 행위[2] 즉 저울과 자와 되를 속이는 일, 사기, 위조, 폭리, 또는 하나님이 금지한 기타 모든 수단들이 포함 됩니다.[3] 그 뿐만 아니라 하나님께서는 모든 탐욕과[4] 자신의 은사들을 무분별하게 낭비하는 모든 일들을 금하십니다.[5]

1)출애굽기22:1. 고린도전서5:9-10. 6:9-10. 2)미가서6:9-11. 누가복음3:14. 야고보서5:1-6. 3)신명기25:13-16. 시편15:5. 잠언11:1. 12:22. 에스겔45:9-12. 누가복음6:35. 4)누가복음12:15. 에베소서5:5. 5)잠언21:20. 23:20-21. 누가복음16:10-13.

제 111 문 : 이 계명에서 하나님은 당신에게 무엇을 요구하십니까?

답 : 내 이웃의 유익을 위하여 최선을 다하고 다른 사람들이 내게 해주기를 바라는 대로 남들을 대하며 가난한 사람들을 도울 수 있도록 열심히 일하는 것입니다. 그렇게 함으로 어려운 사람이 도움이 필요할 때 내가 그들을 도울 수 있게 하기 위함입니다.[6]

6)이사야58:5-10. 마태복음7:12. 갈라디아서6:9-10. 에베소서4:28.

제 43주일

제 112 문 : 제 9계명에서 우리를 향하신 하나님의 뜻은 무엇입니까?

답 : 하나님의 뜻은 아무에게도 거짓 증언을 하지 말고 다른 사람의 말을 왜곡하지 말며 잡담이나 비방하지 말고 정당한 이유 없이 또는 사연을 들어보지도 않고 함부로 남을 정죄하지 말라는 것입니다.[1] 그리고 법정이나 기타 다른 곳에서 거짓말이나 모든 위증을 거부해야 합니다. 그러한 일들은 악마가 사용하는 수단이며 하나님의 무서운 진노를 초래합니다.[2] 법적인 일이나 그 외의 모든 일에 있어서 오직 진리를 사랑하고 진실을 말하며 그것을 공적으로 고백해야 합니다.[3] 그리고 이웃의 선한 이름을 보호하고 드높이기 위하여 최선을 다해야 합니다.[4]

1)시편 15편. 잠언19:5. 마태복음7:1. 누가복음6:37. 로마서1:28-32. 2)레위기19:11-12. 잠언12:22. 13:5. 요한복음8:44. 요한계시록21:8. 3)고린도전서13:6. 에베소서4:25. 4)베드로전서3:8-9. 4:8.

제 44주일

제 113 문 : 제 10계명에서 우리를 향하신 하나님의 뜻은 무엇입니까?

답 : 하나님의 계명에 어긋나는 생각이나 욕망을 추호도 마음속에 품지 말라는 것 입니다. 그리고 진심으로 항상 죄를 미워하고 모든 선에 대해서는 만족과 기쁨을 가져야 한다는 것입니다.[1]

1)시편19:7-14. 139:23-24. 로마서7:7-8.

제 114 문 : 하나님께로 회개하고 돌아온 사람들은 이 모든 계명을 완전하게 지킬 수 있습니까?

답 : 아닙니다. 이 세상에서는 가장 거룩한 사람일지라도 완전한 순종을 성취할 수 는 없습니다.[2] 그럼에도 불구하고 하나님의 계명들의 일부가 아니라 전부를 지키기 위하여 엄숙하게 최선의 노력을 기울여야 합니다.[3]

2)전도서7:20. 로마서7:14-15. 고린도전서13:9. 요한일서1:8-10. 3)시편1:1-2. 로마서7:22-25. 빌립보서3:12-16.

제 115 문 : 아무도 이 세상에서 십계명을 지킬 수 없다면, 왜 하나님께서는 그토록 십계명을 지킬 것을 엄히 명령하셨습니까?

답 : 첫째로, 우리가 오래 살면 살수록 우리의 죄성을 깨닫게 되고 우리의 죄성을 깨달으면 깨달을수록 더욱 더 사죄와 칭의를 얻기 위하여 그리스도를 찾게 되기 때문입니다.[4] 둘째로, 우리가 마지막 생이 끝난 다음에 우리 목표인 완전한 순종에 이를 때까지 하나님의 형상으로 점점 더 새롭게 되도록 하기 위해서 성령의 은총을 간구토록 하기 위한 것입니다.[5]

4)시편32:5. 로마서3:19-26. 7:7. 24-25. 요한일서1:9. 5)고린도전서9:24. 빌립보서3:12-14. 요한일서3:1-3.

기도

제 45주일
제 116 문 : 왜 그리스도인들은 기도해야 합니까?

답 : 기도란 하나님께 드리는 우리의 가장 큰 감사이기 때문입니다.[1] 또한 우리가 계속해서 기도 안에서 은혜와 성령을 하나님께 간절히 구하며 응답해 주심을 믿고 감사하는 자들의 기도를 들어주시기 때문입니다.[2]

1)시편50:14-15. 116:12-19. 데살로니가전서5:16-18. 2)마태복음7:7-8. 누가복음11:9-13.

제 117 문 : 하나님께서는 어떤 기도의 내용을 기뻐하시고 들어 주십니까?

답 : 첫째, 말씀을 통하여 자신을 계시하신 유일하신 참 하나님을 의지하고 그의 뜻에 합당한 것들을 진심으로 구해야 합니다.[3] 둘째, 우리의 가난하고 비참한 상태를 인정하고 아무것도 숨기지 말며 존귀하신 하나님 앞에서 겸손해야 합니다.[4] 셋째, 비록 우리는 무가치한 존재일지라도 하나님께서는 우리 주 그리스도의 공로로 말미암아 우리의 기도를 들어주신다는 확고한 신앙을 지녀야 합니다. 이것이 바로 말씀을 통해서 우리에게 주신 하나님의 약속입니다.[5]

3)시편145:18-20. 요한복음4:22-24. 로마서8:26-27. 요한일서5:14-15. 야고보서1:5. 4)역대하7:14. 시편2:11. 34:18. 62:8. 이사야66:2. 5)다니엘서9:17-19. 마태복음7:8. 요한복음14:13-14. 16:23. 로마서10:13 야고보서1:6.

제 118 문 : 하나님께서는 무엇을 위해서 기도하라고 하셨습니까?

답 : 우리 주 그리스도께서 가르쳐 주신 기도에 내포되어 있는 것처럼 우리가 영육 간에 필요로 하는 모든 것들을 위해서 기도하라고 하셨습니다.[6]

6)야고보서1:17. 마태복음6:33.

제 119 문 : 주님께서 가르쳐 주신 기도는 무엇입니까?

답 : 하늘에 계신 우리 아버지여, 이름이 거룩히 여김을 받으시오며, 나라이 임하옵시며, 뜻이 하늘에서 이룬 것 같이 땅에서도 이루어지이다. 오늘날 우리에게 일용할 양식을 주옵시고, 우리가 우리에게 죄지은 자를 사하여 준 것 같이 우리 죄를 사하여 주옵시고 우리를 시험에 들게 하지 마옵시고, 다만 악에서 구하옵소서. 대개 나라와 권세와 영광이 아버지께 영원히 있사옵나이다. 아멘.[7]

7)마태복음 6:9-13. 누가복음11:2-4

제 46주일

제 120 문 : 그리스도께서는 왜 하나님을 '우리 아버지'라고 부르도록 명령하셨습니까?

답 : 기도의 첫머리에 그리스도께서는 기도의 가장 기본이 되는 것 곧 하나님께서 그

리스도를 통하여 우리의 아버지가 되셨다는 사실을 어린아이처럼 믿고 경외 하도록 가르치신 것입니다. 육신의 아버지가 이 세상의 것에 대한 자녀들의 요청을 거부하지 않는 것 이상으로 하나님 아버지께서는 우리가 믿음으로 구하는 것을 거부하지 않으십니다.[1]

1)마태복음7:9-11. 누가복음11:11-13.

제 121 문 : '하늘에 계신' 이란 말의 뜻은 무엇입니까?

답 : 그 말의 뜻은 하나님의 하늘 권세를 땅의 권세와 혼동하지 말라는 것이며[2] 그의 전능하신 능력으로부터 영육 간에 필요한 모든 것을 기대하라는 것입니다.[3]

2)예레미야23:23-24. 사도행전17:24-25. 3)마태복음6:25-34. 로마서8:31-32.

제 47주일
제 122 문 : 첫 번째 간구의 의미는 무엇입니까?

답 : '이름이 거룩히 여김을 받으시오며' 입니다. 이 말씀의 뜻은 먼저 하나님 당신을 바르게 알고,[1] 거룩하게 하며, 영광을 드리며, 당신이 하신 모든 일을 통하여 그의 전능과 지혜와 선과 의와 자비와 진리가 빛나도록 하라는 것입니다.[2] 또한 그 말의 뜻은 우리의 삶 곧 우리의 생각과 말과 행동을 지도하셔서 하나님의 이름이 우리로 인하여 더럽혀지지 않고 오직 존경과 찬양만 받으실 수 있도록 해 달라는 것입니다.[3]

1)출애굽기34:5-8. 시편145편. 예레미야32:16-20. 누가복음1:46-55. 68-75. 로마서11:33-36. 2)예레미야9:23-24. 31:33-34. 마태복음16:17. 요한복음17:3. 3)시편115:1. 마태복음5:16.

제 48주일
제 123 문 : 두 번째 간구의 의미는 무엇입니까?

답 : '나라이 임하옵시며' 라는 말인데 이 뜻은 하나님께 더욱 더 순종할 수 있도록 말씀과 성령으로 우리를 다스려 달라는 것입니다.[1] 그리고 하나님의 교회를 보존케 하며 부흥하게 해주시기를 간구하는 것입니다.[2] 또한 하나님께 대항하는 사단의 모든 세력과 하나님의 말씀을 거역하는 모든 음모를 분쇄시켜 달라는 것입니다.[3] 하나님의 나라가 온전히 완성되어 하나님께서 만유의 주가 되실 때까지 그렇게 해달라는 것입니다.[4]

1)시편119:5,105. 143:10. 마태복음6:33. 2)시편122:6-9. 마태복음16:18. 사도행전2:42-47. 3)로마서16:20. 요한일서3:8. 4)로마서8:22-23. 고린도전서15:28. 요한계시록22:17-20.

제 49주일

제 124 문 : 세 번째 간구의 의미는 무엇입니까?

답 : '뜻이 하늘에서 이룬 것 같이 땅에서도 이루어지이다' 라는 말의 의미는 우리 뿐 아니라 모든 사람들이 자신들의 의지를 버리고 겸손히 유일하신 하나님의 뜻을 따르게 해 달라는 말씀입니다. 왜냐하면 하나님의 뜻만이 선하기 때문입니다.[1] 그리고 모든 사람들이 자신들의 소명을[2] 하늘의 천사들처럼 자발적이며 신실하게 감당할 수 있도록 해 달라는 것입니다.[3]

1)마태복음7:21. 16:24-26. 누가복음22:42. 로마서12:1-2. 디도서2:11-12. 2)고린도전서 7:17-24. 에베소서6:5-9. 3)시편103:20-21.

제 50주일

제 125 문 : 네 번째 간구의 의미는 무엇입니까?

답 : '오늘날 우리에게 일용할 양식을 주옵시고' 라는 말의 의미는 우리의 육신적 필요를 채워 주시기 때문에[1] 하나님께서는 모든 좋은 것의 유일한 근원이시라는 것과[2] 하나님의 축복이 없이는 우리의 노고와 걱정 그리고 하늘의 은사조차 어떠한 유익이 될 수 없다는 것을 알게 해 달라는 것입니다.[3] 그리하여 어떠한 피조물도 의지하지 않고 오직 하나님만을 의지하게 해달라는 것입니다.[4]

1)시편104:27-30. 145:15-16. 마태복음6:25-34. 2)사도행전14:17. 17:25. 야고보서1:17. 3)신명기8:3. 시편37:16. 127:1-2. 고린도전서15:58. 4)시편55:22. 62:10. 146:3. 예레미야17:5-8. 히브리서13:5-6.

제 51주일

제 126 문 : 다섯 번째 간구의 의미는 무엇입니까?

답 : '우리가 우리에게 죄지은 자를 사하여 준 것 같이 우리 죄를 사하여 주옵시고' 라는 말의 뜻은 그리스도의 피 공로로 말미암아 불쌍한 죄인인 우리의 여러가지 잘못에 대한 값을 우리에게 요구하지 않으실 뿐만 아니라 우리를 항상 괴롭히는 악에 대해서도 우리를 탓하지 않으시기를 기뻐하신다는 의미입니다.[1] 그리고 우리도 그분이 주신 은총의 증거를 우리 안에서 발견하게 됨으로 우리의 이웃을 용서하는 것이 충심에서 우러나오는 성실한 의도에서 행하게 해 달라는 것입니다.[2]

1)시편51:1-7. 143:2. 로마서8:2. 요한일서2:1. 2)마태복음6:14-15. 18:21-35.

제 52주일

제 127 문 : 여섯 번째 간구의 의미는 무엇입니까?

답 : '우리를 시험에 들게 하지 마옵시고 다만 악에서 구하옵소서'라는 말의 의미는, 우리는 너무 연약하여서 잠시라도 스스로 우리를 지킬 수 없으며,[1] 또한 철천지원수인 마귀와[2] 세상과[3] 우리의 육체가[4] 끊임없이 우리를 공격하고 있으므로, 주님께서 성령의 능력으로 우리를 붙드시고 강하게 하셔서 영적투쟁에 패배하지 않고[5] 최후의 완전한 승리를 거둘 때까지 강력하게 원수를 대적할 수 있게 해 달라는 것입니다.[6]

1)시편103:14-16. 요한복음15:1-5. 2)고린도후서11:14. 에베소서6:10-13. 베드로전서5:8. 3)고린도후서15:18-21. 4)로마서7:23. 갈라디아서5:17. 5)마태복음10:19-20. 26:41. 마가복음13:33. 로마서5:3-5. 6)고린도전서10:13. 데살로니가전서3:13. 5:23.

제 128 문 : 이 기도의 결론 부분의 의미는 무엇입니까?

답 : '대개 나라와 권세와 영광이 아버지께 영원히 있사옵나이다.'의 의미인데 우리는 모든 것을 우리의 왕이 되셔서 만물을 지배하는 권능을 가지고 계시며 선한 것은 무엇이든지 우리에게 주시기를 원하시고 또한 주실 수 있는 하나님께 간구하며[7] 이 일을 통해서 우리 자신이 영광을 받는 것이 아니라 하나님의 거룩한 이름이 영원토록 영광을 받아야 한다는 것입니다.[8]

7)로마서10:11-13. 베드로후서2:9. 8)시편115:1. 요한복음14:13.

제 129 문 : '아멘'이라는 낱말의 의미는 무엇입니까?

답 : '아멘'이란 이것이 참되고 확실하다는 뜻입니다. 그리고 '그렇게 되어 지기를 바랍니다.'라는 뜻이며, 내가 기도한 것이 진실로 이루어지기를 바라는 내 마음의 소원 이상으로 하나님은 내 기도를 들어주신다는 것이 확실하다는 것을 믿는 것입니다.[9]

9)이사야65:24. 고린도후서1:20. 디모데후서2:13.

6. 제 2 스위스 신앙고백서(1566)

(The Second Helvetic Confession)

제 2 스위스 신앙고백서는 즈잉글리(Zwingli)의 제자인 불린저(Bullinger)에 의해 작성되었다. 그는 스스로 이 신앙고백서에 생명을 다하기로 작정하고 이 작업을 수행했다고 밝혀지고 있다. 이 고백서는 1562년 라틴어로 초본이 작성되었는데 그가 죽기 전 이 고백서에 전적으로 동의했던 순교자 피터(Peter Martyr)에게 이 고백서를 보여주고 자신이 죽게 되면 잘 다듬어 추리히 시장에게 보내주기를 부탁했다.

당시 독일의 경건한 선제후 프레드릭 III세((Frederick III)는 개혁교회를 승인하고 하이델버그 교리 문답서를 공포하였다. 그러나 평화조약을 위배했다는 루터주의 제후들의 위협이 가해지자 불린저(Bullinger)에게 분명하고도 자세한 개혁파 신학에 기초한 해설서를 준비하여 이교도적이며 성경과 다른 견해를 주장하는 자들에게 자신의 입장을 변호하고 공격할 수 있는 고백서를 보내 달라고 요청했다. 이러한 배경에서 1566년 아우구스부르그 회의 때 프레드릭 III세는 왕과 루터주의자들 앞에서 목숨을 걸고 제 2 스위스 신앙고백을 바탕으로 자신의 신앙적 입장을 주장하기에 이르렀다.

제 1 장 : 하나님의 참된 말씀인 성경에 관하여

정경(正經)

우리는 거룩한 선지자들과 사도들이 기록한 구약과 신약인 정경(the canonical Scriptures)이야말로 하나님의 참된 말씀이요, 이것은 결코 인간에 의하여 그 권위를 부여받은 것이 아니라 스스로가 충분한 권위를 가지고 있다는 사실을 믿고 고백한다. 왜냐하면 하나님 자신이 친히 족장들과 선지자들과 사도들에게 말씀하셨고 오늘도 우리에게 이 성경을 통해서 말씀하기 때문이다.

그리스도의 보편적 교회는 구원에 이르는 신앙에 관련된 모든 것과 하나님 보시기에 합당한 성화의 삶을 형성하는 데 관계된 모든 것에 대한 가장 완전한 해석이 이미 성경 안에 있음을 믿고 고백한다.

성경은 모든 경건을 충분히 가르치고 있다.

그러므로 우리는 참된 지혜와 경건은 물론 교회들의 개혁과 행정이 성경에 근거해야 한다고 판단한다. 즉 경건의 모든 의무에 관한 가르침과 교리들의 근거 및 모든 오류에 대한 반론, 특히 "모든 성경은 하나님의 감동으로 된 것으로 교훈과 책망과 바르게 함과 의로 교육하기에 유익하니…(딤후 3:16-17)"라고 하는 사도의 말씀에 따르는 모든 권유는 모두 성경에 있다. 또한 사도 바울은 "이것을 네게 쓰는 것은…하나님의 집에서 어떻게 행하여야 할 것을 알게 하려 함이니…(딤전 3:14,15)"라고 디모데에게 말한다.

성경은 하나님의 말씀이다.

또한 사도 바울은 "너희가 우리에게 들은바 하나님의 말씀을 받을 때에 사람의 말로 아니하고 하나님의 말씀으로 받음이니 진실로 그러하다(살전2:13)."라고 데살로니가 사람들에게 말한다. 그도 그럴 것이 주님 자신이 복음서에서 "말하는 이는 너희가 아니라 너희 속에서 말씀하시는 자, 곧 너희 아버지의 성령이시니라(마10:20)." 그러므로 "너희 말을 듣는 자는 곧 내 말을 듣는 것이요, 너희를 저버리는 자는 곧 나를 저버리는 것이요, 나를 저버리는 자는 나 보내신 이를 저버리는 것이라(눅10:16, 요13:20)."라고 말씀하셨다.

하나님의 말씀에 대한 설교는 하나님의 말씀이다.

이 하나님의 말씀이 합법적으로 부름 받은 설교자들에 의해서 설교되어 질 때 우리는 하나님의 말씀 자체가 선포된다는 사실과 이 하나님의 말씀 자체가 믿는 자들에 의하여 받아들여진다는 사실을 믿는다. 우리는 이 말씀 이 외에 다른 말씀을 날조해 내거나 하늘로부터 내려올 것을 기대해서는 안 된다. 설교된 하나님의 말씀 자체는 그것을 설교한 사람에 관계없이 하나님의 말씀이다. 즉 그 설교자가 악한 사람이요, 죄인이라 해도 하나님의 말씀은 항상 참되고 선하다.

그러므로 참 종교에 대한 가르침과 배움이 성령의 내적 조명에 달렸다든가 "그들이 다시는 각기 이웃과 형제를 가리켜 이르기를, 너는 여호와를 알라 하지 아니하리니(렘 31:34)"와 "그런즉 심는 이나 물주는 이는 아무것도 아니로되 오직 자라게 하시는 하나님뿐이니라(고전 3:7)."고 기록되어 있다고 해서 우리의 외적 설교가 아무 소용없다고 우리는 생각하지 않는다. "아버지께서 이끌지 아니하면 아무라도 내게 올 수 없으니(요6:44)"라고 기록되어 있으며, 성령의 내적 조명을 받지 않은 사람은 결코 그리스도께로 올 수 없는 것이 사실이지만, 하나님의 말씀이 필히 외적으로 설교되어야 하는 것이 하나님의 뜻임을 우리는 알고 있다. 진실로 하나님께서는 베드로의 교역 없이 성령에 의해서 혹은 천사의 사역에 의해서 고넬료를 가르치실 수 있었다(사도행전). 그럼에도 불구하고 하나님께서는 이 고넬료를 베드로에게 보내사 "그가 네가 무엇을 해야 할 것인지 가르쳐 주리라."고 천사를 통하여 말씀하셨다.

내적 조명이 외적 설교를 배제하지 않는다.

왜냐하면 사람들에게 성령을 주사 내적으로 조명시키는 바로 그분이 동시에 그의 제자들에게 "너희는 온 천하에 다니며 만민에게 복음을 전파하라(막 16:15)."고 명령형 식으로 말씀하셨기 때문이다. 마찬가지로 바울은 빌립보에서 자주 장사인 루디아에게 말씀을 외적으로 설교하였다. 그러나 주님께서는 그 여자의 마음을 내적으로 열어 주셨다(행 16:14). 또한 동일한 바울은 그의 사상을 아름답게 전개한 다음 로마서 10:17에서 "그러므로 믿음은 들음에서 나며, 들음은 그리스도의 말씀으로 말미암았느니라."고 하는 결론에 도달하였다.

동시에 하나님께서는 외적인 교역 없이도 그가 원하시는 자에게 그가 원하시는 때에 내적 조명을 일으키실 수 있다는 것을 우리는 인정한다. 왜냐하면 하나님께서는 그렇게 하실 수 있기 때문이다. 그러나 우리는 하나님께서 명령과 실례들을 통해서 우리에게 계시해 주신대로 사람들을 가르칠 때 보통 방법대로 한다.

이단들

그래서 우리는 성경이 성령에 기원했음을 부인하거나 성경의 어떤 부분은 받아들이지 않거나 성경의 일부를 왜곡시키거나 삽입시키는 아르테몬(Artemon), 마니교, 발렌티누스, 켈돈(Cerdon) 및 말시온 같은 모든 이단들을 배격한다.

외경(外經)

그러나 고대의 학자들이 구약의 어느 책들을 외경이라 부르기도 했다. 다른 이들은 교회문서(Ecclesiastical)라고 불렀다는 사실을 우리는 숨기지 않는다. 고대의 어떤 이들은 교회에서 그것을 읽게 하기는 했으나 신앙 확립의 근거가 될 만큼 권위를 지닌 것으로 생각하지는 않았다. 예컨대, 어거스틴의 그의 「신국론」 제18권, 38장에서 다음과 같이 언급했다. "열왕기 상하에서는 어떤 예언자들의 이름과 책이 인용되고 있으나" 라고 하면서 "그러나 그것들이 정경에는 없다."고 덧붙여 말했고, "우리가 가지고 있는 그러한 책들은 우리의 경건을 위해서 도움이 될 뿐이다." 라고 못 박았다.

제 2 장 : 성경의 해석과 교부들, 공의회들 및 전통들에 관하여

성경의 참된 해석

사도 베드로는 성경을 사사로이 해석해서는 안 된다고 말했다(벧후 1:20). 이처럼 우리도 누구나 마음대로 성경을 해석할 수 있다고 생각하지 않는다. 그렇다고 우리는 모든 사람들에게 받아들이도록 강요하는 로마 가톨릭의 성경해석을 참되고 순수한 해석으로 받아들이지 않는다. 우리는 성경 전체에서 나온 성경해석이라야 정통적이요, 참되다(기록된 본문의 언어적 본성과 성경이 기록될 당시의 상황을 고려하여 해석해야 하고 비슷한 구절들과 단락들, 서로 다른 구절들이나 단락들, 많은 구절들과 단락들 및 보다 더 명백한 구절들과 단락들을 상호 비교하여 해석해야 한다.) 고 주장하며 신앙과 사랑의 규범에 일치하며 하나님의 영광과 인간의 구원에 크게 공헌하는 성경해석이라야 정통적이며 참되다고 주장한다.

교부들의 성경해석

우리는 희랍 교부들이나 라틴 교부들의 성경해석들이나 이들의 논쟁이나 논문들이 성경과 일치하는 한 무시하지 않는다. 그러나 만일 이들의 글이 성경과 다르거나 정반대되는 것을 가르칠 때 우리는 정중하게 이들에게 이의를 제기한다. 이렇게 한다고 해서 우리가 이들에게 무슨 잘못을 저지르는 것이 아니다. 그도 그럴 것으로 여기지 않고, 오히려 우리에게 자신들의 글이 얼마나 성경과 일치하며 일치하지 않는가를 증명하기를 명령하며 일치하는 부분은 받아들이고 일치하지 않는 부분은 받아들이지 말라고 명령한다.

공의회(Councils)

교회 공의회들이 결정하여 선포한 교령(敎令)들, 교리들, 및 교회법 역시 성경의 심판을 받아야 한다. 우리는 종교에 관한 논쟁이나 신앙에 관한 문제에 있어서 다만 교부들의 의견이나 공의회의 결정사항에 의존해서는 안 된다. 하물며 관습에 의해서나 같은 의견을 가진 사람들의 많은 수나 오랫동안 기득권으로 인정된 진리에 의해서도 결코 우리는 종교와 신앙문제를 쉽게 결정해 버릴 수 없다. 판정자는 누구인가? 판정자는 오직 하나님뿐이시다. 성경에 의하여 무엇이 참이고, 무엇이 거짓이고, 우리가 무엇을 따라야 하고, 무엇을 피해야 하나를 선포하시는 분은 오직 하나님 자신이시다. 따라서 우리는 하나님의 말씀에 근거한 영적인 사람들의 판단들에 동의한다. 사실 예레미야와 다른 선지자들은 하나님의 법도에 어긋나는 제사장들의 회집을 맹렬히 정죄하면서 부지런히 우리에게 경고하기를 조상들의 가르침에 귀를 기울이지 말고 하나님의 법도를 떠나 마음대로 살아가는 저들의 뒤를 따르지 말라고 하였다.

인간의 전통

마찬가지로 우리는 인간의 전통을 배격한다. 비록 이 전통들이 사도들의 살아 있는 음성에 의하여 교회에게 주어진바 마치 신(神)적이고 사도적인 것처럼 허울 좋은 제목으로 장식되었고, 또 사도시대 사람들에 의하여 그 후계자인 감독들에게 전해졌다고 해도 성경에 어긋나는 한 이것들은 결코 사도적 전승이 아니라 인간들의 전통들이다. 왜냐하면 사도들이 교리에 있어서 자기모순에 빠진 일이 없었던 것처럼 사도시대의 사람들은 사도들과 반대되는 것들을 가르치거나 기록하지 않았다. 사실은 그와 반대로 사도들이 살아 있는 음성으로 전한 것들이 그들의 기록된 문서들과 다르다고 주장하는 것은 악질적이기까지 한 것이다. 바울은 모든 교회에서 동일한 내용을 가르쳤다고 분명하게 주장한다(고전 4:17). 또한 그는 "오직 너희가 읽고 아는 것 외에 우리가 다른 것을 쓰지 아니하노니(고후 1:13)"라고 하였다. 또한 그의 서신 중 다른 곳에서 바울은 자신과 자신의 제자들, 즉 사도시대의 사람들은 모두 같은 삶을 살았고 동일한 성령의 역사를 따라 모든 일을 해냈다(고후 2:18)고 증언한다. 이 뿐만 아니라 유대인들 역시 일찍이 장로들의 전통을 가지고 있었는데, 주님께서는 이와 같은 전통들을 전적으로 배격하셨다. 즉 주님은 저들이 이 전통을 지킴으로 하나님의 법도를 버렸고 하나님을 헛되이 예배하였다고 말씀하였다(마 15:1 이하, 막 7:1 이하).

제 3 장 : 하나님, 그의 통일성과 삼위일체에 관하여

하나님은 한 분이시다.

하나님은 본질이나 본성에 있어서 하나이시며, 스스로 존립하시고, 자족하시며, 눈에 보이지 아니하시고, 육체를 지니지 아니하시며, 공간을 초월하사 광대하시고, 시간을 초월하사 영원하시며, 보이는 것과 보이지 않는 모든 것의 창조자이시고, 최대의 선(善)이시며, 살아 계셔서 모든 것을 생동시키시고 보존하시며, 전능하시고 가장 지혜로우시며, 친절하시고 자비하시며, 의(義)로우시고 참되시다는 사실을 우리는 믿고 가르친다. "우리 하나님 여호와시니(신 6:4)," "나는 너희 하나님 여호와라. 너는 나 외에는 다른 신들을 네게 있게 말지니라(출 20:2-3)," "나는 여호와라. 나 외에 다른 이가 없나니 나밖에 신이 없느니라…. 나 외에 다른 신이 없나니 나는 공의를 행하며 구원을 베푸는 하나님이라. 나 외에 다른 이가 없느니라(사 45:5, 21)," "여호와로라. 여호와로라. 자비롭고 은혜롭고 노하기를 더디 하고 인자와 진실이 많은 하나님이로라(출 34:6)." 등의 기록된 말씀 까닭에 우리는 다른 신들을 배격한다.

하나님은 삼위(三位)다.

그럼에도 불구하고 우리는 이 광대하시고 불변하시고 하나이시며, 나뉠 수 없는 동일한 하나님께서 성부와 성자와 성령으로 구별되시지만, 이분의 삼위의 인격은 결코 분리되거나 혼동 될 수 없다는 것을 믿고 가르친다. 성부는 성자를 영원부터 낳으시고, 성자는 형언할 수 없는 출생방법에 의하여 낳으심을 받으셨으며, 성령은 진실로 성부와 성자에게서 발출하시고, 이 성령 역시 영원부터 계시며 성부와 성자와 더불어 예배를 받으셔야 한다.

이렇게 해서 본질이 같으시고 영원성이 같으시며 피차 동등하신 삼 위격(Three Persons: 三位格)이 있는 것이지 세 하나님이 있는 것이 아니다. 위격에 있어서는 구별이 있으며, 순서에 있어서도 어느 하나가 다른 하나보다 먼저 올 수도 있으나, 이 삼위는 서로 동등하다. 왜냐하면 이 삼위는 성자와 성령은 신성(神性)을 공유하고 계신다.

성경은 삼 위격의 분명한 구별을 계시했다. 예컨대, 천사는 동정녀 마리아에게 다른 말과 더불어 "성령이 네게 임하시고 지극히 높으신 이의 능력이 너를 덮으시리니 이러므로 나실 바 거룩한 자는 하나님의 아들이라 일컬으리라(눅 1:35)."고 말했고, 그리스도께서 세례를 받으실 때에 "이는 내 사랑하는 아들이요(마 3:17)."라고 하는 그리스도에 관한 소리가 하늘에서 들렸다. 성령은 또한 비둘기의 모양으로도 나타나셨다(요1:32). 또한 주님 자신이 사도들에게 세례를 베풀라고 명령하셨을 때, "아버지와 아들과 성령의 이름으로(마 28:19)" 하도록 명령하셨다. 우리 주님은 복음서의 다른 곳에서 "아버지께로서 너희에게 보낼 보혜사, 곧 아버지께로서 나오시는 진리의 성령이 오실 때에 그가 나를 증거 하실 것이요(요 15:26)."라고 말씀하셨다. 간단히 말하면 우리는 사도신경을 받아들인다. 그것이 우리에게 참 믿음의 내용을 전해 주기 때문이다.

이단들

그러므로 우리는 거룩하시고 예배 받으실 만한 삼위일체 하나님을 모독하는 유대인들과 회교도(이슬람교도 혹은 모하메드교도) 등 모든 이단자들을 정죄한다. 성자와 성령은 명목상으로만 하나님이시라든지, 삼위일체 안에는 피조된 그 무엇으로서 다른 위격의 수단에 불과하거나 다른 위격에 종속하는 그 무엇이 있다든가, 그 안에 동등치 않은 무엇이 있으며, 대소(大小)가 있거나 육체적인 무엇이나 육체적으로 이해된 그 무엇이 있다던가, 의지에 관하여 피차 상이하다든지, 어느 하나가 동떨어져 나가든지, 아니면 피차 혼동된다든지, 즉 마치 성자와 성령은 한 분 성부의 심정의 표출이요, 특성에 불과한 것처럼 생각하는 모든 이단자들을 정죄한다. 군주신론자, 노바티안, 프락세아스, 성부수난주의자들, 양태론자인 사벨리우스, 사모사타의 바울과 아에티우스, 마케도니우스, 신인동형론자들, 그리고 아리우스 등이 그렇게 생각했다.

제 4 장 : 하나님, 그리스도, 그리고 성자들의 우상들과 형상들에 관하여

하나님의 형상들

하나님은 영(靈)으로서 본질상 가시적(可示的)이 아니요, 광대불변하시기 때문에 예술이나 형상에 의하여 표현될 수 없다. 이러한 이유에서 우리는 하나님에 대한 모든 형상들은 허상에 지나지 않는다고 하는 사실을 성경과 더불어 거침없이 말할 수 있다. 그러므로 우리는 이방인들의 우상들뿐만 아니라 그리스도인들의 형상들까지 배격한다.

그리스도의 형상들

그리스도께서 성육신 하신 것이 사실이지만 조각가나 화가의 모델이 되시기 위하여 그렇게 인간의 형상을 입으신 것은 아니다. 그는 "율법과 선지자를 폐하려 온 것(마 5:17)"이 아니라고 하셨다. 그런데 율법과 선지자들(신 4:15, 사 44:9)은 형상들을 금지하였다. 그리스도께서는 그의 육체적 임재가 교회에게 유익하다는 사실을 부인하시면서 성령을 통하여 영원히 우리에게 가까이 계실 것(요 16:7)을 약속하셨다. 그러므로 그의 육체의 모양들이 경건한 사람들에게 유익을 주리라고 믿는 사람이 어디 있겠는가(고후 5:5)? 그리스도께서는 그의 성령에 의하여 우리 안에 거하시기 때문에, 우리는 하나님의 성전이다(고전 3:16). 그런즉 "하나님의 성전과 우상이 어찌 일치가 되리요(고후 6:16)?"

성자들의 형상들

하늘에 있는 축복 받은 영들과 성자들은 지상에 사는 동안 자신들에 대해서 예배하거나 어떤 형상을 만들거나 하는 것을 배격했고 정죄했다. 그런데 이 하늘에 있는 성자들과 천사들, 그리고 사람들이 자신들의 형상 앞에서 무릎을 꿇거나, 모자나 수건을 벗고 경배하는 것을 어찌 기뻐하랴.

사실 주님은 복음의 설교(막 16:15)를 명령하사 사람들에게 하나님에 관한 것과 이들의 구원에 관한 것을 생각나게 하며 기독교를 교육하게 하셨다. 결코 주님께서는 그림을 그리거나 그림들을 수단으로 하여 평신도들을 가르치라고 명령하시지 않으셨다. 뿐만 아니라 주님은 세례와 성만찬이라고 하는 성례전을 제정하셨다. 그는 그 어디에서도 형상들을 만들어 세운 일이 없으시다.

평신도의 성경

우리가 어느 방향으로 눈을 돌리든 우리는 하나님의 살아 있고 참된 피조물들을 본다. 이 피조물들을 정당하게만 관찰한다면 사람의 손으로 만들어진 모든 형상들이나 허망 되고 움직임이 없고 힘이 없고 죽은 그림들보다 이 피조물들이 보는 사람들에게 훨씬 더 생생한 인상을 줄 것이다. 이에 대하여 선지자는 "눈이 있어도 보지 못한다(시 115:5)."고 하였다.

락탄티우스

그러므로 우리는 고대 작가인 락탄티우스의 다음과 같은 판단을 인정한다. 즉, "형상이 있는 곳에는 결코 기독교가 존재할 수 없다."는 사실은 의심의 여지가 없다.

에피파니우스와 제롬

에피파니우스 감독이 교회의 문에서 그리스도 혹은 성자 같은 그림이 그려져 있는 베조각을 발견하자 그것을 뜯어냈다. 이것은 성경의 권위에 위배되기 때문에 옳은 행동이었다고 우리는 또한 주장한다. 이때 이래로 그는 참 종교에 어긋나는 그러한 화폭들을 그리스도의 교회 안에 걸지 못하게 하였고 그리스도의 교회와 믿는 신도들에게 전혀 무가치한 그 문제의 형상들을 치워 버리게 하였다. 그 뿐만 아니라 우리는 참 종교에 관한 어거스틴의 다음과 같은 의견에 동의한다. 즉, "사람들의 작품에 대한 예배를 우리의 종교로 삼지 말자. 예술작품보다 이것을 만든 예술가 자신들이 더 훌륭하지만, 우리는 예술작품도 예술가도 예배해서는 안 된다(참된 종교에 관하여 제55장)."

제 5 장 : 유일하신 중보자 예수 그리스도를 통한 하나님의 숭배와 예배와 기원(Invocation)

하나님만이 숭배와 예배를 받으셔야 한다.

참 하나님만이 숭배를 받고 예배를 받아야 한다고 우리는 가르친다. "주 너의 하나님께 경배하고 다만 그를 섬기라(마 4:10)."고 하신 주님의 명령대로 우리는 이 예배와 숭상을 그 어느 누구에게도 그 무엇에게도 돌리지 않는다. 진실로 모든 선지자들은 이스라엘 백성이 유일의 참 하나님을 떠나 이상한 신들을 숭상하고 예배할 때마다 이들을 엄히 꾸짖으셨다. 그러나 우리는 하나님 자신이 가르쳐 주신 대로 하나님을 숭배하고 예배해야 한다고 가르친다. 즉, "신령과 진정으로(요 4:23 이하)" 해야 하고 미신에 의해서 예배해서는 안 된다. 이것이 그의 말씀에 따라 성실하고 진지하게 드리는 예배이다. 어느 때고 그가 우리에게 "누가 너희 손으로부터 이런 것들을 요구했는가(사 1:12, 렘 6:20)?" 라는 말씀이 나오게 해서는 안 되기 때문이다. 바울도 말하기를 "하나님은 무엇이 부족하신 것처럼 사람의 손으로 섬김을 받으시는 것이 아니니(행 17:25)" 라고 말한다.

하나님과 우리 사이의 중보는 한 분 예수 그리스도뿐이시며 우리는 이 그리스도를 통해서만 하나님을 부를 수 있고 하나님께 기도할 수 있다. 우리는 인생의 모든 위기들과 시련을 만날 때에 오직 우리의 유일하신 중보자이시오, 우리를 위해 중보의 기도를 올리시는 예수 그리스도를 명상함으로 하나님을 부르짖는다. "환난 날에 나를 부르라. 내가 너를 건지리니 네가 나를 영화롭게 하리로다(시 50:14)."라고 우리는 분명히 명령받았기 때문이다. 그 뿐만 아니라 우리는 주님으로부터 다음과 같은 은혜로운 약속을 받았다. 즉 "너희가 무엇이든지 아버지께 구하는 것을 내 이름으로 주시리라(요 16:23)." 그리고 "수고하고 무거운 짐진자들아 다 내게로 오라. 내가 너희를 쉬게 하리라(마 11:28)." 또한 "저희가 믿지 아니하는 이를 어찌 부르리요(롬 10:14)."라고 기록되어 있으며, 우리는 오직 하나님만을 믿기 때문에 우리는 하나님만을 부르짖는데, 오직 그리스도를 통해서만 그렇게 부른다. 그도 그럴 것이 "하나님은 한 분이시오, 또 하나님과 사람 사이에 중보도 한 분이시니, 곧 사람이신 그리스도 예수라(딤전 2:5)." 또한 "만일 누가 죄를 범하면 아버지 앞에서 우리에게 대언자가 있으니, 곧 의로우신 예수 그리스도시라(요일 2:1)."고 사도는 말한다.

우리는 성자들(Saints)을 숭배하거나, 예배하거나, 기도를 위해 부르짖어도 안된다. 이러한 이유에서 우리는 하늘에 있는 성자들이나 다른 신들을 숭배하거나, 예배하거나, 기도를 위해 부르짖어도 안 된다. 이들은 하늘에 계신 아버지 하나님 앞에서 결코 우리의 중보자가 될 수 없고 우리를 위해서 중보의 기도를 올리는 자도 아니다. 왜냐하면 우리에겐 하나님과 중보자이신 예수 그리스도만으로 충분하기 때문이다. "내 영광을 다른 자에게 …주지 아니하리라(사 42:8)."고 하는 이사야의 분명한 말씀과 "다른 이로서는 구원을 얻을 수 없나니 천하 인간에게 구원을 얻을 만한 다른 이름을 우리에게 주신 일이 없음이니라(행 4:12)." 고 하는 베드로의 말씀이 있으므로 우리는 하나님과 그의 아들에게만 마땅히 돌려야 할 영예를 다른 것들에게 드리지 않는다. 믿음으로 예수 그리스도에게 동의한 사람들은 그리스도 안에 있는 사람들로서 그리스도를 떠나서는 아무 것도 추구하지 않는다.

성자들에게 돌려야 할 존경
동시에 우리는 성자들을 멸시하거나 천하게 생각하지 않는다. 왜냐하면 이들은 그리스도의 살아 있는 지체요, 육체와 이 세상을 영광스럽게 극복한 하나님의 친구들이라고 우리가 인정하기 때문이다. 이 때문에 우리는 이들을 형제로서 사랑하고, 또한 이들을 존경하되 예배하는 것은 결코 아니며, 다만 이들을 존경하고 칭찬할 뿐이다. 그리고 우리는 이들을 모방한다. 우리는 이들의 믿음과 덕행을 열렬히 모방하기를 열망하고 영원한 구원을 이들과 나누어 가지며 하나님의 존전에서 이들과 함께 영원히 거하고 그리스도 안에서 이들과 함께 영원토록 즐거워하기를 갈망하기 때문이다. 이러한 관점에서 우리는 어거스틴이 그의 저서 「참 종교에 관하여」(De vera Religione)에서 주장한 다음의 의견을 인정한다. 즉 "우리의 종교가 죽은 자들의 예배(cult)가 되지 않기를 바란다. 왜냐하면 비록 이들이 거룩한 삶을 영위했다고 해도 이들 자신은 그와 같은 영예를 추구했다고 여겨질 수는 없다. 오히려 이와는 반대로 이들은 우리들이 예수 그리스도를 예배하기를 바라며 이 그리스도의 조명에 의하여 우리들이 그리스도의 공로에 함께 동참하고 있는 종들이라는 사실을 이들은 기뻐하기 때문이다. 그러므로 이들은 우리의 모방에 의해서 영예를 받아야 하지 종교적인 방법으로 영예를 받아서는 안 된다."는 것이다.

성자의 유해

성자들의 유물이 숭배 받고 존경받아야 한다는 사실을 우리는 더더욱 믿지 않는다. 고대의 성도들은 죽은 자들의 영혼이 높이 올라간 후에 이들의 유물을 땅에 정중히 묻어두는 것으로 이 죽은 자들을 충분히 존경했다고 생각한 것 같다. 이 고대의 성도들은 자기들의 조상의 가장 고귀한 유물이란 이들의 덕목, 신학, 그리고 이들의 신앙이라고 생각하였다. 그 뿐만 아니라 이 고대의 신도들은 죽은 자들을 칭찬하면서 이들의 '유물'을 칭찬하고 천거함으로 이들은 이 땅 위에서 사는 날 동안 이 '유물' (덕목, 신학, 신앙)을 모방하려고 애쓴다.

하나님 이름으로 만의 맹세

이 고대의 기독교인들은 성경이 명하는 대로 유일하신 하나님 여호와의 이름으로만 맹세했다. 다른 신들의 이름으로 맹세하는 것은 금지되었기 때문에(출 23:13, 신 10:20) 우리는 성자들을 향하여 맹세해서는 안 된다. 이 맹세는 성경이 요구하는 것이 아니다. 그러므로 우리는 이 모든 일에 있어서 하늘에 있는 성자들에게 너무 과다한 것을 돌리는 교리를 배격한다.

제 6 장 : 하나님의 섭리에 관하여

모든 것은 하나님의 섭리에 의하여 통치되고 있다.

우리는 하늘과 땅 위에 있는 모든 것과 모든 피조물 안에 있는 모든 것은 이 지혜롭고 영원하시고 전능하신 하나님의 섭리에 의하여 보존되고 통치되고 있음을 믿는다. "여호와는 모든 나라 위에 높으시며 그 영광은 하늘 위에 높으시도다. 여호와 우리 하나님과 같은 자 누구리요? 높은 위에 앉으셨으나…천지를 살피시는 이는 누구리요(시 113:4 이하)?" 또한 "나의 모든 행위를 익히 아시오니…내 혀의 말을 알지 못하시는 것이 하나도 없으시니이다(시 139:3 이하)." 라고 다윗이 증거 하여 말했기 때문이요, 또한 "우리가 그를 힘입어 살며 기동하며 있느니라(행 17:28)." "이는 만물이 주에게서 나오고 주로 말미암고 주에게로 돌아감이라 영광이 그에게 세세에 있으리로다. 아멘(롬11:36)." 이라고 바울도 증거하여 선포했기 때문이다. 그러므로 어거스틴이 그의 저서「그리스도의 투쟁에 관하여」(De Agone Christi, 8장)에서 다음과 같이 말한 것은 진리요, 성경적 근거를 갖는다. "주의 말씀에 의하여 참새 두 마리가 한 앗사리온에 팔리는 것이 아니냐? 그러나 너희 아버지께서 허락지 아니하시면 그 하나라도 땅에 떨어지지 아니하리라(마 10:29)." 어거스틴은 이렇게 말함으로 인간이 보기에 전혀 가치 없어 보이는 것일지라도 하나님의 전능에 의해서 통치를 받는다는 사실을 보여 주고자 하였다. 그도 그럴 것이 진리이신 그리스도께서 공중의 새도 하나님에 의하여 양육 받으며 들의 백합화도 하나님에 의하여 옷 입혀진다고 말씀하셨고 하나님께서는 우리의 머리털까지도 헤아릴 수 있다고 말씀하셨기 때문이다(마 6:26 이하).

에피큐리안 학파

그러므로 우리는 하나님의 섭리를 부인하는 에피큐리안 학파 사람들을 정죄하며 하나님은 하늘의 일에만 바쁘시고 우리와 우리의 일은 전혀 아랑곳 하시지도 않는다고 불경스럽게 주장하는 모든 사람들을 정죄한다. 궁정 선지자 다윗은 이렇게 정죄 하였다. "여호와여, 악인이 언제까지 개가를 부르리이까? 그들은 말하기를 여호와가 보지 못하며 야곱의 하나님이 생각지 못하리라 하나이다. 백성 중 우준한 자들아, 너희는 생각하라. 무지한 자들아, 너희가 언제나 지혜로울꼬? 귀를 지으신 자가 듣지 아니 하시랴, 눈을 만드신 자가 보지 아니하시랴(시 94:3, 7-9)?"

무시되어서는 안 될 수단들

그럼에도 불구하고 우리는 하나님의 섭리가 이루어지는 수단을 불필요한 것으로 생각한 나머지 그것들을 일축해 버려서는 안 된다. 우리는 오히려 이 수단들에게 우리 자신을 적응시켜야 할 것을 가르친다. 그러므로 우리는 만사가 하나님의 섭리에 의존함으로 우리의 노력과 정진은 전혀 헛된 것이라고 주장하는 자들의 경솔하고 무모한 말을 인정치 않는다. 우리는 모든 것을 하나님의 섭리의 주관에 맡기고, 우리는 그 무엇에 대하여도 근심과 걱정을 할 필요가 없으며, 그 무슨 행동도 할 필요가 없다고 하는 저들의 주장은 경솔하고 무모하다고 말한다. 비록 "네가 예루살렘에서 나의 일을 증거 한 것같이 로마에서도 증거 하여야 하리라(행 23:11)."고 말씀하셨고, "너희 중 생명에는 아무 손상이 없겠고… 머리터럭 하나라도 잃을 자가 없느니라(행 27:22, 34)."고 덧붙여 약속하신 하나님의 섭리 하에 바울은 백부장과 선원들에게 "이 사람들이 배에 있지 아니하면 너희가 구원을 얻지 못하리라(행 27:31)." 고 말했다.

그도 그럴 것이 모든 것의 목적을 설정하신 하나님께서는 시작을 정하셨을 뿐만 아니라 목적에 이르는 수단들을 정하셨기 때문이다. 이교도들은 모든 일이 맹목적인 행운과 불확실한 우연에 의하여 일어난다고 본다. 그러나 성 야고보는 "오늘이나 내일이나 우리가 아무 도시에 가서 거기서 일 년을 유하여 장사하여 이를 보리라."고 말하기를 원치 아니하고, 덧붙여 "너희가 도리어 말하기를 주의 뜻이면 우리가 살기도 하고 이것저것을 하리라(약 4:13,15)."고 말하였다. 어거스틴은 그래서 "허망된 사람에게는 본성상 우연히 일어나는 것 같은 모든 일이 사실은 하나님의 말씀에 의해서 일어난다. 왜냐하면 그 모든 것은 하나님의 명령에 의해서만 일어나기 때문이다(시편강해 148)." 고 말하였다. 사울이 그의 아버지의 나귀를 찾다가 예기치 않게 선지자 사무엘을 만난 것은 단순히 우연한 일인 것처럼 보이나, 주님께서는 이 선지자에게 미리 다음과 같이 말씀하셨다. 즉, "내일 이맘때에 내가 베냐민 땅에서 한 사람을 보내리라(삼상 9:16)."

제 7 장 : 만물의 창조, 즉 천사와 마귀와 사람의 창조에 관하여

하나님은 모든 것을 창조하셨다.

이 선하시고 전능하신 하나님은 자신과 마찬가지로 영원하신 말씀에 의하여 보이는 것과 보이지 않는 모든 것을 창조하셨고 또한 하나님과 말씀과 더불어 영원하신 성령에 의하여 그 모든 피조물을 보존하신다. 다윗은 이 사실을 "여호와의 말씀으로 하늘이 지음이 되었으며 그 만상이 그 입기운으로 이루었도다(시33:6)"라는 말로 증거 하였다. 성경에 의한, 즉 하나님이 창조하신 것은 무엇이든지 다 선하며 사람들의 유익과 이용을 위해서 지음 받았다. 이제 우리는 모든 피조물이 한 시작에서 나왔다고 주장한다.

마니교 사람들과 말시온주의자들

우리는 마니교 사람들과 말시온주의자들을 정죄한다. 왜냐하면 이들은 두 실체와 두 본성이 있다고 하는 불경스러운 상상을 가지고 하나는 선하고 다른 하나는 악하다고 보며 두 시작과 두 신이 서로 대결하고 있다고 하는 상상을 가지고 하나는 선하고 다른 하나는 악하다고 하기 때문이다.

천사와 마귀에 관하여

피조물들 가운데 천사와 사람이 가장 탁월하다. 성경은 천사에 관하여 "바람으로 자기 사자를 삼으시며 화염으로 자기 사역자를 삼으시며(시104:4)"라고 했으며, "모든 천사들은 부리는 영으로서 구원 얻을 후사들을 위하여 섬기라고 보내심이 아니뇨(히1:14)?"라고 했다. 마귀에 관하여 주 예수님 자신이 "너희는 너희 아비 마귀에게서 났으니 너희 아비의 욕심을 너희도 행하고자 하느니라. 저는 처음부터 살인한 자 요. 진리가 그 속에 없으므로 진리에 서지 못하고 거짓을 말할 때마다 제 것으로 말하나니 이는 저가 거짓말쟁이요. 거짓의 아비가 되었음이니라(요8:44)."고 말씀하셨다. 따라서 우리는 이렇게 가르친다. 즉, 어떤 천사는 끝까지 순종함으로 하나님과 인간을 섬기는 신실한 종의 임무를 위임받으나 다른 천사들은 자신들의 자유의지의 남용으로 타락하여 멸망에 떨어져 모든 선하고 신실한 사람들의 원수가 되고 말았다.

인간에 관하여

사람에 관하여 성경은 태초에 사람이 하나님의 형상과 모양에 따라 선하게 창조되었고, 하나님이 그를 낙원 안에 두셨고, 만물을 이 사람에게 복종시켰다(창2). 고 말한다. 이 내용은 다윗이 시편 8에서 훌륭하게 표현하고 있는 것과 같다. 그 뿐만 아니라 하나님은 그에게 아내를 주어서 그를 축복하셨다. 우리 역시 인간의 한 인격 안에는 두 개의 서로 다른 실체가 있음을 주장한다. 즉 하나는 불멸의 영으로서 육신으로부터 분리될 경우 자지도 않고 죽지도 않으며, 다른 하나는 죽어야 할 육체로서 최후심판 때에 죽은 자들 가운데서 부활할 것이니 살아 있는 때이든 죽어서든 간에 전인(全人)이 영원히 보존되는 것이다.

이단들

우리는 영혼의 불멸성을 비웃거나 교묘한 이론에 의하여 이것을 의심하는 사람들과 육체가 죽은 후 영혼은 잠을 자고 있다든지 영혼은 하나님의 한 부분이라고 말하는 모든 사람들을 정죄한다. 간단히 말해서 우리는 아무리 많은 사람들의 의견이라도 그것이 창조와 천사와 마귀와 사람에 관하여 그리스도의 사도적 교회의 성경이 우리에게 전해 준 진리와 어긋나는 것이라면 그러한 모든 의견을 정죄 한다.

제 8 장 : 인간의 타락과 죄와 죄의 원인에 관하여

인간의 타락

태초에 하나님의 형상대로 지음 받은 인간은 의롭고, 참으로 거룩하고, 선하고 정직했다. 그러나 인간이 뱀의 유혹과 본인의 잘못으로 선과 의를 버렸을 때 그는 죄와 죽음과 온갖 참화에 종노릇하게 되었다. 따라서 아담의 모든 후손도 아담처럼 죄와 죽음과 온갖 참화에 종노릇하게 되었다.

죄

죄란 인간의 내적인 부패이다. 이것은 우리 인류의 처음 부모에게서 기원하여 우리 안에 확산되어 있는 것으로 우리는 이 내적인 부패로 말미암아 사악한 욕망에 빠져 있고 선을 싫어하고 모든 악에 대한 성향을 갖는다. 우리는 온갖 사악과 하나님에 대한 불신과 경멸과 증오로 가득 차 있기 때문에 그 어떤 선행도 할 수 없으며 선에 대하여 스스로 생각조차 할 수 없을 정도다. 그 뿐만 아니라 우리가 나이를 먹어 감에 따라 마치 못된 나무가 썩은 열매를 맺듯이 우리는 하나님의 법도에 어긋나는 우리 자신의 악한 언행심사에 의하여 썩은 열매를 맺을 뿐이다(마12:33). 이런 까닭에 우리는 마땅히 우리 자신의 과오로 하나님의 진노를 받으며 하나님의 의로운 형벌을 받는다. 그 결과 구원자이신 그리스도께서 우리를 구원하시지 않으셨다면 우리 모두는 하나님에 의하여 버림을 받았을 것이다.

죽음

죽음이란 우리 모두가 죄 때문에 한 번은 당하고야 말 육체의 죽음을 의미할 뿐만 아니라 우리의 죄와 부패로 말미암는 영원한 형벌이다. 왜냐하면 사도바울이 다음과 같이 말했기 때문이다. 즉, "너희의 허물과 죄로 죽었던 너희를 살리셨도다. 그 때에 너희가 그 가운데서 행하여 이 세상 풍속을 좇고 공중의 권세 잡은 자를 따랐으니 곧 지금 불순종의 아들들 가운데서 역사하는 영이라. 전에는 우리도 다 그 가운데서 우리 육체의 욕심을 따라 지내며 육체와 마음의 원하는 것을 하여 다른 이들과 같이 본질상 진노의 자녀이었더니 긍휼에 풍성하신 하나님이 우리를 사랑하신 그 큰사랑을 인하여 허물로 죽은 우리를 그리스도 예수와 함께 살리셨고 (너희가 은혜로 구원을 얻은 것이라)(엡2:1-5)," "이러므로 한 사람으로 말미암아 죄가 세상에 들어오고 죄로 말미암아 사망이 왔나니 이와 같이 모든 사람이 죄를 지었으므로 사망이 모든 사람에게 이르렀느니라(롬5:12)."

원죄

그러므로 우리는 모든 인간 안에는 원죄가 있다는 사실을 인정한다.

근본죄(행동죄)

우리는 원죄로부터 나오는 모든 다른 죄들도 참으로 죄임을 인정한다. 이 죄들이 어떤 이름에 의하여 일컬어진다 해도, 가령 죽을죄이든, 용서받을 수 있는 가벼운 죄이든, 용서받을 길 없는 성령 거역 죄이든 간에(막3:29, 요일5:16) 이 모든 죄들은 죄임에 틀림없다. 그러나 부패와 불신앙이라고 하는 동일한 원천에서 이 죄들이 나왔으나 이 죄들은 모두 동일하지 않다는 사실을 고백한다. 분명히 더 심각한 죄들과 덜 심각한 죄들이 있다. 주님의 말씀에 의하면 소돔이 복음을 거역한 도시보다 더 견디기 쉬웠다고 하는 사실이다(마10:14, 11:20).

이단들

우리는 위의 사실과 어긋나게 가르치는 모든 사람들을 정죄한다. 특히, 펠라기우스와 모든 펠라기우스주의자들 및 스토아학파 사람들과 더불어 모든 죄를 동일시하는 요비니우스주의자들(Yovinians)을 우리는 정죄한다. 이 모든 일에 있어서 우리는 성경에서 모든 근거를 찾으며 성경에 입각하여 그의 견해를 변호하는 어거스틴의 견해에 동의한다. 그 뿐만 아니라 우리는 이레니우스의 논적이었던 플로리누스(Florinus)와 불라스

투스(Blastus)를 정죄하며 하나님이 죄의 원인이라고 가르치는 모든 사람들을 정죄한다.

하나님은 죄의 저작자가 아니다. 하나님은 어느 정도까지 인간을 강퍅하게 하신다고 우리는 말해야 하나?

성경은 "주는 죄악을 기뻐하는 신이 아니시니 악이 주와 함께 유하지 못하며(시 5:4)"라고 분명히 말씀하고 또한 "너희는 너희 아비 마귀에게서 났으니 너희 아비의 욕심을 너희도 행하고자 하느니라. 저는 처음부터 살인한 자요 진리가 그 속에 없으므로 진리에 서지 못하고 거짓을 말할 때마다 제 것으로 말하나니 이는 저가 거짓말장이요 거짓의 아비가 되었음이니라(요8:44)."라고도 말씀하셨다. 그 뿐만 아니라 이미 우리 속에 죄성과 부패가 넘치도록 있기 때문에 하나님께서는 우리 속에 더 큰 사악함과 완고함을 다시 넣으실 필요가 없으시다. 그러므로 성경에서 하나님께서는 사람의 마음을 강퍅케 하고, 눈멀게 하고, 버림받은 마음 그대로 내버려 두신다고 할 때 하나님께서는 의로운 심판자와 복수자로서 그것을 의로운 심판에 의해서 그렇게 하시는 것이다.

끝으로 성경에서 종종 하나님께서 악한 일을 행하게 하신다고 말해지거나 그렇게 보일 때가 있는데 그것은 인간이 악을 행하지 않는다는 말이 아니고, 하나님께서 그의 의로운 심판에 따라 그렇게 하도록 허락하시든가 그렇게 하는 것을 막지 아니하신다는 말이다. 물론 하나님께서는 원하실 경우 그것을 막으실 수도 있으며 요셉의 형제들이 죄를 범하는 경우에서처럼 하나님께서는 인간의 악을 선으로 바꾸어 놓으시기도 하시고 죄가 적정선 이상으로 폭발하거나 광분할 것을 우려하여 죄를 제거하시기 때문에 하나님께서는 죄를 허용도 하시고 미리 방지도 하시는 것이다. 어거스틴은 그의 저서 입문서 (Enchiridion)에서 "하나님의 뜻에 반대하여 일어나는 모든 일도 놀랍고도 형언할 수 없는 방법으로 하나님의 뜻을 따라 일어나는 것이다. 하나님이 허락하시지 않는 일은 일어날 수 없다. 그러나 하나님께서는 그것을 마지못해 허락하시는 것이 아니라 쾌히 허락하신다. 선하신 하나님께서는 악이 저질러지는 것을 허락하지 않으실 것이다. 필경 하나님은 전능하신 까닭에 악으로부터 선을 만드실 수 있기에 악을 허용하시는 것이다."라고 말한다.

이상한 질문들

하나님께서 아담이 타락하기를 원하셨는지, 아담이 타락하도록 자극하셨는지, 그리고 왜 하나님께서는 아담의 타락을 미리 막지 않으셨는지 등의 질문들은 호기심에서 나온 질문들이다. 그 이유는 이단과 심술궂은 사람들이 이 질문들의 해답을 말씀 밖에서 구하기 때문이다. 이와 같은 호기심은 주님께서 금단의 열매를 먹지 말도록 금하시고 이것을 범한 사람을 형벌하셨다는 사실에서 온 것이다. 우리는 무슨 일이든지 일단 일어난 것은 하나님의 섭리와 뜻과 능력의 관점에서는 악한 것이 아닌데 오직 하나님의 뜻에 반대되는 사단과 우리의 뜻의 관점에서 악한 것임을 인정해야 한다.

제 9 장 : 자유의지와 인간의 능력

이 문제는 교회역사를 통하여 많은 논란을 야기 시켜 왔는데 우리는 여기에서 인간의 상태를 삼중적인 것으로 생각한다.

타락 전의 인간

인간에게는 타락 전의 상태가 있었다. 이 상태에서 인간은 옳고 자유로웠다. 그래서 그는 계속 선에 머물러 있을 수도 있었고 악으로 기울어질 수도 있었다. 그러나 인간은 악을 선택하여 악으로 넘어갔으며 이미 지적한 대로 그 사람 자신뿐만 아니라 전 인류가 죄와 죽음에 사로잡히게 되었다.

타락 이후의 인간

그래서 우리는 타락 후의 인간의 모습에 대하여 생각해야 한다. 인간은 타락으로 이성과 의지를 결코 상실하지 않았다. 인간은 결코 목석이 아니다. 그러나 인간은 너무나도 크게 변했고 약화되어서 타락 이전에 할 수 있었던 것을 더 이상 할 수 없게 되었다. 왜냐하면 이성은 어두워졌고 의지는 노예의지가 되었기 때문이다. 이제 이성과 의지는 죄를 섬기되 억지로 하는 것이 아니라 자발적으로 한다. 분명히 죄를 짓는 것은 의지이다. 이것은 의지 아닌 그 무엇도 아니다.

인간은 자신의 자유의지에 의하여 악을 행한다.

그러므로 인간은 악이나 죄에 관하여 하나님이나 마귀에 의하여 강요당하는 것이 아니라 자기 자신의 자유의지에 의하여 악을 행하고 범죄를 행한다. 이 점에서 인간은 전적인 자유의지를 가지고 있는 것이다. 그런데 우리는 종종 하나님께서 인간의 악질적인 범행과 계획을 좌절시키시는데 이는 하나님께서 악행에로의 자유의지를 인간에게서 박탈하는 것이 아니라 하나님께서는 인간이 자유의지에 의하여 계획한 것을 미리 막아 버리시는 것이다. 예컨대 요셉의 형제들은 요셉을 없애버리려고 결심하였으나 그것을 실천할 수 없었다. 하나님의 선한 계획이 따로 있었기 때문에 그랬던 것이다.

인간은 선(善) 자체를 할 수 없다.

인간의 이성은 구원과 하나님의 요구에 관하여 스스로 올바른 판단을 내릴 수 없다. 복음서들과 사도들의 글들은 누구든지 구원받기를 원하는 사람은 중생해야 할 것을 요구한다. 따라서 타락 이후의 인간은 자신의 구원에 아무것도 공헌할 수 없다. 바울은 "육에 속한 사람은 하나님의 성령의 일을 받지 아니하나니 저희에게는 미련하게 보임이요 또 깨닫지도 못하나니 이런 일은 영적으로라야 분변함이니라(고전2:14)." 라고 말했다. 그리고 그는 다른 곳에서 우리 스스로가 어떤 선한 것을 생각할 수 있다는 것을 부정한다(고후3:5).

이제 지성(知性)이 의지(意志)의 인도자인데 이 인도자가 장님일 때 의지가 얼마나 걸어갈 것인가가 분명하게 된다. 그러므로 아직 중생하지 않은 사람은 선을 의지(意志)할 수도 없고 선을 실천해 낼 힘은 더더욱 없다. 주님은 복음서에서 "진실로 진실로 너희에게 이르노니 죄를 범하는 자마다 죄의 종이라(요8:34)." 고 말씀하셨고 사도 바울은 "육신의 생각은 하나님과 원수가 되나니 이는 하나님의 법에 굴복치 아니할 뿐 아니라 할 수도 없음이라(롬8:7)." 고 했다. 그러나 이 세상의 일들에 관하여는 타락한 인간이라도 이성의 능력은 결핍되어 있는 것은 아니다.

학문들에 대한 이해력

하나님께서는 그의 자비에 의하여 사람 안에 비록 타락 전에 있던 것과는 다르나 지성의 힘이 남아 있도록 허락하셨다. 하나님은 우리에게 우리가 타고난 자연적 재능을 배양하라고 명령하실 뿐만 아니라 선물과 성공을 첨가해 주신다. 하나님의 축복이 없이는 모든 학문의 발전이 있을 수 없다는 사실은 확실하다. 어떤 경우에도 성경은 모든 학문의 기원과 발전이 하나님으로 말미암는다고 가르치며 심지어 이교도들까지도 학문의 기원을 이 학문을 창조한 신들에게서 찾는다.

중생한 사람의 능력은 어떠한 것이며, 중생한 사람의 의지는 어떤 모양으로 자유로운가?

끝으로 우리는 중생한 사람들이 자유의지를 가지고 있다면 어느 정도로 가지고 있는지 알아야 한다. 중생에 있어서 이성은 성령에 의하여 조명 받아 하나님의 신비들과 하나님의 뜻을 이해할 수 있다. 이 중생에 있어서 또한 의지 자체가 성령에 의하여 변화 받을 뿐만 아니라 스스로 선을 의지하며 선을 실천하기까지 할 수 있는 능력으로 무장되기도 한다.[1] 만약 우리가 이것을 인정하지 않는다면 우리는 기독교적 자유를 부인하게 되며 율법의 멍에를 다시 불러들이는 것이다. 하나님은 선지자들을 통하여 "내가 나의 법을 그들의 속에 두며 그 마음에 기록하리라"[2]고 말씀하셨고, 주님은 복음서에서 "그러므로 아들이 너희를 자유케 하면 너희가 참으로 자유하리라(요8:36)." 라고 말씀하셨다.

바울 역시 빌립보 교인들에게 "그리스도를 위하여 너희에게 은혜를 주신 것은 다만 그를 믿을 뿐 아니라 또한 그를 위하여 고난도 받게 하심이라(빌1:29)." 고 편지하였다. 또한 여기에서 바울은 "너희 속에 착한 일을 시작하신 이가 그리스도 예수의 날까지 이루실 줄을 우리가 확신하노라(빌1:6)." 고 하였고 나아가서 "너희 안에서 행하시는 이는 하나님이시니 자기의 기쁘신 뜻을 위하여 너희로 소원을 두고 행하게 하시나니(빌2:13)." 라고 말씀했다.

중생한 사람들은 수동적으로 뿐만 아니라 능동적으로 일한다.

이 주제에 관하여 우리는 두 가지를 유의해야 한다. 첫째로 중생한 사람들은 선을 택하고 선을 행할 때에 수동적으로만 아니라 능동적으로 그렇게 한다. 왜냐하면 이들은 스스로 행할 수 있기 위하여 하나님에 의하여 움직여지는 것이기 때문이다. "하나님은 우리를 돕는 분이시다." 라고 하는 말을 어거스틴은 옳게 인용하였다. 그러나 아무도 스스로 무엇을 하지 않는다면 도움을 받을 수 없다. 마니교 사람들은 인간으로부터 모든 능동성을 빼앗아 버림으로 인간을 돌이나 한 조각의 나무로 만들어 버렸다.

중생한 사람의 자유의지는 약하다.

---

1) (롬8:1) 그러므로 이제 그리스도 예수 안에 있는 자에게는 결코 정죄함이 없나니...

2) (렘31:33) 나 여호와가 말하노라 그러나 그날 후에 내가 이스라엘 집에 세울 언약은 이러하니 곧 내가 나의 법을 그들의 속에 두며 그 마음에 기록하여 나는 그들의 하나님이 되고 그들은 내 백성이 될 것이라. (겔36:26) 또 새 영을 너희 속에 두고 새 마음을 너희에게 주되 너희 육신에서 굳은 마음을 제하고 부드러운 마음을 줄 것이며...

둘째로 중생한 사람 안에는 약한 성향이 아직 남아 있다. 그도 그럴 것이 우리 안에 죄가 도사리고 있으며 중생한 자의 육(肉)이 죽을 때까지 영과 싸우기 때문에 이 중생한 우리는 매사를 원하고 계획한 대로 쉽게 실천할 수 없다. 사도 바울은 이 사실을 로마서 7장과 갈라디아서 5장에서 확증하였다. 따라서 우리의 자유의지는 옛 아담의 잔재와 우리의 생명이 끝날 때까지 우리 안에 머물러 있을 우리의 내적 부패 때문에 늘 약하다. 그런데 육체의 힘과 옛 사람의 잔재가 성령의 역사를 소멸할 만큼 효과적이지 않기 때문에 신자들은 자유하다고 말해질 수 있으나 항상 자신의 연약성을 인정하면서 자유의지를 자랑해서는 안 될 것이다.

믿는 사람들은 어거스틴이 사도의 말을 빌려 여러 번 타일러 준 말을 항상 염두에 두어야 할 것이다. 즉 "누가 너를 구별하였느뇨? 네게 있는 것 중에 받지 아니한 것이 무엇이뇨? 네가 받았은즉 어찌하여 받지 아니한 것 같이 자랑하느뇨(고전4:7)?" 라는 말이다. 여기에 첨가하여 그는 우리가 계획한 것이 즉시 실현되는 것은 아니라 하였다. 왜냐하면 모든 것이 하나님의 장중에 있기 때문이다. 이 때문에 바울은 그의 여행이 소득이 있는 것이 되게 해 달라고 주님께 기도하였다.[3] 이것은 또한 자유의지가 약해서 그랬던 것이기도 하였다.

이 세상의 일들에 있어서는 자유가 있다.

이 세상의 일들에 있어서는 중생한 사람들이나 중생하지 못한 사람들이 모두 자유의지를 향유하고 있다. 이 사실은 아무도 부인할 수 없다. 인간은 무엇을 원하기도 하고 원치 않기도 하는 본성을 갖고 있다. 다른 생물들도 이와 비슷한 본성을 지녔는데 인간은 단연 이들보다 우월하다. 예컨대 인간은 말을 할 수도 있고 침묵을 지킬 수도 있으며 집으로부터 나갈 수도 있고 집에 머물러 있을 수도 있다. 그러나 이 경우에도 하나님의 힘이 관여한다. 예컨대 발람이 자기는 더 가기를 원했으나 하나님의 간섭으로 갈 수 없었고 스가랴가 성전에서 돌아와 말하기를 원했으나 하나님의 간섭으로 말할 수 없었다.[4]

이단들

---

3) (롬1:10) 어떠하든지 이제 하나님의 뜻 안에서 너희에게로 나아갈 좋은 길 얻기를 구하노라.

4) (눅1:22) 그가 나와서 저희에게 말을 못하니 백성들이 그 성소 안에서 이상을 본줄 알았더라. 그가 형용으로 뜻을 표시하며 그냥 벙어리대로 있더니...

이 문제에 관련하여 우리는 마니교 사람들을 정죄한다. 왜냐하면 이들은 악의 기원이 창조된 인간의 자유의지라는 사실을 부인하기 때문이다. 우리는 또한 악한 인간이 하나님이 명하신 선을 행할 만한 충분한 자유 의지력을 소유하고 있다고 주장하는 펠라기우스주의자들을 정죄한다. 성경은 이 두 가지 입장을 모두 거부한다. 성경은 전자에 대해서 "하나님께서 사람을 곧게 창조하셨다"[5] 고 말씀하고 후자에게는 "그러므로 아들이 너희를 자유케 하면 너희가 참으로 자유하리라(요8:36)."고 말씀한다.

제 10 장 : 하나님의 예정과 믿는 성도들의 선택에 관하여

하나님은 우리를 은혜로 선택하셨다.

하나님은 영원 전부터 그의 자유의지에 의하여 그리고 순수한 은혜로 또한 사람의 그 무엇을 조건으로 삼지 아니하시고 그리스도 안에서 구원하시기로 의지하셔서 성도들을 예정 혹은 선택하셨다. 사도 바울은 "곧 창세전에 그리스도 안에서 우리를 택하사 우리로 사랑 안에서 그 앞에 거룩하고 흠이 없게 하시려고(엡1:4)"라고 하였고, "하나님이 우리를 구원하사 거룩하신 부르심으로 부르심은 우리의 행위대로 하심이 아니요 오직 자기 뜻과 영원한 때 전부터 그리스도 예수 안에서 우리에게 주신 은혜대로 하심이라(딤후1:9)."고 하였다.

우리는 그리스도 안에서 예정되었거나 선택되었다.

그러므로 하나님께서 우리를 선택하신 것은 우리의 공로 때문이 아니다. 하나님은 우리를 그리스도 안에서 그리고 그리스도 때문에 택하시는 것이지 우리의 공로 때문에 택하시는 것이 아니다. 이렇게 하신 목적은 이제 신앙으로 그리스도에게 접붙임을 받는 사람들이 택함을 받은 사람인 것을 확증하기 위해서이다. 사도 바울이 "너희가 믿음에 있는가 너희 자신을 시험하고 너희 자신을 확증하라 예수 그리스도께서 너희 안에 계신 줄을 너희가 스스로 알지 못하느냐 그렇지 않으면 너희가 버리운 자니라(고후13:5)."고 말했기 때문에 그리스도 밖에 있는 모든 사람들은 버림받은 자들이다.

---

5) (전7:29) 나의 깨달은 것이 이것이라. 곧 하나님이 사람을 정직하게 지으셨으나 사람은 많은 꾀를 낸 것이니라.

우리는 확실한 목적을 위하여 선택받았다.

결국 믿는 성도들은 확실한 목적을 위해서 그리스도 안에서 택함을 받았다. 사도 바울은 "곧 창세전에 그리스도 안에서 우리를 택하사 우리로 사랑 안에서 그 앞에 거룩하고 흠이 없게 하시려고, 그 기쁘신 뜻대로 우리를 예정하사 예수 그리스도로 말미암아 자기의 아들들이 되게 하셨으니, 이는 그의 사랑하시는 자 안에서 우리에게 거저 주시는 바그의 은혜의 영광을 찬미하게 하려는 것이라(엡1:4-6)."고 하였다.

우리는 모든 사람들에 대하여 좋은 소망을 품어야 한다.

하나님은 누가 자기의 자녀인지 그리고 성경은 여기저기에서 소수의 택함 받은 자를 언급하고 있으나 우리는 모든 사람이 구원받을 것을 소망해야 하고 어떤 사람의 버림받은 자라고 성급하게 판단해서는 안 된다. 왜냐하면 바울은 빌립보 사람들에게 "내가 너희를 생각할 때마다 나의 하나님께 감사하며 간구할 때마다 너희 무리를 위하여 기쁨으로 항상 간구함은 첫날부터 이제까지 복음에서 너희가 교제함을 인함이라, 너희 속에 착한 일을 시작하신 이가 그리스도 예수의 날까지 이루실 줄을 우리가 확신하노라(빌1:3-6)." 고 이야기하고 있기 때문이다.

소수의 사람들만이 선택되었나에 대하여

주님께서 구원받아야 할 사람은 소수에 지나지 않느냐라는 질문을 받으셨을 때 그는 얼마나 적은 사람들이 구원을 받아야 하고 얼마나 많은 사람들이 멸망을 받아야 할 것인가에 대하여 말씀하시지 않고 모든 사람이 "좁은 문으로 들어가기를 힘쓰라(눅13:24)." 고 권고하셨다. 여기에서 주님은 너희가 이 일에 관하여 호기심을 가지고 꼬치꼬치 캐물을 것이 아니라 곧은길을 택하여 하늘에 들어가기 위하여 노력하라고 말씀하시는 것이나 다름없다.

이 일에 있어서 정죄 받아 마땅한 일

그러므로 우리는 "소수의 사람들만이 택함을 받았고 나는 이 소수에 포함되었기 때문에 나는 생을 마음대로 즐기겠다." 라고 불경건하게 말하는 이들의 말을 인정하지 않으며 또 다른 이들이 다음과 같이 말할 때에도 우리는 그것을 인정하지 않는다. 즉 "만약 내가 하나님에 의하여 예정되었고 선택되었다면 나를 구원에서 떠나게 할 것은 이 세상에 아무것도 없다. 구원은 예정과 선택에 의하여 확보되었으니 나는 아무 짓이나 해도 좋다. 다른 한편 만약 내가 버림받은 자의 수에 포함된다면 하나님의 불변하는 작정 때문에 나의 신앙이나 회개는 아무 소용이 없다."라고 말할 수 있다. 그러나 사도 바울의 말은 이런 종류의 사람들의 주장과 배치된다. 즉 "마땅히 주의 종은 다투지 아니하고, 모든 사람을 대하여 온유하며, 가르치기를 잘하며 참으며, 거역하는 자를 온유함으로 징계할지니 혹 하나님이 저희에게 회개함을 주사 진리를 알게 하실까 하며, 저희로 깨어 마귀의 올무에서 벗어나 하나님께 사로잡힌바 되어 그 뜻을 좇게 하실까 함이라(딤후2:24-26)."

구원이 선택으로 말미암는다고 해서 훈계나 권고가 불필요하고 헛된 것은 아니다. 어거스틴은 하나님의 은혜로우신 자유로운 선택과 예정 그리고 건전한 훈계들과 교리들은 모두 설교되어야 한다고 보았다(견인의 선물에 관하여/제14장 이하).

우리는 택함을 받은 사람들인가에 대하여

그러므로 우리는 그리스도 밖에 있는 사람들이 자신들이 선택을 받았는지 안 받았는지에 대하여 묻는 것은 잘못된 일이라고 생각한다. 과연 하나님이 이들에 관하여 영원 전부터 작정하신 바가 무엇일까? 사실은 복음 설교가 이해되고 수용되어 믿어지고 우리가 믿음으로 그리스도 안에 있다는 사실이 틀림없이 믿어질 경우 우리는 택함을 받은 것이 확실하다. 방금 디모데후서 1:9-10에[6] 있는 사도 바울의 글에서 보여 준바 하나님 아버지께서는 그이 예정의 영원하신 목적을 그리스도 안에서 우리에게 계시해 주셨다. 이런 까닭에 무엇보다도 우리가 가르쳐야 하고 생각해야 할 것은 그리스도 안에서 계시된 우리를 향하신 아버지 하나님의 엄청난 사랑이다.

우리는 주님 자신이 복음서에서 매일 우리에게 무엇을 설교하고 계신가를 알아야 한다. 주님께서는 "수고하고 무거운 짐진자들아 다 내게로 오라 내가 너희를 쉬게 하리라(마1:28)." "하나님이 세상을 이처럼 사랑하사 독생자를 주셨으니 이는 저를 믿는 자마다 멸망치 않고 영생을 얻게 하려 하심이니라(요3:16)." "이와 같이 이 소자 중에 하나라도 잃어지는 것은 하늘에 계신 너희 아버지의 뜻이 아니니라(마18:14)."고 설교하셨다.

---

6) (딤후1:9) 하나님이 우리를 구원하사 거룩하신 부르심으로 부르심은 우리의 행위대로 하심이 아니요 오직 자기 뜻과 영원한 때 전부터 그리스도 예수 안에서 우리에게 주신 은혜대로 하심이라 (딤후1:10) 이제는 우리 구주 그리스도 예수의 나타나심으로 말미암아 나타났으니 저는 사망을 폐하시고 복음으로써 생명과 썩지 아니할 것을 드러내신지라.

그러므로 우리는 그리스도를 우리의 안경이 되게 해야 한다. 우리는 이 그리스도를 통하여 우리의 예정을 명상해야 한다. 만약에 우리들이 그리스도와 사귐을 가지며 참 신앙 안에서 그분이 나의 것이요 내가 그분의 것이 된다면 이는 우리의 이름이 생명책에 기록되었다는 분명하고도 확실한 증거이다.

예정에 관련된 시험(훈련)

예정에 관련된 시험보다 더 위험한 것은 없다. 우리는 이 시험에서 하나님의 약속들이 모든 신자에게 적용된다고 하는 사실에 직면한다. 왜냐하면 "(눅11:9) 내가 또 너희에게 이르노니 구하라 그러면 너희에게 주실 것이요 찾으라 그러면 찾을 것이요 문을 두드리라 그러면 너희에게 열릴 것이니(눅11:9)." 라고 주께서 말씀하셨고 우리는 "하늘에 계신 우리 아버지(마6:9)" 라고 하나님의 전 교회와 더불어 기도하기 때문이다. 우리가 이렇게 하는 이유는 두 가지인바 하나는 우리가 세례에 의하여 그리스도의 몸에 접붙임을 받았기 때문이요, 다른 하나는 그리스도의 몸 된 교회에서 영생에 이르기 위하여 그의 살과 피로 빈번히 양육 받기 때문이다. 이로 인하여 강건케 된 우리는 바울의 명령대로 두려움과 떨림으로 우리의 구원을 위하여 힘쓰도록 명령을 받았다.

제 11 장 : 예수 그리스도, 곧 참 하나님과 참 인간이시오, 이 세상의 유일한 구주에 관하여

그리스도는 참 하나님이시다.

우리는 하나님의 아들 우리 주 예수 그리스도께서 영원 전에 아버지 하나님에 의하여 이 세상의 구주가 되시도록 미리 작정되셨고 예정되셨다는 사실을 믿고 가르친다. 예수님의 탄생은 단순히 동정녀 마리아의 몸을 취하시는 순간부터가 아니며 단순히 세상의 기초가 놓여 지기 전도 아니다. 그는 표현할 길 없는 방법으로 영원 전에 아버지 하나님으로부터 낳음을 받으셨다. 우리는 이것을 믿는다. 이사야는 "(사53:8) 그 세대 중에 누가 생각하기를 그가 산 자의 땅에서 끊어짐은 마땅히 형벌 받을 내 백성의 허물을 인함이라 하였으리요(사53:8)." 라고 말했고, 미가는 "그의 근본은 상고에 태초에니라(미5:1)."고 말했으며, 요한복음에서는 "태초에 말씀이 계시니라 이 말씀이 하나님과 함께 계셨으니 이 말씀은 곧 하나님이시니라(요1:1)." 고 하였다. 그러므로 아들은 그의 신성에 관하여 아버지 하나님과 동등하시고 동일본체이시다. 이 아들은 명목상으로나 양자됨

에 의해서나 공로에 의해서가 아니라 본체와 본성에 있어서 참 하나님이시다(빌2:11).[7]

요한은 "(요일5:20) 또 아는 것은 하나님의 아들이 이르러 우리에게 지각을 주사 우리로 참된 자를 알게 하신 것과 또한 우리가 참된 자 곧 그의 아들 예수 그리스도 안에 있는 것이니 그는 참 하나님이시오 영생이시라(요일5:20)."고 했고, 바울은 "이 모든 날 마지막에 아들로 우리에게 말씀하셨으니 이 아들을 만유의 후사로 세우시고 또 저로 말미암아 모든 세계를 지으셨느니라(히1:2)."고 말했다. 그도 그럴 것이 주님이 요한복음에서 "아버지여 창세전에 내가 아버지와 함께 가졌던 영화로써 지금도 아버지와 함께 나를 영화롭게 하옵소서(요17:5)."라고 말씀하셨고 또한 동일 복음서의 다른 곳에 보면 "(요5:18) 유대인들이 이를 인하여 더욱 예수를 죽이고자 하니 이는 안식일만 범할 뿐 아니라 하나님을 자기의 친 아버지라 하여 자기를 하나님과 동등으로 삼으심 이러라(요5:18)."고 했다.

이단들

그러므로 우리는 예수 그리스도의 하나님의 아들 됨을 반대하는 아리우스와 아리우스 주의자들의 불경건한 교리를 반대한다. 특히 스페인 사람 미카엘 세르베투스(Servetus)와 그의 모든 추종자들의 신성모독 즉 예수 그리스도의 하나님 아들 됨을 거부하는 것을 반대한다. 사단은 이들을 통하여 이러한 이단 사설을 지옥으로부터 끌어내어 아주 **뻔뻔**스럽고 불경스럽게 이 세상에 확산시켰다.

그리스도는 참 육체를 소유하신 참 인간이다.

영원하신 하나님의 아들은 아브라함과 다윗의 씨에서 인자(人子)가 되셨다. 에비온파가 말하는 식으로 그는 인간의 성적 관계에서 나신 것이 아니라 성령에 의하여 가장 순결하게 잉태되셨고 동정녀 마리아에게서 나셨다. 이에 관하여 복음서의 역사는 우리에게 주의 깊게 설명한다(마1장). 바울 역시 "그는 천사의 본체를 취하신 것이 아니라 아브라함의 씨를 취하셨다"고 말했고 사도 요한도 말하기를 "누구든지 예수 그리스도가 육체를 취하셨다는 것을 믿지 않으면 하나님으로부터 온 자가 아니라"고 했다. 그러므로 그리스도의 육체를 공상적인 것이요 하늘에서 가져온 것이라고 주장하는 발렌티누스와 말시온의 생각은 전혀 잘못된 것이다.

---

7) (빌2:11) 모든 입으로 예수 그리스도를 주라 시인하여 하나님 아버지께 영광을 돌리게 하셨느니라.

그리스도 안에 있는 이성적 영혼

뿐만 아니라 우리 주 예수 그리스도는 아폴리나리스가 생각했던 것처럼 감성과 이성을 결핍한 영혼을 가지신 것이 아니요 유노미우스가 가르친바 영혼 없는 육체만을 지니신 것도 아니다. 우리 주 예수 그리스도는 이성이 있는 영혼과 감성이 있는 육체를 지니셨다. 그래서 그가 고난을 당할 때 "(마26:38) 이에 말씀하시되 내 마음이 심히 고민하여 죽게 되었으니 너희는 여기 머물러 나와 함께 깨어 있으라 하시고(마26:38)"와 "지금 내 마음이 민망하다(요12:27)."고 말씀하셨다.

그리스도 안에 있는 두 본성

그러므로 우리는 한 분 예수 그리스도 우리 주님 안에 두 본성 혹은 두 본질 즉 신성과 인성이 있음을 인정한다(히2장). 그리고 이 두 본성은 서로 묶여 있고 연합되어 있는데, 한 본성이 다른 본성에 흡수되지도 않고, 혼돈되거나 혼합되지도 않는다. 이 두 본성은 한 위격 안에 연합되고 결합되어 있다. 그러나 두 본성이 지닌 각각의 고유한 특성들은 손상을 받지 아니하고 영속한다.

두 그리스도가 아니라 한 그리스도

우리는 두 그리스도가 아니라 한 그리스도 주님을 예배한다. 반복하면 이 예수 그리스도는 참 하나님과 참 인간으로서 한 분이시다. 그의 신성에 관하여는 아버지 하나님과 동일본질이시고 그의 인성에 관하여는 우리 인간과 동일본질이시다. 그의 인간성은 죄만 빼놓고 모든 점에서 우리와 같으신 분이다(히4:15).[8]

이단들

우리는 한 그리스도를 둘로 만들어 그의 위격의 통일성을 분해시켜 버리는 네스토리우스주의자들을 반대한다. 마찬가지로 우리는 인간이 지닌 고유한 특성을 파괴하는 유티케스의 광기와 단의론자들(Monothelites) 혹은 단성론자(Monophysites)자들의 광기를 정죄한다.

---

8) (히4:15) 우리에게 있는 대제사장은 우리 연약함을 체휼하지 아니하는 자가 아니요 모든 일에 우리와 한결 같이 시험을 받은 자로되 죄는 없으시니라.

그리스도의 신성은 고난을 받을 수 없고 그의 인성은 이 세상 도처에 있는 것이 아니다.

그러므로 우리는 그리스도 안에 있는 신성이 수난을 받았다거나 그리스도의 인성이 아직도 이 세상 도처에 계신다고(편재) 결코 가르치지 않는다. 그러나 우리는 그리스도의 몸이 영화롭게 되신 후에는 참 몸이기를 그만두셨다 거나 신화한 나머지 몸과 영혼의 특징들을 상실하고 완전히 신성으로 변화했고 단순히 하나의 본질이 되기 시작했다고 생각하거나 가르치지 않는다.

이단들

이 때문에 우리는 슈벵크펠트(Schwenkfeld)와 이와 비슷한 궤변학자들의 자가당착적인 주장이 내포하고 있는 빗나가고 혼돈을 불러일으키며 애매모호한 미묘함을 결코 인정하지 않으며 받아들이지도 않는다. 우리는 슈벵크펠트를 정죄한다.

우리 주님은 진실로 고난을 당하셨다.

베드로가 말했듯이[9] 우리 주 예수 그리스도께서는 육체로 참 고난을 받으셨고 죽으셨음을 우리는 믿는다. 우리는 주님의 고난을 시리아의 단성론자들인 야고보파 사람들(Jacobiter)이나 터키 사람들의 불경스러운 광기를 몹시 정죄한다. 동시에 바울의 말과 같이 영광의 주님께서 우리를 위하여 십자가에 달리셨음을 우리는 부인하지 않는다.[10]

신성과 인성의 상호 교류

우리는 성경에 근거했고 모순되는 것처럼 보이는 성경구절들을 설명하며 조화시키는 데에 고대 교부들에 의하여 사용되어 온 두 본성의 상호 교류를 경건한 존경심을 가지고 받아들인다.

그리스도는 죽은 자들 가운데 참으로 부활하셨다.

---

9) (벧전4:1) 그리스도께서 이미 육체의 고난을 받으셨으니 너희도 같은 마음으로 갑옷을 삼으라. 이는 육체의 고난을 받은 자가 죄를 그쳤음이니...

10) (고전2:8) 이 지혜는 이 세대의 관원이 하나도 알지 못하였나니 만일 알았더면 영광의 주를 십자가에 못 박지 아니하였으리라.

참 육체로 십자가에 달리셨고 죽으신 예수 그리스도 우리 주님은 죽은 자들 가운데서 육체로 부활하셨으니, 이 부활한 육체는 매장되었던 바로 그 육체 이외에 다른 육체가 아니고, 육체 대신에 영이 일어난 것이 아니라, 그는 그의 참된 육체를 그대로 계속 소유하고 계심을 우리는 믿고 가르친다. 그러므로 주님의 제자들은 주님의 영을 보았다고 생각했으나 주님은 그들에게 못자국과 상처가 난 손과 발을 보여 주셨다. 그리고 주님은 "(눅24:39) 내 손과 발을 보고 나 인줄 알라 또 나를 만져보라 영은 살과 뼈가 없으되 너희 보는 바와 같이 나는 있느니라(눅24:39)."고 말씀하셨다.

그리스도는 참으로 승천하셨다.

우리 주 예수 그리스도는 동일한 육체를 가지고 모든 가시적인 하늘 위에 있는 높은 하늘로 올라가셨으니 하나님과 축복 받은 성도들의 거처인 하나님 우편으로 올라가셨다. 우리는 이것을 믿는다. 이것은 주님께서 하나님 아버지의 영광과 위엄에 동참하는 것을 뜻하며 나아가서 그것은 복음서에서 주님이 "내 아버지 집에 거할 곳이 많도다. 그렇지 않으면 너희에게 일렀으리라 내가 너희를 위하여 처소를 예비하러 가노니(요14:2)."라고 말씀하신 대로 일종의 장소를 가리키기도 한다. 베드로 사도는 "하나님이 영원 전부터 거룩한 선지자의 입을 의탁하여 말씀하신바 만유를 회복하실 때까지는 하늘이 마땅히 그를 받아두리라(행3:21)."고 말했다.

이 세상의 죄악이 극에 달하고, 적그리스도가 참 종교를 부패시킨 다음, 모든 미신과 불경건으로 이 세상을 충만케 하고 유혈과 불로(단11장) 교회를 잔인하게 진멸할 때 동일한 그리스도께서 심판하기 위하여 재림하실 것이다. 그러나 그리스도는 재림하셔서 그의 백성을 확보하실 것이고 적그리스도를 파괴할 것이고 산 자와 죽은 자를 심판하실 것이다.[11] 죽은 자들은 부활할 것인데[12] 그날에 살아 있을 사람들은 눈 깜빡할 사이에 변화될 것이며 모든 신자들은 하늘로 올리움을 받아 공중에서 재림하시는 그리스도를 만나 이 그리스도와 더불어 영원토록 살 수 있는 복된 거처로 들어갈 것이다.[13] 그러나 불신자

---

11) (행17:31) 이는 정하신 사람으로 하여금 천하를 공의로 심판할 날을 작정하시고 이에 저를 죽은 자 가운데서 다시 살리신 것으로 모든 사람에게 믿을만한 증거를 주셨음이니라 하니라.

12) (살전4:14) 우리가 예수의 죽었다가 다시 사심을 믿을진대 이와 같이 예수 안에서 자는 자들도 하나님이 저와 함께 데리고 오시리라.

13) (고전15:51) 보라 내가 너희에게 비밀을 말하노니 우리가 다 잠잘 것이 아니요 마지막 나팔에 순

들과 불경건한 사람들은 마귀들과 더불어 지옥으로 내려가 영원히 타오르는 불구덩이에 들어갈 것이며 이 영벌에서 결코 구속받지 못할 것이다.[14]

이단들

그러므로 우리는 참 부활을 부인하는 사람들을 정죄한다. 그리고 우리는 예루살렘 요한처럼 육체의 영화에 대한 올바른 견해를 갖지 못한 모든 사람을 정죄한다. 우리는 또한 악마와 모든 불신자들도 동시에 구원을 받을 것이라고 주장하고 형벌의 영원함을 부인하는 모든 사람들을 정죄한다. 그도 그럴 것이 주님께서는 "거기는 구더기도 죽지 않고 불도 꺼지지 아니하느니라." 라고 말씀하셨기 때문이다. 그뿐만 아니라 우리는 최후 심판의 날 이전에 이 지상에 천국이 이루어질 것이고 경건한 자들이 결국엔 모든 불신의 원수들을 굴복시킨 다음 이 땅의 모든 나라들을 소유할 것이라고 하는 유대교적 꿈을 정죄 한다. 왜냐하면 마태복음 24장과 25장, 그리고 누가복음 18장에 있는 복음의 진리와 데살로니가 후서 2장과 디모데 후서 3-4장에 있는 사도적 가르침은 아주 다르게 가르치고 있기 때문이다.

그리스도의 죽음과 부활의 열매

그 뿐만 아니라 우리 주님께서는 모든 신자들을 하늘에 계신 아버지와 화해시키고, 우리의 죄를 속죄시키고, 죽음을 무력하게 하시고, 그리고 저주와 지옥을 극복하시기 위하여 육신으로 오셔서 고난과 죽음을 당하셨으며 우리의 구원을 위하여 모든 것을 성취하셨고 감수하셨다. 그리고 그는 그의 죽은 자들로부터의 부활을 통하여 생명과 영생을 회복하셨다. 그는 우리의 의와 생명과 부활이시다. 그는 한마디로 말해서 모든 신자의 충만과 완성과 구원과 모든 충족이시다. 사도도 "(골1:19) 아버지께서는 모든 충만으로 예수 안에 거하게 하시고(골1:19)." 라고 하였고 "너희도 그 안에서 충만하여졌다." 고 말하기 때문이다.

예수 그리스도는 이 세상의 유일한 구주요, 참으로 대망되셨던 메시야이시다.

이 예수 그리스도 우리 주님이 인류와 전 세계의 유일하고 영원한 구주시며 이분 안

식간에 홀연히 다 변화하리니...

14) (마25:46) 저희는 영벌에 의인들은 영생에 들어가리라 하시니라.

에서 율법 이전의 모든 사람들과 율법 하의 모든 사람들과 복음하의 모든 사람들이 믿음으로 구원을 받았다는 사실을 우리는 가르치고 믿는다. 그도 그럴 것이 주님 자신이 복음서에서 "내가 진실로 진실로 너희에게 이르노니 양의 우리에 문으로 들어가지 아니하고 다른 데로 넘어가는 자는 절도며 강도요(요1:1), 그러므로 예수께서 다시 이르시되 내가 진실로 진실로 너희에게 말하노니 나는 양의 문이라(요10:7)"고 말씀하셨고 같은 복음서의 다른 곳에서 "너희 조상 아브라함은 나의 때 볼 것을 즐거워하다가 보고 기뻐하였느니라(요8:56)." 고 말씀하셨다.

사도 베드로도 "다른 이로서는 구원을 얻을 수 없나니 천하 인간에 구원을 얻을 만한 다른 이름을 우리에게 주신 일이 없음이니라 하였더라(행4:12)." 고 하였다. 그러므로 우리는 우리 조상들의 경우처럼 우리 역시 주 예수 그리스도의 은혜로 말미암아 구원을 받을 것이라는 사실을 믿는다. 왜냐하면 바울은 또다시 "다 같은 신령한 식물을 먹으며, 다 같은 신령한 음료를 마셨으니 이는 저희를 따르는 신령한 반석으로부터 마셨으매 그 반석은 곧 그리스도시라(고전10:3-4)." 고 하였고 요한은 "(계13:8) 죽임을 당한 어린 양의 생명책에 창세 이후로 녹명되지 못하고 이 땅에 사는 자들은 다 짐승에게 경배하리라(계13:8)." 고 말씀했기 때문이다. 그리고 세례 요한 역시 "세상 죄를 지고 가는 어린양이로다(요1:29)." 라고 하였기 때문이다.

따라서 우리는 예수 그리스도께서 이 세상의 유일한 구속자요, 구원자시며, 왕과 대제사장이시오, 고대했던 참 메시야임을 공적으로 고백하고 설교한다. 그리고 우리는 모든 유형의 율법들과 선지자들의 모든 예언들이 이 예수 그리스도를 예시하였고 약속했음을 고백하고 설교하며 하나님께서는 이 분을 미리 택하셔서 이 세상에 보내어 주심으로 이제는 우리가 다른 누구도 찾을 필요가 없음을 고백하고 설교한다. 이제 우리에게 남은 단 한가지의 일은 그리스도에게 모든 영광을 드리고, 그를 믿고, 그의 안에서만 쉼을 얻고, 그리고 삶을 살아가는 가운데에 다른 모든 도움을 경멸하고 물리치는 일이다. 그도 그럴 것이 아무리 많은 사람들이 그리스도 이외의 다른 곳에서 구원을 찾을지라도 그것은 이미 하나님의 은혜에서 떨어진 것이요 그리스도께서 자신들의 구원을 위해 아무 쓸데없는 분이 되게 하는 것이기 때문이다.[15]

---

15) (갈5:4) 율법 안에서 의롭다 함을 얻으려 하는 너희는 그리스도에게서 끊어지고 은혜에서 떨어진 자로다.

고대의 에큐메니칼 교회공의회가 결정한 신조들을 받아들임

많은 내용을 몇 마디 말로 표현해 보자. 우리는 주 예수 그리스도의 성육신의 신비에 관하여 성경이 정의하는 모든 것과 니케아, 콘스탄티노플, 에베소, 그리고 칼케돈에서 열린 가장 탁월한 처음 네 에큐메니칼 공의회의 신조들과 결정들에 내포된 것은 무엇이든지 진지한 심정으로 믿고 입을 열어 자유롭게 고백한다. 그리고 아타나시우스 신조와 이와 비슷한 신조들을 역시 귀히 여긴다. 따라서 우리는 이와 같은 것들에 반대되는 모든 것을 정죄 한다.

이단들

이런 방법으로 우리는 기독교적 신앙, 정통 신앙, 그리고 보편적 신앙을 손상됨이 없이 온전히 보유하고 있다. 상기한 신조들 안에는 하나님의 말씀에 합치되지 않는 것은 아무것도 없다는 사실과 믿음을 신실하게 해설하지 않은 것은 아무것도 없다는 사실을 우리는 알기 때문이다.

제 12 장 : 하나님의 율법에 관하여

하나님의 뜻은 우리를 위하여 하나님의 율법 안에 설명되어 있다.

우리는 하나님의 뜻이 하나님의 율법 안에서 우리를 위하여 설명되었다고 가르친다. 즉 하나님께서 우리들에게 무엇을 하기를 원하시고 무엇을 하지 않기를 원하시며, 무엇이 선하고 의로우며, 그리고 무엇이 악하고 불의한가를 율법은 설명한다. 그러므로 율법이란 선하고 거룩하다는 사실을 우리는 고백한다.

자연법

한때 하나님은 이 법을 인간의 마음에 그의 손가락으로 기록하여 주셨다. [16] 우리는 이 것을 자연법이라 부른다. 그런데 하나님께서는 인간의 타락 후 이 법을 모세의 두 돌비에 그의 손가락으로 기록하여 주셨고 이 법에 관하여 모세의 책들을 통하여 유창하게 해설

---

16) (롬2:15) 이런 이들은 그 양심이 증거가 되어 그 생각들이 서로 혹은 송사하며 혹은 변명하여 그 마음에 새긴 율법의 행위를 나타내느니라.

하셨다. [17]좀 더 분명히 율법을 이해하기 위하여 우리는 십계명 혹은 두 돌비에 내포되었고 모세의 글들에 잘 해설된 도덕법과 하나님의 예배와 의식을 결정하는 의식법과 정치적인 일들과 가정의 일들을 규정하는 재판 법을 확연히 구별한다.

율법은 완결되었고 완전하다.

우리는 하나님의 모든 뜻과 삶의 모든 영역을 위해서 꼭 필요한 도덕적 명령들을 바로 이 율법이 가르치고 있다는 사실을 믿는다. 그도 그럴 것이 이것이 사실이 아니라면 주님께서 이 율법에 무엇을 첨가하거나 삭제하는 것을 금하지 않으셨을 것이며 이 법 앞에서 올곧은 길을 걸을 것이요 좌로나 우로나 치우침으로 이 율법에서 벗어나지 말라고 말씀하지 않았을 것이기 때문이다. [18]

율법이 주어진 이유

우리는 이 율법이 주어진 목적이 우리가 그것을 지킴으로 의롭게 되기 위한 것이 아니라, 이 율법이 가르치는 바로부터 우리의 연약성과 죄와 정죄를 알며, 우리 자신의 능력에 대하여 절망한 후 믿음으로 그리스도에게 회심케 하기 위함이라는 사실을 우리는 가르친다. 그도 그럴 것이 사도 바울이 "율법은 진노를 이루게 하나니 율법이 없는 곳에는 범함도 없느니라(롬4:15)." 그러므로 율법의 행위로 그의 앞에 의롭다 하심을 얻을 육체가 없나니 율법으로는 죄를 깨달음이니라(롬3:20)." 고 말했기 때문이요, "그러면 율법이 하나님의 약속들을 거스리느냐 결코 그럴 수 없느니라. 만일 능히 살게 하는 율법을 주셨더면 의가 반드시 율법으로 말미암았으리라(갈3:21)." 또한 "그러나 성경이 모든 것을 죄 아래 가두었으니 이는 예수 그리스도를 믿음으로 말미암은 약속을 믿는 자들에게 주려 함이니라(갈3:22)." 라고 말씀했으며 "이같이 율법이 우리를 그리스도에게로 인도하는 몽학선생이 되어 우리로 하여금 믿음으로 말미암아 의롭다 함을 얻게 하려 함이니라(갈3:24)." 고도 말씀한 까닭이다.

---

17) (출20:1) 하나님이 이 모든 말씀으로 일러 가라사대 (신5:5) 그 때에 너희가 불을 두려워하여 산에 오르지 못하므로 내가 여호와와 너희 중간에 서서 여호와의 말씀을 너희에게 전하였노라. 여호와께서 가라사대...

18) (신4:2) 내가 너희에게 명하는 말을 너희는 가감하지 말고 내가 너희에게 명하는 너희 하나님 여호와의 명령을 지키라. (신12:32) 내가 너희에게 명하는 이 모든 말을 너희는 지켜 행하고 그것에 가감하지 말지니라.

육신으로 율법을 성취할 수 없다.

죽을 때까지 우리 안에 끈질기게 붙어 있는 육에의 연약성 때문에 어떤 육체도 하나님의 법을 만족시킬 수 없고 성취할 수 없다. 그도 그럴 것이 사도는 "(롬8:3) 율법이 육신으로 말미암아 연약하여 할 수 없는 그것을 하나님은 하시나니 곧 죄를 인하여 자기 아들을 죄 있는 육신의 모양으로 보내어 육신에 죄를 정하사(롬8:3)."라고 했기 때문이다. 그러므로 그리스도는 율법의 완성이시오 우리를 위한 율법의 성취이시다.[19] 그리스도는 율법의 저주를 없애기 위하여 우리를 위하여 저주를 받으셨다.[20] 그래서 그는 신앙을 통하여 그의 율법의 완성을 우리의 것이 되게 하셨고 그가 성취하신 의와 순종을 우리에게 전가하셨다.

율법은 어느 정도 폐기되었는가?

그러므로 하나님의 율법은 더 이상 우리를 정죄하지 않으며 우리 속에 진노를 일으키지 않을 정도로 폐기되었다. 우리는 율법 밑에 있는 것이 아니라 은혜 아래에 있기 때문이다. 더욱이 그리스도는 율법의 모든 표상들을 성취하셨다. 그리하여 우리는 실체의 도래와 더불어 그림자가 없어졌기 때문에 그리스도 안에서 진리와 모든 충만을 가지고 있는 것이다. 그러나 우리는 이런 이유 때문에 율법을 경멸적으로 배격하는 것은 아니다. 왜냐하면 우리는 "내가 율법이나 선지자나 폐하러 온 줄로 생각지 말라 폐하러 온 것이 아니요 완전케 하려 함이로다(마5:17)."고 하는 주님의 말씀을 기억하기 때문이다. 우리는 율법을 통해서 우리들에게 덕목과 악덕의 모형들이 주어졌다는 사실을 안다. 그리고 우리는 율법을 복음에 의하여 설명할 때 그것이 교회를 위해서 유익하다는 것을 안다. 그러므로 우리는 이 율법을 교회에서 읽어야 한다. 그도 그럴 것이 모세의 얼굴이 수건으로 가리워 있었으나 그리스도께서 이 수건을 걷어 치우셨다고 사도는 말한다.

이단들

우리는 옛 이단들이나 오늘의 이단들이 나를 막론하고 이들이 율법에 반대하여 가르치는 모든 것을 정죄한다.

---

19) (롬10:4) 그리스도는 모든 믿는 자에게 의를 이루기 위하여 율법의 마침이 되시니라.

20) (갈3:13) 그리스도께서 우리를 위하여 저주를 받은바 되사 율법의 저주에서 우리를 속량하셨으니 기록된바 나무에 달린 자마다 저주 아래 있는 자라 하였음이라.

제 13 장 : 예수 그리스도의 복음과, 약속들과, 성령과, 문자에 관하여

구약에도 복음적인 약속들이 있다.

물론 복음은 율법에 반대되는 것이다. 왜냐하면 율법은 진노를 불러일으키고 저주를 선포하나 복음은 은혜와 축복을 설교하기 때문이다. "율법은 모세로 말미암아 주신 것이요 은혜와 진리는 예수 그리스도로 말미암아 온 것이라(요1:17)."고 요한은 말했다. 그럼에도 불구하고 율법 이전에는 율법 아래 있던 사람들이라고 해서 모두 복음을 소유하지 않았다고 할 수 없음이 분명하다. 왜냐하면 저들은 다음과 같은 훌륭한 복음적 약속들을 소유하고 있었다. 즉, "내가 너로 여자와 원수가 되게 하고 너의 후손도 여자의 후손과 원수가 되게 하리니 여자의 후손은 네 머리를 상하게 할 것이요 너는 그의 발꿈치를 상하게 할 것이니라 하시고(창3:15).", "또 네 씨로 말미암아 천하 만민이 복을 얻으리니 이는 네가 나의 말을 준행하였음이니라 하셨다 하니라(창11:18).", "홀이 유다를 떠나지 아니하며 치리자의 지팡이가 그 발 사이에서 떠나지 아니하시기를 실로가 오시기까지 미치리니 그에게 모든 백성이 복종하리로다(창49:10).", "네 하나님 여호와께서 너희 중 네 형제 중에서 나와 같은 선지자 하나를 너를 위하여 일으키시리니 너희는 그를 들을지니라(신18:15)." 라는 말씀이 주어졌기 때문입니다.

이중적인 약속

우리는 우리들에게와 마찬가지로 족장들에게도 이중적인 약속이 계시되었음을 인정한다. 즉 가나안 땅의 약속이나 승리에 대한 약속, 그리고 일용할 양식에 대한 약속과 같이 현재적이고 지상적인 약속들이 있는가 하면, 그 때나 지금이나 본질적이고 영원한 것에 대한 약속들, 예컨대 하나님의 은혜, 죄들의 속죄, 예수 그리스도에 대한 신앙으로 말미암는 영생 등이다.

구약의 옛 신앙의 조상들도 단순히 육신적 약속만이 아니고 영적인 약속도 가지고 있었다.

구약에서 하나님의 백성 역시 단순히 외적이고 지상적인 약속만이 아니라 그리스도 안에 있는 영적이고 본질적인 약속들을 가지고 있었다. 베드로는 "이 구원에 대하여는 너희에게 임할 은혜를 예언하던 선지자들이 연구하고 부지런히 살펴서(벧전1:10)." 라고 말했고, 사도 바울은 "이 복음은 하나님이 선지자들로 말미암아 그의 아들에 관하여 성경에 미리 약속하신 것이라(롬1:2)."고 하였다. 이것을 볼 때 옛날 구약의 사람들도 복음을 전혀 소유하지 않았던 것은 아니었다는 사실이 분명하다.

그러면 복음이란 과연 무엇일까?

구약에서 우리의 조상들은 예언자들의 글 속에 이런 식으로 복음을 소유했으며, 이들 역시 신앙을 통하여 그리스도 안에서 구원을 받았다. 그러나 더 분명하게는 복음이란 세례 요한, 그리스도 주님 자신, 사도들 및 사도들의 후계자들이 이 세상에 있는 우리에게 설교한 기쁘고 즐거운 소식인데, 그 내용인즉 하나님께서는 세상이 있기 시작할 때부터 약속하신 것을 지금 실현하셨고, 더욱이 그의 독특한 아들을 우리에게 보내사 이 아들 안에서 아버지 하나님과의 화해를 이룩하셨고, 죄들의 속죄, 모든 충만함과 영생을 우리에게 주신 것이다. 따라서 복음이란 4복음서가 묘사하고 있는 역사로서 그리스도께서 이와 같은 일들을 어떻게 이룩하셨고 성취하셨으며, 그리스께서 무엇을 가르치셨고 무슨 행동을 하셨고, 그리고 그를 믿는 사람들이 충만함을 가지고 있었다는 사실을 선포하는 것이다.

사도들의 설교와 글들 역시 복음적인 교리라고 불러야 옳다. 이렇게 부름으로 오늘에 있어서도 그것이 성실하게 설교된다면 그것이 지닌 명칭의 가치를 발휘할 것이다. 사도들은 바로 이 설교와 글들을 통하여 아버지 하나님이 어떻게 아들을 우리에게 보내셨고 또한 이 아들 안에서 생명과 구원에 관한 모든 것을 설명하고 있는 것이다.

영과 법조문에 관하여

사도 바울은 복음의 동일한 설교를 '영'과 '영의 사역'이라고 부른다. 왜냐하면 복음이란 성령의 조명을 통하여 믿는 자들의 마음속에서 신앙으로 말미암아 인식되며 효과를 일으킨다.[21] 문자란 성령에 반대되는 것으로 모든 외적인 것, 즉 성령과 신앙이 없이는 모든 불신자들의 마음속에 진노만을 일으키며 죄를 일으키는바 율법의 교리이다. 이런 이유에서 사도는 그것을 '죽음의 사역'이라고 부른다. 이 점에 있어서 "의문은 죽이는 것이나 영은 생명을 준다."라고 한 사도의 말씀은 적절하다. 거짓 사도들은 썩은 복음을 전했다. 왜냐하면 그들은 복음을 율법과 뒤섞음으로 마치 그리스도께서 율법

---

21) (고후3:6) 저가 또 우리로 새 언약의 일군 되기에 만족케 하셨으니 의문으로 하지 아니하고 오직 영으로 함이니 의문은 죽이는 것이요 영은 살리는 것임이니라.

없이는 우리를 구원하실 수 없는 것으로 생각하였기 때문이다.

이단들

이 계통의 이단자들 중에는 에비온의 후예들인 에비온주의자들과 한때 미네안스(Mineans)라 불렸던 나사렛주의자들이 있다. 우리는 이단자들을 정죄한다. 왜냐하면 우리는 믿는 자들이 율법에 의한 칭의가 아니라 복음에 의한 칭의를 받는다고 하는 순수한 복음을 설교하기 때문이다. 이 주제에 관한 보다 상세한 설명은 '칭의'라고 하는 제목을 논할 때 나올 것이다.

복음의 가르침은 새로운 것이 아니라 가장 오래된 교리이다.

율법에 관한 바리새인들의 가르침에 비교하면 그리스도께서 처음 설교하신 복음은 전적으로 새로운 가르침인 것처럼 생각된다. 그러나 그것은 실제로 오래된 가르침이요(심지어 오늘날에도 교황주의자들은 자신들이 전해 받은 교리전통에 비교하여 우리가 전하는 복음을 새로운 것이라고 하지만), 이 세상에서 그 무엇보다도 더 오래된 것이다. 왜냐하면 하나님께서는 영원 전부터 이 세상을 그리스도를 통하여 구원하시려고 예정하셨고, 복음을 통하여 이러한 그의 예정과 영원한 뜻을 이 세상에 나타내셨기 때문이다.[22]

따라서 복음의 종교와 가르침은 과거나 현재나 미래의 모든 것 중에서 가장 오래된 것이 분명하다. 그러므로 우리는 복음의 종교와 가르침이 불과 30년밖에 되지 않는 최근에 일어난 하나의 신앙이라고 말하는 모든 사람은 하나님의 영원한 계획을 창피할 정도로 잘못 이해하고 있는 것이다. 이들에겐 예언자 이사야의 말이 적용된다. 즉 "(사5:20) 악을 선하다 하며 선을 악하다 하며 흑암으로 광명을 삼으며 광명으로 흑암을 삼으며 쓴 것으로 단 것을 삼으며 단 것으로 쓴 것을 삼는 그들은 화 있을진저"…

제 14 장 : 회개와 회심에 관하여

회개의 교리는 복음과 긴밀히 연결되어 있다. 주님은 복음서에서 "또 그의 이름으로 죄 사함을 얻게 하는 회개가 예루살렘으로부터 시작하여 모든 족속에게 전파될 것이 기

---

22) (딤후2:9) 복음을 인하여 내가 죄인과 같이 매이는 데까지 고난을 받았으나 하나님의 말씀은 매이지 아니하니라.

록되었으니(눅24:47)." 라고 말씀하셨다.

회개란 무엇인가?

회개란 ① **죄인이 복음말씀과 성령에 의하여 각성됨으로 신앙으로 말미암아 올바른 마음을 회복하는 것인데** 이 때에 죄인은 하나님의 말씀에 의하여 정죄됨으로 그의 모든 내적 부패와 모든 죄를 즉시 인정하고 ② 자신의 죄를 마음 속 깊은 곳으로부터 슬퍼하며 비탄할 뿐만 아니라 부끄러운 마음으로 하나님 앞에서 솔직히 고백하고, ③ 분개하여 이 죄악을 혐오하고, ④ 이제는 자신의 삶을 철저히 고쳐 살면서 나머지 생애를 통하여 깨끗함과 덕스러움을 추구하는 것이다.

참 회개란 하나님에게로의 회심이다.

이것이 참 회개이다. 즉 하나님과 모든 선으로의 전향 그것이요, 마귀와 모든 악으로부터의 돌아섬 그것이다. ① **회개란 하나님의 선물이다. 이 회개란 우리의 노력의 결과가 아니라 하나님의 순수한 선물이라는 사실을 우리는 분명히 말할 수 있다.** 사도 바울은 " 거역하는 자를 온유함으로 징계할지니 혹 하나님이 저희에게 회개함을 주사 진리를 알게 하실까 하며(딤후2:25)." 라고 말하면서 진리를 반대하는 사람들을 부지런히 가르치라고 그의 신실한 교역자에게 권고했다. ② 범죄에 대한 통회와 눈물로써 주님의 발을 씻은 범죄한 여인과 주님을 부인한 일에 대하여 뼈아프게 통회하는 베드로를 볼 때 우리는 참 회자의 마음은 자신이 범한 죄악을 심히 통회하지 않으면 안 된다는 사실을 알 수 있다. ③ 하나님께 대한 죄의 고백뿐만 아니라 복음서에 나오는 탕자와 세리를 바리새인과 비교해 보면 우리는 우리의 죄를 어떻게 하나님께 고백해야 하는가를 알 수 있다. 이 탕자와 세리는 우리에게 적절한 모범이다. 탕자는 "(눅15:18) 내가 일어나 아버지께 가서 이르기를 아버지여 내가 하늘과 아버지께 죄를 얻었사오니(눅15:18)." 라고 하였고 세리는 감히 눈을 들어 하늘을 쳐다보지도 못하고 가슴을 치며 말하되 "세리는 멀리 서서 감히 눈을 들어 하늘을 우러러 보지도 못하고 다만 가슴을 치며 가로되 하나님이여 불쌍히 여기옵소서! 나는 죄인이로소이다 하였느니라(눅18:13)." 라고 하였다. 우리는 하나님께서 이들을 은혜로 용납하셨음을 믿어 의심치 않는다. 그도 그럴 것이 사도 요한은 "만일 우리가 우리 죄를 자백하면 저는 미쁘시고 의로우사 우리 죄를 사하시며 모든 불의에서 우리를 깨끗케 하실 것이요(요일1:9)." "만일 우리가 범죄하지 아니하였다 하면 하나님을 거짓말하는 자로 만드는 이로 만드는 것이니 또한 그의 말씀이 우리 속에 있지 아니하니라(요일1:10)."라고 하였다.

사제(신부) 앞에서의 고백과 사면

이것이 하나님과 죄인 사이에 은밀하게 이루어지든지 교회 안에서 공적으로 일어나든지 간에 우리는 하나님에게만 우리의 죄를 진지하게 고백하는 것만으로 충분하다고 믿는다. 우리는 죄의 용서를 받기 위하여 신부의 귓속에 속삭임으로 신부에게 죄를 고백하고 그 대가로 신부의 안수를 통하여 사죄를 받을 필요가 없다고 믿는다. 왜냐하면 성경은 이것을 명령하지도 않고 이에 대한 예도 보이고 있지 않기 때문이다. 다윗은 "(시32:5) 내가 이르기를 내 허물을 여호와께 자복하리라 하고 주께 내 죄를 아뢰고 내 죄악을 숨기지 아니하였더니 곧 주께서 내 죄의 악을 사하셨나이다. 셀라. (시32:5)."라고 증언했다.

또한 우리에게 기도하는 것과 동시에 죄의 고백을 가르쳐 주신 주님은 "(마6:12) 우리가 우리에게 죄 지은 자를 사하여 준 것 같이 우리 죄를 사하여 주옵시고...(마6:12)."라고 가르치셨다. 그러므로 우리는 우리의 죄를 하나님 아버지에게만 고백해야 하며 우리가 우리의 이웃을 해롭게 한 일이 있으면 그 사람과 더불어 화해해야 할 것이다. 이러한 종류의 고백에 관하여 사도 야고보는 "이러므로 너희 죄를 서로 고하며(약5:16)."라고 하였다. 그러나 만약 어떤 사람이 그 죄의 짐과 괴로운 시험에 압도되어 교회의 목사나 하나님의 법도를 아는 형제로부터 은밀하게 의논을 청하고 배우고 위로를 받으려고 할 경우 우리는 그것을 반대하지 않는다. 이미 우리가 위에서 지적했듯이 성경에 합치되는 한 우리는 또한 보통 교회 안에서나 예배모임들에서 행해지는 일반적이고 공적인 죄의 고백을 인정한다.

하늘나라의 열쇠에 관하여

주님께서 사도들에게 주신 하나님 나라의 열쇠에 관하여 많은 사람들이 놀라운 말들을 한다. 즉 이 많은 사람들은 그것을 가지고 칼, 창, 왕권, 그리고 왕관을 안출해 내고 가장 위대한 왕국들 즉 영혼들과 육체들을 완전히 장악한다. 우리들이 주님의 말씀에 따라 판단할 때 모든 정식으로 부름 받아 안수 받은 목사들이 복음을 설교하고 자기들에게 위탁된 양무리를 가르치고, 권고하고, 위로하고, 견책하며, 그리고 권징할 때 바로 이 목사들이 하나님 나라의 열쇠를 소유한 것이요 이 열쇠를 행사하고 있는 것이라고 우리는 말한다.

하늘나라를 열기도 하고 닫기도 하는 일

이와 같은 방법으로 저들은 순종하는 자에게는 하늘나라의 문을 열어 주고 불순종하는 자에게는 그 문을 닫는다. 마태복음 16장에서 주님은 사도들에게 이 열쇠를 약속하셨고, 요한복음 20장[23], 마태복음 16장[24], 그리고 누가복음 24장에 보면 주님께서 사도들을 파송하시어 온 천하에 다니면서 복음을 설교하고 죄를 용서하라고 명령하셨을 때 이 열쇠를 저들에게 주셨다.

화해의 사역

사도 바울은 고린도교회에 보내는 편지에서 주님께서는 화해의 사역을 그의 교역자들에게 주신다고 말했다.[25] 그리고 바울은 이것이 바로 화해의 설교요 화해의 가르침이라고 설명하고 있다. 그리고 바울은 그의 말을 좀 더 분명하게 설명하면서 덧붙여 말하기를 그리스도의 교역자들은 그리스도의 이름으로 대사의 직분을 수행하는 것이라고 했다. 이는 마치 하나님 자신이 그의 교역자들을 통하여 하나님과 신앙 및 순종으로 화해하도록 사람들을 권고하는 것이나 다름없다. 따라서 이 교역자들이 사람들로 하여금 믿고 회개하라고 권고하는 것이 다름 아닌 열쇠의 사용인 것이다. 이처럼 그들은 사람들을 하나님께 화목 시킨다.

교역자들은 죄를 사해 준다.

이처럼 사죄를 통하여 교역자는 하늘나라의 문을 열고 믿는 자들을 그곳으로 인도한다. 이 교역자들은 복음서에 나오는 바리새파 사람들과는 전혀 다르다. "(눅11:52) 화 있을진저 너희 율법사여 너희가 지식의 열쇠를 가져가고 너희도 들어가지 않고 또 들어가고자 하는 자도 막았느니라 하시니라(눅11:52)." 라고 확증하고 있다.

---

23) (요20:23) 너희가 뉘 죄든지 사하면 사하여질 것이요 뉘 죄든지 그대로 두면 그대로 있으리라 하시니라.

24) (마16:19) 내가 천국 열쇠를 네게 주리니 네가 땅에서 무엇이든지 매면 하늘에서도 매일 것이요 네가 땅에서 무엇이든지 풀면 하늘에서도 풀리리라 하시고...

25) (고후5:18) 모든 것이 하나님께로 났나니 저가 그리스도로 말미암아 우리를 자기와 화목하게 하시고 또 우리에게 화목하게 하는 직책을 주셨으니...

어떻게 교역자가 죄를 사면하는가?

그러므로 교역자들이 그리스도의 복음을 설교하고 이로써 사죄를 믿는 사람 각각에게 약속할 때 죄의 사면을 옳게 하고 있으며 효과적으로 하고 있는 것이다. 각 사람이 세례를 받을 때 이것이 일어나며 특히 믿음을 갖는 각 사람에게 이것이 일어난다고 교역자들은 증거 한다. 어떤 사람의 귓속에다가 중얼거린다든지 어떤 사람의 머리 위에다 속삭여 준다고 해서 이 죄의 사면이 더 효과적이 되는 것이 아니라고 우리는 생각한다. 오히려 우리는 그리스도의 피로 말미암는 사죄를 부지런히 선포해야 하고 이 사죄의 복음을 믿는 각 사람에게 사죄가 해당된다는 사실을 각 사람에게 알려야 한다.

삶의 갱신을 위한 정진

그러나 복음서에 나타난 예들을 읽어보면 회개한 사람이 회개한 후에 삶의 변화를 위해서 그리고 옛 사람을 죽이고 새사람을 살리는 일을 위해서 얼마나 정신을 차리고 부지런히 정진해야 하는가를 우리는 알 수 있다. 주님은 자신이 고쳐 주신 중풍병자에게 이렇게 말씀하셨다. "그 후에 예수께서 성전에서 그 사람을 만나 이르시되 보라 네가 나았으니 더 심한 것이 생기지 않게 다시는 죄를 범치 말라 하시니(요5:14)." 그리고 주님은 자신이 자유케 하신 간음한 여인에게도 이와 비슷하게 말씀하셨다. 즉 "(요8:11) 대답하되 주여 없나이다. 예수께서 가라사대 나도 너를 정죄하지 아니하노니 가서 다시는 죄를 범치 말라 하시니라(요8:11)." 확실히 이러한 말씀들의 뜻은 우리들이 육신을 입고 있는 동안에는 죄를 범하지 않을 수 없다는 것이요 따라서 주님은 우리들에게 근면과 조심스러운 헌신을 명하고 계신다.

따라서 우리는 이미 우리가 빠져 나온 죄에 다시 빠지거나 육과 세상과 악마에 의하여 다시 사로잡히지 않기 위하여 기도로써 하나님께 간구하면서 힘써야 할 것이다. 주님이 호의로 용납을 받은 세리 삭개오는 복음서에서 "(눅19:8) 삭개오가 서서 주께 여짜오되 주여 보시옵소서! 내 소유의 절반을 가난한 자들에게 주겠사오며 만일 뉘 것을 토색한 일이 있으면 사배나 갚겠나이다(눅19:8)." 라고 말했다. 그러므로 이와 마찬가지로 우리는 진심으로 회개한 사람은 반드시 갱신되어야 하고 이웃에게 사랑과 자비를 베풀어야 한다고 설교하며 사도의 말을 가지고 모든 곳에 있는 모든 사람을 권고하여야 한다. 즉 "그러므로 너희는 죄로 너희 죽을 몸에 왕노릇 하지 못 하게하여 몸의 사욕을 순종치 말고(롬6:12) 또한 너희 지체를 불의의 병기로 죄에게 드리지 말고 오직 너희 자신을 죽은 자 가운데서 다시 산 자 같이 하나님께 드리며 너의 지체를 의의 병기로 하나님께 드리라(롬6:13)."는 말씀에 따라 권고해야 한다.

이단들

그러므로 우리는 복음의 설교를 잘못 사용하면서 하나님께로 돌아가는 일을 쉽게 생각하는 어떤 사람들의 불경스러운 주장들을 정죄한다. 그리스도는 모든 죄를 속죄하셨기 때문에 죄의 용서란 쉬운 일이라고 저들은 주장한다. 그래서 저들은 죄짓는 것이 왜 나쁘냐고 반문한다. 그리고 저들은 회개 등에 크게 관심할 필요가 없다고 한다. 물론 우리는 하나님께 이르는 길이 모든 죄인들에게 열려 있으며 하나님께서는 성령을 거스리는 죄만을[26] 제외하고 모든 죄를 용서하여 주신다고 항상 가르친다. 그러므로 우리는 신, 구 노바티안주의자들과 카타리주의자들을 정죄한다.

교황의 면죄부

우리는 특히 교황이 돈벌이하는 고해성사 교리를 정죄한다. 우리는 시몬에 대한 베드로의 판단에 근거하여 성직매매와 면죄부를 거부한다. "베드로가 가로되 네가 하나님의 선물을 돈 주고 살줄로 생각하였으니 네 은과 네가 함께 망할지어다(행8:20), 하나님 앞에서 네 마음이 바르지 못하니 이 도에는 네가 관계도 없고 분깃 될 것도 없느니라(행8:21)."의 말씀에 따라 면죄부를 정죄한다.

행위를 통한 하나님의 만족

우리는 또한 자신들이 하나님을 만족시키는 행위를 함으로 자신들이 범한 죄를 고칠 수 있다고 생각하는 사람들을 인정하지 않는다. 그도 그럴 것이 우리는 그리스도만이 그의 고난과 십자가의 죽음에 의하여 모든 죄에 대한 만족과 속죄를 성취하셨다는 사실을 가르치기 때문이다.[27] 그러나 우리가 이미 지적했듯이 우리는 육체의 소욕을 계속 죽여야 할 것이다. 그런데 우리는 다음과 같이 덧붙여 말한다. 즉 우리는 육체의 소욕을 죽임

---

26) (막3:29) 누구든지 성령을 훼방하는 자는 사하심을 영원히 얻지 못하고 영원한 죄에 처하느니라 하시니...

27) (사53:6) 우리는 다 양 같아서 그릇 행하며 각기 제 길로 갔거늘 여호와께서는 우리 무리의 죄악을 그에게 담당 시키셨도다 (고전1:30) 너희는 하나님께로부터 나서 그리스도 예수 안에 있고 예수는 하나님께로서 나와서 우리에게 지혜와 의로움과 거룩함과 구속함이 되셨으니...

으로 죄에 대한 만족을 하나님께 드린다는 교만한 마음으로 강요해서는 안 되고 오히려 하나님의 자녀의 본성에 맞게 이것을 겸손히 수행해야 한다. 이 육체의 소욕을 죽이는 행위는 하나님의 아들의 죽음과 만족에 의해서 성취된 구원과 충만한 만족에 대한 감사에서 우러나오는 새로운 순종이어야 한다.

제 15 장 : 신자의 참된 칭의에 관하여

칭의란 무엇인가?

사도 바울의 칭의론에 의한즉 '칭의하다(to justify).'라는 말은 속죄를 뜻하고, 죄책과 형벌로부터의 사면을 뜻하고, 은총에 의한 용납함을 뜻하고, 그리고 이 사람을 의인이라고 선언하는 것이다. 바울은 로마서에서 "누가 능히 하나님의 택하신 자들을 송사하리요 의롭다 하신 이는 하나님이시니(롬8:33)."라고 하였다. 칭의와 정죄는 서로 반대되는 개념이다. 그리고 사도는 사도행전에서 "그러므로 형제들아 너희가 알 것은 이 사람을 힘입어 죄 사함을 너희에게 전하는 이것이며(행13:38) 또 모세의 율법으로 너희가 의롭다 하심을 얻지 못하던 모든 일에도 이 사람을 힘입어 믿는 자마다 의롭다 하심을 얻는 이것이라(행13:39)."고 하였다. 왜냐하면 율법과 예언자들의 글에 "사람과 사람 사이에 시비가 생겨서 재판을 청하거든 재판장은 그들을 재판하여 의인은 의롭다 하고 악인은 정죄할 것이며(신25:1)."라고 기록되었고, 이사야 5장에는 "포도주를 마시기에 용감하며 독주를 빚기에 유력한 그들은 화 있을진저(사5:22) 그들은 뇌물로 인하여 악인을 의롭다 하고 의인에게서 그 의를 빼앗는 도다(사5:23)."라고 기록되어 있기 때문이다.

우리는 그리스도로 말미암아 의롭게 된다.

우리 모두는 본성상 죄인이요. 불경건하고 하나님의 심판의 보좌 앞에서 불신자로 판결을 받아 죽어 마땅하나 오직 그리스도의 은혜에 의해서(우리의 공로나 우리에 대한 어떤 고려 때문이 아니라) 칭의를 받았다는 사실, 즉 심판자 되시는 하나님에 의하여 죄와 죽음으로부터 풀려났다고 하는 사실은 명백하다. 그 이유는 "모든 사람이 죄를 범하였으매 하나님의 영광에 이르지 못하더니(롬3:23)."라고 바울이 말한 것보다 더 분명한 것은 없기 때문이다.

전가된 의

그리스도께서는 이 세상의 모든 죄를 스스로 걸머지셨고 감당하심으로 하나님의 의를 만족시키셨다. 그러므로 하나님께서는 오직 그리스도의 고난과 부활 때문에 우리의 죄를 대속 시키시사 이 죄를 우리에게 돌리지 아니하시고 오히려 그리스도의 의를 우리에게 전가하사 이 의를 우리의 것이 되게 하신다.[28] 따라서 이제 우리는 죄의 씻음을 받아 깨끗하고 거룩하게 되었을 뿐만 아니라 그리스도의 의를 허락 받았고 죄와 죽음과 저주로부터 풀려나 결국 의롭게 될 것이고 영생을 유업으로 받을 것이다. 그러므로 하나님만이 우리를 칭의 하실 수 있는바 그리스도 까닭에 우리를 칭의 하시며 죄를 우리에게 전가시키시지 않고 그리스도의 의를 우리에게 전가시켜 주신다.

우리는 믿음에 의해서만 칭의를 얻는다.

그러나 우리가 이 칭의를 얻는 것은 행위에 의한 것이 아니라 하나님의 자비와 그리스도에 대한 신앙에 의한 것이기 때문에 죄인이 칭의를 얻는 것은 결코 율법이나 행위에 의한 것이 아니라 오직 그리스도에 대한 신앙에 의한 것이라고 하는 사실을 사도와 더불어 우리는 가르치며 믿는다. 왜냐하면 사도 바울은 "(롬3:28) 그러므로 사람이 의롭다 하심을 얻는 것은 율법의 행위에 있지 않고 믿음으로 되는 줄 우리가 인정하노라(롬3:28)."고 하였고, "만일 아브라함이 행위로써 의롭다 하심을 얻었으면 자랑할 것이 있으려니와 하나님 앞에서는 없느니라(롬4:2), 성경이 무엇을 말하느뇨 아브라함이 하나님을 믿으매 이것이 저에게 의로 여기신바 되었느니라(롬4:3)."라고 하였고, 또한 "너희가 그 은혜를 인하여 믿음으로 말미암아 구원을 얻었나니 이것이 너희에게서 난 것이 아니요 하나님의 선물이라(엡2:8)."라고 하였다. 그러므로 우리는 믿음으로 그리스도를 우리의 의로 받아들이고 모든 것을 그리스도 안에 있는 하나님의 은혜로 돌린다. 바로 이러한 까닭에 칭의란 우리의 행위 때문이 아니요, 오직 그리스도 까닭에 신앙으로 우리의 것이 되는 것이다. 그도 그럴 것이 그것은 하나님의 선물이기 때문이다.

---

28) (고후5:19) 이는 하나님께서 그리스도 안에 계시사 세상을 자기와 화목하게 하시며 저희의 죄를 저희에게 돌리지 아니하시고 화목하게 하는 말씀을 우리에게 부탁하셨느니라. (고후5:20) 이러므로 우리가 그리스도를 대신하여 사신이 되어 하나님이 우리로 너희를 권면하시는 것 같이 그리스도를 대신하여 간구하노니 너희는 하나님과 화목하라. (롬4:25) 예수는 우리 범죄함을 위하여 내어줌이 되고 또한 우리를 의롭다하심을 위하여 살아나셨느니라.

우리는 믿음에 의해서 그리스도를 받아들인다.

그 뿐만 아니라 주님께서는 요한복음 6장에서 음식을 먹는 것과 믿는 것, 그리고 믿는 것과 먹는 것을 비유하심으로 우리가 그리스도를 믿음으로 받아들인다는 사실을 보여 주신다. 왜냐하면 우리는 먹음으로 음식을 받는 것처럼 믿음으로 그리스도에게 참여한다. 그렇기 때문에 우리가 칭의를 얻는 것은 그리스도를 부분적으로 신앙함으로 말미암는 것이 아니며 부분적으로는 우리의 행위로 말미암는 것도 아니다. 그러므로 우리가 칭의를 얻는 것은 부분적으로 하나님 혹은 그리스도의 은혜 까닭이 아니요, 부분적으로 우리들 자신, 우리의 사랑, 그리고 우리의 행위에 의한 공로에 의한 것이 아니다. 우리는 그것을 전적으로 믿음으로 말미암는 그리스도 안에 나타난 하나님의 은혜로 돌린다. 왜냐하면 우리는 죄인이기 때문에 우리의 사랑과 행위로 하나님을 기쁘시게 할 수 없기 때문이다. 그러므로 우리는 하나님과 이웃을 사랑하거나 그 어떤 선행을 행하기 이전에 의롭다 칭함을 반드시 받아야 한다. 이미 우리가 언급했듯이 우리는 하나님의 은혜로 말미암는 그리스도에 대한 신앙에 의해서 참으로 칭의를 얻는 것이다. 하나님께서는 우리의 죄를 우리에게 돌리시지 아니하시고 그리스도의 의를 우리에게 전가하신다. 그는 우리의 그리스도에 대한 믿음을 의로 여기신다. "경계의 목적은 청결한 마음과 선한 양심과 거짓이 없는 믿음으로 나는 사랑이거늘(딤전1:5)."이라고 하는 사도의 말은 사랑을 신앙에서 이끌어 내고 있다.

야고보와 바울의 비교

그러므로 우리는 이 문제에 있어서 허구적이고 공허하고 게으르고 죽은 믿음을 말하고 있는 것이 아니라 살아 움직이는 생동적 신앙을 말하는 것이다. 이 믿음이 살아 있고 살아 있다고 일컬어지는 이유는 그것이 살아 계시고 살게 하시는 그리스도를 파악하고 있기 때문이요, 살아 있는 행위에 의해서 살아 있음을 보여 주기 때문이다. 따라서 야고보서는 우리의 이신칭의 교리와 모순되는 것이 아니다.

그도 그럴 것이 야고보는 신앙으로 살아 있는 그리스도를 그들의 마음속에 소유하지 아니하고 자랑만을 일삼는 어떤 사람들의 공허하고 죽은 믿음에 대해서 말하고 있기 때문이다.[29] 야고보는 행위가 우리를 의롭게 한다고 말하나 바울과 모순됨이 없이(바울과

---

29) (약2:14) 내 형제들아 만일 사람이 믿음이 있노라 하고 행함이 없으면 무슨 이익이 있으리요 그 믿음이 능히 자기를 구원하겠느냐 (약2:17) 이와 같이 행함이 없는 믿음은 그 자체가 죽은 것이라.

모순된다면 물론 야고보서의 내용은 인정받을 수 없다) 아브라함은 그의 칭의 받은 신앙을 그의 행위에 의하여 증명했다고 말했다.

참으로 믿는 사람들은 이 모든 것을 행하면서도 자신들의 행위가 아니라 오직 그리스도만을 신뢰한다. 그도 그럴 것이 사도는 다시 다음과 같이 말하기 때문이다. "내가 그리스도와 함께 십자가에 못 박혔나니 그런즉 이제는 내가 산 것이 아니요 오직 내 안에 그리스도께서 사신 것이라 이제 내가 육체 가운데 사는 것은 나를 사랑하사 나를 위하여 자기 몸을 버리신 하나님의 아들을 믿는 믿음 안에서 사는 것이라(갈2:20) 내가 하나님의 은혜를 폐하지 아니하노니 만일 의롭게 되는 것이 율법으로 말미암으면 그리스도께서 헛되이 죽으셨느니라(갈2:21)." 라고 말씀했기 때문이다.

제 16 장 : 믿음과 선행, 선행에 따르는 보상, 그리고 공로에 대하여

믿음이란?

기독교 신앙이란 사람의 의견이나 인간적인 확신이나 신념이 아니라 확고부동한 신뢰와 분명하고 일관된 마음의 수긍이요, 성경과 사도신경에 제시된 하나님의 진리에 대한 가장 확실한 이해와 깨달음이요, 가장 위대한 지고(至高)의 선이신 하나님 자신과 특히 하나님의 약속과 모든 약속의 성취이신 그리스도 자신에 대한 이해와 파악이다.

신앙은 하나님의 선물이다.

그런데 이 믿음은 하나님의 순수한 선물이다. 하나님께서만이 이 선물을 그의 은총으로 그의 택함 받은 선민에게, 그가 원하실 때 그가 원하는 사람에게, 그가 원하시는 분량대로 나누어주시는 것이다. 하나님께서는 복음 설교와 끊임없는 기도라고 하는 은혜의 수단을 통하여 성령으로 이 일을 하신다.

신앙의 성장

이 믿음은 성장한다. 이 신앙이 하나님께로부터 주어지는 것이 아니었다면 사도들은 다음과 같이 말할 수 없었을 것이다. "사도들이 주께 여짜오되 우리에게 믿음을 더하소서 하니(눅17:5)." 지금까지 우리가 믿음에 관하여 말한 모든 것은 이미 우리보다 앞서 사도들이 가르친 바이다. 바울은 "믿음은 바라는 것들의 실상이요 보지 못하는 것들의 증거니(히11:1)." 라고 했고, 또한 하나님의 모든 약속은 그리스도를 통하여 '예' 가

되며, 그리스도를 통하여 '아멘'이 된다.[30] 고 하였다. 그리고 바울은 빌립보 교인들에게 그리스도를 믿는 것이 그들에게 선물로 주어졌다고 하였다.[31] 하나님은 각 사람에게 각각 다른 믿음의 분량을 주셨다.[32] "종말로 형제들아 너희는 우리를 위하여 기도하기를 주의 말씀이 너희 가운데서와 같이 달음질하여 영광스럽게 되고(살후3:1), 그러나 저희가 다 복음을 순종치 아니하였도다. 이사야가 가로되 주여 우리의 전하는 바를 누가 믿었나이까? 하였으니(롬10:16)", 또한 "모든 사람이 다 믿음을 가진 것도 아니요"라고 말하고 있다. 누가도 증거 하여 말하되 "이방인들이 듣고 기뻐하여 하나님의 말씀을 찬송하며 영생을 주시기로 작정된 자는 다 믿더라(행13:48)."라고 하였다. 따라서 바울은 믿음을 "하나님의 종이요 예수 그리스도의 사도인 바울 곧 나의 사도 된 것은 하나님의 택하신 자들의 믿음과 경건함에 속한 진리의 지식과(딛1:1)"라고 했으며, "그러므로 믿음은 들음에서 나며 들음은 그리스도의 말씀으로 말미암았느니라(롬10:17)."고 하였다. 바울은 또한 다른 곳에서 믿음을 얻기 위하여 기도하라고 명령한다.

효과적이고 활동적인 믿음

동일한 사도는 신앙이란 사랑을 통해서 효과적이 되고 활동적이 된다고 말한다.[33] 신앙은 또한 양심의 평온을 가져오며 하나님께 자유로이 접근할 수 있게 하므로 우리는 확신을 가지고 담대히 하나님께 나아 갈 수 있고 필요한 모든 것을 하나님께로부터 얻는다. 우리는 또한 이 믿음 때문에 하나님과 이웃에게 빚진 봉사를 계속할 수 있고, 역경 중에 인내로 참아내고, 한마디로 말하면 온갖 종류의 선한 열매와 선행들을 성취할 수 있는 것이다.

---

30) (고후1:20) 하나님의 약속은 얼마든지 그리스도 안에서 예가 되니 그런즉 그로 말미암아 우리가 아멘 하여 하나님께 영광을 돌리게 되느니라.

31) (빌1:29) 그리스도를 위하여 너희에게 은혜를 주신 것은 다만 그를 믿을 뿐 아니라 또한 그를 위하여 고난도 받게 하심이라.

32) (롬12:3) 내게 주신 은혜로 말미암아 너희 중 각 사람에게 말하노니 마땅히 생각할 그 이상의 생각을 품지 말고 오직 하나님께서 각 사람에게 나눠주신 믿음의 분량대로 지혜롭게 생각하라.

33) (갈5:6) 그리스도 예수 안에서는 할례나 무할례가 효력이 없되 사랑으로써 역사하는 믿음뿐이니라.

선행에 관하여

참으로 훌륭한 선행이란 성령으로 말미암아 살아 있는 신앙에서 나오고 하나님의 말씀의 뜻과 주장을 따라 믿는 신자들에 의하여 성취된다. 이제 사도 베드로는 "이러므로 너희가 더욱 힘써 너희 믿음에 덕을 덕에 지식을(벧후1:5), 경건에 형제 우애를 형제 우애에 사랑을 공급하라(벧후1:7)."고 말씀하고 있다. 그러나 우리는 위에서 하나님의 뜻인 하나님의 율법이 선행의 모형을 우리들에게 제시해 준다고 말했다(삶의 규범으로 율법). 사도 바울은 "하나님의 뜻은 이것이니 너희의 거룩함이라 곧 음란을 버리고(살전4:3), 이 일에 분수를 넘어서 형제를 해하지 말라 이는 우리가 너희에게 미리 말하고 증거 한 것과 같이 이 모든 일에 주께서 신원하여 주심이니라(살전4:6)."고 하였다.

인간의 마음대로 선택한 행위들

제멋대로 택하는 행위와 예배는 하나님을 기쁘시게 하지 못한다. 바울은 이것을 '자의적 숭배'[34] 라고 부른다. 이에 대하여 주님은 복음서에서 "사람의 계명으로 교훈을 삼아 가르치니 나를 헛되이 경배하는 도다 하였느니라 하시고(마15:9)."라고 하셨다. 그러므로 우리는 그러한 행위를 인정하지 않는 동시에 하나님의 뜻과 하나님이 위임하신 것을 행하는 사람들을 인정하고 격려한다.

선행의 목적

사도가 말했듯이 영생이란 하나님의 선물이기 때문에 우리는 이 선행에 의하여 영생을 얻으려고 선행을 해서는 안 된다. 우리는 하나님의 영광을 위해서, 우리의 소명을 드러나게 하기 위해서, 하나님께 감사를 드리기 위해서, 그리고 이웃의 유익을 위해서 이 선행을 행해야 한다. 주님은 우리가 이 선행을 자랑삼아 하지 말라고 하셨고[35] 무슨 이득을 위해서도 하지 말라고 하셨다. 우리 주님은 또한 복음서에서 "이같이 너희 빛을 사람 앞에 비취게 하여 저희로 너희 착한 행실을 보고 하늘에 계신 너희 아버지께 영광을 돌리게 하라(마5:16)."라고 말씀하신다. 사도 바울은 "그러므로 주 안에서 갇힌 내가 너희

---

34) (골2:23) 이런 것들은 자의적 숭배와 겸손과 몸을 괴롭게 하는데 지혜 있는 모양이나 오직 육체 좇는 것을 금하는 데는 유익이 조금도 없느니라.

35) (마6:1) 사람에게 보이려고 그들 앞에서 너희 의를 행치 않도록 주의하라 그렇지 아니하면 하늘에 계신 너희 아버지께 상을 얻지 못하느니라.

를 권하노니 너희가 부르심을 입은 부름에 합당하게 행하여(엡4:1)", "또 무엇을 하든지 말에나 일에나 다 주 예수의 이름으로 하고 그를 힘입어 하나님 아버지께 감사하라(골3:17)", "각각 자기 일을 돌아볼뿐더러 또한 각각 다른 사람들의 일을 돌아보아 나의 기쁨을 충만케 하라(빌2:4)", "또 우리 사람들도 열매 없는 자가 되지 않게 하기 위하여 필요한 것을 예비하는 좋은 일에 힘쓰기를 배우게 하라(딛3:14)." 라고 말씀하고 있다.

선행은 부인되는 것은 아니다.

그러므로 우리는 사도와 더불어 그 어떤 선행에 의해서가 아니라 그리스도에 대한 신앙으로 말미암아 은혜로 칭의를 얻는다고 가르친다. 그러나 우리는 선행이 무가치하다고 생각하거나 이 선행을 정죄하지는 않는다. 우리는 사람이 게으르기 위하여 창조된 것이 아니라 끊임없이 선하고 필요한 일들을 수행하기 위하여 창조되었고 믿음으로 중생했다는 사실을 알고 있다. 그도 그럴 것이 복음서에서 주님은 좋은 나무는 좋은 열매를 맺는다고 하셨으며[36] 누구든지 자기 안에 머물면 많은 열매를 맺는다.[37] 라고 말씀하신다. 사도는 "우리는 그의 만드신 바라 그리스도 예수 안에서 선한 일을 위하여 지으심을 받은 자니 이 일은 하나님이 전에 예비하사 우리로 그 가운데서 행하게 하려 하심이니라"고 하며(엡2:10), "그가 우리를 대신하여 자신을 주심은 모든 불법에서 우리를 구속하시고 우리를 깨끗하게 하사 선한 일에 열심 있는 친 백성이 되게 하려 하심이니라(딛2:14)." 고도 말씀 하였다. 그러므로 우리는 선행을 경멸하고 쓸데없는 것이라 하고 이 선행에 유의할 필요가 없다고 하는 모든 사람들을 정죄한다.

우리는 선행에 의해서 구원 얻는 것이 아니다

그럼에도 불구하고 이미 위에서 지적했듯이 우리는 우리가 선행에 의하여 구원 얻는다고 생각하지 않으며, 이 선행 없이는 아무도 구원 얻을 수 없을 정도로 이 선행이 구원을 위하여 필수불가결한 조건이라고 생각하지는 않는다. 왜냐하면 우리는 은혜에 의해서 즉 오직 그리스도의 은총에 의해서만 구원을 얻을 수 있기 때문이다. 행위는 반드시 믿음

---

36) (마12:33) 나무도 좋고 실과도 좋다 하든지 나무도 좋지 않고 실과도 좋지 않다 하든지 하라 그 실과로 나무를 아느니라.

37) (요15:5) 나는 포도나무요 너희는 가지니 저가 내 안에 내가 저 안에 있으면 이 사람은 과실을 많이 맺나니 나를 떠나서는 너희가 아무 것도 할 수 없음이라.

에서 나온다. 구원을 행위에 돌리는 것은 옳지 못하다. 구원은 은혜에 의한 것이라고 해야 옳다. 사도의 다음 글은 잘 알려져 있다. 즉 "만일 은혜로 된 것이면 행위로 말미암지 않음이니 그렇지 않으면 은혜가 은혜 되지 못하느니라(롬11:6)."

선행은 하나님을 기쁘시게 한다.

이제 우리가 믿음으로 행하는 행위는 하나님을 기쁘시게 하며 하나님에 의하여 인정을 받는다. 그리스도에 대한 신앙으로 말미암아 성령을 통하여 하나님의 은혜로 선행을 하는 사람들은 하나님을 기쁘게 한다. 그도 그럴 것이 베드로는 "각 나라중 하나님을 경외하며 의를 행하는 사람은 하나님이 받으시는 줄 깨달았도다(행10:35)." 라고 하기 때문이요, 바울 역시 "이로써 우리도 듣던 날부터 너희를 위하여 기도하기를 그치지 아니하고 구하노니 너희로 하여금 모든 신령한 지혜와 총명에 하나님의 뜻을 아는 것으로 채우게 하시고(골1:9)", "주께 합당히 행하여 범사에 기쁘시게 하고 모든 선한 일에 열매를 맺게 하시며 하나님을 아는 것에 자라게 하시고(골1:10)"라고 말씀하고 있기 때문이다.

우리는 참된 선행을 가르친다. 우리는 거짓되고 철학적인 덕행은 가르치지 않는다.

그래서 우리는 거짓된 선행이나 철학적인 선행이 아니라 참된 선행과 신자의 옳은 삶에 대하여 부지런히 가르친다. 우리는 복음을 입술로만 찬양하고 고백하면서 그것을 부끄러운 삶에 의하여 하나님을 욕되게 하는 태만하고 위선적인 사람들을 책망하는 한편, 될 수 있는 한 우리는 모든 사람들에게 부지런히, 그리고 열심히 이 선행을 권하는 바이다. 이 일에 관하여 우리는 하나님의 무서운 심판의 위협을 저들에게 제시한 다음 하나님의 풍요로운 약속과 관대한 보상을 보여 주어야 한다. 우리는 저들에게 권고하시고, 위로하시고, 그리고 질책하시는 하나님의 행동을 보여 주어야 한다.

하나님은 선행에 대하여 보상하신다.

"나 여호와가 이같이 말하노라 네 소리를 금하여 울지 말며 네 눈을 금하여 눈물을 흘리지 말라 네 일에 갚음을 받을 것인즉 그들이 그 대적의 땅에서 돌아오리라 여호와의 말이니라(렘31:16)." 라고 선지자가 말한 바에 의한즉 하나님은 선행을 행한 사람들에게 후히 보응하신다. 주님도 복음서에서 "기뻐하고 즐거워하라 하늘에서 너희의 상이 큼이라 너희 전에 있던 선지자들을 이같이 핍박하였느니라(마5:12)." "또 누구든지 제자의 이름으로 이 소자 중 하나에게 냉수 한 그릇이라도 주는 자는 내가 진실로 너희에게 이르노니 그 사람이 결단코 상을 잃지 아니하리라 하시니라(마10:42)."라고 말씀하셨다.

그러나 우리는 주님이 베풀어주시는 이 상을 받는 사람의 공로에 돌리지 않고 그것을 약속하시고 베풀어주신 하나님의 선하심과 관대하심과 진실하심에 돌린다. 주님은 그 누구에게도 아무것도 빚진 바 없으나 자기를 예배하는 신자들에게 이 보상을 주시겠다고 약속하신다. 하나님께서는 성도들이 하나님을 영광스럽게 하시기 위하여 이러한 보상을 주시는 것이다.

그럼에도 불구하고 믿는 성도들의 행위라도 하나님 보시기에 합당치 않은 것이 많이 있으며 불완전한 것이 많이 있다. 그러나 하나님께서는 저들을 은총으로 용납하시고 그리스도를 위하여 선행을 행하는 사람들을 용납하시기 때문에 저들에게 약속된 보상을 주시는 것이다. 그도 그럴 것이 하나님의 은총이 없으면 우리의 의는 더러운 옷[38]에 불과하다. 주님은 복음서에서 "이와 같이 너희도 명령 받은 것을 다 행한 후에 이르기를 우리는 무익한 종이라 우리의 하여야 할 일을 한 것뿐이라 할지니라(눅17:10)."라고 말씀하셨다.

인간의 공로는 없다.

물론 하나님께서 우리의 선행을 보상하신다. 그러나 어거스틴과 더불어 우리는 하나님께서는 우리 속에 있는 하나님 자신의 선물을 칭찬하시는 것이지 우리의 공로를 칭찬하시는 것이 아니라고 가르친다. 따라서 우리는 어떤 보상을 받든지 그것은 은혜라고 말한다. 왜냐하면 우리가 행하는 선행은 우리 스스로에게서 나온 것이 아니라 하나님으로 말미암아 나오는 것이기 때문이다. 그도 그럴 것이 바울도 "(고전4:7) 누가 너를 구별하였느뇨? 네게 있는 것 중에 받지 아니한 것이 무엇이뇨? 네가 받았은즉 어찌하여 받지 아니한 것 같이 자랑하느뇨(고전4:7)?"라고 하였고, 축복 받은 순교자 키프리안은 "우리는 우리 안에 있는 무엇에게 영광을 돌리려는 것이 아니다. 우리 안에 우리 자신의 것은 아무것도 없기 때문이다. 그러므로 우리는 하나님의 은혜를 무가치하게 만드는 식으로 인간의 공로를 변호하는 사람들을 정죄한다."라고 말하였다.

---

38) (사64:6) 대저 우리는 다 부정한 자 같아서 우리의 의는 다 더러운 옷 같으며 우리는 다 쇠패함이 잎사귀 같으므로 우리의 죄악이 바람같이 우리를 몰아가나이다.

제 17 장 : 하나님의 보편적이고 거룩한 교회와 교회의 유일하신 머리에 관하여

교회는 항상 존재해 왔고, 앞으로도 늘 존재할 것이다.

하나님께서는 태초부터 인간이 구원받고 진리를 인식하는 데에 이르기를 원하셨기 때문에 하나의 교회가 반드시 계속 존재해 왔고, 지금도 있으며, 또 미래에도 있다.

교회란 무엇인가?

교회란 세상으로부터 불러냄을 받은 혹은 부름 받은 신자들의 모임 즉 모든 택함 받은 성도들이다. 교회란 말씀과 성령으로 구주이신 그리스도 안에 계시된 참 하나님을 참으로 인식하고, 옳게 예배하고, 그리고 그리스도를 통하여 값없이 제공된 모든 은혜에 신앙으로 동참하는 백성들의 교제이다.

한 나라의 시민

이 성도들은 같은 주님 밑에서 같은 하나님의 뜻을 좇아 모든 은사들을 함께 나누면서 사는 한 도성의 시민들이다. 그도 그럴 것이 사도 바울은 하나님의 아들의 보혈에 의하여 거룩하게 되는 이 땅위의 신자들을 가르켜 '성도' 라 불렀고[39], 이들을 '성도들과 동일한 시민이요 하나님의 권속'[40] 이라고 불렀기 때문이다. 사도신경의 한 신앙 항목인 '거룩한 교회와 성도가 서로 교통하는 것을 내가 믿사오며' 는 지금 우리가 말하고 있는 성도들을 의미하는 것이다.

모든 시대를 위한 단 하나의 교회

항상 한 하나님이 계시고, 이 하나님과 인류 사이에 오직 한 중보자만 계시는데 이분이 바로 메시야 이신 예수요, 모든 양 무리의 목자이시오, 이 몸 된 교회의 머리이시다. 결국 한 성령, 한 구원, 한 신앙, 한 계약이 있는 것이다. 이런 이유들 때문에 오직 하나의 교회가 있을 뿐이라는 결론이 나온다.

---

39) (고전4:1) 사람이 마땅히 우리를 그리스도의 일군이요 하나님의 비밀을 맡은 자로 여길지어다.

40) (엡2:19) 그러므로 이제부터 너희가 외인도 아니요 손도 아니요 오직 성도들과 동일한 시민이요 하나님의 권속이라.

보편적 교회

그러므로 우리는 이 교회를 보편적이라 일컫는다. 그 이유는 이 교회가 세상의 도처에 확산되어 있으며 모든 시대에 걸쳐 있으며 시간과 장소에 제약을 받지 않기 때문이다. 그래서 우리는 교회를 아프리카의 어느 지역에 국한시키려 했던 도나티스트파를 정죄한다. 그 뿐만 아니라 우리는 최근 로마 교회만이 보편적이라고 하는 로마 카톨릭 성직자들의 주장을 거부한다.

교회의 부분 혹은 형식들

교회가 상이한 부분과 형태로 나뉘는 이유는 교회 자체 내에 분열이 있기 때문이 아니요 이 교회의 성도들의 다양성 때문이다. 하나는 전투적 교회요 다른 하나는 승리적 교회이다. 전자는 지상에서 육과 세상과 이 세상의 주관자인 악마에 대항하여 전투하고 죄와 죽음에 대항하여 싸운다. 그러나 후자는 이 모든 것으로부터 해방 받았고 이 모든 것을 극복한 후 하늘에서 승리의 노래를 부르면서 주님 앞에서 기뻐한다. 그럼에도 불구하고 이 양자는 서로 교제하며 일치를 갖는다.

각개 교회

그 뿐만 아니라 이 땅위에 있는 전투적인 교회는 많은 개 교회들이다. 그러나 이 모든 개 교회들은 보편적 교회를 구축함으로 결국 하나의 통일성 있는 보편적 교회에 속한다. 이 전투적 교회는 율법이 있기 이전인 족장시대와 모세에 의해서 주어진 율법시대와 복음을 통한 그리스도의 시대에 있어서 각각 다른 모양으로 존재하였다.

두 종류의 백성들

보통 두 백성이란 이스라엘 백성과 이방 사람들을 말하는 것인데 더 자세히 말하면 유대인들과 이방인들 중에서 부름 받아 모여진 사람들이다. 그리고 또한 두 언약이 있다. 즉 옛 언약과 새 언약이 그것이다. 옛 사람과 새사람을 위해서 하나의 동일한 교회가 있을 따름이다. 옛 사람에게나 새 사람에게나 하나의 메시야 안에서 하나의 교제와 하나의 구원이 있을 뿐이요, 모든 성도들은 하나의 머리 밑에 있는 한 몸의 지체로서 이 메시야 안에서 동일한 영적 음식과 음료에 참여하면서 같은 신앙으로 통일을 지향한다. 그러나 우리는 여기서 시대의 상이성과 약속된 그리스도의 표징과 이미 오신 그리스도의 표징의 상이성을 인정하며 그리스도께 오신 이후에는 구약의 의식은 폐지되었고 빛은 구약시대

보다 더 밝히 우리에게 비추었고 더 풍성한 축복이 주어졌으며 더 충만한 자유가 베풀어졌음을 우리는 인정한다.

살아 계신 하나님의 성전으로서의 교회

이 하나님의 거룩한 교회는 살아 계신 하나님의 성전이라 불린다. 이 성전은 견고한 반석이신 예수 그리스도 위에 세워졌고 살아 있는 영적 돌들로 건축되었다. 이 초석은 인간에 의해서 놓여진 것이 아니다. 이런 근거에서 이 교회는 '진리의 기둥과 터(딤전 3:15)' 라고 불리어진다. 교회는 과오가 없다. 교회가 반석이신 그리스도 위에 기초되어져 있고 선지자들과 선지자들의 터 위에 세워진 한 과오를 범할 수 없다. 그래서 홀로 진리 되시는 그리스도를 저버릴 때마다 과오를 범하는 바 이는 결코 놀라운 일이 아니다.

교회는 신부요, 처녀이다. 이 교회는 또한 처녀라고도 불리우며 그리스도의 신부라고도 불린다. 교회는 그리스도의 유일한 애인이기도 하다. 사도가 "내가 하나님의 열심이 너희를 위하여 열심 내노니 내가 너희를 정결한 처녀로 한 남편인 그리스도께 드리려고 중매함이로다(고후11:2)." 라고 말하기 때문이다. 교회는 양 무리이다. 에스겔 34장과 요한복음 10장에 의하면 교회란 한 목자이신 그리스도의 인도를 받는 하나의 양무리라고 불리어진다. 교회는 그리스도의 몸이다. 왜냐하면 성도들은 그리스도의 살아 있는 지체들로서 머리되시는 그리스도 아래 있기 때문이다.

교회의 유일한 머리이신 그리스도

사람의 몸에 있어서 특별한 부분이 머리이다. 몸 전체가 이 머리로부터 생명을 얻고 몸의 모든 다른 부분들은 이 머리의 정신에 의하여 지배를 받는다. 그리고 또한 몸은 그것으로부터 힘을 얻어 성장한다. 한 몸에 하나의 머리가 있으니 이는 몸에 적합한 것이다. 그러므로 교회는 그리스도 이외에 그 어떤 다른 머리도 소유할 수 없다. 교회는 영적 몸이기 때문에 이것에 걸맞게 하나의 영적 머리를 가져야 한다.

교회란 그리스도의 영 이외에 다른 영에 의하여 지배될 수 없다. 그래서 바울은 "그는 몸인 교회의 머리라 그가 근본이요 죽은 자들 가운데서 먼저 나신 자니 이는 친히 만물의 으뜸이 되려 하심이요(골1:18)." 라고 했다. 또한 다른 곳에서 바울은 "이는 남편이 아내의 머리됨이 그리스도께서 교회의 머리됨과 같음이니 그가 친히 몸의 구주시니라(엡5:23)." 라고 하고, "(엡1:22) 또 만물을 그 발아래 복종하게 하시고 그를 만물 위에 교회의 머리로 주셨느니라(엡1:22)." 라고 했다. 그 뿐만 아니라 "오직 사랑 안에서 참된 것을 하여 범사에 그에게까지 자랄지라. 그는 머리니 곧 그리스도라(엡4:15)."라는 것이다. 그러므로 우리는 로마의 교황을 이 지상에 있는 전투적 교회의 보편적 목자요, 최고의 머리요, 그리고 교회 안에서 최고의 권세와 주권을 장악한 예수 그리스도의 대리자 자신이라고 고집하는 로마 캐톨릭의 교리를 거부한다. 그리스도는 교회의 유일하신 목자 이시다. 그도 그럴 것이 우리는 주 예수 그리스도만이 유일한 보편적 목자이시고, 하나님 아버지 앞에서 최고의 교황이시고, 그리고 이 그리스도 자신이 교회 안에서 세상 끝날 까지 감독 혹은 목사의 모든 의무를 수행하신다고 하는 사실을 가르친다.

따라서 우리는 이 그리스도의 대리자를 교회 안에 세울 필요가 없다. 그도 그럴 것이 그리스도가 그의 교회에 계시고 이 교회에게 생명력을 공급하시는 머리이시기 때문이다. 교회 안에는 최고의 자리가 있을 수 없다. 그리스도께서는 그의 사도들이나 이 사도들의 계승자들이 교회 안에서 최고의 자리를 가지고 군림하는 것을 엄격히 금하셨다. 그러므로 누구든지 이 명백한 진리와 충돌을 일으키든지 반대되는 사람들은 그리스도의 사도들이 예언한 부류에 속하는 사람들이 아니겠는가?[41]

교회 내에는 무질서가 있을 수 없다.

그러나 로마의 교황과 관계를 끊었다고 해서 교회 내에 어떤 혼돈과 무질서가 초래되어서는 안 된다. 왜냐하면 사도들이 물려준 교회의 기본 질서는 교회를 올바른 질서 가운데 유지시키기에 충분하였다고 우리는 가르치기 때문이다. 초대교회와 고대교회가 지금의 교황체제를 전혀 갖고 있지 않았으나 결코 교회가 무질서와 혼돈에 빠지지 않았다. 사실 로마의 교황은 교회 내에 도입된 독재와 부패를 계속 보존해 왔고 그의 모든 힘을 동원하여 교회의 올바른 개혁을 방해하고, 반대하고, 그리고 중단시켰다.

교회 안에 있는 분쟁과 다툼

우리 개신교가 로마 교회로부터 분리된 이후 여러 모양의 분쟁과 다툼을 거듭해 왔다. 그래서 우리는 참 교회가 될 수 없다는 비난을 받고 있다. 마치 로마 교회 내에는 어떤 분파도 생기지 않았고 종교에 관한 그 어떤 논쟁과 싸움도 없었던 것처럼, 기껏해야 교회의 강단에서가 아니라 학교 내에서 이 논쟁과 싸움이 있었던 것처럼, 물론 우리는 "하나님은 어지러움의 하나님이 아니시오 오직 화평의 하나님이시니라(고전14:33)."라

---

41) (행20:2) 그 지경으로 다녀가며 여러 말로 제자들에게 권하고 헬라에 이르러...

는 말씀과 "너희가 아직도 육신에 속한 자로다 너희 가운데 시기와 분쟁이 있으니 어찌 육신에 속하여 사람을 따라 행함이 아니리요(고전3:3)."라고 하는 사도 바울의 말씀을 확실히 알고 있다. 그러나 우리는 사도들의 교회 안에 비록 다툼과 분쟁이 있었으나 하나님께서 이 사도들의 교회 안에 계셨고 이 사도들의 교회가 참 교회였다는 사실을 부인하지 않으셨다.[42]

사도 바울은 같은 사도인 베드로를 꾸짖었고[43] 바나바는 바울에게서 떠났다. 누가가 사도행전 15장에서 기록하고 있듯이 동일한 그리스도를 설교한 안디옥 교회 내에 큰 다툼이 있었다. 교회는 역사를 통하여 늘 다툼이 있어 왔고 교회의 위대한 신학자들 상호간에도 중요한 문제에 관하여 의견충돌이 있어 왔으나 그렇다고 이 다툼 때문에 교회가 교회되기를 그만둔 것이 아니다. 왜냐하면 하나님께서는 오히려 교회 안에서 일어나는 분쟁을 그의 이름을 영화롭게 하시고, 그의 진리를 증명하고, 나아가서 올바른 입장에 서 있는 사람들을 드러내시기 위하여 사용하시기를 기뻐하시기 때문이었다.[44]

참 교회의 표지들(Marks)

그 뿐만 아니라 우리는 그리스도 이외에 그 누구도 교회의 머리가 될 수 없다고 주장하기 때문에 인간을 교회의 머리라고 허풍떠는 모든 교회는 참 교회가 될 수 없는 것이다. 우리는 참 교회의 표시를 가진 교회만이 참 교회라고 가르친다. 이 표시 가운데 특히 예언자와 사도들의 책이 우리에게 전하는 하나님의 말씀에 대한 합법적이고 신실한 설교가 가장 중요한 바 이 기록된 말씀과 설교 말씀은 모두 우리를 그리스도께로 인도한다. 그래서 복음서는 "내 양은 내 음성을 들으며 나는 저희를 알며 저희는 나를 따르느니라(요10:27). 내가 저희에게 영생을 주노니 영원히 멸망치 아니할 터이요 또 저희를 내 손에서 빼앗을 자가 없느니라(요10:28). 또한 타인의 음성은 알지 못하는 고로 타인을 따르지 아니하고 도리어 도망하느니라(요10:5)."라고 전하고 있다.

---

42) (행15:38) 바울은 밤빌리아에서 자기들을 떠나 한가지로 일하러 가지 아니한 자를 데리고 가는 것이 옳지 않다하여 (행15:39) 서로 심히 다투어 피차 갈라서니 바나바는 마가를 데리고 배 타고 구브로로 가고...

43) (갈2:11) 게바가 안디옥에 이르렀을 때에 책망할 일이 있기로 내가 저를 면책하였노라.

44) (고전11:9) 또 남자가 여자를 위하여 지음을 받지 아니하고 여자가 남자를 위하여 지음을 받은 것이니...

또한 교회 안에 있는 이러한 사람들은 하나의 신앙과 한 성령을 가졌고 따라서 한 하나님만을 예배하되 이 한 분만을 신령과 진정으로 예배하고 온 마음과 모든 힘을 다하여 이 하나님만을 사랑하고 유일한 중보자시오 대리자이신 예수 그리스도를 통하여 하나님께만 기도한다. 그리고 이들은 그리스도와 이 그리스도에 대한 신앙을 떠나서 의와 생명을 추구하지 않는다. 이들은 교회의 유일한 머리와 초석이 그리스도라고 믿으며 이 그리스도를 의지하여 매일 매일 회개로써 성화되고 자신들에게 부과된 십자가를 인내로써 감당하기 때문이다.

그 뿐만 아니라 이들은 거짓 없는 사랑으로 그리스도의 모든 다른 지체들과 연결됨으로 평화와 거룩한 일치의 결속 가운데에 끝까지 견디어 나가는 그리스도의 제자들이라는 사실을 보여 준다. 동시에 이들은 그리스도에 의하여 제정되었고 사도들에 의해서 우리에게 전승된 성례전(세례와 성찬)에 참여하는 바 주님께로부터 받은 그대로 사용한다. 사도 바울의 "(고전11:23) 내가 너희에게 전한 것은 주께 받은 것이니 곧 주 예수께서 잡히시던 밤에 떡을 가지사(고전11:23)"라고 하는 말씀은 잘 알려진 진리이다. 그래서 우리는 로마 캐톨릭 교회가 신부들의 사도적 전승과 교회의 통일과 오랜 전통을 아무리 자랑하여도 우리가 이미 언급한 참 교회의 표지를 갖고 있지 않는 한 그것은 참 교회가 아니라고 정죄한다. 더군다나 우리는 고전10:14에 "그런즉 내 사랑하는 자들아 우상 숭배하는 일을 피하라"[45] 라는 것과 '바벨론에서 나와' 이 바벨론과 관계를 끊음으로 하나님의 모든 재앙을 이들과 함께 받지 말라고 하는 그리스도의 사도들의 명령을 받고 있는 것이다.[46]

하나님의 교회밖에는 구원이 없다.

우리는 그리스도의 참 교회와의 교제를 높이 평가하기 때문에 이 참 교회와의 교제를 이탈하여 이 참 교회로부터 분리해 나가고도 하나님 존전에서 살 수 있다고 하는 것을 부인한다. 그도 그럴 것이 홍수로 온 세상이 멸망 당되는 상황에서 노아의 방주밖에는 구원이 없었던 것처럼 우리는 그리스도밖에는 결코 확실한 구원이 있을 수 없다고 믿

---

45) (요일5:21) 자녀들아 너희 자신을 지켜 우상에서 멀리하라.

46) (계18:4) 또 내가 들으니 하늘로서 다른 음성이 나서 가로되 내 백성아 거기서 나와 그의 죄에 참예하지 말고 그의 받을 재앙들을 받지 말라. (고후6:17) 그러므로 주께서 말씀하시기를 너희는 저희 중에서 나와서 따로 있고 부정한 것을 만지지 말라. 내가 너희를 영접하여...

는 바, 이 그리스도는 교회 안에 있는 그의 택함을 받은 사람들이 향유하도록 자신을 내어주셨다. 따라서 우리는 살기를 소원하는 모든 사람들은 그리스도의 참 교회를 떠나서는 안 된다고 가르친다.

교회는 그것의 표시에 얽매일 수 없다.

그럼에도 불구하고 우리는 위에서 언급한 참 교회의 표지에 의해서 교회를 좁게 제약하지 않는다. 즉 적어도 스스로 원해서든지 경멸적 태도 때문이 아니라 필연성에 의하여 억지로 성례전에 참여하지 못하든가 본의 아니게 이 성례전을 받지 못하고 박탈당했을 경우 이러한 사람들이 결코 교회 밖에 있다고 할 수 없다. 그리고 신앙의 실패로 신앙이 꺼져 가고 전적으로 오류 가운데로 빠져 들어간다고 해서 이런 사람들이 결코 참 교회 밖에 있는 것이라고 할 수 없다. 왜냐하면 우리는 하나님께서 이스라엘 나라 밖에 있는 세상 속에서도 얼마 정도의 친구들을 가지셨다는 것을 알기 때문이다.

우리는 하나님의 백성이 70년 동안 바벨론 포로생활에서 자신들의 모든 제사 행위를 박탈당했던 것을 알고 있다. 우리는 주님을 부인한 베드로에게 무슨 일이 일어났으며 길을 잃고 나약해진 하나님의 신실한 백성에게 매일 무슨 일이 일어났었는지 우리는 알고 있다. 그 뿐만 아니라 우리는 사도 바울이 그렇게나 많은 심각한 허물을 발견했으나 그리스도의 거룩한 교회들이라고 부른[47] 사도시대의 갈라디아와 고린도에 있는 교회들이 어떠한 교회들인가를 우리는 잘 알고 있다.

때론 교회가 소멸된 것 같다.

그렇다 종종 이런 일이 일어난다. 하나님께서는 그의 의로운 심판으로 그의 말씀의 진리와 보편적 신앙과 하나님에 대한 바른 예배를 그렇게도 흐리게 하시고 뒤엎어 놓으시기 때문에 교회가 거의 소멸된 것 같고 더 이상 존재하지 않는 것 같다. 우리는 이 일이 엘리야 시대와[48] 다른 시대에도 일어난 것을 알고 있다. 한편 하나님께서는 이 세상과

---

47) (고전1:2) 고린도에 있는 하나님의 교회 곧 그리스도 예수 안에서 거룩하여지고 성도라 부르심을 입은 자들과 또 각처에서 우리의 주 곧 저희와 우리의 주 되신 예수 그리스도의 이름을 부르는 모든 자들에게... (갈1:2) 함께 있는 모든 형제로 더불어 갈라디아 여러 교회들에게...

48) (왕상19:10) 저가 대답하되 내가 만군의 하나님 여호와를 위하여 열심히 특심하오니 이는 이스라엘 자손이 주의 언약을 버리고 주의 단을 헐며 칼로 주의 선지자들을 죽였음이오며 오직 나만 남았거늘 저희가 내 생명을 찾아 취하려 하나이다. (왕상19:14) 저가 대답하되 내가 만군의 하나님

어둠 속에서도 그의 참된 예배자들을 소유하고 계신다. 이들의 수는 적은 것이 아니었다. 칠천이나 되었고 그 이상도 되었다.[49)]

그도 그럴 것이 사도 바울은 "딤후2:19에 그러나 하나님의 견고한 터는 섰으니 인침이 있어 일렀으되 주께서 자기 백성을 아신다 하며 또 주의 이름을 부르는 자마다 불의에서 떠날지어다 하였느니라." 라고 외쳤기 때문이다. 그래서 하나님의 교회는 불가시적이라고 일컬어진다. 하지만 교회를 불가시적이라고 하는 이유는 교회에 모인 구성원들이 불가시적이란 뜻이 아니요, 참 하나님의 택함을 받은 사람들을 아는 것은 하나님이시오, 이 하나님만이 이들을 올바로 판단하시고 이들이 인간의 눈에는 보이지 않으며 인간의 판단을 예외로 하기 때문이다.

교회 안에 있는 모든 사람들이 모두 교회는 아니다.

다시 말하거니와 교회의 회원으로 계산된 사람이라고 해서 모두가 성도이거나 교회의 살아 있는 참 구성원이 아니다. 왜냐하면 비록 외적으로는 하나님의 말씀을 듣고 성례전을 공적으로 받고 그리스도만을 통해서 하나님께 기도하는 것처럼 보이고 그리스도를 자신들의 유일하신 의(義)로 고백하고 하나님을 예배하고 잠시 동안 불행 중 인내로써 견디는 것처럼 보이는 사람들 가운데에 많은 위선자들이 있기 때문이다. 그러나 이들은 내면에 있어서 성령의 인도하심(조명)과 신앙과, 마음의 신실함과, 그리고 끝까지 견디는 하나님의 붙들어주심이 결핍되어 있다.

그러나 이런 사람들의 본성은 결국 거의 전부가 노출될 것이다. 그도 그럴 것이 사도 요한은 "요일2:19에 저희가 우리에게서 나갔으나 우리에게 속하지 아니하였나니 만일 우리에게 속하였더면 우리와 함께 거하였으려니와 저희가 나간 것은 다 우리에게 속하지 아니함을 나타내려 함이니라." 라고 하였기 때문이다. 이들은 경건의 모양은 가지고 있으나 교회에 속한 사람들은 아니다. 그런데 한 국가 안에서 반역자들이 발각되기 전까지는 이 국가의 시민에 속해 있듯이 저들은 교회 안에서 회원으로 여겨지는 것이다. 마치

여호와를 위하여 열심히 특심하오니 이는 이스라엘 자손이 주의 언약을 버리고 주의 단을 헐며 칼로 주의 선지자들을 죽였음이오며 오직 나만 남았거늘 저희가 내 생명을 찾아 취하려 하나이다.

49) (왕상19:18) 그러나 내가 이스라엘 가운데 칠천인을 남기리니 다 무릎을 바알에게 꿇지 아니하고 다 그 입을 바알에게 맞추지 아니한 자니라. (계7:3) 가로되 우리가 우리 하나님의 종들의 이마에 인치기까지 땅이나 바다나 나무나 해하지 말라 하더라.

이는 알곡 중에 쭉정이가 있는 것과 마찬가지요 건강한 몸에 종기가 난 것과 같다. 이 후자의 경우 그것은 몸의 참 지체라기보다 병이요 불구인 것이다. 그러므로 하나님의 교회는 온갖 종류의 물고기를 잡은 그물과 같고 알곡과 쭉정이를 모두 갖고 있는 밭과 같다.[50]

우리는 성급히 혹은 미숙하게 판단해서는 안 된다.

이런 까닭에 우리는 때가 이르기도 전에 판단하지 않도록 조심해야 하고 주님께서 제외시키시거나 버리시기를 원치 않는 사람들을 제외시키거나 버리거나 잘라 내려고 하지 않도록 주의해야 한다. 우리가 이들을 제거한다면 교회는 손상을 입을 것이다. 다른 한편으로 경건한 자들이 코를 골고 자는 동안 사악한 사람들이 자리를 잡고 교회를 해롭게 하지 않도록 우리는 깨어 있지 않으면 안 된다.

교회의 일치는 외적인 의식에 달린 것이 아니다.

뿐만 아니라 우리가 교회 안에서 분열을 촉발시키고 조장하지 말도록 교회의 진리와 일치가 주로 무엇에 달려 있는가를 주의해야 한다는 사실을 우리는 가르쳐야 한다. 일치란 외적인 의식과 예식에 달린 것이 아니라 보편적 신앙의 진리의 일치에 달린 것이다. 보편적 신앙이란 인간의 법에 의해서가 아니라 성경에 의해서 우리에게 주어지는데 이것의 요약은 사도신조이다. 우리는 고대 교부들의 글에서 다양한 의식이 있으며 이 의식은 자유로이 사용되었고 아무도 이 의식의 다양성 때문에 교회의 일치가 깨어졌다고 생각하지 않았다는 사실을 읽고 있다. 그래서 우리는 교회의 참 조화란 교리에 있고, 그리스도의 복음을 참되고 조화 있게 설교하는 데 있으며, 그리고 주님께서 분명히 우리에게 전해 주신 의식에(성례전) 달렸다고 가르친다. 그리고 우리는 여기에서 다음과 같은 사도의 말씀을 강조한다. "그러므로 누구든지 우리 온전히 이룬 자들은 이렇게 생각할지니 만일 무슨 일에 너희가 달리 생각하면 하나님이 이것도 너희에게 나타내시리라(빌 3:15)."는 말씀이 그것이다.

---

50) (마13:24) 예수께서 그들 앞에 또 비유를 베풀어 가라사대 천국은 좋은 씨를 제 밭에 뿌린 사람과 같으니 (마13:25) 사람들이 잘 때에 그 원수가 와서 곡식 가운데 가라지를 덧뿌리고 갔더니(마13:47) 또 천국은 마치 바다에 치고 각종 물고기를 모는 그물과 같으니 (마13:48) 그물에 가득하매 물 가로 끌어내고 앉아서 좋은 것은 그릇에 담고 못된 것은 내어 버리느니라.

제 18 장 : 교회의 교역자들, 이들의 제정 및 이들의 의무에 관하여

하나님은 교회를 세우는 일을 위하여 교역자들을 사용하신다.

하나님께서는 항상 교역자들을 사용하시어 자신을 위한 교회를 모으시기도 하시고, 세우시기도 하시고, 통치하시기도 하시고, 그리고 보존하시기도 하셨다. 교회가 이 지상에 있는 한 하나님은 현재와 미래에 있어서 이처럼 교역자들을 사용하신다. 그러므로 교역자들이 처음 생겼고, 제도화되었고, 그리고 그 직무수행이 진행된 것은 하나님께서 하신 것이지 인간이 한 것이 아니다. 그러면 이 교역자의 제정과 기원은 어떠한 것인가?

하나님께서는 인간을 수단으로 사용하지 않고 직접 그의 능력으로 세상 중에서 교회를 자신과 연합시키실 수 있으나 인간의 교역을 통해서 인간과 관계 맺는 것을 더 좋아하신다. 그러므로 교역자들이란 자기 자신들에 의해서 교역자로 간주되어야 하는 것이 아니라 하나님께서 이들을 통하여 인간의 구원을 일으키시기 때문에 하나님의 교역자들로 간주되어야 하는 것이다.

교역을 무시해서는 안 된다.

하나님께서 교회를 세우신다는 일 때문에 우리는 우리의 회심과 교육에 관한 일을 성령의 은밀한 사역으로 돌리면서 교회적 교역을 헛된 것으로 만들지 않는 방법으로 그렇게 해야 한다. 그도 그럴 것이 우리는 항상 다음과 같은 사도의 말을 마음에 새겨야 할 것이다. "그런즉 저희가 믿지 아니하는 이를 어찌 부르리요 듣지도 못한 이를 어찌 믿으리요 전파하는 자가 없이 어찌 들으리요(롬10:14)." 또한 "그러므로 믿음은 들음에서 나며 들음은 그리스도의 말씀으로 말미암았느니라(롬10:17)." 그리고 우리는 주님이 복음서에서 말씀하신 것도 기억하는 것이 좋다. "내가 진실로 진실로 너희에게 이르노니 나의 보낸 자를 영접하는 자는 나를 영접하는 것이요 나를 영접하는 자는 나를 보내신 이를 영접하는 것이니라(요13:20)." 마찬가지로 바울이 아시아에 있을 동안 환상 중에 나타난 마게도냐 사람도 은밀히 바울에게 충고하기를 "밤에 환상이 바울에게 보이니 마게도냐 사람 하나가 서서 그에게 청하여 가로되 마게도냐로 건너와서 우리를 도우라 하거늘(행16:9)…"고 했다. 또한 동일한 사도가 다른 곳에서 "(고전3:9) 우리는 하나님의 동역자들이요 너희는 하나님의 밭이요 하나님의 집이니라(고전3:9)."고 했다.

그러나 다른 한편 우리는 너무 많은 부분을 교역자들과 교역에 돌리지 않도록 유의해야 한다. 여기에서 우리는 복음서에 나타난 주님의 말씀을 기억할 필요가 있다. "나를 보내신 아버지께서 이끌지 아니하면 아무라도 내게 올 수 없으니 오는 그를 내가 마지막 날에 다시 살리리라(요6:44)." 사도의 말도 기억해야 할 필요가 있다. "그런즉 아볼로는 무엇이며 바울은 무엇이뇨 저희는 주께서 각각 주신대로 너희로 하여금 믿게 한 사역자들이니라(고전3:5) 나는 심었고 아볼로는 물을 주었으되 오직 하나님은 자라나게 하셨나니(고전3:6)…" 하나님은 사람의 마음을 감동시키신다. 그러므로 우리는 하나님께서 그의 말씀으로 우리를 가르치시는데 외적으로는 그의 교역자들을 통하여 내적으로는 성령에 의하여 그의 택하신 사람들의 마음을 감동하시고 조명시키시사(이끄심) 신앙에 이르게 하신다. 그러므로 우리는 이 모든 은혜에 대하여 모든 영광을 하나님께 돌려야 한다. 이 문제에 관하여는 본 신앙고백서의 제 1장에서 논했다.

교역자들이란 누구며 하나님은 어떤 종류의 교역자들을 이 세상에 주셨나?

하나님께서는 이 세상이 시작될 때부터 가장 뛰어난 사람들을 온 세상을 위해서 사용하셨다(이들 중 많은 사람들은 세상적 지혜와 철학에 있어서는 단순하였으나 참 신학에 있어서는 뛰어났다). 이들은 바로 족장들이었는데 하나님께서는 천사를 통하여 이들과 말씀하셨다. 족장들이란 자기들의 시대의 선지자들이요, 교사들이었다. 하나님께서는 이런 이유에서 이들이 여러 세기를 살기를 원하셨으니 그 목적은 이들이 사실상 세상의 조상과 빛이 되게 하기 위한 것이었다. 이들을 계승한 이들은 모세와 온 세상이 알고 있는 유명한 선지자들이다.

교사이신 그리스도

위의 교역자들을 보내신 후 하늘의 아버지께서는 세상의 가장 완전하신 교사이신 그의 독생자를 보내셨으니, 이분 안에 하나님의 지혜가 감추어져 있고, 이 지혜는 가장 거룩하고 단순하고 가장 완전한 교리를 통하여 우리에게 전해졌다. 그도 그럴 것이 그는 자신을 위하여 제자를 선택하시어 그의 사도들로 삼으셨기 때문이다. 이 사도들은 세상 속으로 들어갔고, 복음 설교를 통하여 도처에 교회들을 세웠고, 그리스도의 명성을 따라 지중해 연안에 있는 모든 교회에 목사 혹은 교사를 임명하셨다. 그리스도께서는 이들의 계승자를 통하여 오늘날에 이르기까지 교회를 다스리시고 가르치신다. 그러므로 하나님께서는 구약의 백성들을 위하여 족장들과 모세와 선지자들을 세워 주신 것같이 신약의 백성들에겐 그의 아들 예수 그리스도와 사도들과 교회의 교사들을 주셨다.

신약 성경의 교역자들

신약에서의 교역자들은 여러 가지 이름으로 일컬어진다. 이들은 사도들, 선지자들, 복음전도자들, 감독들, 장로들, 목사들, 교사들이라고 일컬어졌다.[51] 사도들은 한 지역에 머물러 있지 아니하고 지중해 연안을 두루 다니면서 여러 교회를 세웠다. 일단 사도들이 교회를 세우면 이들의 임무는 끝났다. 목사들이 교회들을 각각 맡았다. 선지자들이란 옛날에 미래를 꿰뚫어보는 자였고 성경을 해석하는 자이기도 했다.

복음서를 기록한 사람들은 복음 전도자라 불리어졌는데 그리스도의 복음의 전령자이기도 했다. 그래서 바울은 디모데에게 "그러나 너는 모든 일에 근신하여 고난을 받으며 전도인의 일을 하며 네 직무를 다하라(딤후4:5)."고 권고하였다. 감독이란 교회를 돌보는 자요, 감독하는 자요, 그리고 교회의 식량과 모든 삶의 필요를 맡아본다. 장로들은 연장자라고 불리워지기도 했는데 사실상 교회의 성도들의 대표들이요 아버지들로서 교회를 건전한 충고와 지혜로써 다스린다. 목사들은 주님의 양무리를 지키고 양떼들의 필요를 공급한다. 교사들은 참 믿음과 경건을 가르친다. 그러므로 교회의 교역자란 감독, 장로, 목사, 및 교사라 불리어진다.

교황의 성직체제

그 후 하나님의 교회 안에는 여러 가지 종류의 교역자들이 생겨났다. 어떤 교회는 총주교(家主敎:patriarchs)를 택하였고, 다른 교회는 대주교(archbishops)와 부감독을 두었고, 또한 대감독(metropolitans), 주제(主祭:archdeacons), 부제(副祭:deacons), 부조제(副助祭), 시제(acolytes), 귀신을 쫓아내는 기도사, 성가대의 선창가(cantors), 문지기(doorkeepers), 그리고 이외에 어떤 성직이 또 있는지 우리로서는 알 수 없으나 추기경(cardinals), 사제장(provosts), 그리고 상급 신부와 하급 신부 및 소수도원의 원장 등이 있다. 그러나 이 모든 교직이 전에는 어떠했고 지금은 어떠한가에 대하여 더 이상 논의할 필요가 없다. 우리는 교역자들에 대한 사도들의 교리로 충분하다고 생각한다.

수도승에 관하여

---

51) (고전12:28) 하나님이 교회 중에 몇을 세우셨으니 첫째는 사도요 둘째는 선지자요 셋째는 교사요 그 다음은 능력이요 그 다음은 병 고치는 은사와 서로 돕는 것과 다스리는 것과 각종 방언을 하는 것이라 (엡4:11) 그가 혹은 사도로,혹은 선지자로,혹은 복음 전하는 자로,혹은 목사와 교사로 주셨으니…

수도승이나 수도 승단들이나 분파가 그리스도나 사도들에 의하여 제정되지 않았다는 사실을 우리는 확실히 안다. 그렇기 때문에 우리는 이러한 것들이 하나님의 교회에 유익이 되기는커녕 해롭다고 하는 사실을 우리는 가르친다. 그도 그럴 것이 옛날에는 이들이 용납될 수도 있었으나(이들이 은둔자들로서 자신들의 손으로 생계를 해결했고, 그 누구에게도 부담을 주지 않았고, 일반성도들처럼 도처에 흩어져 있으면서 교회의 목사에게 순종했을 경우) 지금에 와서는 이들이 어떻다는 것을 온 세상 사람들이 모두 다 알고 있기 때문이다. 이들은 우리가 알 수 없는 수도원 입적을 위한 서약을 한다. 그러나 그들의 삶은 이 서약과 다르게 영위되고 있다. 따라서 이들 중 최선의 삶을 사는 사람들이라도 사도가 비판한 유의 사람과 같다. "우리가 들은즉 너희 가운데 규모 없이 행하여 도무지 일하지 아니하고 일만 만드는 자들이 있다 하니(살후3:11)." 그래서 우리는 우리의 교회들 안에 그러한 사람들이 있어서도 안 되고 있을 필요도 없다고 가르친다.

교역자들은 부름 받아야 하고 택함을 받아야 한다.

아무도 교역자들의 영예를 침해해서는 안 된다. 즉 그 누구도 그것을 뇌물이나 어떤 사기에 의하여 취해서도 안 되고 자율적인 자유선택에 의해서 택해서도 안 된다. 반드시 교회의 교역자들은 합법적인 교회의 선거에 의하여 부름을 받아 선출되어야 한다. 다시 말하면 교회 혹은 무슨 소란이나, 분쟁이나, 그리고 경쟁이 없이 질서 있게 선출하기 위하여 뽑혀진 교회의 대표들이 이 교역자들을 조심성 있게 선출해야 한다. 아무나 선출되어서는 안 된다. 충분히 헌신된 학식, 경건한 웅변, 간교함이 없는 지혜, 끝으로 절제와 좋은 평판에 있어서 뛰어나고 유능한 사람들을 선출해야 한다. 즉 우리는 사도 바울이 디모데 전서 3장과 디도서 1장에서 제시한 사도적 규범을 따라야 한다.

안수

선출된 사람들은 장로들에 의하여 안수를 받는데 공중기도와 함께 손을 얹어 놓음으로 행해진다. 우리는 여기에서 선출 받은 바도 없고, 파송 받은 바도 없으며, 그리고 안수 받은 바도 없으나 자기들 마음대로 교역에 임하는 사람들을 정죄 한다. 또한 우리는 부적합한 교역자들과 목사가 갖추어야 될 꼭 필요한 은사들을 소유하고 있지 않은 사람들을 정죄 한다. 하지만 우리는 초대교회의 어떤 목사들이 해를 끼치지 않는 단순성이 어떤 이들의 다방면적이고, 세련되고, 까다롭고, 그리고 약간은 비밀스러운 학식보다 교회를 위해서 더 유익하다는 사실을 인정한다. 이런 까닭에 우리는 오늘날에도 어떤 이들의 정직한 단순성을 거부하지 않는다. 물론 무식해도 괜찮다는 말은 아니다.

만인제사장직

확실히 그리스도의 사도들은 그리스도를 믿는 모든 사람들을 제사장이라 일컫는다. 그러나 제사장이라고 하는 직책을 받아서 그렇게 부른 것이 아니라 모든 신자들은 이미 왕과 제사장이 되었으므로 신자들인 우리는 그리스도를 통하여 하나님께 영적 제사들을 드릴 수 있는 것이다.[52] 그러나 제사장 직과 교역자 직은 크게 다르다. 방금 지적한 대로 제사장직은 모든 크리스챤들이 공유하고 있으나 교역자 직은 그런 것이 아니기 때문이다. 그런데 우리가 교황의 제사장직을 그리스도의 교회에서 제거시켰다고 해서 교회의 교역자 직을 폐지시킨 것은 아니다.

제사장들과 제사장직

그리스도께서 세우신 새 언약에 있어서는 구약시대에 있었던 제사장 직이 없어졌다. 이 구약은 제사장직에 관련하여 외적인 기름부음, 거룩한 외투, 및 여러 가지 의식을 말하고 있는데 이미 오신 예수 그리스도께서는 자신을 나타내기 위한 의식들을 그의 오심과 그의 성취에 의하여 폐기하셨다. 그러나 그리스도 자신은 영원히 유일한 제사장으로 남으신다. 따라서 만일 어떤 목사에게 이 제사장의 이름을 부여할 때 우리는 그리스도의 위신을 떨어뜨리는 것이다. 그도 그럴 것이 주님 자신은 신약의 교회를 위하여 어떤 제사장도 결코 세운 적이 없으시기 때문이다. 주님은 말씀을 설교하고 성례전을 베풀 교역자들을 세우신 것이지 아버지 되시는 감독으로부터 권위를 위탁받아 주님의 참 살과 피를 산 자와 죽은 자를 위하여 희생 제물로 매일 제사하는 제사장을 세우신 것이 아니다.

신약이 말하는 교역자들의 본질

바울은 신약성경 혹은 기독교회의 교역자들에 관하여 간단명료하게 언급한다. "사

---

52) (출19:6) 너희가 내게 대하여 제사장 나라가 되며 거룩한 백성이 되리라. 너는 이 말을 이스라엘 자손에게 고할지니라. (벧전2:9) 오직 너희는 택하신 족속이요 왕같은 제사장들이요 거룩한 나라요 그의 소유된 백성이니 이는 너희를 어두운데서 불러내어 그의 기이한 빛에 들어가게 하신 자의 아름다운 덕을 선전하게 하려 하심이라. (계1:6) 그 아버지 하나님을 위하여 우리를 나라와 제사장으로 삼으신 그에게 영광과 능력이 세세토록 있기를 원하노라. 아멘.

람이 마땅히 우리를 그리스도의 일군이요 하나님의 비밀을 맡은 자로 여길지어다(고전 4:1)."라고 교역자들에 대한 사역을 말씀했다. 그래서 사도는 우리들이 교역자를 교역자로 생각하기를 바란다. 그러므로 사도는 교역자를 '노 젓는 사람'이라 부르면서 이 노 젓는 사람은 그의 눈을 키잡이에 고정시켜야 한다고 하고, 이 교역자란 자신들을 위해서 혹은 자기들의 뜻대로 사는 것이 아니라 다른 사람들을 위해서 살아야 하는 것이라 하였다. 즉 이 교역자들은 전적으로 주님의 명령에 의존한다는 것이다. 교회의 모든 교역자들은 그들의 모든 의무수행에 있어서 자신의 뜻대로가 아니라 주님께로부터 받은 명령을 수행하도록 명령받은 것이다. 이 경우 주님이란 그리스도이신바 교역자들은 교역하는 모든 일에 있어서 이 그리스도에게 복종해야 한다.

하나님의 비밀을 맡은 청지기로서 교역자들

그 뿐만 아니라 사도는 교역자 직을 더 충분히 설명하기 위해서 교회의 교역자들이란 하나님의 신비를 관리하고, 보존하고, 그리고 베풀어주는 청지기들이라고 덧붙였다. 바울은 여러 군데에서 이 하나님의 비밀을 가리켜 그리스도의 복음이라 하는데 에베소서 3장이 특히 두드러진다. 그래서 교부들은 그리스도의 성례들을 신비라 일컬었다. 이 목적을 위해서 교회의 교역자들은 부름을 받았다. 즉 그리스도의 복음을 믿는 자들에게 설교하고 성례전을 베풀기 위하여 부름을 받았다. 복음서에서 우리는 "주께서 가라사대 지혜 있고 진실한 청지기가 되어 주인에게 그 집 종들을 맡아 때를 따라 양식을 나누어 줄 자가 누구냐(눅12:42)?"라고 하는 말씀을 발견한다. 복음서의 또 다른 곳에 보면 한 사람이 외국으로 여행을 떠날 때 그의 집과 재산과 그것을 다스릴 권한을 그의 종들에게 주었고 각각에게 할 일을 맡기셨다고 한다.

교역자의 권한

그러므로 이제 우리는 교역자들의 권한과 의무에 대해서 몇 가지 언급해야 할 줄 안다. 어떤 이들은 이 권한에 관하여 열심히 주장하면서 이 지상 최고의 것들까지 이 권한에 복종시킨다. 이것은 주님의 명령과 정반대되는 것이다. 우리 주님은 제자들에게 군림하는 자세를 금하시고 겸손을 천거하셨다.[53] 교직의 권한은 순수하고 절대적인바 "의의

---

53) (눅22:24) 또 저희 사이에 그중 누가 크냐 하는 다툼이 난지라. (눅22:25) 예수께서 이르시되 이방인의 임금들은 저희를 주관하며 그 집권자들은 은인이라 칭함을 받으나... (눅22:26) 너희는 그렇지

권한"이라 불리운다. 이 권한은 이 세상의 모든 것을 모든 것의 주님이신 그리스도에게 복종시킨다. 주님 자신의 증거를 들어 보자. "하늘과 땅의 모든 권세를 내게 주셨다."는 말씀에 기초하여 "곧 산 자라 내가 전에 죽었었노라 볼지어다. 이제 세세토록 살아 있어 사망과 음부의 열쇠를 가졌노니(계1:18)…" "빌라델비아 교회의 사자에게 편지하기를 거룩하고 진실하사 다윗의 열쇠를 가지신 이 곧 열면 닫을 사람이 없고 닫으면 열 사람이 없는 그이가 가라사대(계3:7)…"라고 경고한 것이다.

참 권한은 주님의 것이다.

주님께서는 이 교역의 권한을 소유하고 계신다. 주님은 그의 교역자들이 교역하는 동안 구경꾼으로 빈둥빈둥 지내시기 위하여 이 교역을 인간들에게 넘기신 것이 아니다. 왜냐하면 이사야가 "내가 또 다윗집의 열쇠를 그의 어깨에 두리니 그가 열면 닫을 자가 없겠고 닫으면 열 자가 없으리라(사22:22)." "이는 한 아기가 우리에게 났고 한 아들을 우리에게 주신바 되었는데 그 어깨에는 정사를 메었고 그 이름은 기묘자라, 모사라, 전능하신 하나님이라, 영존하시는 아버지라, 평강의 왕이라 할 것임이라(사9:6)."라고 말씀했기 때문이다. 주님은 다스리는 일을 다른 사람들의 어깨에 메어 두지 않고 스스로 모든 것을 다스리시는 데 있어서 그의 권세를 보존하시고 사용하신다.

교역자직의 권한

교역직의 또 하나의 권한이 있는데 이것은 완전하고 절대적 권한을 가지신 주님에 의하여 제약을 받는다. 이 권한은 군림이 아니라 섬김이다. 이는 열쇠의 권한이다. 주인은 그의 권한을 청지기에게 전적으로 일임하였기에 그에게 열쇠를 주어 그로 하여금 그의 주인의 뜻대로 들여보낼 자를 들여보내고 제외시킬 자를 제외시키게 하는 것이다. 교역자는 이 권한에 의하여 직책수행상 주님께서 명령하신 바를 행하는 것인데 주님은 그의 교역자가 무슨 일을 하고 있는지를 확인하고 이 교역자가 행한 바를 마치 자신이 행하신 것으로 간주해 주시고 인정해 주시는 것이다. 의심의 여지없이 복음서의 말씀들은 바로 이러한 내용을 말하고 있다. "(마16:19) 내가 천국 열쇠를 네게 주리니 네가 땅에서 무엇이든지 매면 하늘에서도 매일 것이요 네가 땅에서 무엇이든지 풀면 하늘에서도 풀리리라 하시고(마16:19)." "(요20:23) 너희가 뉘 죄든지 사하면 사하여질 것이요 뉘 죄든

않을지니 너희 중에 큰 자는 젊은 자와 같고 두목은 섬기는 자와 같을지니라.

지 그대로 두면 그대로 있으리라 하시니라(요20:23)."라고 말씀하셨다.

그러나 만약에 교역자가 주께서 명령하신 대로 모든 것을 행하지 않을 경우 주님은 그가 행한 것을 무효화할 것이 확실하다. 그러므로 교역자가 주께로부터 부여받은 교회적 권한은 그것으로 하나님의 교회를 다스리는 기능을 발휘하는 것이다. 그렇기 때문에 교역자들은 주께서 그이 말씀에 규정해 주신대로 교회의 모든 일을 수행해야 할 것이다. 이렇게 행할 때 신자들은 마치 주님 자신이 행하시는 것으로 여긴다. 우리는 위에서 이미 열쇠의 권한에 대하여 언급했다.

교역자들의 권한은 하나이며 동일하며 동등하다.

교회 안에 있는 모든 교역자들은 동일하고 동등한 권한 혹은 기능을 부여받았다. 확실히 고대 교회에서는 감독들이나 장로들이 교회를 함께 다스렸다. 이 시대에는 아무도 다른 사람보다 높다고 생각하지 않았다. 그 어느 감독이나 장로도 다른 동료 감독이나 장로보다 더 큰 권한이나 권위를 행사하지 않았다. 주님의 말씀에 "너희는 그렇지 않을지니 너희 중에 큰 자는 젊은 자와 같고 두목은 섬기는 자와 같을지니라(눅22:26)."를 기억했기 때문에 저들은 계속 겸손을 유지했으며 교회를 다스리거나 보존하는 일에 있어서 상호 봉사로서 서로 도와주었다.

질서는 보존되어야 한다.

그럼에도 불구하고 질서의 보존을 위하여 교역자들 가운데 어느 한 사람이 회중을 소집하여 문제들을 이 회중 앞에 내어놓고 모든 사람들의 의견을 수렴했다. 간단히 말하면 어떤 무질서가 일어나지 않도록 그들은 그들의 최선을 다했다. 우리가 사도행전에서 읽는 대로 베드로는 비록 그와 같은 지도적 위치와 행위 때문에 예수님의 총애를 다른 제자들보다 더 받은 것도 아니었고 다른 제자들보다 결코 더 큰 권위를 부여받은 것이 아니었으나 그렇게 행동하였다. 그는 다른 제자들과 동등하면서 의장직을 맡아 행한 것이나 다름없었다. 순교자 키프리안이 그의 저서 〈교역자들의 단순성에 대하여〉에서 다음과 같이 언급한 것은 옳다. "다른 사도들도 베드로와 꼭 같은 영예와 권한을 부여받은 것이 확실하다. 그러나 베드로의 의장권(수위권)은 교회의 일치(질서)를 이룩하기 위한 통일성의 원리에 입각한 것이다"

한 사람이 다른 사람 위에 군림하는 경우와 그 양상

제롬 역시 바울의 디도서를 주석하면서 위와 같은 사실과 어긋나지 않는 말을 했다. 즉 "장로들의 협의와 합의에 의하여 교회들은 다스려져 왔었다. 기독교에 있어서 어느 특정 개인들에게 집착하는 것은 마귀의 짓이다. 그런데 각 사람이 자신이 세례 준 사람들을 그리스도에게 속한 자가 아니라 자신의 소유로 생각한 이후 장로들 가운데 어느 한 사람을 선출하여 다른 사람들보다 위에 있게 하였고 이 한 장로에게 교회 전체의 돌봄을 맡겨야 했고 모든 분열의 씨앗을 제거하는 제도가 나왔다." 라고 언급했다

그러나 제롬은 이 규정을 신적인 것으로 보지 않았다. 왜냐하면, 그는 즉시 다음과 같이 덧붙여 말하기 때문이다. "장로들은 교회의 관례로부터 자신들이 자신들 위에 세워진 장로에게 순복할 것을 알았듯이 감독들은 자신들이 장로들 위에 있다고 하는 사실을 주님이 정해 주신 진리로 부터 발원 된다고 생각하기보다 교회의 관례로부터 일어난다고 알고 있었다. 그렇기 때문에 감독들은 관례보다는 진리에 입각해서 장로들과 더불어 교회를 다스려야 할 것이다." 제롬이 말한 것은 이 정도였다. 이런 이유 때문에 우리는 하나님의 교회가 지녔던 고대 헌장으로 돌아가야 하고 인간의 관습이 생기기 이전의 내용에 호소하고 의존해야 한다.

교역자들의 의무들

교역자들의 의무에는 여러 가지가 있다. 그러나 대체로 두 가지에 국한하는데 이 두 가지 속에 나머지가 포함되어 있다. 그 두 가지란 그리스도의 복음을 가르치는 것과 성례전(세례와 성만찬)을 집행하는 일이다. 그도 그럴 것이 예배를 위하여 회중을 모으고, 여기에서 하나님의 말씀을 풀이하고, 이 말씀의 모든 가르침에 있어 교회를 돌보며 교회를 유익하게 하는 일에 적용함으로 선포된 말씀이 듣는 자들에게 유익을 주게 하고 믿는 자들을 세우는 것이 바로 교역자들이 해야 할 의무이기 때문이다. 또한 교역자는 복음과 성경에 무식한 사람을 가르쳐야 하고, 권고해야 하고, 그리고 게으른 자들과 망설이는 자들로 하여금 주님의 길을 계속 따르도록 강권해야 한다. 우리 생각엔 이것 역시 교역자의 의무라고 말하고 싶다.

그 뿐만 아니라 교역자들은 마음이 약한 사람들을 위로하고, 격려해야 하고, 사탄의 여러 가지 시험에 넘어가지 않도록 이들을 무장시켜야 하고, 범법자들을 견책하고, 과오에 빠져 있는 자들을 올바른 길로 불러내고, 넘어진 자들을 일으켜 주고, 주님의 양 무리로부터 이리를 쫓아내도록 힘쓰고, 사악과 사악한 자들을 지혜롭고도 엄격하게 질책해야 하고, 큰 사악에게 눈짓을 해서도 안 되고, 그리고 이 큰 사악을 묵과해서도 안 된다. 이

것 이외에도 그들은 성례전을 베풀어야 하고, 이 성례전을 옳게 사용하도록 가르쳐야 하고, 건전한 가르침에 의하여 준비시킴으로 이 성례전을 받게 해야 하고, 신자들의 거룩한 일치를 보존해야 하고, 분열을 막아야 하고, 복음과 성경에 무식한 사람들을 가르쳐야 하고, 교회의 가난한 사람들을 돌봐야 하고, 병든 자들과 여러 가지 시험에 시달리는 사람들을 심방하고, 가르치고, 그리고 생명의 길로 계속 인도해야 한다. 이것에 이어 교역자들은 어려운 일에 처할 때마다 공동체적 금식을 실천하면서 공동체적 기도모임에 참여하고 교회들의 안정과 평화와 번영을 위해서 부지런히 정진해야 한다.

그러나 교역자가 이 모든 일들을 더 잘 수행하고 더 쉽게 수행하기 위하여 그는 하나님을 경외해야 하고, 쉬지 않고 기도해야 하고, 영적 서적을 열심히 읽어야 하고, 모든 일에 있어서 그리고 항상 정신 차려야 하고 순결한 삶을 삶으로 모든 사람들 앞에 빛을 비추어야 한다.

치리(권징)

치리(治理)란 교회 안에 꼭 있어야 한다. 교부들의 시대에도 파문(출교)이 실천된 적이 있다. 그리고 교회적인 심판이 하나님의 백성들에게 적용되곤 하였다. 이 경우 지혜롭고 경건한 사람들이 치리를 행사하였다. 이런 이유 때문에 교역자들은 상황(시대성, 사회성, 필요성)에 따라 교회의 건덕을 위한 치리를 행사해야 한다. 시대와 장소를 막론하고 교회를 세우기 위해서는 모든 것을 적절히 행하고 영예롭게 행하되 억압과 다툼은 피해야 한다는 법칙을 우리는 지켜야 한다.

왜냐하면 사도의 증언에 의한즉 주님께서 자기에게 교회의 권위를 주신 목적은 교회를 올바로 세우기 위함이지 교회를 파괴하기 위함은 아니기 때문이며[54] 또한 그 이유는 가라지를 뽑다가 알곡까지 뽑아 버릴까 하기 때문이다.

심지어 사악한 교역자의 말까지도 들어야 한다.

뿐만 아니라 우리는 도나티스트주의자들의 오류를 몹시 싫어한다. 왜냐하면 이들은 성례전에 대한 가르침과 집례가 교역자들의 삶의 좋고 나쁨에 따라 효력이 있기도 하고

---

54) (고후10:8) 주께서 주신 권세는 너희를 파하려고 하신 것이 아니요 세우려고 하신 것이니 내가 이에 대하여 지나치게 자랑하여도 부끄럽지 아니하리라.

효력이 없기도 하다고 생각하기 때문이다.[55] 주님께서 "그러므로 무엇이든지 저희의 말하는 바는 행하고 지키되 저희의 하는 행위는 본받지 말라 저희는 말만 하고 행치 아니하며(마23:3)."라고 하셨기 때문에 우리는 그리스도의 음성이 사악한 교역자들이 입을 통해서 나오더라도 그것에 귀를 기울여야 할 것을 안다. 성례전이란 그리스도의 제정의 말씀에 의하여 성화되기 때문에 비록 합당치 못한 교역자들이 그것을 베풀더라도 믿는 성도들에게 효력을 일으킨다는 사실을 우리는 알고 있다. 이 문제에 관하여는 하나님의 축복 받은 종 어거스틴이 성경에 근거하여 여러 차례 도나티스트들을 반박하였다.

노회들

그럼에도 불구하고 교역자들을 위해서도 적절한 치리가 있어야 한다. 노회들은 교역자들의 가르침과 삶을 주의 깊게 검토해야 한다. 교정될 만한 범법자들은 회의(목사와 장로들의 모임)에 의하여 견책 받아야 하고 올바른 길로 인도되어야 한다. 만약 교정이 불가능한 사람들은 추방되어야 한다. 마치 참 목자들이 주님의 양 무리로부터 이리들을 추방하듯이, 왜냐하면 이들이 거짓 선생들일 경우 결코 용납될 수 없기 때문이다. 이제 이런 일들을 위해서 세계 교회의 모든 교회들의 회의들이 사도들의 모범을 따라 교회의 파괴가 아니라 교회의 번영을 위해서 회집한다면 우리는 이 교회의 회의들을 인정해야 한다.

일꾼은 일의 대가를 지불 받아야 한다.

모든 신실한 교역자들은 선한 일꾼들로서 자신들의 일의 대가를 받아 마땅하다. 교역자들이 봉급 혹은 자신들과 자신들의 가족을 위해서 필요한 모든 것을 받는 것은 죄악이 아니다. 왜냐하면 사도 바울은 고린도전서 9장과[56] 디모데 전서 5장과[57] 그 외의 다른 곳에서 이와 같은 것을 교회가 주고 교역자가 받는 것은 올바른 일이라고 말씀했기 때문이다. 예컨대 재세례파[58] 사람들은 사도들의 가르침에 위배되는 짓을 했다. 왜냐하면 이들

---

55) 오늘날 침례교에서 기존 세례를 인정하지 않는 것과 성령은사주의 자들이 소위 능력 있는 목회자에게 안수를 받아야 능력이 생긴다. 라는 표현과 일치됨.

56) (고전9:11) 우리가 너희에게 신령한 것을 뿌렸은즉 너희 육신의 것을 거두기로 과하다 하겠느냐?

57) (딤전5:18) 성경에 일렀으되 곡식을 밟아 떠는 소의 입에 망을 씌우지 말라 하였고 또 일군이 그 삯을 받는 것이 마땅하다 하였느니라.

58) 오늘날 침례교의 뿌리이다.

은 교역활동을 통해서 먹고 사는 교역자들을 정죄하였고 비방하였기 때문이다.

제 19 장 : 그리스도의 교회의 성례전들에 관하여

말씀에 첨가물이 성례전인바 그것의 본질은 무엇인가?

처음부터 하나님께서는 교회 안에서 말씀의 설교에 성례전들(세례/성만찬)과 성례전에 대한 징표들을 첨가하셨다. 이것은 성경 전체에 잘 증거 되어 있다. 성례전들이란 신비적인 상징들, 거룩한 의식, 혹은 신성한 행동인데 이것은 하나님 자신에 의하여 제정된 것으로 그 구성요소는 그의 말씀과 징표들 그리고 이 징표의 대상들이다. 하나님은 이미 그가 인간에게 계시해 주신 엄청난 은혜들을 이 교회 안에서 성례전에 의하여 기억나게 하시고 그의 약속들을 인치시고 그가 우리를 위하여 내적으로 수행하시는 일들을 외적으로 표현하고 우리가 볼 수 있도록 제시하는 것이다.

그리하여 하나님은 이 성례전들을 통하여 우리의 마음속에 하나님의 성령 사역을 일으킴으로 우리의 신앙을 자라가게 하신다. 끝으로 하나님은 이 성례에 의하여 우리들을 모든 다른 사람들과 다른 종교들로부터 구별하고 우리들을 전적으로 자기 자신에게 헌신하게 하시고 결속하게 하시고 그의 요구를 우리에게 제시하신다.

구약의 예식도 있고 신약의 예식도 있다.

어떤 성례전은 구약백성에게 해당되고 어떤 성례전은 신약백성에게 속한다. 즉 할례와[59] 제물을 바쳐지는 유월절[60] 양은 구약의 성례전이다. 이 때문에 이것은 구약의 처음부터 실시되어 온 희생 제물에 관한 것이다.

오늘날 백성의 성례전의 수

오늘날 성례전은 세례와 성만찬이다. 어떤 이들은 새 백성의 성례전이 일곱 가지라고 주장한다(로마 카톨릭주의). 이들 중에서 우리는 회개와, 교역자의 안수와, 결혼은 하나님께서 제정하신 유익한 것인 줄 인정하나 결코 이것들이 성례전은 아니라는 것이다.

---

59) 남성의 성기 표피 끝을 잘라 내는 것.

60) 애굽에서 해방되던 날 죽음의 천사가 애굽 백성들의 장자들을 칠 때 이스라엘 백성들의 장자들은 양의 피를 문에 바름으로 살 수 있었던 사건을 기념하는 것.

견신례(confirmation)와[61] 종유(extreme unction)[62]는 인간적인 날조로서 이것을 제거해 버려도 교회는 손상을 입지 않는다. 사실 역사적 장로교회들은 이런 것들을 지니고 있지 않다. 왜냐하면 그런 것들은 우리가 결코 인정할 수 없는 어떤 것들을 포함하고 있다. 무엇보다도 우리는 교황주의자들이 성례전을 베풀 때에 시행하는 모든 상행위(商行爲)를 싫어한다.

성례전의 창시자

성례전들의 창시자는 어떤 인간이 아니라 하나님 자신이다. 사람들은 성례전들을 제정할 수 없다. 그도 그럴 것이 그것은 하나님 예배에 관한 것이요, 이 하나님을 예배하는 것은 인간이 만들어 내는 것이 아니요, 하나님께서 제정하신 것을 인간이 수용하여 보존할 뿐이기 때문이다. 뿐만 아니라 상징들은 하나님의 약속들을 동반하는 바 이 약속들은 신앙을 요구한다. 그리고 신앙이란 오직 하나님의 말씀에 의존한다. 하나님의 말씀은 서류나 편지와도 같고 성례전들은 도장과도 같아서 하나님께서는 서류나 편지에 도장을 찍으신다.

그리스도는 아직도 성례전을 통하여 역사하신다.

하나님께서는 성례전의 창시자이기 때문에 이 성례전이 올바르게 집례 되는 교회 안에서 계속 역사하신다. 따라서 신도들은 이 성례전을 교역자들로부터 받을 때 하나님께서 이 제도 가운데에 계속 역사하신다는 사실을 안다. 이런 의미에서 그들이 성례를 하나님의 손으로부터 직접 받는 것이다. 이 경우 교역자의 허물이 있다 해도(그것이 대단히 큰 허물이라도) 그것은 결코 성례전의 효력을 막을 수 없다. 왜냐하면 성도들은 이 성례전의 온전성이 전적으로 하나님의 제정에 의존한다는 사실을 인정하기 때문이다.

성례전의 창시자와 성례전을 집례 하는 교역자는 서로 구별되어야 한다.

이 때문에 성도들은 성례전의 집례에 참여 할 때 주님 자신과 주님의 교역자들을 분명히 구별하면서 주님의 교역자들에게서는 외적인 표징을 받고 주님께로 부터는 성례전

---

61) 아이들이 교육 후 신부에게 나와서 기름을 붓고 안수를 받는 것. 즉 안수를 받아야 더 힘 있게 살 수 있다는 것이 오늘날 성령은사주의 자들의 형태와 비슷하다.

62) 죽은 자를 장례하는 의식.

의 본질을 받는다는 사실을 고백한다.

성례전의 본질 혹은 알맹이

그러나 하나님께서 모든 성례전을 통하여 약속 하시는 바 알맹이는 그리스도 구주이시다. 이것은 모든 세대를 통하여 모든 신자들의 주된 관심사인데 어떤 이들은 이것을 성례전의 본질이라 부르고 어떤 이들은 이것을 성례전의 알맹이라 부른다. 그런데 이 구주이신 그리스도는 유일무이한 희생제물로서 세상의 기초가 놓이기 시작할 때부터 죽임을 당한 하나님의 어린양이요, 우리의 선조들이 그것으로부터 생수를 마셨던 반석이요, 모든 선민이 이분에 의하여 성령을 통하여 손 없이 할례를 받았고, 모든 죄에서 씻김을 받았고, 그리고 그의 참 몸과 피에 의하여 양육을 받아 영생에 이른다.

옛 백성과 새 백성의 성례전의 차이점

성례전의 주된 알맹이 혹은 그 본질에 관하여는 두 백성의 성례전들이 동등하다. 왜냐하면 신자들의 유일한 중보자요 구주이신 그리스도께서는 두 백성의 성례전의 주된 알맹이요 본질이기 때문이다. 그리고 한 하나님이 두 백성의 성례전의 창시자이기 때문이다. 이 두 백성에게 주어진 성례전은 모두 하나님의 은혜와 약속을 인치기 위한 표시와 징표의 역할을 한다. 이 성례전은 하나님의 엄청난 은혜를 생각나게 하며, 이 은혜에 대한 기억을 새롭게 하고, 그리고 신자들을 이 세상에 있는 모든 종교로부터 구별한다.

끝으로 우리는 이 성례전을 신앙에 의하여 영적으로 받아들여야 하고 이것을 받는 우리는 교회에 결속되고 이것에 의하여 우리는 우리의 의무를 명령받는다. 이런 점에서 그리고 이와 비슷한 점에서 두 백성의 성례전은 외향적인 표시와 표징에 있어서는 차이점이 있으나 그 본질에 있어서는 동일한 것이다.

이제 우리는 표시에 있어서는 구별해야 한다. 우리의 것은 더 견고하고 더 지속적이기 때문이다. 세상 끝날 까지 그것들은 결코 변하지 않을 것이다. 그 뿐만 아니라 우리의 것은 본질과 약속이 그리스도 안에서 성취되었고 완성되었음을 증거 하기 때문이다. 전자는 성취될 것을 가르쳤다. 이제 우리의 것이 더 간단하고, 덜 복잡하고, 덜 사치스럽고, 그리고 덜 의식에 치우쳐 있다. 또한 우리의 것은 더 많은 사람들 즉 전 세계에 흩어져 있는 그리스도인에게 속한다. 우리의 것이 보다 더 탁월하다. 그것은 성령에 의하여 더 큰 신앙을 불붙인다. 따라서 성령의 더 큰 풍요가 있다.

우리의 성례전은 폐기된 구약의 것을 계승하고 있다.

참 메시야인 그리스도께서 우리들에게 나타나셨고 풍성한 은혜가 신약의 백성들에게 부은바 되었기 때문에 옛 백성의 성례전은 폐기되었고 중단되었다. 그 대신 신약의 상징들이 주어진 것이다. 즉 할례 대신에 세례가 그리고 유월절 양과 희생제사들 대신에 주의 성만찬이 주어졌다.

성례전의 구성요소

성례전의 구성요소는 구약에 있어서나 신약에 있어서나 3가지이다. 즉 말씀과 표징과 표징의 대상이다. 전에는 성례전이 아니었던 것을 성례전 되게 하는 것은 하나님의 말씀이다.

성례전의 봉헌

성례전은 하나님의 말씀에 의해서 드려진다. 여기에서 이 성례전을 제정하신 분이 그것을 거룩하게 하신다는 사실이 드러난다. 그 무엇을 성화시켜 하나님께 봉헌한다고 하는 것은 그것을 일상적인 사용에서 구별하여 거룩한 사용을 위하여 정해 놓은 것을 의미한다. 사실상 성례전을 위해서 사용되는 표징들은 일상적인 것 혹은 외적이고 가시적인 것으로 되어 있다. 세례에 있어서 표징은 물이다. 교역자는 이 물을 가지고 가시적 씻음을 표시한다. 그러나 여기에서 이 표징이 가리키는 대상 혹은 내용이란 중생(거듭남)이요 죄로부터 씻음이다.

마찬가지로 성만찬에 있어서 외적인 표징은 떡과 포도주이다. 이 떡과 포도주는 일상적으로 우리가 먹고 마시는 것으로부터 취해진 것이다. 그러나 이 표징이 가리키는 대상 혹은 내용은 우리를 위해서 찢겨진 그리스도의 몸이요 우리를 위하여 흘려진 그리스도의 피다. 이는 주님의 몸과 피를 실제로 우리가 함께 취하여 나누는 것(참여하는 것)을 의미한다. 따라서 이 물과 떡과 포도주는 전적으로 일상적인 것인데 하나님의 제정과 봉헌에 의해서 성례전이 되는 것이다. 그러나 교역자가 하나님의 이름을 부르면서 하나님의 말씀을 이 성례전에 첨가할 때 처음 있었던 주님의 제정하심과 봉헌하심이 다시 새롭게 재현되면서 이 표징들이 봉헌되고 그리스도에 의해서 성화되는 것이 증명된다.

그도 그럴 것이 성례전을 처음 제정하셨고 처음 봉헌하신 이 주님의 성례전은 하나님의 교회에서 항상 효과를 나타내기 때문이다. 이 결과 주님께서 최초로 제정하신 방법 이외에 다른 방법으로 성례전을 집례하지 않는 사람들은 오늘도 바로 저 최초의 봉헌을 누리게 되는 것이다. 그래서 성례전을 베풀 때에 그리스도의 말씀 자체가 반복되는 것이다.

성례전의 연합

표징들이 대상 혹은 내용의 이름을 갖게 되는 이유는 이 표징들이 거룩한 대상 혹은 내용의 신비스러운 표징이기 때문이다. 말하자면 여기에서 표징들이 대상과 연합하는 것은 신비적인 의미 때문이요 성례전을 제정하신 분의 목적과 뜻 때문이다. 물과 떡과 포도주는 보통의 표징들이 아니라 거룩한 표징들인 것이다. 세례를 위해서 물을 제정하신 그리스도께서는 성도들이 세례 받을 때 단순히 물 뿌림을 받아야 하는 뜻과 의도에서 제정하신 것이 아니다. 그리고 성만찬에서 떡을 먹고 포도주를 마시라고 하신 것도 단순히 집에서 먹는 떡과 포도주처럼 먹고 마시라고 하신 것이 아니다. 여기에는 신비로움이 있다. 즉 신자들은 표징이 가리키는 대상 혹은 내용에 영적으로 참여하게 되고, 신앙에 의해서 죄 씻음을 받게 되고, 그리고 그리스도와 실제적으로 연합하게 된다.

이단들

그러므로 성례전을 거룩하게 하는 일이 어떤 특성들과 공식에 의한 것이라고 하든가, 거룩케 되었거나 거룩케 하려는 사람에 능력에 의한 것이라고 하든가, 그리스도나 사도들의 말씀과 모범으로 우리에게 전해 준 것이 아닌 그 어떤 우연한 것에 의한 것이라고 가르치는 사람들을 우리는 인정하지 않는다. 또한 우리는 성례전을 성화되었고 효과적이라고 하지 않고 일상적인 것에 지나지 않는다고 주장하는 사람들의 교회를 거부한다. 그리고 우리는 불가시적인 것 때문에 성례전의 가시적인 측면을 경멸하거나 징표들을 전혀 무시하고 대상이나 내용을 소유한다고 주장하는 사람들을 인정하지 않는다. 즉 멧살리아주의자들을 말한다.

표징이 가리키는 대상 혹은 내용은 결코 성례전 안에 갇혀 있거나 성례전에 속박되어 있는 것이 아니다.

은혜와 표징의 대상이 표징에 그렇게나 긴밀히 속박되어 있고 내포되어 있기 때문에 이 표징들에 외적으로 참여하는 사람은 누구나 이들이 어떤 사람들인가에 관계없이 이들은 은혜와 표징의 대상에 내적으로 참여한다고 주장하는 사람들의 교리를 우리는 거부한다. 왜냐하면 우리는 성례전의 가치가 교역자의 가치와 무가치에 의하여 결정되지 않는다고 보는 것처럼 우리는 이 성례전의 가치가 전적으로 신앙과 하나님의 신실하심과 순수한 선함에 달렸다는 사실을 알기 때문이다.

하나님의 말씀이 설교될 경우 단순히 내실 없는 말들이 반복되는 것이 아니요, 말들이 가리키는 대상 혹은 내용이 하나님에 의하여 제공된다면 비록 불신자들이 이 말들만 듣고 이해하되, 그 대상을 신앙으로 받아들일 수 없고 누릴 수 없다 해도 하나님의 말씀은 전혀 손상을 입지 않고 그냥 하나님의 참 말씀으로 남아 있는 것이다. 성례전도 마찬가지이다. 비록 불신자들이 이 성례전에서 표징의 대상 혹은 내용을 수용하지 않는다 해도 하나님의 말씀에 의해서 표징과 표징의 대상으로 구성된 성례전이야말로 거룩한 대상 혹은 내용을 의미할 뿐만 아니라 하나님의 힘을 빌려 표징의 내용을 제공하는 참되고 침해받을 수 없는 성례전으로 남는다. 잘못이 이 성례를 베풀어 주시는 하나님에게 있는 것이 아니라 신앙도 없이 불법적으로 이것을 받아들이는 사람에게 있는 것이다. 그러나 이들의 불신앙 때문에 하나님의 신실하심이 결코 무효화될 수 없다.[63]

성례전의 제정의 목적

성례전 제정의 목적에 관하여는 이미 본 신앙고백서의 처음에서 성례전이란 무엇인가를 설명할 때 언급했으므로 여기서는 또다시 언급하는 일은 번거로운 일이다. 우리는 이제 논리적으로 볼 때 새 백성의 성례전을 하나하나 논하기로 하자.

제 20 장 : 거룩한 세례에 관하여

세례의 제정

하나님께서 세례를 제정하셨고 성별하셨다. 처음 세례를 베푼 사람은 세례 요한인데 그는 그리스도를 요단 강물로 적셨다. 그 다음 물로 세례를 베푼 사람들은 사도들이었다. 주님은 사도들에게 복음을 전하고 "(그러므로 너희는 가서 모든 족속으로 제자를 삼아 아버지와 아들과 성령의 이름으로 세례를 주고(마28:19)."라는 말씀에 의거 세례를 베풀라고 분명히 명령하셨다. 사도행전에서 베드로는 무엇을 해야 할 것인가라고 묻는 유대인들에게 "베드로가 가로되 너희가 회개하여 각각 예수 그리스도의 이름으로 세례를 받고 죄 사함을 얻으라. 그리하면 성령을 선물로 받으리니(행2:38)."라고 대답하였다.

---

63) (롬3:3) 어떤 자들이 믿지 아니하였으면 어찌하리요? 그 믿지 아니함이 하나님의 미쁘심을 폐하겠느뇨?

세례에 의하여 하나님의 백성이 하나님께 드려지기 때문에 세례란 하나님의 백성이 되게 하는 입문의 표징이라고도 불린다.

한 세례

하나님의 교회 안에는 한 번의 세례밖에 없다. 한번 세례 받아 하나님께 드려지는 것으로 족하다. 한번 받은 세례는 평생토록 그 효력을 지속하는 바 이 세례는 우리의 양자됨을 항상 증거 한다.

세례 받는다고 하는 것의 의미

이제 그리스도의 이름으로 세례를 받는다고 하는 것은 하나님과의 언약과 하나님의 가족에로 등록되고 받아들여지고, 수용되는 것이요, 하나님의 자녀의 유업을 받는 것이다. 즉 세례는 이 세상에 있을 동안에 하나님의 이름을 좇아 부름을 받아 하나님의 아들이 되는 것이요, 죄의 오염에서 깨끗함을 받는 것이요, 하나님의 각양 은혜를 받아 그 결과 허물없는 새 삶을 유지하는 것이다. 그러므로 세례란 하나님께서 죽을 인생에게 보여주신 엄청난 은혜를 생각나게 하고 이를 새롭게 재현시키는 것이다.

우리 인생들은 날 때부터 죄로 오염되어 있고 진노의 자녀들이다. 그러나 하나님께서는 자비가 넘치시기 때문에 그의 아들의 피로써 우리의 죄들로부터 우리를 그냥 깨끗케 하시고, 이 아들 안에서 우리를 양자되게 하시고, 거룩한 언약에 의하여 우리를 자신에게 연합시키시고, 그리고 우리를 각양 은혜로 풍요케 하심으로 그 결과 우리는 새로운 삶을 살아갈 수 있게 되는 것이다. 이 모든 것이 바로 세례에 의하여 확인된다. 왜냐하면 우리는 성령을 통하여 하나님에 의하여 내면적으로 중생하고, 순결해지고, 거듭나게 되고, 그리고 외면적으로 물로써 엄청난 선물을 확인받는 것이기 때문이다. 이 물은 엄청난 은혜를 대표하고 사실상 우리 눈앞에 이 은혜를 보도록 제시한다.

우리는 물로써 세례를 받는다.

그러므로 우리는 보이는 물로써 씻음을 받고 뿌림을 받는다. 그도 그럴 것이 물은 더러운 것을 씻어 내고 뜨겁고 피곤한 육신을 시원케 하고 소생시키기 때문이다. 우리의 영혼을 위해서 이와 같은 일이 일어나는 것은 하나님의 은혜로 말미암은 것인데 이는 보이지 않는 방식으로 혹은 영적으로 일어나는 것이다.

세례의 의무

그 뿐만 아니라 하나님께서는 이 세례의 상징을 통해서 모든 낯선 종교들과 모든 불신자들로부터 우리를 구별하시어 자신의 소유로 삼으셨다. 따라서 우리는 세례시에 우리의 신앙을 고백하고 우리 자신을 하나님께 복종시키고, 육신을 죽이고, 그리고 새로운 삶을 영위해야 할 의무를 명령받는다. 이런 까닭에 우리는 평생토록 세상과 사탄과 우리 자신의 육신에 대항하여 싸우기 위하여 그리스도의 거룩한 병사들로 등록이 되는 것이다. 우리는 이 세례에 의하여 교회의 한 몸에 참여케 되므로 우리는 교회의 모든 회원과 더불어 동일한 종교와 더불어 상호 봉사를 아름답게 일치시켜 나갈 수 있다.

세례의 형식

가장 완전한 세례의 형식이란 그리스도와 사도들이 받은 형식이라고 우리는 믿는다. 따라서 우리는 이 완전한 세례의 형식 이후에 첨가된 그 무엇도 우리는 인정하지 않는다. 귀신 쫓아내는 일, 타오르는 등불의 사용, 기름과 소금, 그리고 침의 사용, 그 외의 복잡한 의식으로 일 년에 두 번씩 베풀어지는 세례식 같은 것들이 바로 이런 종류에 속한다. 왜냐하면 우리는 교회의 한 세례가 하나님의 최초의 제정에 의하여 성별되었고, 오늘날에도 말씀에 의하여 성별되고, 그리고 하나님의 첫 번째 축복에 의하여 효과를 나타내는 것이다.

세례를 베푸는 교역자

교회 안에서 세례가 베풀어질 때 여자들과 산파들에 의해서 베풀어져서는 안 된다고 우리는 가르친다. 바울이 여자들에게는 교회의 의무를 맡기지 말라고 했는데 바로 세례는 이 의무에 속하는 것이기 때문이다.

재세례파 이단

우리는 재세례파를 정죄한다. 왜냐하면 이들은 성도들의 유아들에게 세례 베푸는 것을 부인하기 때문이다. 복음서의 가르침에 의한즉 하나님의 나라는 바로 어린 아이들의 것이요, 이 어린이들이야말로 하나님의 언약 안에 포함되기 때문이다. 하나님의 언약의 표징을 이들에게 주어서는 안 될 이유가 무엇인가? 하나님께 속한 자요 하나님의 교회 안에 있는 자가 거룩한 세례에 의해서 하나님과 교회와 관계 맺기 시작하는 것이 왜 안 될 일인가? 우리는 재세례파의 다른 교리들도 정죄한다. 그것들이 하나님의 말씀에 위배되기 때문이다. 따라서 우리는 재세례파 사람들이 아니요 이들과 전혀 공통점을 갖고 있지 않다.

제 21 장 : 주님의 거룩한 성찬

주님의 성만찬

주님의 만찬은 보통 만찬(주님의 식탁)이라고 불리어진다. 왜냐하면 주님이 그의 최후의 저녁식사 때에 이것을 제정하셨고, 아직도 이것은 그것을(주님의 거룩) 의미하기 때문이요, 나아가 성도들이 이 만찬을 통하여 영적으로 먹고 마시기 때문이다.

성만찬의 창시자와 봉헌자

주님의 만찬의 창시자는 천사나 사람이 아니라 우리 주님 예수 그리스도이신 하나님의 아들 자신인바 이분이 최초로 이 만찬을 교회를 위하여 구별하셨다. 동일한 구별 혹은 축복이 주님께서 제정하신 만찬 이외에 그 어떤 것도 베풀지 않는 사람들 사이에서 오늘날까지 유효하다. 즉 오늘날 성만찬을 베푸는 사람들은 이 성만찬에서 주님의 만찬의 말씀을 반복하면서 그 무엇보다도 한 그리스도를 참 믿음으로 바라보고 성도들은 교회의 교역자들의 사역을 통하여 받되 사실상 주님의 손으로부터 직접 받는 것처럼 받는다.

하나님의 은혜의 기념

주님께서는 이 거룩한 의식에 의하여 그가 죽음을 당하실 때 인간에게 보여 주신 엄청난 은혜를 항상 다시 회상시키시기를 원하신다. 즉 주님께서 그의 몸을 내어주시고 피를 흘리시므로 우리의 모든 죄를 용서하셨고, 영원한 죽음과 악마의 권세에서 우리를 구속하셨고, 지금은 그의 살로 우리를 먹이시고, 그리고 그의 피를 우리에게 주사 마시게 하시는 바 우리는 참 믿음으로 이를 받아 영생을 위한 양육을 받는 것이다. 주님의 성만찬이 베풀어질 때마다 이 엄청난 은혜는 항상 다시 새롭게 나타난다. 왜냐하면 주님은 "나를 기념하여 이것을 행하라."고 말씀하셨기 때문이다. 이 성만찬은 또한 주님의 참 몸이 우리를 위하여 찢겨졌고 그의 참 피가 우리의 죄의 속죄를 위하여 흘려졌다는 사실을 우리에게 확인시키는 것이다. 즉 우리의 신앙이 흔들리지 않도록 하신다.

표징과 표징의 대상

이것은 교역자들을 통해 이 성만찬에 의하여 가시적으로 표현된다. 사실상 이것은 우리의 눈에 보이도록 우리 앞에 제시되나 성령에 의하여 우리의 영혼 속에서 불가시적으로 일어나는 것이다. 교역자가 떡을 외적으로 제공하나 "받아먹으라, 이것은 내 몸이라." "떼어서 나누어 먹으라. 그것을 마시라. 한 사람도 빠짐없이... 이것은 내 피니라."고 하는 주님의 말씀이 들린다. 그러므로 성도들은 주님의 교역자들에 의해서 주어지는 것을 받는 것이 사실이지만 이들은 주님의 떡을 먹는 것이요 주님의 잔을 마시는 것이다. 동시에 이들은 성령을 통한 그리스도의 사역에 의하여 주님의 살과 피를 내적으로 받아들이는 것이요 이 양육에 의하여 영생에 이르는 것이다. 왜냐하면 그리스도의 살과 피는 영생에 이르는 참 음식이요 그리스도 자신이 이 성만찬의 중심 내용이시기 때문이다. 우리는 그 무엇도 이 그리스도를 대신할 수 없다고 생각한다.

그러나 그리스도의 살과 피가 어떻게 신자들의 음식과 음료가 되며 신자들에 의하여 영생에 이르는 음식과 음료로 받아들여지는지를 더 분명히 이해하기 위하여 우리는 다음의 몇 가지를 더 언급하고자 한다.

먹는다고 하는 것은 여러 의미를 갖는다. 첫째로 음식을 입에 넣고 이로 씹어서 위 속으로 삼키는 물질적 먹음이 있다. 언젠가 과거에 가버나움 사람들 중에는 주님의 살을 이런 식으로 먹는다고 생각하는 사람들이 있었는데 이는 요한복음 6장에 어긋나는 것이다. 그리스도의 살을 물질적으로 먹으면 그것은 추하고 야만스러운 행동이기에 그것은 결코 위를 위한 음식이 아니다. 모든 사람들은 이 사실을 인정할 수밖에 없다. 그래서 우리는 '에고 베렝가리우스'(봉헌에 관하여의 2부)라고 하는 교황의 칙령에 들어 있는 법조항을 인정하지 않는다. 옛 성도들이든 오늘 우리들이든 간에 그리스도의 몸을 육체적인 입으로 물질적으로 먹는 사실을 믿지 않는다.

주님을 영적으로 먹는다는 것

다음으로는 그리스도의 몸을 영적으로 먹는다고 하는 먹음도 있다. 그런데 이것은 음식 자체가 영으로 변화하는 그런 영적 먹음을 뜻하는 것이 아니다. 주님의 몸과 피는 그것의 본질과 특성에 있어서 그대로 남아 있으되, 성령에 의하여 물질적인 방법으로가 아니라 영적인 방법으로 우리에게 전달되는바, 여기에서 성령은 십자가상에서 희생된 주님의 몸과 피의 제사에 의하여 우리를 위하여 준비해 주신 그러한 은혜를 우리에게 적용하시고 베풀어 주신다. 이것은 다름 아닌 죄의 속죄요, 해방이요, 영생인데, 이것의 결과로 그리스도께서 우리 안에, 그리고 우리가 그리스도 안에 살게 되고, 성령은 우리로 하여금 그리스도를 받아들이게 하심으로 그리스도께서 우리를 위한 영적 음식과 음료, 곧 우리의 생명이 되게 하신다.

우리의 영혼의 음식이신 그리스도께서는 우리의 생명을 지탱시키신다.

물질적인 음식과 음료가 우리의 몸에 생기를 공급하고 힘을 주고 계속 살게 하는 것처럼 우리를 위해서 찢기신 그리스도의 살과 우리를 위해서 흘려진 그의 피는 우리의 영혼에 생기를 공급하고 힘을 주고 계속 살게 하는 것이다. 그러나 이는 그리스도의 살과 피를 육체적으로 먹고 마실 때가 아니라 성령을 통해서 영적으로 그리스도의 살과 피에 참여할 때 일어나는 것이다. 주님의 말씀을 들어 보자. "나는 하늘로서 내려온 산 떡이니 사람이 이 떡을 먹으면 영생하리라 나의 줄 떡은 곧 세상의 생명을 위한 내 살이로라 하시니라(요6:51)." 또한 "(요6:63) 살리는 것은 영이니 육은 무익하니라 내가 너희에게 이른 말이 영이요 생명이라(요6:63)." 라고 말씀하셨다.

그리스도를 믿음으로 받아들임

우리가 음식을 먹을 때 그것이 우리의 체내에 들어와 작용하고 어떤 효력을 일으키는 것처럼 이 음식이 우리 몸 밖에 있는 한 그것은 아무 소용도 없다. 그렇기 때문에 우리는 그리스도를 믿음으로 받아들여 그분이 우리의 것이 되게 해야 하고 그분이 우리 안에 우리가 그분 안에 살아야 하는 것이다. 왜냐하면 주님께서 "예수께서 가라사대 내가 곧 생명의 떡이니 내게 오는 자는 결코 주리지 아니할 터이요 나를 믿는 자는 영원히 목마르지 아니하리라(요6:35)." "내 살을 먹고 내 피를 마시는 자는 내 안에 거하고 나도 그 안에 거하나니(요6:56), 살아계신 아버지께서 나를 보내시매 내가 아버지로 인하여 사는 것 같이 나를 먹는 그 사람도 나로 인하여 살리라(요6:57)." 라고 말씀하셨기 때문이다.

영적음식

이러한 모든 것을 미루어 볼 때 분명한 사실은 우리가 의미하는 영적음식이란 결코 상상적인 음식이 아니라 우리를 위하여 주어진 주님의 참 몸이라는(실제적인 몸) 사실이다. 그럼에도 불구하고 우리 성도들은 이 몸을 신앙에 의하여 영적으로 받는다. 결코 육체적으로 받는 것이 아니다. 이 문제에 관하여 우리는 구세주 자신의 가르침을 따른다. 즉 주

님이신 그리스도께서 요한복음 6장에서 가르치신 가르침이다.[64]

구원을 위해서 꼭 필요한 먹음

이처럼 주님의 살을 먹고 그의 피를 마시는 일은 구원을 위해서 꼭 필요하다. 이 일 없이는 아무도 구원을 얻을 수 없다. 그러나 이 영적 먹음과 마심은 주님의 성만찬을 떠나서도 일어난다. 즉 사람이 그리스도를 믿을 때마다 이 일이 일어나는 것이다. "왜 너희들은 너희의 이와 위를 위하여 준비하느냐? 오히려 믿어라! 그러면 너희는 이미 먹은 것이다." 라고 했던 어거스틴의 말이 여기에 적용된다.

주님을 성례전으로 먹는다는 것

고차원적인(신비한) 영적 먹음 이외에 주님의 몸을 성례전적으로 먹는다는 것이 있다. 성도는 이 성례전적 먹음에 의하여 영적으로, 그리고 내면적으로 주님의 실제적인 몸과 피에 참여할 뿐만 아니라 주님의 식탁으로 나옴으로 주님의 몸과 피의 가시적 성례전을 외면적으로 받는 것이다. 신자가 믿었을 때 그는 이미 생명을 주는 음식을 받았고 지금 그것을 누리고 있다. 그러나 그가 성만찬을 받을 때 아무것도 받지 않은 것이 아니다. 왜냐하면 그는 계속해서 주님의 몸과 피에 참여하기 때문이요 그의 신앙이 불붙으며 점점 더 성장하고 영적 음식에 의하여 생기를 얻기 때문이다. 우리가 살아 있는 동안 신앙은 계속해서 자라가기 때문이다.

그래서 성만찬을 참 믿음으로 외적으로 받는 사람은 표징을 받을 뿐만 아니라 이 표징이 가리키는 대상 혹은 내용 자체를(그리스도) 받는 것이다. 그 뿐만 아니라 그는 주님의 제정과 계명에 순종하고 자신의 구속과 많은 사람들의 구속에 대하여 기쁜 마음으로 감사드리고, 주님의 죽으심을 신실하게 기억하고, 그리고 그가 한 지체인 교회 앞에서 증거하는 것이다. 주님의 몸이 주어졌고 그의 피가 흘려진 것이 단순히 모든 인간을 위한 것이 아니라 특히 각각의 수찬 자격자를 위한 것이라고 하는 확신이 성찬을 받는 사람들에게 주어진다. 이 수찬 자격자에게 이 성찬은 영생에 이르는 음식이요 음료이다.

---

64) (요6:51) 나는 하늘로서 내려온 산 떡이니 사람이 이 떡을 먹으면 영생하리라 나의 줄 떡은 곧 세상의 생명을 위한 내 살이로라 하시니라. (요6:55) 내 살은 참된 양식이요 내 피는 참된 음료로다(요6:56). 내 살을 먹고 내 피를 마시는 자는 내 안에 거하고 나도 그 안에 거하나니...

불신자들이 성찬을 받을 때 자신들의 심판을 자초하는 것이다.

그러나 믿음이 없이 주님의 식탁에 나오는 사람은 떡과 포도주에는 참여하되 본질적인 생명과 구원의 근원인 성찬의 본질은 받지 못한다. 이런 사람들은 주님의 식탁에서 합당치 못하게 먹고 마시는 것이다. 누구든지 주님의 떡과 잔을 합당치 않게 취하는 사람들은 주님의 몸과 피를 범하는 죄를 범하는 것이요 심판을 먹고 마시는 것이다.[65] 그도 그럴 것이 그들이 참 신앙으로 접근하지 않는다면 그리스도의 죽음을 모독하는 것이요 따라서 자신들에 대한 저주를 먹고 마시는 것이 된다.

성만찬에 있어서 그리스도의 임재

그러므로 우리는 주님의 몸과 피를 떡과 포도주에 긴밀히 연결시킨 나머지 떡 자체가 성례전적 방법 이외의 방법으로 그리스도의 몸 자체라고 하거나, 그리스도의 몸이 물질적으로 떡 속에 숨겨져 있으므로 떡의 형태로 그것이 예배되어야 한다거나 이 성찬의 표징을 받는 사람은 누구나 그 대상 혹은 내용을 받는다고 말하지 않는다. 그러나 그리스도의 몸은 하늘의 하나님 아버지 우편에 계시므로 우리의 마음은 빵에 집착할 것이 아니라 저 높은 하늘을 향하여 올려 져야 하고 주님은 결코 떡 속에 갇혀진 채 예배되어질 수 없다. 그러나 교회가 성만찬을 베풀 때 주님께서는 그의 교회로부터 계시지 않는 것이 아니다.

하늘에 있는 태양은 우리를 떠나 있으나 우리들 속에 효과적으로 임재하고 있는 것이다. 즉 의의 태양이신 그리스도께서는 실제적으로 임재하고 계신 것이다. 즉 그리스도는 그의 몸으로는 우리를 떠나 하늘에 계시지만 그의 생명을 주시는 역사에 의하여 물질적으로가 아니라 영적으로 우리에게 임재하고 계신다. 주님은 그의 최후의 만찬에서 세상 끝날 까지 우리와 함께 하실 것이라고 말씀하셨다. 따라서 우리는 그리스도 없는 성만찬을 받는 것이 아니요 동시에 교부시대 사람들은 누구나 알고 있었던 피 흘림이 없는 신비적 성만찬을 받는 것이다.

---

65) (고전11:26) 너희가 이 떡을 먹으며 이 잔을 마실 때마다 주의 죽으심을 오실 때까지 전하는 것이니라. (고전11:27) 그러므로 누구든지 주의 떡이나 잔을 합당치 않게 먹고 마시는 자는 주의 몸과 피를 범하는 죄가 있느니라. (고전11:28) 사람이 자기를 살피고 그 후에야 이 떡을 먹고 이 잔을 마실지니 (고전11:29) 주의 몸을 분변치 못하고 먹고 마시는 자는 자기의 죄를 먹고 마시는 것이니라.

성만찬의 다른 목적들

그 뿐만 아니라 우리는 성만찬에 참여할 때마다 우리가 누구의 지체인가를 생각하고, 다른 지체들과 더불어 한마음을 품고, 거룩한 삶을 영위하고, 사악함과 이상한 종교에 의하여 우리 자신을 더럽히지 말고, 그리고 우리의 생이 끝날 때까지 참 믿음을 견지하면서 거룩한 삶을 탁월하게 살려고 애써야 할 것이다.

성만찬을 위한 준비

우리들이 성만찬에 동참하기를 원할 때에는 사도의 명령을 따라 다음과 같은 측면들에 관하여 자신들을 검토하는 일이 적합하다. 즉 우리들 자신이 그리스도께서 죄인들을 구원하시려 오셨고, 이 죄인들을 불러 회개케 하시기 위하여 오셨음을 믿고 있는지, 또는 우리 각자는 자신이 그리스도에 의하여 해방 받아 구원받은 사람들의 수에 속해 있는지, 또는 각자는 자신의 악한 삶을 변경시키고 거룩한 삶을 영위하고 주님의 도움으로 참된 종교 안에서 계속 견디어 나가고 형제들과 조화를 이루고 하나님의 해방에 대하여 합당한 감사를 드리기로 결심하였는지를 살펴야 한다.

떡과 포도주 모두를 사용하는 성만찬

우리는 성만찬의 의식, 방법, 그리고 형식을 주님께서 처음 제정하셨고 사도들의 가르침이 말하는 바에 가장 가까운바 단순하고 가장 탁월한 것이어야 한다고 생각한다. 이 성만찬은 하나님의 말씀을 선포하는 것, 경건하게 기도하는 것, 주님 자신의 행동, 이 행동의 반복, 주님의 몸을 먹는 것, 그의 피를 마시는 것, 주님의 죽음을 적합하게 기억하는 일, 신실하게 감사를 올리는 일, 그리고 거룩한 사귐으로 교회의 몸과 일치하는 일로 구성되어 있다. 그러므로 우리는 신자들에게 주님의 잔을 주지 않는 것을 거부한다. 이는 주님의 제정을 어기는 일이다. 주님은 "이것을 다 마시라."고 말씀 하셨는데 떡에 대하여는 이렇게 분명히 말씀하시지는 않았다.

이제 우리는 우리가 그것을 용납하든가 말든가는 논하지 말고 교부시대에 어떤 종류의 성만찬이 있었는지 논하려고 한다. 그러나 이것만은 분명히 말해 두자. 즉 현재 로마 캐톨릭 교회가 사용하고 있는 미사는 여러 가지 타당한 이유 때문에 우리 교회에서 거부하고 있다. 건전한 행동을 공허한 구경거리로 만들고, 공로를 얻기 위한 수단으로 만들고, 그리고 어떤 보수를 얻기 위한 수단으로 만드는 것을 우리는 결코 인정할 수 없다. 사제가 미사에서 주님의 참 몸을 만들어 그것을 산 자들과 죽은 자들의 속죄를 위하여 그리고 이어서 하늘에 있는 성도들의 영예, 존경, 그리고 기억을 위하여 제물로 바친다고 하는데 우리는 이것을 도저히 인정할 수 없다.

제 22 장 : 교회의 집회에 관하여

예배를 위한 모임에서 우리는 무엇을 해야 하나?

누구나 집에서 개인적으로 성경을 읽을 수 있고 피차간에 교훈을 통해서 참된 종교생활을 영위할 수 있다. 그러나 교회에 모이는 일이나 종교적 집회가 꼭 필요한 이유는 하나님의 말씀이 적절히 설교되어야 하고, 기도와 간구가 공적으로 이루어져야 하고, 성례전이 옳게 베풀어져야 하고, 가난한 자들과 교회의 경비를 위해서 헌금이 모아져야 하고, 그리고 공동체적 사귐이 일어나야 하기 때문이다. 사도시대의 초대교회에서는 그와 같은 모임이 모든 경건한 사람들에 의하여 부단히 회집되었다는 것이 확실하다.

예배를 위한 모임들을 소홀히 여겨서는 안 된다.

그와 같은 모임들을 무시해 버리고 그와 같은 모임을 멀리하는 사람들은 참 종교를 경멸하는 사람들이다. 목사들과 신앙이 있는 관원들은 이들을 권고하여 그와 같은 모임에 참석하도록 권고해야 할 것이다.

모임들은 공적이다.

교회의 모임들은 비밀리에 회집되거나 은밀히 이루어져서는 안 된다. 그리스도의 원수들과 교회의 원수들이 박해하는 이유로 교회의 모임들이 공적이 되지 못한 것을 예외로 한다면 교회의 모임들은 항상 공개적이 되어야 하고 어떤 사람들이라도 출석할 수 있어야 한다. 우리는 로마제국 황제의 폭군정치 치하에서 초대교회의 집회가 어떻게 비밀한 장소에서 일어났는가를 알고 있다.

품위 있는 집회장소

뿐만 아니라 성도들이 모이는 장소는 품위가 있어야 하고 모든 점에서 하나님의 교회를 위해 합당해야 한다. 그러므로 우리는 넓은 건물이나 장소를 택하되 교회를 위해서 적합지 않은 것은 무엇이든지 제거해야 할 것이다. 교회의 모든 내부장치는 단정하고 품위 있게 배열되어야 하고 꼭 필요한 것을 적합한 장소에 놓아야 한다. 예배와 교회의 꼭 필요한 기능을 위해서 요구되는 것이 꼭 있게 해야 한다.

교회의 모임들 가운데에서 우리는 정숙해야 하고 겸손해야 한다.

하나님께서는 손으로 만들어진 건물 안에 거하시지 아니 하신다는 사실을 우리는 믿는다. 그러나 우리는 하나님의 예배를 위해서 헌납된 장소들이 속된 것이 아니요 거룩한 것으로 인정한다. 그 이유는 하나님의 말씀 때문이요 그 장소들이 거룩하게 사용되기 때문이라는 사실을 우리는 알고 있다. 따라서 이와 같은 장소 안에 있는 사람들은 하나님의 현존과 그의 거룩한 천사들의 현존과 더불어 거룩한 장소에 있다는 사실을 의식하면서 점잖고 정숙하게 행동해야 할 것이다.

교회당 본당이 갖춰야 할 참된 장식들

따라서 우리는 교회의 본당과 그리스도인들의 기도하는 장소로부터 모든 사치스러운 치장들과, 모든 교만과, 기독교적 겸손과, 훈련과, 절제에 적합지 않은 것을 제거해야 한다. 그도 그럴 것이 교회의 참된 장식은 상아나 금 은 보석으로 꾸며지는 것이 아니라 교회 안에 있는 사람들의 검소함과 경건함과 덕망으로 꾸며지는 것이다. 교회의 모든 일들은 적절하고 정중하게 그리고 질서 있게 처리되어야 하며 모든 일들이 건설적인 방향으로 이루어져야 한다.

일상적인 언어를 사용하는 예배

그러므로 예배를 위한 집회에서 우리는 이상한 방언들을 하게 해서는 안 된다. 예배시의 모든 일은 이 모임에 참석한 모든 사람들이 이해할 수 있는 언어로 수행되어야 한다.

제 23 장 : 교회의 기도와 찬송과 교회 법적으로 정해진 시간에 관하여

기도

성도들의 모든 기도는 신앙과 사랑으로부터 오직 하나님께만 드려져야 하는데 오직 그리스도를 중보로 해야 한다. 즉 주님이 제사장직을 갖는 것이 참 종교이기 때문에 우리는 하늘에 있는 성자(聖者)에 대한 기도나 이들을 중보자로 생각하는 것을 금한다. 우리는 국가의 공직자들, 왕들, 그리고 권위의 자리에 있는 모든 사람들, 교회의 교역자들, 그리고 교회들의 모든 필요를 위해서 기도해야 한다. 어려운 상황에 처해 있을 때 특히 교회의 어려운 문제들을 위하여 우리는 사적으로나 공적으로 끊임없이 기도해야 할 것이다.

자유로운 기도

그 뿐만 아니라 우리는 억지로 기도하거나 보상을 위해서 기도할 것이 아니라 자발적으로 기도해야 할 것이다. 어느 한 장소에서만 기도해야 된다고 생각하는 것은 미신적이라서 합당치 않다. 마치 교회의 본당만이 기도의 처소인 것처럼 생각하는 것은 잘못된 것이다. 그런데 공중기도의 경우 그것의 형식과 시간에 관하여 모든 교회들에 있어서 꼭 같을 필요는 없다. 각 교회는 이에 관하여 자유롭다.

공중기도에서 사용되어야 할 방법

다른 일들에 있어서도 그렇지만 공중기도에 있어서도 그것이 쓸데없이 길어지거나 지루해지지 않도록 어떤 표준이 있어야 한다. 예배를 위한 집회의 보다 큰 부분을 우리는 복음 설교를 위해서 할애해야 하고 누가 기도를 너무 길게 함으로 설교말씀을 들을 즈음에는 지루해서 회중을 떠나 설교말씀과 관계가 없어지는 것을 막기 위해서 우리는 유의해야 한다. 이처럼 기도가 길어질 경우 짧은 설교말씀도 길고 지루한 설교말씀처럼 들린다. 이런 이유에서 설교자는 일정한 표준을 가져야 한다.

찬송

예배를 위한 집회에서 찬송을 부를 때에도 공중기도 때나 마찬가지로 절제가 필요하다. 로마 카톨릭이 사용하는 그레고리안 찬트에는[66] 여러 가지 어리석은 것들이 들어 있다. 이 때문에 많은 개신교회들이 이것을 거절하는데 이것은 옳은 일이다. 어떤 교회들은 참되고 정당한 설교는 갖고 있으나 찬송은 갖고 있지 않을 때 우리는 이러한 교회들을 정죄 할 필요가 없다. 왜냐하면 모든 교회들이 찬송할 수 있는 조건을 구비하고 있는 것은 아니기 때문이다. 그리고 찬송의 역사는 교부들의 증거에 의하면 찬송의 관습이 동방 교회에서 먼저 행해졌고 서방 교회에서는 후에 행한 것을 알 수 있다.

교회법에 의해 정해진 기도시간

교부시대에는 교회법에 의한 기도 시간이 없었다. 하루 중 일정한 시간들을 정해 놓

---

66) 오늘날 성가대에서 부르는 찬송들이 대부분 이곳에서 온 것이다.

고 기도한다든지 교황주의자들처럼 기도를 노래로 올리거나 암송으로 올리는 일이 교부 시대에는 없었다. 우리는 교황주의자들의 성무일과서(聖務日課書)나 여러 다른 문서들을 통해서 이와 같은 사실을 증명할 수 있다. 이들이 지닌 모순들은 한두 가지가 아니다. 교회가 그와 같은 것을 제거시킨 것은 옳은 일이다. 교회는 이러한 것들 대신에 하나님의 전교회에 유익한 것들로 대치시켰다.

제 24 장 : 거룩한 날들과 금식들과 음식들의 선택에 관하여

예배를 위해서 꼭 필요한 시간

종교는 시간에 얽매이지 않는다. 그러나 기독종교를 배양시키고 그 종교생활을 영위할 수 있으려면 시간의 적절한 배열과 조정이 필요하다. 그러므로 각 교회는 공중기도와 복음의 설교와 성례전의 집례를 위해서 적당한 시간을 선택해야 한다. 아무도 교회가 정한 시간들을 마음대로 변경할 수 없다. 종교생활을 위해서 시간과 힘을 할애하지 못할 경우 우리는 틀림없이 기독종교로부터 거리가 멀어지고 자신의 일에 몰두하고 말 것이다.

주일

고대 교회는 교회의 집회를 위하여 주 중 일정한 시간들을 정해 놓았을 뿐만 아니라 사도시대 이래 주일이 교회의 집회일로 확정되었으니 이 주일은 거룩한 안식을 위한 것으로 예배와 사랑을 위하여 오늘날까지 옳게 보존된 교회의 실천적 관습이다.

미신

이에 관련하여 우리는 유대인들의 종교적 관습과 미신을 인정하지 않는다. 왜냐하면 우리는 어느 한 날이 다른 날보다 더 거룩하다고 믿지 않기 때문이다. 우리 생각에는 나머지 날들도 하나님이 받으실 만한 날들이기 때문이다. 그 뿐만 아니라 우리가 지키는 것은 유대교의 안식일이 아니라 주일인 것이다.

그리스도와 성자(聖者)들의 절기들

만약 교회들이 기독교적 자유 안에서 주님의 탄생, 할례, 고난, 부활, 승천, 그리고 그의 제자들에게 성령을 보내 주신 일을 기억함으로 축하한다면 우리는 그것을 인정하고도 남음이 있다. 즉 교리의 바른 내용을 이해하고 깨닫는 것은 바람직한 일이지만 그러나 우리는 이것을 절기로 표현하거나 또는 사람들과 성자들을 숭상하기 위한 절기들은 인정하지 않는다. 거룩한 날들은 십계명의 첫 번째 돌판에 관련된 것으로 오직 하나님을 위한 날들인 것이다. 결국 우리는 절기와 성자들을 위해서 제정된 날들을 이미 없애버렸는바 이날들은 모순투성이요 아무 쓸데없는 것이다. 우리는 이것을 도저히 용인할 수 없다. 한편 우리는 적당한 시간과 장소에서 설교를 통하여 성자들(선조들)의 회상을 사람들에게 권하는 것이 유익하고 이 성자들의 모범된 삶을 모든 사람에게 권하는 것이 좋다고 고백한다.

금식

그리스도의 교회는 포식, 술취함, 그리고 모든 종류의 탐욕과 무절제를 심하게 정죄하는 것만큼 기독교적 금식을 우리 믿는 자들에게 강하게 권유한다. 그도 그럴 것이 금식이란 경건한 신앙인들의 금욕과 절제 이외에 아무것도 아니요 우리 육신의 돌봄과 징벌로서 이 세상에 사는 동안 꼭 필요한 일이다. 이로써 우리는 하나님 앞에서 겸손해지며 육체는 그 원기를 빼앗기므로 더 자발적이고도 쉽게 성령께 순종할 수 있게 된다. 그러므로 그와 같은 일에 관심 없는 사람들은 금식하지 않는다.

이런 사람들은 하루에 한 번 정도 위장을 채우고 일정한 시간에 음식을 멀리하는 것으로 금식한다고 생각하고 이로써 하나님을 기쁘게 하며 선한 일을 성취하고 있다고 생각한다. 믿는 성도들은 금식함으로 기도를 더 잘 할 수 있고 덕목을 잘 실천 할 수 있는 것이다. 그러나 예언서들에서 우리가 읽을 수 있듯이 음식은 멀리하나 악행을 멀리하지 않았던 유대인들의 금식은 하나님을 기쁘시게 하지 못했음을 기억해야 한다.

공적인 금식과 개인적인 금식

금식에는 공적인 것이 있고 사적인 것이 있다. 교회가 박해와 환난과 역경 속에 있었던 고대 기독교 역사에는 공적인 금식들이 있었다. 이들은 함께 모여 새벽부터 저녁까지 금지하되 이 시간동안에 기도에 몰두하며 하나님을 예배하고 회개에 힘쓴다. 이것은 애통함이나 다름없다. 이에 관하여 선지자들 특히 요엘(2장)이 자주 언급하곤 하였다. 이와 같은 금식은 교회가 곤궁에 처할 경우 오늘날에도 행해져야 한다. 한편 우리 각자는 성령으로부터 거리가 멀어졌다고 느껴질 때마다 개인적인 금식을 해야 한다. 왜냐하면 이렇게 할 때 우리 각자는 육체로부터 그 원기를 제거시키기 때문이다.

금식의 특징들

모든 금식은 자유롭고 자원하는 마음에서 행해져야 하고 겸허한 마음으로 행해져야 한다. 사람들의 칭찬과 호의를 얻기 위해서 금식이 행해져서는 안 되고 금식함으로 의를 세우려는 의도는 더더욱 금물이다. 육체로부터 원기를 제거함으로 보다 열심히 하나님을 섬기고 기도에 전념하려는 것이 금식의 목적이어야 한다.

사순절(四旬節)

사순절 때의 금식에 관하여는 고대 교부들의 글들이 증언하고 있다. 따라서 우리는 이 금식을 성도들에게 강요할 필요가 없고 그럴 수도 없다. 이미 초기에도 변질된 금식의 여러 형태와 관습이 있었다. 이 때문에 초기 교부인 이레니우스는 다음과 같이 언급하였다. "어떤 이는 하루만 금식해야 한다고 생각하고, 어떤 이들은 이틀을, 어떤 이는 그 이상 혹은 40일간을 금식하라고 말한다. 금식에 대한 이러한 다양성은 우리 시대에 생긴 것이 아니라 벌써 우리 시대 이전에 생겼다. 나의(이레니우스) 추측으로는 이것이(사순절 금식) 사도시대로부터 전승된 것을 무시하고 또한 소홀히 여기거나 무식함 때문에 다른 습관에 빠진 사람들에 의해서 시작되었다(단편집 3, Ⅰ, 824이하)." 라고 말하고 있다.

음식의 선택

음식의 선택에 관하여 알아보자. 육체의 욕정을 불러일으키거나 육체를 무모하게 하거나 육체를 즐겁게 하는 음식은 무엇이나 삼가야 한다. 그것이 고기든지 양념이든지 훌륭한 포도주든지 간에 우리는 삼가 해야 한다. 우리는 하나님의 모든 피조물을 사용할 수 있고 인간의 유익을 위하여 이용할 수 있다. 왜냐하면 하나님이 만드신 모든 것이 좋은 것이다. 우리는 하나님을 두려워하며 절제하는 가운데에 이 모든 것을 사용할 수 있다.[67] 그도 그럴 것이 사도 바울 역시 "깨끗한 자들에게는 모든 것이 깨끗하나 더럽고 믿지 아니하는 자들에게는 아무 것도 깨끗한 것이 없고 오직 저희 마음과 양심이 더러운지라(딛1:15)." 라고 했으며, "(고전10:25) 무릇 시장에서 파는 것은 양심을 위하여 묻지 말고 먹으라(고전10:25)."고도 말씀했다.

또한 사도는 고기를 먹지 말라고 가르치는 사람들의 가르침을 가리켜 '악마의 가르

---

67) (창2:16) 여호와 하나님이 그 사람에게 명하여 가라사대 동산 각종 나무의 실과는 네가 임의로 먹되...

침'이라 하였다. 왜냐하면 "혼인을 금하고 식물을 폐하라 할 터이나 식물은 하나님이 지으신 바니 믿는 자들과 진리를 아는 자들이 감사함으로 받을 것이니라(딤전4:3). 또한 하나님의 지으신 모든 것이 선하매 감사함으로 받으면 버릴 것이 없나니(딤전4:4)." 라고 성경은 가르치고 있기 때문이다. 또한 사도는 골로새인들에게 보내는 편지에서 지나친 금욕으로 거룩하다는 평을 얻으려는 사람들을 꾸짖고 있다.[68]

이단들

그러므로 우리는 타티안주의자들, 엔크라티스주의자들, 그리고 유스타티우스주의자들을 모두 정죄한다. 강그리아 종교회의가 열린 것은 이들의 가르침을 반대하기 위해서였다.

제 25 장 : 세례 받을 사람의 교육과 환자의 위로와 심방에 관하여

청소년들을 경건으로 교육시켜야 한다.

청소년교육은 유아교육에 이르기까지 최대의 관심을 쏟아야 한다고 주님은 그의 옛 백성에게 명령하셨다. 뿐만 아니라 주님은 구약에서 청소년 교육을 교육해야 하고 성례전의 의미를 설명해야 한다고 명령하셨다. 복음서와 사도들의 글에 보아도 하나님께서는 그의 새 백성의 청소년에 대해서 큰 관심을 갖고 계신다. 우리는 이러한 사실을 "예수께서 보시고 분히 여겨 이르시되 어린 아이들의 내게 오는 것을 용납하고 금하지 말라 하나님의 나라가 이런 자의 것이니라(막10:14)." 라고 하신 말씀의 증언을 통해 알 수 있다.

교회의 목사들이 현명하게 목회를 하려면 청소년교육을 일찍이 시작해야 한다. 즉 목사들은 십계명, 사도신경, 주기도문, 그리고 성례전에 대한 교리 등을 해석해 줌으로 신앙의 기초를 마련해 주어야 하고 기독교 종교의 기본을 가르쳐야 하는 것이다. 교회는 믿는 성도들의 자녀들을 교육하는 일에 신실함과 근면함을 보여야 하고 자녀교육을 열망할 뿐만 아니라 기뻐해야 할 것이다.

병든 자의 심방

---

68) (골2:18) 누구든지 일부러 겸손함과 천사 숭배함을 인하여 너희 상을 빼앗지 못하게 하라 저가 그 본 것을 의지하여 그 육체의 마음을 좇아 헛되이 과장하고...

사람이 허약함에 시달리고 병들고 영과 육의 병으로 쇠약해질 때 극심한 시험에 빠진다. 그러므로 교회의 목사들은 교인들이 허약해지고 병들어 누워있는 상태에 있기 전에 그의 양떼들의 건강을 잘 돌보는 것이 마땅하다. 따라서 사정이 허락하는 한 목사들은 환자들을 속히 심방해야 하고 적절한 때에 환자의 심방을 요구받아야 한다. 목사들은 환자들이 참된 신앙을 계속 유지하도록 위로해야 하고 확신시켜야 한다.

그리고 사탄의 위험한 흉계에 넘어가지 못하게 해야 한다. 목사들은 필요할 경우 자신의 집에서도 환자를 위해서 기도해야 하고 교회의 공적인 집회에서도 환자를 위해서 기도해야 한다. 목사들은 중환자의 경우 이 세상을 떠날 때 기쁨으로 떠나게 해야 한다. 우리는 이미 교황주의자들이 환자를 방문하여 베푸는 종유성사(終油聖事)를[69] 인정하지 않는다. 성경이 이를 결코 용납하지 않기 때문이다.

제 26 장 : 믿는 자의 매장과 죽은 자들에 대한 배려와 연옥과 영들의 현현에 대하여

시신의 매장

성도의 몸은 성령의 전이다. 그래서 우리는 성도의 시신이 최후의 날에 부활할 것을 믿는다. 성경의 명령에 의한즉 성도의 시신들은 존중하는 마음으로 땅에 묻되 미신적으로 해서는 안 된다.[70] 즉 미망인과 이미 잠든 성도들을 우리는 존중히 여겨야 하고 유가족들인 미망인과 고아를 위해서 가정적인 모든 경건의 의무들을 보여 주어야 할 것이다. 우리는 물론 죽은 자들을 위한 특별한 배려를 요구하는 것은 아니다. 그러므로 우리는 죽은 자들의 시신을 무시하거나, 부주의하고, 그리고 경멸적으로 그것을 땅 속에 묻어 버릴 뿐만 아니라 죽은 자들에 관하여 좋은 말이라고는 한마디도 하지 않고 그들의 유족들에 대하여 조금도 관심을 갖지 않는 냉소학파(the Cynics)를 결코 인정하지 않는다.

죽은 자들에 대한 관심

---

69) 죽기 직전에 기름을 붓고 기도하는 의식.

70) 무조건 땅에 묻는 것이 성경적이라는 의미는 아니다. 즉 일반적인 매장 방식을 말하는 것으로 정당한 절차와 엄숙함을 가지고 장례를 치른다는 것이다. 그렇기 때문에 오늘날 화장의 방식도 가능한 것이다.

죽은 자들에 대하여 지나치게 그리고 터무니없이 관심을 쏟는 사람들을 우리는 인정하지 않는다. 이런 사람들은 이방 사람들처럼 죽은 자를 위하여 슬퍼하고 통곡하며,[71] 죽은 자들을 위하여 미사(예배)를 올리고 삯을 받고 기도문을 중얼거림으로 사랑하는 죽은 영혼들을 연옥으로부터 해방시킬 수 있다고 믿는다.

몸을 떠난 영혼의 상태

우리는 성도들의 영혼이 육체적인 죽음 직후에 직접 그리스도에게로 간다고 믿는다. 그러므로 산 자들이 죽은 자들을 위하여 찬양과 기도와 예배를 올릴 필요가 없다고 우리는 생각한다. 마찬가지로 불신자들은 직접 지옥으로 던지움을 받아 살아 있는 사람들이 이들을 위하여 어떠한 예배를 올려도 이들은 이 지옥으로부터 나올 수 없다.

연옥

연옥에 관한 로마 카톨릭의 교리는 기독교 신앙에 위배된다. 즉 '죄의 용서와 영생을 내가 믿습니다.'와 그리스도를 통한 완전한 씻음과 "내가 진실로 진실로 너희에게 이르노니 내 말을 듣고 또 나 보내신 이를 믿는 자는 영생을 얻었고 심판에 이르지 아니하나니 사망에서 생명으로 옮겼느니라(요5:24)."라는 말씀과 "예수께서 가라사대 너는 이스라엘의 선생으로서 이러한 일을 알지 못하느냐(요3:10)."라는 말씀을 깊이 상고해야 한다.

영들의 나타남

죽은 사람들의 영 혹은 정신이 살아 있는 사람에게 나타나서 어떤 의무 수행을 요구함으로 이 의무수행에 의하여 자신들이 해방될 수 있다는 것은 우스꽝스러운 일이요 악마의 속임수와 술책에 불과한 것이다.[72] 악마는 자신을 빛의 천사로 둔갑시킴으로 참 신앙을 뒤집어엎거나 회의로 바꾸어 놓으려고 애쓰고 있다. 구약에서 주님은 죽은 자들로

---

71) 우리는 "(살전4:13) 형제들아 자는 자들에 관하여는 너희가 알지 못함을 우리가 원치 아니하노니 이는 소망 없는 다른 이와 같이 슬퍼하지 않게 하려 함이라."에서 바울이 허락하는 만큼의 적당한 애도를 탓하는 것은 아니다. 즉 전혀 슬퍼하지 않는 것도 비인간적이다.

72) 우리나라의 조상제사의 내용도 여기에 해당된다. 즉 조상신이 와서 음식을 먹는다든가 또는 꿈에 어떤 내용을 전달한다는 것 등.

부터 진리를 찾지 말라고 하셨고 죽은 자들의 영과 어떤 교제도 해서는 안 된다고 하셨다.[73] 복음서의 진리가 선포하듯이 지옥에 있는 부자는 결코 그의 형제에게로 갈 수 없다.[74] 고 말씀하고 있다.

제 27 장 : 의식들과 별로 중요하지 않은 일들에 관하여

의식

한때 구약 백성에게는 의식법이 주어졌었다. 이는 율법 하에 있는 사람들을 위한 일종의 교육으로서 몽학선생 밑에서의 상황과 같았다. 그러나 구원자이신 그리스도께서 오신 후에 이 법은 폐지되었다. 우리 믿는 자들은 더 이상 이 의식율법 밑에 있는 것이 아니다.[75] 사도들은 그리스도의 교회 안에서 이 의식율법을 계속 사용하기를 원하지 않으며 이것을 회복시키기를 바라지도 않았다. 이들은 이 의식율법으로 교회를 짐스럽게 하기를 원치 않았다. 그러므로 만약에 우리가 그리스도의 교회 안에서 고대 교회의 관습 중 유대교적 의식을 증가시키려고 한다면 우리는 유대교를 교회로 끌어들이는 것이다. 어떤 이들은 그리스도의 교회를 여러 가지 의식으로 제약해야 한다고 생각하지만 우리는 이 의견을 결코 인정할 수 없다.

사도들이 신자들에게 의식율법을 강요하지 않는데 도대체 바른 마음을 지닌 사람이라면 누가 인간들에 의하여 고안된 것들을 그들에게 강요할 수 있겠는가? 의식의 양이 교회 안에서도 증가하면 할수록 교회는 기독교적 자유로부터 이탈되는 것은 물론 교회가 믿음으로 오직 하나님의 아들 예수 그리스도 안에서 찾아야 할 진리들을 의식에서 찾으려고 하는 한 그리스도와 이 그리스도에 대한 신앙에서 이탈되는 것이다. 그러므로 성도들에게는 하나님의 말씀에 어긋나지 않는 몇 개의 간단하고 단순한 의식만으로 충분하다.

의식의 다양성

---

73) (신18:11) 진언자나 신접자나 박수나 초혼자를 너의 중에 용납하지 말라.

74) (눅16:29) 아브라함이 가로되 저희에게 모세와 선지자들이 있으니 그들에게 들을지니라. (눅16:30) 가로되 그렇지 아니하니이다. 아버지 아브라함이여 만일 죽은 자에게서 저희에게 가는 자가 있으면 회개하리이다.

75) (롬6:14) 죄가 너희를 주관치 못하리니 이는 너희가 법아래 있지 아니하고 은혜 아래 있음이니라.

교회들이 여러 가지 의식을 사용한다고 해서 이런 이유 때문에 논란이 일어나서는 안 된다. 오늘날 우리는 성만찬과 다른 일에 있어서 의식을 다르게 하고 있으나 교리와 신앙에 있어서는 결코 의견을 달리하지 않는다. 뿐만 아니라 의식의 상이성으로 말미암아 우리 교회들 상호간의 일치와 사귐이 결코 파괴되지 않는다. 교회는 지금까지 의식 사용에 있어서 자유를 누려왔다. 교회는 이것을 무관심거리로 여겨 왔다. 오늘의 우리도 꼭 같이 생각한다.

별로 중요하지 않은 일들

그러나 동시에 우리는 무관심거리가 아닌 것을 무관심거리로 여기지 않도록 사람들에게 충고한다. 즉 예배 대신에 미사를 드린다든가 성상(聖像)을 사용하는 것은 무관심거리가 아니다. 그것들은 큰 잘못이다. 그러나 "선하지도 않고 악하지도 않은 것은 자유에 맡겨진 것이다. 따라서 우리가 그것을 행하든 행치 않던 우리는 의롭지도 않고 불의하지도 않은 것이다"라고 제롬은 어거스틴에게 글을 써 보냈다. 그러므로 자유에 맡겨진 것을 신앙고백에 억지로 연결시킬 경우 우리는 자유를 상실하게 된다. 바울이 말한 대로 사람이 우상에게 제물로 바쳤던 고기를 먹을 경우 누가 이 사실을 알려 주지 않았다면 괜찮을 것이다. 그러나 누가 그것이 우상에게 드려진 제물이라는 사실을 알렸는데도 그것을 먹으면 그것은 합당치 못하다. 그 이유는 그렇게 고기를 먹음으로써 그는 우상숭배를 인정하는 것 같기 때문이다.[76]

제 28 장 : 교회의 소유물에 관하여

교회의 소유물과 그것의 적절한 사용

그리스도의 교회는 왕들의 희사와 성도들의 헌금과 헌물을 통해서 재산을 소유하고 있다. 왜냐하면 교회는 그와 같은 자원을 필요로 하며 옛날부터 교회 유지를 위해서 꼭 필요한 자원을 소유하고 있다. 교회의 재산은 모든 예배와 다른 사역을 진행하는 일이 있는데 즉 교회 건물을 유지하며, 학교와 교회적인 집회에서 가르치는 일을 위하여 사용되

---

76) (고전8:10) 지식 있는 네가 우상의 집에 앉아 먹는 것을 누구든지 보면 그 약한 자들의 양심이 담력을 얻어 어찌 우상의 제물을 먹게 되지 않겠느냐? (고전10:25) 무릇 시장에서 파는 것은 양심을 위하여 묻지 말고 먹으라.

는 것이 옳으며, 나아가서 선생과 학자와 목사를 지원하고, 특히 가난한 자를 돕는 일에 사용되어야 하고, 그리고 꼭 필요한 다른 일들을 위하여 사용되어야 한다. 뿐만 아니라 하나님을 두려워하고 지혜로운 자로서 집안일들의 경영관리를 잘할 줄 아는 사람들을 선택하여 교회의 재산을 적절히 경영하고 관리하게 해야 한다.

교회 재산의 남용

만약 어떤 개인들의 불상사나, 파렴치한 행위나, 무지나, 탐욕에 의하여 교회의 재산이 남용될 경우 경건하고 지혜 있는 사람들은 거룩한 목적을 위하여 이를 원상대로 회복시켜야 한다. 재산의 남용이란 끔찍한 신성모독이기 때문에 우리는 결코 이러한 짓을 시도해서는 안 된다. 그러므로 우리는 교회, 예배, 그리고 도덕에 있어서 부패한 학교나 기타 기관들은 마땅히 개혁되어야 하고, 가난한 사람들의 구제는 의무적이고 지혜롭게, 그리고 신실한 마음으로 추진되어야 한다.

제 29 장 : 독신과 결혼과 가정문제의 경영관리

독신자

하늘로부터 독신의 은사를 받았으므로 마음과 온 영혼이 청결하고 절제하고 정욕으로 불타오르지 않는 사람은 은사를 부여받았다고 느끼는 한 그 하나님의 부르심 안에서 주님을 섬기게 해야 한다. 이런 사람들은 다른 사람보다 높다고 생각하지 말고 오히려 순전함과 겸손함으로 끊임없이 주님을 섬기게 해야 한다.[77] 그도 그럴 것이 이러한 사람들이야말로 사사로운 가사에 의해서 마음이 산만하게 되는 사람들보다 하나님의 일에 더 잘 주의를 기울일 수 있다. 그러나 이들이 은사를 상실하여 계속해서 정욕에 불타오를 경우 바울의 말을 기억해야 한다. 즉 "만일 절제할 수 없거든 혼인하라 정욕이 불같이 타는 것보다 혼인하는 것이 나으니라(고전7:9)." 의 말씀을 기억해야 할 것이다.

결혼

결혼이란 주 하나님 자신에 의하여 제정되었다. 하나님께서는 결혼을 풍성히 축복하

---

77) (고전7:7) 나는 모든 사람이 나와 같기를 원하노라. 그러나 각각 하나님께 받은 자기의 은사가 있으니 하나는 이러하고 하나는 저러하니라.

셨고 남자와 여자가 하나로 결합하여 온전한 사랑과 일치 가운데 함께 살아가기를 원하셨다.[78] 이 일에 대하여 사도는 "모든 사람은 혼인을 귀히 여기고 침소를 더럽히지 않게 하라. 음행하는 자들과 간음하는 자들을 하나님이 심판하시리라(히13:4)." "그러나 장가가도 죄 짓는 것이 아니요 처녀가 시집가도 죄 짓는 것이 아니로되 이런 이들은 육신에 고난이 있으리니 나는 너희를 아끼노라(고전7:28)." 라고 말씀하고 있다. 따라서 우리는 일부다처를 주장하거나 결혼을 다시 할 수 있다고 주장하는 자들을 정죄한다.

결혼은 어떻게 성립되는가?

결혼이란 주님을 두려워하는 가운데에 합법적으로 맺어져야 한다. 근친상간을 피하기 위해서 우리는 혈족 혼인을 반대하는 법을 어겨서는 안 된다. 결혼은 부모 혹은 부모를 대신할 만한 사람의 승낙에 의하여 이루어져야 하고 무엇보다도 하나님이 제정하신 결혼의 목적에 부합되어야 한다. 그 뿐만 아니라 결합된 부부는 최대한의 신실함과 경건과 사랑과 순결로써 이 결혼을 거룩케 해야 한다. 따라서 논쟁, 파쟁, 정욕, 그리고 간음의 개입은 절대 금물이다.

결혼 재판소

교회 안에 합법적인 재판소를 설치하고 결혼문제를 취급할 재판관을 두어 모든 부정과 수치스러운 일들을 억제하고 결혼에 관한 논쟁을 해결하게 해야 한다.

자녀들의 양육

부모들은 주님을 두려워하는 가운데 자녀들을 양육해야 한다. "누구든지 자기 친족 특히 자기 가족을 돌아보지 아니하면 믿음을 배반한 자요 불신자보다 더 악한 자니라(딤전5:8)." 라고 하는 사도의 말을 기억하면서 부모들은 자녀양육에 힘써야 할 것이다. 특히 부모들은 자녀들에게 정직한 상거래나 직업을 가르쳐 줌으로 생계를 유지하게 해야 한다. 부모는 자녀들이 게으르지 않게 해야 하고 이 모든 일에 있어서 하나님에 대한 참 신앙을 그들에게 교육시켜야 한다. 그래야 자녀들이 확신의 결핍이나, 지나친 안일함이나,

---

78) (마19:4) 예수께서 대답하여 가라사대 사람을 지으신 이가 본래 저희를 남자와 여자로 만드시고... (마19:5) 말씀하시기를 이러므로 사람이 그 부모를 떠나서 아내에게 합하여 그 둘이 한 몸이 될지니라 하신 것을 읽지 못하였느냐?

그리고 추잡한 욕심에 의하여 방탕하고 실패하고 마는 일을 우리는 막을 수 있을 것이다.

부모들이 참된 신앙으로 가정적인 의무들에 의해서 집안의 일들을 경영함으로 성취하는 일들은 하나님 앞에서 거룩하고 선한 일들임에 틀림없다. 이러한 가사는 기도나 금식이나 구제만큼이나 하나님을 기쁘시게 한다. 그도 그럴 것이 사도 바울이 그의 서한들 특히 디모데서와 디도서에서 이렇게 가르치기 때문이다. 결혼이 마치 거룩하지도 않고 순결하지도 않듯이 결혼을 금지하거나, 공공연히 결혼을 혹평하거나, 그리고 간접적으로 결혼을 불신하는 사람들의 교리를 우리는 사도 바울과 더불어 마귀들의 교리로 간주한다.

우리는 또한 불결한 독신생활을 싫어한다. 우리는 숨겨진 욕정이나 공공연한 욕정 모두를 싫어하고 모든 사람들 중에 가장 무절제 하면서도 절제하는 체하는 위선자들의 음행을 싫어한다. 하나님은 이 모든 것을 심판하실 것이다. 우리는 어떤 부자가 경건하고 자신들의 부를 잘 사용할 경우 우리는 이 부자들과 그들이 소유하고 있는 부를 인정하지 않을 필요가 없다. 그러나 우리는 "사도적 청빈주의자들(Apostolicals; 13세기 사도적 청빈을 회복하려는 열광주의자인 Gherardo Segareli의 추종자들)"과 같은 이단들을 배격한다.

제 30 장 : 국가의 공직에 관하여

국가의 공직은 하나님께로부터 온 것이다.

모든 종류의 국가공직이란 인류의 평화와 안정을 위하여 하나님 자신에 의하여 세워진 제도이다. 따라서 그것은 이 세상에서 중요한 위치에 놓여 있다. 공직자가 교회를 반대할 경우 교회를 저해하고 소란케 할 수 있으나 교회의 친구요 교회의 구성원이 될 경우 그는 교회의 가장 유용하고 탁월한 구성원으로 교회를 크게 유익케 하고 가장 잘 도울 것이다.

공직자의 의무

공직자의 주된 의무는 국가의 평화와 안정을 확보하고 보존하는 것이다. 공직자가 진심으로 하나님을 두려워하고 신앙생활을 할 때 그는 가장 성공적으로 공직을 수행할 수 있다. 이 사실은 의심의 여지가 없다. 다시 말하면 공직자가 주님의 백성의 거룩한 왕들과 방백들의 모범을 따라 진리의 선포와 신실한 믿음을 증진시키고 모든 거짓과 미신을 뿌리째 뽑아 버리고 모든 불경건과 미신을 척결하고 나아가서 하나님의 교회를 옹호할 때 그는 가장 성공적으로 공직을 수행하는 것이다. 교회를 돌보는 일은 거룩한 공직에 속하는 것이라고 우리는 확실히 가르친다.

그러므로 국가의 공직자는 그의 손에 하나님의 말씀을 가져야 하고 그 누구도 이 말씀에 위배되는 것을 가르치지 말게 해야 한다. 마찬가지로 공직자는 하나님께서 자신에게 맡겨 주신 백성을 하나님의 말씀에 따라 제정된 좋은 법으로 다스려야 하고 이 백성을 계속 훈련시켜야 하고 의무와 순종을 다하게 해야 한다. 공직자는 공정한 재판에 의해서 일을 처리해야 한다. 공직자는 어떤 개인을 봐 주거나 뇌물을 받아서는 안 된다. 공직자는 과부와 고아와 괴로움을 당하는 사람들을 보호해야 한다. 공직자는 큰 범죄자와 협잡꾼과 야만인들을 징벌하고 추방해야 한다. 공직자가 칼을 가진 것은 이런 목적을 위한 것이다.[79]

공직자는 모든 행악자들, 치안 방해자들, 도적들, 살인자들, 억압하는 자들, 신성모독자들, 거짓말쟁이 및 하나님께서 형벌하고 처형하라고 명령하신 모든 사람을 향하여 칼을 뽑아야 한다. 공직자는 고집 센 이단자들 즉 하나님의 존엄을 쉼 없이 모독하고, 하나님의 교회를 어지럽히고, 그리고 심지어는 파괴하는 이단자들을 진압해야 한다.

전쟁

만약 전쟁에 의해서 백성의 안전을 보존하는 것이 꼭 필요한 경우 공직자는 하나님의 이름으로 전쟁을 집행해야 한다. 그러나 공직자는 전쟁을 선포하기 전에 가능한 모든 방법에 의하여 평화를 추구했어야 하고 전쟁 이외에는 그의 백성을 도저히 구할 수 없다고 생각될 때 전쟁을 선포하는 것이다. 공직자가 이러한 일들을 신앙으로 해낼 때 그는 참된 선한 일로 하나님을 봉사하므로 주님으로부터 복을 받는다. 그렇기 때문에 우리는 재세례파를 정죄한다. 왜냐하면 이들은 기독교인이 국가공직자가 되는 것을 거부하고, 공직자의 사형집행권을 거부하고, 공직자의 전쟁 선포권을 부인하고, 그리고 왕 등의 공직자에 대한 서약을 부인하기 때문이다.

---

79) (롬13:4) 그는 하나님의 사자가 되어 네게 선을 이루는 자니라. 그러나 네가 악을 행하거든 두려워하라 그가 공연히 칼을 가지지 아니하였으니 곧 하나님의 사자가 되어 악을 행하는 자에게 진노하심을 위하여 보응하는 자니라.

백성들의 의무

하나님께서는 그의 백성의 안전을 공직자를 통하여 효과 있게 하신다. 하나님은 사실상 공직자를 백성의 아버지로 주셨다. 따라서 모든 백성은 이와 같은 공직자를 통한 하나님의 호의를 인정하도록 명령받는다. 이런 이유 때문에 백성은 공직자를 하나님의 일꾼으로 존경해야 하고, 사랑해야 하고, 호의로 대하고, 아버지로 여겨 그에게 간구해야 하고, 그리고 그의 정의롭고 공평한 모든 명령들을 순종해야 한다. 결국 백성들은 모든 관세와 세금을 바쳐야 하고 기타 모든 다른 의무들을 신실하고 기쁜 마음으로 수행해야 한다. 만약 나라의 안전과 정의를 위해서 전쟁을 해야 한다면 백성은 자신들의 생명까지도 내놓아야 하고 이 나라의 안전을 위해서라면 백성은 물론 공직자들도 피를 흘려야 한다. 이런 일을 할 때는 하나님의 이름으로 하되 자발적으로, 용맹스럽게, 그리고 기백 있게 해야 한다. 공직자에게 불순종하는 사람은 하나님의 진노를 자극시키는 일이 된다.

분파주의와 치안 방해자

그러므로 우리는 공직자를 경멸하는 모든 사람들을 정죄한다. 예컨대 반역자들, 국가의 적들, 치안을 방해하는 악한들, 끝으로 자신들의 의무를 공공연히 혹은 교묘하게 수행하지 않으려는 모든 사람들을 우리는 정죄한다. 우리는 하나님께서 우리의 유일한 주님이시오 구주이신 예수 그리스도를 통하여 모든 공직자들과 온 백성을 축복하실 것을 우리의 가장 자비로우신 하늘에 계신 아버지 하나님께 간구한다. 감사와, 찬송과, 영광이 하나님께 세세무궁토록 있을지어다. 아멘.

7. 도르트 신조(1618)

초대교회 이래로 역사적 교회는 교리적 순수성을 지키기 위해 신실한 성도들의 생명을 요구하고 있었다. 그들은 정치적 박해, 이단들의 농락, 그리고 회색주의 신자들의 모함을 뿌리치고 신앙고백을 지켜왔다. 그 가운데 또 하나의 신앙고백이 바로 도르트(Dort) 신조이다. 17세기 초 예정론은 프랑스를 제외한 전 유럽의 신학적 이슈가 되어 있었다. 이미 유럽의 각 지역에서 칼빈주의 교회가 세워지기 시작했는데 그 원인은1560년 디르키누스(Dyrkinus)에 의해 칼빈의 기독교강요가 화란어로 번역되어 나왔고 1571년 화란의 엠덴(Emden) 총회에서 벨직 신앙고백서와 하이델버그 교리 문답서를 정식으로 받아들였기 때문이다. 이로 인하여 화란지역에서의 칼빈주의 교회들은 힘을 발휘하기 시작하였다.

예정론에 관한 신학적 토의를 위해 각국의 대표단이 구성되어 105명이 참석한 소위 전 세계적인 기독교 회의가 열리게 되었다. 도르트 신조를 결론 짓기 위해 1618년 11월 13일부터 1619년 5월 29일까지 6개월간 지속된 회의였다. 154회의 공식 회의를 거쳐 확인된 교리서를 발표하게 되었다. 이는 전 유럽의 신학자들이 칼빈주의 총회를 열어 결정한 예정론에 관한 신조이다. 다시 말하거니와 칼빈의 신학은 악마의 늪으로 들어가는 유럽을 건져냈다고 말해도 전혀 과장된 말이 아니다.

예정론에 관한 시비는 제이콥 알미니우스(Jacob Arminius, 1560-1690)의해 일어났다. 그는 인간의 전적 부패를 약화시키며 선택과 유기의 교리를 부정하고 인간의 자유의지가 구원에 동참한다는 교리를 주장했다. 그리고 벨직 신앙고백서와 하이델버그 교리문답서의 수정을 주장했다. 당시 회의의 의장인 요한네스 보게르만(Johannes Bogerman)은 항변파인 알미니우스 옹호자들을 해임함과 함께 최종 결정을 내릴 것을 선언했다. 회의의 결정은 항변파의 주동자인 올덴 바로네벨트는 참수형을, 알미니우스의 대표적인 신학자 그로티우스(Grotius, 1583-1745)는 종신형을, 그리고 200여명의 알미니안주의 목사들은 파면처분을 받았다.

첫째 교리: 하나님의 선택과 유기(버림)

제 1 장

모든 인간은 아담 안에서 범죄 하여 저주 아래 놓여 있으며 영원한 죽음을 받기에 마땅하므로 하나님께서는 그들을 버려둔 채 멸망 받아 죄 값으로 형벌을 받도록 하실 수도 있는 분이신데 이는 사도의 다음의 말과 같은 것이다. "이는 모든 입을 막고 온 세상으로 하나님의 심판 아래 있게 하려 함이니라(롬3:19)." "모든 사람이 죄를 범하였으매 하나님의 영광에 이르지 못하더니(롬 3:23)." "죄의 삯은 사망이요(롬 6:23)."

제 2 장

그러나 여기에 하나님의 사랑이 나타났으니 "하나님의 사랑이 우리에게 이렇게 나타난바 되었으니, 하나님이 자기의 독생자를 세상에 보내심은 저로 말미암아 우리를 살리려 하심이니라(요일 4:9; 요 3:16)."

제 3 장

인간이 믿음을 얻도록 하기 위하여 하나님께서는 그가 원하시고 기뻐하시는 사람에게 이 복음을 주시는데 이 사역을 위하여 사람들이 부름을 받아 회개하고 십자가에 못 박힌 그리스도를 믿는 것이다. "그런즉 저희가 믿지 아니하는 이를 어찌 믿으리요, 전파하는 자가 없이 어찌 들으리요(롬 10:14-15)."

제 4 장

하나님의 진노는 이 복음을 믿지 아니하는 사람들에게 임한다. 그러나 참되고 살아 있는 믿음으로 이 복음을 받고 예수를 구세주로 영접하는 사람은 그리스도로 인하여 하나님의 진노와 멸망시키심에서 구원을 받고 그들에게 주어진 영생을 선물로 얻게 되는 것이다.

제 5 장

다른 모든 죄와 마찬가지로 이 불신앙의 원인과 그 죄는 하나님에게 있는 것이 아니라 인간 그 자신에게 있다. 반면에 예수 그리스도 안에 있는 믿음과 그를 통한 구원은 하나님의 값없는 은사로서 다음의 말씀과 같다. "너희가 그 은혜를 인하여 믿음으로 말미암아 구원을 얻었나니 이것이 너희에게서 난 것이 아니요 하나님의 선물이라(엡 2:8)." "그리스도를 위하여 너희에게 은혜를 주신 것은 다만 그를 믿을 뿐 아니라(빌 1:29)…"

제 6 장

어떤 사람들은 하나님께로부터 믿음의 선물을 받는데 또 어떤 사람들은 그것을 받지 못하고 있다. 이 모든 것은 하나님의 영원한 작정(결정)하심에 달려 있는 것이다. "예로부터 이것을 알게 하시는 주의 말씀이라 함과 같으니라(행 15:18)." "모든 일을 그 마음이 완고하다 하더라도 하나님은 택한 자로 하여금 마음 문을 열게 하여, 믿도록 하시며, 반면에 택하지 않은 사람들은 그 사악함과 고집대로 내버려 두사 심판을 받게 하신다. 다 멸망 받기에 마땅한 사람들 속에서 하나님의 오묘하고도 자비롭고 의로우신 택함과 유기의 작정이 있는 것인데 이것은 하나님의 말씀에 계시된 대로 사악하고 범죄하여 요동하는 마음을 가진 사람들에게는 스스로 멸망 가운데 빠지게 하지만 거룩하고 경건한 영혼들에게는 말할 수 없는 위로로 도우시는 것이다.

제 7 장

선택이라는 것은 이 세계가 만들어지기도 전에 하나님께서 모든 인간이 그들의 최초의 상태로부터 타락하여 죄와 파멸의 결과를 낳게 됨에 따라 그리스도 즉 하나님께서 영원부터 중보자로 또한 택한 자의 머리와 구원의 기초로서 세우신 그 분 안에서 구원받은 자의 일정한 수를 뽑으신 것이다. 그것은 그의 선하신 주권에 따라 은혜로 인하여 된 것인데 이는 하나님의 변할 수 없는 목적이 되었다. 택함 받은 자들이 그 본성에 있어서는 그 밖의 다른 사람들보다 더 낫거나 더 값어치 있는 것이 아니라 오히려 똑같은 비참한 속에 있었다. 그러나 하나님께서는 그들에게 그리스도를 주셔서 그를 통하여 택함 받는 자들이 구원을 얻도록 하셨다.

하나님께서는 그들을 부르시고 죄에서 벗어나게 하셔서 말씀과 성령으로 그 분과 교통하도록 하시고 그들에게 참 믿음을 주시어 의롭다 하시고 영화롭게 하셨다. 또한 그 아들과의 교제를 통해 능력 있게 그들을 보존해 주시면서, 결국은 하나님께서 그들에게 보여주신 자비로우심에 영광을 돌리고 그의 풍성한 은혜를 찬양케 하신다. "곧 창세전에 그리스도 안에서 우리를 택하사 우리로 사랑 안에서 그 앞에 거룩하고 흠이 없게 하시려고 그 기쁘신 뜻대로 우리를 예정하사 예수 그리스도로 말미암아 자기의 아들들이 되게 하셨으니 이는 그의 사랑하시는 자 안에서 우리에게 거저 주시는 바 그의 은혜의 영광을 찬미하게 하려는 것이라(엡 1:4-6)." "또 미리 정하신 그들을 또한 부르시고 부르신 그들을 또한 의롭다 하시고 의롭다 하신 그들을 또한 영화롭게 하셨느니라(롬 8:30)."

제 8 장

이 선택에는 다양한 하나님의 뜻이 있는 것이 아니라 구원받을 모든 사람들에게 관한 하나의 동일한 작정이 있을 뿐이다. 이 모든 것은 구약과 신약에 기초하고 있다. 이 성경에는 영원 전부터 우리를 택하신 하나님의 기쁘신 뜻과 목적이 우리로 하여금 하나님의 은혜와 그 영광을 노래하게 하였다. 또한 구원과 구원의 길을 찬양하면서 우리로 하여금 구원의 길에서 살아가도록 부르셨음을 보여주고 있다(엡 1:4-5, 2:10).

제 9 장

하나님께서 인간을 선택하시는 것은 그 선택의 선행 조건이나 원인 등으로서 인간 속에 있는 어떤 예지적인 믿음이나 그 믿음에 대한 순종, 거룩함, 또는 그 밖의 다른 어떤 착한 성품이나 기질에 근거한 것이 아니다. 그것은 인간이 선택을 받아서 믿음에 이르고 그 믿음에 순종하여 거룩함에 이르는 등의 순서를 갖게 되는 것이다. 따라서 선택받았다고 하는 사실이 모든 선행의 기초(원인)를 이루게 되는 것이며 선택받음으로 인하여 믿음과 거룩함과 그 밖의 구원의 은사를 얻게 되어 결국은 그 열매로서 영생을 소유하게 되는 것이다. 이것은 "곧 창세전에 그리스도 안에서 우리를 택하사 우리로 사랑 안에서 그 앞에 거룩하고 흠이 없게 하시려고(엡 1:4)…" 하셨다는 사도의 말과 같다.

제 10 장

하나님의 기뻐하심이 이 은혜로운 선택의 유일한 원인이 되는데 하나님께서 구원의 조건을 세우신 것은 인간의 어떤 능력이나 행위에 근거한 것이 아니라 범죄한 모든 사람들 중에서 기꺼이 얼마를 뽑아서 자기에게 속한 특별한 백성으로 삼으신 것인데 이는 기록된 다음의 말씀과 같다. "그 자식들이 아직 나지도 아니하고 무슨 선이나 악을 행하지 아니한 때에 택하심을 따라 되는 하나님의 뜻이 행위로 말미암지 않고 오직 부르시는 이에게로 말미암아 서게 하려 하사 리브가에게 이르시되 큰 자가 어린 자를 섬기리라 하셨나니 기록된바 내가 야곱은 사랑하고 에서는 미워하였다 하심과 같으니라(롬 9:11-13)." "영생을 주시기로 작정된 자는 다 믿더라(행 13:48)."

제 11 장

하나님은 가장 지혜로우시며, 불변하시며, 전지(全知)하시며, 무소부재하신 분이시므로 그가 행하신 선택은 중단되거나 변하거나 취소되거나 무효화될 수 없다. 또한 택함 받은 자는 버림받거나 그 수가 감소될 수도 없는 것이다.

제 12 장

구원의 확신에 대한 정도와 그 방법은 다양할 수 있긴 하지만 구원받은 사람들이 영원불변한 택정함의 확신을 얻는 것은 하나님의 비밀스런 오묘한 일에 대해 호기심을 느끼는 것에 의해서가 아니다. 그것은 성령의 기쁨과 거룩한 즐거움을 가지면서 하나님의 말씀 안에 나타난 바 구원받는 자의 확실한 열매를 잘 지켜 나감으로 이루어진다. 즉 이것은 그리스도를 믿는 참된 믿음과 충성스런 경외심, 죄에 대한 거룩한 탄식, 그리고 의를 추구하고자 하는 열망과 갈급함 등이다.

제 13 장

이 선택을 잘 깨닫고 확신을 갖게 될 때 하나님의 자녀들은 날마다 하나님 앞에서 겸손해지며, 그들의 모든 죄를 사해주신 하나님의 깊은 자비로우심을 경외하며, 그리고 그들에게 향하신 하나님의 그 놀라운 자비를 보여주신 예수 그리스도의 그 뜨거운 사랑에 감사하게 된다. 또한 이 선택의 교리를 이해할 때 구원받은 사람들은 하나님의 명령을 잘 지킴으로써 나태한 자리에 있지 않도록 하며 세속적인 유혹에 빠져들지 않도록 하지만 선택받은 자로의 행위를 부인하는 사람들은 이 구원의 은혜를 가볍게 여겨서 제멋대로 게으른 행위를 한다. 여기에 하나님의 공의로운 판단이 있게 된다.

제 14 장

하나님의 놀라운 지혜로 인한 이 선택의 가르침이 선지자들과 그리스도 자신 그리고 사도들에 의해서 선포된다. 또한 구약과 신약 성경을 통하여 분명하게 보였듯이 이것은 여전히 하나님의 교회에서 시간과 장소를 따라 이루어지고 있다. 우리는 이 일이 진지하고 경건한 가운데에서 특별히 이루어지며 하나님의 그 거룩한 이름의 영광을 위하여, 또한 높으신 하나님의 비밀스런 길을 완전히 깨달아 알 수는 없으나, 하나님께서 그의 백성들을 북돋우고 위로해 주시기 위하여 일어남을 알 수 있다.

제 15 장

특별히 우리에게 설명이 요구되는 것은 이 영원하고도 값없이 주신 은혜로운 택하심에 관해서 이다. 이는 거룩한 성경에 나타난 증거로서 모든 인간이 택함 받은 것이 아니라 그 중 얼마가 택함을 받았을 뿐이라는 사실이다. 그 외의 사람들은 하나님의 거룩하고 의롭고 자비로우신 그 불변하는 사랑에서 제외되어 스스로 파멸에 빠져 구원의 믿음과 회개하는 은총을 받지 못한 채 그들의 길을 따라 하나님의 심판을 자초하여 끝내는 하나님의 공의로우신 심판 앞에서 영원한 형벌을 받게 된다. 이는 그들의 불신앙으로 인할 뿐만 아니라 또한 그들이 지은 모든 죄악으로 인한 결과이다. 이것이 징벌에 대한 하나님의 작정인데, 이것으로 인하여 결코 하나님이 죄의 원인이 되는 것이 아니요(이런 생각은 가장 불평스런 태도인데), 다만 하나님께서는 무섭고 맹렬하신 의로운 재판자시요 보응자이심을 선언해 줄 뿐이다.

제 16 장

그리스도 안에서 산 믿음으로 확신을 가지고 화평한 마음과 충성스런 순종을 따라 부지런히 노력하며 그리스도를 통해 하나님께 영광을 돌리는 일에 적극적이지는 못하나 택한 자들 속에서 은혜로 역사하도록 하나님께서 내려주신 이 방법들을 사용하는 사람들은 자신이 버림받을까 하는 공포심이나 또는 그 스스로 버림받았다고 하는 마음을 가질 것이 아니라 인내심을 가지고 부지런히 이를 행하되 풍성한 은혜를 기다리는 겸손한 마음을 가져야 할 것이다. 비록 그런 사람들이 진정으로 하나님께 돌아와서 하나님만을 기쁘게 하고 사망에서 벗어난다 하더라도 그들이 원하는 거룩함과 온전한 신앙에 이르기가 어렵다. 그렇다고 해서 이 가르침이 그들을 공포로 몰아넣을 수는 없다. 왜냐하면 자비로우신 하나님은 꺼져가는 심지를 끄지 아니하시고 상한 갈대조차 꺾지 않겠다고 약속하셨기 때문이다. 다만 이 유기의 가르침은 하나님과 구세주 예수 그리스도에 관하여 무관심하고 하나님께 진정으로 돌아오지 않고 자기 자신을 전적으로 이 세상과 육체의 쾌락에 방임해 두는 사람들에게 무서운 형벌이 있음을 가르쳐 줄 뿐이다.

제 17 장

우리는 하나님의 뜻을 따라 그 말씀으로 심판을 받게 된다. 그러므로 믿는 자의 자녀는 그 본성에 의해서가 아니라 은혜로운 계약으로 인하여 그 부모의 믿음을 따라 거룩한 것이기 때문에 경건한 부모들은 그들의 자녀들에게 이 거룩한 믿음을 따라 하나님을 기쁘게 하도록 하기 위해 자녀들이 택함 받아 구원되었다는 사실을 의심해서는 안 된다(창 17:7; 행 2:39; 고전 7:14).

제 18 장

하나님의 은혜로운 선택과 엄한 유기에 대해 불평하는 사람들에게 우리는 다음과 같은 사도들의 가르침으로 대답할 수 있다. "이 사람아 네가 뉘기에 감히 하나님을 힐문하느뇨(롬9:20)?" "내 것을 가지고 내 뜻대로 할 것이 아니냐? 내가 선하므로 네가 악하게 보느냐(마20:15)." 또한 이 놀라운 하나님의 오묘하심에 대하여 다음과 같이 말할 수 있다. "깊도다 하나님의 지혜와 지식의 부요함이여 그의 판단은 측량치 못할 것이며 그의 길은 찾지 못할 것이로다. 누가 주의 마음을 알았느뇨. 누가 그의 모사가 되었느뇨. 누가 주께 먼저 드려서 갚으심을 받겠느뇨. 이는 만물이 주에게서 나오고 주로 말미암고 주에게로 돌아감이라. 영광이 그에게 세세에 있으리로다. 아멘(롬 11:33-36)."

잘못된 주장을 배격함

선택과 유기에 관하여 지금까지 잘 설명했으므로 종교 회의에서는 다음의 잘못된 주장들을 배격하는 바이다.

제 1 절

주장 : 믿고자 하고 이 믿음 안에서 인내하며 순종하고자 하는 사람들을 구원코자 하시는 하나님의 뜻은 전체적이므로 이 선택은 모든 사람이 구원받도록 할 뿐 그 외의 다른 주장은 성경에 나타나 있지 않다.

– 위와 같은 주장은 성경의 가르침을 명백히 부인하는 것이다. 성경에서 하나님은 믿는 자를 구원할 뿐만 아니라 영원 전부터 특정한 수를 택하여 뽑으셔서 때가 이르면 그리스도 안에서 믿음을 얻게 하시고 인내를 갖게 하신다고 말씀하였다. 이것은 다음의 말씀과 같다. "세상 중에서 내게 주신 사람들에게 내가 아버지의 이름을 나타내었나이다(요 17:6)." "영생을 주시기로 작정된 자는 다 믿더라(행 13:48)." "곧 창세전에 그리스도 안에서 우리를 택하사 우리로 사랑 안에서 그 앞에 거룩하고 흠이 없게 하시려고(엡 1:4)..."

제 2 절

주장 : 영생에 이르도록 하는 하나님의 선택에는 여러 가지 종류가 있다. 하나는 일반적이며 불명확한 것이요 또 다른 하나는 특별하고 분명한 것이다. 따라서 선택은 불완전하고 취소될 수 있으며 미 결정적이고, 조건적이든지, 또는 완전하고 취소될 수 없으며, 결정적이고, 절대적이라는 것이다. 따라서 하나는 믿음에 이르는 택함이요, 또다른 하나는 구원에 이르는 택함이므로, 구원에 이르는 결정적인 선택이 아니고서도 이 선택은 믿음으로 의롭다 함에 이를 수 있는 것이다.

— 이러한 주장은 성경의 가르침과는 무관한 인간의 머리에서 나온 상상일 뿐이므로 선택에 대한 성경의 가르침을 그릇되게 하여 구원의 보배로운 줄을 끊어버리는 결과가 될 뿐이다. "또 미리 정하신 그들을 또한 부르시고 부르신 그들을 또한 의롭다 하시고 의롭다 하신 그들을 또한 영화롭게 하셨느니라(롬 8:30)."

제 3 절

주장 : 성경이 선택에 관하여 가르치는바 하나님의 선하신 목적과 그 기쁘신 뜻대로 택했다는 것은 하나님께서 어떤 특정한 사람들을 뽑으셨다고 하는 데 있는 것이 아니라, 오히려 모든 가능한 조건들로부터(이 중에는 율법의 행위들이 포함되는데), 또는 모든 사물의 질서로부터 믿음의 행위를 주셨다는 뜻이다. 이는 원래부터 구원의 조건으로서는 불완전한 순종일 뿐만 아니라 아무런 값어치가 없는 것이지만 하나님은 은혜로써 이것을 완전한 순종으로 여기셔서 영생을 얻을 가치가 있는 것으로 보신다.

— 바로 이러한 잘못 때문에 하나님의 기뻐하심과 그리스도의 공로가 아무런 효력이 없게 되어 인간은 성경이 명백히 가르치는바 은혜로써 주신 칭의와는 아무런 관계를 갖지 못하게 될 뿐이다. 그러한 주장은 다음과 같은 사도의 교훈을 볼 때 잘못된 것이다. "하나님이 우리를 구원하사 거룩하신 부르심으로 부르심은 우리의 행위대로 하심이 아니요 오직 자기 뜻과 영원한 때 전부터 그리스도 예수 안에서 우리에게 주신 은혜대로 하심이라(딤후 1:9)."

제 4 절

주장 : 믿음에 이르도록 선택을 받는 조건에 있어서는 먼저 인간은 영생을 얻는데 합당한 올바른 본성을 가지며 경건과 겸손과 온유한 성품을 가져야 하는데 마치 선택은 이러한 성품들에 의존해 있는 것과 같다.

- 펠라기우스(Pelagius)적인 이러한 주장은 사도의 다음의 말씀과 반대되는 것이다. "전에는 우리도 다 그 가운데서 우리 육체의 욕심을 따라 지내며 육체와 마음의 원하는 것을 하여 다른 이들과 같이 본질상 진노의 자녀이었더니, 긍휼에 풍성하신 하나님이 우리를 사랑하신 그 큰 사랑을 인하여 허물로 죽은 우리를 그리스도와 함께 살리셨고(너희가 은혜로 구원을 얻은 것이라), 또 함께 일으키사 그리스도 예수 안에서 함께 하늘에 앉히시니, 이는 그리스도 예수 안에서 우리에게 자비하심으로써 그 은혜의 지극히 풍성함을 오는 여러 세대에 나타내려 하심이니라. 너희가 그 은혜를 인하여 믿음으로 말미암아 구원을 얻었나니 이것이 너희에게서 난 것이 아니요 하나님의 선물이라 행위에서 난 것이 아니니 이는 누구든지 자랑치 못하게 함이니라(엡 2:3-9)."

제 5 절

주장 : 어떤 특정한 사람들이 불완전하고 비결정적인 상태로 택함을 받았다가 구원에 이르게 되는 것은 예지된 믿음과 회심, 거룩함, 그리고 경건한 생활 등을 이미 시작했거나 얼마 동안 지속되었기 때문에 일어나는 것이다. 그러나 완전하고 결정적인 선택은 믿음과 회심 그리고 거룩함과 경건함에 끝가지 이르도록 하는 견인(인내심)으로 일어나는 것이다. 바로 이것이 은혜롭고 복음적인 가치가 있는데 이런 의미에서 택함 받은 자가 택함 받지 못한 자보다 더 귀중하다는 것이다. 따라서 믿음과 이 믿음에의 순종 그리고 거룩함과 경건함 또한 성도의 견인 등은 영광에 이르게 하는 불변하는 선택의 열매가 아니라 선행(先行)으로서 요구되는 조건이다. 그런데 이 조건은 완전히 선택될 사람들에게 보여질 일이며 이러한 요소(조건)가 없다면 영광에 이르도록 하는 변함없는 하나님의 선택은 일어날 수 없다.

- 이러한 주장은 모든 성경의 가르침과 모순되는 것인데 성경은 변함없이 다음과 같이 말씀하고 있기 때문이다. "택하심을 따라 되는 하나님의 뜻이 행위로 말미암지 않고 오직 부르시는 이에게로 말미암아 서게 하려 하사(롬 9:11)…" "영생을 주시기로 작정된 자는 다 믿더라(행 13:48)." "곧 창세전에 그리스도 안에서 우리를 택하사 우리로 사랑 안에서 그 앞에 거룩하고 흠이 없게 하시려고(엡 1:4)…" "너희가 나를 택한 것이 아니요 내가 너희를 택하여 세웠나니(요 15:16)…" "만일 은혜로 된 것이면 행위로 말미암지 않음이니(롬 11:6)…" "사랑은 여기 있으니 우리가 하나님을 사랑한 것이 아니요 오직 하나님이 우리를 사랑하사(요일 4:10)…"

제 6 절

주장 : 택함 받은 모든 사람들이 구원에 이른다는 것은 불변하는 사실이지만 하나님의 작정에도 불구하고 택함 받은 사람들 중의 얼마는 여전히 멸망 받을 수 있으며 또한 실제로 그러하다.

– 위의 엄청난 잘못으로 인하여 하나님을 변덕스러운 분으로 묘사하며 은혜로 택정함을 받은 성도의 위로가 무너지고 만다. 또한 이 주장은 다음과 같은 성경의 가르침과 모순된다. "택하신 자들도 미혹하게 하리라(마 24:24)." "나를 보내신 이의 뜻은 내게 주신 자 중에 내가 하나도 잃어버리지 아니하고(요 6:39)…" " 또 미리 정하신 그들을 또한 부르시고 부르신 그들을 또한 의롭다 하시고 의롭다 하신 그들을 또한 영화롭게 하셨느니라(롬 8:30)."

제 7 절

주장 : 세상의 삶에 있어서는 영광에 이르도록 변함없이 선택받은 자의 열매나 자각(自覺)이 없으며 더욱이 이에 대한 확실성도 없고 다만 가변적이며 불명확한 조건이 있을 따름이다.

– 위의 주장에 대하여 불확실한 확실성이라고 말하는 자체도 우스꽝스러울 뿐만 아니라 성도들의 신앙 체험에도 위배되는데 성도들은 분명한 의식을 가지고 구원받은 사실을 기뻐하며 하나님을 찬양하는 것이다(엡 1장). 또한 그리스도께서는 제자들에게 "너희 이름이 하늘에 기록된 것으로 기뻐하라(눅 10:20)."고 하셨다. 또한 사도 바울도 악마의 사악한 권세에 대항하여 싸우는 성도들을 향하여 "누가 능히 하나님의 택하신 자들을 송사하리요(롬 8:33)." 라고 외쳤던 것이다.

제 8 절

주장 : 하나님은 오로지 그의 의로우신 뜻에 따라서 그 누구도 아담의 타락에 빠져 죄의 상태에 놓임으로 저주를 받게 하지도 않으셨고 또한 믿음과 회심에 필요한 하나님과의 은혜로운 사귐에서 벗어나도록 하지도 않으셨다.

– 분명히 하나님의 말씀은 다음과 같다. "그런즉 하나님께서 하고자 하시는 자를 긍휼히 여기시고 하고자 하시는 자를 강퍅케 하시느니라(롬 9:18)." "대답하여 가라사대 천국의 비밀을 아는 것이 너희에게는 허락되었으나 저희에게는 아니 되었나니(마 13:11)…" "천지의 주제이신 아버지여 이것을 지혜롭고 슬기 있는 자들에게는 숨기시

고 어린아이들에게는 나타내심을 감사하나이다. 옳소이다. 이렇게 된 것이 아버지의 뜻이니이다(마 11:25-26)."

제 9 절

주장 : 하나님께서 어떤 이들에게는 복음을 주시고 또 어떤 이들에게는 주시지 않은 이유는, 그것이 하나님의 선하신 뜻보다는 복음을 받은 사람들이 받지 못한 사람들보다 더 낫고 가치 있기 때문이다.

– 모세가 이스라엘 백성들에게 다음과 같이 말한 것을 볼 때 위의 주장은 잘못된 것이다. "하늘과 모든 하늘의 하늘과 땅과 그 위의 만물은 본래 네 하나님 여호와께 속한 것이로되 여호와께서 오직 열조를 기뻐하시고 그들을 사랑하사 그 후손 너희를 만민 중에서 택하셨음이 오늘날과 같으니라(신 10:14-15)." 또한 그리스도께서도 이렇게 말씀하셨다. "화가 있을 진저 고라신아 벳새다야 너희에게서 행한 모든 권능을 두로와 시돈에서 행하였더면 저희가 벌써 베옷을 입고 재에 앉아 회개하였으리라(마 11:21)."

둘째 교리: 그리스도의 죽으심과 인간의 구속

제 1 장

하나님은 가장 자비로우시며 공의로운 분이시다. 그의 공의로우심은(그의 말씀 안에서 스스로를 계시하셨듯이) 그의 무한한 엄위에 어긋난 우리의 죄가 벌을 받아 마땅하다는 사실을 요구하신다. 즉 우리의 육과 영혼에 있어서 일시적으로 뿐만 아니라 영원한 징벌을 요구하신다는 것이다. 하나님의 공의에 대가가 이뤄지지 않는 한 이 징벌을 면할 수가 없는 것이다.

제 2 장

따라서 우리 인간 자신 속에서 보상을 만드는 것과 하나님의 진노에서 우리 스스로를 구원하도록 해보는 것이 불가능하므로 하나님은 사랑하는 독생자를 우리를 위한 보증으로 주심으로 그의 놀라운 자비를 기꺼이 보여주셨던 것이다. 이 하나님의 아들은 죄를 담당하시고 저주받은바 되어 우리를 위해 하나님의 심판에 대한 보상으로 희생되었다.

제 3 장

하나님의 아들의 죽으심은 유일하며 가장 완전한 희생이며 죄에 대한 보상이요 온 세상의 죄를 충분히 보상할 수 있는 무한한 가치가 있는 죽음이다.

제 4 장

이 죽음이 무한한 가치와 존엄이 있는 이유는 자기 자신을 내놓으신 그 분은 온전한 거룩함을 가지신 실제의 인간일 뿐만 아니라 하나님의 독생자시오 성부와 성령과 함께 동일하게 영원하며 무한한 본질을 지니신 분이기 때문이다. 바로 이런 본질이 우리를 위한 구세주로서의 필수적인 자격을 갖게 한 것이다. 더 나아가 바로 이 분의 거룩함이 죄로 인하여 우리가 당할 하나님의 진노와 저주를 감당할 수 있게 된 것이다.

제 5 장

더욱이 복음은 십자가에 못 박힌 그리스도를 믿기만 하면 누구든지 멸망치 않고 영생을 얻을 것임을 약속하고 있다. 회개하고 믿으라는 명령과 함께 주신 이 약속은 누구에나 똑같이 온 세계에 선포되고 알려져야 하며 하나님은 그의 기쁘신 뜻대로 이 복음을 사람들에게 주시는 것이다.

제 6 장

복음에 의하여 부름을 받은 많은 사람들이 있지만 그들이 회개도 하지 않고 그리스도를 믿지 않으면 불신앙 가운데서 멸망할 수밖에 없다. 이것은 십자가에서 그리스도에 의해 드려진 희생이 모자라거나 부족해서가 아니라 전적으로 믿지 않는 사람들에게 그 책임이 돌아가는 것이다.

제 7 장

그러나 많은 사람들이 그리스도의 죽으심을 통하여 진실하게 믿음으로 죄와 파멸에서 구원받게 된 것은 영원 전부터 그리스도 안에서 그들에게 주신 하나님의 은혜일뿐이요 결코 그들의 어떠한 공로에 의한 것이 아니다.

제 8 장

그리스도의 죽으심은 하나님의 아들의 보배로운 죽으심으로 인하여 모든 택함 받은 자들이 생명을 얻어 구원받도록 하는 하나님의 가장 은혜로운 뜻과 목적으로 된 것이다.

하나님께서 택함 받은 자들에게 믿음으로 의롭다 하는 이 선물을 주신 것은 그들에게 완전한 구원을 이뤄주시기 위한 것이다. 즉 그리스도께서 십자가상에서 피 흘리심으로 새 언약을 확증하셔서 모든 사람과 족속과 민족 즉 영원 전부터 구원에 이르도록 아버지께서 아들에게 주신 모든 사람들을 구원토록 한 것은 하나님의 뜻에 있었다. 오직 하나님의 뜻으로 말미암아 그리스도께서는 사람들에게 성령의 구원의 능력과 함께 모든 것을 주시되 십자가에서 죽으심으로 그들을 속량해 주셨다. 따라서 믿기 전과 후에 지은 모든 죄악들을 그것이 원죄이든 실제적인 죄이든 간에 깨끗케 해주시며 세상 끝날 까지 점이나 흠 없이 신실하게 보존해 주셔서 하나님 앞에서 영원토록 그 영광을 즐거워하도록 하시는 것이다.

제 9 장

택함 받은 자에게 이 영원한 사랑을 베푸신 뜻은 옛날부터 지금까지 이루어져 왔으며 그 모든 사람의 권세의 훼방에도 불구하고 여전히 계속되어갈 것이다. 따라서 정한 시간이 이르면 택함 받은 성도는 한 곳에 모이게 될 것이며 그 곳에는 성도들이 모여 그리스도의 피로 그 기초를 이루는 교회로 충만할 것이다. 그 곳에서는 변함없는 사랑과 주님을 구세주로(이 분은 십자가에서 자신의 생명을 내놓으신 분으로 믿는 자의 신랑이 되시는데) 섬기는 성도들이 모여서 영원히 그의 영광을 찬미할 것이다.

잘못된 주장을 배격함

올바른 교리가 지금까지 설명되었으므로 기독교 종교 회의에서는 다음의 잘못된 주장들을 배격하는 바이다.

제 1 절

주장 : 하나님 아버지께서 그 아들을 십자가에 돌아가시도록 세우신 것은 누구를 구원토록 하기 위한 분명한 계획 없이 되어진 것이다. 그렇게 함으로써 만일 그리스도의 공로로 얻은 구원이 실제로 어떤 사람에게 적용된 적이 결코 없었다 할지라도 그리스도의 죽으심으로 인한 공로의 필연성과 유익성과 그 가치는 그대로 존속할 수 있고 모든 부분에 있어서 완전하게 남을 수 있게 된다는 것이다.

— 위의 주장은 하나님 아버지의 지혜와 예수 그리스도의 공로를 경멸하는 입장이요

성경과 모순되는 것이다. 우리의 구주께서는 이렇게 말씀하셨다. "나는 양을 위하여 목숨을 버리노라. 나는 저희를 알며(요 10:15, 27)…" 또한 이사야 선지자도 구세주에 대하여 이렇게 말씀하셨다. "그 영혼을 속건 제물로 드리기에 이르면 그가 그 씨를 보게 되며 그 날은 길 것이요 또 그의 손으로 여호와의 뜻을 성취하리로다(사 53:10)." 따라서 위의 주장은 온 기독교회가 믿는바 신앙의 내용에 어긋나는 것이다.

제 2 절

주장 : 그리스도께서 죽으신 목적은 그의 보혈을 통하여 새로운 은혜 언약을 이루시기 위해서가 아니라 그 죽으심으로 인간과 함께 언약을 세우시기 위한 단순한 권리를 아버지를 위하여 얻으심으로 은혜로든지 또는 행위로든지 간에 하나님을 기쁘시게 하기 위한 것이었다.

— 이러한 주장은 다음과 같은 성경의 가르침과 모순되는 것이다. "이와 같이 예수는 더 좋은 언약의 보증이 되셨느니라." "…영원한 기업의 약속을 얻게 하려 하심이니라. 유언은 그 사람이 죽은 후에야 견고한즉(히 7:22, 9:15,17)…"

제 3 절

주장 : 그리스도의 속죄의 죽으심은 인간을 위한 구원이나 믿음을 얻게 해 주는 것이 아니다. 그것은 믿음에 의하여 구원에 이르는 그리스도의 속죄에 효과를 줄 뿐인데 그리스도께서는 성부를 위하여 인간에게 다시 권위와 완전한 의지의 관계를 세우셨을 뿐이다. 그리스도께서 원하시는 새로운 조건을 제시해 주심으로, 인간의 자유의지에 달려 있지만 이 조건에 순종함으로써 이를 만족시키든지, 또는 거부함으로 파기하든지에 대한 관계를 세우신 것에 불과하다.

— 그리스도의 죽으심을 여지없이 멸시하는 이러한 주장은 그리스도의 죽으심으로 얻게 되는 가장 중요한 열매나 유익됨을 부인하는 것으로서 다시 한 번 펠라기우스의 엄청난 잘못을 드러내는 것이다.

제 4 절

주장 : 하나님 아버지께서 그리스도의 죽으심의 중보를 통하여 인간과 맺은 새로운 은혜 언약이란 우리가 그리스도의 공로를 받아들임으로써 믿음으로 하나님 앞에서 의롭다 칭함 받으며 구원 얻는데 있는 것이 아니다. 하나님께서는 믿음의 완전한 순종을 요구

하시는데 믿음 그 자체와 믿음의 순종이라는 것을, 비록 불완전하긴 하지만, 율법의 완전한 순종으로 여기셔서 은혜를 통하여 영생을 얻을 가치 있는 것으로 여기신다.

– 이 주장은 성경과 모순된다. "그리스도 예수 안에 있는 구속으로 말미암아 하나님의 은혜로 값없이 의롭다 하심을 얻은 자 되었느니라. 이 예수를 하나님이 그의 피로 인하여 믿음으로 말미암는 화목 제물로 세우셨으니 이는 하나님께서 길이 참으시는 중에 전에 지은 죄를 간과하심으로 자기의 의로우심을 나타내려 하심이니(롬3:24–25)." 위의 주장은 온 교회가 가르치는 교훈의 내용과 어긋나는 것이며 마치 그릇된 소시누스(Socinus)의 가르침과 같이 하나님 앞에서 인간이 의롭다 칭함을 받는 문제에 있어서 전혀 잘못된 것을 주장하고 있다.

제 5 절

주장 : 모든 인간은 하나님과의 화해로 은혜언약에 들어감으로써 그 누구도 원죄로 인한 저주를 받지 않기에 충분한데 이것은 원죄로 인해 저주받지 않게 된다는 것이 아니라 원죄의 죄의식에서 해방된다는 것을 의미한다.

– 이러한 주장도 성경이 가르치는바 "본질상 진노의 자식(엡 2:3)" 이라는 면과 어긋나는 것이다.

제 6 절

주장 : 그리스도의 공로와 그 공로를 받아들이는 것 사이에는 차이가 있다. 하나님께서는 그리스도의 죽음으로 인하여 얻게 되는 유익을 모든 사람들에게 동등하게 주셨다. 비록 어떤 사람들이 죄사함과 영생을 얻은 반면에 다른 사람들은 그렇지 못한 것의 차이는 그들의 자유의지에 달려 있다. 이것은 예외 없이 누구에나 주어진 은혜일 뿐 영생을 받는다는 것이 그들 속에 역사하는 어떤 특별한 자비를 입었기 때문에 일어나는 것이 아니라 오히려 그들에게 주어진 은혜를 잘 선용했기 때문이다.

– 비록 이런 주장이 건전한 생각에서 나온 것처럼 보이나 이것은 사람들의 마음속에 파괴적인 독소를 주고자 하는 펠라기우스의 오류에 기인한 것이다.

제 7 절

주장 : 그리스도께서는 하나님께서 지극히 사랑하사 영생을 주기로 작정한 사람들을 위해서 죽을 수도 없었고 죽으실 필요도 없었으며 더욱이 그런 사람들을 위해서 죽으

시지 않았다. 왜냐하면 그런 사람들은 그리스도의 죽음을 필요로 하지 않기 때문이다.

　－ 이것은 사도의 가르침과 반대된다. "내가 육체 가운데 사는 것은 나를 사랑하사 나를 위하여 자기 몸을 버리신 하나님의 아들을 믿는 믿음 안에서 사는 것이라(갈 2:20)." "누가 능히 하나님의 택하신 자들을 송사하리요 의롭다 하신 이는 하나님이시니 누가 정죄하리요 죽으실 뿐 아니라(롬 8:33-34)…" 또한 주께서도 이렇게 말씀하셨다. "나는 양을 위하여 목숨을 버리노라(요10:15)." "내 계명은 곧 내가 너희를 사랑한 것같이 너희도 서로 사랑하라 하는 이것이니라. 사람이 친구를 위하여 자기 목숨을 버리면 이에서 더 큰 사랑이 없나니(요 15:12-13)…"

셋째와 넷째 교리 :
인간의 타락과 하나님께의 회심, 그리고 회심 후의 태도

제 1 장

　인간은 원래 하나님의 형상을 따라 지음 받았다. 그를 지으신 이에 대한 참된 구원의 지식과 영적인 일들에 관한 추구가 있었다. 즉 그의 마음과 의지는 의롭고 순결했으며 전인격은 성결했었다. 그러나 인간은 사단의 유혹과 자유 의지로 인해 하나님을 거역하여 이 특별한 은사들을 빼앗겼으며 그로 인해 사악한 마음과 비참한 어두움과 헛됨과 잘못된 판단력을 가지고 악하고 불순종하며 마음과 의지는 완악해지고 감정이 불결해져 버린 것이었다.

제 2 장

　인간은 타락한 후에 자녀를 낳고 타락한 조상에게서 또한 타락한 후손들이 나게 되었다. 따라서 그리스도를 제외하고서는 아담의 모든 후손들은 죄를 지니고 태어났다. 이것은 마치 펠라기우스가 주장하듯이 하나의 모방이 아니라 하나님의 공의로운 판단으로 보건대 사악한 본성이 유전된 것이다.

제 3 장

　따라서 모든 인간은 죄 속에서 잉태되어 본질상 진노의 자식으로서 선행을 할 수 없고 죄악에 빠져서 죄 가운데 죽을 수밖에 없는 노예가 되었다. 그러므로 성령의 중생하는 은혜가 없이는 하나님께로 올 수도 없고 하나님께로 오려고 하지도 않으며 그 죄악에서 새롭게 될 수도 없는 것이다.

제 4 장

그러나 인간에게는 타락한 후에도 희미한 자연의 빛이 남아 있어서 하나님에 관하여, 자연의 사물에 관하여, 그리고 선과 악을 구별하는 문제에 관하여 약간의 지식이 있음으로 외부적인 행위를 통하여 도덕과 선에 관한 행위를 드러내 보이는 것이다. 그러나 이 자연의 빛은 도저히 인간을 그 상태에서 하나님에 관한 구원의 지식에로, 참 회심에로 인도할 수 없으며, 그리고 심지어 인간은 그것을 자연과 사회의 일에 있어서도 정당하게 사용할 수가 없게 되었다. 아니 더 나아가서 인간은 본래의 그 광명을 여러 가지 모양으로 아주 더럽혀서 불의한 가운데 그것을 억제하였으므로 이러한 일 때문에 인간은 하나님 앞에서 변명할 수 없게 되었다.

제 5 장

이와 동일한 빛 가운데서 우리는 하나님에 의해 선별된 유대인 모세에게 내려주신 십계명을 생각해 볼 수 있다. 비록 이 십계명이 죄의 비참함으로부터 인간을 치유하거나 멀게 할 수 있는 방법은 제시하지 않지만 죄의 심각성과 그 죄악 속의 인간을 보여줌으로써 육신의 연약함으로 저주 아래 있는 인간은 이 율법만 가지고는 도저히 구원의 은혜를 얻을 수 없음을 보여준다.

제 6 장

그러므로 자연의 빛이나 율법이 할 수 없는 그 일을 하나님께서는 화목의 말씀 내지 화목의 사역을 통한 성령의 역사로써 행하신다. 그리고 이 말씀은 메시아에 관한 기쁜 소식이며 구약이나 신약 아래 있는 어느 누구든지 이 소식을 믿는 자들을 하나님께서 기꺼이 구원하셨다.

제 7 장

하나님께서 그의 비밀스러운 뜻을 구약 시대에는 오직 택한 백성에게만 계시하셨지만 신약 시대에는(여러 민족들 간의 구별이 없어져서) 많은 사람들에게 계시되어 있다. 이 구별은 어느 한 민족이 다른 민족보다 우월하거나 이 자연의 빛을 더욱 잘 사용해서도 아니요 다만 하나님의 주권적인 선하심과 무조건적인 사랑에 기인할 따름이다. 따라서 반역과 범죄에도 불구하고 은혜와 사랑으로 돌보심을 받은 그들은 겸손과 감사하는 마음으로 또한 사랑의 사도로서 하나님의 은혜를 깨닫되 이 은혜를 받지 못한 사람들에게 임한 하나님의 공의의 심판을 의심하여 낮추는 일이 결코 있어서는 안 된다.

제 8 장

진실하게 부름을 받은 사람들은 모두가 복음에 의해 부름 받은 사람이다. 왜냐하면 하나님께서는 그가 받으실 만한 것이 무엇인가를 그 말씀 안에서 참되고 진실하게 선언하셨는데 즉 부름을 받은 사람들은 하나님께 나와야 한다는 것을 말씀하셨던 것이다. 그는 그에게로 나와서 믿는 모든 사람들에게 영혼의 안식과 영생을 분명히 약속해 주셨다.

제 9 장

말씀으로 부름을 받았으나 깨닫지 못하고 회개하지 않는 사람은 복음이 잘못되고 그리스도께서 부족하시고 또는 하나님께서 그들에게 주시고자 하는 은사가 잘못되어서가 아니고 그 인간 자체에 잘못이 있다. 부름을 받았을 때에 어떤 이는 급박한 상황에 있음에도 불구하고 생명의 말씀을 거부하며, 또 어떤 이들은 즉시 기쁨으로 받되 그 속에 뿌리가 없어 잠시 견디다가 말씀을 인하여 환난이나 핍박을 당할 때는 곧 넘어지고, 다른 이들은 세상의 염려와 재리의 유혹에 말씀이 막혀 결실치 못하는 것이다. 주님께서는 이 것을 씨 뿌리는 자의 비유에서 가르쳐 주셨다(마 13장).

제 10 장

그러나 복음에 의한 부름에 순종하여 돌이킨 사람들은 그것의 원인이 자유 의지를 잘 사용했기 때문이라고 해서도 안 된다. 왜냐하면 사람들은 자신의 돌이킴이 믿음과 회심에 필요한 은혜를 스스로 이룬 것으로 생각하여 다른 사람들과 구별하려는 (마치 펠라기우스의 이단들이 교만하게 주장하는 것처럼) 잘못이 생기기 때문이다. 이 모든 원인은 오직 영원 전부터 그리스도 안에서 택정하신 하나님께만 있다. 하나님께서는 때가 되매 그들을 부르시고 믿음을 주셔서 돌이키게 하심으로 어두움의 권세에서 구해 주시고 하늘 나라와 연결해 주셨다. 이것은 놀라운 빛으로 어두움의 권세에서 인도해 내주신 하나님을 찬양케 하며 성경 여러 곳에서 사도들이 증거 하는 대로 오직 주님만을 영화롭게 하기 위함이다.

제 11 장

그러나 하나님께서 택한 자들 속에서 기쁘신 선을 이루시며 참 회개를 이루실 때 그들에게 외적으로 복음이 선포되도록 하여 성령으로 강하게 역사하사 하나님의 영에 속한 일들을 이해하며 분별토록 하실 뿐만 아니라 새롭게 하는 영으로서 사람의 깊은 곳에까지 임하셔서 닫힌 마음을 열게 하시고, 굳어진 마음을 부드럽게 하시며, 마음의 할례를 이루시며, 죽었던 영혼을 소생시키시고, 악하고 불순종하고 완악한 마음을 선하게 순종하는 부드러운 마음으로 변화시키고, 힘과 능력을 주셔서 마치 나무가 열매를 맺듯이 선한 행실의 열매를 맺게 하는 것이다.

제 12 장

하나님께서 우리 속에서 역사하사 새로운 모습으로 만드시되 죽음에서 부활의 새 생명을 얻도록 하신 것은 성경에서 강조하는 중생케 하는 힘이다. 그러나 이것은 결코 복음을 외침으로나, 도덕적 권면으로, 또는(물론 하나님께서 일을 하신 후에 인간 편에서는 계속적으로 변화되는 일이 된다 하더라도) 인간적인 수단으로 되는 것이 아니다. 그것은 분명히 초자연적이고 가장 능력 있으며 동시에 가장 기쁘고 놀라우며 신비스럽고 결코 없어지지 아니하는 하나님의 능력으로 되는 것이다. 성령의 감동으로 된 하나님의 말씀이 보여주듯이 이 중생의 능력은 창조나 죽음에서의 부활 등에 못지않게 놀라운 것이다. 그러므로 하나님께서 인간의 마음속에서 역사하시는 이 놀라운 일은 분명하고 정확하며 효과적으로 중생케 함으로 실제적인 믿음을 얻게 하는 것이다. 또한 변화된 마음은 하나님에 의해서 이뤄지고 효력을 나타 낼뿐만 아니라 이 효력의 결과는 그 자체로 활동적인 것이다. 따라서 인간은 이 받은 은혜로 인하여 믿고 회개함에 이른다고 말함이 옳은 것이다.

제 13 장

신자들에게 성령의 사역의 움직임이 이 세상에서 완전히 이해될 수는 없다. 그럼에도 불구하고 하나님의 은혜로 이 모든 일이 신자로 하여금 구세주를 믿고 사랑하도록 하기에는 충분하다.

제 14 장

그러므로 믿음이란 하나님의 선물임을 깨닫고 자기의 뜻을 따라 받거나 거부할 수도 있는 하나님께서 제시한 정도의 것으로 여겨서는 결코 안 된다. 오히려 이 믿음은 인간에게 내려진 것이요 인간으로 하여금 받아들이며 영접하도록 주어진 것이다. 이것은 하나님이 인간에게 믿게 할 능력이나 힘을 제시해 주셔서 인간으로 하여금 스스로 자신의 자유 의지를 사용하여 구원에 이르도록 의지를 정하여 그리스도를 믿게 된다는 의미가 아니다. 그것은 뜻이나 행위에 있어서 역사하시는 하나님께서 모든 것 속에서 모든 사역을 이루시듯이 믿을 의지도 주시고 믿게 되는 행위 역시 주신다는 것이다.

제 15 장

하나님께서 이 은혜를 인간에게 주실 때에 그 어떤 책임이 있으신 것은 아니다. 보상에 대한 기초로서의 아무런 자격이 없는 자에게 하나님께서 어찌 빚지실 수가 있는가? 죄와 거짓 외에는 아무것도 없는 자에게 하나님은 어떤 의무감이 있을 수 없다. 따라서 이 은혜를 받은 사람은 영원한 감사를 하나님께 드림이 마땅한 것이다. 이 은혜에 참여하지 못한 사람은 이 영적인 선물과는 관계없이 그 스스로의 상태에 만족하든지 또는 위급함을 못 느낀 채 영생의 선물이 아닌 세상의 소유물로 헛된 자랑을 하게 되든지 하는 것이다. 더 나아가 입으로 자기들의 신앙을 고백하며 변화된 삶을 사는 성도들에 관하여 우리는 사도들의 본을 받아서 가장 훌륭한 태도로 그들을 판단하고 그들에 대해 말해야 하는데 왜냐하면 마음의 깊은 비밀은 사람들에게 알려지지 않기 때문이다. 그리고 아직 부르심을 받지 못한 사람들을 위하여 하나님께 기도해야만 하는데 바로 그 하나님께서는 없는 것을 마치 있는 것처럼 부르시는 이시다. 그러나 우리는 결코 우리가 남보다 유별난 것처럼 교만한 태도로 사람들을 대해서는 안 될 것이다.

제 16 장

그러나 인간이 타락은 했지만 이성과 의지를 부여받은 피조물임에는 변함이 없으며 또한 인류에게 번진 죄악이 인간의 본성조차 빼앗아간 것은 아니고 파멸과 영적인 죽음을 초래한 것뿐이다. 이처럼 이 중생의 은혜는 인간을 무감각한 사물로 여기거나 인간의 의지나 그 본성조차 모두 무시해 버리는 것이 아니다. 다만 영적으로 소생시키시고 치료하며 바르게 해주고, 동시에 그 은혜에 힘 있게 따르도록 해주며, 그리고 반역과 저항이 가득 찬 것에서 기꺼이 신실한 마음으로 순종하도록 하는 것이다. 바로 여기에서 인간의 참되고 영적인 의지로는 이 타락에서 재생할 아무런 소망도 얻지 못하고 죄에 빠져들어 갈 뿐이다.

제 17 장

우리에게 생을 불어넣어 주시고 힘을 주시는 하나님의 능력 있는 인도하심에는 무한한 자비와 선하심으로 택한 자들에게 베푸시는 그의 가르침의 길이 있는데 중생케 하시는 하나님의 초자연적인 사역은 복음(말씀)을 통해 이 일을 이루신다. 하나님께서는 이 복음을 중생케 하는 씨앗으로 또한 영혼의 양식으로 정해 주신 것이다. 이 말씀을 따르는 사도들과 선생들이 하나님의 이 은혜에 관하여 가르치되 하나님의 영광을 높이며, 인간의 교만을 없애도록 교훈하고, 또한 이 말씀을 지키지 못한 이에게는 거룩한 복음의 훈계를 따라 성례를 지켜나가고 교회의 가르침을 준수하도록 명한 것과 같이 오늘날도 교회에서 가르침을 받는 성도들은 그의 선하신 기쁨을 따라 인간과 가까이 하시는 하나님을 시험하려 해서는 안 될 것이다. 왜냐하면 은혜란 교훈을 통해 내려지기 때문이며 우리가 의무를 기꺼이 수행하면 할수록 역사하시는 하나님의 은혜는 더욱더 분명해져서 하나님의 일하심에 더욱 나갈 수 있기 때문이다. 또한 이 구원의 열매와 효력에 있어서 모든 영광은 하나님께만 영원토록 있어야 할 것이다.

잘못된 주장을 배격함

지금까지 참된 교리가 설명되었으므로 종교 회의에서는 다음과 같은 잘못된 주장을 배격하는 바이다.

제 1 절

주장 : 원죄가 그 자체에 있어서 온 인류를 정죄하고 일시적이며 영원한 형벌을 받기에 족하다고 말함은 옳지 못하다.

– 이 주장은 다음과 같은 사도의 가르침과 모순된다. "이러므로 한 사람으로 말미암아 죄가 세상에 들어오고 죄로 말미암아 사망이 왔나니 이와 같이 모든 사람이 죄를 지었으므로 사망이 모든 사람에게 이르렀느니라(롬 5:12)." "심판은 한 사람을 인하여 정죄에 이르렀으나(롬 5:16)…" "죄의 삯은 사망이요(롬 6:23)…"

제 2 절

주장 : 선과 거룩 그리고 의와 같은 영적인 은사 또는 선한 성품이나 덕 등은 인간이 처음 지음을 받았을 때에 인간의 의지에 속한 것도 아니고 타락한 이후에 없어진 것

도 아니다.

– 이 주장은 사도 바울이 에베소서 4:24에서 말하고 있는 하나님의 형상에 관한 묘사와 어긋나는 것이다. 여기에서 바울은 하나님의 형상이 의와 거룩함이라고 했는데 이는 분명히 의지에 속한 것이다.

제 3 절

주장 : 영적인 사망에 있어서 영적 은사들은 인간의 의지에서 떨어져 나간 것이 아닌데 그 이유는 의지는 그 자체에 있어서 결코 부패된 것이 아니요 다만 깨달음이 어두워졌고 마음이 둔화됨으로 의지가 방해를 받았을 뿐이다. 이 방해된 요소를 제거함으로써 인간의 의지는 그 본래의 능력을 발휘할 수 있다. 다시 말해서 의지 그 자체로서 원함으로 선택하든지 원치 않음으로 버릴 수 있든지 등의 온갖 선한 행위를 보일 수 있다.

– 이것은 다음의 선지자의 말과 모순되는 이상한 주장으로서 자유 의지의 능력을 지나치게 높이고자 하는 잘못된 주장이다. "만물보다 거짓되고 심히 부패한 것은 마음이라(렘 17:9)." 또한 사도 바울도 다음과 같이 말했다. "우리도 다 그 가운데서 (불순종하는 가운데서) 우리 육체의 욕심을 따라 지내며 육체와 마음의 원하는 것을 하여(엡 2:3)…"

제 4 절

주장 : 중생하지 못한 사람일지라도 실상은 죄 가운데서 죽은 것이 아니요, 영적인 선한 일을 할 수 있는 아무런 힘이 없는 것도 아니요, 오히려 의로운 삶에 굶주리고 목말라 할 수 있으며 따라서 통회하는 상한 심령을 하나님께 드림으로 하나님을 기쁘시게 할 수 있는 것이다.

– 이것은 성경에 나타난 증거와 모순되는 것이다. "너희의 허물과 죄로 죽었던 너희를(엡 2:1)…" "허물로 죽은 우리를(엡 2:5)…" "그 마음의 생각의 모든 계획이 항상 악할 뿐임을 보시고(창 6:5)…" "이는 사람의 마음의 계획하는 바가 어려서부터 악함이라(창 8:21)…" 더 나아가 이 비참함에서 벗어나 생명에의 굶주림과 갈증을 느끼며 상한 마음을 하나님께 드리는 것은 중생함에 이르는 유일한 길이요 축복받은 자들에게 임하는 것이다(시 51:17; 마 5:6).

제 5 절

주장 : 타락한 자연인이라 할지라도 일반 은총(이 일반 은총으로 그들은 자연의 빛을 이해하는 것인데)을 잘 사용할 수가 있으며, 또는 타락 후에라도 이 은총은 인간에게 여전히 남아 있으며, 이것을 점점 더 잘 사용함으로써 구원의 은혜, 즉 구원 그 자체를 얻을 수 있게 된다. 또한 이런 방식으로 하나님께서는 그리스도를 모든 사람들에게 계시하실 준비가 다 되어 있음을 보이시는데, 왜냐하면 하나님께서는 회심에 필요한 모든 방책을 충분히 그리고 효과 있게 모든 사람들에게 적용시키시기 때문이다.

— 그러나 위와 같은 주장은 지금까지의 많은 사람들의 체험에 비춰 볼 때 또한 성경이 증거 하는 것을 볼 때 사실이 아님이 나타난다. "저가 그 말씀을 야곱에게 보이시며 그 율례와 규례를 이스라엘에게 보이시는도다. 아무 나라에게도 이같이 행치 아니하셨나니 저희는 그 규례를 알지 못하였다 할렐루야(시 147:19-20)." "하나님이 지나간 세대에는 모든 족속으로 자기의 길들을 다니게 묵인하셨으나(행 14:16)…" "성령이 아시아에서 말씀을 전하지 못하게 하시거늘 브루기아와 갈라디아 땅으로 다녀가 무시아 앞에 이르러 비두니아로 가고자 애쓰되 예수의 영이 허락지 아니하시는지라(행 16:6-7)."

제 6 절

주장 : 인간이 참 회심을 하는 데에는 그 어떤 자질이나 능력과 은사가 하나님에 의하여 인간의 의지 속으로 들어가는 것이 아니다. 우리가 처음으로 회개하여 신자라고 불리게 된 이 믿음이란 하나님에 의하여 받아들인 자질이나 은사가 아니라 다만 인간의 행위일 뿐이다. 이 믿음에 따라 얻게 되는 능력에 관한 것을 제외하고는 이 믿음이란 어떤 선물이라고 말할 수 없는 것이다.

— 이 주장은 성경의 말씀과 모순되는데 성경은 하나님께서는 믿음과 순종의 새로운 자질과 하나님의 사랑을 느끼는 마음을 인간의 마음속에 넣어주셨다고 선언한다. "내가 나의 법을 그들의 속에 두며 그 마음에 기록하여(렘 31:33)…" "대저 내가 갈한 자에게 물을 주며 마른 땅에 시내가 흐르게 하며 나의 신을 네 자손에게 나의 복을 네 후손에게 내리리니(사 44:3)…" "소망이 부끄럽게 아니함은 우리에게 주신 성령으로 말미암아 하나님의 사랑이 우리 마음에 부은바 됨이니(롬 5:5)…" 또한 위의 주장은 "나를 이끌어 돌이키소서 그리하시면 내가 돌아 오겠나이다(렘 31:18)." 라고 외친 선지자의 기도와 같이 교회의 지금까지의 가르침과 어긋나는 것이다.

제 7 절

주장 : 우리가 하나님께로 회심할 수 있었던 바의 이 은혜란 일종의 부드러운 충고요, (다른 말로 하면) 회심하는 사람 속에서 움직이는 가장 고상한 태도요, (충고에 포함되는데) 인간의 본성과 가장 잘 어울리는 것이다. 따라서 왜 이러한 충고의 은혜가 자연 상태의 인간을 영적인 상태로 만들기에 충분할 수 없었는가? 거기에는 이유가 있을 수 없다. 진실로 하나님께서는 이러한 충고의 태도를 통한다는 것 이외에는 인간의 의지에 동의를 구하실 필요가 없으신 분이시다. 사단의 일을 능가하는 하나님의 사역의 능력은 사단이 일시적인 것을 보여주는 반면에 영원한 것을 약속해 주셨다는 데 있다.

 – 위의 내용은 모두가 펠라기우스파의 주장이요 성경과 모순되는 것인데 마치 에스겔서에서 말한 것처럼 인간의 회심 속에서 나타난 성령의 사역에 대한 하나님의 능력 있는 모습과 거리가 먼 것이다. "또 새 영을 너희 속에 두고 새 마음을 너희에게 주되 너희 육신에서 굳은 마음을 제하고 부드러운 마음을 줄 것이며(겔 36:26)…"

제 8 절

주장 : 하나님께서는 인간의 의지가 신앙과 회심 쪽으로 향하도록 그를 중생하게 하는 데 있어서 그의 무한한 능력을 사용하시지 않는다. 하나님께서 이 모든 은혜의 사역을 다 이루신 후에라도 인간은 하나님과 성령에 저항할 수 있는데 이 때에도 하나님은 인간이 중생하기를 바라며 그를 중생시키고자 하신다. 따라서 인간이 강하게 저항함으로써 완전히 중생치 않게 될 수도 있는데 인간의 중생되는 것과 안 되는 것은 인간의 의지에 달려 있다.

 – 바로 이와 같은 주장은 인간의 회심에 있어서 하나님의 은혜의 충족성을 부인하는 것이요 전능한 하나님의 사역을 인간의 의지에 종속시키는 것으로서 다음과 같이 말한 사도의 가르침을 부인하는 것이나 다름없다. "그의 힘의 강력으로 역사하심을 따라 믿는 우리에게(엡 1:19)…" "…우리 하나님이…믿음의 역사를 능력으로 이루게 하시고 (살후 1:11)." "그의 신기한 능력으로 생명과 경건에 속한 모든 것을 우리에게 주셨으니(벧후 1:3)…"

제 9 절

주장 : 은혜와 자유 의지는 회심하는 데 필요한 부분적인 요소가 되는데 회심의 과정을 볼 때 은혜는 자유 의지보다 앞서는 것이 아니다. 다시 말해서 인간의 자유 의지가 작

용하여 결정을 하기 전에는 하나님께서는 이 자유 의지를 돕기에 충분하도록 역사하는 것이 아니라는 말이다.

— 이미 오래 전에 교회는 다음과 같은 사도의 가르침을 좇아서 이런 펠라기우스의 교리를 정죄했다. "그런즉 원하는 자로 말미암음도 아니요 달음박질하는 자로 말미암음도 아니요 오직 긍휼히 여기시는 하나님으로 말미암음이라(롬 9:16)." "누가 너를 구별하였느뇨. 네게 있는 것 중에 받지 아니한 것이 무엇이뇨(고전 4:7)." "너희 안에서 행하시는 이는 하나님이시니 자기의 기쁘신 뜻을 위하여 너희로 소원을 두고 행하게 하시나니(빌 2:13)..."

다섯 번째 교리: 성도의 견인(堅忍)

제 1 장

하나님의 뜻을 따라 그의 아들이신 주 예수 그리스도와 교통하며 성령으로 새롭게 되도록 부르심을 받은 사람들은 비록 육체의 범죄와 육체의 연약함으로부터 완전히 벗어나지는 못했다 할지라도 죄의 지배와 그 노예 상태로부터 구원받은 것이 사실이다.

제 2 장

인간이 불완전함으로 범하는 날마다의 죄와 결점은 성도로서의 최선의 일을 하도록 만든다. 다시 말하자면 이러한 죄와 결점은 인간으로 하여금 하나님 앞에서 자기들을 낮추게 하며 십자가에 못 박히신 그리스도께만 의지하도록 만드는 영원한 목적을 이루는 것이다. 따라서 성도는 성령으로 기도하며 경건을 연습함으로써 더욱더 육체를 제어하고 완전한 목적을 향하여 나감으로 마지막에 이 육체의 죽음에서 구원받아 하늘나라에서 하나님의 어린양과 함께 통치하게 되는 것이다.

제 3 장

이 죄에 거하는 성도들, 또한 이 세상의 사단의 유혹으로 회개하지 않은 사람들은 그들이 스스로 강하다고 여기는 사실을 떨쳐버리지 않는 한 이 은혜 안에 거하지 못한다. 그러나 은혜를 허락해 주시는 하나님은 성도들을 이 세상 끝까지 자비로 지켜주시고 능력으로 보존해 주신다.

제 4 장

믿는 자들을 은혜 속에서 지켜주시는 하나님의 능력을 연약한 인간이 거스릴 수는 없으나 회심한 이후에라도 육신이 연약하여 하나님의 성령 안에 항상 거하지는 못하는데 어떤 경우에는 하나님의 은혜에서 벗어나 죄에 빠져 육체의 정욕에 유혹되기도 한다. 따라서 성도들은 유혹에 빠지지 않게 늘 깨어서 기도해야 할 것이다. 이런 일을 게을리 할 때 성도라도 육신적인 이 세상의 사단의 크고 무서운 죄에 빠질 뿐만 아니라 때로는 의로우신 하나님께서 허락하심으로 실제로 이 죄에 빠질 수도 있다. 우리는 성경에서 다윗과 베드로와 그 외의 다른 성도들이 연약함으로 인하여 타락에 빠진 경우를 찾아볼 수 있다.

제 5 장

그러나 사람들이 하나님께 심히 거스리는 죄를 범함으로써 성령을 근심하게 만들고 믿음의 사역을 방해하며 그들의 양심을 파괴하는 일이 생기고 잠시 하나님의 사랑을 떠나기도 하는데 이럴 때에 그들이 진심으로 회개하여 그 길에서 돌아서면 하나님 아버지의 사랑의 빛이 그들에게 다시 임하게 된다.

제 6 장

하지만 변함없는 하나님의 택하심에 기초한 그의 풍성하신 은혜는 비록 성도들이 심각한 죄에 빠져 있을 때라도 성령을 거두시는 것이 아니며 또한 하나님의 자녀가 되는 그 은혜를 잃어버림으로 의인의 상태에서 떨어져 나가도록 고통 가운데 방치해 두거나 성령을 거스리는 죄악을 범하며 전적으로 타락되어 영원한 멸망에 빠지도록 하시지도 않으신다.

제 7 장

하나님께서는 죄악으로 멸망에 빠져 있는 이 세상 중에서도 결코 썩지 않는 마음의 씨를 보존해 주신다. 다시 말해서 말씀과 성령을 통하여 그들이 회개하여 새롭게 되고 그들이 지은 죄로 인하여 마음속에 탄식하도록 함으로 중보자의 보혈로 죄사함을 얻고 나아가 하나님의 사랑을 체험하여 믿음으로 그 은혜에 감사하며 두려운 마음과 수고로써 그들 자신의 구원에 이르도록 부지런히 역사하신다.

제 8 장

그러므로 믿음과 은혜에서 전적으로 떨어져 나가지 않게 하며 범죄로 인한 멸망에서 우리가 구원된 것은 인간의 공로나 노력에 의한 것이 아니라 하나님의 자비에 의한 것이다. 비록 인간은 실수하여 범죄함으로 마음속에 결심이 변한다 할지라도 하나님의 약속은 결코 변하거나 실패하지 않으며 그 약속이 취소되는 일이 없다. 또한 그리스도의 공로와 그 도고의 기도 그리고 성도를 보호해 주시는 그 모든 것은 성령의 인치심으로 되는 일이므로 결코 좌절하거나 무효화되는 일이 없다.

제 9 장

참된 신자들은 그들이 지닌 믿음의 정도에 따라 구원을 얻도록 하나님께서 택하여 주심과 믿음으로 성도를 보존해 주심에 대한 확신을 갖는데 이 확신을 따라서 그들은 그들 스스로가 하나님의 교회의 참 지체가 되며 앞으로도 계속 지체가 된다는 사실과 죄사함을 얻어 영생에 이르게 된다는 것을 분명히 믿는 것이다.

제 10 장

그러나 이 확신은 하나님의 말씀이 제시해 주는 것과 어긋나는 그 어떤 방식으로 이뤄지는 것이 아니라 우리의 위로가 되시는 그 계시된 말씀 즉 하나님의 약속 안에서의 믿음으로만 이뤄지는 것이요 우리는 하나님의 자녀이며 그 기업이 된다고 말하는 성령의 증거로서 되는 것이다(롬 8:16). 또한 이 성령은 우리로 하여금 선한 양심을 가짐으로 선한 일을 이루도록 하신다. 만일 하나님의 대한 약속을 소유하지 못할 때는 모든 사람 중에서 가장 불쌍한 자가 되는 것이다.

제 11 장

성경이 증거하는 바는 신자라 할지라도 이 세상에서 살아갈 때 여러 가지 육신적인 의심으로 마음의 갈등을 갖게 되며 심한 유혹으로 믿음과 성도의 견인에 대한 확신을 느끼지 못할 때가 있을 때도 있다. 그러나 모든 위로의 아버지가 되시는 하나님은 성도를 견인 하도록 하는 성령의 도우심으로 사람이 감당치 못할 시험을 주시지 않고 다만 시험당할 즈음에 피할 길을 내사 능히 감당케 하신다(고전 10:13).

제 12 장

그러나 성도를 인내하도록 하신다는 이 확신은 교만한 마음으로 이 세상의 안일함 속에 빠져들게 하는 것이 결코 아니며 오히려 겸손한 마음과 충성심, 참된 경건함과 모든 시험 중에서의 참음, 뜨거운 기도와 인내심, 그리고 진리를 고백하며 하나님 안에서 기뻐하는 이 모든 일의 근원이 되는 것이다. 그러므로 성도를 인내하게 해주시는 하나님의 은혜를 생각할 때 날마다 하나님께 감사하고 선한 일을 행함으로 이 은혜에 보답해야 마땅한데 이는 성경이 증거 하는 바이며 성도들이 체험한 신앙이었다.

제 13 장

하나님께서 성도를 인내하게 하신다는 이 확신은 죄악에서 구원받은 사람들로 하여금 경건함을 무시하고 세상적으로 나가도록 하지 않고 오히려 주님께서 정하신 길 안에서 조심스런 마음을 계속 가져서 그 길로 행하게 하는 것이다. 이는 하나님 아버지께서 주시는 그 사랑을 남용함으로써 하나님의 은혜가 그들에게서 떠나는 일이 없고 따라서 양심이 고통을 받는 지경에 빠지지 않도록 해주시는 것이다.

제 14 장

복음을 외침으로 하나님을 기쁘시게 했던 것같이 우리 속에서 이 은혜가 역사함으로써 하나님은 우리를 보존해 주시되 그 말씀을 듣고, 보고, 묵상하며, 또한 이 말씀에 의하여 권면하고 책망하며 그 말씀의 약속에 의지하여 성례를 행하게 하심으로 그의 성도들을 지켜 주시는 것이다(견인의 방식).

제 15 장

이 세상에 속한 사람들은 성도의 견인에 관한 이 교리와 계시된 말씀 속에서 충분히 나타난 확신성을 이해하지 못하는데 왜냐하면 하나님께서는 믿는 자들의 마음속에만 자신의 이름의 영광과 성도를 향하신 위로를 심어주셨기 때문이다. 사단은 이를 미워하고 이 세상도 이를 조롱하며 이 진리를 깨닫지 못한 자들이 이를 남용하고 이단들도 이를 적대시하고 있다. 그러나 그리스도의 신부된 성도들은 날마다 이 사랑을 갖고 마치 놀라운 보배를 가졌듯이 이를 지켜나가야 할 것이다. 또한 하나님은 이 세상 끝날까지 성도를 보호해 주실 것이요 따라서 오직 한 분이신 하나님, 즉 성부, 성자, 성령께만 영원토록 영광이 있어야 할 것이다. 아멘.

잘못된 주장을 배격함

지금까지 올바른 교리가 설명되었으므로 기독교적 종교 회의에서는 다음과 같은 잘못된 주장을 배격하는 바이다.

제 1 절
주장 : 진실한 성도들의 견인은 택함 받음의 결실도 아니요 그리스도의 죽으심으로 얻어진 하나님의 선물도 아니요 다만 새 언약의 조건일 뿐인데 이는(마치 그들이 주장하듯이) 자기의 결정적인 선택과 의로움 앞에서 인간은 자신의 자유 의지를 통하여 이 조건을 채워야만 하는 것이다.

－ 그러나 위와는 달리 성경은 성도의 견인은 택함 받은 데에서 나오는 것임을 증거하며 택함 받은 자는 그리스도의 죽으심과 부활하심 그리고 그의 중보 되심으로 인하여 성도의 견인을 받는 것이다. "그런즉 어떠하뇨? 이스라엘이 구하는 그것을 얻지 못하고 오직 택하심을 입은 자가 얻었고 그 남은 자들은 완악 하여졌느니라(롬 11:7)." "자기 아들을 아끼지 아니하시고 우리 모든 사람을 위하여 내어주신 이가 어찌 그 아들과 함께 모든 것을 우리에게 은사로 주지 아니하시겠느뇨. 누가 능히 하나님의 택하신 자들을 송사하리요 의롭다 하신 이는 하나님이시니 누가 정죄하리요 죽으실 뿐 아니라 다시 살아나신 이는 그리스도 예수시니 그는 하나님 우편에 계신 자요 우리를 위한 간구하시는 자시니라. 누가 우리를 그리스도의 사랑에서 끊으리요 환난이나 곤고나 핍박이나 기근이나 적신이나 위험이나 칼이랴(롬 8:32-35)."

제 2 절
주장 : 하나님께서는 성도들이 인내할 수 있도록 충분한 힘을 공급해 주시는데 이것은 성도들이 그 의무를 이행할 때에 되는 것이요, 비록 성도들이 인내하기에 충분한 모든 것들을 하나님이 예비해 놓으셨다 하더라도 그것은 성도들이 인내할 수 있느냐 없느냐에 따라 좌우될 뿐이다.

－ 이것은 펠라기우스의 생각을 분명히 보여주는 것으로 인간에게 자유를 부여하려고 하는 듯한 생각이기는 하나 하나님의 영광을 탈취하는 잘못된 주장인데 성경이 가르치는 것은 인간으로 하여금 모든 교만한 마음을 버리고 모든 감사를 오직 하나님의 은혜로만 돌릴 것을 말씀하고 있다. 또한 "너희를 우리 주 예수 그리스도의 날에 책망할 것이 없

는 자로 끝까지 견고케(고전 1:8)" 하실 분은 오직 하나님이심을 분명히 말씀하고 있다.

제 3 절

주장 : 참 신자요 중생한 사람일지라도 의롭다 하는 믿음에서 떨어져 은혜와 구원에서 멀어질 수도 있을 뿐만 아니라 이 구원에서 벗어나 영원히 버림받을 수도 있다.

─이것은 하나님의 은혜와 칭의, 중생함, 그리고 그리스도께서 계속하여 보급해 주시는 이 모든 사실을 무효화시키는 그릇된 주장으로서 다음과 같은 사도 바울의 말과 모순되는 것이다. "우리가 아직 죄인 되었을 때에 그리스도께서 우리를 위하여 죽으심으로 하나님께서 우리에게 대한 자기의 사랑을 확증하셨느니라. 그러면 이제 우리가 그 피를 인하여 의롭다 하심을 얻었은즉 더욱 그로 말미암아 진노하심에서 구원을 얻을 것이니(롬 5:8-9)..." 또한 사도 요한의 다음의 말과도 모순되는 것이다. "하나님께서로서 난 자마다 죄를 짓지 아니하나니 이는 하나님의 씨가 그의 속에 거함이요 저도 범죄치 못하는 것은 하나님께로 났음이라(요일 3:9)." "내가 저희에게 영생을 주노니 영원히 멸망치 아니할 터이요 또 저희를 내 손에서 빼앗을 자가 없느니라. 저희를 주신 내 아버지는 만유보다 크시매 아무도 아버지 손에서 빼앗을 수 없느니라(요 10:28-29)."

제 4 절

주장 : 참 신자요 중생한 사람일지라도 사망에 이르는 죄를 지을 수 있으며 성령을 거스리는 죄를 범할 수 있다.

─사도 요한은 그의 첫 번째 서신인 요한일서 5:16-17에서 사망에 이르는 죄를 범하는 사람에 대하여 말하면서 그들을 위하여 구하라 하지 않노라고 말한 후에 계속하여 이렇게 말하고 있다. "하나님께 로서 난자마다 범죄치 아니하는 줄을 우리가 아노라. 하나님께 로서 나신 자가 저를 지키시매 악한 자가 저를 만지지도 못하느니라(요일 5:18)."

제 5 절

주장 : 우리는 특별한 계시가 없이는 이 세상에서 미래에 있을 성도의 견인에 대한 아무런 확신을 가질 수 없다.

─위의 주장은 참 신자들이 가지는 확실한 위로를 이 세상에서 빼앗아가며 카톨릭 교회의 잘못된 신앙이 교회 안에 다시 침투해 오도록 하는 것이다. 그러나 성경은 성도의 확신을 그 어떤 특별하고 비정상적인 계시에서 찾지 아니하고 다만 하나님의 자녀에게 임하

는 성령의 증거에서 또한 하나님의 일관된 약속에서 찾을 수 있는 것이다. 따라서 사도 바울은 특별히 이렇게 말하고 있다. "다른 아무 피조물이라도 우리를 우리 주 그리스도 예수 안에 있는 하나님의 사랑에서 끊을 수 없으리라(롬 8:39)." 또한 요한도 이렇게 말하고 있다. "그의 계명들을 지키는 자는 주 안에 거하고 주는 저 안에 거하시나니 우리에게 주신 성령으로 말미암아 그가 우리 안에 거하시는 줄을 우리가 아느니라(요일 3:24)."

제 6 절

주장 : 성도의 견인이나 구원에 관한 확신은 그 본성을 따져보면 나태한 마음에서 나오는 것이므로 거룩함이나, 선한 행동, 또는 그 밖의 다른 경건한 행위를 하는 데 방해할 뿐이요, 오히려 그러한 확신을 의심해 볼 필요가 있는 것이다.

– 위의 주장을 하는 이유는 하나님의 은혜의 능력과 내재하는 성령의 역사를 전혀 알지 못하기 때문이다. 이것은 또한 사도 요한의 첫 번째 서신에서의 다음의 말과 모순되는 것이다. "사랑하는 자들아 우리가 지금은 하나님의 자녀라 장래에 어떻게 될 것은 아직 나타나지 아니하였으나 그가 나타내심이 되면 우리가 그와 같을 줄을 아는 것은 그의 계신 그대로 볼 것을 인함이니 주를 향하여 이 소망을 가진 자마다 그의 깨끗하심과 같이 자기를 깨끗하게 하느니라(요일 3:2-3)." 또한 이들의 주장은 신약과 구약에 나오는 성도들의 생애와도 모순되는데 신구약의 성도들은 믿음의 인내와 구원에 관하여 확신을 가졌으며 그렇다고 해서 그들이 기도하며 경건한 생활을 영위하는 데 결코 게으르지 않았음을 성경이 보여주고 있다.

제 7 절

주장 : 잠시 동안 신앙생활을 했던 사람과 칭의를 받고 구원의 믿음을 가진 사람과의 차이는 단지 그 기간에 있을 뿐 근본적인 차이는 없다.

– 그러나 그리스도께서는 마태복음 13:20과 누가복음 8:13 등에서 이에 대해 분명히 말씀하셨다. 즉 그 말씀은 잠시 동안 믿은 사람과 참 신자와의 차이가 세 가지 면을 나타내고 있는데, 첫째로 일시적인 믿음을 가진 사람은 돌 위에 떨어진 씨앗과 같으나 참 신자는 좋은 땅 위에 (마음 밭에) 떨어진 씨앗과 같으며, 둘째로 전자(前者)는 뿌리가 없으나 후자(後者)는 견고한 뿌리가 있으며, 셋째로 전자는 열매가 없으나 후자는 계속적인 인내를 가지고 많은 결실을 맺게 된다고 하셨다.

제 8 절

주장 : 은혜를 상실한 사람이 다시 새롭게 된다든지 또는 몇 번씩 새롭게 된다는 일은 불합리한 말이다.

– 그러나 이러한 주장은 하나님의 썩지 아니할 씨, 즉 우리가 다시 새롭게 되는 사실을 부인하는 것으로서 다음과 같은 사도 베드로의 말과 모순된다. "너희가 거듭난 것이 썩어질 씨로 된 것이 아니요 썩지 아니할 씨로 된 것이니 하나님의 살아 있고 항상 있는 말씀으로 되었느니라(벧전 1:23)."

제 9 절

주장 : 그리스도께서는 신자들이 쓰러지지 않고 계속하여 믿음에 거해야 할 것을 그 어디에서고 기도하신 적이 없다.

– 그러나 이런 주장은 "내가 너를(베드로) 위하여 네 믿음이 떨어지지 않기를 기도하였노니(눅 22:32)"라고 하신 그리스도의 말씀과 모순되며 또한 사도들뿐만 아니라 그의 말씀을 통하여 믿고자 하는 사람들을 위하여도 기도하셨다고 하는 다음의 말씀과도 어긋나는 것이다. "내게 주신 아버지의 이름으로 저희를 보전하사… 내가 비옵는 것은 저희를 세상에서 데려가시기를 위함이 아니요, 오직 악에 빠지지 않게 보전하시기를 위함이니이다… 내가 비옵는 것은 이 사람들만 위함이 아니요, 또 저희 말을 인하여 나를 믿는 사람들도 위함이니(요 17:11,15,20)…"

결 론

도르트 신경은 벨기에 교회에서 논쟁되어 왔던 다섯 조항에 관한 정통 교리를 분명하고 간결하게 그리고 올바르게 선언한 것이며 동시에 얼마 동안 말썽을 일으켰던 잘못된 주장을 지적하여 이를 배격한 것이다. 이 종교 회의에서 결정된 모든 것은 하나님의 말씀에 기초를 둔 동시에 개혁 교회의 신앙고백과 일치하는 것이다. 이 도르트 신조는 모든 진리와 공의와 은혜를 거스린 채 사람들로 하여금 다음과 같은 말로 현혹시키려는 몇몇 사람들의 잘못됨을 분명히 보여주고 있는데 그들의 주장은 다음과 같다.

예정론과 여기에 첨가된 몇몇 요소들에 관한 개혁교회의 교리는 그 특징적인 경향에 비춰 볼 때 사람들에게서 모든 경건한 신자의 의무를 무시해 버리고 있으며 이 세상적인 사단에 의해 조작된 일종의 마취제이다. 또한 이것은 사단의 견고한 요새이며, 여기에서 사단은 모든 사람들에게 마음의 상처를 주며 실망과 나태함의 화살로서 사람들을 도덕적으로 타락시키며, 하나님을 죄와 불의의 원인으로 돌리며 또한 하나님을 폭군이요, 위선적인 분으로 만들어 버린다. 이것은 스토이즘, 마니교, 자유주의 및 이교사상을 수정한 것이나 다름없으며 사람들을 육신적으로 거하게 하는데, 왜냐하면 이 예정 교리는 그 어떤 것도 택함받은 자의 구원을 방해할 수 없다고 가르침으로써 사람들로 하여금 자기 마음대로 살아가도록 만들어 버리기 때문이다. 그러므로 사람들은 온갖 흉악한 범죄를 마음대로 자행하도록 유도되고 있다.

또한 이 교리는 유기된 사람들이 심지어 성자들이 모든 선행을 진실로 행한다 할지라도 그 행위는 그들이 구원 얻는 데 아무런 보탬이 되지를 못한다고 가르친다. 따라서 하나님께서는 사람들의 선행이나 죄악과는 무관하게 그 분 마음대로 결정하시어서 어떤 사람들은 영원한 징벌에 처하도록 내버려두시며, 더욱이 그들을 만드신 목적도 영원히 벌하시기 위한 것이라고 이 교리는 가르치고 있으며, 즉 선택이 신앙과 선행의 기초와 원인이 되는 것이며, 동시에 정죄(유기)는 불신과 불경건의 원인이라는 것이다. 또한 믿는 자들의 많은 자녀들은 그 모태로부터 죄 없이 태어났다가도 무자비하게 지옥으로 떨어진다고 한다. 그 결과 세례나 세례 받을 때의 교회의 기도 등이 그들에게 아무런 유익이 되지 못한다고 가르친다.

이상과 같은 터무니없는 주장은 개혁교회가 인정하지도 않을 뿐만 아니라 전적으로 배척하는 것을 그들은 주장하고 있다. 따라서 이 도르트 종교 회의에서는 개혁 교회의 모든 신앙을 우리의 구주 예수 그리스도께서 판단해 주시되 위에서 말한 잘못된 사람들의 중상모략으로 부터가 아니요, 또한 옛날이나 지금의 가르치는 자가 정직하지 못하게 인용했다든지 또는 전혀 의미를 알지 못한 채 곡해해서 인용하는 등의 사사로운 표현으로부터도 아니요, 교회들의 공적인 신앙고백, 즉 종교회의의 모든 교회가 다같이 찬성하여 확정지음으로 정통교리로서 선포한 것에서부터 판단해 주기를 기원하는 바이다. 더 나아가 본 종교 회의에서는 개혁교회의 참 신앙고백을 중상모략하고 거짓 증거를 하는 이 모든 일에 하나님의 심판이 있을 것을 그들에게 경고하는 바이다. 왜냐하면 그들은 연약한 사람들의 양심을 상하게 하고 진실하게 믿음으로 살아가는 이 사회를 어지럽게 만들기 때문이다.

마지막으로 본 종교회의에서는 그리스도의 복음 안에 있는 모든 형제들에게 경건하게 살아갈 것을 권면하는 동시에 대학이나 교회 안에서 이 교리를 조심스럽게 가르칠 것을 바라는 바이다. 글을 쓰는 데 있어서나 설교를 함에 있어서 이 가르침은 하나님의 이름을 높이며, 경건한 생활을 이루며 고난당한 영혼을 위로하도록 해야 하며, 성경에 의한 믿음의 견지에서 사람들의 감정뿐만 아니라 그 언어까지 잘 규정하며, 성경의 참 의미를 가지고 인간이 알 수 있는 그 이상의 불필요한 한계를 넘는 일이 없도록 조심하도록 하고, 거만한 마음으로 남을 공격한다는 구실로 또는 중상 모략하는 무례한 궤변론자들에게 개혁 교회의 교리를 가르쳐 주는 것이다.

　　성부의 오른편에 앉으셔서 만민에게 선물을 주시는 하나님의 아들 예수 그리스도께서 우리를 진리 안에서 거룩케 하시며, 잘못을 범하는 사람들에게 참 진리를 주시며, 건전한 가르침을 비방하는 사람들의 입을 막으시며, 그 진실한 말씀의 사역자들에게 지혜와 분별의 영을 내려 주셔서 그들로 하여금 오직 하나님의 영광만을 증거 하게 하며, 그리고 그 말씀을 듣는 사람들을 잘 인도하게 되기를 기원하는 바이다. 아멘.

　　이것이 우리의 신앙이며 결정임을 우리의 서명으로 증명한다.

Ⅲ. 웨스트민스터 신앙고백서

III. 웨스트민스터 신앙고백서

17세기 영국의 기독교적 배경은 다른 나라와 다르게 국가교회 또는 민족적 교회가 형성되어 있었다. 그 이유는 영국 왕조의 종교적 성향에 따라 기독교의 교리적 방향이 설정되는 특징을 가지고 있었기 때문이었다. 당시 헨리 8세, 에드워드 6세, 메리여왕, 엘리자베스 1세, 제임스 1세, 그리고 찰스 1세 등에 의한 왕조의 변화에 따라 개신교적이냐? 아니면 로마 카톨릭적이냐? 의 세력이 좌우되는 상황에 처해 있었다. 이러한 배경 가운데 엘리자베스 여왕 시대에는 대륙으로부터 들어온 개혁파 신앙인들이 중심이 되어 청교도 운동을 일으키게 되었다. 청교도들은 영국의 잘못된 종교관, 파벌을 조장하는 국가주의와 민족주의, 그리고 성직자들의 부도덕성과 비 성경적인 교리에 대항할 뿐만 아니라 개혁파 교회의 정치, 칼빈주의적 정교분리 원칙, 그리고 칼빈주의적 신학의 수립을 위한 운동을 전개하기 시작했다. 이 운동은 생명을 담보로 하여 하나님께만 영광을 돌리기 위한 투쟁 운동이었다. 당시 찰스 1세는 영국의 청교도들과 스코틀랜드의 장로교 교인들을 박해하는 일을 한층 강화하기 위한 자신의 편에 가담할 수를 늘리기 위해서 뿐만 아니라 청교도들과 장로교 교인들이 합세한 세력을 말살하려는 전쟁 준비를 위해 모금운동을 펼치고 있었다. 이러한 양극의 대립으로 인하여 영국의 의회는 두 파로 갈라지게 되었고 찰스 1세는 군대를 동원하여 의회를 점령하려는 모병 징집을 하고 있었다. 여기서 의회는 찰스 1세를 따르는 군대의 힘을 막아내기 위해 스코틀랜드 장로교 교인들의 도움을 요청하기에 이르렀다. 스코틀랜드의 군대를 이끌고 있었던 참신한 신앙인 크롬웰(Oliver Cromwell) 장군의 적극적 지원으로 영국 의회는 청교도와 장로교 교인들의 점령지로 변하고 말았다. 결국 찰스 1세는 1649년 목 베임을 당하고 형장의 이슬로 사라져 버렸다.

영국의 내전은 약 5년 반에 걸친 수많은 젊은이들의 피를 바친 신앙적 투쟁이었다. 이 전쟁동안 웨스트민스터 신앙고백서가 완성되었다는 것은 피의 값으로 이루어진 열매가 바로 이 신앙고백서라는 것을 대변해 주고 있다. 개혁파 신학의 기본 틀을 형성하고 있는 신앙고백서는 순교의 신학을 형성하는 토대이다. 121명의 목사들과 30명의 신학에 조해가 깊은 평신도 학자들로 구성되어 1643년 7월 1일 첫 회합을 가지고 수많은 토의를 거쳐 1648년 7월 대 소 요리문답까지 의회의 승인을 얻게 되었다. 1649년 2월 7일에는 스코틀랜드 의회의 승인까지 얻어내게 되었다.

이 신앙고백서는 성경교리의 분명하고, 방대하고, 그리고 심오한 신조의 기본 틀을 유지하고 있는데도 불구하고 이에 대한 신학적 시비가 지난 3백 50 여년 동안 수없이 일어났다. 그 이유는 자유주의 신학의 도전 때문이었다. 특별히 18세기 이후 미국 장로교회에서 일어난 시비가 바로 그것이다. 1789년 미 합중국장로교회(Presbyterian Church USA)가 창설될 당시에는 웨스트민스터 신앙고백서와 대 소 요리문답서를 교단의 신앙고백서로 채택하였다. 그런데 18세기 계몽주의(Enlightenment) 사상이 세계를 휘몰아쳐 이에 영향을 받은 컴벌랜드 장로교회가 1810년 예정론은 숙명론을 주장한다는 명목 아래 웨스트민스터 신앙고백서를 반대하고 나섰다. 이로 인하여 1838년 장로교회 구 학파(Old School)인 남 장로교회(PCUS)와 신 학파(New School)인 북 장로교회(PCUSA)로 갈라지게 되었는데 그 가장 큰 원인은 웨스트민스터 신앙고백서에 대한 문제와 더불어 부수적으로 정치문제와 노예 문제에 기인되어 있었다. 구 학파는 신앙고백서를 수호하자는 입장에 서 있었고 신 학파는 신앙고백서를 수정하자는 입장에 서 있었다. 결국 신 학파의 편에 기울어지고 있었던 북 장로교회 측은 1903년 예정론의 선택과 유기의 교리를 벗어난 전 인류를 위한 하나님의 사랑을 강조하여 웨스트민스터 신앙고백서의 수정안을 수용하였고 동일한 신학의 경향성을 나타냈던 컴벌랜드 장로교회와 1906년 연합을 이루고 말았다. 이러한 현상에서 볼 때 신학의 차이점은 결국 분열을 가져온다는 교훈을 남기게 된다. 1950년대 들어와 신학적 차이점이 상존하고 있었음에도 불구하고 미국 북 장로교회와 남 장로교회는 연합에 착수 하였다. 이어 1956년 미국 연합장로교회(PCUSA)는 여성 목사 안수를 결의 하였고 1967년 시도신조를 개정한 신앙고백서를 발표하기에 이르렀다. 이 고백서 수정론은 기독론 중심의 인간론을 강조하여 예수님에 대한 신인 양성의 성경적 교리를 희미하게 만들어 버렸다.

미국 장로교회의 신앙고백서 수정안이 제기된 내용은 다음과 같다. 1788년에는 22장 "맹세에 관하여"의 3항을 수정하자는 안이 제기되었고, 1886년에는 24장 "결혼과 이혼에 관하여"의 수정안이 제기 되었고, 1903년에는 10장 "실제적 부르심에 관하여"와 16장 "선행에 관하여"의 수정안이 제기 되었고, 특히 "성령론과 선교에 관하여"라는 새로운 장을 첨가하자는 안이 제기 되었다. 그러나 정통성을 유지하는 장로교회에서는 1647년 초판의 신앙고백서를 유지하고 있다.

1. 웨스트민스터 신앙고백서(1647)[1]

---

1) 웨스트민스터 신앙고백서, 대요리문답, 소요리문답과 성경구절은 1647년 초판(1658년 재판)을 기준으로 번역하였다.

제 1 장 성경에 관하여

1. 비록 자연의 빛과 창조와 섭리의 일들이 사람들로 하여금 핑계할 수 없을 만큼 하나님의 선함과 지혜와 능력을 아주 분명하게 나타내고 있지만,[1] 그것들은 구원 얻기에 필수적인 지식, 즉 하나님과 그의 뜻에 관한 지식을 충분히 주지 못한다.[2] 그러므로 주님께서는 여러 때에 다양한 방법으로 자신을 계시하며 그의 뜻을 교회에 선포하기를 기뻐하셨다.[3] 또한 그 후에는 진리를 더 잘 보존하고 전파하시기 위하여, 그리고 육신의 부패와 사단과 세상의 악에 대항하여 교회를 보다 더 견고하게 세우고 위로하시기 위하여 그 동일한 진리를 온전히 기록하는 것을 기뻐하셨다.[4] 이것이 성경을 가장 필요하게 만든 원인이다.[5] 따라서 하나님께서 자신의 백성에게 그의 뜻을 계시 하시던 이전의 방법들은 이제 중지되었다.[6]

(1)롬2:14,15. 1:19,20. 시19:1-3. 롬 1:32. 2:1. (2)고전1:21. 2:13-14. (3)히 1:1. (4)잠 22:19-21. 눅1:3,4. 롬15:4. 마4:4,7,10. 사8:19,20. (5)딤후 3:15,16. 벧후1:19. (6)히 1:1,2.

2. 성경, 즉 기록된 하나님의 말씀이라는 이름 아래 현재 구약과 신약의 이 모든 책들이 다 포함되니 그 책들은 다음과 같다.

▷ 구약 : 창세기, 출애굽기, 레위기, 민수기, 신명기, 여호수아, 사사기, 룻기, 사무엘상, 사무엘하, 열왕기상, 열왕기하, 역대상, 역대하, 에스라, 느헤미야, 에스더, 욥기, 시편, 잠언, 전도서, 아가, 이사야, 예레미야, 예레미야 애가, 에스겔, 다니엘, 호세아, 요엘, 아모스, 오바댜, 요나, 미가, 나훔, 하박국, 스바냐, 학개, 스가랴, 말라기.

▷ 신약 : 마태복음, 마가복음, 누가복음, 요한복음, 사도행전, 로마서, 고린도전서, 고린도후서, 갈라디아서, 에베소서, 빌립보서, 골로새서, 데살로니가전서, 데살로니가후서, 디모데전서, 디모데후서, 디도서, 빌레몬서, 히브리서, 야고보서, 베드로전서, 베드로후서, 요한1서, 요한2서, 요한3서, 유다서, 요한계시록.

이 모든 책들은 하나님의 영감에 의해 주어진 것으로 신앙과 생활의 규범이다.[1]

(1)눅16:29,31. 엡2:20. 계22:18,19. 딤후3:16.

3. 보통 외경이라고 부르는 책들은 하나님의 영감으로 기록된 것이 아니므로 정경에 속하지 않는다. 따라서 이런 책들은 하나님의 교회 안에서 아무런 권위도 없고 인간의 다른 기록들보다 더 인정되거나 사용되어도 안 된다.[1]

(1)눅24:27,44. 롬3:2. 벧후1:21.

4. 우리가 마땅히 믿고 순종해야 할 성경의 권위는 어떤 개인이나 교회의 증언에 의한 것이 아니라 진리 그 자체이고 성경의 저자이신 하나님께 전적으로 의거한다. 따라서 성경은 하나님의 말씀이기 때문에 수납되어야 한다.[1]

(1)벧후1:19,21. 딤후3:16. 요일5:9. 살전2:13.

5. 우리는 교회의 증언에 의해 감화되어 성경을 최고로 또는 거룩히 여겨야 한다.[1] 그리고 내용의 신성함, 교리의 유효성, 문체의 장엄성, 모든 부분의 통일성, 전체적 총괄성(이로서 모든 영광이 하나님께 있으니), 모든 영광을 하나님께 돌리는 전체의 목적, 인간 구원의 유일한 방법에 대한 충분한 제시, 그리고 비교할 수 없는 많은 탁월성 등은 성경이 하나님의 말씀이라는 것을 충분히 자증하는 증거들이다. 그럼에도 성경의 무오한 진리와 신적 권위에 대한 충분한 납득과 확신은 우리의 마음속에서 말씀에 의해, 말씀과 함께 증거 하시는 성령의 내적사역에서 유래한다.[2]

(1)딤전3:15. (2)요일2:20,27. 요16:13,14. 고전2:10-12. 사59:21.

6. 하나님 자신의 영광과, 인간의 구원과, 믿음과 생활에 필요한 모든 일들에 관한 하나님의 전체적인 계획은 성경 안에 분명히 나타나 있거나, 건전하고 필연적인 귀결을 통하여 그의 경륜을 성경에서 추론할 수 있다. 따라서 이 성경에는 어느 때를 막론하고 성령의 새로운 계시나, 또는 인간의 전승에 의해서 어떤 것도 추가될 수 없다.[1] 그럼에도 불구하고 우리는 말씀에 계시된 것들을 이해하여 구원에 이르기 위해서는 성령의 내적 조명이 필요하다는 것을 인정한다.[2] 그리고 우리는 하나님에 대한 예배와 교회의 정치와 사람의 행동과 사회적 공통규범에 관한 여러 가지 상황들이 있다는 것도 인정한다. 이런 상황들도 항상 순종해야할 말씀의 일반법칙에 따라 자연의 빛과 그리스도인의 신중한 사려 분별을 통해 규정해야 한다.[3]

(1)딤후3:15-17. 갈1:8, 9. 살후2:2. (2)요6:45. 고전 2:9-12. (3)고전11:13,14. 14:26,40.

7. 성경에 있는 모든 것들은 그 자체가 모두 똑같이 분명하지 않으며 또한 모든 사람에게 똑같이 명확한 것도 아니다.[1] 그러나 구원을 위해 반드시 알아야 하며 믿고 준수해야 할 것들은 성경의 이곳저곳에 매우 명백하게 제시되고 설명되어 있기 때문에 배운 자나 못 배운 자나 통상적인 수단들을 정당하게 사용하면 그것에 대한 충분한 이해를 얻을 수 있다.[2]

(1)벧후3:16. (2)시119:105,130.

8. 옛적에 하나님의 백성의 모국어인 히브리어로 기록된 구약성경과 기록될 당시에 여러 민족의 대부분의 사람들이 알고 있던 헬라어로 기록된 신약성경은 하나님에 의해 직접적으로 영감 되었고 또한 그의 특별한 간섭하심과 섭리에 의해 모든 시대에 순수하게 보존되어 왔으므로 참된 것이다.[1] 그러므로 모든 종교상의 논쟁들에 있어서 교회는 최종적으로 신·구약성경에 호소해야 한다.[2] 그러나 성경을 대할 수 있는 권리와 관심을 가지고 하나님을 경외하는 가운데 성경을 읽으며 연구하도록 명령을 받은 모든 하나님의 백성이 성경원어를 알지는 못하기 때문에,[3] 성경은 모든 나라들의 평범한 말로 번역되어야 한다.[4] 그리하면 하나님의 말씀이 그들 가운데 풍성하게 거하여 그들은 하나님을 합당한 방식으로 예배할 수 있고,[5] 또한 성경이 주는 인내와 위로를 통하여 소망을 가질 수 있다.[6]

(1)마5:18. (2)사8:20. 행15:15. 요5:39,46. (3)요5:39. (4)고전14:6,9,11,12,24,27,28. (5)골3:16. (6)롬15:4.

9. 성경 해석의 무오한 규칙은 성경 자체이다. 그러므로 그 의미가 여럿이 아니고 하나인 어떤 성경구절의 참되고 완전한 의미에 의문이 생길 때에는, 보다 더 명확하게 말하는 다른 구절을 통해서 그 뜻을 찾고 깨달아야 한다.[1]

(1)벧후1:20,21. 행15:15,16.

10. 종교적인 모든 논쟁들을 결정하고, 교회회의의 모든 결정들과 고대 저자들의 견해들과 사람들의 교리와 사적인 영들을 분별하고, 우리가 그 판결에 복종해야만 하는 최고의 재판관은 다른 이가 될 수 없고, 오직 성경 안에서 말씀 하시는 성령이시다.[1]

(1)마22:29,31. 엡2:20. 행28:25.

제 2 장 하나님과 삼위일체에 관하여

1. 오직 한 분이시며,[1] 살아있고 참된 하나님이 계신다.[2] 그분은 존재와 완전함에서 무한하시며,[3] 지극히 순수한 영이시고,[4] 보이지 않고,[5] 몸이나 지체나,[6] 정욕도 없으시고,[7] 불변하시고,[8] 광대하시고,[9] 영원하시고,[10] 완전히 이해될 수 없고,[11] 전능하시고,[12] 지극히 지혜로우시고,[13] 지극히 거룩하시고,[14] 지극히 자유러우시고,[15] 지극히 절대적이시며,[16] 자기 자신의 영광을 위해,[17] 그 자신의 불변하고 지극히 의로우신 뜻의 계획대로 모든 일을 행하신다.[18] 또한 하나님은 지극히 사랑하시며,[19] 은혜로우시고, 자비로우시며, 오래 참으시고, 선함과 진리가 풍성하시고, 불의와 허물과 죄를 용서하시고,[20] 부지런히 그를 찾는 자에게 상주시는 이시며,[21] 그럼에도 불구하고 심판에서 지극히 공의로우시고 무서우시며,[22] 모든 죄를 미워하시고,[23] 범죄자를 분명히 형벌하시는 분이시다.[24]

(1)신6:4. 고전8:4.6. (2)살전1:9. 렘10:10. (3)욥11:7-9. 26:14. (4)요4:24. (5)딤전1:17. (6)신4:15,16. 요4:24. 눅24:39. (7)행14:11,15. (8)약1:17. 말3:6. (9)왕상8:27. 렘23:23,24. (10)시 90:2. 딤전1:17. (11)시145:3. (12)창17:1. 계 4:8 (13)롬16:27. (14)사6:3. 계4:8. (15)시115:3. (16)출3:14. (17)잠16:4. (18)엡1:11. (19)요일4:8,16. 요 3:16. (20)출 34:6,7. (21)히11:6. (22)느9:32, 33. (23)시5:5, 6. (24)나1:2,3. 출34:7.

2. 하나님께서는 모든 생명과[1] 영광과[2] 선과[3] 복을[4] 자신 안에, 그리고 스스로 가지고 계신다. 하나님께서는 홀로 자신 안에서, 그리고 자신에게 전적으로 충족하셔서 자신이 만드신 어떤 피조물의 도움을 필요로 하시지 않고,[5] 그들로 부터 어떤 영광도 인출하시지 않으며,[6] 다만 그들 안에서, 그들에 의해서, 그들에게, 또 그들 위에 자기의 영광을 나타내실 뿐이다. 하나님은 모든 존재의 유일한 원천이 되셔서 만물이 주에게서 나오고, 주를 통하여, 주께로 돌아가며,[7] 그는 주권적인 지배권을 가지고 만물에 의해서, 만물을 위하여, 만물 위에 자기의 기뻐하는 바를 무엇이든지 행하신다.[8] 그의 눈앞에 만물이 드러나고 나타나며,[9] 그의 지식은 무한하고, 무오하며, 피조물에게 의존하지 않고,[10] 그에게는 무엇이든지 우연한 것이나 불확실한 것이 없다.[11] 하나님께서는 그의 모든 계획들과 그의 모든 행위들과 그의 모든 명령들 있어서 지극히 거룩하시다.[12] 그에게는 천사들과 사람들과 다른 모든 피조물로부터 그가 요구하기를 기뻐하시는 예배, 봉사, 순종 등 무엇이든 드림이 당연하다.[13]

(1)요5:26. (2)행7:2. (3)시119:68. (4)딤전6:15. 롬9:5. (5)행17:24, 25. (6)욥22:2,3. (7)롬11:36. (8)계4:11. 딤전6:15. 단4:25,35. (9)히4:13. (10)롬11:33, 34. 시147:5 (11)행15:18;겔11:5 (12)시 145:17. 롬7:12. (13)계5:12-14.

3. 신성(神性)의 통일체 안에 본체와 권능과 영원성에 있어서 하나인 삼위(三位)가 계시니, 곧 성부 하나님, 성자 하나님, 성령 하나님이시다.(1) 성부는 그 누구로 부터 난 것이 아니시고, 태어나지도 않으시고, 나오지도 않으신다. 성자는 성부에게서 영원히 나시고,(2) 성령은 성부와 성자에게서 영원히 나오신다.(3)

(1)요일5:7(KJV-하늘에서 증거 하는 이가 셋이니, 성부, 성자, 성령이시다. 이 셋은 하나이다). 마 3:16,17. 28:19. 고후13:13. (2)요1:14,18. (3)요15:26. 갈4:6.

제 3 장 하나님의 영원한 작정에 관하여

1. 하나님께서는 영원부터 자기 뜻의 가장 지혜롭고 거룩한 계획으로 일어날 모든 일들을 자유롭게 그리고 변할 수 없게 작정하셨다.(1) 그러나 그것 때문에 하나님은 죄의 조성자(造成者)가 아니시며,(2) 피조물의 의지에 폭력을 가하지도 않으시고, 또한 제2 원 인들의 자유나 우연성을 제거하지 않고 오히려 세우셨다.(3)

(1)엡1:11. 롬11:33. 히6:17. 롬9:15,18. (2)약1:13,17. 요일1:5. (3)행2:23. 마17:12. 행4:27, 28. 요19:11. 잠16:33.

2. 하나님께서는 예상되는 모든 상황들 가운데서 장차 일어날듯 한 일들, 그리고 일 어날 수 있는 일들을 무엇이든지 다 아시지만,(1) 그럼에도 그는 미래의 일어날 일로, 또 는 그런 상황들에서 일어날 것으로 미리 알았기 때문에 어떤 일을 작정한 것은 아니다.(2)

(1)행15:18. 삼상23:11,12. 마11:21-23. (2)롬9:11,13,16,18.

3. 하나님께서는 자기의 영광을 나타내기 위하여 그의 작정으로 어떤 사람들과 천 사들은 영생을 얻도록 예정하셨고,(1) 다른 사람들과 천사들은 영원한 죽음에로 미리 정 하셨다.(2)

(1)딤전5:21. 마25:41. (2)롬9:22-23. 엡1:5,6. 잠16:4.

4. 이렇게 예정되고 미리 정해진 천사들과 사람들은 개별적으로, 또는 불변적으로 계획되었다. 그리고 그들의 수(數)는 분명하고 확정적이어서 더하거나 뺄 수가 없다.[1]

(1) 딤후2:19. 요13:18.

5. 하나님께서는 인류 중에서 생명에 이르도록 예정된 자들을 세상의 기초가 놓이기 전에, 그의 영원하며 불변한 목적과, 의지의 비밀한 계획과, 선하시고 기뻐하신 뜻에 따라 그리스도 안에서 영원한 영광에 이르도록 선택하셨다.[1] 이 선택은 그들 안에 있는 믿음이나 선행이나 인내를 미리 보고 하신 것이 아니며, 피조물 안에 있는 어떤 것들이 하나님을 움직이게 하는 조건이나 원인이 된 것도 아니며, 오직 그의 값없는 은혜와 사랑으로 말미암은 것이다.[2] 그리고 이 모든 것은 그의 영광스러운 은혜를 찬송하게 하려 하심이다.[3]

(1) 엡1:4,9,11. 롬8:30. 딤후1:9. 살전5:9. (2) 롬9:11,13,16. 엡1:4,9. (3) 엡1:6,12.

6. 하나님께서는 그 택하신 자들을 영광에 이르도록 정하신 것처럼 자기 뜻의 영원하고 가장 자유로운 목적을 따라서 그 영광에 이르기 위한 모든 수단들도 미리 정하셨다.[1] 그러므로 택함을 받은 사람들, 곧 아담 안에서 타락한 사람들이 그리스도에 의해 구속되며,[2] 적절한 때에 역사 하시는 그의 성령으로 말미암아 그리스도를 믿도록 유효하게 부르심을 받으며, 칭의되고, 양자되며, 성화되고,[3] 구원에 이르는 믿음을 통하여 그의 능력으로 보호를 받는다.[4] 오직 택함을 받은 자 외에는,[5] 다른 아무도 그리스도에 의해 구속을 받지 못하고, 유효하게 부르심을 받지 못하고, 칭의와 양자와 성화와 구원을 얻지 못한다.

(1) 벧전1:2. 엡1:4,5. 2:10. 살후2:13. (2) 살전5:9,10. 딛2:14. (3) 롬8:30. 엡1:5. 살후2:13. (4) 벧전1:5. (5) 요17:9. 롬8:28-39. 요6:64,65. 8:47. 10:26. 요일2:19.

7. 그 나머지 사람들에 대하여 하나님께서는 자신이 기뻐하시는 대로 자비를 베풀기도 하시고 베풀지 않기도 하시는 측량할 수 없는 자기 뜻의 계획을 따라 모든 피조물에 대한 자신의 주권적 능력의 영광을 위하여, 그리고 그의 영광스러운 공의가 찬양받도록 그냥 내어 버려두기를 기뻐하셨고, 또한 그들이 자기들의 죄로 인해 수치와 진노를 당하도록 작정하기를 기뻐하셨다.[1]

(1) 마11:25,26. 롬9:17,18,21,22. 딤후2:19,20. 유4. 벧전2:8.

8. 지극히 신비한 이 예정 교리는 특별히 신중하고 조심스럽게 다루어야 한다. [1] 말씀에 계시하신 하나님의 뜻을 주의하고 그것에 순종하는 사람들은 그들의 유효한 부르심의 확실함으로부터 자신의 영원한 선택을 확신할 수 있다. [2] 그리하여 이 교리는 복음을 신실하게 순종하는 모든 자들에게 찬양과 경외심과 하나님을 사모하는 마음을 가지도록 할 것이며, [3] 나아가 겸손과 근면함과 풍성한 위안을 안겨 줄 것이다. [4]

(1)롬9:20. 11:33. 신29:29. (2)벧후1:10. (3)엡1:6. 롬11:33. (4)롬11:5,6,20. 벧후1:10. 롬8:33. 눅10:20.

제 4 장 창조에 관하여

1. 성부, 성자, 성령 하나님께서는 자신의 영원한 능력과 지혜와 선하심의 영광을 나타내기 위하여, [1] 태초에 무(無)로부터 세계와 그 안에 있는 보이거나 보이지 않은 만물을 엿새 동안에 창조하시기를 기뻐하셨고, [2] 그 모든 것은 지극히 선하였다.

(1)히1:2. 요1:2,3. 창1:2. 욥26:13. 33:4. (2)롬1:20. 렘10:12. 시104:24. 33:5,6. (3)창1장. 히11:3. 골1:16. 행17:24.

2. 하나님께서는 다른 모든 피조물들을 만든 후에 사람을 남녀로 창조하시되, [1] 이성(理性)있는 죽지 않을 영혼들을 가지도록 창조하셨고, [2] 그 자신의 형상을 따라 지식과 의와 참된 거룩을 주셨고, [3] 그들의 마음속에 하나님의 율법을 기록하셨으며, [4] 또 그것을 수행할 능력도 주셨다. [5] 그러나 변할 수 있는 그들의 의지의 자유가 있게 하여 그들은 범죄 할 가능성 아래 있었다. [6] 그들의 마음에 기록된 이 율법 외에도 그들은 선악을 알게 하는 나무의 실과를 먹지 말라는 명령을 받았다. [7] 그들이 이것을 지키는 동안에는 하나님과 교제하며 행복을 누렸고 피조물을 다스리는 권세를 가졌다. [8]

(1)창1:27. (2)창2:7. 전12:7. 눅23:43. 마10:28. (3)창1:26. 골3:10. 엡4:24. (4)롬2:14,15. (5)전7:29. (6)창3:6; 전7:29. (7)창2:17. 3:8-11,23. (8)창1:26,28.

제 5 장 섭리에 관하여

1. 만물의 창조자이신 위대한 하나님께서는 자기의 가장 지혜롭고 거룩하신 섭리로, [1] 정확 무오한 예지(豫知)와 [2] 자유롭고 변함없는 자기 뜻의 계획에 따라, [3] 자신의 지

혜와 능력과 공의와 선함과 자비의 영광이 찬양받도록,⁽⁴⁾ 가장 큰 것에서 가장 작은 것에 이르기까지,⁽⁵⁾ 모든 피조물들과 행위들과 일들을⁽⁶⁾ 보존하시고,⁽⁷⁾ 인도하시고, 처리하시고, 통치하신다.

(1)잠15:3. 시104:24. 145:17. (2)행15:18. 시94:8-11. (3)엡1:11. 시33:10,11. (4)사63:14. 엡3:10. 롬9:17. 창45:7. 시145:7. (5)마10:29-31. (6)단4:34,35. 시135:6. 행17:25,26,28. 욥38장-41장. (7)히1:3.

2. 제1 원인이신 하나님의 예지와 작정대로 만물은 변함없고 틀림없이 발생하지만,⁽¹⁾ 동일한 섭리에 의해 하나님께서는 만물이 제2 원인들의 성질을 따라서 필연적으로, 자유롭게, 그리고 우연적으로⁽²⁾ 일어나도록 정돈하신다.

(1)행2:23. (2)창8:22. 렘31:35. 출21:13. 신19:5. 왕상22:28,34. 사10:6,7.

3. 하나님께서는 일반적인 섭리에 있어서 여러 가지 수단을 사용 하신다.⁽¹⁾ 그럼에도 불구하고 하나님께서는 그 수단들 없이,⁽²⁾ 그것을 초월해서,⁽³⁾ 또는 그것들에 역행하여⁽⁴⁾ 자기의 기뻐하는 대로 자유롭게 사역 하신다.

(1)행27:31,44. 사55:10,11. 호2:21,22. (2)호1:7. 마4:4. 욥34:10. (3)롬4:19-21. (4)왕하6:6. 단3:27.

4. 하나님의 전능하신 능력과 측량할 수 없는 지혜와 무한한 선하심은 자신의 섭리 가운데서 더 분명히 나타난다. 그것은 최초의 타락과 천사들과 사람들의 모든 다른 죄들에게도 적용되는 것이다.⁽¹⁾ 이는 단순한 허용에 의해서가 아니라,⁽²⁾ 하나님께서는 그 자신의 거룩한 목적을 위해⁽³⁾ 다양한 경륜 안에서 가장지혜롭고 능력 있는 제한과⁽⁴⁾ 정돈과 통치를 섭리와 연결되도록 하셨다. 그러나 그 죄악성은 하나님에게서 나오는 것이 아니라 오직 피조물에게서만 나온다. 하나님께서는 가장 거룩하고 의로우시므로 죄의 조성자가 아니며, 승인자도 아니고, 또한 그렇게 될 수도 없으시다.⁽⁵⁾

(1)롬11:32-34. 삼하24:1. 대상21:1. 왕상22:22,23. 대상10:4,13,14. 삼하16:10. 행2:23. 4:27,28. (2)행14:16. (3)창50:20. 사10:6,7,12. (4)시76:10. 왕하19:28. (5)약1:13,14,17. 요일2:16. 시50:21.

5. 가장 지혜롭고, 의로우며, 은혜로우신 하나님께서는 때때로 자신의 자녀들을 여러

가지 시험과 그들 자신의 마음의 부패성에 얼마동안 내버려 두신다. 그렇게 함으로써 하나님께서는 전에 범한 그들의 죄들로 인하여 징계하고 그들에게 숨어 있는 부패한 힘과 그들의 마음의 거짓됨을 깨닫게 하여 그들을 겸손하게 하신다.[1] 그 결과 하나님께서는 자녀들이 도움을 바라며, 하나님을 더 친근하고 끊임없이 의지하게 하며, 그리고 장래의 모든 범죄의 기회에 대하여 경계하기 위해, 또한 여러 가지 다른 의롭고 거룩한 목적들을 위해, 그들을 더욱 깨어있게 하신다.[2]

[1] 대하32:25,26,31. 삼하24:1. [2] 고후12:7–9. 시73편, 77:1,10,12. 막14:66–72. 요21:15–17.

6. 악하고 불경건한 사람들에 대하여, 전에 범한 죄들로 인해 그들의 눈을 어둡게 하고 마음을 완악하게 하신[1] 의로운 재판장이신 하나님께서는 그들의 이해를 밝게 하고 또 그들의 마음에 역사할 은혜를 주지 않으실 뿐만 아니라,[2] 때때로 그들이 이미 가지고 있던 은사들까지도 거두시고,[3] 또한 그들의 부패성이 죄를 짓도록 만드는 여러 대상들에게 그들을 노출 시키신다.[4] 그리고 하나님께서는 악인들 자신의 탐욕과 세상의 유혹과 사단의 능력에 그들을 넘겨주신다.[5] 그리하여 하나님께서 다른 사람들의 마음을 부드럽게 하기 위해 사용하시는 수단들에서조차 그들은 자기 자신을 강팍하게 한다.[6]

[1] 롬1:24,26,28. 11:7, 8. [2] 신29:4. [3] 마13:12. 25:29. [4] 신2:30. 왕하8:12,13. [5] 시81:11, 12. 살후2:10–12. [6] 출7:3; 8:15,32. 고후2:15,16. 사8:14. 벧전2:7,8. 사6:9,10. 행28:26,27.

7. 하나님의 섭리는 일반적으로 모든 피조물들에게 미치는 것과 마찬가지로 가장 특별한 방법으로 그의 교회를 보호하시며 모든 일들을 교회의 유익이 되도록 처리하신다.[1]

[1] 딤전4:10. 암9:8–9. 롬8:28. 사43:3–5,14.

제 6 장 사람의 타락, 죄, 형벌에 관하여

1. 우리의 처음 조상은 사단의 간계와 시험에 유혹되어 금지된 실과를 먹음으로 죄를 범하였다[1]. 하나님께서는 그의 지혜롭고 거룩한 계획에 따라 그 자신의 영광을 위해 그것을 정리할 목적을 가지시고 그들의 이 죄를 허용하시기를 기뻐하셨다.[2]

[1] 창3:13. 고후11:3. [2] 롬11:32.

2. 이 죄 때문에 그들은 본래의 의(原義)와 하나님과의 교제에서 끊어졌고,[1] 죄로 말

미암아 죽은 자가 되었고,[2] 영혼과 몸의 모든 기능들과 부분들이 전적으로 더럽혀졌다.[3]

(1)창3:6–8. 전7:29. 롬3:23. (2)창2:17. 엡2:1. (3)딛1:15. 창6:5. 렘17:9. 롬3:10–18.

3. 그들은 온 인류의 근원이었으므로 이 죄의 죄책이 전가(轉嫁)되었고,[1] 죄로 인한 동일한 죽음과 부패한 본성이 보통의 출생법에 의해 조상으로부터 태어난 그들의 모든 후손들에게 전해졌다.[2]

(1)창1:27,28. 2:16,17. 행17:26. 롬5:12,15–19. 고전15:21,22,45,49. (2)시51:5. 창5:3. 욥14:4. 15:14.

4. 이 근원적 부패로 말미암아 우리는 모든 선을 전적으로 싫어하고, 선을 행할 수도 없고, 모든 선을 반대하며,[1] 모든 악에 전적으로 기울어져 있으며,[2] 그리하여 모든 본죄(本罪)는 이 원 부패로부터 나온다.[3]

(1)롬5:6. 7:18. 골1:21. (2)창6:5. 8:21. 롬3:10–12. (3)약1:14,15. 엡2:2,3. 마15:19.

5. 이 본성의 부패는 이 세상에 사는 동안 중생(重生)한 자들에게도 남아있다.[1] 비록 그 부패함이 그리스도를 통해 용서되고 죽었으나 부패 자체와 그 부패에서 나오는 모든 행동들은 참으로 그리고 분명히 죄이다.[2]

(1)요일1:8,10. 롬7:14,17,18,23. 약3:2. 잠20:9. 전7:20. (2)롬7:5,7,8,25. 갈5:17.

6. 원죄(原罪)이든 본죄(本罪)이든 모든 죄는 하나님의 의로운 율법의 위반이며 반대되는 것이기 때문에[1] 그 자체의 성질상 죄인에게 죄책을 가져온다.[2] 이 죄책 때문에 죄인은 하나님의 진노[3]와 율법의 저주에 매이게 되고,[4] 그 결과 모든 비참을 동반하는 영적이고,[5] 현세적이며,[6] 영원한[7] 죽음에 굴복하게 되었다.[8]

(1)요일3:4. (2)롬2:15. 3:9,19. (3)엡2:3. (4)갈3:10. (5)엡4:18. (6)롬8:20. 애3:39. (7)마25:41. 살후1:9. (8)롬6:23.

제 7 장 사람과 맺은 하나님의 언약(言約)에 관하여

1. 하나님과 피조물 사이의 간격이 너무 크기 때문에 비록 이성적 피조물들이 창조주이신 하나님께 마땅히 순종해야 할 의무가 있음에도 불구하고 오직 하나님 편에서 어떤

방식으로든 자발적으로 자신을 낮춰주시지 않고는 하나님으로부터 복과 상급으로서 어떤 열매도 얻을 수 없다. 하나님은 이것을 언약의 방법으로 표현하시기를 기뻐하셨다.[1]

(1)사40:13-17. 욥9:32,33. 삼상2:25. 시113:5,6. 100:2, 3. 욥22:2,3. 35:7,8. 눅17:10. 행17:24,25.

2. 하나님께서 사람과 맺은 최초의 언약은 행위언약이었다.[1] 하나님께서는 이 언약에서 완전하고 인격적인 순종을 조건으로[2] 아담에게와 그리고 아담 안에서 그의 모든 후손에게 생명을 약속하셨다.[3]

(1)갈3:12. (2)창2:17. 갈3:10. (3)롬10:5. 5:12-20.

3. 사람은 자신의 타락으로 말미암아 행위언약으로는 스스로 생명을 얻을 수 없게 되었기 때문에 주님께서는 일반적으로 은혜언약이라고 하는 둘째 언약을 맺기를 기뻐하셨다.[1] 이 언약으로 하나님께서는 죄인들에게 예수 그리스도를 통하여 생명과 구원을 값없이 주시되 그들이 구원을 얻도록 예수님에 대한 믿음을 요구하셨다.[2] 그리고 하나님께서는 생명을 얻도록 예정된 모든 사람에게 그들이 자발적으로 믿고자하며, 또 믿을 수 있도록 하기 위해서 성령을 주실 것을 약속하셨다.[3]

(1)갈3:21. 롬8:3. 3:20,21. 창3:15. 사42:6. (2)막16:15,16. 요3:16. 롬10:6,9. 갈3:11. (3)겔36:26,27. 요6:44,45.

4. 이 은혜언약은 성경에서 유언이라는 이름으로 자주 언급되는데, 그것은 유언자 예수 그리스도의 죽음과, 영원한 기업과, 그리고 이 유산에 속하여 언약으로 상속받는 모든 것을 포함한다.[1]

(1)히9:15-17. 7:22. 눅22:20. 고전11:25.

5. 이 언약은 율법시대와 복음시대에 서로 다르게 집행되었다.[1] 율법 아래에서는 약속들, 예언들, 희생 제물들, 할례, 유월절 양, 그리고 유대 백성에게 주어진 다른 모형과 규례들을 따라서 집행되었다. 이 모든 것은 장차 오실 그리스도를 예표 하였는데[2] 성령의 역사를 통하여 약속된 메시아에 대한 신앙으로[3] 선택된 백성들을 가르치며 굳게 세우기에 그 당시로는 충분하고 효과적이었다. 이 메시야를 통해 그들은 온전한 죄 사함과 영원한 구원을 얻었으니 이것을 구약이라고 부른다.[4]

(1)고후3:6-9. (2)히8장-10장. 롬4:11. 골2:11,12. 고전5:7. (3)고전10:1-4. 히11:13. 요8:56. (4)갈 3:7-9,14.

6. 실체이신 그리스도께서 나타나셨을 때인 복음 아래에서,(1) 이 언약이 시행되는 규례들은 말씀의 전파와, 세례와, 주의 성찬의 성례전을 시행하는 것이다.(2) 그런데 이 규례들은 수에 있어서 적고, 더 단순하며, 외적 영광은 더 적게 집행 되어도, 이 언약은 그 규례들 안에서 유대인과 이방인들을 포함하는 모든 민족들에게(3) 더욱 더 충분히, 명확히, 그리고 영적으로 효력 있게 제시되니(4) 이것을 신약이라고 부른다.(5) 그러므로 본질이 다른 두 개의 은혜언약이 있는 것이 아니라 단 하나의 동일한 은혜언약이 다양한 경륜들로 나타난 것이다.(6)

(1)골2:17. (2)마28:19,20. 고전11:23-25. (3)마28:19. 엡2:15-19. (4)히12:22-27. 렘31:33,34. (5)눅22:20. (6)갈3:14,16. 행15:11. 롬3:21-23,30. 시32:1. 롬4:3,6,16,17,23,24. 히13:8.

제 8 장 중보자 그리스도에 관하여

1. 하나님께서는 영원한 목적을 가지고 그의 독생자 주 예수를 하나님과 사람 사이의 중보자,(1) 선지자,(2) 제사장,(3) 왕,(4) 교회의 머리와 구주,(5) 만유의 상속자와(6) 세상의 심판자로(7) 택하시고 임명하시기를 기뻐하셨다. 하나님께서는 영원부터 그리스도에게 한 백성을 그의 후사로 주시고,(8) 때가 되면 그로 말미암아 그의 백성이 구속함을 받고, 부르심을 받아, 칭의되고, 성화되며, 영화롭게 되도록 하셨다.(9)

(1)사42:1. 벧전1:19,20. 요3:16. 딤전2:5. (2)행3:22. (3)히5:5,6. (4)시2:6. 눅1:33. (5)엡5:23. (6)히1:2. (7)행17:31. (8)요17:6. 시22:30. 사53:10. (9)딤전2:6. 사55:4,5. 고전1:30.

2. 삼위일체의 두 번째 위격이신 하나님의 아들은 참되고 영원한 하나님이시고, 성부와 한 본체이시고, 동등하시다. 때가 차매 사람의 본성을 취하되,(1) 인성에 속하는 모든 본질적 고유성과 공통적 연약성을 가졌으나 죄는 없으시다.(2) 왜냐하면 그는 성령의 능력으로 동정녀 마리아의 몸에(3) 그녀의 본질을 취하여 잉태되셨기 때문이다. 그러므로 온전하고 완전하며 구별되는 두 본성, 곧 신성과 인성이 한 인격 안에서 변화됨 없이, 혼합 없이, 혼동 없이, 서로 분리될 수 없이 결합되었다.(4) 이 분은 참 하나님이시요 참 사람이시나 한 분 그리스도시요, 하나님과 사람 사이에 유일한 중보자이시다.(5)

(1)요1:1,14. 요일5:20. 빌2:6. 갈4:4. (2)히2:14,16,17. 4:15. (3)눅1:27,31,35. 갈4:4. (4)눅
1:35. 골2:9. 롬9:5. 벧전3:18. 딤전3:16. (5)롬1:3,4. 딤전2:5.

3. 주 예수님께서는 이렇게 신성과 결합된 그의 인성에 있어서 한량없이 성령으로[1] 성화되고 기름 부음을 받았으며 그 자신 안에 모든 지혜와 지식의 보화를 가지셨다.[2] 성부께서는 모든 충만이 예수 안에 거하는 것을 기뻐하셨다.[3] 이는 끝까지 그리스도께서 거룩하고, 흠이 없고, 순결하고, 또 은혜와 진리가 충만하여[4] 중보자와 보증인의 직무를[5] 수행할 수 있도록 완전하게 준비하기 위함이었다. 이 직무는 예수께서 스스로 취한 것이 아니며 그의 아버지의 부르심에 의한 것이었으니,[6] 성부께서는 모든 능력과 심판을 예수님의 손에 맡기시고 그의 직무를 수행하도록 명령하셨다.[7]

(1)시45:7. 요3:34. (2)골 2:3. (3)골 1:19. (4)히7:26. 요1:14. (5)행10:38. 히12:24. 7:22. (6)히
5:4, 5. (7)요5:22,27. 마28:18. 행2:36.

4. 주 예수님께서는 이 직무를 매우 기꺼이 맡으시고,[1] 이 직무를 수행하기 위해 율법 아래 나셔서,[2] 율법을 완전히 성취하셨다.[3] 그는 그 영혼의[4] 지극히 극심한 괴로움을 직접 참으시고, 그의 몸으로는[5] 극심한 고통을 견디시고, 십자가에 못 박혀 죽으시고,[6] 장사되어 사망의 권세 아래 머물러 계셨으나 썩지 않으시고,[7] 3일 만에 그가 고난 받으셨던 그 동일한 몸으로[8] 죽은 자들 가운데서 살아나셔서,[9] 그 몸으로 하늘에 올라 가시고, 거기서 성부의 우편에 앉아계셔서,[10] 중보 기도를 하시다가,[11] 세상 끝에 사람들과 천사들을 심판하시기 위해 다시 오실 것이다.[12]

(1)시40:7-8. 히10:5-10. 요10:18; 빌2:8. (2)갈4:4. (3)마3:15. 5:17. (4)마26:37,38. 눅22:44.
마27:46. (5)마26:26장-27장. (6)빌2:8. (7)행2:23,24,27. 13:37. 롬6:9. (8)요20:25,27. (9)고전
15:3-5. (10)막16:19. (11)롬8:34. 히9:24. 7:25. (12)롬14:9,10. 행1:11. 10:42. 마13:40-42. 유
1:6. 벧후2:4.

5. 주 예수께서는 영원하신 성령을 통하여 단번에 자신을 하나님에게 드리신 그의 완전한 순종과 자신의 희생제사에 의해 그의 아버지의 공의를 충분히 만족케 하셨다.[1] 그리고 그는 성부께서 그에게 주신 모든 자들을 위하여[2] 화목뿐만 아니라, 천국의 영원한 유업까지 값을 주고 사셨다.

(1)롬5:19. 히9:14,16. 10:14. 엡5:2. 롬3:25,26. (2)단9:24,26. 골1:19,20. 엡1:11,14. 요17:2.

히9:12,15.

6. 비록 그리스도께서 성육신 이후에 구속사역을 실제적으로 성취하셨을지라도 구속의 공로와 효력과 축복들이 세상 처음부터 모든 시대에 그 약속들, 모형들, 제사들 안에서, 그리고 그것들에 의하여 선택된 자들에게 계속적으로 전달되었다. 그것들 안에서 그리스도께서는 뱀의 머리를 상하게 할 여자의 후손으로 세상의 처음부터 죽임을 당한 어린 양으로 계시되고 예표 되셨다. 그는 어제나 오늘이나 영원토록 동일하신 분이시다.[1]

(1)갈4:4,5. 창3:15. 계13:8. 히13:8.

7. 그리스도께서는 중보의 사역에 있어서 신성, 인성, 그리고 양성 모두에 따라 행동하시는데 각각의 본성에 의해 각 본성 자체의 고유한 것을 하신다.[1] 그럼에도 그 인격의 통일성 때문에 한 본성에 고유한 것이 성경에서 때때로 다른 본성으로 불리는 그 인격에게 돌려지기도 한다.[2]

(1)히9:14. 벧전3:18. (2)행20:28. 요3:13. 요일3:16.

8. 그리스도께서는 값 주고 사신 모든 자들에게 동일한 구속을 확실하게,[1] 그리고 효력 있게 적용하시며 전달하신다. 그는 그들을 위하여 중보하시며,[2] 말씀 안에서 그리고 말씀에 의해 구원의 비밀들을 그들에게 계시하며,[3] 그의 성령으로 그들을 효력 있게 설득하여 믿고 순종하게 하신다. 그는 자신의 말씀과 성령에 의해 그들의 마음을 다스리시며,[4] 그의 놀랍고 헤아릴 수 없는 경륜에 가장 합당한 방식과 방법들로 그의 전능하신 능력과 지혜로 신자들의 모든 대적들을 정복하신다.[5]

(1)요6:37,39. 10:15,16. (2)요일2:1,2. 롬8:34. (3)요15:13,15. 엡1:7-9. 요17:6. (4)요 14:16. 히12:2. 고후4:13. 롬8:9,14. 15:18,19. 요17:17. (5)시110:1. 고전15:25,26. 말4:2,3. 골2:15.

제 9 장 자유의지에 관하여

1. 하나님께서는 인간의 의지에 본성적 자유를 주셨다. 이 의지는 선이나 악에 강요당하거나 또한 본성의 어떤 절대적 필연성에 의해 결정되지 않게 하셨다.[1]

(1)마17:12. 요5:40. 약1:14. 신30:19.

2. 인간은 무죄 상태에서 선한 것과 하나님을 기쁘게 하는 것을 원하고 행할 자유와 능력을 가졌다.[1] 그러나 그는 오히려 가변적이어서 그 상태에서 타락할 수도 있었다.[2]

(1)전7:29. 창1:26. (2)창2:16,17. 3:6.

3. 인간은 죄의 상태에로 타락하여 구원을 가져올 만한 그 어떤 영적인 선에 대한 의지의 모든 능력까지도 전적으로 잃어버렸다.[1] 그러므로 본성적 인간은 선을 전적으로 미워하고,[2] 죄 중에 죽어 있어서[3] 자신의 힘으로 스스로를 돌이킬 수 없고, 또한 회개를 준비할 수도 없다.[4]

(1)롬5:6. 8:7. 요15:5. (2)롬3:10,12. (3)엡2:1,5. 골2:13. (4)요6:44,65. 엡2:2-5. 고전2:14. 딛3:3-5.

4. 하나님께서 죄인을 회개시키고 그를 은혜의 상태로 옮기실 때에 하나님께서는 그를 죄 아래 있던 본성의 멍에에서 해방시키고,[1] 오직 그의 은혜로 말미암아 그가 영적 선을 자유롭게 원하고 행할 수 있게 하신다.[2] 그러나 그의 남아 있는 부패성 때문에 그는 완전하게 선을 원하지 못할 뿐만 아니라, 도리어 악을 행하기를 원한다.[3]

(1)골1:13. 요8:34,36. (2)빌2:13. 롬6:18,22. (3)갈5:17. 롬7:15,18,19,21,23.

5. 인간의 의지는 영화의 상태에 있을 때만 오직 선만을 행할 수 있도록 완전하고 변함없이 자유롭게 된다.[1]

(1)계22:3,4. 엡4:13. 히12:23. 요일3:2. 유1:24. 시17:15.

제 10 장 효력 있는 부르심에 관하여

1. 하나님께서는 생명에 이르도록 예정한 모든 사람을, 오직 그들만을, 그가 정하시고 기뻐하는 때에 그의 말씀과 성령을 통해서,[1] 저희가 나면서부터 처해 있는 죄와 죽음의 상태에서 예수 그리스도에 의한 은혜와 구원으로[2] 효력 있게 부르기를 기뻐하셨다.[3] 그리고 그들의 마음이 하나님의 일을 이해할 수 있도록 영적으로 또한 구원에 이르도록 조명하시며,[4] 돌처럼 굳은 그들의 마음을 제하여 버리고, 살과 같이 부드러운 마음을 주신다.[5] 그리고 그들의 의지를 새롭게 하사, 하나님의 전능하신 능력으로 그들이 선을 향하도록 결단하게 하시고,[6] 또 그들을 예수 그리스도에게로 효력 있게 이끄신다.[7] 그러나

그들은 하나님의 은혜로 인해 자원하여 가장 자유롭게 나온다.[8]

(1)살후2:13,14. 고후3:3,6. (2)롬8:2. 엡 2:1-5. 딤후1:9,10. (3)롬8:30. 롬11:7. 엡1:10,11. (4) 행26:18. 고전 2:10,12. 엡1:17,18(개역개정19절) (5)겔36:26. (6)겔11:19. 빌2:13. 신30:6. 겔 36:27. (7) 엡1:19. 요6:44,45. (8)아1:4. 시110:3. 요6:37. 롬6:16-18.

2. 이 효력 있는 부르심은 오직 하나님의 값없고 특별한 은혜에서만 나오는 것이요, 사람 안에서 미리 보인 어떤 선행으로 된 것이 결코 아니다.[1] 사람은 성령에 의해 살아나고 새롭게 될 때까지[2] 이 부르심에 있어서 전적으로 수동적이다. 이런 성령의 은혜로 사람은 부르심에 응답할 수 있고 또한 이 부르심 안에서 제공되고 전달된 은혜를 받아들이게 된다.[3]

(1)딤후1:9. 딛3:4,5. 엡2:4,5,8,9. 롬9:11. (2)고전2:14. 롬8:7. 엡2:5. (3)요6:37. 겔36:27. 요 5:25.

3. 어려서 죽은 택함을 받은 유아들은 그 기뻐하시는 때와 장소와 방법으로 역사 하시는 성령을 통하여[1] 그리스도로 말미암아 거듭나고 구원받는다.[2] 그리고 말씀의 사역에 의해 외적으로 부름 받을 수 없는 다른 모든 택함 받은 자들도 유아들의 경우와 동일하다.[3]

(1)요3:8. (2)눅18:15,16. 행2:38,39. 요3:3,5,8. 요일5:12. 롬8:9. (3)요일5:12. 행4:12.

4. 택함을 받지 못한 다른 사람들은 비록 그들이 말씀의 사역에 의해 부름을 받으며[1] 성령의 일반적 사역을 어느 정도 받더라도,[2] 그들은 결코 신실하게 그리스도에게 나오지 않으므로 구원을 얻지 못한다.[3] 더욱이 기독교 신앙을 고백하지 않는 사람들은 비록 그들이 자연의 빛과 자기들이 고백하는 종교의 법을 따라 그들의 삶을 매우 부지런히 꾸려 나간다할지라도 다른 어떤 방법으로는 결코 구원받을 수 없다.[4] 따라서 그들이 구원을 받을 수 있다고 단언하고 주장하는 것은 매우 해롭고 가증스러운 일이다.[5]

(1)마22:14. (2)마7:22. 13:20,21. 히6:4,5. (3)요6:64-68. 8:24. (4)행4:12. 요14:6. 엡2:12. 요 4:22. 17:3. (5)요이1:9-11. 고전16:22. 갈1:6-8.

제 11 장 칭의(稱義)에 관하여

1. 하나님께서는 효력 있게 부른 사람들을 또한 값없이 칭의 하신다.[1] 이는 그들안에 의를 주입함으로써가 아니라 그들의 죄들을 용서하고, 그들의 인격을 의롭다고 여겨주며, 받아주시기 때문이다. 즉 그들 안에 이루어진 어떤 것이나 그들에 의해 행해진 어떤 것 때문이 아니라 오직 그리스도 때문이다. 그리고 믿음 자체나 믿는 행위나 그 밖에 어떤 복음적인 순종을 그들의 의로 그들에게 전가(轉嫁) 함으로써가 아니라 그리스도의 순종과 만족을 그들에게 전가시킴 으로써 이루어진다.[2] 그들은 믿음으로 말미암아 그리스도와 그의 의를 받아들이고 의지한다. 이 믿음도 그들 자신에게서 나온 것이 아니요 하나님의 선물이다.[3]

(1)롬8:20, 3:24. (2) 롬4:5-8. 고후5:19,21. 롬3:22,24,25,27,28. 딛3:5,7. 엡1:7. 렘23:6. 고전1:30,31. 롬5:17-19. (3)행10:44. 갈2:16. 빌3:9. 행13:38,39. 엡2:7,8.

2. 그리스도와 그의 의를 받아들이고 의지하는 믿음이 칭의의 유일한 수단이다.[1] 그런데 이 믿음은 의롭다고 여김을 받은 사람 안에서 단독으로 있는 것이 아니라 항상 다른 모든 구원의 은혜들과 함께한다. 그리고 이 믿음은 죽은 믿음이 아니라 사랑으로 역사한다.[2]

(1)요1:12. 롬3:28. 5:1. (2)약2:17,22,26. 갈5:6.

3. 그리스도께서는 그의 순종과 죽으심으로 말미암아 칭의 하신 모든 사람들의 죄의 빚을 완전히 갚아 주셨고 그들을 대신하여 성부의 공의에 합당하고 참되고 충분한 만족을 드리셨다.[1] 그러나 성부께서 그들을 위해 그리스도를 주셨고,[2] 그들 안에 있는 어떤 것 때문이 아니라 그들 대신에 그리스도의 순종과 만족을 값없이 수납하신 만큼,[3] 그들의 칭의는 전적으로 값없이 받은 은혜에서 온 것이다.[4] 이는 하나님의 엄정한 공의와 풍성하신 은혜가 죄인들의 칭의에서 영광 받으시기 위함이다.[5]

(1)롬5:8-10,19. 딤전2:5,6. 히10:10,14. 단9:24,26. 사53:4-6,10-12. (2)롬8:32. (3)고후5:21. 마3:17. 엡 5:2. (4)롬 3:24. 엡1:7. (5)롬3:26. 엡2:7.

4. 하나님께서는 영원부터 택하신 모든 사람을 칭의 하기로 작정하셨고,[1] 그리스도 께서는 때가 차매 그들의 죄 때문에 죽으시고, 그들의 칭의를 위하여 다시살아 나셨다.[2]

그럼에도 불구하고 성령께서 적당한 때에 그리스도를 그들에게 실제로 적용시켜 주시기 전까지 그들은 칭의 되지 않는다.[3]

(1)갈3:8. 벧전1:2,19,20. 롬8:30. (2)갈4:4. 딤전2:6. 롬4:25. (3)골1:21,22. 갈2:16. 딛3:4-7.

5. 하나님께서는 의롭다 함을 받은 사람들의 죄를 계속적으로 용서하신다.[1] 비록 그들이 칭의의 상태로부터 결코 타락할 수 없을지라도,[2] 그러나 자신들의 죄로 말미암아 하나님의 부정적인 노여움을 사게 될 수 있다. 이 경우에 그들이 자신을 낮추며, 죄를 고백하고, 용서를 구하고, 믿음과 회개를 새롭게 하기 전까지는 하나님의 얼굴의 빛이 그들에게 회복되지 않을 수도 있다.[3]

(1)마6:12. 요일1:7,9. 2:1,2. (2)눅22:32. 요10:28. 히10:14. (3)시89:31-33. 51:7-12. 32:5. 마26:75. 고전11:30,32. 눅1:20.

6. 모든 면에서 구약시대의 신자들의 칭의는 신약시대의 신자들의 칭의와 하나이며 동일하다.[1]

(1)갈3:6,8,9,13,14. 요8:56. 롬4:22-24. 히11:13. 13:8. 행15:11.

제 12 장 양자에 관하여

1. 하나님께서는 칭의를 받은 모든 사람들을 독생자 예수 그리스도 안에서 또한 예수님 때문에 양자(養子)가 되는 은혜에 참여할 수 있도록 허락해 주신다.[1] 양자가 됨으로 그들은 하나님의 자녀의 수에 들어가게 되며, 하나님의 자녀들의 자유와 특권을 누리고,[2] 하나님의 이름이 그들 위에 주어지며,[3] 양자의 영을 받는다[4]. 그리고 담대하게 은혜의 보좌 앞에 나아가며,[5] '아바 아버지' 라고 부를 수 있고,[6] 불쌍히 여김과[7] 보호를 받으며,[8] 필요한 것을 공급받고,[9] 아버지로서 내리시는 징계를 받지만[10] 결코 버림을 받지 않고,[11] 오히려 구속의 날까지 인치심을 받고,[12] 영원한 구원의 상속자로서[13] 약속들을 물려받는다.[14]

(1)엡1:5. 갈 4:4,5. (2)롬8:17. 요1:12. (3)렘14:9. 고후6:18. 계3:12. (4)롬8:15. (5)엡3:12. 롬5:2. (6)갈4:6. (7)시103:13. (8)잠14:26. (9)마6:30,32. 벧전5:7. (10)히12:6. (11)애3:31. (12)엡4:30. (13)벧전1:3,4. 히1:14. (14)히6:12.

제 13 장 성화에 관하여

1. 효력 있게 부르심을 받고 중생된 자들 곧 그들 안에 창조된 새 마음과 새 영을 가진 자들은 그리스도의 말씀과 그들 안에 내주 하신 성령으로 말미암아[1] 그리스도의 죽음과 부활의 공로를 통하여[2] 실제적으로 그리고 인격적으로 더욱 성화된다. 온 몸을 지배하던 죄의 권세는 파괴되고[3] 그 죄의 여러 가지 정욕들이 점점 더 약해지며 사라진다.[4] 그들은 구원의 모든 은혜 안에서[5] 참된 거룩의 실천을 향하여 점점 더 소생되고 힘을 얻게 된다. 이 거룩함 없이는 아무도 주를 보지 못할 것이다.[6]

(1)요17:17. 엡5:26. 살후2:13. (2)고전6:11. 행20:32. 빌3:10. 롬6:5,6. (3)롬6:6,14. (4)갈5:24. 롬8:13. (5)골1:11. 엡3:16–19. (6)고후7:1. 히12:14.

2. 이 성화는 전인격적으로 이루어지나,[1] 이 세상에 있는 동안에는 아직 불완전하다. 사람의 모든 부분에 부패의 잔재들이 여전히 남아 있어[2] 이로부터 계속적이고 화해할 수 없는 싸움이 일어남으로 육신은 성령을 거스르고 성령은 육신을 거스른다.[3]

(1)살전5:23. (2)요일1:10. 롬7:18,23. 빌3:12. (3)갈5:17. 벧전2:11.

3. 이 싸움에 있어서 비록 남아 있는 부패가 잠시 동안 매우 우세할 수도 있으나,[1] 성화하게 하시는 그리스도의 영(靈)께서 끊임없이 힘을 공급해 주시므로 중생한 편이 이긴다.[2] 그리하여 성도들은 은혜 안에서 자라면서[3] 하나님을 경외함으로 거룩함을 완성해 나간다.[4]

(1)롬7:23. (2)롬6:14. 요일5:4. 엡4:15,16. (3)벧후3:18. 고후3:18. (4)고후7:1.

제 14 장 구원에 이르는 신앙에 관하여

1. 선택된 자들의 영혼이 구원에 이르도록 믿는 것을 가능하게 해 주는[1] 신앙의 은혜는 그들 마음속에 계시는 그리스도의 영(靈)의 역사이며[2] 보통 말씀의 사역을 통해서 이뤄진다.[3] 신앙은 말씀의 사역과 성례의 집행과 기도에 의해 증가되고 강화된다.[4]

(1)히10:39. (2)고후4:13. 엡1:17–19. 2:8. (3)롬10:14,17. (4) 벧전2:2. 행20:32,33. 롬4:11. 눅17:5. 롬1:16,17.

2. 이 신앙으로 그리스도인은 말씀 가운데 계시된 것은 무엇이든지 참된 것으로 믿는다. 왜냐하면 성경 안에서 말씀하는 하나님 자신의 권위 때문이다.[1] 그리스도인은 각 구절에 포함되어 있는 내용에 따라서 각각 다르게 행동하는데, 곧 명령들에 순종하고,[2] 엄중한 경고들에 두려워 떨며,[3] 현세와 내세를 위한 하나님의 약속들을 기꺼이 받아들인다.[4] 그러나 구원하는 믿음의 핵심적 행위들은 은혜언약의 공로에 의한 것인데, 칭의와 성화와 영생을 얻기 위해 오직 그리스도만을 믿고, 받아들이며, 의지하는 것이다.[5]

(1)요4:42. 살전2:13. 요일5:10. 행24:14. (2)롬16:26. (3)사66:2. (4)히11:13. 딤전4:8. (5)요1:12. 행16:31. 갈2:20. 행15:11.

3. 이 신앙은 정도의 차이가 있어서 약하기도 하고 강하기도 하다.[1] 종종 여러 가지 모양으로 공격을 당하여 약해지기도 하나 마침내 이긴다.[2] 이 신앙은 우리 믿음의 조성자시요 완성자인 그리스도를 통하여[3] 완전한 확신을 얻기까지 여러 면으로 성장해 간다.[4]

(1)히5:13,14. 롬4:19,20. 마6:30. 8:10. (2)눅22:31,32. 엡6:16. 요일5:4,5. (3)히12:2. (4)히6:11,12. 10:22. 골2:2.

제 15 장 생명에 이르는 회개에 관하여

1. 생명에 이르는 회개는 복음적인 은혜이니,[1] 그리스도를 믿는 신앙의 교리와 마찬가지로 모든 복음의 교역자들은 이 교리를 전파해야 한다.[2]

(1)슥12:10. 행11:18. (2)눅24:47. 막1:15. 행20:21.

2. 이 회개에 의해 죄인은 자기의 죄가 위험할 뿐만 아니라 더럽고 추악한 것이며 그것이 하나님의 거룩하신 성품과 의로운 율법에 반대되는 것임을 보고 느끼며 또한 그 죄를 회개하는 사람에게 그리스도 안에 있는 하나님의 자비를 베풀어 주시는 것을 깨달음으로써 자기의 죄를 슬퍼하며 미워한다. 그 결과 그는 죄에서 떠나 하나님께로 돌아오며[1] 그의 계명들의 모든 길에서 하나님과 동행하는 것을 결심하고 노력한다.[2]

(1)시119:6,59,106. 눅1:6. 왕하23:25. (2)겔18:30,31. 36:31. 사30:22. 시51:4. 렘31:18,19. 욜2:12,13. 암5:15. 시119:128. 고후 7:11.

3. 비록 회개가 죄에 대한 어떤 만족이나 혹은 죄 용서의 어떤 원인이 될 수 없고,[1] 그것은 그리스도 안에 있는 하나님의 값없는 은혜의 행위이지만,[2] 그러나 모든 죄인에게는 필수적이기 때문에 누구든지 회개하지 않고는 죄의 용서를 기대할 수 없다.[3]

(1)겔36:31,32. 16:61-63. (2)호14:2,4. 롬3:24. 엡1:7. (3)눅13:3,5. 행 17:30,31.

4. 아무리 작은 죄라도 멸망에 해당하지 않는 죄가 없는 것같이[1] 아무리 큰 죄라도 참으로 회개하는 자들에게 멸망을 가져오는 죄는 없다.[2]

(1)롬6:23. 5:12. 마12:36. (2)사55:7. 롬8:1. 사1:16,18.

5. 사람들은 일반적인 회개로 스스로 만족해서는 안 되며 오히려 자신의 각각의 죄를 개별적으로 회개하도록 노력하는 것이 모든 사람의 의무다.[1]

(1)시19:13. 눅19:8. 딤전1:13,15.

6. 누구든지 죄의 용서를 얻기 위해 기도해야 하고 하나님께 자기의 죄를 개인적으로 고백해야 한다.[1] 그러면 그는 이 간구와 함께 죄를 버림으로 자비를 얻을 것이다.[2] 마찬가지로 형제나 그리스도의 교회를 실족케 한 사람은 자기의 죄를 사적이나 공적인 고백과 애통으로 피해자들에게 자기의 회개를 고백하도록 기꺼이 힘써야 한다.[3] 그리고 이 회개에 근거하여 그 피해자들은 그와 화해해야 하고 또한 그를 사랑으로 받아들여야 한다.[4]

(1)시51:4,5,7,9,14. 32:5,6. (2)잠28:13. 요일1:9. (3)약5:16. 눅17:3,4. 수7:19. 시51편 (4)고후2:8.

제 16 장 선행에 관하여

1. 선행은 오직 하나님께서 자신의 거룩한 말씀으로 명령하신 것이지[1] 사람이 말씀의 근거 없이 사람들에 의해 맹목적인 열심이나 선한 의도를 구실로 해서 고안해 낸 것이 아니다.[2]

(1)미6:8. 롬12:2. 히13:21. (2)마15:9. 사29:13; 벧전1:18; 롬10:2; 요16:2; 삼상15:21-23.

2. 하나님의 계명들에 순종함으로 이루어지는 이 선행은 참되고 살아있는 신앙의 열매이며 증거들이다.[1] 신자들은 이 선행으로 자기들의 감사를 나타내고,[2] 확신을 굳게

하며,(3) 형제의 덕을 세우고,(4) 복음의 고백을 높이며,(5) 반대자들의 입을 막고,(6) 하나님을 영화롭게 한다.(7) 신자들은 하나님께서 지으신 바요,(8) 예수 그리스도 안에서 선행을 위하여 창조되었으니, 이는 그들로 하여금 거룩함에 이르는 열매를 맺으며, 마침내 영생을 얻게 하시려는 것이다.(9)

(1)약2:18,22. (2)시116:12,13. 벧전2:9. (3)요일2:3,5. 벧후1:5-10. (4)고후9:2. 마5:16. (5)딛2:5. 9-12. 딤전6:1. (6)벧전2:15. (7)벧전2:12. 빌1:11. 요15:8. (8)엡2:10. (9)롬6:22.

3. 그들이 선을 행할 수 있는 능력은 결코 그들 자신에게서 나온 것이 아니고 전적으로 그리스도의 영(靈)으로부터 나온다.(1) 그들이 선을 행할 수 있으려면 이미 받은 은혜 외에 그의 기뻐하시는 것을 원하고 행할 수 있도록 그들 안에서 역사 하시는 동일한 성령의 실제적 영향이 필요하다.(2) 그렇다고 해서 성령의 특별한 활동이 없이는 어떠한 의무라도 수행할 책임이 없는 것처럼 생각하여 나태해서는 안 된다. 오히려 그들은 자신 안에 있는 하나님의 은혜를 불러 일으키는데 있어서 부지런해야만 한다.(3)

(1)요15:4,6. 겔36:26,27. (2)빌2:13. 4:13. 고후3:5. (3)빌2:12. 히6:11,12. 벧후1:3,5,10,11. 사64:7. 딤후1:6. 행26:6,7. 유1:20,21.

4. 그들의 순종에 있어서 이 세상에서 도달할 수 있는 최고의 경지까지 이르는 사람이라 할지라도 의무 이상으로 하나님께서 요구하시는 것보다 더 많이 행할 수 있는 것은 아니다. 오히려 그들이 의무상 해야 할 많은 일들에 있어서 훨씬 미치지 못한다.(1)

(1)눅17:10. 느13:22. 욥9:2,3. 갈5:17.

5. 우리는 우리의 최고의 선행들을 통해서도 하나님께로부터 죄의 용서나 영생을 공로로 얻을 수 없다. 그 이유는 선한 행위와 장차 올 영광 사이의 큰 불균형과 또한 우리와 하나님 사이에 무한한 간격이 있어서(1) 우리는 그 행위로 하나님을 유익하게 할 수도 없고, 이전 죄의 벌을 갚을 수도 없기 때문이다. 도리어 우리가 할 수 있는 모든 일을 다 했을 때에라도 그저 우리의 의무를 다한 것뿐이요 다만 무익한 종에 불과하다.(2) 왜냐하면 그것이 선한 행동이라면 성령으로부터 나오지만,(3) 그 행위가 우리에 의해 이루어지면 그것들이 더러워지고 매우 많은 연약함과 불완전으로 뒤섞여서 도저히 하나님의 무서운 심판을 견딜 수 없기 때문이다.(4)

(1)롬3:20. 4:2,4,6. 엡2:8,9. 딛3:5-7. 롬8:18. 시16:2. 욥22:2,3. 35:7,8. (2)눅17:10. (3)갈

5:22, 23. (4)사64:6. 갈5:17. 롬7:15,18. 시143:2. 130:3.

6. 그럼에도 불구하고 성도들의 인격이 그리스도를 통해 받아들여졌기 때문에 그들의 선행도 역시 그리스도 안에서 용납된다.[1] 그러나 그 선행들이 이 세상에서 하나님 앞에 전적으로 흠이 없거나 책망할 것이 없기 때문이 아니라,[2] 하나님께서 자기 아들 안에서 그 선행을 보시고 비록 거기에 많은 연약함과 불완전함을 동반하고 있지만 진실한 마음으로 행한 선행을 용납하고 상주기를 기뻐하셨기 때문이다.[3]

(1)엡1:6. 벧전2:5. 출28:38. 창4:4. 히11:4. (2)욥9:20. 시143:2. (3)히13:20,21. 고후8:12. 히6:10. 마25:21,23.

7. 중생하지 못한 사람들이 행한 행위는 비록 그 자체로 보면 그것들이 하나님이 명령하신 것일 수도 있고 그들 자신에게 뿐만 아니라 다른 사람들에게도 유익할 수 있다.[1] 그러나 그 행위들이 신앙으로 정결하게 된 마음에서 나온 것이 아니고,[2] 말씀에 따라 올바른 방식으로 행한 것도 아니며,[3] 또한 하나님께 영광을 돌린다는[4] 올바른 목적을 위해 행한 것도 아니기 때문에 그것들은 죄악이며, 하나님을 기쁘시게 할 수도 없고, 그들로 하여금 하나님의 은혜를 받기에 합당하게도 못한다.[5] 하지만 선행을 게을리 하는 것은 더욱 더 죄가 되며 하나님을 더 진노하시게 한다.[6]

(1)왕하10:30,31. 왕상21:27,29. 빌1:15,16,18. (2)창4:5. 히11:4,6. (3)고전13:3. 사1:12. (4)마6:2,5,16. (5)학2:14. 딛1:15. 암5:21,22. 호1:4. 롬9:16. 딛3:5. (6)시14:4. 36:3. 욥21:14,15. 마25:41-43,45. 23:23.

제 17 장 성도의 견인에 관하여

1. 하나님께서 그의 사랑하시는 자 안에서 받아들이고, 그의 성령으로 효력 있게 부르시고, 거룩하게 하신 자들은 은혜의 상태에서 전적으로 또는 최종적으로 타락할 수 없다. 도리어 그들은 끝 날까지 그 상태에서 확실히 견디며 그리고 영원히 구원받을 것이다.[1]

(1)빌1:6. 벧후1:10. 요10:28,29. 요일3:9. 벧전1:5,9.

2. 이 성도들의 견인은 그들 자신의 자유의지에 근거하지 않고 아버지 하나님의 변하지 않는 값없는 사랑에서 나오는 선택적 작정의 불변성에 근거한다.[1] 또한 예수 그리스

도의 공로와, 중보의 효력과,[2] 그들 속에 있는 성령과 하나님의 씨의 내주하심과,[3] 그리고 은혜언약의 성질에 의존한다.[4] 이 모든 것으로부터 견인의 확실성과 무오성이 일어난다.[5]

(1)딤후2:18,19. 렘31:3. (2)히10:10,14. 13:20,21. 9:12-15. 롬8:33-39. 요17:11,24. 눅22:32. 히7:25. (3)요14:16,17. 요일2:27. 3:9. (4)렘32:40. (5)요10:28. 살후3:3. 요일2:19.

3. 그럼에도 불구하고 성도들은 사단과 이 세상의 유혹과 그들 안에 남아 있는 부패의 우세함과 자신을 보호하는 수단들을 게을리 함으로 극심한 죄에 빠질 수 있으며,[1] 그 결과 얼마 동안 죄에 빠져 있기도 한다.[2] 그 때문에 그들은 하나님의 진노를 일으키고,[3] 그의 성령을 슬프게 하며,[4] 그들이 받은 은혜와 위로 중 일부를 빼앗기게 되고,[5] 그들의 마음이 강퍅해지며,[6] 양심은 상처를 입고,[7] 다른 사람을 해치고 넘어지게 하며,[8] 그들 자신에게 일시적 심판을 불러온다.[9]

(1)마26:70,72,74. (2)시51:14. (3)사64:5,7,9. 삼하11:27. (4)엡4:30. (5)시51:8,10,12. 계2:4. 아5:2-4,6. (6)사63:17. 막6:52. 16:14. (7)시32:3,4. 51:8. (8)삼하12:14. (9)시89:31,32. 고전11:32.

제 18 장 은혜와 구원의 확신에 관하여

1. 위선자들과 중생하지 못한 사람들이 하나님의 은총과 구원을 소유하고 있는 것처럼 거짓된 소망과 육적인 망상으로 헛되게 자기 자신을 속일지라도,[1] 그들의 소망은 사라지고 말 것이다.[2] 그러나 주 예수를 참으로 믿으며 성실하게 그를 사랑하고, 그 앞에서 온전하게 선한 양심을 따라 행하려고 노력하는 사람은 자신들이 은혜의 상태에 있음을 이 세상에서 분명히 확신할 수 있고,[3] 하나님의 영광을 소망하며 즐거워 할 수 있다. 이 소망은 그들을 결코 부끄럽게 만들지 않을 것이다.[4]

(1)욥8:13,14. 미3:11. 신29:19. 요8:41. (2)마7:22,23. (3)요일2:3. 3:14,18,19,21,24. 5:13. (4)롬5:2,5.

2. 이 확신은 헛된 소망에 근거한 단순한 억측이나 그럴듯한 신념이 아니라[1] 구원을 약속한 신적 진리와[2] 이 약속을 이루는 그 은혜의 내적 증거에[3] 의한 것이다. 그리고 우리가 하나님의 자녀라는 것을 우리의 영과 함께 증거 하시는 양자의 영의 증거 위에 세워진 틀림없는 믿음의 확신이다.[4] 이 성령님은 우리의 기업에 대한 보증이니, 이 성령으로

말미암아 우리들은 구속의 날까지 인침을 받는다.(5)

　　(1)히6:11,19. (2)히6:17,18 (3)벧후1:4,5,10,11. 요일2:3. 3:14. 고후1:12. (4)롬8:15,16. (5)엡1:13,14. 4:30. 고후1:21,22.

　　3. 이러한 틀림없는 확신은 신앙의 본질에 속한 것이 아니기 때문에 참된 신자는 이 확신을 소유하기까지 오랫동안 기다리고 많은 어려움과 더불어 싸워야만 한다.(1) 그러나 하나님께서 그에게 값없이 주신 것들을 깨달을 수 있도록 성령님께서 힘을 북돋아 주시기 때문에 그는 무슨 특별한 계시 없이도 통상적인 수단들을 옳게 사용함으로 확신에 이를 수 있다.(2) 그러므로 모든 신자는 자신의 부르심과 택함을 굳게 세우기 위해 전적으로 노력해야 할 의무가 있다.(3) 이렇게 함으로써 그의 마음은 이 확신이 주는 정당한 열매들인 성령 안에서의 평화와 기쁨, 하나님에 대한 사랑과 감사, 그리고 순종의 의무를 행하는 힘과 즐거움으로 더 확장될 수 있다.(4) 이 확신은 사람을 결코 방탕하게 만들지 않는다.(5)

　　(1)요일5:13. 사50:10. 막9:24. 시88편. 77:1-12. (2)고전2:12. 요일4:13. 히6:11,12. 엡3:17-19. (3)벧후1:10. (4)롬5:1,2,5. 14:17. 15:13. 엡1:3,4. 사4:6,7. 119:32. (5)요일2:1,2. 롬6:1,2. 딛2:11,12,14. 고후7:1. 롬8:1,12. 요일3:2,3. 시130:4. 요일1:6,7.

　　4. 참된 신자들이라도 구원의 확신이 종종 여러 가지 방법으로 흔들리고, 약해지며, 일시적으로 중단될 수 있다. 이것은 신자들이 구원의 확신을 유지하는 것을 게을리 하고, 양심을 상하게 하고, 성령을 근심하게 하는 특별한 죄에 빠지며, 돌발적이거나 강렬한 유혹을 받으므로, 하나님께서 그의 얼굴빛을 거두시는 것과 하나님을 경외하는 자라도 어두움 가운데 걸으며 전혀 빛을 보지 못하게 방임하여 두시기 때문이다.(1) 그러나 신자들은 하나님의 씨와 믿음의 삶과 그리스도와 형제들에 대한 사랑과 마음의 진실성과 의무를 행하는 양심을 결코 완전히 잃어버리지 않는다. 이 모든 것들로부터 구원의 확신은 성령님의 역사로 말미암아 적당한 때에 다시 회복될 수 있으며,(2) 그 과정에서 그들이 완전한 절망에 빠지지 않도록 도움을 받는다.(3)

　　(1)아5:2,3,6. 시51:8,12,14. 엡4:30,31. 시77:1-10. 마26:69-72. 시31:22. 88편. 사 50:10. (2)요일3:9. 눅22:32. 욥13:15. 시73:15. 51:8,12. 사50:10. (3)미7:7-9. 렘32:40. 사54:7-10. 시22:1. 88편.

제 19 장 하나님의 율법에 관하여

1. 하나님께서는 아담에게 행위언약으로 율법을 주셨다. 이 율법으로 하나님께서는 아담과 그의 모든 후손들에게 인격적이며, 완전하고, 엄밀하고, 영구한 순종의 의무를 지워 주셨다. 하나님께서는 사람이 그 법을 완수하면 생명을 주시기로 약속 하셨고, 그 것을 위반하면 사망을 내리시기로 경고하셨고, 그리고 이 법을 지킬 수 있는 힘과 능력 도 그에게 주셨다.(1)

  (1)창1:26,27. 2:17. 롬2:14,15. 10:5. 5:12,19. 갈 3:10,12. 전7:29. 욥28:28.

2. 하나님께서는 이 율법을 아담이 타락한 후에도 계속하여 의(義)에 관한 완전한 법 칙이 되게 하셨다. 마찬가지로 하나님께서는 이 율법을 시내 산에서 십계명으로 주시고 두 돌 판에 새겨 주셨다(1). 첫 네 계명은 하나님께 대한 우리의 의무를, 나머지 여섯 계명 은 사람에 대한 우리의 의무를 담고 있다(2).

  (1)약1:25. 2:8. 10-12. 롬13:8,9. 신5:32. 10:4. 출34:1. (2)마22:37-40.

3. 보통 도덕법이라고 하는 이 율법 외에 하나님께서는 아직 미성숙한 교회인 이스라 엘 백성에게 여러 예표적 규례를 담고 있는 의식법들을 주기를 기뻐하셨다. 이 의식법은 부분적으로는 그리스도와 그의 은혜들, 행위들, 고난들, 은택들을 예표 하는(1) 예배에 관 한 것이며 또한 부분적으로는 도덕적 의무들에 관한 다양한 지침들도 제시하고 있다.(2) 이 모든 의식에 관한 율법은 이제 새로운 약속 아래에서 폐지되었다.(3)

  (1)히9. 10:1. 갈4:1-3. 골2:17. (2)고전5:7. 고후6:17. 유1:23. 레5:1-6. 6:1-7. (3)골2:14,16,17. 단9:27. 엡2:15,16.

4. 하나님께서는 정치 조직체인 이스라엘 백성에게 여러 가지 재판법들도 주셨다. 이 법들은 그 백성의 국가와 함께 폐지되었으며 지금은 그것의 일반적 원칙 외에는 더 이상 지킬 의무가 없다.(1)

  (1)출21장. 22:1-29. 창49:10. 벧전2:13,14. 마5:17,38,39. 고전9:8-10.

5. 도덕법은 의롭다함을 받은 사람들뿐만 아니라 불신자들에게도 영원히 순종해야할 의무를 요구한다.(1) 그것은 도덕법에 포함된 내용뿐만 아니라 그 법을 주신 창조주 하나

님의 권위의 관점에서 보더라도 그러하다. [2] 그리스도께서도 복음안에서 이 의무를 조금도 폐지하지 아니하시고 오히려 더욱 강화하셨다. [3]

(1)롬13:8,9,10. 엡6:2. 요일2:3,4,7,8. (2)약2:10,11. (3)마5:17-19. 약2:8. 롬3:31.

6. 참된 신자들은 행위언약으로써의 율법 아래에 있지 않기 때문에 그것으로 의롭다 함을 얻거나 저주를 받는 것은 아니지만[1] 율법은 불신자들뿐만 아니라 참된 신자들에게도 크게 유익하다. 즉 그것은 생활의 규범으로써 하나님의 뜻과 신자의 의무를 알게 해주며, 합당하게 걷도록 그들을 인도하고 속박하며,[2] 그들의 본성과 마음과 생활 속에 있는 죄의 오염을 발견하게 한다.[3] 따라서 그들은 이 율법으로 자신을 살펴서 죄를 더욱 깨닫고, 죄 때문에 겸손해 지고, 죄를 미워하게 된다.[4] 또한 이 모든 것들로 인해 자기들이 그리스도와 그의 완전한 순종을 소유해야 하는 필요를 보다 더 분명히 깨닫게 된다.[5] 마찬가지로 이 율법은 거듭난 자들에게 그들의 부패를 억제하는데도 유익하다. 즉 율법은 죄를 금하게 하고,[6] 율법의 위협들은, 비록 그들이 율법에서 경고한 저주로부터 해방되었을지라도 그들의 죄가 당연히 받을 바가 무엇이며, 죄 때문에 이 세상에서 어떤 환난들을 예상할 수 있는지를 보여 준다.[7] 같은 방식으로 율법의 약속들은 비록 행위언약으로써 율법에 의해 그들에게 당연히 주어지는 것은 아니지만[8] 하나님께서 우리의 순종을 인정하신다는 것과 순종함으로써 받게 되는 복이 무엇인지를 보여준다.[9] 마찬가지로 율법이 선을 격려하고 악을 금하고 있기 때문에 사람이 선을 행하고 악을 피한다고 해서 이것이 은혜 아래있지 않고 율법 아래 있다는 증거가 되지는 않는다.[10]

(1)롬6:14. 갈2:16. 3:13. 4:4,5. 행13:39. 롬8:1. (2)롬7:12,22,25. 시119:4-6. 고전7:19. 갈5:14,16. 18-23. (3)롬7:7. 3:20. (4)약1:23-25. 롬7:9,14,24. (5)갈3:24. 롬7:24,25. 8:3,4. (6)약2:11. 시119:101,104,128. (7)스9:13,14. 시89:30-34. (8)레26:1-14. 고후6:16. 엡6:2,3. 시37:11. 마5:5. (9)갈2:16. 눅17:10. (10)롬6:12,14. 벧전3:8-12. 시34:12-16. 히12:28,29.

7. 앞서 언급한 율법의 여러 용도는 복음의 은혜와 대립되는 것이 아니라 오히려 복음과 잘 조화를 이룬다.[1] 그리스도의 영(靈)이 사람의 의지를 정복하고 힘있게 하여 율법에 계시된 하나님의 뜻이 요구하는 것을 사람이 자유롭고 기쁘게 행하도록 이끌어 주신다.[2]

(1)갈3:21. (2)겔36:27. 히8:10. 렘31:33.

제 20 장 신자의 자유와 양심의 자유에 관하여

1. 그리스도께서 복음 아래 있는 신자들을 위하여 값을 치루고 획득한 자유는 죄책과 하나님의 정죄하시는 진노와 도덕법의 저주로부터의 자유를 말한다.[(1)] 그 자유는 현재의 이 악한 세상과 사단의 속박, 그리고 죄의 지배와[(2)] 환란들의 불행과 사망의 쏘는 것, 무덤의 승리와 영원한 멸망으로부터 구출되는 것이며,[(3)] 신자들이 하나님께 자유롭게 나아가는 것과[(4)] 노예 같은 두려움이 아니라 자녀 같은 사랑과 자발적인 마음으로 하나님께 순종하는 것이다. 이 모든 것들은 율법 아래 있던 신자들에게도 공통적이었다.[(5)] 그러나 새 언약 아래서 그리스도인들의 자유는 유대교회가 복종했던 의식법의 멍에로부터의 자유와[(6)] 은혜의 보좌에 더 가까이 나아가는 자유와[(7)] 율법 아래 있는 신자들이 통상적으로 참여했던 것보다[(8)] 더 충만하게 성령 하나님과 교제하는 자유로 확장되었다.[(9)]

(1)딛2:14. 살전1:10. 갈3:13. (2)갈1:4. 골1:13. 행26:18. 롬6:14. (3)롬8:28. 시119:71. 고전15:54-57. 롬8:1. (4)롬5:1,2. (5)롬8:14,15. 요일4:18. (6)갈3:9,14. (7)갈4:1-3,6,7. 5:1. 행15:10,11. (8)히4:14,16. 10:19-22. (9)요7:38,39. 고후3:13,17,18.

2. 하나님께서는 홀로 양심의 주가 되신다.[(1)] 그분은 신앙이나 예배의 문제에서 자신의 말씀에 반대되거나 또는 말씀 밖에 있는 사람들의 교리와 계명으로부터 양심을 자유롭게 하셨다.[(2)] 그러므로 양심을 떠나서 이런 교리들을 믿는 것이나 이런 계명들에 순종하는 것은 양심의 참된 자유를 배반하는 것이다.[(3)] 그리고 맹신과 절대적이며 맹목적인 순종을 강요하는 것은 양심의 자유와 이성을 파괴하는 것이다.[(4)]

(1)약4:12. 롬14:4. (2)행4:19. 5:29. 고전7:23. 마23:8-10. 고후1:24. 마15:9. (3)골2:20,22,23. 갈1:10. 2:4,5. 5:1. (4)롬10:17. 14:23. 사8:20. 행17:11. 요4:22. 호5:11. 계13:12,16,17. 렘8:9.

3. 그리스도인의 자유를 핑계로 삼아 어떤 죄를 범하거나 욕망을 품는 자들은 그것으로 말미암아 그리스도인의 자유의 목적을 파괴한다. 자유의 목적은 우리가 원수의 손에서 해방되어 사는 날 동안 두려움 없이 주님 앞에서 거룩하고 의롭게 주님을 섬기는 것이다.[(1)]

(1)갈5:13. 벧전2:16. 벧후2:19. 요8:34. 눅1:74,75.

4. 하나님께서 제정한 권세들과 그리스도께서 값을 주고 사신 자유는 서로 파괴하

기 위한 것이 아니고, 오히려 상호 간에 지지해 주고 보존하는 것이 하나님의 의도이다. 따라서 신자의 자유를 핑계로 삼아 그것이 국가적이든 교회적이든 간에 어떤 합법적 권세와 그 권세의 합법적 행사를 반대하는 사람은 누구나 하나님의 규례에 반항하는 것이다.[1] 그들이 자연의 빛과 신앙, 예배, 교제에 관한 기독교의 알려진 원칙들과 경건의 능력에 배치하는 그런 의견들을 발표하거나 또는 그런 행위를 지속하고 혹은 그 자체의 성질로나 이것들을 발표하고 지속하는 방식에 있어서도 그리스도께서 교회 안에 세우신 외적 평화와 질서를 파괴하는 그릇된 의견과 행위를 한다면, 그런 자들은 교회의 권징과 국가의 권세에[2] 의해 문책을 받거나,[3] 고소를 받도록 합법적으로 소환을 받을 수 있다.

(1)마12:25. 벧전2:13,14,16. 롬13:1-8. 히13:17. (2)신13:6-12. 롬13:3,4. 요이10,11. 스7:23. 25-28. 계17:12,16,17. 느13:15,17,21,22,25,30. 왕하23:5,6,9,20,21. 대하34:33. 15:12,13,16. 단3:29. 딤전2:2. 사49:23. 슥8:2,3. (3)롬1:32. 고전5:1,5,11,13. 요이1:10,11. 살후3:14. 딤전6:3-5. 딛1:10,11,13. 3:10. 마18:15-17. 딤전1:19,20. 계2:2,14,15,20. 3:9.

제 21 장   예배와 안식일에 관하여

1. 자연의 빛은 만유에 대한 주권과 통치권을 가지고, 선(善)하시며, 만유에게 선을 행하시는 한 분 하나님께서 계시다는 것을 보여준다. 그러므로 사람은 마음을 다하고 목숨을 다하고 온 힘을 다해 하나님을 경외하고, 사랑하고, 찬양하며 부르고, 그분을 신뢰하고 섬겨야 한다.[1] 그러나 하나님께서는 참된 하나님을 예배하는 합당한 방법을 스스로 제정하셨고 그 자신의 계시된 뜻에 의해 제한 하셨다. 따라서 사람의 어떤 상상들이나 고안들과 사단의 제안에 따라 또는 보이는 표현이나 성경에 규정되어 있지 않은 어떤 방법을 통해 하나님을 예배해서는 안 된다.[2]

(1)롬1:20. 행17:24. 시119:68. 렘10:7. 시31:23. 18:3. 롬10:12. 시62:8. 수24:14. 막12:33. (2)신12:32. 마15:9. 행17:25. 마4:9,10. 신4:15-20. 출20:4-6. 골2:23.

2. 기독교적 예배는 하나님 곧 성부, 성자, 성령께 드려야 하며 오직 그분에게만 드려야 한다.[1] 천사들이나, 성인들이나, 다른 어떤 피조물에게도 예배해서는 안 된다.[2] 그리고 타락 이후에는 중보자 없이 예배할 수 없는데 이 중보자는 다른 어떤 이가 아니라 오직 그리스도뿐이시다.[3]

(1)마4:10. 요5:23. 고후13:14. (2)골2:18. 계19:10. 롬1:25. (3)요14:6. 딤전2:5. 엡2:18. 골 3:17.

3. 감사로 드리는 기도는 기독교 예배의 특별한 한 요소로서[1] 하나님께서 모든 사람에게 요구하는 것이다.[2] 기도가 열납되기 위해서는 성자의 이름으로,[3] 성령의 도우심을 받으며,[4] 하나님의 뜻을 따라, 분별과 경외와 겸손과 열성과 믿음과 사랑과 인내로써[5] 드려야 하고,[6] 만일 소리를 내어 기도한다면 반드시 알아들을 수 있는 말로 해야 한다.[7]

(1)빌4:6. (2)시65:2. (3)요14:13,14. 벧전2:5. (4)롬8:26. (5)시47:7. 전5:1,2. 히12:28. 창18:27. 약5:16. 1:6,7. 막11:24. 마6:12,14,15. 골4:2. 엡6:18. (6)요일5:14. (7)고전14:14.

4. 기도는 합법적인 것과[1] 현재 살아 있는 모든 자나 이후에 생존할 사람들을 위해서 해야 한다.[2] 반면에 죽은 자들을 위해서나,[3] 사망에 이르는 죄를 범한 것으로 알려진 사람들을 위해서는 기도하지 말아야 한다[4].

(1)요일5:14. (2)딤전2:1,2. 요17:20. 삼하7:29. 룻4:12. (3)삼하12:21-23. 눅16:25,26. 계14:13. (4)요일5:16.

5. 일반적으로 하나님께 드리는 종교적 예배의 모든 요소들은 경건과 경외하는 마음으로 성경을 읽는 것과[1] 건전한 설교와[2] 하나님께 순종하며, 이해, 믿음, 존경함으로 말씀을 양심적으로 듣는 것과[3] 은혜로운 마음으로 시편을 찬송하는 것과[4] 그리고 그리스도께서 제정하신 성례를 올바르게 집례하며 합당하게 받는 것 등이다.[5] 이 밖에 종교적 맹세,[6] 서원,[7] 엄숙한 금식[8] 그리고 특별한 경우에 드리는 감사 등이 있다.[9] 이와 같은 것들은 적당한 때와 기회에 따라 거룩하고 기독교적인 태도로 해야 한다.[10]

(1)행15:21. 계1:3. (2)딤후4:2. (3)약1:22. 행10:33. 마13:19. 히4:2. 사66:2. (4)골3:16. 엡5:19. 약5:13. (5)마28:19. 고전11:23-29. 행2:42. (6)신6:13. 느10:29. (7)사19:21. 전5:4,5. (8)욜2:12. 에4:16. 마9:15. 고전7:5. (9)시107:1-43. 에9:22. (10)히12:28.

6. 오늘날 복음 아래에서 기도나 기독교적 예배는 어떤 요소든지 예배가 드려지는 장소나 방향에 매이지 않으며 그것으로 인해 더 잘 받아들여지는 것도 아니다.[1] 오히려 매일[2] 각 가정에서나[3] 은밀한 곳에서 홀로[4] 그리고 어디에서 든지[5] 신령과 진리로[6] 하나님께 예배해야 한다. 특히 하나님께서 그의 말씀이나 섭리로 부르실 때는 공적집회에서 더욱 더 엄숙히 예배해야 하는데[7] 이런 공적 집회를 부주의하거나 고의적으로 소홀히 하거나 저버리지 말아야 한다.

(1)요4:21. (2)마6:11. (3)렘10:25. 신6:6,7. 욥1:5. 삼하6:18,20. 벧전3:7. 행10:2. (4)마6:6. 엡

6:18. (5)요4:23,24. (6)말1:11. 딤전2:8. (7)사56:6,7. 히10:25. 잠1:20,21,24. 8:34. 행13:42. 눅 4:16. 행2:42.

7. 일반적으로 하나님께 예배하기 위해 적당한 분량의 시간을 구별해 두는 것이 자연 의 법칙에 속하는 것처럼 그의 말씀 안에서도 모든 시대 모든 사람들에게 구속력 있는 적 극적이고, 도덕적이며, 영구적인 명령으로 하나님께서는 칠일 중에 하루를 안식일로 특 별히 정하여 하나님께 거룩하게 지키도록 하셨다.[1] 이 안식일은 창세로부터 그리스도의 부활까지는 일주일 중 마지막 날이었으나 그리스도의 부활 이후부터는 일주일 중 첫날로 바뀌어[2] 성경에서 주의 날이라고 부른다.[3] 이 주일은 세상 끝날까지 그리스도인의 안식 일로 계속 지켜져야 한다.[4]

(1)출20:8,10,11. 사56:2,4,6,7. (2)창2:2,3. 고전16:1,2. 행20:7. (3)계1:10. (4)출20:8,10. 마 5:17,18.

8. 이 안식일은 주님께 거룩하게 지켜져야 한다. 이것을 위해서 각자는 마음을 다해 합당한 준비를 하고, 미리 일상적인 일들을 정돈한 후에, 자신의 행동과, 말과, 세상적 인 직업과 오락들에 대한 생각으로부터 떠나 온종일 거룩히 안식해야 한다.[1] 나아가 공 적이며 사적인 예배와 부득이한 일과 자비를 베푸는 의무를 위하여 전체 시간을 사용해 야 한다.[2]

(1)출20:8. 16:23,25,26,29,30. 31:15-17. 사58:13. 느13:15-19,21,22. (2)사58:13. 마12:1- 13.

제 22 장 합법적 맹세와 서원에 관하여

1. 합법적인 맹세는 기독교 예배의 한 요소로서[1] 정당한 경우에 맹세자가 자신이 확 언한 것, 혹은 약속한 것을 증거 해 주실 것과, 자신의 맹세가 참인지 거짓인지 판단해 주 시도록 하나님께 엄숙히 요청하는 것이다.[2]

(1)신10:20. (2)출20:7. 레19:12. 고후1:23. 대하6:22,23.

2. 맹세자는 반드시 오직 하나님의 이름으로만 맹세해야 하고 맹세에 있어서 하나님 의 이름을 전적으로 거룩한 두려움과 존경함으로 사용해야 한다.[1] 그러므로 영화롭고

두려운 그 이름으로 헛되이 경솔하게 맹세하거나 그 이름 외에 어떤 다른 것으로 무엇이든지 맹세하는 것은 죄악 되고 증오할 만한 일이다.(2) 그러나 맹세는 그 중요한 사안이나 특별한 경우에 있어서 구약에서와 마찬가지로 신약에서도 하나님의 말씀에 의해 보증되었기 때문에(3) 합법적인 권위로 부과된 합법적인 맹세가 이런 문제들에 있어서 반드시 시행되어져야 한다.(4)

(1)신6:13. (2)출20:7. 렘5:7. 마5:34,37. 약5:12. (3)히6:16. 고후1:23. 사65:16. (4)왕상8:31. 느13:25. 스10:5. 마26:63,64.

3. 누구든지 맹세하는 자는 그것이 매우 중요하고 엄숙한 행위임을 반드시 신중히 생각해야 하고 자기가 진리라고 충분히 확신할 수 있는 것 외에는 어떤 것도 함부로 단언해서는 안 된다.(1) 그뿐만 아니라 누구든지 선하고 바른 것, 자신이 옳다고 믿는 것, 자기가 실제로 행할 수 있는 것, 그리고 행하려고 결심한 것 이외의 어떤 것에 대해서도 맹세해서는 안 된다.(2) 그러나 합법적인 권위로 부과한 선하고 옳은 일에 관련된 맹세를 거절하는 것은 죄가 된다.(3)

(1)출20:7. 렘4:2. (2)창24:2,3,5,6,8,9. (3)민5:19,21. 느5:12. 출22:7-11.

4. 맹세는 평범하고 일상적인 말로 해야 하고, 애매하거나 모호한 말로 해서는 안되고,(1) 맹세가 죄를 짓도록 강요해서도 안 된다. 그러나 죄 되지 않은 어떤 것을 맹세했다면, 그것이 비록 자기에게 손해가 될지라도 마땅히 이행해야 하고,(2) 이단자나 불신자에게 맹세한 것일지라도 깨뜨리지 말아야 한다.(3)

(1)렘4:2. 시24:4. (2)삼상25:22. 32-34. 시15:4. (3)겔17:16,18,19. 수9:18,19. 삼하21:1.

5. 서원은 약속의 맹세와 같은 성질이므로 반드시 맹세와 동일한 종교적 주의함을 가지고 해야 하고 또한 동일한 신실함으로 서원해야 한다.(1)

(1)사19:21. 전5:4-6. 시61:8. 66:13,14.

6. 서원은 어떤 피조물에게 하지 말고 오직 하나님께만 해야 한다.(1) 서원이 하나님께 받아들여지기 위해서는 믿음과 의무의 양심으로 해야 하고 우리가 이미 받은 자비에 대한 감사와 원하는 것을 얻기 위해 자발적으로 서원해야 한다. 그래서 마땅히 해야 할 의무들이나 그 밖의 것들이 서원에 합당하게 이바지한다면, 그리고 이바지 하는 동안에, 이 서원

으로 우리는 그런 의무들이나 다른 일들에 우리 자신을 더욱 더 엄중하게 얽매야 한다.(2)

(1)시76:11. 렘44:25,2. (2)신23:21-23. 시50:14. 창28:20-22. 삼상1:11. 시66:13,14.132:2-5.

7. 누구든지 하나님의 말씀에 금지된 것을 서원해서는 안 된다. 그리고 말씀에 명령된 어떤 의무를 방해하거나, 자기 자신의 힘이 미칠 수 없는 것이나, 그것을 이행하는데 있어서 하나님으로부터 아무런 능력의 약속을 받지 못한 것에 대해 서원해서는 안 된다.(1) 이런 점에서 평생 독신과 청빈과 조직적 복종을 하겠다는 로마교회 수도원의 규칙들에 대한 서원들은 보다 높은 완전한 단계가 아니며 오히려 그러한 것들은 미신적이며 죄악된 올무들이므로 그리스도인들은 누구도 이런 일에 자신을 매이게 하지 말아야 한다.(2)

(1)행23:12,14. 막6:26. 민30:5,8,12,13. (2)마 19:11,12. 고전7:2,9. 엡4:28. 벧전4:2. 고전7:23.

제 23 장 국가의 위정자에 관하여

1. 온 세상에서 최고의 주님이자 왕이신 하나님께서는 자신의 영광과 공공의 선(善)을 위해서 하나님 아래에 국가의 공직자들을 세워 백성들을 다스리게 하셨다. 이 목적을 위해 선한 자들을 보호하고 격려하며 악을 행하는 자를 처벌하도록 칼의 권세로 그들을 무장시키셨다.(1)

(1)롬 13:1-4. 벧전2:13,14.

2. 그리스도인들이 이 공직에 부름을 받았을 때 그것을 받아들여 수행하는 것은 합법적이다. 그들이 그 직무를 수행할 때는 각 나라의 건전한 법을 따라서 하되 특별히 경건과 정의와 평화를 반드시 유지해야 한다.(1) 따라서 이 목적을 위해서는 신약시대인 지금도 정당하고 필요한 경우에 합법적으로 전쟁을 수행할 수 있다.(2)

(1)잠8:15,16. 롬13:1,2,4. (2)시2:10-12. 딤전2:2. 시82:3,4. 삼하23:3. 벧전2:13.

3. 국가의 공직자들은 말씀과 성례의 집례나 천국열쇠의 권세를 자기들의 것으로 취해서는 안 된다.(1) 그러나 그들은 권위를 가지고 교회 안에서 일치와 평화를 보존해야 하며, 하나님의 진리가 순수하고 완전하게 지켜지도록 해야 하고, 모든 신성모독적인 일과 이단들을 제압하고, 예배와 권징에 있어서 모든 부패와 남용을 막거나 개혁하며, 하나님의 모든 규례들이 적절히 제정되고 집행되고 준수되도록 조치할 의무들을 가진다.(2) 이러

한 의무들을 효과적으로 수행하기 위해 공직자는 교회 회의를 소집할 권세와, 또한 거기에 참석할 권세와, 그리고 그곳에서 그들에 의해 처리되는 어떤 것이든지 하나님의 마음에 일치하도록 제공할 권세를[3] 가진다.[1]

(1)대하26:18. 마18:17. 16:19. 고전12:28,29. 엡4:11,12. 고전4:1,2. 롬10:15. 히5:4. (2)사49:23. 시122:9. 스7:23,25-28. 레24:16. 신13:5,6,12. 왕하18:4. 대상13:1-9. 왕하24:1-26. 대하34:33. 15:12,13. (3)대하19:8-11. 29-30장. 마2:4,5.

4. 국민의 의무는 공직자를 위하여 기도하고,[1] 그들의 인격을 존중하고,[2] 세금과 그 밖의 공과금을 납부하고,[3] 그들의 합법적인 명령에 따르고, 양심대로 그들의 권위에 복종하는 것이다.[4] 백성들은 공직자가 신앙이 없거나 다른 종교를 가졌다고 하여 공직자의 정당하고 적법한 권위를 인정하지 않거나 또는 합당한 순종에 불복종해서는 안 된다.[5] 이 의무는 교회의 직분자들도 예외가 되지 않는다.[6] 더욱이 교황은 국가 공직자들이 통치하는 영역에서 공직자나 백성들 중 어느 누구에게도 어떤 권한이나 사법권을 가지지 못하며 만일 교황이 공직자를 이단으로 정죄하거나 기타 어떤 다른 구실을 붙이더라도 공직자에게 주어진 통치권이나 생명을 결코 빼앗을 수 없다.[7]

(1)딤전 2:1,2. (2)벧전 2:17. (3)롬13:6,7. (4)롬13:5. 딛3:1. (5)벧전2:13,14,16. (6)롬13:1. 왕상2:35. 행25:9-11. 벧후2:1,10,11. 유1:8-11. (7)살후2:4. 계13:15-17.

제 24 장 결혼과 이혼에 관하여

---

1) 1788년 미국판 수정 23장3절에는 "국가 공직자들이 말씀과 성례의 집례나 천국열쇠의 권세를 자기들의 것으로 취해서는 안 되며 조금이라도 믿음의 문제들에 간섭해서는 안 된다. 그러나 양육하는 아버지같이 우리 주의 교회를 보호하는 것이 국가 공직자들의 의무이다. 이 의무는 어느 한 교파를 다른 교파 이상으로 우대하지 않고, 모든 교역자들이 폭력이나 위험 없이 그들의 신성한 직무들의 각 부분을 이행하기 위해 충분하며, 자유롭고, 의심할 여지가 없는 자유를 누리게 하는 방식으로 이행되어야 한다. 예수 그리스도께서는 그의 교회에 정규적인 정치와 권징을 정하셨으므로 국가의 어떤 법률이라도 그리스도인들 중 어느 교파의 자발적인 구성원들 중에서 자신들의 고백과 믿음에 따라 행하는 정당한 정치와 권징을 간섭하거나, 명령하거나, 방해해서는 안 된다. 오히려 국가 공직자들의 의무는 어떤 사람도 종교나 불신앙을 핑계로 박해받는 일이 없고, 어느 누구에게든지 모욕, 폭력, 학대, 그리고 상해 등을 가하는 것이 허용되지 않는 효과적인 방식으로 그들의 모든 백성들의 인격과 명예를 보호하는 것과 모든 종교적 혹은 교회적 집회들이 방해나 소란 없이 개최될 수 있도록 질서를 유지하는 것이다."라고 기록되어 있다.

1. 결혼은 한 남자와 한 여자 사이에 해야 한다. 누구든지 한 남자가 동시에 한 사람 이외의 아내를 가진다든지 한 여자가 동시에 한 사람 이외의 남편을 가지는 것은 불법이다.[1]

(1)창2:24. 마19:5,6. 잠2:17. 고전7:2.

2. 결혼은 남편과 아내가 서로 돕기 위해,[1] 합법적인 자녀를 통한 인류의 증가와 거룩한 자손을 통한 교회의 증가를 위해,[2] 그리고 음행을 방지하기 위해 제정되었다.[3]

(1)창2:18. (2)말2:15. (3)고전7:2,9.

3. 판단력을 가지고 동의를 표시할 수 있는 모든 사람들이 결혼하는 것은 합법적이다.[1] 그러나 오직 주님 안에서 결혼을 하는 것은 그리스도인의 의무다.[2] 따라서 참된 개혁파 신앙을 고백하는 성도는 불신자들이나, 교황주의자들이나, 기타 우상숭배 자들과 결혼해서는 안 된다. 경건한 사람들은 생활에 있어서 현저히 악한 사람이나 저주받은 이단에 계속 빠져 있는 사람과 결혼하여 부당한 멍에를 같이 짊어지지 말아야 한다.[3]

(1)히13:4. 딤전4:3. 고전7:36-38. 창24:57,58. (2)고전 7:39. (3)창 34:14. 출34:16. 신7:3,4. 왕상11:4. 느13:25-27. 말2:11,12. 고후6:14.

4. 결혼은 말씀에서 금지한 친인척(親姻戚)관계의 범위 안에서 이루어져서는 안된다.[1] 이런 근친상간적인 결혼들은 인간의 어떤 법이나 당사자들의 동의로도 그 사람들이 남편과 아내로서 함께 살 수 있도록 결코 합법화될 수 없다.[2] 남자는 자기 자신의 가까운 혈족뿐 아니라 자기 아내의 가까운 혈족 중 그 누구와도 결혼해서는 안 된다. 또 여자도 자기 자신의 가까운 혈족과 결혼할 수 없는 것과 같이 자기 남편의 가까운 혈족 중 그 누구와도 결혼해서는 안 된다.[3]

(1)레18장. 고전5:1. 암2:7. (2)막6:18. 레18:24-28. (3)레20:19-21.

5. 약혼한 후에 간음이나 음행을 범한 사실이 결혼 전에 발견되면 순결한 측에서 그 약혼을 파기할 수 있다.[1] 결혼 후에 간음한 경우에는 순결한 측에서 이혼 소송을 제기하는 것이 적법하고 이혼 후에는 죄를 범한 측을 죽은 것으로 간주하여[2] 다른 사람과 결혼할 수 있다.[3]

(1)마1:18-20. (2)마5:31,32. (3)마19:9. 롬7:2,3.

6. 인간의 부패함은 하나님께서 결혼으로 짝지어 준 것을 부당하게 나누려는 근거들을 수없이 제시하지만, 오직 간음이나, 혹은 교회나 국가공직자 조차도 대책을 마련할 수 없는 고의적인 별거 외에는 어떤 것도 결혼의 연합을 파기할 충분한 사유가 되지 못한다.[(1)] 그런 경우 이혼을 할 때에는 공적인 법적 절차를 따라야 하고 당사자들이 자신의 사건을 다룸에 있어서 자신들의 의사나 재량대로 처리해서는 안 된다.[(2)]

(1)마19:6,8,9. 고전7:15. (2)신24:1-4.

제 25 장 교회에 관하여

1. 보이지 않는 공(公)교회 또는 보편적 교회는 과거나 현재나 미래에 있어서 머리이신 그리스도 아래 하나로 모이는 택함 받은 백성들의 전체로 구성된다. 이 교회는 그리스도의 신부요, 몸이며, 만물 안에서 만물을 충만하게 하시는 분의 충만이다.[(1)]

(1)엡1:10,22,23. 5:23,27,32. 골1:18.

2. 보이는 교회 역시 복음 아래서 공(公)교회 또는 보편적 교회인데, 이전의 율법아래에 있던 것과 같이 한 민족에 한정된 것이 아니며, 전 세계적으로 참된 믿음을 고백하는 모든 자들과[(1)] 그들의 자녀들로 구성된다.[(2)] 이 교회는 주 예수 그리스도의 나라이고,[(3)] 하나님의 집이자 가족이며,[(4)] 이 교회를 떠나서는 정상적인 구원의 가능성이 없다.[(5)]

(1)고전1:2, 12:12,13. 시2:8. 계7:9. 롬15:9-12. (2)고전7:14. 행2:39. 겔16:20,21. 롬11:16. 창3:15. 17:7. (3)마13:47. 사9:7. (4)엡 2:19. 3:15(개역개정14절). (5)행2:47.

3. 그리스도께서는 세상 끝날까지 이 세상에 있는 성도들을 모으고 완전케 하기 위해서 보이는 공교회에 교역자와 말씀과 하나님의 규례를 주셨다. 이 일을 위해 그리스도께서는 자신의 약속을 따라 그 자신의 임재와 성령으로 그것들을 효력 있게 하신다.[(1)]

(1)고전12:28. 엡4:11-13. 마28:19,20. 사59:21.

4. 이 공교회가 때로는 더 잘 보이기도 하고 때로는 잘 안 보이기도 한다.[(1)] 이 공교회에 속하는 각 교회들이 얼마나 더 또는 덜 순결하게 복음의 교리를 가르치고 수용하는 것과 규례들을 시행 하는 것과 공적 예배를 행하는가에 따라서 더 순결하거나 혹은 덜 순결하다.[(2)]

(1)롬11:3,4. 계12:6,14. (2)계 2장-3장. 고전5:6,7.

5. 하늘 아래에 있는 가장 순결한 교회라도 혼합되고 오류에 빠질 수 있다.[1] 그리고 어떤 교회는 그리스도의 교회가 아니라 사단의 모임(會)이 될 정도로 타락 하기도 했다.[2] 그럼에도 불구하고 이 땅에는 하나님의 뜻을 따라 그분을 예배하는 교회가 항상 있을 것이다.[3]

(1)고전13:12. 계2:2장-3장. 마13:24-30,47. (2)계18:2. 롬11:18-22. (3)마16:18. 시72:17. 102:28. 마28:19,20.

6. 주 예수 그리스도 외에는 교회의 머리가 없다.[1] 로마교황은 어떠한 의미로도 교회의 머리가 될 수 없다. 오히려 로마교황은 적그리스도요, 죄악의 사람이며, 멸망의 아들이며, 교회 안에서 그리스도를 대항하여 또한 하나님이라고 불리는 모든 것을 대항하여 자신을 높이고 있다.[2]

(1)골1:18. 엡1:22. (2)마23:8-10. 살후2:3,4,8,9. 계13:6.

제 26 장 성도의 교제에 관하여

1. 성령에 의해 그리고 믿음으로 머리이신 예수 그리스도에게 연합된 모든 성도들은 그의 은혜, 고난, 죽음, 부활, 영광에 있어 그분과 교제 한다.[1] 성도들은 사랑으로 서로 연합됐기 때문에 각자가 받은 은사와 은혜를 함께 나누며,[2] 내적 사람으로나 외적 사람으로나 상호 간에 유익하게 하는 의무를 공적으로 또는 사적으로 수행해야 할 책임이 있다.[3]

(1)요일1:3. 엡3:16-19. 요1:16. 엡2:5,6. 빌3:10. 롬6:5,6. 딤후2:12. (2)엡 4:15,16. 고전12:7. 3:21-23. 골2:19. (3)살전5:11,14. 롬1:11,12,14. 요일3:16-18. 갈6:10.

2. 신앙고백을 한 성도들은 하나님께 드리는 예배와 상호 덕을 세우는 영적 봉사를 행함에 있어서 또한 그들의 각양 능력들과 필요에 따라 물질로 서로 돕는 일에 있어서도 거룩한 친교와 교통함을 계속 유지해야 한다.[1] 이 교제는 하나님께서 기회를 주시는 대로 어디에서나 주 예수의 이름을 부르는 모든 사람들 에게까지 확장되어야 한다.[2]

(1)히10:24,25. 행2:42,46. 사2:3. 고전11:20. (2)행2:44,45. 요일3:17. 고후 8장-9장. 행11:29.

3. 성도들이 그리스도와 더불어 가지는 이 교제는 어떤 방식으로든 그들이 그리스도의 신성의 본질에 참여하는 자가 되는 것이 아니요 또한 어떤 측면에서도 그리스도와 동등하게 되는 것도 아니다. 이 두 가지 중 어느 것을 주장해도 불경건하고 망령된 일이다.(1) 성도들로서 그들 상호 간의 교제는 각자의 재산과 소유에 대해서 가지고 있는 권리나 소유권을 빼앗거나 침해하지 않는다.(2)

(1)골1:18,19. 고전 8:6. 사42:8. 딤전6:15,16. 시45:7. 히1:8,9. (2)출20:15. 엡4:28. 행5:4.

제 27 장 성례에 관하여

1. 성례는 하나님께서 직접 제정하신(1) 은혜언약의 거룩한 표(表)이자 인침(印)이며,(2) 그리스도와 그의 은총들을 나타내고 그분 안에 있는 우리의 유익을 확신하게 하며(3) 교회에 속한 자들과 세상의 나머지 사람들 사이에서 보이는 구별을 준다.(4) 그리고 성례는 성도들로 하여금 하나님의 말씀을 따라 그리스도 안에서 하나님을 섬기는 일에 엄숙히 참예하게 한다.(5)

(1)마28:19. 고전11:23. (2)롬4:11. 창17:7,10. (3)고전10:16. 11:25. 26. 갈3:27. (4)롬15:8. 출12:48. 창34:14. (5)롬6:3,4. 고전10:16,21.

2. 모든 성례에는 표와 표시하는 실제 내용 사이에 영적관계 즉 성례전적 연합이 있다. 그러므로 한편의 명칭과 효과들은 다른 편에도 돌려진다.(1)

(1)창17:10. 마26:27,28. 딛3:5.

3. 올바르게 집례 된 성례 안에서 혹은 그 성례로 인하여 나타난 은혜는 성례 안에 있는 어떤 능력에 의해 주어지는 것이 아니다. 성례의 효과도 그것을 집례하는 사람의 경건이나 의도에 의존하는 것도 아니며,(1) 오히려 성령의 역사와(2) 성례를 제정한 하나님의 말씀에 달려 있다. 그 말씀은 성례 집례의 권한을 부여하는 명령과 성례를 합당하게 받는 사람에게 주는 유익에 대한 약속을 담고있다.(3)

(1)롬2:28,29. 벧전3:21. (2)마3:11. 고전12:13. 요3:5. (3)마26:27,28. 28:19,20. 요6:63.

4. 우리 주 그리스도께서 복음 안에서 제정하신 성례는 오직 두 가지인데, 곧 세례와 주의 성찬이다. 그 중 어느 것도 합법적으로 임직 받은 말씀의 사역자인 목사 외에 그 누구도 집례할 수 없다.[1]

(1)마28:19. 고전11:20,23. 4:1. 히5:4.

5. 구약의 성례들도 그것이 상징하고 표현하는 영적인 일들은 본질에 있어서 신약의 성례와 동일하다.[1]

(1)골2:11,12. 고전5:7,8. 10:1-4.

제 28 장 세례에 관하여

1. 세례는 예수 그리스도께서 제정하신 신약의 성례이다.[1] 그것은 세례 받는 자를 보이는 교회에 엄숙하게 가입시키기 위한 것뿐만이 아니라,[2] 그에게 은혜언약,[3] 그리스도에게 접붙임,[4] 중생,[5] 죄 사함,[6] 그리고 새 생명 가운데서 행하기 위해,[7] 예수 그리스도를 통해 자신을 하나님께 드리는 표와 인침이 되게한다. 이 성례는 그리스도 자신이 제정하신 것이기 때문에 세상 끝날까지 그의 교회 안에서 지속되어야 한다.[8]

(1)마28:19. (2)고전12:13. (3)롬4:11. 골2:11,12. (4)갈3:27. 롬6:5. (5)딛3:5. (6)막1:4. (7)롬6:3, 4. (8)마28:19,20.

2. 이 성례에서 사용하는 외적 요소는 물이다. 이 물로 세례를 받는 자는 합법적으로 부름을 받은 복음의 교역자에 의해 성부와 성자와 성령의 이름으로 세례를 받아야 한다.[1]

(1)마3:11. 히5:4. 요1:33. 마28:19,20. 행10:47. 엡4:11-13.

3. 세례 받는 자를 물속에 담그는 것이 꼭 필요한 것은 아니고 세례 받는 자의 머리에 물을 붓든지 뿌림으로써 세례를 올바르게 집례 할 수 있다.[1]

(1)히9:10,19-22. 행1:5. 2:3,4,41. 11:15,16. 16:33. 막7:4.

4. 그리스도께 신앙과 순종을 실제적으로 고백하는 자들뿐만 아니라[1] 부모가 다 믿거나 어느 한 편만 믿는 부모의 유아들도 역시 세례를 받을 수 있다.[2]

(1)막16:15,16. 행8:37,38. (2)창17:7,9. 갈3:9,14. 골2:11,12. 행2:38,39. 롬4:11,12. 고전7:14. 마28:19. 막10:13-16. 눅18:15.

5. 이 성례를 모독하거나 소홀히 여기는 것은 큰 죄이다.(1) 그러나 세례를 안 받았다고 하여 그 사람이 거듭날 수 없거나 구원을 받을 수 없다든가(2) 또는 세례를 받은 모든 자들이 다 의심의 여지없이 중생되었다고 할 만큼 이 세례에 은혜와 구원이 분리될 수 없게 결합된 것은 아니다.(3)

(1)눅7:30. 출4:24-26. (2)롬4:11. 행10;2,4,22,31,45,47. (3)행8:13,23.

6. 세례의 효과는 세례가 거행되는 그 시간에만 국한되지 않는다.(1) 그럼에도 불구하고 이 성례를 바르게 집례하면 약속된 은혜가 제공될 뿐만 아니라 어른이든 유아이든 간에 그 은혜에 속해 있는 자들에게 하나님 자신의 뜻의 계획에 따라 그가 지정한 때에 성령으로 말미암아 실제적으로 나타나고 주어진다.(2)

(1)요3:5,8. (2)갈3:27. 딛3:5. 엡5:25,26. 행2:38,41.

7. 세례의 성례는 누구에게든지 단 한 번만 베풀어져야 한다.(1)
(1)딛3:5.

제 29 장 주의 성찬에 관하여

1. 우리 주 예수께서 배신당하시던 밤에 주의 성찬이라고 불리는 자기의 몸과 피에 관한 성례를 그의 교회에서 세상 끝날까지 지키도록 제정하셨다. 이것은 그의 죽음으로 인한 자신의 희생을 계속적으로 기념하기 위해, 참된 신자들에게 미치는 그 희생의 모든 혜택을 인치기 위해, 그리스도 안에서 그들의 영적양육과 성장을 위해 제정하신 것이다. 또한 그들이 주님께 빚지고 있는 모든 의무들을 더 잘 이행하도록 하기 위해, 그리고 그리스도의 신비한 몸의 지체로서 그리스도와의 교제와 그들 상호 간의 교제의 매는 줄과 보증이 되도록 제정 하신 것이다.(1)

(1)고전11:23-26. 마26:26,27. 10:16,17,21. 12:13. 고전10:16,17,21.

2. 이 성찬에서 그리스도께서는 산 자나 죽은 자의 죄 사함을 위해 성부에게 바쳐 지

는 것이 아니고 어떤 실제적인 희생제사가 드려지는 것도 결코 아니다.[1] 다만 이것은 그리스도께서 스스로 자신을 십자가에서 단번에 바친 것을 기념하는 것일 뿐이며 그 때문에 하나님께 드릴 수 있는 모든 찬양의 영적 감사일뿐이다.[2] 그러므로 교마교회의 소위 미사라고 부르는 제사는 택함 받은 자들의 모든 죄를 위해 드린 유일한 화목제물이신 그리스도의 단 하나의 유일한 희생 제사에 대해 가장 가증스럽고 해로운 것이다.[3]

(1)히9:22,25,26,28. (2)고전11:24-26. 마26:26,27. (3)히7:23,24,27. 10:11,12,14,18.

3. 주 예수께서는 이 규례에서 그의 교역자들이 백성들에게 성례 제정의 말씀을 선언하도록 명하셨다. 또한 교역자들이 기도하고, 떡과 포도주의 요소들에 축사하여 일반적인 용도로부터 거룩한 용도로 성별(聖別)하고, 떡을 취하여 떼며, 잔을 들어 그들 자신들도 역시 참여할 뿐만 아니라, 성찬에 참여하는 자들에게도 떡과 잔을 나누어주도록 하셨다.[1] 그러나 이때 그 모임에 참석치 않은 자들에게는 그 누구에게도 나누어주지 말 것을 명령하셨다.[2]

(1)마26:26,27,28. 막14:22-24. 눅22:19,20. 고전11:23-26. (2)행20:7. 고전11:20.

4. 사적인 미사들 즉 사제로부터 혹은 그 밖의 사람에게서 이 성찬을 홀로 받거나,[1] 또는 회중들에게 잔을 주지 않거나,[2] 떡과 포도주를 숭배하거나, 이 숭배를 위해서 그것을 높이 들어 올려 이리 저리 행진을 하거나, 어떤 종교적 사용을 핑계로 삼아 그것들을 보관하는 일이 있다면 이와 같은 모든 행동은 이 성례의 본질과 그리스도의 제정원리에 반대되는 일이다.[3]

(1)고전10:6. (2)막14:23. 고전11:25-29. (3)마15:9.

5. 그리스도께서 정하신 용도를 위해서 바르게 성별된 이 성례의 외적 요소들은 참으로, 그러나 오직 성례적으로만 십자가에 못 박히신 주님과 관계를 갖는다.[1] 따라서 그 요소들은 종종 그것들이 나타내고 있는 그리스도의 몸과 피라는 이름으로 불린다. 그럼에도 불구하고 그것들은 본질과 성질에 있어서 전과 같이, 오직 그대로 떡과 포도주로 여전히 남아 있다.[2]

(1)마26:26-28. (2)고전11:26-28. 마26:29.

6. 떡과 포도주의 본질이 사제의 성별 또는 다른 방법으로든지 그리스도의 몸과 피의

본질로 변한다는, 소위 화체설이라고 불리는 교리는 비성경적이며, 상식과 이성에도 모순된다. 그것은 성례의 성질을 뒤엎고 과거나 현재에 있어서도 여러 가지 미신과 엄청난 우상숭배의 원인이다.[(1)]

(1)행3:21. 고전11:24-26. 눅24:6,39.

7. 합당하게 성찬에 참여하는 자는 이 성례에서 보이는 요소들에 외적으로 참여하며,[(1)] 또한 믿음으로 말미암아 내적으로 참여하며, 실제로 그리고 참으로 참여한다. 그러나 물질적으로나 육체적으로 받는 것이 아니라 영적으로 십자가에 못 박히신 그리스도와 그의 죽음에서 오는 모든 은혜를 받고 먹는 것이다. 이때 그리스도의 몸과 피가 떡과 포도주 안에, 함께, 혹은 아래에 물질적으로나 육체적으로 있는 것이 아니다. 다만 그 요소들 자체가 그것들의 외적 감각에 감지되는 것같이 이 성례에 있어서 그리스도의 몸과 피는 실제로, 그러나 영적으로 신자들의 믿음에 임재 한다.[(2)]

(1)고전11:28. (2)고전10:16. 요6:53.

8. 무지하고 완악한 사람들이 이 성찬에서 외적 요소들을 받는다 해도 그들은 그 요소들이 표시하는 실체를 받지 못한다. 오히려 그들은 합당치 않게 성찬에 참여하므로 주님의 몸과 피를 범하는 죄를 지으며 그들 자신의 파멸을 초래한다. 그러므로 모든 무지하고 불경건한 사람들은 주님과 함께 교제를 즐기기에 합당하지 않다. 따라서 그들은 주의 성찬에 참석할 자격이 없고, 또 그리스도께 심각한 죄를 범하지 아니하였을지라도 무지하고 불경건한 상태로 남아 있는 동안에는 이 거룩한 신비에 참여할 수 없고,[(1)] 참여가 허락되어질 수도 없다.[(2)]

(1)고전11:27-29. 고후6:14-16. (2)고전5:6,7,13. 살후 3:6,14,15. 마7:6.

제 30 장 교회의 권징에 관하여

1. 교회의 왕이자 머리이신 주 예수 그리스도께서는 국가 공직자와는 구별하여 교회 직원들의 손에 정치를 제정해 주셨다.[(1)]

(1)사9:6,7. 딤전5:17. 살전5:12. 행20:17,28. 히13:7,17,24. 고전12:28. 마28:18-20.

2. 이 교회 직원들에게 천국의 열쇠가 맡겨져 있다. 이 열쇠의 효력으로 교회 직원들

은 각각 죄를 정하기도 하고, 용서할 수도 있으며, 회개하지 않는 자에게는 말씀과 권징으로 천국을 닫는 권세를 갖는다. 그리고 그들은 회개한 죄인에게는 필요에 따라 복음의 사역과 권징의 사면을 통해서 천국을 열어 줄 권한을 갖는다.[1]

(1)마16:19. 18:17,18. 요20:21-23. 고후2:6-8.

3. 교회의 권징은 범죄 한 형제를 바로잡고 다시 얻기 위하여, 다른 사람들이 같은 죄를 범하는 것을 막기 위하여, 공동체 전체에 퍼질 누룩을 없애기 위하여, 그리스도의 명예와 복음의 거룩한 고백을 옹호하기 위하여 필요하다. 그리고 만약 하나님의 언약과 그 언약의 인침들이 악하고 완고한 범죄자들로 말미암아 더럽혀지는 대로 버려둔다면 마땅히 그 교회에 주어질 하나님의 진노를 막기 위해서도 권징은 필요하다.[1]

(1)고전 5:11,27-34. 딤전5:20. 마7:6. 딤전1:20. 고전11:27-34. 유1:23. 삼하12:14.

4. 이 목적을 더 효과적으로 달성하기 위하여 교회의 직원들은 범죄의 성격과 범죄자의 과실을 고려하여 훈계, 주의 성찬 참여의 일시적 정지, 교회로부터의 출교를 시켜야 한다.[1]

(1)살전5:12. 살후3:6,14,15. 고전5:4,5,13. 마18:17. 딛3:10.

제 31 장 총회와 지방 의회들에 관하여

1. 교회의 보다 나은 정치와 건덕을 위하여 일반적으로 총회와 지방 의회라고 불리는 회의체가 마땅히 있어야 한다.[1] [2]

(1)행15:2,4,6. 16:4. 마22:21.

2. 국가 공직자는 종교적인 일들에 관하여 의논이나 조언을 하기 위해 목사들과 그 밖의 적합한 인물들의 총회를 합법적으로 소집할 수 있다.[1] 그러나 국가 공직자가 교회

---

2) 1788년 미국판 수정. 1647년 판 2절을 수정하여 1절로 통합함. "1. 교회의 보다 나은 정치와 건덕을 위하여 흔히 총회와 지방의회라고 불리는 회의들이 마땅히 있어야 한다. 파괴를 위해서가 아니라 건덕을 위해서 그리스도께서 그들에게 주신 권세와 그 직분의 효력으로 이러한 회의를 결정하고 그들이 교회의 유익을 위하여 마땅하다고 판단하는 대로 자주 이것들을 소집하는 것은 각 교회의 목회자들과 다른 치리자들에게 속한다." 라고 기록되어 있다.

에 대해 공적인 적대행위를 할 경우에는 그리스도의 교역자들이 그 직무상의 효력에 따라 그들 스스로, 또는 그들의 교회로부터 위임받은 적합한 대표들과 함께 별도로 모여 회의할 수 있다.[2]

(1)사49:23. 딤전2:1,2. 대하19:8-11. 대하29-30장. 마2:4,5. 잠11:14. (2)행15:2,4,22,23,25.

3. 총회와 지방의회는 신앙에 관한 논쟁들과 양심의 문제들을 결정하고, 하나님께 드리는 공적 예배와 교회의 정치를 더 질서 있게 하기 위한 규칙과 지침을 확정하고, 잘못된 교회 정치에 대하여 고소를 접수하고 그 고소들을 권위 있게 재판한다. 이 재판에서 발표한 법령이나 결정들은 그것이 하나님 말씀에 일치한다면 존경과 복종으로 받아야 하는데 그것들이 하나님 말씀에 일치하기 때문만이 아니라 그것들을 제정한 권세 때문에라도 말씀에서 명하신 하나님의 규례로서 존경과 복종으로 받아들여야 한다.[1]

(1)행15:15,19,24,27-31. 16:4. 마18:17-20.

4. 사도시대로부터 모든 총회와 지방의회는 전체회의나 개별회의를 막론하고 과오를 범할 수 있고 실제로 여러 번 오류를 범하였다. 그러므로 회의들은 신앙과 생활의 규범으로 여겨져서는 안 되고 신앙과 생활의 도움으로 사용되어야 한다.[1]

(1)엡2:20. 행17:11. 고전2:5. 고후1:24.

5. 총회나 지방의회는 교회적인 사건 이외에는 어떠한 일도 처리하거나 결정할 수 없다. 다만 비상시국의 경우에는 겸손한 청원으로 하고, 또한 국가 공직자가 요청하는 경우에는 양심에 따라 조언 하되, 그 이외에는 국가와 관련된 사회적 일에 간섭해서는 안 된다.[1]

(1)눅12:13,14. 요18:36. 마22:21.

제 32 장 사람의 사후 상태와 죽은 자의 부활에 관하여

1. 인간의 몸은 죽은 후에 흙으로 돌아가 썩어버리지만,[1] 그들의 영혼은 죽거나 자는 것이 아니라, 죽지 않는 본질을 가지고 있으므로 죽은 후에는 그것을 주신 하나님께로 즉시 돌아간다.[2] 그때 의인들의 영혼은 완전히 거룩해져서 지극히 높은 하늘로 영접되어 거기서 그들의 몸이 온전히 구속될 때까지 기다리며[3] 빛과 영광 가운데서 하나님의 얼굴

을 본다. 그리고 악인들의 영혼은 지옥에 던져져 거기서 고통과 극심한 어두움 중에 남아 대 심판의 날까지 갇혀 있다.[4] 성경은 몸으로부터 분리된 영혼들을 위하여 이 두 장소 외에 다른 어느 곳도 인정하지 않는다.

(1)창3:19. 행13:36. (2)눅23:43. 전12:7. (3)히12:23. 고후5:1,6,8. 빌1:23. 행3:21. 엡4:10. (4)눅16:23,24. 행1:25. 유1:6,7. 벧전3:19.

2. 마지막 날에 살아 있는 자들은 죽지 않고 변화될 것이다.[1] 그리고 이미 죽은 자들 모두는 비록 몸이 다른 성질들을 가질지라도 결코 다른 몸이 아닌 이전과 동일한 몸으로 부활하여 다시 그들의 영혼과 영원히 결합될 것이다.[2]

(1)살전4:17. 고전15:51,52. (2)욥19:26,27. 고전15:42-44.

3. 불의한 자들의 몸은 치욕당하기 위해서 그리스도의 능력으로 부활할 것이나 의로운 자들의 몸은 영광을 얻기 위해 성령으로 말미암아 부활하여 그리스도 자신의 영광스러운 몸을 닮게 될 것이다.[1]

(1)행24:15. 요5:28,29. 고전15:43. 빌3:21.

제 33 장 최후의 심판에 관하여

1. 하나님께서는 예수 그리스도로 말미암아 의(義)로써 세상을 심판할 날을 정하시고[1] 성부의 모든 권세와 심판을 그에게 맡기셨다.[2] 그날에는 배교한 천사들이 심판을 받을 뿐만 아니라,[3] 이 세상에 살았던 모든 사람들도 그들의 생각과 말과 행실들을 설명하기 위해서, 또 그들의 몸으로 선을 행했든 악을 행했든 간에 그들의 행한 일에 따라 보응을 받기 위해서 그리스도의 심판대 앞에 서게 될 것이다.[4]

(1)행17:31,39. (2)요5:22,25,27. (3)고전6:3. 유1:6. 벧후2:4. (4)고후5:10. 전12:14. 롬2:16. 14:10,12. 마12:36,37.

2. 하나님께서는 이 날을 정하신 목적은 택한 자들의 영원한 구원에 있어서는 그의 자비의 영광을 나타내시고 또한 악하고 불순종하는 버림받은 자들의 영원한 멸망에 있어서는 하나님의 공의의 영광을 나타내시기 위함이다. 그 때에 의인들은 영생에 들어가서 주님 보좌 앞에서 나오는 기쁨과 위로를 충만히 받을 것이지만 하나님을 모르고 예수 그리

스도의 복음을 순종하지 않은 악인들은 영원한 고통에 던져져서 주님의 보좌와 그의 영광스러운 권세로부터 쫓겨나 영원한 파멸로 형벌을 받게 될 것이다.[1]

(1)마25:31-46. 롬2:5,6. 9:22,23. 마25:21. 행3:19. 살후1:7-10. 시16:11. 엡2:4. 마25:41,46.

3. 그리스도께서 장차 심판의 날이 있으리라는 것을 우리에게 분명히 확신시키신것은 모든 사람들이 죄로부터 멀어지게 하고 역경에 처한 경건한 사람들이 큰 위로를 받게 하기 위함이었다.[1] 다만 그리스도께서는 언제 다시 오실지를 알지 못하도록 그날을 사람들에게 숨겨두셨는데 이는 사람들로 하여금 모든 육적인 안도감을 떨쳐버리고, 항상 깨어 있고, 또 언제든지 "주 예수여 오소서, 속히 오소서, 아멘." 이라고 말할 수 있도록 준비하기 위함이다.[2]

(1)벧후3:11,14. 고후5:10,11. 살후1:5-7. 눅21;7,27,28. 롬8:23-25. (2)마24:36,42-44. 막13:35-37. 눅12:35,36 계22:20.

2. 웨스트민스터 대요리문답

문 1. 사람의 첫째 되고 가장 높은 목적은 무엇인가?

답: 사람의 첫째 되고 가장 높은 목적은 하나님을 영화롭게 하는 것과[1] 그를 영원토록 온전히 즐거워하는 것이다.[2]

(1)롬11:36. 고전10:31. (2)시 73:24-28. 요17:21-23.

문 2. 하나님께서 계시다는 것이 어떻게 나타나는가?

답: 사람 안에 있는 자연의 빛과 하나님께서 지으신 만물이 하나님이 계시다는 것을 분명히 나타낸다.[1] 그러나 하나님의 말씀과 성령만이 사람들로 하여금 구원을 얻도록 하나님을 충분히 그리고 효과적으로 나타내신다.[2]

(1)롬1:19, 20. 시19:1-3. 행17:28. (2)고전 2:9,10. 딤후3:15-17. 사59:21.

문 3. 하나님의 말씀은 무엇인가?

답: 신약과 구약 성경이 하나님의 말씀이며[1] 신앙과 순종을 위한 유일한 규칙이다.[2]

(1)딤후3:16. 벧후1:19-21. (2)엡 2:20. 계22:18,19. 사 8:20. 눅16:29-31. 갈1:8, 9. 딤후3:15, 16.

문 4. 성경이 하나님의 말씀이라는 것은 어떻게 알 수 있는가?

답: 성경은 그 장엄함과[1] 순수함에[2] 의해서, 모든 부분들의 일치와[3] 모든 영광을 하나님께 돌리는 전체의 목적에 의해서,[4] 또한 죄인들을 깨닫게 하여 회개시키며 신자들을 위로하고 격려하여 구원에 이르게 하는 그 빛과 능력에 의하여, 그 자체가 하나님의 말씀임을 명백하게 나타낸다.[5] 그러나 성경에 의해서 성경과 함께 사람의 마음에 증거 하시는 성령 하나님만이 성경이 하나님의 말씀임을 완전히 설득시킬 수 있다.[6]

(1)호8:12. 고전2:6,7,13. 시119:18,129,140. (2)시12:6. (3)행10:43, 26:22. (4)롬3:19,27. (5)행18:28. 히4:12. 약1:18. 시19:7-9. 롬15:4. 행20:32. (6)요16:13,14. 요일2:20,27. 요20:31.

문 5. 성경이 제일 중요하게 가르치는 것은 무엇인가?

답: 성경이 제일 중요하게 가르치는 것은 사람이 하나님에 대하여 무엇을 믿어야하는지와 하나님께서 사람에게 요구하시는 의무이다.[1]

(1)딤후1:13.

[사람이 하나님에 대하여 마땅히 믿어야 할 것]

문 6. 성경이 하나님에 대하여 알려 주는 것은 무엇인가?

답: 성경은 하나님이 어떤 분이신지와[1] 신성의 위격들과[2] 하나님의 작정과[3] 그 작정의 실행하심을 알려 준다.[4]

(1)히11:6. (2)요일5:17. (3)행15:14,15,18. (4)행4:27,28.

문 7. 하나님은 어떤 분이신가?

답: 하나님은 영이시며,[1] 존재,[2] 영광,[3] 거룩하심,[4] 완전하심에 있어서[5] 본래부터 스스로 무한하시며, 자족하시며,[6] 영원하시고,[7] 불변하시며,[8] 불가해하시고,[9] 어디든지 계시고,[10] 전능하시다.[11] 또한 하나님께서는 모든 것을 아시며,[12] 지극히 지혜로우시고,[13] 지극히 거룩하시며,[14] 지극히 공의로우시고,[15] 지극히 자비하시고 은혜로우시며, 오래 참으시고, 선함과 진실함이 충만하시다.[16]

(1)요4:24. (2)출3:14. 욥11:7-9. (3)행7:2. (4)딤전6:15. (5)마5:48. (6)창17:1. (7)시 90:2. (8)말 3:2,6. 약1:17. (9)왕상8:27. (10)시139:1-13. (11)계 4:8. (12)히4:13. 시147:5. (13)롬16:27. (14)사6:3. 계15:4. (15)신 32:4 (16)출34:6.

문 8. 하나님 한 분 외에 다른 신들이 있는가?

답: 살아계시고 참되신 하나님은 오직 한 분뿐이시다.[1]

(1)신6:4. 고전8:4,6. 렘10:10.

문 9. 하나님의 신성(神性) 안에 몇 위(位)가 계시는가?

답: 하나님의 신성 안에 삼위(三位)가 계시니 곧 성부와 성자와 성령이시다. 이 삼위는 참되고 영원한 한 분 하나님이시며 각 위격의 고유성은 구별되지만 본체가 동일하고 능력과 영광은 동등하시다.[1]

(1)요일 5:7(KJV). 마3:16,17. 마28:19. 고후13:13. 요10:30.

문 10. 하나님의 신성 안에 있는 삼위의 구별된 고유성은 무엇인가?

답: 영원부터 성부의 고유성은 성자를 나오게 하심이며,[1] 성자의 고유성은 성부에게서 나오심이며,[2] 성령의 고유성은 성부와 성자로부터 나오심이다.[3]

(1)히1:5,6,8. (2)요1:14,18. (3)요15:26. 갈4:6.

문 11. 성자와 성령이 성부와 동등한 하나님이시라는 것은 어떻게 나타나는가?

답: 성경은 오직 하나님께만 어울리는 이름들과(1) 속성들과(2) 사역들과(3) 예배를(4) 성자와 성령에게 돌림으로 성자와 성령이 성부와 동등한 하나님이심을 명백히 나타낸다.

(1)사6:3,5,8. 요12:41. 행28:25. 요일5:20. 행5:3,4. (2)요1:1. 사9:6. 요2:24,25. 고전2:10,11. (3)골1:16. 창1:2. (4)마28:19. 고후13:13.

문 12. 하나님의 작정이란 무엇인가?

답: 하나님의 작정이란 자신의 뜻의 계획에 속한 지혜롭고, 자유로우며, 거룩한 행동이다.(1) 그것으로 하나님께서는 일어날 모든 일들, 특히 천사들과 사람들에 관한 것들을 영원부터 자신의 영광을 위해 불변하게 미리 결정하셨다.(2)

(1)엡1:11. 롬11:33. 9:14,15,18. (2)엡1:4,11. 롬9:22,23. 시33:11.

문 13. 하나님께서 천사들과 사람들에 관하여 특별히 작정하신 것은 무엇인가?

답: 하나님께서는 때가 차면 나타날 그의 영광스러운 은총을 찬양하도록 자신의 순전한 사랑에서 나온 영원불변한 작정으로 말미암아 어떤 천사들을 영광으로 선택하시고,(1) 또한 그리스도 안에서 어떤 사람들을 영원한 생명으로 선택하시되, 그 수단들까지도 선택하셨다. 한편 하나님께서는 그의 주권적 능력과 자신의 기뻐하는 대로 은총을 베푸시기도 하고, 또는 거두시기도 하는 그의 뜻의 신비한 계획에 따라서 자신의 공의의 영광에 대한 찬양을 받고자 나머지 천사들과 사람들은 그들의 죄에 대하여 벌을 받도록 그냥 내버려 두셨고, 불명예와 진노 아래 있도록 미리 결정하셨다.(2)

(1)딤전 5:21. 엡1:4–6. 살후2:13,14. (2)롬9:17,18,21,22. 마11:25,26. 딤후2:20. 유1:4. 벧전2:8.

문 14. 하나님께서는 자신의 작정을 어떻게 성취하시는가?

답:하나님께서는 절대적으로 무오한 예지와 자유롭고 불변하는 자신의 뜻의 계획을 따라 창조와 섭리로 그의 작정을 성취하신다.(1)

(1)엡1:11

문 15. 창조의 일은 무엇인가?

답: 창조의 일은 하나님께서 태초에 그의 능력의 말씀으로 6일 동안에 그 자신을 위하여 아무것도 없는 데서 세계와 그 안에 있는 모든 것을 만드신 것이다. 그 지으신 모든 것이 지극히 선하였다.[1]

(1) 창 1장. 히 11:3. 잠 16:4.

문 16. 하나님께서는 천사들을 어떻게 창조하셨는가?

답: 하나님께서는 모든 천사들을[1] 죽지 않고,[2] 거룩하며,[3] 지식이 뛰어나고,[4] 능력이 강대하며,[5] 하나님의 명령을 따라 일을 수행하며, 하나님의 이름을 찬양하는[6] 영(靈)들로[7] 창조하셨다. 그러나 하나님께서는 그들을 변할 수 있게 지으셨다.[8]

(1)골1:16. 시106:4. (2)마22:30 (3)마 25:31 (4)삼하14:17. 마24:36. (5)살후1:7. (6)시104:4. (7)시103:20,21. (8)벧후2:4.

문 17. 하나님께서는 사람을 어떻게 창조하셨는가?

답: 하나님께서는 다른 모든 피조물을 만드신 후에 사람을 남자와 여자로 창조하셨다.[1] 하나님께서는 남자의 몸을 땅의 흙으로 지으셨고,[2] 여자는 남자의 갈비뼈로 지으셨으며,[3] 그리고 그들에게 살아 있고 이성적이며 죽지 않는 영혼을 주셨다.[4] 또한 하나님께서는 그들을 지식과[5] 의로움과 거룩함에서[6] 그 자신의 형상대로[7] 만드셨고, 하나님의 법을 그들의 마음속에 기록하며,[8] 그것을 성취할 수 있는 힘을 주시고,[9] 피조물에 대한 통치권을 주셨다.[10] 그러나 하나님께서는 그들을 타락할 수도 있게 지으셨다.[11]

(1)창1:27. (2)창 2:7. (3)창 2:22. (4)창2:7. 욥 35:11. 전12:7. 마10:28. 눅23:43. (5)골 3:10. (6)엡4:24. (7)창1:27. (8)롬2:14,15. (9)전7:29. (10)창1:28. (11)창3:6; 전7:29.

문 18. 하나님의 섭리란 무엇인가?

답: 하나님의 섭리란 그의 모든 피조물에 대한 그의 가장 거룩하시고,[1] 지혜로우시며,[2] 능력 있게 만물을 보존하심과[3] 통치하심이며,[4] 그 자신의 영광을 위해[5] 피조물과 모든 행위를 다스리는 것이다.[6]

(1)시145:17. (2)시104:24. 사28:29. (3)히1:3. (4)시103:19. (5)롬11:36. 사63:14. (6)마10:29-31. 창45:7.

문 19. 천사들에 대한 하나님의 섭리는 무엇인가?

답: 하나님께서는 자신의 섭리로 천사들 중 일부가 자발적으로 그리고 회복될 수 없이 죄와 멸망으로 타락하게 허용하셨는데,[1] 그 과정과 그들의 모든 죄들은 하나님 자신에게 영광이 돌아가도록 제한하고 정돈하셨다.[2] 그리고 하나님께서는 나머지 천사들을 거룩하고 복되게 세우시고,[3] 하나님의 능력과 자비와 공의의 시행을 위하여 그의 기쁘신 뜻대로[4] 그들 모두를 사용하신다.[5]

(1)유1:6. 벧후2:4. 히2:16. 요8:44. (2)욥1:12. 마8:31. (3)딤전5:21. 막8:38. 히12:22. (4)왕하 19:35. 히1:14. (5)시104:4.

문 20. 창조된 본래의 상태에 있던 인간에 대한 하나님의 섭리는 무엇이었는가?

답: 창조된 본래의 상태에 있던 인간에 대한 하나님의 섭리는 그를 낙원에 두고, 그것을 돌보도록 하며, 그에게 땅의 열매를 먹도록 자유를 주신 것이다.[1] 하나님께서는 피조물들을 인간의 통치하에 두시고,[2] 인간 상호간의 도움을 위해 결혼을 제정하시고,[3] 인간이 그와 교제할 수 있게 하시며,[4] 안식일도 제정해 주셨다.[5] 그리고 인격적이며 완전하고 영속적인 복종을 조건으로 생명나무를 보증으로 삼아 사람과 더불어 생명의 언약을 맺고[6] 선악을 알게 하는 나무 열매를 먹는 것을 사망의 형벌로 금지하셨다.[7]

(1)창2:8,15,16. (2)창1:28. (3)창2:18. (4)창1:26-29,3:8. (5)창 2:3. (6)갈3:12. 창2:9. (7)창2:17.

문 21. 우리의 시조가 창조함을 받은 처음의 상태를 계속 유지하였는가?

답: 자유의지를 가진 우리 인류의 첫 조상은 사단의 유혹을 통하여 금지된 열매를 먹음으로 하나님의 계명을 범했으며 그 결과 창조함을 받은 무죄의 상태로부터 타락하였다.[1]

(1)창3:6-8,13. 전7:29. 고후11:3.

문 22. 모든 인류가 그 첫 범죄에서 타락했는가?

답: 인류의 대표자인 아담과 맺은 언약은 오직 그 자신만을 위한 것이 아니라 그의 후손들까지 위한 것이므로 보통의 출생에 의해서[1] 아담으로부터 태어난 모든 인류는 아담 안에서 범죄 했으며 그와 함께 타락하였다.[2]

(1)행17:26. (2)창 2:16,17. 롬5:12-20. 고전15:21,22.

문 23. 그 타락은 인류를 어떤 처지에 빠지게 했는가?

답: 그 타락은 인류를 죄와 비참의 처지에 빠지게 했다.[1]

(1)롬 5:12, 3:23.

문 24. 죄는 무엇인가?

답: 죄는 이성적인 피조물에게 법칙으로 주신 하나님의 율법을 순복함에 어떤 것이라도 부족한 것이나 불복하는 것이다.[1]

(1)요일 3:4. 갈3:10,12.

문 25. 인간이 타락한 상태의 죄악성은 무엇인가?

답: 인간이 타락한 상태의 죄악성은 아담이 범한 첫 범죄의 죄책과[1] 그가 창조되었을 때 받은 의로움의 상실과 본성의 부패이다. 이로 인하여 그는 영적으로 선한 모든 것을 완전히 싫어하며, 행할 수도 없고, 거역하고, 모든 악에 전적으로 그리고 계속적으로 기울어진다.[2] 이것을 보통 원죄라고 하며 이 원죄로부터 모든 실제적인 범죄가 나오는 것이다.

(1)롬5:12,19. (2)롬3:10-19. 엡2:1-3. 롬5:6, 8:7,8. 창6:5. 약1:14,15. 마15:19.

문 26. 원죄는 우리의 첫 조상으로부터 그들의 후손들에게 어떻게 전달되는가?

답: 원죄는 자연적인 출생에 의해 우리의 첫 조상으로부터 그들의 후손들에게 전달된다. 따라서 우리 첫 조상으로부터 이런 방식으로 나온 모든 후손들은 죄 중에 잉태되어 태어나게 된다.[1]

(1)시51:5. 욥14:4. 15:14. 요3:6.

문 27. 타락이 인류에게 어떤 비참을 가져왔는가?

답: 타락은 인류에게 하나님과의 교제상실과 그의 진노와 저주를 가져왔다.[1] 그리하여 우리는 본질상 진노의 자녀가 되었고,[2] 사단에게 매인 노예가 되었으며,[3] 공의에 따라 이 세상과 오는 세상에서의 모든 형벌을 받아 마땅하다.[4]

(1)창3:8,10,24. (2)엡2:2,3. (3)딤후2:26. (4)창2:17. 애3:39. 롬6:23. 마25:41,46. 유1:7.

문 28. 이 세상에서 받는 죄의 형벌은 무엇인가?

답: 이 세상에서 받는 죄의 형벌은 내적으로는 어두운 마음,[1] 타락한 지각,[2] 강한 유혹,[3] 강퍅한 마음,[4] 양심의 공포,[5] 악한 정욕이다.[6] 외적으로는 우리 때문에 피조물들에게 임한 하나님의 저주와,[7] 죽음 그 자체를 포함하여,[8] 우리 몸과 명예와 재산 지위 및 인간관계, 그리고 직업들로부터 우리에게 내리는 모든 재앙들이다.[9]

(1)엡4:18. (2)롬1:28. (3)살후2:11. (4)롬2:5. (5)사33:14. 창4:13. 마27:4. (6)롬1:26. (7)창3:17. (8)롬6:21,23. (9)신28:15-17.

문 29. 오는 세상에서 받을 죄의 형벌은 무엇인가?

답: 오는 세상에서 받을 죄의 형벌은 하나님의 위로하시는 임재에서 영원히 분리되는 것과 영혼과 육체가 함께 끊임없이 영원한 지옥 불에서 받게 되는 가장 비참한 고통들이다.[1]

(1)살후1:9. 막9:43,44,46,48. 눅16:24.

문 30. 하나님께서는 모든 인류를 죄와 비참한 지옥의 형벌을 받아 멸망하도록 버려 두셨는가?

답: 하나님께서는 모든 인류를 일반적으로 행위언약이라고 불리는 첫 언약을 위반하여[1] 타락한 죄와 비참의 상태에서 멸망하도록 버려두지 아니하셨다.[2] 오히려 하나님께서는 순전한 사랑과 자비로 자신이 선택한 자들을 거기에서 구출 하시어 일반적으로 은혜언약이라고 불리는 둘째 언약에 의해 그들을 구원의 지위로 이끄셨다.[3]

(1)갈3:10,12. (2)살전 5:9. (3)딛3:4-7. 갈3:21. 롬3:20-22.

문 31. 은혜언약은 누구와 맺은 것인가?

답: 은혜언약은 두 번째 아담인 그리스도와 함께, 그분 안에서, 또한 그의 후손인 모든 택한 자들과도 맺은 것이다.[1]

(1)갈3:16. 롬5:15-21. 사53:10,11.

문 32. 하나님의 은혜가 둘째 언약에 어떻게 나타났는가?

답: 하나님의 은혜가 둘째' 언약에 다음과 같이 명백히 나타났다. 하나님께서는 죄인들에게 중보자를 값없이 제공하시고,[1] 그 중보자를 통하여 구원과 생명을 주셨다.[2] 그

리고 하나님께서는 죄인들로 하여금 중보자와 연합할 조건으로 믿음을 요구하시며,[3] 다른 모든 구원의 은혜와 함께[4] 그 믿음이[5] 그들 안에서 역사 하도록 택하신 모든 자들에게 성령을[5] 약속하시고 주셨으며,[6] 그리하여 택함을 받은 사람들로 하여금 거룩하게 순종하도록 하신다.[7] 이러한 순종은 하나님께 대한 그들의 믿음과[8] 감사가[9] 참되다는 증거요 하나님께서 그들을 구원에 이르도록 정하신 길이다.[10]

(1)창3:15. 사42:6. 요6:27. (2)요일5:11,12. (3)요3:16. 1:12. (4)갈5:22,23. (5)고후4:13. (6)잠1:23. (7)겔36:27. (8)약2:18. (9)고후5:14,15. (10)엡2:10,18.

문 33. 은혜언약은 항상 동일한 방식으로 시행되었는가?

답: 은혜언약은 항상 동일한 방식으로 시행되지 않았다. 즉 구약은 신약과 다르게 시행되었다.[1]

(1)고후3:6-9.

문 34. 은혜언약은 구약에서 어떻게 시행되었는가?

답: 은혜언약은 구약에서 약속들,[1] 예언들,[2] 제사들,[3] 할례,[4] 유월절,[5] 그리고 기타 예표와 의식들에 의해 시행되었다. 그것들은 모두 앞으로 오실 그리스도를 예시하였고, 그 당시에는 선택된 자들에게 약속된 메시아에 대한 신앙을 일으키는 데 충분하였다.[6] 그들은 이 메시아로 말미암아 완전한 죄 사함과 영원한 구원을 얻었다.[7]

(1)롬15:8. (2)행3:20,24. (3)히10:1. (4)롬4:11. (5)고전 5:7. (6)히8장-10장. 11:13. (7)갈 3:7-9, 14.

문 35. 은혜언약은 신약에서 어떻게 시행되는가?

답: 신약에서는 그 실체인 그리스도께서 나타나심으로 동일한 은혜언약이 말씀의 설교와[1] 세례와[2] 성찬의 성례를[3] 시행함으로 집행되었으며 또한 지금도 여전히 시행되어야 한다. 이런 방식으로 은혜와 구원이 모든 나라에 더욱 더 완전하고, 분명하며, 효과 있게 나타난다.[4]

(1)막16:15. (2)마28:19,20. (3)고전11:23-25. (4)고후 3:6-9. 히8:6,10,11. 마28:19.

문 36. 은혜언약의 중보자는 누구신가?

답: 은혜언약의 유일한 중보자는 주 예수 그리스도이시다.[1] 그는 성부와 한 본체이

고, 동등하신 하나님의 영원한 아들로서[2] 때가 차매 사람이 되셨고,[3] 과거나 지금이나 영원토록 한 인격에 완전히 구별된 두 본성을 가진 하나님이요 사람이시다.[4]

(1)딤전2:5. (2)요1:1,14. 10:30. 빌2:6. (3)갈4:4. (4)눅1:35. 롬9:5. 골2:9. 히7:24,25.

문 37. 하나님의 아들인 그리스도께서는 어떻게 사람이 되셨는가?

답: 하나님의 아들인 그리스도께서는 참된 몸과 이성 있는 영혼을 그 자신에게 취하심으로 사람이 되셨다.[1] 그는 성령의 능력으로 동정녀 마리아의 몸에 잉태되어, 그녀의 인간적 실질을 가지고, 그녀에게서 탄생하셨으나,[2] 죄는 없으시다.[3]

(1)요1:14. 마26:38. (2)눅1:27,31,35,42. 갈4:4. (3)히4:15. 히7:26.

문 38. 왜 중보자가 반드시 하나님이어야 했는가?

답: 중보자가 반드시 하나님이어야 했던 이유는 그가 하나님의 무한한 진노와 사망의 권세 아래 빠지는 것으로부터[1] 그의 인성을 보존하며, 지키고, 그의 고난과, 순종과, 중보의 가치와 효력을 주기 위해서이다.[2] 또한 하나님의 공의를 만족시키며,[3] 하나님의 은총을 얻고,[4] 자기 사람들을 값 주고 사며,[5] 그들에게 그의 성령을 주고,[6] 그들의 모든 적을 정복하여,[7] 그들을 영원한 구원에 이르게 하셔야 했기 때문이다.[8]

(1)행2:24,25. 롬1:4. 4:25. 히9:14. (2)행20:28. 히9:14. 7:25-28. (3)롬3:24-26. (4)엡1:6. 마3:17. (5)딛2:13,14. (6)갈4:6. (7)눅1:68,69,71,74. (8)히5:8,9. 9:11-15.

문 39. 왜 중보자가 반드시 사람이어야 했는가?

답: 중보자가 반드시 사람이어야 했던 이유는 그가 우리의 본성을 향상시키며,[1] 율법에 복종하고,[2] 우리의 본성을 가지고 우리를 위하여 고난을 받고, 간구하며,[3] 우리의 연약함을 긍휼히 여기시기 위함이었다.[4] 그리하여 우리가 양자되고,[5] 위로를 받아 은혜의 보좌로 담대히 나아갈 수 있도록 하시기 위함 때문이다.[6]

(1)히2:16. (2)갈4:4. (3)히2:14. (4)히7:24,25. (5)히4:15. (6)갈4:5. 히4:16.

문 40. 왜 중보자가 반드시 한 인격을 가진 하나님이시며 사람이셔야 했는가?

답: 하나님과 사람을 화목 시켜야 할 중보자가 반드시 그 자신이 하나님과 사람이어야 할 뿐 아니라 한 인격이셔야 했던 이유는 신성과 인성의 각기 고유한 사역들이 우리를 위해 전인격의 사역으로 하나님께 받아들여지고,[1] 또한 우리로 의지하게 하기 위함

때문이다.[2]

　(1)마1:21,23. 3:17. 히9:14. (2)벧전2:6.

문 41. 우리의 중보자가 왜 '예수'라고 불리셨는가?

답: 우리의 중보자는 그가 자신의 백성들을 저희 죄들로부터 구원하시기 때문에 예수라고 불리셨다.[1]

　(1)마1:21.

문 42. 우리의 중보자가 왜 '그리스도'라고 불리셨는가?

답: 우리의 중보자가 그리스도라고 불리셨던 이유는 그분이 한량없이 성령으로 기름부음을 받고[1] 성별되셨기 때문이다. 또한 낮아지고 높아진 상태에서 자신의 교회를 위한 선지자,[2] 제사장,[3] 왕의 직무를[4] 시행하도록 모든 권위와 능력이 온전히 부여되셨기 때문이다.[5]

　(1)요3:34. 시45:7. (2)행 3:21,22. 눅4:18,21. (3)히 5:5-7. 4:14,15. (4)시2:6. 마21:5. 사9:6-11. (5)요6:27. 마28:18-20.

문 43. 그리스도께서는 어떻게 선지자의 직무를 수행하시는가?

답: 그리스도께서는 성도들의 건덕과 구원에 관한 모든 일에 있어서[1] 성령과 말씀에 의해[2] 하나님의 온전한 뜻을[3] 다양한 시행방식으로[4] 모든 시대의 교회들에게[5] 계시하심으로써 선지자의 직무를 수행하신다.

　(1)행20:32. 엡4:11-13. 요20:31. (2)벧전1:10-12. (3)요15:15. (4)히1:1,2. (5)요1:18. 20:31.

문 44. 그리스도께서는 어떻게 제사장의 직무를 수행하시는가?

답: 그리스도께서는 자기 백성들의 죄들을 위한 화목제물이 되기 위하여[1] 자신을 흠없는 희생제물로 하나님께 단번에 드림으로,[2] 그리고 그들을 위해 계속적인 간구를 행하심으로[3] 제사장의 직무를 수행하신다.

　(1)히2:17. (2)히9:14,28. (3)히7:25.

문 45. 그리스도께서는 어떻게 왕의 직무를 수행하시는가?

답: 그리스도께서는 구별된 백성들을 세상으로부터 자신에게로 불러내고,[1] 저들에

게 사역자들과[2] 법과[3] 권징을 두고 그것들로부터 백성들을 보이는 방식으로 다스리시며[4] 왕의 직무를 행하신다. 그리스도는 택함 받은 자들에게[5] 구원의 은총을 주시며, 그리고 그들이 순종하면 상을 주시고,[6] 범죄하면 징계하시고,[7] 그들이 시험을 당하고 고난을 당할 때 그들을 보존하시고, 도우시며,[8] 그들의 원수를 제압하시고, 정복하신다.[9] 그리고 그 자신의 영광과[10] 백성들의 유익을 위하여[11] 모든 만물을 능력 있게 처리하신다. 또한 하나님을 알지 못하고 복음을 순종치 않는 나머지 사람들에게 원수를 갚음으로 왕의 직무를 행하신다.[12]

(1)행15:14-16. 사55:4,5. 창49:10. 시110:3. (2)엡 4:11,12. 고전12:28. (3)사33:22. (4)마 18:17,18. 고전5:4,5. (5)행 5:31. (6)계22:12, 2:10. (7)계 3:19. (8)사63:9. (9)고전15:25. 시110:1, 2. (10)롬14:10,11. (11)롬8:28. (12)살후1:8,9. 시2:8,9.

문 46. 그리스도의 낮아지신 신분은 무엇인가?

답: 그리스도의 낮아지신 신분은 동정녀의 잉태와, 출생, 율법 아래의 삶, 십자가 위에서의 죽음, 그리고 죽음 이후 부활 전까지 우리를 위하여 스스로 자신의 영광을 비우고 종의 형상을 취하여 비천한 형편에 처하신 것이다.[1]

(1)빌2:6-8. 눅1:31. 고후8:9. 행2:24.

문 47. 그리스도께서는 잉태와 출생에서 어떻게 자신을 낮추셨는가?

답: 그리스도께서는 영원부터 성부의 품에 있는 하나님의 아들이셨으나 때가 차매 그는 비천한 신분의 여자의 몸에 잉태되어, 그녀에게서 출생하여, 사람의 아들이 되었고, 또한 보통의 비천보다 더 낮은 환경에 처함으로 잉태와 출생에서 자신을 낮추셨다.[1]

(1)요1:14,18. 갈4:4. 눅2:7.

문 48. 그리스도께서는 그의 삶에서 어떻게 자신을 낮추셨는가?

답: 그리스도께서는 세상에 살면서 스스로 율법에 복종하셨고,[1] 율법을 완전히 성취함으로 자신을 낮추셨다.[2] 그리고 인간의 본성에 공통적인 것이든 특별히 그의 비천한 상태에 수반되는 고유한 것이든 간에, 세상의 모욕들과[3] 사단의 유혹들,[4] 그리고 그의 몸이 연약함을[5] 겪음으로써 자신을 낮추셨다.

(1)갈4:4. (2)마 5:17. 롬5:19. (3)시22:6. 히12:2,3. (4)마4:1-12. 눅4:13. (5)히2:17,18. 히 4:15. 사52:13,14.

문 49. 그리스도께서는 그의 죽음에서 어떻게 자신을 낮추셨는가?

답: 그리스도께서는 가룟 유다에게 배신당하시고,[1] 제자들에게도 버림당하시며,[2] 세상의 모욕과 배척을 받으시고,[3] 빌라도에게 정죄 받으시고, 박해자들에게 고난당하심으로[4] 자신을 낮추셨다. 또한 죽음의 공포와 흑암의 권세와 싸우며, 하나님의 무거운 진노를 느끼고 견디셨고,[5] 자기 생명을 속죄 제물로 내어 놓고,[6] 고통과 수치와 저주받은 십자가의 죽음을 당하심으로[7] 그리스도는 그의 죽음에서 자신을 낮추셨다.

(1)마27:4. (2)마26:56. (3)사53:2,3. (4)마27:26-50. 요19:34. (5)눅22:44. 마27:46. (6)사53:10. (7)빌2:8. 히12:2. 갈3:13.

문 50. 그리스도께서 죽으신 후에 자신을 낮추신 일은 무엇인가?

답: 그리스도께서 죽으신 후에 자신을 낮추신 일은 장사되고[1] 제3일까지 죽은 자의 상태와 사망의 권세 아래 계속 계신 것이다.[2] 이 일을 가리켜 사도신경에서는 "지옥에 내려가시며" 라고 표현하였다.

(1)고전15:3,4. (2)시16:10. 행2:24-27,31. 롬6:9. 마12:40.

문 51. 그리스도의 높아지신 신분은 무엇인가?

답: 그리스도의 높아지신 신분은 그의 부활,[1] 승천,[2] 성부의 우편에 앉으심,[3] 그리고 세상을 심판하기 위해 다시 오심이다.[4]

(1)고전15:4. (2)막16:19. (3)엡1:20. (4)행1:11, 17:31.

문 52. 그리스도께서는 부활에서 어떻게 높아지셨는가?

답: 그리스도께서 부활에서 높아지신 것은 그가 죽었음에도 불구하고 죽음이 그를 가둘 수 없어 사망 중에 썩음을 보지 않으시고[1] 그 몸은 육체의 본질적인 성질을 그대로 가진 몸이었지만[2] 죽을 수밖에 없거나 세상 사람들에게서 공통적으로 볼 수 있는 연약함을 갖지 않으신 것이다. 바로 이 몸은 그의 영혼과 참으로 연합하여[3] 3일 만에 죽은 자 가운데서 자신의 힘으로 다시 살아나셨다.[4] 이 부활로 그리스도는 자신이 하나님의 아들이심을 선포하셨으며,[5] 하나님의 공의를 만족시키셨고,[6] 죽음을 이기시고, 죽음의 권세를 가진 자를 정복하셨다.[7] 그리하여 산자와 죽은 자의 주가 되셨다.[8] 그뿐 아니라 그리스도는 이 모든 것을 교회의 머리 되신[9] 공인(公人)으로서[10] 신자들의 칭의와[11] 은혜의 중생을[12] 위하여, 원수와 싸울 때 돕기 위하여,[13] 그리고 마지막 날에 그들을 죽음에서

다시 살리실 것을 확증하기 위하여 행하셨다.[14]

(1)행2:24,27. (2)눅24:39. (3)롬6:9. 계1:18. (4)요10:18. (5)롬1:4. (6)롬8:34. (7)히2:14. (8)롬14:9. (9)엡1:20,22,23. 골1:18. (10)고전15:21,22. (11)롬4:25. (12)엡2:1,5,6. 골2:12. (13)고전15:25-27. (14)고전 15:20.

문 53. 그리스도께서는 승천에서 어떻게 높아지셨는가?

답: 그리스도께서 승천에서 높아지신 것은 부활 후에 자주 그의 제자들에게 나타나서 그들과 대화하시고, 그들에게 하나님의 나라에 관한 일들을[1] 말씀하시며, 그들에게 모든 나라에게 복음을 전파하라는 사명을 주셨던 것이다.[2] 그리고 부활 후 사십 일이 되는 날에 우리의 본성을 가지고, 우리의 머리되신[3] 주님은 원수들을 이기시고,[4] 사람들이 보는 가운데 지극히 높은 하늘로 올라가셨다. 이는 거기서 사람들을 위한 선물을 받고,[5] 우리로 그곳을 사모하게 하며,[6] 또한 우리가 살 장소를 예비하기 위함이다.[7] 그곳은 주님 자신이 지금 계시는 곳이요, 세상 끝 날에 재림할 때까지 주님은 그곳에 계속 계실 것이다.[8]

(1)행1:2-3. (2)마28:19-20. (3)엡1:22. (4)시68:18. (5)시68:18. (6)골 3:1,2. (7)요14:3. (8)행3:21.

문 54. 그리스도께서는 하나님 우편에 앉으심으로 어떻게 높아지셨는가?

답: 그리스도께서 하나님 우편에 앉으심으로 높아지신 것은 하나님이요 사람이신 그분이 하나님 아버지의 최고의 총애를 받으시고,[1] 모든 충만한 기쁨과[2] 영광과[3] 하늘과 땅에 있는 만물을 다스리는 권세를[4] 받으신 것이다. 그리고 그리스도가 자기 교회를 모으고, 지키며, 그들의 원수들을 정복하고, 자기의 사역자들과 백성들에게 은사와 은혜를 주시며,[5] 또한 그들을 위해 대신 간구 하심으로 높아지셨다.[6]

(1)빌 2:9. (2)행2:28. 시16:11. (3)요17:5. (4)엡1:22. 벧전3:22. (5)엡4:10-12. 시110:1. (6)롬8:34.

문 55. 그리스도께서는 어떻게 우리를 위해서 간구하시는가?

답: 그리스도께서는 땅에서 행하신 그의 순종과 희생의 공로에 의지하여[1] 우리 인간의 본성을 가지고 끊임없이 하늘에 계신 아버지 앞에 나타나며[2] 그 공로가 모든 신자들에게 적용되도록 자신의 뜻을 선포함으로 간구하신다.[3] 또한 그리스도께서는 성도를 대

적하는 모든 정죄들에 답변하시며,[4] 저희가 날마다 실패함에도 불구하고 은혜의 보좌에 담대하게 나아가게 하시며,[5] 그들에게 양심의 평안을 주고,[6] 그들의 인격과 봉사를 받음으로 간구하신다.[7]

(1)히1:3. (2)히9:12,24. (3)요3:16. 17:9,20,24. (4)롬8:33,34. (5)히4:16. (6)롬 5:1,2. 요일2:1, 2. (7)엡1:6. 벧전 2:5.

문 56. 그리스도께서는 세상을 심판하기 위한 재림에서 어떻게 높아지시는가?

답: 그리스도께서 세상을 심판하기 위한 재림에서 높아지심은 사악한 사람들에게 불공정하게 재판받고 정죄되었던[1] 그분이 큰 능력을 가지고,[2] 자기와 성부의 영광을 충만히 나타내며, 그의 모든 거룩한 천사들을 거느리고,[3] 공의로 세상을 심판하기 위하여[4] 큰 외침과 천사장의 호령과 하나님의 나팔소리와[5] 함께 마지막 날에 다시 오시는 것이다.

(1)행3:14,15. (2)마24:30. (3)눅9:26. 마25:31. (4)살전4:16. (5)행17:31.

문 57. 그리스도께서는 중보하심으로 무슨 유익을 획득하셨는가?

답: 그리스도께서는 그의 중보로 은혜언약에 속한 다른 모든 유익과[1] 함께 구속을 획득하셨다.[2]

(1)고후1:20. (2)히9:12.

문 58. 우리는 어떻게 그리스도께서 획득하신 유익에 참여하는가?

답: 성령 하나님께서 특별한 역사에 의해[1] 이 혜택을 우리에게 적용함으로[2] 우리는 그리스도께서 획득하신 유익에 참여할 수 있다.

(1)딛3:5,6. (2)요1:11,12.

문 59. 누가 그리스도를 통한 구속에 참여하는가?

답: 구속은 그리스도께서 그들을 위하여 값을 치르고 사신 모든 성도들에게 확실하게 적용되며 효력 있게 전달된다.[1] 그들은 때가 이르면 성령님에 의해 복음을 통하여 그리스도를 믿을 수 있게 된다.[2]

(1)엡1:13,14. 요6:37,39. 10:15,16. (2)엡2:8. 고후4:13.

문 60. 복음을 들어본 적이 없어서 예수 그리스도를 알지도 못하고 믿지도 않는 사람들이 자연의 빛에 따라 삶으로 구원을 얻을 수 있는가?

답: 복음을 들어본 적이 없어서[1] 예수 그리스도를 알지도 못하고[2] 믿지도 않는 사람들은 결코 자연의 빛이나[3] 그들이 믿는 종교의 법을 따라[4] 아무리 열심히 산다고 하더라도 구원을 얻을 수 없다.[5] 이는 그의 몸인 교회의 유일한 구원자이신[6] 그리스도 밖에는 그 누구에게도 구원이 없기 때문이다.[7]

(1)롬10:14. (2)살후1:8,9. 엡2:12. 요1:10-12. (3)요8:24. 막16:16. (4)고전1:20-24. (5)요4:22. 롬9:31,32. 빌3:4-9. (6)행4:12. (7)엡5:23.

문 61. 복음을 듣고 교회 안에서 생활하는 사람들은 다 구원을 얻는가?

답: 복음을 듣고 유형(有形)교회에서 생활하는 사람들이 다 구원을 얻을 수 있는 것은 아니고, 다만 무형(無形)교회의 진정한 회원만이 구원을 얻는다.[1]

(1)요12:38-40. 롬9:6. 마22:14. 7:21. 롬11:7.

문 62. 유형교회란 무엇인가?

답: 유형교회는 세계의 모든 시대와 모든 장소에서 참된 믿음을 고백하는 모든 사람들과[1] 그들의 자녀들로 구성된 공동체이다.[2]

(1)창17:7. 고전1:2. 12:13. 롬15:9-12. 계7:9. 시2:8. (2)행2:39. 시22:27-31. 45:17. 마28:19,20. 사59:21. 고전7:14. 롬11:16.

문 63. 유형교회의 특권은 무엇인가?

답: 유형교회가 갖는 특권은 하나님의 특별한 돌봄과 통치아래 있는 것과,[1] 모든 원수들의 반대에도 불구하고 모든 시대에 있어서 보호를 받고 보존되는 것이며,[2] 성도들의 교제와 구원의 보통수단들을 즐기는 것이다.[3] 그리고 이것은 복음의 사역을 통하여 유형교회의 모든 회원들에게 누구든지 그를 믿으면 구원을 얻고 그에게 오는 자를 한 사람도 버리지 않겠다고[4] 증언하시는 그리스도에 의한 은혜의 초청을 누리는 특권이다.[5]

(1)사4:5,6. 딤전4:10. (2)시115:1,2,9. 사31:4,5. 슥12:2-4,8,9. (3)행2:39,42. (4)시147:19,20. 롬9:4. 엡4:11,12. 막16:15,16. (5)요6:37.

문 64. 무형교회란 무엇인가?

답: 무형교회는 머리되시는 그리스도 아래서 하나로 모였으며, 모이고 있고, 장차 모일 택함 받은 모든 백성들이다.[1]

(1)엡1:10,22,23. 요10:16. 11:52.

문 65. 무형교회 회원들은 그리스도로 인해 무슨 특별한 혜택을 누리는가?

답: 무형교회 회원들은 그리스도로 인해 은혜와 영광중에 그와의 연합과 교제를 누린다.[1]

(1)요17:21. 엡2:5,6. 요17:24.

문 66. 선택받은 자가 그리스도와 연합하는 것은 무엇인가?

답: 선택받은 자가 그리스도와 연합하는 것은 하나님의 은혜의 역사인데,[1] 이것으로 그들은 영적으로, 그리고 신비적으로, 그러면서도 실제적이며, 그리고 나눌수 없이 그들의 머리이시며 신랑이신 그리스도에게 결합된다.[2] 이 연합은 그들의 효력 있는 부르심에서 이루어는 것이다.[3]

(1)엡1:22. 2:6-8. (2)고전6:17. 요10:28. 엡 5:23,30. (3) 벧전5:10. 고전1:9.

문 67. 효력 있는 부르심이란 무엇인가?

답: 효력 있는 부르심이란 하나님의 전능하신 권능과 은혜의 역사인데,[1] 이것은 택함 받은 자를 향한 값없고 특별한 사랑에서 나온 것이며, 성도들에게는 하나님께서 그들을 택하도록 할 아무런 근거가 없는 것이다.[2] 하나님께서는 그가 정한 때에 자신의 말씀과 성령을 통하여 그들을 예수 그리스도에게로 부르시고 이끄시며,[3] 그리고 구원받도록 그들의 마음을 깨닫게 하시며,[4] 그들의 의지를 새롭게 하시고, 능력 있게 결심하도록 하신다.[5] 그래서 그들이 비록 죄로 말미암아 죽었음에도 불구하고 그의 부르심에 기꺼이 그리고 자유롭게 응답할 수 있게 하시며, 그 부르심을 통하여 제공하고 전달한 은혜를 받아 영접할 수 있게 하신다.[6]

(1)요5:25. 엡1:18-20. 딤후1:8,9. (2)딛3:4,5. 엡2:4,5,7-9. 롬9:11. (3)고후 5:20. 고후6:1,2. 요6:44. 살후2:13,14. (4)행26:18. 고전2:10,12. (5)겔11:19. 겔36:26,27. 요6:45. (6)엡2:5. 빌2:13. 신30:6.

문 68. 택함을 받은 자만이 효력 있는 부르심을 받는가?

답: 택함을 받은 모든 자들 오직 그들만이 효력 있는 부르심을 받는다.[1] 비록 선택 받지 못한 사람들이 말씀사역에 의해[2] 외적으로 부름을 받을 수도 있고, 그리고 가끔 부르심을 받으며 성령의 일반역사를 어느 정도 누릴 수 있을지라도,[3] 그들에게 제공된 은혜를 고의적으로 소홀히 하고 경멸하기 때문에 그들은 당연히 자신들의 불신앙에 버려져서 결코 진실로 예수 그리스도에게 나아오지 못한다.[4]

(1)행13:48. (2)마22:14. (3)마7:22. 13:20,21. 히6:4-6. (4)요12:38-40. 행28:25-27. 요6:64,65. 시81:11,12.

문 69. 무형교회의 성도들이 그리스도와 함께 갖는 은혜의 교제란 무엇인가?

답: 무형교회의 성도들이 그리스도와 함께 갖는 은혜의 교제란 그들의 칭의,[1] 양자,[2] 성화, 그리고 이 세상에서 그리스도와의 연합을 나타내는 다른 모든 것에서 그들이 그의 중보로 인한 공덕에 참여하는 것이다.[3]

(1)롬8:30. (2)엡1:5. (3)고전1:30.

문 70. 칭의는 무엇인가?

답: 칭의는 하나님께서 죄인들에게 값없이 주시는 은혜의 행위이다[1]. 이것으로 하나님께서는 죄인들의 모든 죄들을 용서하시고 자신이 보기에 그들의 인격을 의롭다고 여기어 받아주신다.[2] 칭의는 결코 그들 안에 있는 어떤 노력이나 그들에 의해 행해진 어떤 일로 된 것이 아니라,[3] 다만 그리스도의 온전한 순종과 충분한 만족이 하나님에 의해 죄인들에게 전가(轉嫁)되고,[4] 또한 그들이 오직 믿음으로만[5] 받아들임으로 인한 것이다.

(1)롬3:22,24,25. 4:5. (2)고후5:19,21. 롬3:22,24,25,27,28. (3)딛3:5,7. 엡1:7. (4)롬5:17-19. 4:6-8. (5)행10:43. 갈2:16. 빌3:9.

문 71. 칭의가 어떻게 하나님의 값없는 은혜의 행위인가?

답: 비록 그리스도께서 그의 순종과 죽음으로써 칭의 되는 자들을 위하여 하나님의 공의를 정당하고 참되며 충분하게 만족시켰지만,[1] 하나님께서는 그들에게 요구하셨던 만족을 한 보증인에게서 받으시고,[2] 이 보증인으로 자기 독생자를 제공하여 그의 의를 그들에게 돌려주셨다.[3] 그리고 그들의 칭의를 위해 그들에게 믿음 이외의 아무것도 요구하지 않으셨고,[4] 그 믿음 또한 그의 선물이므로[5] 그들의 칭의는 그들에게 주신 값없

는 은혜이다.[6]

(1)롬5:8-10,11,19. (2)딤전2:5,6. 히10:10. 마20:28. 단9:24,26. 사53:4-6. 10-12. 히7:22. 롬 8:32. 벧전1:18,19. (3)고후5:21. (4)롬 3:24-25. (5)엡2:8. (6)엡 1:7.

문 72. 의롭다 칭함을 받는 믿음이란 무엇인가?

답: 칭의를 받는 믿음은[1] 하나님의 말씀과[2] 성령으로[3] 죄인의 마음속에 역사 하는 구원의 은혜이다. 이것으로 죄인은 자신의 죄와 비참을 깨달으며, 자신을 비롯하여 다른 아무 피조물도 자신을 그의 상실된 상태에서 회복할 능력이 없음을 깨달으며,[4] 복음이 말하는 약속이 진리임을 인정할 뿐만 아니라,[5] 죄를 용서받기 위하여,[6]그리고 구원을 얻도록 하나님 앞에서 의롭다고 여김을 받고 용납되기 위하여 말씀에 계시된 그리스도와 그의 의(義)를 받아들이고 의지한다.[7]

(1)히10:39. (2)롬10:14,17. (3)고후4:13. 엡1:17-19. (4)행 2:37. 16:30. 요16:8,9. 롬5:6. 엡 2:1. 행4:12. (5)엡1:13. (6)요1:12. 행16:31. 10:43. (7)빌3:9. 행15:11.

문 73. 믿음이 하나님 앞에서 죄인을 어떻게 칭의 받게 하는가?

답: 믿음이 하나님 앞에서 죄인을 칭의 받게 하는 것은 믿음에 항상 함께하는 다른 은 혜나 그 열매인 선행 때문이 아니며,[1] 또한 믿음의 은혜나 믿음에서 오는 어떤 행위가 칭 의를 위해 죄인에게 전가되기 때문도 아니고,[2] 단지 믿음은 죄인이 그리스도와 그의 의 를 받아 적용하는 수단이기 때문이다.[3]

(1)갈3:11. 롬3:28. (2)롬4:5. 10:10. (3)요1:12. 빌3:9. 갈2:16.

문 74. 양자로 삼는 것이란 무엇인가?

답: 양자로 삼는 것은 그의 독생자 예수 그리스도 안에서, 또는 예수님 때문에[1] 하나 님이 거저 주시는 은혜의 행위이다.[2] 이것으로 하나님께서는 칭의를 받은 모든 사람을 자신의 자녀의 수효에 들게 하시고,[3] 그의 이름을 그들에게 주시며,[4] 자기 아들의 영을 그들에게 주시고,[5] 아버지의 부성적 보호와 다스림을 받게 하신다.[6] 또한 하나님의 아 들들이 갖는 자유와 온갖 특권을 누리게 하시고, 모든 약속의 상속자로 삼으시고, 영광중 에서 그리스도와 함께 하시는 공동 상속자가 되게 하신다.[7]

(1)엡1:5. 갈4:4,5. (2)요일3:1. (3)요1:12. (4)고후6:18. 계3:12. (5)갈4:6. (6)시103:13. 잠14:26. 마6:32. (7)히6:12. 롬8:17.

문 75. 성화(聖化)란 무엇인가?

답: 성화란 하나님의 은혜의 역사인데, 이것으로 하나님께서는 창세전에 거룩하게 하시려고 택하신 자들이 때가 되매 성령의 강력한 역사를 통하여[1] 그리스도의 죽음과 부활의 적용을 받게 하신다.[2] 그 결과 하나님께서는 자신의 형상대로 그들의 전인격을 새롭게 하시고,[3] 생명에 이르는 회개의 씨와 그 밖에 다른 구원의 은혜들을 그들의 마음속에 두고,[4] 그 모든 은혜들을 일으켜 주시고, 증가시키시고, 강화하시여,[5] 그들로 하여금 점점 더 죄에 대하여 죽게 하시고 새로운 생명에 대하여 살게 하신다.[6]

(1)엡1:4. 고전6:11. 살후2:13. (2)롬6:4-6. (3)엡4:23. (4)행11:18. (5)유1:20. 히6:11,12. 엡3:16-19. 골1:10,11. (6)롬 6:4,6,14. 갈5:24.

문 76. 생명에 이르는 회개란 무엇인가?

답: 생명에 이르는 회개란 하나님의 성령과[1] 말씀에[2] 의해서 죄인의 마음속에 이루어지는 구원의 은혜이다.[3] 이것으로 죄인은 자기 죄들의 위험성뿐만 아니라,[4] 그 죄의 더러움과 추악함을 보고, 느끼고, 통회한다.[5] 또한 죄인은 통회 하는 자에게 그리스도 안에서 베푸시는 하나님의 긍휼을 깨닫게 됨으로[6] 자기 죄들을 몹시 슬퍼하고[7] 미워하여[8] 그 모든 죄들을 떠나 하나님께로 돌아와[9] 새로운 순종의 모든 길에서 하나님과 함께 끊임없이 동행하기로 결심하고 노력한다.[10]

(1)슥12:10. (2)행11:18,20,21. (3)딤후2:25. (4)겔18:28,30,32. 눅15:17-18. 호2:6,7. (5)겔36:31. 사30:22. (6)욜2:12,13. (7)렘31:18,19. (8)고후7:11. (9)행26:18. 겔14:6. 왕상8:47,48. (10)시119:6,59. 128. 눅1:6. 대하23:25.

문 77. 칭의와 성화는 어떤 점에서 다른가?

답: 비록 성화는 칭의와 분리할 수 없는 관계에 있지만[1] 그 둘은 서로 다르다. 하나님께서는 칭의에서 그리스도의 의를 전가시켜 주며[2] 성화에서는 성령님께서 은혜를 주입하시어 신자로 하여금 실천할 수 있는 능력을 주신다.[3] 또한 칭의로는 죄를 용서해 주고,[4] 성화로는 죄를 이기게 하신다.[5] 그리고 칭의를 통해서는 보복하는 하나님의 진노에서 모든 신자를 평등하게 해방하시되 현세에서 이를 완성하시어 그들이 다시 정죄에 떨어지지 않게 하신다.[6] 그러나 성화를 통해서는 모든 신자 간에 평등하지도 않고,[7] 현세에서 결코 완성될 수도 없으며,[8] 다만 완성을 향해 성장해 나갈 뿐이다.[9]

(1)고전6:11. 1:30. (2)롬4:6,8. (3)겔36:27. (4)롬3:24,25. (5)롬6:6,14. (6)롬 8:33,34. (7)요일

2:12-14. 히5:12-14. (8)요일1:8,10. (9)고후7:1. 빌3:12-14.

문 78. 신자들이 성화를 완전히 성취할 수 없는 이유는 무엇인가?

답: 신자들이 성화를 완전히 성취할 수 없는 것은 그들의 모든 부분에 죄의 잔재가 남아 있기 때문이며 성령을 거슬러 싸우는 끊임없는 육신의 정욕 때문이다. 이 때문에 신자들은 종종 시험에 들어 좌절하며, 여러 가지 죄들에 빠지고,[1] 그들의 모든 신령한 봉사에서 방해를 받는다.[2] 그래서 신자들이 최선을 다해 행한 일이라도 하나님의 목전에는 불완전하고 더러운 것이 된다.[3]

(1)롬7:18,23. 막14:66-72. 갈2:11,12. (2)히12:1. (3)사64:6. 출28:38.

문 79. 참된 신자들이 그들의 불완전함과 그들이 빠진 여러 가지 유혹들과 죄들 때문에 은혜의 상태에서 떨어질 수 있는가?

답: 참된 신자들은 하나님의 변함없는 사랑,[1] 그들에게 견인을 주시려는 하나님의 작정과 언약,[2] 그리스도와의 나눌 수 없는 연합,[3] 그들을 위한 그리스도의 계속적인 간구,[4] 그들 안에 거하는 성령과 하나님의 씨로 인하여[5] 전적으로나 최종적으로 은혜의 상태에서 떨어져 나갈 수 없을 뿐만 아니라,[6] 하나님의 능력에 의해서 믿음으로 구원에 이르기까지 보존된다.[7]

(1)렘31:3. (2)딤후2:19. 히13:20,21. 삼하23:5. (3)고전1:8,9. (4)히7:25. 눅22:32. (5)요일3:9. 2:27. (6)렘32:40. 요10:28. (7)벧전1:5.

문 80. 참된 신자들은 그들이 은혜의 상태에 있음과 구원에 이르기까지 그 안에서 견인되어 있음을 틀림없이 확신할 수 있는가?

답: 그리스도를 진실로 믿고 그분 앞에서 모든 선한 양심으로 행하고자 노력하는 자들은[1] 특별한 계시가 없어도 하나님의 약속의 진리에 근거한 믿음에 의해서, 또한 생명의 약속을 주신 그 은혜들을 스스로 분별할 수 있도록 하시며,[2] 그들이 하나님의 자녀인 것을 그들의 영과 함께 증거 하시는 성령님에 의해서도[3] 그들이 은혜의 상태에 있음과 구원에 이르기까지 그분 안에서 견인될 것을 틀림없이 확신할 수 있다.[4]

(1)요일 2:3. (2)고전 2:12. 요일3:14,18,19,21,24. 4:13,16. 히 6:11,12. (3)롬8:16. (4)요일 5:13.

문 81. 모든 참된 신자들은 그들이 지금 은혜의 상태에 있음과 장차 구원받을 것을 항상 확신하는가?

답: 은혜와 구원의 확신이 신앙의 본질에 속한 것이 아니므로[1] 참된 신자들도 확신에 이르기까지 오랜 시간이 걸릴 수 있으며,[2] 이러한 확신을 누린 후에도 다양한 질병, 죄, 유혹, 배반 등으로 인하여 확신이 약화되거나 일시적으로 중단될 수도 있다.[3] 그러나 성령 하나님께서 완전한 절망에 빠지지 않도록 항상 함께 하시고 돌보시기 때문에 참된 신자들은 결코 버림을 당하지 않는다.[4]

(1)엡1:13. (2)사50:10. 시88:1-3,6,7,9,10. 13-15. (3)시77:1-12. 아5:2,3,6. 시31:8-12. 22:1. (4)요일3:9. 욥13:15. 시73:15,23. 사54:7-10.

문 82. 무형교회 회원들이 그리스도와 함께 누리는 영광의 교제란 무엇인가?

답: 무형교회 회원들이 그리스도와 함께 누리는 영광의 교제란 현세에도 있고,[1] 죽음 후 즉시 일어나는 것이지만,[2] 마침내 부활과 심판 날에 완성되는 것이다.[3]

(1)고후3:18. (2)눅23:43. (3)살전4:17.

문 83. 무형교회 회원들이 현세에서 그리스도와 함께 누리는 영광의 교제란 무엇인가?

답: 무형교회 회원들은 그들의 머리이신 그리스도의 지체이므로 현세에서 그리스도와 함께 영광의 첫 열매를 누리며, 그분 안에서 그가 소유하신 영광에 참여하게 되며,[1] 그리고 그의 보증으로 하나님의 사랑과[2] 양심의 평화와 성령의 기쁨과 영광의 소망을[3] 누리게 된다. 반면에 악인들에게는 하나님의 복수하시는 진노와 양심의 공포와 심판에 대한 두려움 등이 따르는데 이것들은 악인들이 죽은 후에 받을 고통의 시작이다.[4]

(1)엡 2:5,6. (2)롬 5:5. 고후1:22. (3)롬 5:1,2. 14:17. 엡1:13. (4)창4:13. 마27:4. 히10:27. 롬 2:9. 막9:44.

문 84. 모든 사람이 다 죽을 것인가?

답: 죽음은 죄 값으로 위협이 되는 것이므로[1] 한 번 죽는 것은 모든 사람에게 정해진 것인데,[2] 그것은 모든 사람이 죄를 범했기 때문이다.[3]

(1)롬6:23. (2)히9:27. (3)롬5:12.

문 85. 죄의 값이 사망이라면 의로운 사람은 그리스도 안에서 죄 사함을 받았는데도 왜 현세적 죽음에서 구원을 받지 못하는가?

답: 의인들은 마지막 날에 죽음 자체에서 구원받을 것이며 비록 죽어도 사망의 쏘는 것과 저주에서 구원받는다.[1] 그러므로 그들이 죽더라도 그 죽음은 하나님의 사랑에서[2] 비롯되어 죄와 비참에서 그들을 완전히 해방시켜주시려는 것이며,[3] 또한 죽음 후에 들어가는 영광 중에서 그리스도와 함께 더 깊은 교제를 갖게 해 주시려는 것이다.[4]

(1)고전15:26. 55–57. 히2:15. (2)사57:1,2. 왕하 22:20. (3)계14:13. 엡5:27. (4)눅23:43. 빌 1:23.

문 86. 무형교회 회원들이 죽은 직후에 그리스도와 더불어 누리게 되는 영광의 교제란 무엇인가?

답: 무형교회 회원들이 죽은 직후에 그리스도와 더불어 누리게 되는 영광의 교제란 그들의 영혼이 그때에 완전히 거룩하게 되어,[1] 지극히 높은 하늘에 영접 되고,[2] 거기서 빛과 영광 중에 하나님의 얼굴을 바라보면서[3] 그들의 몸의 완전한 구속을 기다리는 것이다.[4] 그들의 몸은 비록 죽어 있어도 그리스도에게 계속 연합되어 있으며,[5] 마치 잠자리에서 잠자듯 무덤 속에서 마지막 날에 자신들의 영혼과 다시 연합할 때까지 쉬고 있다.[6] 그러나 악인의 영혼들은 죽을 때 지옥에 던져지고, 거기서 고통과 깊은 흑암 중에 머물러 있는 한편, 그들의 몸은 부활과 심판의 큰 날까지 마치 감옥에 갇힌 것처럼 무덤 속에 갇혀있다.[7]

(1)히12:23. (2)고후5:1,6,8. 빌1:23. 행3:21. 엡4:10. (3)요일3:2. 고전13:12. (4)롬8:23. 시 16:9. (5)살전 4:14. (6)사 57:2. 욥19:26,27. (7)눅16:23,24. 행1:25. 유1:6,7.

문 87. 우리는 부활에 대하여 무엇을 믿어야 하는가?

답: 우리는 마지막 날에 의인이나 불의한 자를 불문하고 죽은 자들이 모두 부활할 것임을 믿는다.[1] 그러나 그때에 살아 있는 사람들은 순식간에 변화될 것이다. 그리고 무덤 속에 있는 죽은 자들은 바로 그 몸이 그들의 영혼과 영원히 연합되어 그리스도의 권능으로 다시 살아날 것이다.[2] 의인의 몸은 그리스도의 영(靈)에 의하여 그리고 그들의 머리 되신 그리스도의 부활의 공로로 능력 중에 신령하고 썩지 않는 몸으로 다시 일어나서 그의 영광스러운 몸과 같이 될 것이다.[3] 그러나 악인의 몸은 진노하는 심판주이신 그리스도에 의하여 부끄러운 부활을 맞이할 것이다.[4]

(1)행24:15. (2)고전15:51-53. 살전4:15-17. 요5:28,29. (3)고전15:21-23. 42-44. 빌3:21. (4)요5:27-29. 마25:33.

문 88. 부활 직후에 어떠한 일이 일어날 것인가?

답: 부활 직후에 천사들과 사람들에 대한 전체적이고 최후적인 심판이 있을 것이다. [1] 그러나 그날과 그때는 아무도 모르니 이는 모두 깨어 기도하면서 주님의 오심을 항상 준비하게 하려함이다. [2]

(1)벧후2:4,6,7,14,15. 마25:46. (2)마24:36,42,44. 눅21:35,36.

문 89. 심판의 날에 악인에게는 무슨 일이 있을 것인가?

답: 심판의 날에 악인은 그리스도의 좌편에 놓일 것이다. [1] 그리고 명백한 증거와 그들 자신의 양심의 충분한 확증에 근거하여 [2] 그들에게 두려우면서도 공정한 정죄의 선고가 내려질 것이다. [3] 또한 하나님의 은혜로운 임재하심과 그리스도와 그의 성도들과 그의 모든 천사들과 더불어 누리는 영화로운 교제로부터 쫓겨나, 멀리 지옥으로 던져져, 거기서 몸과 영혼 모두가 마귀와 그 사자들과 함께 받는 말로 다할 수 없는 고통의 형벌을 영원히 받을 것이다. [4]

(1)마25:33. (2)롬2:15,16. (3)마25:41-43. (4)눅16:26. 살후1:8,9.

문 90. 심판 날에 의인은 어떻게 될 것인가?

답: 심판 날에 의인은 구름 속으로 그리스도에게 끌어올려져 그의 우편에 놓일 것이며, [1] 거기서 공적으로 인정받고, 무죄선언을 받아, [2] 버림받은 천사들과 사람들을 그리스도와 함께 심판하고, [3] 하늘에 영접될 것이다. [4] 거기서 그들은 영원무궁토록 모든 죄와 비참에서 온전히 그리고 영원히 해방될 것이며, [5] 도저히 상상도 할 수 없는 기쁨으로 충만할 것이다. [6] 그리고 셀 수 없는 많은 성도들과 천사들과 함께 어울리며, [7] 특히 하나님 아버지와 우리 주 예수 그리스도와 성령을 영원토록 직접 대면하고 즐기며, [8] 또한 몸과 영혼이 영원토록 완전히 거룩하고 행복하게 될 것이다. 이것이 곧 보이지 않는 교회에 속한 성도들이 부활과 심판 날에 그리스도와 더불어 영광 중에 누리게 될 완전하고 충만한 교제이다.

(1)살전4:17. (2)마25:33. 마10:32. (3)고전6:2,3. (4)마25:34,46. (5)엡5:27. 계14:13. (6)시16:11. (7)히12:22,23. (8)요일3:2. 고전13:12. 살전4:17,18.

[우리는 하나님에 대하여 믿을 바가 무엇인가에 대해 성경이 중요하게 가르치는 것을 보았으니, 이제 사람의 의무에 대해 성경이 요구하는 것이 무엇인지에 대해 알아보아야 한다.]

문 91. 하나님께서 사람에게 요구하시는 의무는 무엇인가?

답: 하나님께서 사람에게 요구하시는 의무는 그의 계시된 뜻에 순종하는 것이다.[1]

(1)롬12:1,2. 미6:8. 삼상15:22.

문 92. 하나님께서 사람에게 그의 순종의 규칙으로 제일 처음 무엇을 계시 하셨는가?

답: 선악을 알게 하는 나무의 실과를 먹지 말라고 하신 특별한 명령 외에 무죄한 상태에 있는 아담과 그 안에 있는 모든 인류에게 계시하신 순종의 규칙은 도덕 율법이었다.[1]

(1)창1:26,27. 롬2:14,15. 10:5. 창2:17.

문 93. 도덕 율법은 무엇인가?

답: 도덕 율법은 인류에게 선포된 하나님의 뜻이다. 이것은 영혼과 몸의 전인격적인 성향과 모습에 있어서,[1] 또한 하나님과 사람에게 지고 있는 거룩함과 의로움의 모든 의무를 이행함에 있어서,[2] 각자가 개인적으로, 완전히, 영구히, 이 법을 준수하고 순종하도록 지시하고 명령하신 하나님의 뜻이다. 그리고 이 명령을 지키면 생명을 주기로 약속하셨지만 그것을 위반하면 죽는다고 위협하셨다.[3]

(1)신5:1-3,31,33. 눅10:26,27. 갈3:10. 살전5:23. (2)눅1:75. 행24:16. (3)롬10:5. 갈3:10,12.

문 94. 타락한 후에도 도덕 율법이 사람에게 유용한가?

답: 타락한 후에는 아무도 도덕 율법에 의하여 의와 생명에 이를 수 없다.[1] 그러나 도덕 율법은 불신자나 중생한 사람에게 각각 특별히 유용한 것처럼 모두에게도 공통적으로 매우 유용하다.[2]

(1)롬8:3. 갈2:16. (2)딤전1:8.

문 95. 도덕 율법이 모든 사람에게 어떻게 유용한가?

답: 도덕 율법은 모든 사람에게 하나님의 거룩한 성품과 뜻과[1] 그들이 따라 행해야 할 사람의 의무를[2] 알게 하는 데 유용하다. 또한 도덕 율법은 그들이 이를 지키는 데 무능함과 그들의 본성과 마음과 생활이 죄악으로 오염되어 있음을 깨닫게 하며,[3] 그들로 하여금 그들의 죄와 비참을 느껴 겸손케 하여,[4] 그리스도와 그의 완전한 순종이 자신들에게 필요하다는 것을 보다 더 분명히 깨닫게 하는 데 도움이 된다.[5]

(1)레11:44,45. 20:7,8. 롬7:12. (2)미6:8. 약2:10,11. (3)시19:11,12. 롬3:20. 7:7. (4)롬3:9,23. (5)갈3:21,22. 롬10:4.

문 96. 도덕 율법이 특별히 불신자들에게 어떻게 유용한가?

답: 도덕 율법은 불신자들의 양심을 일깨워 장차올 진노를 피하게 하고[1] 그들을 그리스도에게로 오게 하는 데 유용하다.[2] 그리고 그들이 죄의 상태와 죄의 길에 계속 머물러 있을 경우에 그들로 하여금 핑계할 수 없게 하여[3] 죄의 저주 아래 있게 한다.[4]

(1)딤전1:9,10. (2)갈3:24. (3)롬1:20. 2:15. (4)갈3:10.

문 97. 도덕 율법이 특별히 중생한 자들에게는 어떻게 유용한가?

답: 중생하여 그리스도를 믿는 자들은 행위언약인 도덕 율법에서 해방되었기에[1] 이 것으로 칭의를 받거나[2] 정죄되지 않는다.[3] 그러나 모든 사람들에게 공통된 일반적 용도 외에도 특별한 유용함이 있다. 도덕 율법은 이 법을 친히 완성하시고 그들을 대신하여 또한 그들의 유익을 위해서 저주를 받으신 그리스도와 그들이 얼마나 밀접한 관계가 있는지를 보여준다.[4] 따라서 도덕 율법은 그들로 하여금 더욱 더 감사하도록 북돋울 뿐만 아니라,[5] 순종의 법칙인 도덕 율법을 더욱 더 조심하여 따름으로 이 감사의 열매를 맺게 한다.[6]

(1)롬6:14. 7:4,6. 갈4:4,5. (2)롬3:20. (3)갈5:23. 롬8:1. (4)롬7:24,25. 갈3:13,14. 롬8:3,4. (5)눅1:68,69,74,75. 골1:12-14. (6)롬7:22.12:2. 딛2:11-14.

문 98. 도덕 율법은 요약적으로 어디에 들어있는가?

답: 도덕 율법은 십계명에 요약적으로 들어있다. 십계명은 시내산에서 하나님께서 음성으로 말씀하고 두 돌 판에 친히 써 주신 것으로[1] 출애굽기 20장에 기록되어 있다. 첫 네 계명에는 하나님께 대한 의무와 나머지 여섯 계명에는 사람에 대한 의무를 담고 있

다.(2)

(1)신10:4. 출34:1-4. (2)마22:37-40.

문 99. 십계명을 바로 이해하기 위해서는 어떠한 규칙들을 준수해야 하는가?
답: 십계명을 바로 이해하기 위해서는 다음의 규칙들을 준수해야 한다.

① 율법은 완전하므로, 누구나 전인격적으로 그 의를 충분히 따르고 영원토록 온전히 순종하여 모든 의무를 철두철미하게 끝까지 완수하여야 하며, 무슨 죄를 막론하고 가장 작은 죄라도 금한다.(1)

② 율법은 신령하므로, 말과 행동과 태도뿐만 아니라 이해와 의지와 감정과 기타 영혼의 모든 능력들에까지 미친다.(2)

③ 다양한 관점에서 하나이며 동일한 것이 여러 계명들 가운데 요구되어지거나 금해지고 있다.(3)

④ 어떤 의무를 행하도록 명하는 곳에는 그와 반대되는 죄를 금하고 있고,(4) 어떤 죄를 금한 곳에는 그와 반대되는 의무를 명한 것이 함축되어 있다.(5) 그러므로 어떤 약속이 덧붙여져 있으면 거기에는 그와 반대되는 경고가 포함되어 있으며,(6) 어떤 경고가 덧붙여진 곳에는 그와 반대되는 약속이 포함되어 있다.(7)

⑤ 하나님께서 금하신 것은 언제라도 해서는 안되며,(8) 하나님께서 명하신 것은 언제나 우리의 의무이다.(9) 하지만 어떤 특수한 의무는 모든 시대에 행할 것은 아니다.(10)

⑥ 한 가지 죄나 의무 아래 같은 종류의 죄를 모두 금하거나, 같은 종류의 의무를 모두 명령한다. 거기에는 그 모든 원인, 수단, 기회, 모양 및 그것들에 이르는 자극도 모두 포함한다.(11)

⑦ 우리의 지위를 따라 우리에게 금하거나 명령된 일이라면 다른 사람들도 그 지위와 의무에 따라서 이를 피하거나 행하도록 도와줄 의무가 우리에게 있다.(12)

⑧ 다른 사람들에게 명령된 것도 우리의 지위와 사명에 따라 그들을 도와야 할 의무가 있고(13) 다른 사람들에게 금한 일에도 그들과 함께 동참하지 않도록 조심할 의무가 우리에게 있다.(14)

(1)시19:7. 약2:10. 마5:21,22. (2)롬7:14. 신6:5. 마22:37-39. 5:21,22,27,28,33,34,37-39,43,44. (3)골3:5. 암8:5. 막15:4-6. 잠1:19. 딤전6:10. 엡4:28. (4)사58:13. 마4:9,10. 15:4-6. (5)마5:21-25; 엡4:28. (6)신6:13. 잠30:17. (7)렘18:7,8. 출20:7. 시15:1,4,5. 24:4,5. (8)욥13:7,8.

416 · 교회사적으로 엮어낸 신앙고백집

롬3:8. 욥36:21. 히11:25. (9)신4:8,9. (10)마12:7. (11)마 5:21,22,27,28. 15:4–6. 히10:24,25. 살전5:22,23. 갈5:26. 골3:21. (12)출20:10. 레19:17. 창18:19. 수24:15. 신6:6,7. (13)고후1:24. (14)딤전5:22. 엡5:11. 시24:4,5.

문 100. 십계명에서 어떠한 특별한 것들을 우리는 생각해야 하는가?

답: 우리는 십계명에서 머리말과 십계명 자체의 내용과 계명을 보다 더 강화하기 위하여 그중 어떤 것에 첨부된 몇 가지 이유들을 생각해야만 한다.

문 101. 십계명의 머리말은 무엇인가?

답: 십계명의 머리말은 "나는 너를 애굽땅, 종 되었던 집에서 인도하여 낸 네 하나님 여호와로라." [1] 하신 말씀에 포함되어 있다. 여기서 하나님께서는 여호와로서 영원불변하며 전능한 하나님으로 자기의 주권을 나타내셨다. [2] 또한 하나님께서는 자기의 존재를 자기 자신 안에 스스로 소유하시고 [3] 그의 모든 말씀과 [4] 하시는 일에 [5] 따라 존재를 나타내셨다. 그리고 하나님께서는 옛날에 이스라엘과 언약을 맺은 것과 같이 자기의 모든 백성과 언약을 맺은 하나님이시며, [6] 이스라엘을 애굽의 종살이에서 건져낸 것과 같이 우리를 영적 노예의 속박에서 구출한 것을 나타내셨다. [7] 그러므로 우리는 오직 그분만을 우리의 하나님으로 의지하고 그의 모든 계명을 지켜야만 한다. [8]

(1)출20:2. (2)사44:6. (3)출3:14. 4:3. (4)출 6:3. (5)행17:24,28. (6)창17:7. 롬3:29. (7)눅1:74,75. (8)벧전1:15–18. 레18:30. 19:37.

문 102. 하나님께 대한 우리의 의무를 포함하는 첫 네 계명의 대강령은 무엇인가?

답: 하나님께 대한 우리의 의무를 포함한 첫 네 계명의 대강령은 우리의 마음을 다하여, 목숨을 다하고, 힘을 다하며, 뜻을 다하여, 우리 주 하나님을 사랑하라는 것이다. [1]

(1)눅10:27. 신6:5.

문 103. 제1계명은 무엇인가?

답: 제1계명은 "너는 나 외에는 다른 신들을 네게 두지 말라" [1] 이다.

(1)출20:3.

문 104. 제1계명이 명령하는 의무는 무엇인가?

답: 제1계명이 명령하는 의무는 하나님만이 홀로 참되신 하나님이시며, 우리의 하나님이심을 알고, 인정하며,[1] 따라서 그분만을 생각하고,[2] 묵상하고,[3] 기억하고,[4] 높이고,[5] 존경하고,[6] 경배하고,[7] 택하고,[8] 사랑하고,[9] 사모하고,[10] 경외함으로,[11] 그분만을 합당하게 예배하고, 영화롭게 하라는 것이다.[12] 또한 하나님을 믿고,[13] 의지하고,[14] 바라고,[15] 기뻐하고,[16] 즐거워하고,[17] 그에 대한 열심을 품고,[18] 그를 부르고, 모든 찬송과 감사를 드리고,[19] 전인격적으로 그에게 완전히 순종하고, 복종하며,[20] 그를 기쁘시게 하기 위하여 범사에 조심하고,[21] 만일 무슨 일에든지 그분을 노엽게 하였으면 슬퍼하며,[22] 하나님과 겸손히 동행하라는 것이다.[23]

(1)대상28:9. 신26:17. 사43:10. 렘14:22. (2)말3:16. (3)시63:6. (4)전12:1. (5)시71:19. (6)말1:6. (7)사45:23. (8)수24:15,22. (9)신 6:5. (10)시73:25. (11)사8:13. (12)시95:6,7. 마4:10. 시29:2. (13)출14:31. (14)사 26:4. (15)시 130:7. (16)시 37:4. (17)시 32:11. (18)롬12:11. 민25:11. (19)빌4:6. (20)렘7:23. 약4:7. (21)요일3:22. (22)렘31:18. 시119:136. (23)미 6:8.

문 105. 제1계명이 금지하는 죄들은 무엇인가?

답: 제1계명이 금지하는 죄들은 하나님을 부인하거나 모시지 않는 무신론,[1] 참된 하나님과 함께 혹은 그 대신에 다른 신을 두거나 유일신보다 여러 신들을 섬기거나 예배하는 우상 숭배,[2] 하나님을 하나님으로 그리고 우리의 하나님으로 모셔 고백하지 않고,[3] 1계명이 요구하는 하나님께 마땅히 드릴 것을 무엇이든지 제거하거나 소홀히 하는 것,[4] 그에 대한 무지,[5] 망각,[6] 오해,[7] 그릇된 의견들,[8] 무가치하고 악한 생각들,[9] 그의 비밀들을 감히 호기심으로 캐내려는 것,[10] 모든 신성 모독,[11] 하나님을 미워하는 것,[12] 자기 사랑,[13] 자아 추구,[14] 우리 마음과 의지 혹은 정서를 과도히 무절제하게 다른 일들에 두고, 전적으로 혹은 부분적으로 하나님에게서 떠나게 하는 것,[15] 헛된 맹신,[16] 불신앙,[17] 이단,[18] 그릇된 믿음,[19]불신뢰,[20] 절망,[21] 완악함,[22] 심판에 대한 무감각,[23] 돌같이 굳은 마음,[24] 교만,[25] 뻔뻔스러움,[26] 육에 속하는 안일함,[27] 하나님을 시험하는 것,[28] 불법적인 수단을 쓰는 것,[29] 불법적 수단을 의지하는 것,[30] 육적 기쁨과 즐거움,[31] 부패하고 맹목적이며 무분별한 열심,[32] 미지근함과,[33] 하나님의 일에 대한 무감각,[34] 하나님에게서 멀어짐과 배교하는 것,[35] 성자들이나 천사들 혹은 다른 피조물에게 기도하거나 종교적 예배를 드리는 것,[36] 마귀와의 모든 계약을 맺고 의논하는 것,[37] 마귀의 제안에 귀를 기울이는 것,[38] 사람들을 우리의 신앙과 양심의 주로 삼는것,[39] 하나님과 그의 명

령을 경시하고 멸시하는 것,(40) 성령을 거역하고 근심되게 하는 것,(41) 그의 섭리들에 대해서 불만하고 참지 못하며, 우리에게 임하는 재난들에 대하여 어리석게 하나님을 비난하는 것,(42) 우리의 선함과 우리가 소유하거나, 혹은 할 수 있는 선행에 대한 찬사를 행운이나,(43) 우상이나,(44) 우리 자신이나,(45) 또는 어떤 다른 피조물(46)에게 돌리는 것이다.

(1)시14:1. 엡2:12. (2)렘2:27,28. 살전1:9. (3)시81:11. (4)사43:22-24. (5)렘4:22. 호4:1,6. (6) 렘2:32. (7)행17:23,29. (8)사 40:18. (9)시 50:21. (10)신29:29. (11)딛1:16. 히12:16. (12)롬 1:30. (13)딤후 3:2. (14)빌2:21. (15)요일2:15,16. 삼상2:29. 골3:2,5. (16)요일4:1. (17)히3:12. (18)갈 5:20. 딛3:10. (19)행26:9. (20)시78:22. (21)창4:13. (22)렘5:3. (23)사42:25. (24)롬2:5. (25)렘13:15. (26)시19:13. (27)습1:12. (28)마4:7. (29)롬3:8. (30)렘17:5. (31)딤후3:4. (32)갈4:17. 요 16:2. 롬10:2. 눅9:54,55. (33)계3:16. (34)계3:1,2. (35)겔14:5. 사1:4,5. (36)롬10:13,14. 호4:12. 행10:25,26. 계19:10. 마4:10. 골2:18. 롬1:25. (37)레20:6. 삼상28:7,11. 대상10:13,14. (38)행 5:3. (39)고후1:24. (40)신 32:15. 삼하12:9. 잠13:13. (41)행7:51. (42)시73:2,3,13-15,22. 욥1:22. (43)삼상6:7-9. (44)단5:23. (45)신 8:17. 단4:30. (46)합1:16.

문 106. 제1계명에 있는 '나 외에' 라는 말씀이 특별히 가르치는 것은 무엇인가?

답: 제1계명에 있는 '나 외에' 혹은 '내 앞에서' 라는 말씀은 만물을 보고 계신 하나님께서 우리가 어떤 다른 신을 두려는 죄에 대해서 특별히 주목하시고 불쾌 하게 여기신다는 것을 가르친다. 그러므로 이 표현은 이런 죄를 범하지 못하게 막으며, 또한 다른 신을 두는 것이 가장 파렴치한 도발 행위로써 주를 격노케 한다는 것을 보여줄 뿐 아니라,(1) 우리가 주를 섬기는 일에 무엇을 하든지 그의 목전에서 하도록 설득시키는 논증이 된다.(2)

(1)겔 8:5,6. 시44:20,21. (2)대상28:9.

문 107. 제2계명은 무엇인가?

답: 제2계명은 "너를 위하여 새긴 우상을 만들지 말고, 또 위로 하늘에 있는 것이나 아래로 땅에 있는 것이나 땅 아래 물속에 있는 것의 어떤 형상도 만들지 말며, 그것들에게 절하지 말며, 그것들을 섬기지 말라. 나 네 하나님 여호와는 질투하는 하나님인즉, 나를 미워하는 자의 죄를 갚되 아버지로부터 아들에게로 삼사 대까지 이르게 하거니와, 나를 사랑하고 내 계명을 지키는 자에게는 천 대까지 은혜를 베푸느니라."(1) 이다.

(1)출20:4-6.

문 108. 제2계명이 명령하는 의무는 무엇인가?

답: 제2계명이 명령하는 의무는 하나님께서 자기 말씀 안에 제정하신 예배와 규례를 받아, 준수하고, 순전하게, 그리고 완전하게 지키라는 것이다.[1] 특별히 그리스도의 이름으로 드리는 기도와 감사이며,[2] 말씀을 읽음과 전함과 들음이며,[3] 성례의 집례와 받음이며,[4] 교회 정치와 권징,[5] 성직과 그것의 유지,[6] 기독교적 금식,[7] 하나님의 이름으로 맹세하는 것과[8] 그에게 서원하는 것,[9] 모든 거짓된 예배를 부인하고, 미워하며, 반대하는 것,[10] 각자의 지위와 사명에 따라 거짓된 예배와 모든 우상 숭배의 기념물들을 제거하라는 것이다.[11]

(1)신32:46,47. 마28:20. 행2:42. 딤전6:13,14. (2)빌4:6. 엡5:20. (3)신17:18,19. 행15:21. 딤후4:2. 약1:21,22. 행10:33. (4)마28:19. 고전11:23-30. (5)마18:15-17. 16:19. 고전 5장. 12:28. (6)엡 4:11,12. 딤전5:17,18. 고전9:7-15. (7)욜2:12,13. 고전7:5. (8)신6:13. (9)사19:21. 시76:11. (10)행17:16,17. 시16:4. (11)신7:5. 사30:22.

문 109. 제2계명이 금지하는 죄들은 무엇인가?

답: 제2계명이 금지하는 죄들은 하나님께서 친히 제정하지 않으신 어떤 종교적 예배를 고안하고,[1] 의논하며,[2] 명령하고,[3] 사용하고,[4] 어떤 모양으로든지 인정하는 것들이다.[5] 또한 거짓 종교를 용납하는 것과[6] 삼위(三位) 하나님 전부나 혹은 그 중 어느 한 위(位)의 형상이라도 내적으로 우리 마음속에 가지든지, 또는 외적으로 아무 피조물의 어떤 형상이나 모양으로 만든 것이며,[7] 이 형상 자체나 혹은 이 형상 안에서[8] 그리고 이 형상을 통하여 하나님을 예배하는 모든 일이며,[9] 거짓 신들의 형상을 만들고,[10] 그들을 예배하거나 또는 그것들에 속한 것을 섬기는 것이며,[11] 우리 자신들이 만들고 취하든지,[12] 전통을 따라서 사람들로부터 받았든지 간에[13] 옛 제도,[14] 풍습,[15] 경건[16], 선한 의도, 혹은 다른 어떤 구실의 명목으로[17] 예배에 추가하거나 삭감하여[18] 하나님의 예배를 부패케 하는[19] 미신적 고안들,[20] 성직 매매,[21] 신성 모독,[22] 하나님이 정하신 예배와 규례들에 대한 모든 태만과[23] 경멸,[24] 방해,[25] 반대하는 것이다.[26]

(1)민15:39. (2)신13:6-8. (3)호5:11,12. 미6:16. (4)왕상11:33. 12:33. (5)신12:30-32. (6)신13:6-12. 슥13:2,3. 계2:2,14,15,20. 17:12,16,17. (7)신4:15-19. 행17:29. 롬1:21-23,25. (8)출32:5,8. (9)단3:18. 갈4:7,8. (10)출 32:8. (11)왕상18:26,28. 사65:11. (12)시106:39. (13)마15:9. (14)벧전1:18. (15)렘44:17. (16)사65:1-5. 갈1:13,14. (17)삼상13:11,12. 삼상15:21. (18)신4:2. (19)말 1:7, 8,14. (20)행17:22. 골2:21-23. (21)행8:18. (22)롬2:22. 말3:8. (23)출4:24-26. (24)마

22:5. 말1:7,13. (25)마23:13. (26)행13:44,45. 살전2:15,16.

문 110. 제2계명을 더 잘 지키게 하려고 여기에 첨가된 이유들은 무엇인가?

답: 제2계명을 더 잘 지키게 하려고 첨가된 이유들은 다음의 말씀에 포함되어 있다. 곧 "나 네 하나님 여호와는 질투하는 하나님인즉 나를 미워하는 자의 죄를 갚되 아버지로부터 아들에게로 삼사 대까지 이르게 하거니와 나를 사랑하고 내 계명을 지키는 자에게는 천 대까지 은혜를 베푸느니라."[1] 고 한 것이다. 이 이유들은 우리에 대한 하나님의 주권과 우리 안에 있어야 할 합당한 순종을 나타내는 것 외에도,[2] 자기에게 드려지는 예배에 대한 하나님의 뜨거운 열정을 나타내며,[3] 우상 숭배자들을 영적으로 간음하는 자로 여겨 보복하는 하나님의 진노를 나타내기도 한다.[4] 그리고 하나님께서는 이 계명의 범죄자들을 향해 하나님을 미워하는 자들로 간주하여 여러 시대에 이르기까지 그들을 형벌한다고 경고하시고,[5] 반대로 그것을 준수하는 자들은 그를 사랑하고 자신의 계명을 지키는 자들로 여기어 여러 세대에 이르기까지 그들에게 자비를 베푸시겠다고 약속하셨다.[6]

(1)출 20:5,6. (2)시45:11. 계15:3,4. (3)출34:13,14. (4)고전10:20-22. 렘7:18-20. 겔16:26,27. 신32:16-20. (5)호2:2-4. (6)신5:29.

문 111. 제3계명은 무엇인가?

답: 제3계명은 "너는 네 하나님 여호와의 이름을 망령되게 부르지 말라 여호와는 그의 이름을 망령되게 부르는 자를 죄 없다 하지 아니하리라"[1] 이다.

(1)출20:7.

문 112. 제3계명이 명령하는 것은 무엇인가?

답: 제3계명이 명령하는 것은 하나님의 이름, 그의 칭호, 속성,[1] 규례,[2] 말씀,[3] 성례,[4] 기도,[5] 맹세,[6] 서약,[7] 추첨,[8] 그의 사역과[9] 그 외에 자기 자신을 나타내시는 것은 무엇이든지 하나님의 영광과[10] 우리 자신과[11] 남들의 유익을 위하여[12] 거룩한 고백과[13] 책임 있는 대화로써[14] 생각,[15] 묵상,[16] 말,[17] 글[18] 등에 있어서 거룩하게, 그리고 경외함으로 사용하라는 것이다.

(1)마6:9. 신28:58. 시29:2. 68:4. 계15:3,4. (2)말1:14. 전5:1. (3)시138:2. (4)고전11:24,25,28,29. (5)딤전2:8. (6)렘4:2. (7)전5:2,4-6. (8)행1:24,26. (9)욥36:24. (10)고전10:31. (11)렘32:39. (12)벧전2:12. (13)벧전3:15. 미4:5. (14)빌1:27. (15)말3:16. (16)시8:1,3,4,9. (17)골3:17. 시105:2,5.

(18)시102:18.

문 113. 제3계명이 금지하는 죄들은 무엇인가?

답: 제3계명이 금지하는 죄들은 하나님의 이름을 명령한 대로 사용하지 않고,(1) 그 이름을 무지하게,(2) 헛되이,(3) 불경건하게, 모독적으로,(4) 미신적으로,(5) 혹은 악하게 언급함으로 남용하는 것, 그의 칭호, 속성,(6) 규례,(7) 혹은 사역을(8) 모독과(9) 위증(10)으로 사용하는 것, 또는 죄악 된 저주,(11) 맹세,(12) 서원과(13) 추첨(14)으로 남용하고, 합법적인 맹세와 서원을 어기는 것과(15) 오히려 불법적인 맹세와 서원을 지키며,(16) 하나님의 작정과(17) 섭리에(18) 대하여 불평하고, 항변하며,(19) 이를 호기심으로 파고들거나,(20) 잘못 적용하는 것이며, 하나님의 말씀이나 그것의 어느 부분을 잘못 해석하거나(21), 잘못 적용하고,(22) 혹은 어떤 방식으로 곡해하여(23) 신성을 모독하는 농담,(24) 호기심적이며 무익한 질문, 헛된 말다툼이나 혹은 거짓된 교리를 지지하는 것,(25) 마술(26) 또는 죄악 된 정욕과 행위를 위하여 피조물이나 하나님의 이름 아래 포함되어 있는 어떤 사물을 남용하는 것이며,(27) 하나님의 진리와 은혜 및 방법들을 훼방하고,(28) 경멸하고,(29) 욕하고,(30) 혹은 교활하게 반대함이며,(31) 외식과 악한 목적으로 신앙을 고백하는 것이며,(32) 하나님의 이름을 부끄러워하거나,(33) 불안해하고,(34) 지혜롭지 못하고,(35) 열매가 없고,(36) 해로운 행위에 의하여(37) 그 이름에 수치를 돌리거나 그 이름을 배반하는 것(38)이다.

(1)말2:2. (2)행17:23. (3)잠30:9. (4)말1:6,7,12. 3:14. (5)삼상4:3-5. 렘7:4, 9,10,14,31. 골2:20-22. (6)왕하18:30,35. 출5:2. 시139:20. (7)시 50:16,17. (8)사5:12. (9)왕하19:22. 레24:11. (10)슥5:4. 8:17. (11)삼상17:43. 삼하16:5. (12)렘5:7. 23:10. (13)신23:18. 행23:12,14. (14)에3:7, 9:24. 시22:18. (15)시24:4. 겔17:16,18,19. (16)막6:26. 삼상25:22. 32-34. (17)롬3:5,7. 6:1-3. (18)전8:11. 9:3. 시39편. (19)롬9:14,19,20. (20)신29:29. (21)마5:21-48. (22)겔13:22. (23)벧후3:16. 마22:24-31. (24)사22:13. 렘23:34,36,38. (25)딤전1:4,6,7. 딤전6:4,5,20. 딤후2:14. 딛3:9. (26)신18:10-14. 행19:13. (27)딤후4:3,4. 롬13:13,14. 왕상21:9,10. 유1:4. (28)행13:45. 요일3:12. (29)시1:1. 벧후3:3. (30)벧전4:4,5. (31)행13:45,46,50. 4:18. 19:9. 살전2:16. 히10:29. (32)딤후3:5. 마23:14. 6:1,2,5,16. (33)막8:38. (34)시73:14,15. (35)고전6:5,6. 엡5:15,16. (36)사5:4. 벧후1:8,9. (37)롬2:23,24. (38)갈3:1,3. 히6:6.

문 114. 제3계명에 첨가된 이유들은 무엇인가?

답: 제3계명에 첨가된 이유들은 "네 하나님 여호와" 와 "여호와는 그의 이름을 망

령되게 부르는 자를 죄 없다 하지 아니하리라."[1]고 하신 말씀이다. 이 말씀이 3계명에 첨가된 이유는 하나님께서는 주와 우리 하나님 여호와시기 때문에 우리는 그의 이름을 모독하거나, 어떤 방식으로든지 악용해서는 안 된다는 것이다.[2] 이 계명을 범한 자들이 비록 사람들의 비난과 형벌은 피할 수 있을지라도,[3] 하나님께서는 그들을 결코 사면하거나 용서하지 않으실 것이고 그들로 하여금 하나님의 의로운 심판을 결단코 피하지 못하게 하실 것이다.[4]

(1)출20:7. (2)레19:12. (3)겔36:21-23. 신28:58,59. 슥5:2-4. (4)삼상2:12,17,22,24.3:13.

문 115. 제4계명은 무엇인가?

답: 제4계명은 "안식일을 기억하여 거룩히 지키라. 엿새 동안은 힘써 네 모든 일을 행할 것이나 일곱째 날은 네 하나님 여호와의 안식일인즉 너나 네 아들이나 네 딸이나 네 남종이나 네 여종이나 네 가축이나 네 문안에 머무는 객이라도 아무 일도 하지 말라. 이는 엿새 동안에 나 여호와가 하늘과 땅과 바다와 그 가운데 모든 것을 만들고 일곱째 날에 쉬었음이라 그러므로 나 여호와가 안식일을 복되게 하여 그 날을 거룩하게 하였느니라."[1]이다.

(1)출20:8-11.

문 116. 제4계명이 명령하는 것은 무엇인가?

답: 제4계명이 모든 사람에게 명령하는 것은 하나님께서 말씀에 제정한 시기, 특별히 칠일 중에 하루 온종일을 그분께 성결하게 하거나 거룩하게 지키는 것이다. 이 날은 창세로부터 그리스도의 부활까지는 일곱째 날이었으나 그 후부터는 매주 첫 날이 되어 세상 끝날까지 이렇게 계속될 것이다. 이것이 기독교의 안식일인데[1] 신약에서 주일이라고 부른다.[2]

(1)신5:12-14. 창2:2,3. 고전16:1,2. 행20:7. 마5:17,18. 사56:2,4,6,7. (2)계1:10.

문 117. 안식일 혹은 주일을 어떻게 거룩하게 해야 하는가?

답: 안식일 즉 주일은 온 종일을 거룩하게 쉼으로 성결해진다.[1] 죄악 된 일을 그칠 뿐 아니라, 다른 날에 합당한 세상일이나 오락까지도 그만 두어야 하되,[2] 부득이한 일과 자선사업에 쓰는 것을 제외하고는,[3] 모든 시간을 공적이며 사적으로 예배하는 일에 드리는 것을 기쁨으로 삼아야 한다.[4] 이 목적을 위하여 우리는 마음을 준비할 것이며 세상일을

미리 부지런히 절제 있게 정리하고 적절히 처리하여 주일의 의무에 보다 더 자유로이 또는 적절하게 행할 수 있게 해야 한다. (5)

(1)출20:8,10. (2)출16:25-28. 느13:15-22. 렘17:21,22. (3)마12:1-13. (4)사58:13. 눅4:16. 행20:7. 고전16:1,2. 사66:23. 레23:3. (5)출20:8. 눅23:54,56. 출16:22,25,26,29. 느13:19.

문 118. 왜 가장과 다른 윗사람들을 향해 안식일을 지키라는 명령이 특별히 주어졌는가?

답: 가장과 다른 윗사람들을 향해 안식일을 지키라는 명령이 특별히 주어진 것은 그들 스스로 안식일을 지킬 의무가 있을 뿐만 아니라, 그들의 통솔 아래 있는 모든 사람들로 안식일을 지키게 할 의무가 있기 때문이며, 또한 그들 자신의 일로 아랫사람들의 안식일을 방해하는 일이 흔히 있기 때문이다. (1)

(1)출20:10. 수24:15. 느13:15,17. 렘17:20-22. 출23:12.

문 119. 제4계명이 금지하는 죄들은 무엇인가?

답: 제4계명이 금지하는 죄들은 명령된 의무 중에 어느 것이라도 실천하지 않는것과(1) 이 의무를 부주의하고, 태만하고, 무익하게 이행함이다. (2)또한 그 의무들에 대해서 싫증을 내고, 게으름을 피우는 경우, 그 자체로서 죄 된 일을 하는 것이며,(3) 그리고 세상의 일과 오락에 대하여 불필요한 행동, 말, 생각 등을 하는 것으로 그날을 더럽히는 것이다. (4)

(1)겔22:26. (2)행 20:7,9. 겔33:30-32. 암8:5. 말1:13. (3)겔23:38. (4)렘17:24,27. 사58:13.

문 120. 제4계명을 더 잘 지키게 하려고 첨가한 이유들은 무엇인가?

답: 제4계명을 더 잘 지키게 하려고 첨가한 이유들은 다음과 같다. 첫째, "엿 새 동안은 힘써 네 모든 일을 행할 것이라." (1)고 하신 말씀에 있듯이 하나님께서 7일 중 6일을 우리 자신의 일들을 돌보게 허락하시고, 자기 자신을 위해서는 하루만을 남겨두신 이 계명의 공평성이다. 둘째, "일곱째 날은 네 하나님 여호와의 안식일" (2)이라고 말씀하셔서 이날에 대해 특별한 예의를 갖추도록 주의를 촉구하신 것이다. 셋째, "엿새 동안 하늘과 땅과 바다와 그 가운데 모든 것을 만들고 일곱째 날에 쉬심" 이라고 하셔서 하나님께서 친히 모범을 보이신 것이다. 넷째, "그러므로 나 여호와가 안식일을 복되게 하여 그날을 거룩하게 하였느니라." (3)는 말씀에 나타나듯이 하나님께서는 이 날을 자기를 섬기는 거룩한 날로 성별하셨을 뿐만 아니라 우리가 이 날을 거룩히 지킬 때 그것을 우리에게 복을

주시는 수단으로 정하심으로써 안식일을 복되게 하신 것이다.

(1)출20:9. (2)출20:10. (3)출20:11.

문 121. 제4계명의 첫 머리에 왜 '기억하라' 는 말이 있는가?

답: 제4계명의 첫 머리에 기억하라는 말이 있는 것은[1]한편으로는 안식일을 기억함으로 오는 큰 혜택 때문인데, 우리가 '기억함' 으로 이 날을 지키려고 준비하는 일에 도움을 받으며,[2] 안식일을 지킴으로 다른 모든 계명을 지키는데 도움이 되고,[3]또한 기독교의 요약을 담고 있는 창조와 구속의 두 가지 큰 혜택을 계속하여 감사히 기억할 수 있기 때문이다.[4]다른 한편으로는 우리가 흔히 이날을 쉽게 잊어버리기 때문이며,[5] 그리고 우리 안에 이 날에 대한 본성의 빛이 보다 적기 때문에 '기억하라' 고 하셨다.[6]따라서 우리는 다른 때에 합당한 일이라도 안식일에는 우리 본래의 자유를 제재해야 한다.[7]안식일은 칠일 중에 단 한번만 오고 여러 가지 세상의 일들이 그 사이에 오기 때문에 우리들의 마음이 이 날에 대한 생각으로부터 빼앗겨 이 날을 준비하거나 이 날을 거룩히 하는 일에 방해를 받는다.[8]그리고 사단은 그의 도구들을 가지고 필사적으로 이 날의 영광을 지워 버릴 뿐만 아니라, 심지어 이를 기억하지 못하게 하여 모든 불신앙과 불경건을 초래하기 때문에 '기억하라' 고 하신다.[9]

(1)출20:8. (2)출16:23. 눅23:54,56. 막15:42. 느13:19. (3)시 92:13,14. 겔20:12,19,20. (4)창2:2,3. 시118:22,24. 행4:10,11. 계1:10. (5)겔22:26. (6)느9:14. (7)출34:21. (8)신 5:14,15. 암8:5. (9)애1:7, 렘17:21,22,23. 느13:15-23.

문 122. 사람에 대한 우리의 의무를 포함하는 나머지 여섯 가지 계명의 대강령은 무엇인가?

답: 사람에 대한 우리의 의무를 포함하는 나머지 여섯 가지 계명의 대강령은 우리 이웃을 내 몸같이 사랑하며,[1] 남에게 대접을 받고자 하는 대로 우리도 남을 대접하라는 것이다.[2]

(1)마22:39. (2)마7:12.

문 123. 제5계명은 무엇인가?

답: 제5계명은 "네 부모를 공경하라. 그리하면 네 하나님 여호와가 네게 준 땅에서 네 생명이 길리라"[1]이다.

(1)출20:12.

문 124. 제5계명에 있는 부모는 누구를 뜻하는가?

답: 제5계명에 있는 부모는 육신의 부모뿐만 아니라,(1) 연령과(2) 은사에 있어서(3) 모든 윗사람과 특히 가정,(4) 교회,(5) 국가(6)에서 하나님의 규례에 의하여 우리 위에 세워진 권위의 자리에 있는 자들을 뜻한다.

(1)잠23:22,25. 엡6:1,2. (2)딤전5:1,2. (3)창4:20-22. 45:8. (4)왕하5:13. (5)왕하2:12. 13:14. 갈4:19. (6)사49:23.

문 125. 윗사람들을 왜 부모라 칭해야 하는가?

답: 윗사람들을 부모라 칭함은 한편으로는 그들이 아랫사람들에게 모든 의무를 가르쳐 육신의 부모와 같이 저희의 여러 가지 관계에 따라 아랫사람들을 사랑과 부드러움으로 대하게 하고,(1) 다른 한편으로는 아랫사람들로 하여금 마치 그들 자신의 부모에게 하듯 자기 윗사람들에 대한 의무를 더욱 더 큰 의욕과 즐거움으로 행하도록 하기 위함이다.(2)

(1)엡6:4. 고후12:14. 살전2:7,8,11. 민11:11,12. (2)고전4:14-16. 왕하5:13.

문 126. 제5계명의 일반적 범위는 무엇인가?

답: 제5계명의 일반적 범위는 아랫사람, 윗사람, 혹은 동등한 사람들로서 상호 관계에 속에서 서로가 지고 있는 의무를 행하는 것이다.(1)

(1)엡5:21. 벧전2:17. 롬12:10.

문 127. 아랫사람들이 윗사람들에게 어떻게 존경을 표시해야 하는가?

답: 아랫사람들이 윗사람들에게 표시해야 할 존경은 마음과(1) 말과(2) 행동에(3) 있어서 모든 합당한 존경과 그들을 위한 기도와 감사와(4) 그들의 덕행과 은혜를 본받음과(5) 그들의 합법적인 명령과 훈계에 즐거이 순종함과(6) 그들의 징계에 마땅히 복종하는 것이다.(7) 그리고 그들의 여러 계급과 그들의 지위의 성질에 따라 윗사람들의 인격과 권위에 충성하고,(8) 변호하며,(9) 지지함과(10) 아울러 그들의 약점을 짊어지고 이를 사랑으로 덮음으로써(11) 그들과 그들의 다스림에 명예가 돌아갈 수 있도록 해야 한다.(12)

(1)말1:6. 레19:3. (2)잠31:28. 벧전3:6. (3)레19:32. 왕상2:1,19. (4)딤전2:1,2. (5)히13:7. 빌3:17. (6)엡6:1,2,5-7. 벧전2:13,14. 롬13:1-5. 히13:17. 잠4:3,4. 23:22. 출18:19,24. (7)히12:9. 벧

전 2:18-20. (8)딛 2:9,10. (9)삼상26:15,16. 삼하18:3. 에6:2. (10)마 22:21. 롬13:6,7. 딤전5:17,18. 갈6:6. 창45:11. 47:12. (11)벧전2:18. 잠23:22. 창9:23. (12)시127:3-5. 잠 31:23.

문 128. 아랫사람들이 윗사람에 대하여 범하는 죄들은 무엇인가?

답: 아랫사람들이 윗사람들에게 범하는 죄들은 그들에게 명령된 의무를 소홀히 함과[1] 합법적인 권고와[2] 명령과 징계에도[3] 불구하고 그들의 인격과[4] 지위를[5] 시기하고,[6] 경멸하며,[7] 반역하는 것이며,[8] 저주하고 조롱하는 것과[9] 그리고 그들과 그들의 다스림에 치욕과 불명예를 주는 그런 모든 난처하고도 불미스러운 태도들이다.[10]

(1)마15:4-6. (2)삼상2:25. (3)신21:18-21. (4)출21:15. (5)삼상10:27. (6)민11:28,29. (7)삼하15:1-12. (8)삼상8:7. 사3:5. (9)잠30:11,17. (10)잠19:26.

문 129. 아랫사람들에 대하여 윗사람들에게 명령된 것은 무엇인가?

답: 윗사람들에게 명령된 것은 하나님으로부터 받은 능력과 그들이 서 있는 인륜관계에 따라서 그들의 아랫사람들을 사랑하고,[1] 그들을 위하여 기도하고,[2] 축복하며,[3] 그들을 가르치고,[4] 권고하고, 훈계하며,[5] 잘하는 자들을 격려하고,[6] 칭찬하고,[7] 포상하며,[8] 잘못하는 자들을 바로 잡고,[9] 책망하고, 징계하며,[10] 그들을 보호하고 영혼과[11] 몸에[12] 필요한 모든 것을 공급하는[13] 것이며, 그리고 정중하고, 지혜롭고, 거룩하고, 모범적인 태도로 하나님께 영광을 돌리고,[14] 스스로를 명예롭게 함으로써,[15] 하나님께서 그들에게 주신 권위를 보존하는 것이다.[16]

(1)골3:19. (2)삼상12:23. 욥1:5. (3)왕상8:55,56. 히7:7. 창49:28. (4)신6:6,7. (5)엡6:4. (6)벧전3:7. (7)벧전2:14. 롬13:3. (8)에6:3. (9)롬13:3,4. (10)잠29:15. 벧전2:14. (11)엡6:4. (12)딤전5:8. (13)욥29:12-17. 사1:10,17. (14)딤전4:12. 딛2:3-5. (15)왕상3:28. (16)딛2:15.

문 130. 윗사람들의 죄들은 무엇인가?

답: 윗사람들의 죄들은 명령된 의무를 소홀히 하는 일 외에,[1] 자기 자신들의[2] 명예,[3] 안일, 유익, 혹은 기쁨을[4] 과도히 추구함과 불법한 일이나,[5] 아랫사람들에게 힘에 지나친 일을 하라고 명령함이며,[6] 악한 일을 권하고,[7] 격려하거나,[8] 찬성함이며,[9] 선한 일을 못하게 말리며, 낙심시키거나 반대함이며,[10] 그들을 부당하게 징계함이며,[11] 잘못된 일과 유혹과 위험에 그들을 부주의하게 노출시키고, 방치하며,[12] 그들을 노하도록 격동시키는 것이며,[13] 혹은 어떤 모양으로든지 그들을 욕되게 하거나, 불공평, 무분별, 가혹,

혹은 태만한 행동으로 그들의 권위를 떨어지게 하는 것이다.[14]

(1)겔34:2-4. (2)빌2:21. (3)요5:44. 7:18. (4)사56:10,11. 신17:17. (5)단3:4-6. 행 4:17,18. (6)출5:10-18. 마 23:2,4. (7)마14:8. 막6:24. (8)삼하13:28. (9)삼상3:13. (10)요7:46-49. 골3:21. 출5:17. (11)벧전2:18-20. 히12:10. 신25:3. (12)창38:11,26. 행18:17. (13)엡6:4. (14)창9:21. 왕상12:13-16. 1:6. 삼상2:29-31.

문 131. 동등한 사람들의 의무는 무엇인가?

답: 동등한 사람들의 의무는 서로의 존엄과 가치를 존중하며,[1] 서로 경의를 표하며,[2] 피차 받은바 은사들과 높아짐을 자기 자신의 것처럼 기뻐하는 것이다.[3]

(1)벧전2:17. (2)롬12:10. (3)롬12:15,16. 빌2:3,4.

문 132. 동등한 사람들 사이의 죄들은 무엇인가?

답: 동등한 사람들 사이의 죄들은 요구된 의무를 소홀히 하는 일 외에,[1] 서로의 가치를 평가절하하고,[2] 서로의 은사를 질투하고,[3] 피차의 높아짐과 번영함을 기뻐하지 않고,[4] 서로 남의 탁월함을 빼앗고자 하는 것이다.[5]

(1)롬13:8. (2)딤후3:3. (3)행7:9. 갈5:26. (4)민12:2. 에6:12,13. (5)요삼1:9. 눅22:24.

문 133. 제5계명을 잘 지키도록 첨가된 이유는 무엇인가?

답: 제5계명에 첨가된 이유는 "네 하나님 여호와가 네게 준 땅에서 네 생명이 길리라"이다.[1] 이것은 하나님의 영광과 그들 자신의 선을 위해 사용되는 범위내에서 이 계명을 지키는 모든 사람들에게 주시려는 장수와 번영의 확실한 약속이다.[2]

(1)출20:12. (2)신5:16. 왕상8:25. 엡6:2,3.

문 134. 제6계명은 무엇인가?

답: 제6계명은 "살인하지 말라"[1]이다.

(1)출20:13.

문 135. 제6계명이 명령하는 의무는 무엇인가?

답: 제6계명이 명령하는 의무는 우리 자신과[1] 다른 사람들의[2] 생명을 보존하기 위해 주의 깊은 연구와 합법적 노력을 다 하라는 것이다. 그것은 누구의 생명이든지 부당하게

빼앗아 가려는 모든 사상과 목적에 대항하고,[3] 모든 격분을 억제하고,[4] 그런 모든 기회와[5] 유혹과[6] 습관을 피하는 것이다.[7] 또한 폭력에 대한 정당방위와,[8] 하나님의 징계를 참아 견디는 것,[9] 마음을 평온하게 함과,[10] 영혼을 즐겁게함과,[11] 식사와,[12] 음료와,[13] 약과,[14] 수면과,[15] 노동과,[16] 오락을[17] 절제 있게 사용하고, 자비로운 생각,[18] 사랑,[19] 긍휼,[20] 온유, 부드러움, 친절,[21] 화평,[22] 부드럽고 예의 있는 말과 행동,[23] 관용, 화평한 자세, 가해자에 대한 관용과 용서, 악을 선으로 갚음과[24] 곤궁에 빠진 자들을 위로하고 돕는 것과, 죄 없는 자를 보호하고, 변호하는 것이다.[25]

(1)엡5:28,29. (2)왕상18:4. (3)렘26:15,16. 행23:12,16,17,21,27. (4)엡 4:26. (5)삼하2:22. 신 22:8. (6)마4:6,7. 잠1:10,11,15,16. (7)삼상24:12. 26:9-11. 창37:21,22. (8)시 82:4. 잠24:11,12. 삼상14:45. (9)약5:7-11. 히12:9. (10)살전4:11. 벧전3:3,4. 시37:8-11. (11)잠17:22. (12)잠25:16, 27. (13)딤전5:23. (14)사38:21. (15)시127:2. (16)전5:12. 살후3:10,12. 잠16:26. (17)전3:4,11. (18)삼상19:4,5. 22:13,14. (19)롬13:10. (20)눅10:33,34. (21)골3:12,13. (22)약3:17. (23)벧전3:8-11. 잠15:1. 삿8:1-3. (24)마5:24. 엡4:2,32. 롬12:17,20,21. (25)살전5:14. 욥31:19. 마25:35,36. 잠31:8,9.

문 136. 제6계명이 금지하는 죄들은 무엇인가?

답: 제6계명이 금지하는 죄들은 공적 재판[1]이나 합법적인 전쟁[2] 혹은 정당방위[3] 외에 우리 자신이나[4] 다른 사람들의[5] 생명을 빼앗는 모든 행동들이다. 또한 합법적이며 필요한 생명 보존의 수단들을 소홀히 하거나, 철회하는 것,[6] 악한 분노,[7] 증오심,[8] 질투,[9] 복수심,[10] 모든 과도한 격분,[11] 마음을 산란하게 하는 모든 염려와,[12] 식사, 술,[13] 노동,[14] 및 오락을[15] 무절제하게 사용함과 격동시키는 말과[16] 억압,[17] 다툼,[18] 구타, 상해,[19] 무엇이든지 다른 사람의 생명을 파괴하는 행동들이다.[20]

(1)민35:31,33. (2)렘48:10. 신20:1-20. (3)출22:2,3. (4)행16:28. (5)창9:6. (6)마25:42,43. 약2:15,16. 전6:1,2. (7)마5:22. (8)요일3:15. 레19:17. (9)잠14:30. (10)롬12:12,19. (11)엡4:31. (12)마6:31,34. (13)눅 21:34. 롬13:13. (14)전12:12. 2:22, 23. (15)사5:12. (16)잠15:1. 12:18. (17)겔18:18. 출1:14. (18)갈5:15. 잠23:29. (19)민35:16-18,21. (20)출21:18-36.

문 137. 제7계명은 무엇인가?

답: 제7계명은 "간음하지 말라"[1] 이다.

(1)출20:14.

문 138. 제7계명이 명령하는 의무는 무엇인가?

답: 제7계명이 명령하는 의무는 몸, 생각, 감정,(1) 말과(2) 행동에(3) 있어서 정결함, 우리 자신들과 다른 사람들의 순결을 보존하는 것,(4) 눈과 모든 감각들에 대한 조심,(5) 절제,(6) 정결한 친구와의 사귐,(7) 단정한 복장,(8) 독신의 은사가 없는 자들의 결혼,(9) 부부의 사랑과(10) 동거,(11) 우리의 소명에 대한 신실한 노력,(12) 모든 경우의 부정을 피함과 그 시험들을 저항하는 것이다.(13)

(1)살전4:4. 욥31:1. 고전7:34. (2)골4:6. (3)벧전2:3. (4)고전7:2,35,36. (5)욥31:1. (6)행24:24, 25. (7)잠2:16-20. (8)딤전2:9. (9)고전7:2,9. (10)잠5:19,20. (11)벧전3:7. (12)잠 31:11,27,28. (13) 잠5:8. 창39:8-10.

문 139. 제7계명이 금지하는 죄들은 무엇인가?

답: 제7계명이 금지하는 죄들은 명령된 의무들을 소홀히 하는 것 외에,(1) 간통, 음행,(2)강간, 근친상간,(3) 동성연애, 모든 비정상적인 정욕,(4) 모든 부정한 상상과 생각, 의도, 감정,(5) 모든 부패하고 추잡한 대화, 혹은 그것에 귀를 기울이는 것,(6) 음탕한 표정,(7) 뻔뻔스럽고 경솔한 행동, 단정치 못한 옷차림,(8) 합법적 결혼의 금지와(9) 불법적 결혼의 시행,(10) 매춘을 허용하고, 용납하며, 보존하며, 방문하는 것,(11) 독신 생활에 얽매이는 서원,(12) 결혼의 부당한 지연,(13) 동시에 한 사람 이외의 아내나 남편을 가지는 것,(14) 부당한 이혼(15) 혹은 버림,(16) 게으름, 탐식, 술 취함,(17) 음란한 친구와의 교제,(18) 음탕한 노래와 서적과 그림과 춤과 연극을 즐기는 것과(19) 우리들 자신이나 다른 사람들에게 음란을 자극시키는 것이나 음란의 행위를 하는 모든 것들이다.(20)

(1)잠5:7. (2)히13:4. 갈5:19. (3)삼하13:14. 고전5:1. (4)롬1:24,26,27. 레20:15,16. (5)마5:28. 15:19. 골3:5. (6)엡5:3,4. 잠7:5,21. (7)사3:16. 벧후2:14. (8)잠7:10,13. (9)딤전4:3. (10)레18:1- 21. 막6:18. 말2:11,12. (11)왕상15:12. 왕하23:7. 신23:17,18. 레19:29. 렘5:7. 잠7:24-27. (12)마 19:10,11. (13)고전7:7-9. 창38:26. (14)말2:14,15. 마19:5. (15)말2:16. 마5:32. (16)고전7:12,13. (17)겔16:49. 잠23:30-33. (18)창39:10. 잠5:8. (19)엡5:4. 겔23:14-16. 사23:15-17. 3:16. 막 6:22. 롬13:13,14. 벧전4:3. (20)왕하9:30. 렘4:30. 겔23:40.

문 140. 제8계명은 무엇인가?

답: 제8계명은 "도둑질하지 말라"(1) 이다.

(1)출20:15.

문 141. 제8계명이 명령하는 의무는 무엇인가?

답: 제8계명이 명령하는 의무는 사람과 사람 사이의 계약과 거래에 있어서 진실하고, 신실하며, 공정하게 행하는 것과[1] 각자에게 마땅히 주어야 할 것을 주는 것이며,[2] 정당한 소유주로부터 불법하게 점유한 물건을 반환할 것이며,[3] 우리들의 능력과 다른 사람들의 필요에 따라 아낌없이 주기도 하고, 빌려주는 것이며,[4] 이 세상의 재물들에 대한 우리의 판단과, 의지와, 애착을 절제하는 것이며,[5] 우리의 생명 유지에 필요하고, 편리하며, 형편에 맞는 것들을 얻고,[6] 보존하며, 사용하고, 처리하려는 주의 깊은 생각과 연구를 하는 것이며,[7] 정당한 직업과[8] 그것에 근면한 것이며,[9] 검소함과[10] 불필요한 소송과 보증서는 일이나 기타 그와 같은 채무들을 피하는 것과[11] 우리들 자신의 것뿐만 아니라,[12] 다른 사람들의 부와 재산을 획득하며, 보존하고, 증진하기 위하여 모든 정당하고 합법적인 수단으로 노력하는 것이다.[13]

(1)시15:2,4. 슥7:4,10. 8:16,17. (2)롬13:7. 레6:2-5. (3)눅19:8, 6:30,38. (4)요일3:17. 엡4:28. 갈6:10. (5)딤전6:6-9. 갈6:14. (6)잠27:23,24. 전2:24, 3:12,13. 딤전6:17,18. 사38:1. 마11:8. (7)딤전5:8. (8)고전7:20. 창2:15. 3:19. (9)엡4:28. 잠10:4. (10)요6:12. 잠21:20. (11)고전6:1-9. (12)잠6:1-6, 11:15. (13)레25:35. 신22:1-4. 출23:4,5. 창47:14,20. 빌2:4. 마22:39.

문 142. 제8계명이 금지하는 죄들은 무엇인가?

답: 제8계명이 금지하는 죄들은 명령된 의무들을 소홀히 하는 일 외에,[1] 도둑질,[2] 강도,[3] 납치,[4] 장물소유,[5] 사기행위,[6] 저울과 치수를 속이는 것,[7] 땅의 경계표를 부당하게 옮기는 것,[8] 사람들 사이에 맺어진 계약이나 위탁의 일들에 대한 불공정과,[9] 불성실한 것,[10] 억압,[11] 착취,[12] 고리대금,[13] 뇌물,[14] 소송 남용,[15] 불법적으로 공유지를 사유화 하는 것과 주민들을 추방하는 것,[16] 물가 인상을 위한 매점,[17] 불법적인 직업,[18] 우리의 이웃에게 속한 것을 빼앗거나 억류하는 것, 우리들 자신을 부유하게 하는 다른 모든 부당하고 악한 방법들과[19] 탐욕,[20] 세상 재물을 과도하게 소중히 여기고 좋아하는 것이며,[21] 그것을 얻어 보존하고 사용함에 있어서 의심하고 괴롭게 하는 염려와 노력,[22] 타인의 번영에 대한 질투,[23] 게으름,[24] 방탕, 낭비적 노름과 다른 방법으로 우리들의 재산에 손해를 끼쳐서[25] 하나님께서 우리에게 주신 재물을 바로 사용하는 것과 위안을 갖지 못하게 하는 행동들이다[26].

(1)약2:15,16. 요일3:17. (2)엡4:28. (3)시62:10. (4)딤전 1:10. (5)잠 29:24. 시50:18. (6)살전4:6. (7)잠11:1. 20:10. (8)신19:14. 잠23:10. (9)암8:5. 시37:21. (10)눅16:10-12. (11)겔 22:29. 레

25:17. (12)마23:25. 겔22:12. (13)시15:5. (14)욥15:34. (15)고전6:6-8. 잠3:29,30. (16)사5:8. 미 2:2. (17)잠11:26. (18)행19:19,24,25. (19)욥20:19. 약5:4. 잠21:6. (20)눅12:15. (21)딤전6:5. 골 3:2. 잠23:5. 시62:10. (22)마6:25,31,34. 전5:12. (23)시73:3. 37:1,7. (24)살후3:11. 잠18:9. (25) 잠21:17, 23:20,21. 28:19. (26)전4:8. 6:2. 딤전5:8.

문 143. 제9계명은 무엇인가?

답: 제9계명은 "네 이웃에 대하여 거짓 증거 하지 말라"[1] 이다.

(1)출20:16.

문 144. 제9계명이 명령하는 의무는 무엇인가?

답: 제9계명이 명령하는 의무는 사람과 사람 사이에 있어 진실과[1] 우리 자신이나 우리 이웃의 명예를 보존하고, 증진하며,[2] 진실을 위하여 나서서 이를 옹호하며,[3] 재판과 정의의 문제에 있어서나 다른 어떤 일에 있어서라도 진심으로,[4] 성실하게,[5] 자유롭게,[6] 명백하게,[7] 온전하게[8] 진실만을 말하는 것이며,[9] 우리의 이웃을 사랑으로 평가하며,[10] 그들의 명예를 사랑하며, 바라고, 기뻐하며,[11] 그들의 연약함을 슬퍼하고,[12] 덮어주며,[13] 그들의 재능과 장점들을 기꺼이 인정하고,[14] 그들의 결백을 변호하며,[15] 그들에 관한 좋은 소문을 쾌히 받아들이고,[16] 나쁜 소문에 대해서는 인정하기를 원하지 않으며,[17] 고자질하는 자, 아첨하는자,[18] 비방하는 자들을 제지시키고,[19] 우리들 자신의 명예를 사랑하고 보호하여, 필요한 때에는 이를 변호하며,[20] 합법적 약속을 지키며,[21] 어떤 것이든지 참되고, 정직하고, 사랑스럽고, 좋은 평판이 있는 것들을 배우고 실천하는 것이다.[22]

(1)슥8:16. (2)요3:12. (3)잠31:8,9. (4)시15:2. (5)대하19:9. (6)삼상19:4,5. (7)수7:19. (8)삼하 14:18-20. (9)레19:15. 잠14:5,25. 고후1:17,18. 엡4:25. (10)히6:9. 고전13:7. (11)롬1:8. 요이1:4. 요삼1:3,4. (12)고후2:4. 12:21. (13)잠17:9. 벧전4:8. (14)고전1:4,5,7. 딤후1:4,5. (15)삼상22:14. (16)고전13:6,7. (17)시15:3. 잠25:23. (18)잠26:24,25. (19)시101:5. (20)잠22:1. 요8:49. (21)시 15:4. (22)빌4:8.

문 145. 제9계명이 금지하는 죄들은 무엇인가?

답: 제9계명이 금지하는 죄들은 진실과 우리 자신이나 이웃이 지니고 있는 명예를[1] 해치는 것인데, 특히 공적 재판에서[2] 거짓 증거를 제공하고,[3] 위증을 시키며,[4] 고의적

으로 나서서 악한 소송을 변호하고, 진실을 외면하고 억압하며,[5] 불의한 판결을 하고,[6] 악을 선하다 하고 선을 악하다 하며, 악인에게 보상하기를 의인에게 하듯이 하고, 의인에게 보상하기를 악인에게 하듯이 하며,[7] 문서 위조,[8] 진실 은폐, 정당한 소송에 있어서 부당한 침묵,[9] 불법행위에 대해 우리 스스로가 책망하고,[10] 다른 사람들에게 항의해야 할 때 잠잠하며,[11] 진실을 불합리하게 말하거나,[12] 그릇된 목적을 위하여 악의적으로 말하고,[13] 혹은 진리를 곡해하여 그릇된 의미로 만들거나,[14] 혹은 의심스럽고 애매한 표현으로 진실과 공의를 손상시키는 것이며,[15] 비진리를 말하고,[16] 거짓말하고,[17] 비방하고,[18] 험담하고,[19] 훼방하고,[20] 고자질하며,[21] 수군수군 거리고,[22] 비웃고,[23] 욕하며,[24] 조급하고,[25] 가혹하고,[26] 편파적으로 비난하는 것이며,[27] 사람의 의향과 말을 오해하며,[28] 아첨하며,[29] 헛된 영광을 자랑하고,[30] 우리들 자신이나 다른 사람들을 과대히 혹은 낮게 생각하거나 말하는 것이며,[31] 하나님께서 주신 은사와 장점들을 부인하고,[32] 작은 실수들을 더욱 악화시키고,[33] 자유롭게 자백하라고 호출될 때에 죄를 숨기거나, 변명하거나, 경감시키는 것이며,[34] 약점을 쓸데없이 찾아내는 것이며,[35] 거짓 소문을 내는 것,[36] 악한 소문들을 받아들이고 찬성하며,[37] 공정한 변호에 귀를 막고,[38] 악한 의심을 품으며,[39] 누구든지 받을만해서 받는 명예에 대하여 시기하거나, 질투하는 것이며,[40] 그것을 손상시키려고 노력하거나 바라고,[41] 그들의 불명예와 오명을 기뻐하는 것이며,[42] 조소하는 멸시와 지나친 칭찬이며,[43] 정당한 약속을 위반하며,[44] 명예를 얻는 일들에 소홀히 하고,[45] 불명예를 초래할 일들은 실행하고, 스스로 피하지 않거나, 다른 사람들을 못하도록 능히 할 수 있음에도 불구하고 막지 아니하는 것이다.[46]

(1)삼상17:28. 삼하16:3. 1:9,10,15,16. (2)레19:15. 합1:4. (3)잠19:5. 6:16,19. (4)행6:13. (5)렘9:3,5. 행24:2,5. 시12:3,4. 52:1-4. (6)잠17:15. 왕상21:9-14. (7)사 5:23. (8)시119:69. 눅19:8. 16:5-7. (9)레5:1. 신13:8. 행5:3,8,9. 딤후4:6. (10)왕상1:6. 레19:17. (11)사59:4. (12)잠29:11. (13)삼상22:9,10. 시52:1-5. (14)시56:5. 요2:19. 마26:60,61. (15)창3:5. 26:7,9. (16)사59:13. (17)레19:11. 골 3:9. (18)시 50:20. (19)시15:3. (20)약4:11. 렘38:4. (21)레19:16. (22)롬1:29,30. (23)창21:9. 갈4:29. (24)고전6:10. (25)마7:1. (26)행28:4. (27)창38:24. 롬2:1. (28)느6:6-8. 롬3:8. 시69:10. 삼상1:13-15. 삼하10:3. (29)시12:2,3. (30)딤후3:2. (31)눅18:9,11. 롬12:16. 고전4:6. 행12:22,23. 출4:10-13. (32)욥 27:5,6. 4:6. (33)마7:3-5. (34)잠28:13. 잠30:20. 창3:12,13. 렘2:35. 왕하5:25. 창4:9. (35)창 9:22. 잠25:9,10. (36)출 23:1. (37)잠29:12. (38)행7:56,57. 욥31:13,14. (39)고전13:5. 딤전6:4. (40)민11:29. 마21:15. (41)스4:12,13. (42)렘48:27. (43)시35:15,16,21. 마27:28,29. 유1:16. 행12:22. (44)롬1:31. 딤후3:3. (45)삼상2:24. (46)삼하13:12,13. 잠5:8,9. 6:33.

문 146. 제10계명은 무엇인가?

답: 제10계명은 "네 이웃의 집을 탐내지 말라. 네 이웃의 아내나 그의 남종이나 그의 여종이나 그의 소나 그의 나귀나 무릇 네 이웃의 소유를 탐내지 말라"[1] 이다.

(1)출20:17.

문 147. 제10계명이 명령하는 의무는 무엇인가?

답: 제10계명이 명령하는 의무는 우리 자신의 형편에 대하여 온전히 만족하는 것과[1] 우리의 이웃에 대하여 온 심령이 인자한 마음을 가짐으로써 우리의 모든 내면적 동기와 애정이 이웃에게 가 닿을 정도로 그의 소유 전체를 더욱 더 잘 돌보라는 것이다.[2]

(1)히13:5. 딤전6:6. (2)욥31:29. 롬12:15. 시122:7-9. 딤전1:5. 에10:3. 고전13:4-7.

문 148. 제10계명이 금지하는 죄들은 무엇인가?

답: 제10계명이 금지하는 죄들은 우리 자신의 재산을 불만스러워하며,[1] 이웃의 재산을 질투하고,[2] 시기하며,[3] 동시에 이웃의 소유에 대하여 욕심스런 애착심과 태도를 갖는 것이다.[4]

(1)왕상21:4. 에5:13. 고전10:10. (2)갈5:26. 약3:14,16. (3)시112:9,10. 느2:10. (4)롬7:7,8. 13:9. 골3:5. 신5:21.

문 149. 어떤 사람이든지 하나님의 계명을 완전히 지킬 수 있는가?

답: 아무도 자기 스스로든지,[1] 혹은 이 세상에서 받은 어떤 은혜로든지, 하나님의 계명을 완전히 지킬 수 없고,[2] 오히려 생각과 말과 행동으로 매일 계명을 범한다.[3]

(1)약3:2. 요15:5. 롬8:3. (2)전7:20; 요일1:8,10. 갈5:17. 롬7:18,19. (3)창6:5. 8:21. 롬3:9-19. 약3:2-13.

문 150. 하나님의 법을 어긴 모든 범죄가 그 자체적으로 또는 하나님 보시기에 동등하게 악한가?

답: 하나님의 법을 어긴 모든 범죄가 동등하게 악하지 않고, 어떤 죄들은 그 자체적으로, 그리고 여러 가지 악화시키는 원인들 때문에 다른 죄보다 하나님 보시기에 더 악하다.[1]

(1)요19:11. 겔8:6,13,15. 요일5:16. 시78:17,32,56.

문 151. 어떤 죄들을 다른 죄들보다 더 흉악하게 만들고 악화시키는 것들이 무엇인가?

답: 죄들은 다음과 같은 상황에서 더 악화된다.

① 범죄 하는 사람들 때문에[1]

그들의 연령이 높거나,[2] 보다 더 많은 경험 혹은 은혜를 가졌거나,[3] 직업,[4] 재능,[5] 직위,[6] 직분에서 탁월하고,[7] 다른 사람들의 인도자들이고,[8] 그 때문에 다른 사람들이 그들을 따르기가 쉬운 경우이면 더 악화된다.[9]

② 범죄한 대상 때문에[10]

하나님과 그의 속성과 예배에 직접 대항하며,[11] 그리스도와 그의 은혜와 성령과 그의 증거와 사역들에 대항하며,[12] 윗사람들, 높은 지위에 있는 사람들,[13] 특별히 우리와 인륜관계를 따라 관계된 윗사람들을 대항하며,[14] 성도들과 특히 연약한 형제들과 그들의 영혼이나 다른 사람의 영혼에 대항하며,[15] 모든 사람들 혹은 다수의 공통적 유익에 대항하여 죄를 지으면 더욱 악화된다.[16]

③ 범죄의 본질과 성격 때문에[17]

그들의 죄가 율법에 분명히 명시된 것을 대항하며,[18] 많은 계명을 함께 범했거나, 그 속에 많은 죄들이 포함되어 있거나,[19] 마음에 품었을 뿐 아니라 말과 행동으로 쏟아져 나오고,[20] 다른 사람들을 중상하고,[21] 배상할 의지가 없다든지,[22] 은혜의 수단들,[23] 자비,[24] 심판,[25] 자연의 빛,[26] 양심의 가책,[27] 공적 혹은 사적 충고,[28] 교회의 권징,[29] 국가의 징벌에 대항하며,[30] 우리들의 기도, 삶의 목적, 약속,[31] 서원,[32] 언약과,[33] 하나님이나 사람에 대한 계약을 범하며,[34] 그리고 일부러,[35] 고의적으로,[36] 뻔뻔스럽게,[37] 파렴치하게,[38] 자랑스럽게,[39] 악의를 가지고,[40] 자주,[41] 고집스럽게,[42] 기쁨으로,[43] 계속적으로,[44] 또는 회개한 후에 다시 죄를 범한다면 더 악화된다.[45]

④ 때와 장소의 상황 때문에[46]

주일이나 다른 예배 시에 죄를 짓든지,[47] 예배 직전이나 직후에 하든지,[48] 그런 범죄를 예방하거나 극복할 수 있는 다른 도움이 있음에도 죄를 짓는 경우에,[49] 그리고 공개적으로 남들 앞에서 죄를 지음으로써 그들이 그 죄에 의해 자극을 받거나 오염될 수 있는 경우에 죄를 짓는다면 더 악화된다.[50]

(1)렘2:8. (2)욥32:7,9. 전4:13. (3)왕상11:4,9. (4)삼하12:14. 고전5:1. (5)약4:17. 눅12:47,48. (6)렘5:4,5. (7)삼하12:7-9. 겔8:11,12. (8)롬2:17-24. (9)갈2:11-14. (10)마21:38,39. (11)삼상2:25.

행5:4. 시51:4. 롬2:4. 말1:8,14. (12)히2:2-3.12:25.10:29. 마12:31,32. 엡4:30. 히6:4-6. (13)유 1:8. 민12:8,9. 사3:5. (14)잠30:17. 고후12:15. 시55:12-15. (15)스2:8,10,11. 마18:6. 고전6:8. 계 17:6. 고전8:11,12. 롬14:13,15,21. 겔13:19. 고전8:12. 계18:12,13. 마23:15. (16)살전2:15,16. 수 22:20. (17)잠6:30-33. (18)스9:10-12. 왕상11:9,10. (19)골3:5. 딤전6:10. 잠5:8-12. 6:32,33. 수 7:21. (20)약1:14,15. 마5:22. 미2:1. (21)마18:7. 롬2:23,24. (22)신22:22,28,29. 잠6:32-35. (23) 마11:21-24. 요15:22. (24)사1:3. 신32:6. (25)암4:8-11. 렘5:3. (26)롬1:26,27. (27)롬1:32. 단 5:22. 딛3:10,11. (28)잠29:1. (29)딛3:10. 마18:17. (30)잠27:22. 23:35. (31)시78:34-37. 렘2:20. 42:5. 6,20,21. (32)전5:4-6. 잠20:25. (33)레26:25. (34)잠 2:17. 겔17:18,19. (35)시36:4. (36)렘 6:16. (37)민15:30. 출21:14. (38)렘3:3. 잠7:13. (39)시 52:1. (40)요삼1:10. (41)민14:22. (42)슥 7:11,12. (43)잠2:14. (44)사57:17. (45)렘34:8-11. 벧후2:20-22. (46)왕하5:26. 렘7:10. 사26:10. (47)겔23:37-39. 사58:3-5. 민25:6,7. (48)고전11:20,21. 렘7:8-10. 잠7:14,15. 요13:27,30. (49) 스9:13,14. (50)삼하16:22. 삼상2:22-24.

문 152. 모든 죄가 하나님으로부터 마땅히 받을 보응이 무엇인가?

답: 모든 죄는 지극히 작은 것이라도 하나님의 주권과 선과 거룩 또는 그의 의로운 율법에 대항하는 것이므로[1] 현세와 내세에서 하나님의 진노와 저주를 받아 마땅한 것이 며,[2] 그것은 그리스도의 피가 아니고는 속죄될 수 없다.[3]

(1)약2:10,11. 출20:1,2. 합1:13. 요일3:4. 롬7:12. 엡5:6. 갈3:10. 애3:39. (2)신28:15-17,68. 마25:41. (3)히9:22. 벧전1:18,19.

문 153. 하나님의 법을 위반했기 때문에 우리가 마땅히 받아야 할 그의 진노와 저주 를 피하도록 하나님께서 우리에게 요구하시는 것은 무엇인가?

답: 하나님의 법을 위반했기 때문에 우리가 마땅히 받아야 할 그의 진노와 저주를 피 하도록 하나님께서는 그를 향한 우리의 회개와 우리 주 예수 그리스도를 향한 믿음과,[1] 그리고 그리스도가 자기의 중보의 혜택을 우리에게 전달하시는 외적 수단들을 우리가 부 지런히 사용할 것을 요구하신다.[2]

(1)행20:21. 마3:7,8. 눅13:3,5. 행16:30,31. 요3:16,18. (2)잠2:1-5. 8:33-36.

문 154. 그리스도께서 자신의 중보의 혜택을 우리에게 전달하시는 외적 수단은 무엇인가?

답: 그리스도께서 자신의 중보의 혜택을 우리에게 전달하시는 외적 또는 일반적인 수단은 그의 모든 규례들인데 특별히 말씀, 성례, 및 기도이다. 이 모든 것은 택함을 받은 자들이 구원받는데 효력 있게 한다.[1]

(1)마28:19,20. 행2:42,46,47.

문 155. 말씀이 어떻게 구원에 효력 있게 되는가?

답: 성령 하나님께서는 말씀을 읽는 것, 특별히 말씀의 설교를 효력 있는 수단으로 사용하시어,[1] 죄인들을 깨닫게 하시고, 확신하게 하시고, 겸손하게 하시며,[2] 그들을 자기 자신들로부터 몰아내어 그리스도께로 가까이 이끄신다.[3] 또한 성령님은 그들로 하여금 그리스도의 형상을 본받게 하시며,[4] 그의 뜻에 복종케 하시며,[5] 그들을 강건케 하시어 시험과 부패에 빠지지 않게 하시고,[6] 은혜 안에서 자라게 하시고,[7] 믿음을 통하여 구원에 이르도록 그들의 마음을 거룩함과 위로로 굳게 세우신다.[8]

(1)느8:8. 행26:18. 시19:8. (2)고전14:24,25. 대하34:18,19,26-28. (3)행2:37,41. 8:27-39. (4)고후3:18. (5)고후10:4-6. 롬6:17. (6)마 4:4,7,10. 엡6:16,17. 시19:11. 고전10:11. (7)행20:32. 딤후3:15-17. (8)롬16:25. 살전3:2,10,11,13. 롬15:4. 10:13-17. 1:16.

문 156. 하나님의 말씀을 모든 사람이 읽어야 하는가?

답: 비록 모든 사람이 다 공적으로 회중에게 말씀을 읽도록 허락되어 있지는 않으나,[1] 누구든지 각각 홀로,[2] 그리고 가족들과 함께 말씀을 읽어야 할 의무가 있다.[3] 이 목적을 위해 성경이 원어에서 각 나라 백성의 자국어들로 번역되어야 한다.[4]

(1)신31:9. 11-13. 느8:2,3, 9:3,4. (2)신17:19. 계1:3. 요5:39. 사34:16. (3)신6:6-9. 창18:17,19. 시78:5-7. (4)고전14:6,9,11,12,15,16,24,27,28.

문 157. 하나님의 말씀을 어떻게 읽어야 하는가?

답: 성경은 높이 경외하는 마음으로 읽어야 한다.[1] 성경은 곧 하나님의 말씀이며, 하나님만이 우리로 성경을 깨달을 수 있게 하실 수 있다는 굳은 신념과[2] 거기에 계시되어 있는 하나님의 뜻을 알고, 믿고, 순종하고자 하는 소원과[3] 성경의 내용 및 의도에 대해 부지런함과, 주의함과, 묵상과,[4] 적용과, 자기 부정과, 기도함으로 성경을 읽어야 한다.[5]

(1)시19:10. 느8:3-6,10. 출24:7. 대하34:27. 사66:2. (2)벧후1:19-21. 눅24:45. 고후3:13-16.
(3)신17:10,20. (4)행17:11. 8:30,34. 눅10:26-28. (5)시1:2,119:97. 대하34:21,27. 잠3:5. 신33:3.
잠2:1-6. 시119:18. 느7:6,8.

문 158. 하나님의 말씀은 누가 설교할 수 있는가?

답: 하나님의 말씀은 충분한 은사를 받았을 뿐만 아니라,(1) 정식으로 공인되어 이 직분에 부름을 받은 자만이 설교할 수 있다.(2)

(1)딤전3:2,6. 엡4:8-11. 호4:6. 말2:7. 고후3:6. (2)렘14:15. 롬10:15. 히5:4. 고전12:28,29. 딤전3:10. 4:14. 5:22.

문 159. 설교로 부름을 받은 사람들은 하나님의 말씀을 어떻게 설교해야 하는가?

답: 말씀의 사역에 수고하도록 부름을 받은 자들은 때를 얻든지 못 얻든지,(1) 부지런하게(2) 올바른 교리를 설교하되,(3) 분명하게(4) 사람의 지혜의 권하는 말로 하지 아니하고, 성령의 나타남과 능력으로 할 것이며,(5) 신실하게(6) 하나님의 모든 뜻을 알게 할 것이며,(7) 지혜롭게(8) 청중들의 필요와 이해 능력에 적용시켜,(9) 열심히(10) 하나님과(11) 그의 백성들의 영혼에 대한 뜨거운 사랑으로 할 것이며,(12) 성실하게,(13) 하나님의 영광과(14) 백성들의 회심,(15) 건덕과(16) 구원을(17) 목표로 삼고 설교해야 한다.

(1)딤후4:2. (2)행18:25. (3)딛2:1,8. (4)고전14:19. (5)고전2:4. (6)렘23:28. 고전4:1,2. (7)행20:27. (8)골1:28. 딤후2:15. (9)고전3:2. 히5:12-14. 눅12:42. (10)행18:25. (11)고후5:13,14. 빌1:15-17. (12)골4:12. 고후12:15. (13)고후2:17. 4:2. (14)살전2:4-6. 요7:18. (15)고전9:19-22. (16)고후12:19. 엡4:12. (17)딤전4:14-16. 행26:16-18.

문 160. 설교를 듣는 자들에게 요구되는 것은 무엇인가?

답: 설교를 듣는 자들에게 요구되는 것은 근면과 준비와 기도로써 설교에 유념하고,(1) 들은 것을 성경으로 살펴보고,(2) 믿음과 사랑과 온유와 준비된 마음을 가지고 하나님의 말씀으로 진리를 받고,(3) 그것을 묵상하고,(4) 서로 논의하며,(5) 그것을 그들의 마음속에 간직하고,(6) 그들의 생활에서 말씀의 열매를 맺어야 한다.(7)

(1)잠8:34. 벧전2:1,2. 눅8:18. 시119:18. 엡6:18,19. (2)행17:11. (3)히4:2. 살후2:10. 약1:21.행17:11. 살전2:13. (4)눅 9:44. 히2:1. (5)눅24:14. 신6:6,7. (6)잠2:1. 시119:11. (7)눅8:15. 약1:25.

문 161. 성례가 어떻게 구원의 효력 있는 수단이 되는가?

답: 성례가 구원의 효력 있는 수단이 되는 것은 성례 자체 안에 있는 어떤 능력이라든지, 혹은 그것들을 시행하는 자의 경건이나 의도에서 나오는 어떤 덕행 때문이 아니고, 다만 성령의 역사와 성례를 제정하신 그리스도의 복 주심 때문이다.[1]

(1)벧전3:21. 행8:13,23. 고전3:6,7. 고전12:13.

문 162. 성례란 무엇인가?

답: 성례는 그리스도께서 자기 교회 안에 제정하신 거룩한 규례이다.[1] 이 규례는 은혜 언약 안에 있는 자들에게 주의 중보의 혜택을 표시(表示)하고[2] 인(印)치고 나타내기 위한 것이며,[3] 그들의 믿음과 다른 모든 은혜들을 강화하고 더하게 하기 위한것이며,[4] 그들로 하여금 순종하게 하고,[5] 그들의 상호 간에 사랑과 교제를 증거 하고 소중히 간직하며,[6] 그들을 은혜언약 밖에 있는 자들과 구별하기 위한 것이다.[7]

(1)창17:7,10. 출12장. 마28:19. 26:26-28. (2)행2:38. 고전10:16. (3)롬4:11. 고전11:24,25. 롬15:8. 출12:48. (4)롬4:11. 갈3:27. (5)롬6:3,4. 고전10:21. (6)엡4:2-5. 고전12:13. (7)엡2:11,12. 창34:14.

문 163. 성례에는 어떤 부분들이 있는가?

답: 성례의 부분들은 두 가지이니, 첫째는 그리스도 자신의 명령에 따라 사용하는 외부적이고 눈에 보이는 표시이며, 둘째는 이것으로 표시하는 내적이고 영적인 은혜이다.[1]

(1)마3:11. 벧전3:21. 롬2:28,29.

문 164. 신약에서 그리스도는 몇 가지 성례를 그의 교회에 제정하셨는가?

답: 신약에서 그리스도는 그의 교회 안에 오직 두 가지 성례만을 제정하셨으니 곧 세례와 성찬이다.[1]

(1)마28:19. 고전11:20,23. 마26:26-28.

문 165. 세례란 무엇인가?

답: 세례는 그리스도께서 성부와 성자와 성령의 이름으로 제정하신 물로 씻는 신약의 성례이다.[1] 이것은 그리스도 자신에게 접붙여지고,[2] 그의 피로 죄 사함을 받고,[3] 그의

영으로 거듭나고,[4] 양자가 되어,[5] 영생에 이르는 부활의 표시와 인침이다.[6] 이로써 세례 받은 당사자들은 보이는 교회에 엄숙하게 받아들여지고,[7] 전적으로 오직 주님께만 속한 사람이 되겠다는 공개적이며 고백적인 약속을 맺는다.[8]

(1)마28:19. (2)갈3:26,27. (3)막1:4. 계1:5. (4)딛3:5. 엡5:26. (5)갈3:26,27. (6)고전15:29. 롬6:4,5. (7)고전12:13. (8)롬6:4,5.

문 166. 누구에게 세례를 베풀어야 하는가?

답: 세례는 그리스도를 믿는 믿음과 그에 대한 순종을 고백할 때 베풀 수 있다. 따라서 아직 유형교회 밖에 있어 약속의 언약에 외인이 된 자들에게는 그 누구에게도 세례를 베풀어서는 안 된다.[1] 그러나 그리스도를 믿는 신앙과 그를 향한 순종을 고백하는 양편 또는 한편 부모에게서 태어난 유아들에게는 그런 면에서 언약 안에 있으므로 세례를 베풀 수 있다.[2]

(1) 행 8:36, 37, 2:38. (2)창17:7,9. 갈3:9,14. 골 2:11,12. 행2:38,39. 롬4:11,12. 고전7:14. 마28:19. 눅18:15,16. 롬11:16.

문 167. 우리는 세례를 어떻게 잘 증진 시킬 수 있는가?

답: 꼭 필요하면서도 대단히 무시된 세례를 증진시킬 의무는 우리가 평생에 행해야 할 사명이다. 이 의무는 특별히 시험을 당할 때와 다른 사람들이 세례 받고 있는 자리에 참석했을 때,[1] 세례의 본질과 그리스도께서 그것을 제정하신 목적과 세례에 의해 우리에게 주어지고 보증된 특권과, 혜택과, 그것에서 행한 엄숙한 서약 등을 신중히 그리고 감사히 생각함으로써 해야 한다.[2] 또한 우리 죄악의 더러움과, 세례의 은혜와, 우리 맹세의 미진함, 또는 역행하는 것 때문에 겸손함으로써 하고,[3] 그 성례 안에서 우리에게 보증된 죄 사함과 다른 모든 행복에 대한 확신에 이르기까지 성숙함으로써 해야 한다.[4] 그리고 그리스도와 합하여 세례를 받은 우리는 죄를 죽이고 은혜를 소생시키기 위해서 그의 죽음과 부활로부터 힘을 얻음으로써 행하고,[5] 믿음으로 살기를 힘쓰며,[6] 그리스도께 자신의 이름들을 바친 자들로서[7] 거룩함과 의로움으로 성도의 교제를 하고,[8] 같은 성령으로 세례를 받아 한 몸을 이룬 자들로서 형제의 사랑을 행하기를 노력함으로써 해야 한다.[9]

(1)골2:11,12. (2)롬6:4,6,11, 6:3-5. (3)고전1:11-13. 롬6:2,3. (4)롬4:11,12. 벧전3:21. (5)롬6:3-5. (6)갈3:26,27. (7)행2:38. (8)롬6:22. (9)고전12:13, 25-27.

문 168. 성찬이란 무엇인가?

답: 성찬은 예수 그리스도께서 제정하신 대로 떡과 포도주를 주고 받음으로써 그의 죽으심을 보여주는 신약의 성례이다.[1] 성찬에 합당하게 참여하는 자는 주님의 살과 피를 먹고 마심으로 영적 양식을 먹고, 은혜 가운데 자라며, 주님과의 연합과 교제를 확신하고,[2] 하나님께 대한 감사와 헌신과[3] 신비로운 몸의 지체로서 서로 사랑과 교제를 증거하고 새롭게 한다.[4]

(1)눅22:20. 마26:26-28. 고전11:23-26. (2)고전10:16. (3)고전11:24. 10:14-16. 21. (4)고전10:17.

문 169. 성찬식을 통하여 그리스도는 떡과 포도주를 어떻게 주고받으라고 명령하셨는가?

답: 그리스도께서는 성찬의 성례를 시행함에 있어서 자신의 말씀의 사역자들에게 명령하여 성찬 제정의 말씀과 감사와 기도로 떡과 포도주를 일반적 용도에서 성별하고 떡을 취하여 떼어서 떡과 포도주를 성찬에 참여하는 자들에게 나누어주도록 하셨다. 또한 수찬자들은 동일한 주님의 명령을 따라 그리스도의 몸이 그들을 위하여 찢겨져 주어졌으며 그의 피가 흘려지신 것을 감사히 기억하면서 떡을 취하여 먹고 포도주를 마시라고 하셨다.[1]

(1)고전11:23,24. 막14:22-24. 마26:26-28. 눅22:19,20.

문 170. 성찬에 합당하게 참여하는 사람들은 이 예식을 통해서 그리스도의 몸과 피를 어떻게 먹고 마셔야 하는가?

답: 주의 성찬에서 그리스도의 몸과 피가 떡과 포도주 안에, 함께, 혹은 아래에 물질적으로나 육체적으로 임재 하는 것이 아니고,[1] 그 외형적 도구들이 받는 자들의 외부 감각에 실제로 느껴지듯이 참으로 그리고 실제적으로 믿음으로 받는 자들에게 영적으로 임재 한다.[2] 그러므로 성찬의 성례에 합당히 참여하는 자들은 물질적으로나, 육체적으로가 아니고, 영적으로 그리스도의 몸과 피를 받아먹고 마시는 것이다.[3] 하지만 그들은 십자가에 달려 죽으신 그리스도와 그의 죽음에서 오는 모든 혜택을 믿음으로 자신들에게 받아 적용하는 한에서 참으로 그리고 실제적으로 먹고 마시는 것이다.[4]

(1)행3:21. (2)마26:26,28. (3)고전11:24-28. (4)고전10:16.

문 171. 성찬의 성례를 받고자 하는 사람들은 성찬에 참여하기 전에 어떻게 준비를 해야 하는가?

답: 성찬의 성례를 받고자 하는 사람들은 성찬에 참여하기 전에 자신이 그리스도 안에 있는지에 대해,[1] 자신들의 죄와 부족함,[2] 진실함, 자신들의 지식과,[3] 믿음과,[4] 회개의[5] 분량에 대해서 자신을 살핌으로써 준비해야 한다.[6] 또한 그들은 하나님과 형제들에 대한 사랑,[7] 모든 사람을 향한 자비,[8] 자기에게 잘못한 사람들을 용서함,[9] 그리스도를 따르고자 하는 갈망함과[10] 그들의 새로운 순종을 검토함으로,[11] 그리고 깊은 묵상과[12] 간절한 기도와[13] 이런 은혜들의 실행을 계속 새롭게 함으로,[14] 성찬 준비를 해야 한다.

(1)고후13:5. (2)고전5:7. 출12:15. (3)고전11:29. (4)고전13:5. 마26:28. (5)슥12:10. 고전11:31. (6)고전11:28,19. (7)고전10:16,17. 행2:46,47. (8)고전5:8. 11:18,20. (9)마5:23,24. (10)사55:1. 요7:37. (11)고전5:7,8. (12)고전11:24,25. (13)대하30:18,19. 마26:26. (14)고전11:25,26,28. 히10:21-24. 시26:6.

문 172. 자신이 그리스도 안에 있는지 혹은 성찬에 합당한 준비가 되어 있는지를 의심하는 자도 성찬에 참여할 수 있는가?

답: 자신이 그리스도 안에 있는지 혹은 성찬의 성례에 합당한 준비가 되어 있는지를 의심하는 사람도 비록 그분에 대한 확신이 아직 없을지라도[1] 그리스도에 대한 진정한 관심을 가질 수 있다. 만약 그가 이런 결핍을 매우 염려하여[2] 그리스도 안에서 발견되고[3] 악에서 떠나기를 간절히 원한다면,[4] 그는 하나님 보시기에 준비가 되어 있는 것이다. 그럴 경우, 약하고 의심하는 신자들조차도 도움 받을 수 있도록 약속이 주어진 것이며 또한 성례가 제정된 것이기 때문에,[5] 그는 자신의 불신앙을 애통하고[6] 의심을 해결하도록 노력해야 한다.[7] 그렇게 함으로 앞으로 더욱 더 신앙을 강화하기 위하여 성찬에 참여할 수 있을 뿐 아니라, 반드시 참여해야 한다.[8]

(1)사50:10. 요일5:13. 시88:1-8. 77:1-12. 욘2:4,7. (2)사54:7-10. 마5:3,4. 시73:13,22,23. (3)빌3:8,9. 시10:17. 42:1,2,5. (4)딤후2:19. 사50:10. 시66:18,19. (5)사40:11,29,31. 마11:28. 12:20. 26:28. (6)막9:24. (7)행2:37. 16:30. (8)롬4:11. 고전11:28.

문 173. 신앙을 고백하고 성찬을 받고 싶어 하는 사람에게 성찬을 못 받게 할 수 있는가?

답: 신앙을 고백하고 성찬을 받고 싶어 하는 마음이 있을지라도 무지하거나 잘못된

일이 드러나면, 그들이 가르침을 받고 변화되기까지는[1] 그리스도가 자신의 교회에 맡기신 권세로 그들로 하여금 성찬을 못 받게 할 수도 있고, 또 반드시 못 받게해야 한다.[2]

(1)고후2:7. (2)고전11:27-31. 마7:6. 고전5:1-13,23. 딤전5:22.

문 174. 성찬의 성례를 시행할 때 그것을 받는 자들에게 요구되는 것이 무엇인가?

답: 성찬의 성례를 받는 자들에게 요구되는 것은 그것을 시행하는 동안에 모든 거룩한 경외심과 집중력을 가지고 그 규례에서 하나님을 바랄 것이다.[1] 성례의 도구들과 동작을 부지런히 따르고,[2] 주님의 몸을 주의 깊게 분별하고,[3] 그의 죽음과 고난을 정성스럽게 묵상하며,[4] 그 은혜가 왕성하게 역사하도록 자신들을 강화시켜야 한다.[5] 그리고 자신을 살펴서[6] 죄를 슬퍼하고,[7] 그리스도에 대하여 진정으로 주리고 목말라 하고,[8] 믿음으로 그리스도를 받아먹고,[9] 그의 충만을 받으며,[10] 그의 공로를 의지하고,[11] 그의 사랑을 기뻐하며,[12] 그의 은혜에 대하여 감사하고,[13] 하나님과의 언약과[14] 모든 성도들에[15] 대한 사랑을 새롭게 해야 한다.

(1)레10:3. 히12:28. 시5:7. 고전11:17,26,27. (2)출24:8. 마26:28. (3)고전11:29. (4)눅 22:19. (5)고전11:26. 10:3-5,11. 14. (6)고전11:31. (7)슥12:10. (8)계 22:17. (9)요6:35. (10)요1:16. (11)빌 3:9. (12)시63:4,5. 대하30:21. (13)시22:26. (14)렘50:5. 시50:5. (15)행2:42.

문 175. 성찬의 성례를 받은 후에 그리스도인들의 의무는 무엇인가?

답: 성찬의 성례를 받은 후에 그리스도인들의 의무는 그들이 성찬의 성례에서 어떻게 행동했으며 어떤 열매를 거두었는지를 신중히 생각해야 한다.[1] 만일 그들이 소생함과 위로를 받았으면 하나님을 찬송하며,[2] 이 은혜의 계속됨을 간구하며,[3] 다시 이 은혜에서 떨어지지 않도록 주의하며,[4] 맹세한 것을 실천하며,[5] 이 예식에 자주 참여하도록 힘써야만 한다.[6] 그러나 그 당시에 아무런 혜택을 얻지 못했다면 성례를 위한 준비와 거기에 임하는 자세를 더 정확히 검토해야 할 것이다.[7] 만일 그들이 두 가지, 하나님 앞과 자신의 양심에 비추어 떳떳하다면, 적절한 때에 그 열매가 나타날 것을 믿고 기다려야 한다.[8] 만일 그들이 어느 편으로 보나 실패했음을 깨달았으면 그들은 스스로 낮아져서[9] 차후에 더 많은 주의함과 부지런함으로 성찬의 성례에 임해야 한다.[10]

(1)시28:7. 85:8. 고전11:17,30,31. (2)대하30:21-26. 행2:42,46,47. (3)시36:10. 아3:4. 대상29:18. (4)고전10:3-5,12. (5)시50:14. (6)고전11:25,26. 행2:42,46. (7)아5:1-6. 전5:1-6. (8)시123:1,2. 42:5,8. 43:3-5. (9)대하30:18,19. 사1:16,18. (10)고후7:11. 대상15:12-14.

문 176. 세례와 성찬의 성례들은 어떠한 점에서 일치하는가?

답: 세례와 성찬의 성례들이 일치하는 것은 두 가지 모두 하나님께서 창시자이시며,[1] 둘의 영적 부분은 그리스도와 그의 혜택이며,[2] 둘 다 같은 언약의 인침이며,[3] 둘 다 복음의 교역자, 즉 목사에 의해 시행되고, 그 밖의 누구에 의해서도 시행될 수 없다는 것과[4] 주님께서 재림하실 때까지 그리스도의 교회에서 계속되어야 하는 것이다.[5]

(1)마28:19. 고전11:23. (2)롬6:3,4. 고전10:16. (3)롬4:11. 골2:12. 마26:27,28. (4)요1:33. 마28:19. 고전4:1. 11:23. 히5:4. (5)마28:19,20. 고전11:26.

문 177. 세례와 성찬의 성례들은 어떠한 점에서 다른가?

답: 세례와 성찬의 성례들이 다른 점은 세례는 우리의 중생과 그리스도께 접붙임이 되는 표시(sign)와 인침(seal)으로써 물을 가지고 단 한 번만 시행되며,[1] 심지어는 어린아이에게 까지도 동일하게 시행된다.[2] 하지만 성찬은 떡과 포도주라는 도구들을 가지고 자주 시행되며, 영혼의 신령한 양식이 되시는 그리스도를 표현하고 나타내며,[3] 우리가 그분 안에 계속하여 살고 자라남을 확증하는 것으로,[4] 오직 자신을 검토할 수 있는 연령에 이르고 또한 그런 능력에 도달한 사람들에게만 시행되는 점에서 다르다.[5]

(1)마3:11. 딛3:5. 갈3:27. (2)창17:7,9. 행2:38,39. 고전7:14. (3)고전11:23-26. (4)고전10:16. (5)고전11:28,29.

문 178. 기도란 무엇인가?

답: 기도는 그리스도의 이름으로[1] 성령의 도우심에 의해[2] 우리의 소원을 하나님께 올리는 것인데,[3] 우리 죄들을 자백함과[4] 그분의 긍휼을 감사하게 생각하면서 해야 한다.[5]

(1)요16:23. (2)롬8:26. (3)시62:8. (4)시32:5,6. 단9:4. (5)빌4:6.

문 179. 우리는 하나님께만 기도할 것인가?

답: 오직 하나님만이 마음을 감찰하시고,[1] 우리의 요구를 들으며,[2] 죄들을 용서하고,[3] 모든 사람의 소원을 이루어 주실 수 있으며,[4] 오직 그분만이 신앙과[5] 예배의 대상이 되실 수 있으므로[6] 그런 예배의 특별한 요소인 기도는[7] 모든 사람에의해 오직 그에게만 올려야 하고,[8] 그 외에 아무에게도 기도해서는 안 된다.[9]

(1)왕상8:39. 행1:24. 롬8:27. (2)시65:2. (3)미7:18. (4)시145:18,19. (5)롬10:14. (6)마4:10. (7)

고전1:2, (8)시50:15, (9)롬10:14.

문 180. 그리스도의 이름으로 기도하는 것은 무엇인가?

답: 그리스도의 이름으로 기도하는 것은 그의 명령에 순종하고, 그의 약속들을 신뢰하는 가운데, 그의 공로로 긍휼을 간구하는 것이다.[1] 이것은 그의 이름을 단순히 말함으로 되는 것이 아니고,[2] 기도할 때 그리스도와 그의 중보로부터 우리가 기도할 용기를 얻고, 담대함과 능력과 그리고 기도의 응답에 대한 소망을 얻음으로써 하는 것이다.[3]

(1)요14:13,14, 16:24, 단9:17, (2)마7:21, (3)히4:14-18, 요일5:13-15.

문 181. 우리는 왜 그리스도의 이름으로 기도해야 하는가?

답: 사람의 죄악성과 이로 인하여 하나님과 사람 사이에 생긴 거리가 심히 크기에 중보자 없이는 하나님 앞에 접근할 수 없다.[1] 오직 그리스도 한 분밖에는 그 영광스러운 사역에 임명받았거나 그것에 적합한 자가 하늘이나 땅에 없으므로[2] 우리는 다른 어떤 이름이 아닌 오직 그분의 이름으로만 기도해야 한다.[3]

(1)요14:6, 사59:2, 엡3:12, (2)요6:27, 히7:25-27, 딤전2:5, (3)골3:17, 히13:15.

문 182. 성령님은 어떻게 우리의 기도를 도우시는가?

답: 우리가 마땅히 기도해야 할 것을 알지 못하기 때문에 성령님은 우리가 누구를 위하여, 무엇을, 어떻게 기도할 것인지를 우리에게 깨닫게 하심으로 우리의 연약함을 도우신다. 성령님은 비록 모든 사람에게나 어느 때든지 다 같은 분량 정도로 역사 하시는 것은 아닐지라도 기도의 의무를 바르게 이행하는 데 필요한 이해와 열정과 은혜를 우리 마음 가운데 일으키시고 소생시키심으로 우리를 도우신다.[1]

(1)롬8:26,27, 시10:17, 슥12:10.

문 183. 우리는 누구를 위하여 기도해야 하는가?

답: 우리는 지상에 있는 그리스도의 전체 교회를 위하여,[1] 공직자들과[2] 목사들을 위하여,[3] 우리 자신과[4] 우리 형제들뿐만 아니라,[5] 원수들을 위해서,[6] 살아 있는[7] 혹은 장차 살아 있을 모든 종류의 사람들을 위하여 기도해야 한다.[8] 그러나 죽은자들이나[9] 사망에 이르는 죄를 범한 것으로 알려져 있는 사람들을 위하여 기도해서는 안 된다.[10]

(1)엡6:18, 시28:9, (2)딤전2:1,2, (3)골4:3, (4)창32:11, (5)약5:16, (6)마5:44, (7)딤전2:1,2, (8)요

17:20. 삼하7:29. (9)삼하12:21-23. (10)요일5:16.

문 184. 우리는 무엇을 위하여 기도해야 하는가?

답: 우리는 하나님께 영광을 돌릴 수 있는 모든 것과[1] 교회의 평화와[2] 우리 자신과[3] 다른 사람들의 유익을 위하여 기도해야 한다.[4] 하지만 무엇이든지 불법적인 것을 위해서는 기도하지 말아야 한다.[5]

(1)마6:9. (2)시51:18. 122:6. (3)마7:11. (4)시125:4. (5)요일 5:14.

문 185. 우리는 어떻게 기도해야 하는가?

답: 우리는 하나님의 위엄에 대한 엄숙한 이해와[1] 우리 자신의 무가치함과,[2] 빈궁함과,[3] 죄들에 대한 깊은 의식과,[4] 통회하며[5] 감사하는[6] 열린 마음과,[7] 바른 이해,[8] 믿음,[9] 진실,[10] 열정,[11] 사랑과[12] 인내로[13] 하나님을 바라며,[14] 그의 뜻에 겸손히 복종함으로서 기도해야 한다.[15]

(1)전5:1. (2)창18:27. 32:10. (3)눅15:17-19. (4)눅18:13,14. (5)시51:17. (6)빌4:6. (7)삼상1:15. 2:1. (8)고전14:15. (9)막11:24. 약1:6. (10)시145:18. 17:1. (11)약5:16. (12)딤전2:8. (13)엡6:18. (14)미7:7. (15)마 26:39.

문 186. 하나님께서 기도의 의무에 관한 우리의 지침으로 주신 규칙은 무엇인가?

답: 하나님의 말씀 전체가 기도의 의무에 관한 지침으로 사용되지만,[1] 특별히 지시하신 기도규칙은 우리 구주 그리스도께서 자기 제자들에게 가르치신 기도의 양식인데,[2] 보통 '주기도문'이라고 부른다.

(1)요일5:14. (2)마 6:9-13. 눅11:2-4.

문 187. 주기도문은 어떻게 사용해야 하는가?

답: 주기도문은 하나의 표본으로서 우리가 그것에 따라 다른 기도를 만드는 지침일 뿐만 아니라, 그 자체를 사용할 수도 있다. 따라서 주기도문은 이해, 믿음, 경외, 그리고 기도의 의무를 바르게 이행하는 데 필요한 다른 덕목들을 가지고 사용해야 한다.[1]

(1)마6:9. 눅11:2.

문 188. 주기도문은 몇 부분으로 구성되어 있는가?

답: 주기도문은 세 부분으로 구성되어 있으니 머리말과, 간구와, 그리고 결론이다.

문 189. 주기도문의 머리말은 무엇을 가르치고 있는가?

답 "하늘에 계신 우리 아버지여"[1] 라고 한 주기도문의 머리말이 가르치는 것은 우리가 기도할 때, 아버지 같은 그의 선하심에 대한 신뢰와 그것에 대한 우리의 관심과 경외심과 아이와 같은 모든 태도와,[2] 신령한 열정과,[3] 그리고 그의 주권적 능력, 위엄과 은혜로운 낮아지심에 대한 바른 이해를 가지고[4] 하나님께 가까이 나아가야 할 것을 가르치며,[5] 그리고 다른 사람들과 함께 또는 그들을 위하여 기도할 때에도 그와 같이 할 것을 가르친다.[6]

(1)마6:9. (2)사64:9. (3)시123:1. 애3:41. (4)사63:15,16. 느1:4-6. (5)눅11:13. 롬8:15. (6)행12:5.

문 190. 첫째 간구에서 우리가 기도하는 것은 무엇인가?

답: "이름이 거룩히 여김을 받으시오며"[1] 라는 첫째 간구에서 우리는 우리 자신들이나 모든 사람들이 하나님을 옳게 공경할 수 없을 정도로 전적으로 무능하고 부적당하다는 것을 인정하면서,[2] 하나님께서 그의 은혜로 하나님과[3] 그의 이름들,[4] 속성,[5] 규례들과 말씀,[6] 사역과 자기를 알리시기를 기뻐하시는 모든 수단들을 우리가 알고, 인정하고, 높이 평가하도록 우리와 다른 사람들을 능력 있게 하시며, 자발적으로 행할 수 있게 해주시기를 기도한다.[7] 또한 우리의 생각과 말과[8] 행위에서[9] 하나님을 영화롭게 하며, 하나님께서 무신론,[10] 무지,[11] 우상숭배,[12] 신성모독과[13] 그에게 모독되는 모든 일을 막고, 제거하시며,[14] 그의 주권적인 섭리로 그 자신의 영광을 위하여 모든 것을 지도하시고 처리하실 것을 기도한다.[15]

(1)마6:9. (2)고후3:5. (3)시51:15. 67:2,3. (4)시83:18. (5)시86:10-15. (6)살후3:1. 시147:19,20. 138:1-3. 고후2:14,15. (7)시145:1-21. (8)시8편. 103:1. 19:14. (9)빌1:9,11. (10)시67:1-4. (11)엡1:17,18. (12)시97:7. (13)시74:18,22,23. (14)왕하19:15,16. (15)대하20:6,10-12. 시83:1-18. 140:4, 8.

문 191. 둘째 간구에서 우리가 기도하는 것은 무엇인가?

답: "나라가 임하시오며"[1] 라는 둘째 간구에서 우리는 우리 자신들과 모든 인류가 본질상 죄와 사단의 지배 아래에 있음을 인정하면서,[2] 우리는 죄와 사단의 나라가 파멸되

고,[3] 복음이 전 세계를 통하여 전파되고,[4] 유대인들이 부르심을 받고,[5] 이방 사람들의 충만한 수가 들어오기를 기도한다.[6] 또한 교회가 모든 복음의 사역자들과 규례들을 갖추고,[7] 부패로부터 정화되고,[8] 국가 공직자의 칭찬과 지지를 받도록 기도하고,[9] 그리스도의 규례들이 순수하게 시행되고, 아직 죄 가운데 있는 자들의 회심과 그리고 이미 회심된 자들의 확립, 위안, 양육이 효력 있게 되기를 기도한다.[10] 그리고 그리스도가 이 세상에서 우리의 마음을 주관하시고,[11] 속히 재림해 주셔서 우리가 그로 더불어 영원히 왕 노릇할 수 있도록 서둘러 주시기를 기도하며,[12] 아울러 이 목적들을 가장 잘 이루기 위해서 그리스도께서 자기 나라의 권세를 온 세계에서 기쁘신 뜻대로 역사하시기를 기도한다.[13]

(1)마6:10. (2)엡2:2,3. (3)시68:1. 계12:9-11. (4)살후3:1. (5)롬10:1. (6)요17:9,20. 롬11:25,26. 시67:2. (7)마9:38. 살후3:1. (8)말1:11. 습3:9. (9)딤전2:1,2. (10)행4:29,30. 엡6:18-20. 롬15:28-32. 살후1:11. 2:16,17. (11)엡3:14-19. (12)계22:20. (13)사64:1,2. 계4:8-11.

문 192. 셋째 간구에서 우리가 기도하는 것은 무엇인가?

답: "뜻이 하늘에서 이루어진 것 같이 땅에서도 이루어지이다."[1] 라는 셋째 간구에서 우리는 본질상 우리와 모든 사람들이 하나님의 뜻을 알며 행하는 데 전적으로 무능하고 원하지도 않을 뿐만 아니라,[2] 그의 말씀에 대항하여 반역하며,[3] 그의 섭리에 원망하고 불평하며,[4] 육신과 마귀의 뜻을 행하기에 전적으로 기울어진다는 것을 먼저 인정한다.[5] 따라서 우리는 하나님이 그의 성령으로 우리 자신들과 다른 사람들에게서 모든 무분별함,[6] 연약함,[7] 완고함과[8] 사악함을 제거하시어,[9] 그의 은혜로 우리로 하여금 하늘에서 천사들이 하는 것처럼[10] 동일한 겸손,[11] 기쁨,[12] 신실함,[13] 근면,[14] 열심,[15] 성실,[16] 꾸준함[17]을 가지고, 범사에 하나님의 뜻을 알고 행하며 복종하는 것을 즐거할 수 있게 해 주시기를 기도한다.[18]

(1)마6:10. (2)롬7:18. 욥21:14. 고전2:14. (3)롬8:7. (4)출17:7. 민14:2. (5)엡2:2. (6)엡1:17,18. (7)엡3:16. (8)마26:40,41. (9)렘31:18,19. (10)사6:2,3. 시103:20,21. 마18:10. (11)미6:8. (12)시100:2. (13)사 38:3. (14)시119:4,5. (15)롬12:11. (16)시 119:80. (17)시119:112. (18)시119:1,8,35. 36. 행21:14.

문 193. 넷째 간구에서 우리가 기도하는 것은 무엇인가?

답: "오늘 우리에게 일용할 양식을 주시옵고"[1] 라는 넷째 간구에서 우리는 아담 안에서와 우리 자신의 죄로 말미암아 이 세상의 모든 외적인 복을 누릴 권리를 상실 하였

으므로 하나님께서 그것들을 전적으로 박탈하시는 것이 마땅하고, 우리가 이것을 사용할 때에 우리에게 저주가 되는 것도 마땅하다는 것과[2] 그 복들 자체가 우리를 유지할 수도 없고,[3] 우리가 그것들을 받을 공로도 없으며,[4] 우리들 자신의 노력으로 획득할 수도 없고,[5] 다만 불법적으로 그것을 갈망하며[6] 획득하기를[7] 원한다는 것을 인정한다.[8] 따라서 우리는 우리 자신과 다른 사람들을 위해서 기도하되, 그들과 우리가 다 합법적 수단들, 즉 하나님께서 거저 주시는 선물을 사용함에 있어서 매일 하나님의 부성적인 지혜에 가장 적합하게 하나님의 섭리가 이루어지기를 기다리면서, 그 복들의 합당한 몫을 받아 누리기를 기도한다.[9] 그리고 그와 동일한 섭리로 우리가 그 선물들을 거룩하고 편리하게 사용하면서,[10] 그것들로 만족을 누릴 때에[11] 그것들을 계속하여 복되게 주시고, 우리의 현세적 유지와 위로에 반대되는 모든 것에서 우리를 지켜주시도록 기도한다.[12]

(1)마6:11. (2)창2:17. 3:17. 롬8:20-22. 렘5:25. (3)신28:15-17. 8:3. (4)창32:10. (5)신8:17,18. (6)렘6:13. 막7:21,22. (7)호12:7. (8)약4:3. (9)창43:12-14. 28:20. 엡4:28. 살후3:11,12. 빌4:6. (10)딤전4:3-8. (11)딤전6:6-8. (12)잠30:8,9.

문 194. 다섯째 간구에서 우리가 기도하는 것은 무엇인가?

답: "우리가 우리에게 죄 지은 자를 사하여 준 것같이 우리 죄를 사하여 주시옵고"[1] 라는 다섯째 간구에서 우리는 우리와 다른 모든 사람들이 원죄와 본죄를 지어 하나님의 공의에 빚진 자가 되었다는 것과 우리나 다른 아무 피조물이라도 그 빚을 조금도 갚을 수 없다는 사실을 인정한다.[2] 따라서 우리는 우리 자신과 다른 사람들을 위하여 기도하는데, 하나님께서 거저주시는 은혜로 믿음에 의하여 이해되고 적용되는 그리스도의 순종과 대속을 통하여 우리를 죄책과 죄의 형벌에서 사면하시고,[3] 그의 사랑하시는 자 안에서 우리를 받아주시기를 기도한다.[4] 또한 우리는 그의 은총과 은혜를 우리에게 계속 주시며,[5] 우리가 날마다 범하는 죄들을 용서 하시고,[6] 사죄의 확신을 매일 더욱 더 주심으로써 우리를 화평과 기쁨으로 채우시기를 기도한다.[7] 이 사죄는 우리가 다른 사람의 죄를 진심으로 용서한다는 증거가 우리에게 있을 때, 우리는 더 담대히 구할 수 있고 더 용기를 가지고 기대할수 있게 된다.[8]

(1)마6:12. (2)롬3:9-22. 마18:24,25. 시130:3,4. (3)롬3:24-26. 히9:22. (4)엡1:6,7. (5)벧후1:2. (6)호14:2. 렘14:7. (7)롬15:13. 시51:7-12. (8)눅11:4. 마6:14,15. 18:35.

문 195. 여섯째 간구에서 우리가 기도하는 것은 무엇인가?

답: "우리를 시험에 들게 하지 마시옵고, 다만 악에서 구하옵소서"[1] 라는 여섯째 간구에서 우리는 가장 지혜로우시고, 의로우시며, 은혜로우신 하나님께서 여러 가지 거룩하고 의로운 목적을 위하여 우리가 시험에 들고, 실패하고, 잠시 동안 사로잡히고, 또한 사단과[2] 세상과[3] 육신이 강력하게 우리를 곁길로 이끌어 함정에 빠뜨리게 하는 것에[4] 대하여 섭리하신다는 사실을 인정한다.[5] 우리는 심지어 죄 사함을 받은 후에도 우리의 부패성과[6] 연약함과 부주의함으로[7] 시험에 빠지기도 하고, 더 나아가 우리 자신들을 시험에 내어줄 뿐만 아니라,[8] 우리들 스스로가 그것들에 저항하거나 그것들로부터 회복되어 나오거나 또 그것들을 활용하지도 못하고, 원하지도 아니하며,[9] 그런 권세 밑에 버림받아 마땅하다는 것을 인정한다.[10] 따라서 우리는 하나님께서 세상과 그 안에 있는 모든 것을 통치하시고,[11] 육신을 복종시키시고,[12] 사단을 제어하시며,[13] 만물을 섭리하시고,[14] 모든 은혜의 수단들을 베푸시고, 그것들에 복을 주시며,[15] 우리가 그것들을 사용할 때 우리 안에 경각심을 일깨워 주셔서 우리와 그의 모든 백성이 하나님의 섭리로 죄의 시험에 빠지지 않게 지켜 주시기를 기도한다.[16] 만일 우리가 시험을 받으면, 우리를 그의 영으로 강력히 붙드심으로 시험 당할 때에 든든히 설 수 있게 하시며,[17] 넘어질 때도 다시 일으킴을 받아 회복됨으로[18] 시험 당함이 도리어 성화의 방편으로 활용될 수 있게 하시며,[19] 우리의 성화와 구원을 완성하고,[20] 사단을 우리 발밑에 짓밟게 하며,[21] 우리가 죄와 시험과 모든 악에서 영원토록 완전히 해방되기를 기도한다.[22]

(1)마6:13. (2)대상21:1. (3)눅21:34. 막4:19. (4)약1:14. (5)대하32:31. (6)갈5:17. (7)마26:41. (8)마26:69-72. 갈2:11-14. 대하18:3, 19:2. (9)롬7:23,24. 대상21:1-4. 대하16:7-10. (10)시81:11,12. (11)요17:15. (12)시51:10. 119:133. (13)고후12:7,8. (14)고전10:12,13. (15)히13:20, 21. (16)마26:41. 시19:13. (17)엡3:14-17. 살전3:13. 유1:24. (18)시51:12. (19)벧전5:8-10. (20)고후13:7,9. (21)롬16:20. 슥3:2. 눅22:31,32. (22)요17:15. 살전5:23.

문 196. 주기도문의 결론이 우리에게 가르치는 것은 무엇인가?

답: "나라와 권세와 영광이 아버지께 영원히 있사옵나이다."[1] 라는 주기도문의 결론은 우리는 우리 자신이나 다른 어떤 피조물 안에 있는 어떤 가치로부터 취한 것이 아니고,[2] 오직 하나님께서 주신 약속만 의지하여 우리의 간구들을 간청할 것이며,[3] 오직 하나님께만 영원한 주권과, 전능과, 영화로운 탁월성을 돌리는[4] 찬송이 담긴 기도로[5] 간청할 것을 우리에게 가르친다. 그리고 이런 주권과 전능과 위엄으로 인해 하나님께서 우

리를 도우실 수 있고, 또 돕고자 하시기 때문에,[6] 우리는 우리의 요청들을 이루어 주실 것을 믿음으로 담대히 호소하며,[7] 하나님께서 우리의 기도제목들을 이루어 주시도록 고요히 그만을 신뢰할 수 있다.[8] 그뿐만 아니라 이것이 우리의 소원이며 확신임을 증언하기 위하여 우리는 "아멘." 하는 것이다.[9]

(1)마6:13. (2)단9:4. 7-9. 16-19. (3)롬15:30. (4)대상29:10-13. (5)빌4:6. (6)엡3:20,21. 눅11:13. (7)대하20:6,11. (8)대하14:11. (9)고전14:16. 계22:20,21.

3. 웨스트민스터 소요리문답

문 1. 사람의 제일 되는 목적은 무엇인가?

답: 사람의 제일 되는 목적은 하나님을 영화롭게 하는 것과 영원토록 그를 즐거워하는 것이다.

고전10:31. 롬11:36. 시73:25-28. 요17:22-24.

문 2. 하나님을 영화롭게 하고 즐거워하도록 하나님께서 우리에게 주신 규칙은 무엇인가?

답: 하나님을 영화롭게 하고 즐거워하도록 가르치는 유일한 규칙은 신약과 구약 성경에 기록된 하나님의 말씀이다.

딤후3:16. 엡2:20. 요일1:3-4. 갈1:8-9. 눅16:29-31. 요15:11. 벧후3:2, 15-16. 눅24:27, 44.

문 3. 성경이 제일 요긴하게 교훈하는 것은 무엇인가?

답: 성경이 제일 요긴하게 교훈하는 것은 하나님께 대한 신앙과 하나님께서 인간에게 요구하는 의무이다.

딤후1:13. 3:16. 미6:8. 요5:39. 20:31. 고전10:11. 롬15:4. 시119:105.

문 4. 하나님은 어떤 분이신가?

답: 하나님은 영이시며, 그의 존재와 지혜와 능력과 거룩과 공의와 선함과 진실은 끝이 없고, 영원하며, 변함이 없다.

요4:24. 욥11:7-9. 시90:2. 약1:17. 출3:14. 시100:5. 147:5. 계4:8, 15:4. 19:6. 출34:6-7. 시154:3. 창17:1. 사40:22. 사57:15. 117:2. 왕상8:27. 렘23:24. 롬2:4. 16:26, 27. 신 32:4.

문 5. 하나님 한 분 외에 다른 신들이 있는가?

답: 살아계시고 참되신 하나님은 오직 한 분이시다.

신6:4. 렘10:10. 요17:3. 고전 8:4.

문 6. 하나님의 신성 안에 몇 위(位)가 있는가?

답: 하나님의 신성 안에 삼위(三位)가 계시니, 곧 성부와 성자와 성령이시다. 이 삼위는 한 하나님이시며, 본체가 동일하고, 능력과 영광은 동등하시다.

요일5:7(KJV). 마28:19. 고후13:13. 마3:16-17. 28:19. 요1:1. 행5:3.

문 7. 하나님의 작정은 무엇인가?

답: 하나님의 작정은 그 뜻의 계획에 따른 영원한 목적인데 이것으로 하나님께서는 자신의 영광을 위하여 일어날 모든 일을 미리 정하신 것이다.

엡1:4,11. 롬9:22-23. 행4:27. 시33:11. 행2:23. 롬11:33.

문 8. 하나님께서 자신의 작정을 어떻게 시행 하시는가?

답: 하나님께서 자신의 작정을 창조와 섭리를 통해 이루신다.

계4:11. 사40:26. 엡1:11. 단4:35.

문 9. 하나님의 창조하신 일은 무엇인가?

답: 하나님의 창조하신 일은 6일 동안 능력의 말씀으로 아무것도 없는 데서 모든 것을 지으신 것인데 이 모든 것이 매우 선하였다.

창1:1-31. 히11:3. 계4:11. 시33:9.

문 10. 하나님께서는 사람을 어떻게 창조하셨는가?

답: 하나님께서는 사람을 남자와 여자로 창조하시되, 자신의 형상대로 지식과 의와 거룩함이 있게 지으사 다른 피조물들을 다스리게 하셨다.

창1:26-28. 골3:10. 엡4:24.

문 11. 하나님의 섭리는 무엇인가?

답: 하나님의 섭리는 자신의 모든 창조물과 그들의 모든 행동을 가장 거룩하고, 지혜롭고, 능력 있게 보존하시며 다스리시는 일이다.

시45:17. 104:24. 사28:29. 히1:3. 시103:19. 마10:29-31.

문 12. 하나님께서 사람을 창조하고 사람에게 특별히 섭리하신 것은 무엇인가?

답: 하나님께서 사람을 창조한 후, 사람과 언약을 맺어 완전한 순종을 하면 영생을 주고, 선악과를 먹으면 죽음의 벌을 내린다고 말씀하셨다.

갈3:12. 창 2:16-17. 롬5:12-14. 10:5. 눅12:25-28. 갈3:12.

문 13. 우리의 첫 조상은 창조된 상태로 계속 머물러 있었는가?

답: 우리의 첫 조상은 자유의지를 임의로 행사하여 하나님께 죄를 범하므로 창조된 상태에서 타락했다.

창3:6–8, 13. 전7:29. 고후11:3. 롬5:12.

문 14. 죄란 무엇인가?

답: 죄는 하나님의 법을 순종함에 부족한 것이나 어기는 것이다.

요일3:4. 약2:10. 4:17. 롬3:23. 4:15. 요일5:17.

문 15. 우리의 첫 조상이 창조된 상태에서 타락하게 된 죄는 무엇인가?

답: 우리의 첫 조상이 창조된 상태에서 타락하게 된 죄는 금지된 열매를 먹은 것이다.

창3:6, 12, 13. 고후11:3. 롬5:12.

문 16. 모든 인류는 아담의 첫 범죄로 타락했는가?

답: 아담과 맺은 언약은 아담만이 아니라, 그의 후손과도 맺은 것이므로 보통의 출생 방법으로 태어난 모든 인류는 아담이 처음 범죄할 때 아담 안에서 범죄 하였고, 그와 함께 타락했다.

창2:16–17. 롬 5:12. 고전15:21, 22. 행17:26. 시51:5.

문 17. 아담의 타락은 인류를 어떤 상태로 빠뜨렸는가?

답: 아담의 타락은 인류를 죄와 비참한 상태에 빠뜨렸다.

롬 5:12. 갈3:10. 엡2:3.

문 18. 타락한 상태에서 사람들의 죄가 되는 것은 무엇인가?

답: 타락한 상태에서 죄가 되는 것은 아담의 첫 범죄와 근본적인 의의 결핍과 그의 온 상품의 부패인데 이것은 보통 원죄라고 하며 여기에 뒤 따라오는 모든 실제적 범죄도 다 포함되는 것이다.

롬5:10–20. 8:7–8. 고전15:22. 엡2:1–3. 창6:5. 롬3:10–20. 시51:5. 58:3. 약1:14–15. 마 15:19.

문 19. 타락한 인간의 비참은 무엇인가?

답: 모든 인류는 타락으로 하나님과의 교제를 잃어버렸고, 하나님의 진노와 저주 아래 빠졌으며, 그 결과 이 세상에서 비참하게 살다가 죽고, 지옥에서 영원히 고통을 받게 되었다.

창3:8, 10, 24. 엡2:2-3. 갈3:10. 롬5:14. 애3:39. 롬6:23, 9:47-48. 마 25:41, 46. 막9:47-48. 창2:17.

문 20. 하나님께서는 모든 인류를 죄와 비참한 상태에서 멸망하도록 내버려두셨는가?

답: 하나님께서는 자신의 기쁘신 뜻을 따라 영원부터 어떤 사람들은 영생하도록 선택하셨으며, 구원자를 통해 선택한 자들을 죄와 비참에서 건져내어 구원에 이르게 하시려고 은혜언약을 맺으셨다.

엡1:4-7. 롬3:20-22. 갈3:21, 22. 딛1:2, 3:4-7. 요17:6.

문 21. 하나님께서 선택하신 자들의 구속자는 누구이신가?

답: 하나님께서 선택하신 자들의 유일한 구속자는 주 예수 그리스도이시다. 그는 하나님의 영원한 아들로서 사람이 되셨고, 한 인격 안에 구별된 두 본성을 가졌으며, 과거나 지금이나 계속해서 영원토록 하나님이요 사람이시다.

딤전2:5-6. 요1:14. 10:30. 갈4:4. 빌2:5~11. 롬9:5. 눅1:35. 골2:9. 히7:24-25. 13:8.

문 22. 하나님의 아들인 그리스도께서는 어떻게 사람이 되셨는가?

답: 하나님의 아들인 그리스도께서는 참된 몸과 이성 있는 영혼을 취하시고 사람이 되셨으니 성령의 능력으로 동정녀 마리아에게 잉태되어 탄생하셨으나 죄는 없으시다.

히2:14-16. 10:5. 마26:38. 눅1:31, 35, 42. 갈4:4. 히4:15, 7:26.

문 23. 그리스도께서는 우리의 구원자로서 어떤 직무를 행하시는가?

답: 그리스도께서는 우리의 구원자로서 낮아지고 높아지신 두 상태에서 선지자와 제사장과 왕의 직무를 행하신다.

행3:21-22. 눅4:18, 21. 히12:25. 계19:16. 히5:5-7. 4:14-15. 7:25. 시2:6. 사9:6-7. 마21:5. 시2:8-11. 빌2:6-10.

문 24. 그리스도께서는 선지자의 직무를 어떻게 행하시는가?

답: 그리스도께서는 우리를 구원하시려는 하나님의 뜻을 말씀과 성령으로 우리에게 나타내어 선지자의 직무를 행하신다.

요1:18. 벧전1:10-12. 요15:15. 20:31. 벧후1:21. 요15:15, 20. 히1:1-2. 요6:63. 눅4:18-21.

문 25. 그리스도께서는 제사장의 직무를 어떻게 행하시는가?

답: 그리스도께서는 우리를 위해 단번에 자신을 희생 제물로 하나님께 드려, 하나님의 공의를 만족시키고, 우리를 하나님과 화목케 하시며, 항상 간구하심으로 제사장의 직무를 행하신다.

히9:14, 28. 2:17. 7:24-25. 롬3:26. 10:4. 엡2:16. 롬8:34. 요일2:1.

문 26. 그리스도께서는 왕의 직무를 어떻게 행하시는가?

답: 그리스도께서는 우리를 자신에게 복종케 하시고, 다스리시고, 보호하시며, 자신과 우리의 모든 적들을 억제하시고 정복함으로 왕의 직무를 행하신다.

행15:14-16. 사33:22. 32:1-2. 고전15:25. 55-57. 시110편. 마18:17-18. 사63:9. 행12:17. 18:9-10.

문 27. 그리스도께서는 어떻게 낮아지셨는가?

답: 그리스도께서는 비천한 환경에서 태어나시어, 율법에 복종하고, 인생의 비참함과 하나님의 진노와 십자가에서 저주의 죽음을 당하시고, 무덤에 묻히어 잠시동안 죽음의 세력 아래 계심으로 낮아지셨다.

눅2:7. 갈4:4. 히12:2-3. 사53:2-3. 고후8:9. 눅22:41-44. 마27:46. 빌2:6-8. 고전15:3-4. 행2:24-27, 31. 갈3:13.

문 28. 그리스도께서는 어떻게 높아지셨는가?

답: 그리스도께서는 3일 만에 죽은 자 가운데서 부활하시고, 하늘에 오르사, 하나님 우편에 앉으시며, 마지막 날에 세상을 심판하기 위해 다시 오심으로 높아지셨다.

고전15:4. 막16:19. 엡1:20. 행1:9-11. 7:31. 17:31. 시50:3-4. 딤후4:1.

문 29. 우리는 그리스도께서 값을 주고 사신 구원에 어떻게 참여하게 되는가?

답: 그리스도께서 값을 주고 사신 구원에 참여할 수 있는 것은 성령님께서 우리에게 구원을 효력 있게 적용하시기 때문이다.

요1:11, 12. 딛3:5, 6. 요4:5-7. 16:7-8.

문 30. 성령님께서는 그리스도께서 값을 주고 사신 구원을 우리에게 어떻게 적용하시는가?

답: 성령님께서는 효력 있는 부르심으로 우리 안에 믿음을 주시고 그 믿음으로 우리를 그리스도와 연합시켜서 그리스도께서 값을 주고 사신 구원을 우리에게 적용하신다.

엡1:13-14. 요6:37-39. 15:5. 엡2:8, 3:17. 4:15-16. 갈2;20. 고전1:9.

문 31. 효력 있는 부르심은 무엇인가?

답: 효력 있는 부르심은 성령 하나님께서 하시는 일입니다. 성령님께서는 우리의 죄와 비참을 깨닫게 하시며, 우리의 마음을 밝혀 그리스도를 알게 하시고, 우리의 의지를 새롭게 하시고, 복음 안에서 값없이 주신 예수 그리스도를 영접 하도록 우리를 설득하시고 능력 있게 이끄신다.

딤후1:8-9. 엡1:18-20. 살후2:13-14. 행2:37. 26:18. 겔11:19. 36:26-27. 요6:44-45. 빌2:13.

문 32. 효력 있는 부르심을 받은 자들은 이 세상에서 어떤 유익을 얻게 되는가?

답: 효력 있는 부르심을 받은 자들은 이 세상에서 칭의와 양자와 성화를 얻고 이것들과 함께 받거나 또는 거기서 나오는 여러 유익을 얻게 된다.

롬3:14, 8:30. 엡1:5. 고전1:30. 롬8:14-15. 살전5:23.

문 33. 칭의란 무엇인가?

답: 칭의는 하나님의 값없는 은혜인데, 이것으로 하나님께서는 우리의 모든 죄를 용서해 주시며, 그분 앞에서 우리를 의롭게 여겨 받아 주시는 것이다. 이는 오직 그리스도의 의를 우리의 것으로 돌려주시기 때문이며, 우리는 오직 믿음으로 받는다.

롬3:22-25. 4:6-7. 엡1:7. 고후5:19-21. 롬4:5. 5:1. 17-19. 갈2:16. 빌3:9. 12. 17. 행10:43.

문 34. 양자로 삼는다는 것은 무엇인가?

답: 양자는 하나님의 값없는 은혜인데 이것으로 우리는 하나님의 자녀로 받아들여져 모든 특권을 누리게 된다.

요일3:1-2, 요1:12, 롬8:17.

문 35. 성화란 무엇인가?

답: 성화는 하나님의 값없는 은혜인데 이것으로 우리의 모든 인격이 하나님의 형상으로 새롭게 되고, 점점 더 죄에 대하여 죽고, 의를 향해 사는 것이다.

살후2:13, 엡4:23-24, 롬6:4, 6, 11, 14, 8:1, 고전15:31.

문 36. 이 세상에서 칭의와 양자와 성화와 함께 받게 되거나 거기서 나오는 유익들은 무엇인가?

답: 이 세상에서 칭의와 양자와 성화와 함께 받게 되거나 거기서 나오는 유익들은 하나님의 사랑에 대한 확신과, 양심의 평안과, 성령 안에서의 기쁨과, 은혜의 증가와, 끝까지 보호되는 것이다.

롬5:1,2,5, 8:35,39, 14:17, 마11:29, 벧후3:18, 잠4:18, 엡3:16-18, 잠4:18, 요일5:13, 골1:10-11, 계14:12, 벧전1:5, 요일2:9-27, 렘32:40.

문 37. 믿는 자들이 죽을 때 그리스도에게 받는 유익은 무엇인가?

답: 믿는 자들이 죽을 때 영혼은 완전히 거룩하게 되고, 즉시 영광 중에 들어가며, 몸은 그리스도와 연합되어 부활할 때까지 무덤에서 쉬게 된다.

엡5:27, 요일3:2, 히12:23, 고후5:1, 6, 8, 빌1:23, 눅16:23, 23:43, 롬8:23, 살전4:14, 사57:2, 욥19:26-27, 계14:14.

문 38. 믿는 자들이 부활할 때 그리스도에게 받는 유익은 무엇입니까?

답: 믿는 자들이 부활할 때 영광 중에 다시 살아나서, 심판 날에 공개적으로 인정되고, 무죄판결을 받으며, 영원토록 하나님을 흡족하게 즐거워하므로 완전한 복을 누립니다.

고전15:42-43, 요5:28-29, 마10:32, 25:23, 34-35, 요일3:2, 고전13:12, 살전4:16-18, 시16:11, 고전2:9.

문 39. 하나님께서 인간에게 요구하시는 의무는 무엇인가?

답: 하나님께서 인간에게 요구하시는 의무는 자신의 나타내신 뜻에 복종하는 것이다.

신29:29. 미6:8. 삼상15:22. 눅10:28.

문 40. 하나님께서 인간이 복종하도록 처음 나타내 보이신 법규는 무엇인가?

답: 하나님께서 인간이 복종하도록 처음 나타내신 법규는 도덕 율법이다.

롬2:14,15. 10:5. 창2:17.

문 41. 이 도덕율법은 어디에 요약되어 있는가?

답: 이 도덕율법은 십계명에 요약되어 있다.

신10:4. 마19:17-19. 출20:3-17.

문 42. 십계명의 핵심은 무엇인가?

답: 십계명의 핵심은 우리의 마음과 영혼과 힘과 뜻을 다하여 우리 주 하나님을 사랑하고 우리의 이웃을 내 몸처럼 사랑하는 것이다.

마22:37-40. 신6:5.

문 43. 십계명의 머리말은 무엇인가?

답: 십계명의 머리말은 "나는 너를 애굽 땅, 종 되었던 집에서 인도하여 낸 네 하나님 여호와니라." 이다.

출20:2. 신5:6.

문 44. 십계명의 머리말이 우리에게 가르치는 것은 무엇인가?

답: 십계명의 머리말이 우리에게 가르치는 것은 하나님만이 주님이요, 우리 하나님이시며, 구원자이시기 때문에 우리는 하나님의 모든 명령을 반드시 지켜야 한다는 내용이다.

엡1:2. 롬3:29. 사43:11. 신43:1. 눅1:74-75. 벧전1:15-19. 레18:30. 신11:1.

문 45. 제 1계명은 무엇인가?

답: 제 1계명은 "너는 나 외에는 다른 신들을 네게 두지 말라." 이다.

출20:3. 신5:7.

문 46. 제 1계명이 명령하는 것은 무엇인가?

답: 제 1계명이 명령하는 것은 하나님만이 유일하고 참된 신이시요, 우리의 하나님이심을 알고, 인정하며, 합당하게 예배하며, 영화롭게 하라는 것이다.

사43:10. 대상28:9. 신26:17. 마4:10. 렘32:37-41. 왕상12:30. 시29:2. 95:6-7.

문 47. 제 1계명이 금지하는 것은 무엇인가?

답: 제 1계명이 금지하는 것은 참되신 하나님을 우리 하나님으로 인정하지 않거나, 예배하지 않고, 영화롭게 하지 않으며, 오직 하나님께 돌릴 합당한 예배와 영광을 다른 것에 돌리는 것이다.

시14:1. 롬1:21-25. 14:1. 렘2:27-28. 신8:8-18. 시81:10-11. 단5:23.

문 48. 제 1계명 중에 '나 외에' 라는 말씀이 특별히 가르치는 것은 무엇인가?

답: 제 1계명 중에 '나 외에' 라는 말씀이 특별히 가르치는 것은 온 세상을 다 보시는 하나님께서 다른 신을 섬기는 죄를 심각히 보시고 매우 싫어하신다는 것이다.

겔8:5-6. 시44:20-21. 대상28:9. 134:1. 신30:17-18.

문 49. 제 2계명은 무엇인가?

답: 2계명은 "너를 위하여 새긴 우상을 만들지 말고 또 위로 하늘에 있는 것이나 아래로 땅에 있는 것이나 땅 아래 물속에 있는 것의 어떤 형상도 만들지 말며 그것들에게 절하지 말며 그것들을 섬기지 말라. 나 네 하나님 여호와는 질투하는 하나님인즉 나를 미워하는 자의 죄를 갚되 아버지로부터 아들에게로 삼사 대까지 이르게 하거니와 나를 사랑하고 내 계명을 지키는 자에게는 천대까지 은혜를 베푸느니라." 이다.

출 20:4-6.

문 50. 제 2계명이 명령하는 것은 무엇인가?

답: 제 2계명이 명령하는 것은 하나님께서 말씀으로 정하신 모든 기독교적 예배와 규칙을 받아 지키며 순수하고 온전하게 보존하라는 것이다.

요4:24. 신12:32. 32:46. 마28:20. 행 2:42. 딤전6:14.

문 51. 제 2계명이 금하는 것은 무엇인가?

답: 제 2계명이 금하는 것은 형상을 만들거나 말씀으로 정하지 않은 다른 방법으로 하나님을 예배하는 것이다.

신4:15-19, 13:6-8. 출32:5, 8. 신12:31-32. 행17:29. 레10:1. 삼하6:7.

문 52. 제 2계명을 잘 지키도록 첨가된 이유들은 무엇인가?

답: 제 2계명을 잘 지키도록 첨가된 이유들은 하나님께서는 우리의 주권자이시며, 소유자이시고, 오직 자신에게만 드리는 예배에 대한 열심을 가지라는 것이다.

시95:2,3,6, 45:11. 출34:13-14. 계15:3-4. 시100:3, 45:11. 롬1:6.

문 53. 제 3계명은 무엇인가?

답: 제 3계명은 "너는 네 하나님 여호와의 이름을 망령되게 부르지 말라 여호와는 그의 이름을 망령되게 부르는 자를 죄 없다 하지 아니하리라." 이다.

출20:7.

문 54. 제 3계명이 명하는 것은 무엇인가?

답: 제 3계명이 명하는 것은 하나님의 이름과 칭호와 성품과 규칙과 말씀과 행사를 거룩함과 경외함으로 사용하라는 것이다.

시29:2. 마6:9. 신28:58. 시68:4. 계15:3-4. 말1:6-11, 14. 시138:1-2. 욥36:24. 전5:1.

문 55. 3계명이 금지하는 것은 무엇입니까?

답: 3계명이 금지하는 것은 하나님께서 자신에 대해 알려준 것들을 모독하거나 악용하는 것이다.

말1:6-7,12. 2:2. 3:14. 레19:12. 마5:34-35. 막7:11.

문 56. 제 3계명을 잘 지키도록 첨가된 이유는 무엇인가?

답: 제 3계명을 잘 지키도록 첨가된 이유는 이 계명을 어긴 자가 비록 사람의 형벌은 피할지라도 우리 주 하나님의 공의로운 심판은 피할 수 없다는 것이다.

삼상2:12,17,22,29. 3:13. 신28:58-59. 히4:13.

문 57. 제 4계명은 무엇인가?

답: 제 4계명은 "안식일을 기억하여 거룩히 지키라. 엿새 동안은 힘써 네 모든 일을 행할 것이나 일곱째 날은 네 하나님 여호와의 안식일인즉 너나 네 아들이나 네 딸이나 네 남종이나 네 여종이나 네 가축이나 네 문안에 머무는 객이라도 아무 일도 하지 말라. 이는 엿새 동안에 나 여호와가 하늘과 땅과 바다와 그 가운데 모든 것을 만들고 일곱째 날에 쉬었음이라. 그러므로 나 여호와가 안식일을 복되게 하여 그 날을 거룩하게 하였느니라." 이다.

출 20:8-11.

문 58. 제 4계명이 명령하는 것은 무엇인가?

답: 제 4계명이 명령하는 것은 하나님께서 자신의 말씀에 정하신 대로 특별히 일주일 중 하루를 종일토록 거룩한 안식일로 구별하여 하나님께 거룩하게 지키라는 것이다.

창2:3. 레19:3. 출16:25-29. 신5:12-14. 사56:2-7.

문 59. 하나님께서는 일주일 중 어느 날을 안식일로 정하셨는가?

답: 하나님께서는 세상의 시초부터 그리스도의 부활까지는 일주일 중 일곱째 날을 안식일로 정하셨고, 그 후 세상 끝날까지는 일주일 중 첫째 날을 그리스도인의 안식일로 정하셨으니 이날이 그리스도인의 안식일이다.

창2:2-3. 눅23:56. 고전16:1-2. 행20:7. 요20:1. 19-25.

문 60. 안식일을 어떻게 거룩히 지킬 수 있는가?

답: 안식일을 거룩히 지키는 것은 다른 날에 할 수 있는 세상일과 오락을 그치고 부득이한 일과 자비를 베푸는 일 외에는 하루 종일 공적으로나 사적으로 하나님을 예배하며 거룩하게 쉬는 것이다.

출20:8-10. 16:25-28. 렘17:21-23. 출16:25-29. 사58:13-14. 59:13-14. 느13:15-19. 21-22. 눅4:16. 행 20:7. 시 92편. 사 66:23. 마12:11. 출20:8-17, 31. 막2:27.

문 61. 제 4계명이 금하는 것은 무엇인가?

답: 제 4계명이 금하는 것은 정해진 의무를 소홀히 하거나, 잘못 행하는 것이며, 또한 게으름으로 거룩한 날을 더럽게 하거나, 세상일과 오락에 대한 쓸데없는 생각과 말과

행동을 하는 것입니다.

겔22:26. 암8:5. 말1:13. 행20:7-9. 겔23:38. 렘17:24-27. 사58:13.

문 62. 제 4계명을 잘 지키도록 첨가된 이유들은 무엇인가?

답: 제 4계명을 잘 지키도록 첨가된 이유들은 하나님께서 일주일 중 6일 동안은 우리의 일들을 하도록 허락하셨으나 일곱째 날은 자신의 특별한 소유로 정하시고, 친히 모범을 보이시고, 복을 주셨다. 라는 것이다.

출20:9-11. 31:15-17. 레23:3.

문 63. 제 5계명은 무엇인가?

답: 제 5계명은 "네 부모를 공경하라. 그리하면 네 하나님 여호와가 네게 준 땅에서 네 생명이 길리라." 이다.

출20:12. 엡6:1-3.

문 64. 제 5계명이 명하는 것은 무엇인가?

답: 제 5계명이 명하는 것은 윗사람이나, 아랫사람, 혹은 동등한 사람들은 그 지위나 관계에 따라서 의무들을 행하고 서로의 명예를 보존하라는 것이다.

엡5:21-22. 6:1-5. 벧전2:17. 롬12:10. 13:1. 8:1. 레19:32.

문 65. 제 5계명이 금하는 것은 무엇인가?

답: 제 5계명이 금하는 것은 여러 지위나 관계에서 각 사람에게 속한 존경과 의무를 소홀히 하거나 행하지 않는 것이다.

마15:4-9. 겔34:2-4. 롬13:7-8.

문 66. 제 5계명을 잘 지키도록 한 이유는 무엇인가?

답: 제 5계명을 잘 지키도록 한 이유는 이 계명을 지키는 모든 사람에게는 하나님께 영광이 되고 그들에게 선을 이루는 범위 내에서 장수와 번영을 주시겠다고 약속한 것이다.

신5:16. 엡6:2-3.

문 67. 제 6계명은 무엇인가?

답: 제 6계명은 "살인하지 말라."이다.

출20:13. 마5:21.

문 68. 제 6계명이 명하는 것은 무엇인가?

답: 제 6계명이 명하는 것은 합법적인 노력을 다해 자신과 다른 사람의 생명을 지키라는 것이다.

엡5:28-30. 왕상18:4. 마5:21.

문 69. 제 6계명이 금하는 것은 무엇인가?

답: 제 6계명이 금하는 것은 자신의 생명이나 이웃의 생명을 악하게 빼앗는 것과 해치려는 모든 일들이다.

행1:18. 16:28. 창9:6. 마5:22. 출21:18-32. 왕상21:9-10. 신24:6. 잠24:11-12. 갈5:15. 요일3:15.

문 70. 제 7계명은 무엇인가?

답: 제 7계명은 "간음하지 말라."이다.

출20:14.

문 71. 제 7계명이 명하는 것은 무엇인가?

답: 제 7계명이 명하는 것은 생각과 말과 행동에서 우리와 이웃의 순결을 지키라는 것이다.

마5:28. 27-32. 엡4:29. 고전7:2, 3, 5, 34, 36. 골4:4-6. 벧전3:2. 살전4:4-5.

문 72. 제 7계명이 금하는 것은 무엇인가?

답: 제 7계명이 금하는 것은 나쁜 생각과 말과 행동이다.

마15:19. 5:28. 엡5:3-4.29.

문 73. 제 8명은 무엇인가?

답: 제 8계명은 "도둑질하지 말라."이다.

출20:15.

문 74. 제 8계명이 명하는 것은 무엇인가?

답: 제 8계명이 명하는 것은 우리와 이웃의 부와 재산을 합법적으로 모으고 늘리라는 것이다.

창30:30. 잠10:4. 13:4. 23:21. 24:4. 30–34. 27:23. 롬12:17. 살후3:10–12. 딤전5:8. 레6:4–6. 25:36–37. 신22:1–5. 출23:4–5. 창47:14–20.

문 75. 제 8계명이 금하는 것은 무엇인가?

답: 제 8계명이 금하는 것은 우리 자신의 것은 물론 이웃의 부와 재산을 악하게 방해하거나 또는 빼앗으려는 일들이다.

잠21:6. 23:20, 21. 28:19. 겔22:29. 엡4:28. 약5:4. 말3:9.

문 76. 제 9계명은 무엇인가?

답: 제 9계명은 "네 이웃에 대하여 거짓 증거 하지 말라." 이다.

출20:16.

문 77. 제 9계명이 명하는 것은 무엇인가?

답: 제 9계명이 명하는 것은 특별히 증언할 때 서로 간에 진실함과 우리와 이웃의 명예를 지키고 높이는 것이다.

슥8:16–17. 요삼1:12. 잠14:5, 25. 엡4:15, 25. 벧전3:16. 고전13:4–5. 잠22:1. 행25:10. 요삼1:12. 빌4:8.

문 78. 제 9계명이 금지하는 것은 무엇인가?

답: 제 9계명이 금지하는 것은 진실을 해치거나 혹은 우리나 이웃의 명예를 떨어뜨리는 것이다.

잠19:5, 16–19. 삼상17:28. 레19:15–16. 시15:3. 눅3:14. 빌3:18–19. 벧후2:2.

문 79. 제 10계명은 무엇인가?

답: 제 10계명은 "네 이웃의 집을 탐내지 말라. 네 이웃의 아내나 그의 남종이나 그의

여종이나 그의 소나 그의 나귀나 무릇 네 이웃의 소유를 탐내지 말라." 이다.

출 20:17.

문 80. 제 10계명이 명령하는 것은 무엇인가?

답: 제 10계명이 명령하는 것은 이웃과 그의 소유에 대해 바르고 너그러운 마음을 가지며 우리 형편에 전적으로 만족하라는 것이다.

히13:5. 딤전6:6. 빌2:4. 욥31:29. 롬12:15. 딤전1:5. 고전13:4-7. 레19:18.

문 81. 제 10계명이 금하는 것은 무엇인가?

답: 제 10계명이 금하는 것은 우리의 형편을 불평하며, 이웃의 재산을 시기하거나 질투하며, 그 소유를 탐내는 마음과 행동이다.

왕상21:4. 에5:13. 고전10:10. 갈5:26. 약3:14-16. 골3:5. 롬7:7-8. 13:9. 신5:21.

문 82. 사람은 하나님의 계명을 완전하게 지킬 수 있는가?

답: 타락 이후로 어떤 사람도 이 세상에서 하나님의 계명을 완전히 지킬 수 없고 생각과 말과 행동으로 날마다 계명을 어기게 된다.

왕상8:46. 전7:20. 요일1:8-10. 갈5:17. 창6:5, 8:21. 롬3:9-21. 약1:14. 3:2-13. 롬8:8.

문 83. 율법을 어기는 모든 죄가 똑같이 악한가?

답: 어떤 죄는 그 본질로 보나 여러 가지 얽힌 문제들을 보아 하나님 앞에서 다른 죄보다 더 악하다.

겔8:6, 13, 15. 요일5:16. 시78:17, 32, 56. 시19:13. 요19:11. 마11:24. 눅12:10. 히10:29.

문 84. 범한 죄마다 마땅히 받아야 할 보응은 무엇인가?

답: 범한 죄마다 마땅히 받아야 할 보응은 이 세상과 오는 세상에서 받게 되는 하나님의 진노와 저주이다.

엡5:6. 갈3:10. 애3:39. 마25:41. 롬1:18. 6:23. 신28:15.

문 85. 우리의 죄 때문에 마땅히 받을 진노와 저주를 피하게 하시려고 하나님께서 우리에게 요구하시는 것은 무엇인가?

답: 우리의 죄 때문에 마땅히 받을 진노와 저주를 피하게 하시려고 하나님께서 우리에게 요구하시는 것은 그리스도께서 우리에게 구원의 유익을 전하는데 사용하는 모든 외적 수단들을 힘써 사용하여 예수 그리스도를 믿고 생명에 이르는 회개를 하는 것이다.

행2:41-42. 20:21. 요3:18. 막1:15. 마28:19-20. 눅13:24. 벧후1:10. 딤전4:16. 잠2:1-5. 8:33-36. 사55:3.

문 86. 예수 그리스도를 믿는 믿음은 무엇인가?

답: 예수 그리스도를 믿는 믿음은 구원의 은혜인데 이 은혜로 말미암아 복음에 제시된 대로 구원을 얻기 위해 우리가 예수를 받아들이고 오직 그분만 의지하는 것이다.

히10:39. 행16:31. 요1:12. 6:40. 행13:2. 계22:17. 잠3:5. 사 26:3, 4. 빌 3:9. 갈 2:16.

문 87. 생명에 이르는 회개는 무엇인가?

답: 생명에 이르는 회개는 구원의 은혜인데 이 은혜로 말미암아 죄인은 자기의 죄를 바로 알고, 그리스도 안에 있는 하나님의 자비를 깨달아, 죄를 슬퍼하고, 미워하므로 죄에서 떠나, 하나님께로 돌이켜 굳센 결심과 노력으로 새롭게 순종하는 것이다.

행11:18. 2:37, 38. 딤전2:15. 눅1:17. 행2:37. 눅22:61-62. 욜2:12-13. 단2:18. 눅18:13. 고후7:10-11. 렘 3:22. 31:18,19. 행26:18. 삼상7:2. 눅15:20. 겔 36:31. 시119:59.

문 88. 그리스도께서 우리에게 구원의 유익을 주려고 사용하는 외적인 보통 수단은 무엇인가?

답: 그리스도께서 우리에게 구원의 유익을 주시려고 사용하는 외적인 보통 수단은 그리스도의 정하신 규례들인데 특별히 말씀과 성례와 기도이며 이 모두가 택한 자들을 구원하는 데 효과적이다.

마28:19,20. 딤후3:16-17. 눅11:13. 22:15. 요6:53-57. 행2:41,42,46,47.

문 89. 말씀이 구원을 위하여 어떻게 효과적으로 역사하는가?

답: 성령이 성경읽기와 특히 설교를 효력 있는 수단으로 사용하여 죄인을 깨닫게 하시고, 회개시키시며, 거룩과 위로를 더하사 믿음으로 구원에 이르게 하신다.

요5:39. 롬20:32. 17:3. 행10:44. 시119:13. 느8:8. 살전1:6. 히4:12. 약1:23. 고전14:24,25. 행 26:18. 시19:8. 행20:32. 롬15:4. 16:25-27. 딤후3:15-17 롬10:13-17. 1:16.

문 90. 말씀이 구원에 효과가 있으려면 어떻게 읽고 들어야 하는가?

답: 말씀이 구원에 효과가 있으려면 우리는 부지런함과 준비와 기도로 말씀에 집중하며, 믿음과 사랑으로 말씀을 받아, 마음에 간직하고, 생활에서 실천해야 한다.

잠8:34. 딤전4:13. 벧전2:1-2. 시119:18. 48. 히4:2. 살후2:10. 시119:11. 눅8:15. 18:18. 신 6:6. 사66:2. 약1:21-25.

문 91. 성례가 어떻게 구원의 효과적인 수단이 되는가?

답: 성례가 구원의 효과적인 수단이 되는 것은 성례 자체나 성례를 시행하는 자의 능력이 아니라 그리스도께서 복을 주시고 믿음으로 성례를 받는 자의 마음에 성령님이 역사하시기 때문이다.

벧전3:21. 마3;11. 고전3:6-7. 12:13.

문 92. 성례가 무엇인가?

답: 성례는 그리스도께서 세우신 거룩한 예식인데 이 성례에서 그리스도와 새 언약의 유익들이 눈에 보이는 표시(表示)들을 통해 신자에게 나타나고, 인(印)쳐지며, 적용된다.

마28:19. 26:26-28. 눅22:15. 19. 20. 롬4:11. 창17:7. 10. 고전11:23. 26. 출12장.

문 93. 신약의 성례들은 무엇인가?

답: 신약의 성례들은 세례와 성찬이다.

마28:19. 26:26-28. 행10:47-48. 고전11:23. 24-26. 막14:25.

문 94. 세례는 무엇인가?

답: 세례는 성부와 성자와 성령의 이름으로 물로 씻는 성례인데 이것으로 그리스도와의 연합과 은혜언약의 유익에 참여함과 주님께 속한 사람이 되기로 약속함을 표시하며 인치는 것이다.

마28:19. 롬6:3-4. 갈3:26-27. 계1:5.

문 95. 세례는 누구에게 베풀어야 하는가?

답: 세례는 불신자들이 그리스도에 대한 신앙고백과 순종을 고백할 때에 베푸는 것이며 보이는 교회 회원들의 유아에게도 베풀 수 있다.

행8:36-37, 2:38, 39, 41, 갈3:17-18, 29, 창17:10, 골2:11-12, 고전7:14.

문 96. 주의 성찬이 무엇인가?

답: 주의 성찬은 그리스도께서 정하신 대로 떡과 포도주를 주고 받음으로 그리스도의 죽음을 나타내는 성례이다. 성찬을 합당하게 받는 사람은 물질적이며 육신적인 방식이 아니라, 오직 믿음으로 그리스도의 몸과 피에 참여하여, 그의 모든 혜택을 받아, 영적인 양식을 먹고, 은혜 안에서 자라간다.

눅22:15, 마26:26-27, 고전11:23-27, 28, 10:16, 요6:55-56, 엡3:17.

문 97. 주의 성찬에 합당하게 참여하려면 어떻게 해야 하는가?

답: 주의 성찬에 합당하게 참여하려면 주님의 몸을 분별하는 지각과 주님을 의지하는 믿음과 회개와 사랑과 새로운 순종이 있는지를 스스로 살펴야 한다. 만약 합당하지 않게 참여하여 자신에게 돌아올 정죄를 먹고 마실까 하는 우려가 있기 때문이다.

고전11:28-29, 요6:53-56, 고후13:5, 슥12:10, 요일4:19, 롬6:4,17-22, 갈5:6, 고전11:27, 31, 10:16-17, 5:7-8.

문 98. 기도는 무엇인가?

답: 기도는 하나님의 뜻에 합당한 것들에 대해 우리의 소원을 그리스도의 이름으로 하나님께 드리는 것인데 우리 죄에 대한 고백과 하나님의 자비에 대한 감사를 인식함으로 해야 한다.

시62:8, 요일5:14, 요14:13-14, 16;23-24, 마26:39-42, 시32:5-6, 단9:4, 빌4:6, 눅18:13, 요일1:9, 마21:22.

문 99. 기도를 가르치기 위해 하나님께서 주신 규칙은 무엇인가?

답: 하나님의 모든 말씀이 우리에게 사용되지만 특별한 규칙은 그리스도께서 제자들에게 가르쳐 주신 것으로 보통 '주기도문'이라는 기도의 형식이다.

요일5:14, 딤후3:16-17, 요일5:14, 시119:170, 마6:9-13, 눅11:2-4, 롬8:6.

문 100. 주기도문의 머리말이 가르치는 것은 무엇인가?

답: 주기도문의 머리말은 "하늘에 계신 우리 아버지여"인데 이는 언제나 도우실 능력을 준비하고 계신 아버지에게 나아가는 아이처럼 거룩한 경외심과 확신을 가지고 하나님께 가까이 나아갈 것과 우리가 다른 사람과 함께 그리고 다른 사람들을 위하여 서로 기도할 것을 가르친다.

사64:9. 57:15. 마6:9. 롬8:15. 눅11:13. 15:20. 사43:1. 행12:5. 엡6:18. 딤전2;1-2.

문 101. 주기도문의 첫 번째 기원에서 우리는 무엇을 구해야 하는가?

답: 주기도문의 첫 번째 간구는 "이름이 거룩히 여김을 받으시오며"이다. 이는 하나님께서 자신을 알리는 모든 것에서 우리와 다른 사람들이 하나님을 영화롭게 하도록 하시고 모든 것이 하나님께 영광이 되도록 다스려 주실 것을 기도하는 것이다.

롬12:1. 마5:16. 6:9. 빌2:9-11. 롬11:36. 고후3:5. 계4:11. 시67:2-3. 시83편. 사64:1-2.

문 102. 주기도문의 두 번째 기원에서 우리는 무엇을 구해야 하는가?

답: 두 번째 기원 즉 "나라가 임하시오며"란 구절에서 우리는 사단의 나라가 멸 망하며, 은혜의 나라가 확장되고, 우리와 다른 사람들로 하여금 그곳에 들어가 보호를 받고, 영광의 나라가 속히 오기를 기도하는 것이다.

마6:10. 시68:1-18. 마6:33. 롬10:1. 계12:10-11. 살후3:1. 롬10:1. 요17:9, 20. 계22:20.

문 103. 주기도문의 세 번째 기원에서 우리는 무엇을 구해야 하는가?

답: 세 번째 기원 즉 "뜻이 하늘에서 이루어진 것 같이 땅에서도 이루어지이다."인데 이는 우리가 모든 일에서 하늘에 있는 천사처럼 은혜로 힘과 의지를 가지고 하나님의 뜻을 알고, 기꺼이 순종하고, 복종할 수 있게 해 달라고 기도하는 것이다.

마6:10. 히12:28. 시67:1-7. 119:36. 행21:14. 마26:39. 빌1:9-10. 단7:10. 삼하15:25. 욥1:21. 시103:20-22.

문 104. 주기도문의 네 번째 기원에서 우리는 무엇을 구해야 하는가?

답: 네 번째 기원 즉 "오늘 우리에게 일용할 양식을 주시옵고"인데 이는 하나님께서 거저 주신 선물로서 사는 동안 좋은 것 중에서 알맞은 몫을 받고 하나님의 복을 누리게 해달라고 하는 기도이다.

마6:11. 잠10:22. 30:8-9. 창28:20-21. 딤전4:4-5. 6:6-8.

문 105. 주기도문의 다섯 번째 기원에서 우리는 무엇을 구해야 하는가?

답: 다섯 번째 기원 즉 "우리가 우리에게 죄 지은 자를 사하여 준 것 같이 우리의 죄를 사하여 주시옵고" 인데 하나님께서 그리스도를 보시고 우리의 모든 죄를 값없이 용서해 주실 것을 비는 것인데 그의 은혜로서 우리가 진심으로 다른 사람들을 능히 용서해 줄 수 있었기 때문에 우리는 더욱더 이것을 구할 담력을 가지게 되는 것이다.

마6:12,15. 시51:1,2,7,9. 단9:17-19. 롬3:24-25. 행7:60. 막11:25. 눅11:4. 15:1-7,19. 마18:35.

문 106. 주기도문의 여섯 번째 기원에서 우리는 무엇을 구해야 하는가?

답: 여섯 번째 기원 즉 "우리를 시험에 들게 하지 마옵시고 다만 악에서 구하옵소서" 인데 이는 하나님께서 우리를 범죄에 이르는 시험을 당하지 않도록 하시고 우리가 시험을 당할 때 보호하사 구원해 주시기를 기도하는 것이다.

마6:13. 26:41. 시19:13. 고전10:13. 시51:10-12. 요17:15. 고후12:8.

문 107. 주기도문의 마지막 말씀은 무엇을 가르치는가?

답: 주기도문의 마지막 구절 즉 "나라와 권세와 영광이 아버지께 영원히 있사옵나이다. 아멘." 인데 이는 기도할 때 우리가 하나님으로부터만 기도의 용기를 얻고, 그를 찬양하며, 나라와 능력과 영광을 하나님께만 돌려야 한다는 것이다. 그리고 우리의 소원과 응답의 확신을 증거 하는 표시로서 '아멘' 이라고 말한다는 것을 가르쳐 주고 있다.

마6:13. 단9:4,7-9. 16-19. 신32:43. 시103:22. 대상29:10-13. 롬11:36. 고전14:16. 계22:20-21. 고전14:16. 빌4:6.

4. 웨스트민스터 정치 모범(조례)

장로교 교회정치와 목사 안수식

웨스트민스터에 회집한 성역자 총회에서 스코틀랜드 교회에서 파견한 대표들의 협조로 스코틀랜드, 영국, 그리고 아일랜드 세 왕국에 있는 그리스도의 교회 간에 약속한 신앙 일치의 일환으로 가결됨.

1645년 총회와 의회의 법령으로 상술한 정치 모범을 채택 인준 함.

만일 그들이 자기의 행한 모든 일을 부끄러워하거든 너는 이전의 제도와 식양과 그 출입하는 곳과 그 모든 형상을 보이며 또 그 모든 규례와 그 모든 법도와 그 모든 율례를 알게 하고 그 목전에 그것을 써서 그들로 그 모든 법도와 그 모든 규례를 지켜 행하게 하라(겔43:11).

에딘버러 총회, 1645년 2월 10일, 회기 16.

교회정치와 목사 안수에 관한 안건을 승인하는 스코틀랜드 교회 총회 법령

본 총회는 이 나라뿐 아니라, 최근 "엄숙한 연합과 계약에 의하여 본격적으로 그 유대가 강화된 나라들 사이에, 교회 정치 형태의 단일성을 이루기 위하여, 하나님의 말씀과 권징의 책자와 총회 법령과 국가 계약에 준하는 교회 정치 조례를 채택하고 보전하기를 갈망하고 구하던 중, 또한 과거와 마찬가지로 미래에도, 영국 교회의 타락한 정치 형태로 인하여, 본 교회에 전염될 많은 해독을 고려하고, 또한 이 세 나라에 있는 주 예수 그리스도의 교회들을 단일한 정치 형태로 결속할 수 있는 귀중한 기회를 만나서, 하나님의 축복으로 피 흘리는 전쟁과 현재의 긴장을 초래한 원인을 제거하고 안전하고 튼튼한 화해를 이루는 효과적인 방법이요 건전한 기초로 생각하여, 본 총회는 제직과 총회와 교회 정치와 목사 안수에 관한 안건을 세 번 읽고 부지런히 검토하였으니, 이 안건들은 본 교회에서도 대표들이 참석한 웨스트민스터 성역자 총회에서 단일 협정을 위하여 오래 연구 토의된 후에 우리 손에 들어온 것이요, 오랜 심사숙고 후에 상술한 안건에 반대하는 이에게 질의문답을 할 기회를 주고 경고한 후에 우리는 상술한 안건을 가결 인준함. 그리고 이에 본 총회의 이름으로 에딘버러에 회집하여 두 나라에 있는 교회들 사이에 상술한 문제에 있어서 다른 변개 사항이 없이 영국 의회의 법령에 의하여 단일성을 이루도록 권한을 부여하기로 가결함.

이 인준은 즉시 런던에 거주하는 본 교회 임사 부원들에게 보고될 것이며, 단 이 법령은 어떤 조건 아래서도 현재 소유하고 있는 조항을 더욱 토의 검토하는 것을 막을 수 없으며, 목사와 마찬가지로 박사와 교사들도 성례 집행권이 있는 것과 목사 청빙에 있어서 노회와 백성들의 권한과 권익이 있는 것을 명시한다. 그러나 이 문제들은 하나님께서 더욱 빛을 비추어 주시는 대로 자유롭게 토의되고 논쟁될 수 있다.

서 문

그 어깨에는 정사를 메었고 그 이름은 기묘자라 모사라 전능하신 하나님이라 영존 하시는 아버지라 평강의 왕이신 예수 그리스도는 그 정사와 평강의 더함이 무궁하며 또 다윗의 위에 앉아서 그 나라를 굳게 세우시고 지금 이후로 영원토록 공평과 정의로 그것을 보존하실 것이요 그를 죽은 자들 가운데서 다시 살리시고 자기의 오른편에 앉히신 하나님 아버지로 말미암아 하늘과 땅의 모든 권세를 가지시고 모든 정사와 권세와 능력과 주관하는 자와 이 세상에서 뿐 아니라 오는 세상에 일컫는 모든 이름 위에 뛰어나게 하시고 또 만물을 그 발아래 복종하게 하시고 그를 만물 위에 교회의 머리로 주셨으니 교회는 그의 몸이라 만물 안에서 만물을 충만케 하시는 자의 충만 이니라. 그가 모든 하늘 위로 오르셨으니 이는 만물을 충만케 하려 하심이요 그의 교회를 위하여 선물을 받으시고 그가 또한 여러 직분들을 주신 것은 그의 교회를 세우려 함이요 성도를 온전케 함이다.

교회에 관하여

신약에 보편적인 유형 교회는 하나이다.[1] 신약의 봉사와 예언과 규례는 예수 그리스도께서 보편적인 유형교회에 두신 것이요 이는 이 세상에서 주님 재림하실 때까지 성도

---

1) (고전12:12) 몸은 하나인데 많은 지체가 있고 몸의 지체가 많으나 한 몸임과 같이 그리스도도 그러하니라. (고전12:13) 우리가 유대인이나 헬라인이나 종이나 자유자나 다 한 성령으로 세례를 받아 한 몸이 되었고 또 다 한 성령을 마시게 하셨느니라. (엡4:4) 몸이 하나이요 성령이 하나이니 이와 같이 너희가 부르심의 한 소망 안에서 부르심을 입었느니라. (엡4:5) 주도 하나이요 믿음도 하나이요 세례도 하나이요.

를 모으고 온전케 하기 위함이다. 보편적 교회의 일원이 되는 개개의 유형 교회는 신약에 제시되어 있다. [2] 초대 교회의 개 교회는 유형 성도들로 구성되었는데 즉 나이가 되어 그리스도를 믿는 신앙과 그리스도에 대한 순종을 그리스도와 사도들이 가르치신 신앙과 생활의 규칙에 따라 고백한 사람들과 그들의 자녀들이었다. [3]

교회의 교직자에 관하여

교회를 세우고 성도들을 온전케 하기 위하여 그리스도께서 임명하신 교직자는 더러는 특수하며 제한적인 것으로서 사도들과 복음 전하는 자와 선지자들인데 이제 이들의 사역은 중단되었다. 또 더러는 일반적이며 계속적인 것인데 목사와 교사와 또 다른 교회의 치리자인 장로와 집사이다.

목사

목사는 교회의 일반적이며 영구적인 직분인데 복음 시대에 지시한 것이다. [4] 첫째로 이 직분의 임무는 기도하는 것인데, [5] 자기 양무리를 위하여 또 양무리와 함께 기도하되 하나님께 백성을 대신하여 기도한다. 사도행전 6장 2-4절과 20장 36절에 보면 설교하는 것과 기도하는 것이 목사의 직분의 부분으로 되어 있다. 목사의 직분은 병든 자를 위하여 기도하는 것인데 사사로이 할지라도 축복이 약속되어 있으므로 자기 직분을 회중에서 실행할 때 그 가운데서 이것을 더욱 실천해야 한다. [6]

---

2) (계1:4) 요한은 아시아에 있는 일곱 교회에 편지하노니 이제도 계시고 전에도 계시고 장차 오실 이와 그 보좌 앞에 일곱 영과...

3) (행2:39) 이 약속은 너희와 너희 자녀와 모든 먼데 사람 곧 주 우리 하나님이 얼마든지 부르시는 자들에게 하신 것이라 하고...

4) (렘3:15) 내가 또 내 마음에 합하는 목자를 너희에게 주리니 그들이 지식과 명철로 너희를 양육하리라. (벧전5:2) 너희 중에 있는 하나님의 양 무리를 치되 부득이 함으로 하지 말고 오직 하나님의 뜻을 좇아 자원함으로 하며 더러운 이를 위하여 하지 말고 오직 즐거운 뜻으로 하며... (엡4:11) 그가 혹은 사도로, 혹은 선지자로, 혹은 복음 전하는 자로, 혹은 목사와 교사로 주셨으니...

5) (행6:4) 우리는 기도하는 것과 말씀 전하는 것을 전무하리라 하니...

6) (약5:14) 너희 중에 병든 자가 있느냐? 저는 교회의 장로들을 청할 것이요 그들은 주의 이름으로 기름을 바르며 위하여 기도 할지니라.

성경을 회중에서 읽어 주는 것인데 이 증거로는 다음과 같다.

1) 유대교의 제사장들과 레위인들 에게는 공적으로 말씀을 읽는 일이 맡겨졌다.[7]

2) 복음의 봉사자에게도 율법시대의 제사장들과 레위인들처럼, 다른 규례만큼 말씀을 분배할 광대한 책임이 주어졌는데, 이사야66:21과 마태복음23:34에 증거 되어 있다. 우리 주님은 그가 보내실 신약의 교직자를 옛날의 교사의 이름으로 불러 명칭을 주셨던 것이다.[8]

이것으로 미루어 보아 당연한 결론을 얻을 수 있는 것은 의무가 도덕적 성격의 것이므로 회중에서 성경을 읽는 것은 목사의 직분에 속하는 것이다.

다음으로는 양무리를 먹이기 위하여 말씀을 설교하고 그에 따라 가르치고 설득시키고 책망하고 권면하며 안위하는 것이다.[9] 또한 하나님의 예언의 초보적 원리나 혹은 그리스도의 교리를 쉬운 말로 문답식으로(교리문답식) 가르치는 것이 있는데 이는 설교의 일부분에 해당되기도 한다.[10]

이 외에도 하나님의 다른 비밀을 베풀어주는 것과[11] 성례를 집행하는 것과[12] 하나님의 명을 받아 백성을 축복하는 것이 있다. 이것은 민수기6:23-26과 계시록1:4-5을 비

---

7) (신31:11) 온 이스라엘이 네 하나님 여호와 앞 그 택하신 곳에 모일 때에 이 율법을 낭독하여 온 이스라엘로 듣게 할지니...

8) (사66:21) 나는 그 중에서 택하여 제사장과 레위인을 삼으리라 여호와의 말이니라. (마23:34) 그러므로 내가 너희에게 선지자들과 지혜 있는 자들과 서기관들을 보내매 너희가 그 중에서 더러는 죽이고 십자가에 못 박고 그 중에 더러는 너희 회당에서 채찍질하고 이 동네에서 저 동네로 구박하리라.

9) (딛1:9) 미쁜 말씀의 가르침을 그대로 지켜야 하리니 이는 능히 바른 교훈으로 권면하고 거스려 말하는 자들을 책망하게 하려 함이라.

10) (히5:12) 때가 오래므로 너희가 마땅히 선생이 될 터인데 너희가 다시 하나님의 말씀의 초보가 무엇인지 누구에게 가르침을 받아야 할 것이니 젖이나 먹고 단단한 식물을 못 먹을 자가 되었도다.

11) (고전4:1) 사람이 마땅히 우리를 그리스도의 일군이요 하나님의 비밀을 맡은 자로 여길지어다.

12) (마28:19) 그러므로 너희는 가서 모든 족속으로 제자를 삼아 아버지와 아들과 성령의 이름으로 세례를 주고... (고전11:24) 축사하시고 떼어 가라사대 이것은 너희를 위하는 내 몸이니 이것을 행하여 나를 기념하라 하시고... (고전11:25) 식후에 또한 이와 같이 잔을 가지고 가라사대 이 잔은 내 피로 세운 새 언약이니 이것을 행하여 마실 때마다 나를 기념하라 하셨으니...

교하면 같은 축복들과 그 복을 주시는 삼위가 분명히 명시되어 있는 것을 알 수 있다.[13] 특히 이사야66:21에 나오는 제사장과 레위인들이라는 이름은 신약시대에는 목사들을 말하고 있다. 그렇기 때문에 목사는 그 직분으로 말미암아 그 백성을 축복하게 된다.[14] 그리고 가난한 자들을 돌아보는 것과[15] 또한 자기의 양무리를 목사로서 다스릴 권세를 가지고 있다.[16]

교사 혹은 박사

성경은 목사와 마찬가지로 교사라는 이름과 직위를 제시한다. 교사는 역시 목사와 마찬가지로 말씀의 봉사자이며 성례를 집행할 권한이 있다. 말씀의 봉사에 있어서 여러 가지 다른 은사를 주신 주님은 그 은사에 따라서 여러 가지로 다르게 역사하시되[17] 비록 은사는 다르나 한 사람의 동일한 교직자로 말미암아 이 두 가지 일이 하나가 되게 하시고 그에 따라 행사되게 하신다. 그러나 한 교회에 여러 목사가 있는 경우 각자가 가장 뛰어난 은사에 따라서 일을 나누어 할 수도 있다.[18]

---

13) (민6:23) 아론과 그 아들들에게 고하여 이르기를 너희는 이스라엘 자손을 위하여 이렇게 축복하여 이르되, (민6:24) 여호와는 네게 복을 주시고 너를 지키시기를 원하며, (민6:25) 여호와는 그 얼굴로 네게 비추사 은혜 베푸시기를 원하며, (민6:26) 여호와는 그 얼굴을 네게로 향하여 드사 평강주시기를 원하노라 할지니라 하라. (계1:5) 또 충성된 증인으로 죽은 자들 가운데서 먼저 나시고 땅의 임금들의 머리가 되신 예수 그리스도로 말미암아 은혜와 평강이 너희에게 있기를 원하노라. 우리를 사랑하사 그의 피로 우리 죄에서 우리를 해방하시고...

14) (신10:8) 그 때에 여호와께서 레위 지파를 구별하여 여호와의 언약궤를 메이며 여호와 앞에 서서 그를 섬기며 또 여호와의 이름으로 축복하게 하셨고 그 일은 오늘날 까지 이르느니라. (고후13:13) 주 예수 그리스도의 은혜와 하나님의 사랑과 성령의 교통하심이 너희 무리와 함께 있을지어다.

15) (고전16:1) 성도를 위하는 연보에 대하여는 내가 갈라디아 교회들에게 명한 것 같이 너희도 그렇게 하라. (갈2:10) 다만 우리에게 가난한 자들 생각하는 것을 부탁하였으니 이것을 나도 본래 힘써 행하노라.

16) (딤전5:17) 잘 다스리는 장로들을 배나 존경할 자로 알되 말씀과 가르침에 수고하는 이들을 더할 것이니라. (행20:28) 너희는 자기를 위하여 또는 온 양떼를 위하여 삼가라 성령이 저들 가운데 너희로 감독자를 삼고 하나님이 자기 피로 사신 교회를 치게 하셨느니라. (히13:17) 너희를 인도하는 자들에게 순종하고 복종하라. 저희는 너희 영혼을 위하여 경성하기를 자기가 회계할 자인 것 같이 하느니라. 저희로 하여금 즐거움으로 이것을 하게하고 근심으로 하게 말라. 그렇지 않으면 너희에게 유익이 없느니라.

17) (롬12:6) 우리에게 주신 은혜대로 받은 은사가 각각 다르니 혹 예언이면 믿음의 분수대로...

18) (벧전4:10) 각각 은사를 받은 대로 하나님의 각양 은혜를 맡은 선한 청지기 같이 서로 봉사하라.

그리고 성경해석과 건전한 교리를 가르치는 일과 반박하는 사람들을 수긍시키는데 가장 뛰어난 은사를 받은 자가 그 일을 맡아 하면 교사라 혹은 박사라 불리울 수가 있다. 그렇지만 한 교회에 목사 한 사람만 있는 경우 그는 그 능력이 허락하는 한 그 일 전체를 수행해야 한다. [19] 교사나 박사는 학교와 대학에서 가장 우수하게 쓰임 받을 수 있으니 옛날 예루살렘 선지학교에서 가말리엘과 다른 이들이 박사로서 교수한 것과 같다.

교회의 다른 치리자들(장로)

유대교회에 백성의 장로들이 있음으로 제사장들과 레위 사람들과 함께 교회의 행정을 한 것처럼[20] 정사와 교회의 종교적 치리자들을 제정하신 그리스도께서는 그의 교회에 말씀의 봉사자들 외에 다스리는 은사를 주시고 부르심을 받았을 때 그 은사를 시행할 사람들을 주사 교회와 행정에 있어서 목사를 돕게 하셨다. [21] 이 교직자들을 개혁교회에서는 보통 "장로" 라 부른다.

집사들

성경은 집사를 교회에서 구별된 직분자로 제시한다. [22] 그 직분은 항존하는 것이다. [23] 또한 말씀을 설교하거나 성례를 집행하거나 하는 것은 이 직분에 속한 것이 아니고 다만 가난한 자를 특별히 돌보고 필수품을 분배하는 일을 행한다. [24]

---

19) (딛1:9) 미쁜 말씀의 가르침을 그대로 지켜야 하리니 이는 능히 바른 교훈으로 권면 하고 거스려 말하는 자들을 책망하게 하려 함이라.

20) (대하19:8) 여호사밧이 또 예루살렘에서 레위 사람과 제사장과 이스라엘 족장 중에서 사람을 세워 여호와께 속한 일과 예루살렘 거민의 모든 송사를 재판하게 하고...

21) (고전12:28) 하나님이 교회 중에 몇을 세우셨으니 첫째는 사도요 둘째는 선지자요 셋째는 교사요 그 다음은 능력이요 그 다음은 병 고치는 은사와 서로 돕는 것과 다스리는 것과(치리하는 것) 각종 방언을 하는 것이라.

22) (빌1:1) 그리스도 예수의 종 바울과 디모데는 그리스도 예수 안에서 빌립보에 사는 모든 성도와 또는 감독들과 집사들에게 편지하노니...

23) (딤전3:10) 이에 이 사람들을 먼저 시험하여 보고 그 후에 책망할 것이 없으면 집사의 직분을 하게 할 것이요. (딤전3:13) 집사의 직분을 잘한 자들은 아름다운 지위와 그리스도 예수 안에 있는 믿음에 큰 담력을 얻느니라.

24) (행6:3) 형제들아 너희 가운데서 성령과 지혜가 충만하여 칭찬 듣는 사람 일곱을 택하라 우리가 이 일을 저희에게 맡기고...

개 교회에 관하여

일정한 교회들이 있는 것은 합법적이요 편리한 일이다. 즉 어떤 신자들의 반드시 해야 하는 의무는 일반적으로 공적 예배를 드리기 위하여 한 장소에 모이는 것이다.[25] 그리고 신자들의 수가 많아져서 저희에게 주어진바 모든 규례를 더 잘 행하고 상호 의무를 더욱 잘 이행하기 위하여 서로 나누어 개별 된 회중으로(교회분립) 갈라져도 합법적이요 편리한 것이다.

개별 된 회중으로 교인을 나누면서 가장 덕을 세우는 보통 방법은 각각 주거의 경계를 따라 하는 것이 좋다.

그리고 개 교회는 다음과 같은 일을 해야 한다.

첫째로, 함께 거주하는 자들은 상호 온갖 의무가 있으므로 그것을 이행할 기회가 더욱 좋고 그 도덕적 연결은 영원한 것이니 그리스도께서 율법을 폐하러 오신 것이 아니요 완성하러 오셨기 때문이다.[26]

둘째로, 성도의 교제는 사람을 외모로 취하지 말고[27] 가장 편리하게 규례를 사용하며 도덕적 의무를 시행하도록 질서가 있어야 한다.[28]

셋째로, 목사와 교인들은 상호 의무를 가장 편리하게 이행할 수 있도록 근처에 함께 살아야 한다. 이 회중 가운데서 얼마는 직분을 맡기 위하여 구별되어야 한다.

---

25) (고전14:26) 그런즉 형제들아 어찌할꼬 너희가 모일 때에 각각 찬송시도 있으며 가르치는 말씀도 있으며 계시도 있으며 방언도 있으며 통역함도 있나니 모든 것을 덕을 세우기 위하여 하라. (고전 16:2) 매주일 첫날에 너희 각 사람이 이를 얻은대로 저축하여 두어서 내가 갈 때에 연보를 하지 않게 하라. (행20:7) 안식 후 첫날에 우리가 떡을 떼려하여 모였더니 바울이 이튿날 떠나고자 하여 저희에게 강론할 새 말을 밤중까지 계속하매... (히10:25) 모이기를 폐하는 어떤 사람들의 습관과 같이 하지 말고 오직 권하여 그 날이 가까움을 볼수록 더욱 그리하자.

26) (신15:11) 땅에는 언제든지 가난한 자가 그치지 아니하겠는 고로 내가 네게 명하여 이르노니 너는 반드시 네 경내 네 형제의 곤란한 자와 궁핍한 자에게 네 손을 펼지니라. (마22:39) 둘째는 그와 같으니 네 이웃을 네 몸과 같이 사랑하라 하셨으니...

27) (약2:1) 내 형제들아 영광의 주 곧 우리 주 예수 그리스도를 믿는 믿음을 너희가 받았으니 사람을 외모로 취하지 말라.

28) (고전14:40) 모든 것을 적당하게 하고 질서대로 하라.

개 교회의 교직자에 관하여

개 교회에는 교직자로서 말씀과 교리 면에서 수고하며 다스릴 사람이 적어도 한 사람 있어야 하며[29] 또한 교회의 일을 함께 할 다른 이들도 필수적으로 있어야 한다.[30] 또한 가난한 자를 구제하는 일에 특별히 봉사할 이들이 필수적으로 있어야 한다. 이 두 가지 직분의 숫자는 교회의 형편에 따라 결정한다. 그리고 이 직분 맡은 자들은 편리하게 정한 시간에 회집하여 교회의 제반 모든 일을 각기 직책에 따라 처리한다. 이 회의에서는 말씀과 교리를 맡아 수고하는 직분을 맡은 자가 회무를 처리하는 것이 가장 편리하다.

개 교회의 규칙(규례)에 관하여

개 교회의 지킬 규칙은 기도와 감사와 시편 찬송과 성경 읽는 것과 해석하고 적용된 말씀과 문답식 교리 강해와 성례 집행과 가난한 자를 위한 연보와 축복 기도로 교인을 자라 가게 하는 것들이다.[31]

교회 일들과 그 일을 위한 여러 가지 모임

그리스도께서는 그의 교회의 일들과 교회 지도자들을 제정하시고 그 목적을 위하여 사도들은 예수 그리스도의 손에서 직접 열쇠를 받고 전 세계 모든 교회에서 온갖 경우에 그것을 쓰고 행사했다. 그리고 그리스도께서는 그 후 계속해서 그의 교회 중에 몇을 다스리는 은사로 제공하시고 부르심을 받았을 때는 그것을 행사할 사명을 주셨다. 교회가 여러 가지 모임 즉, 교인의 총회, 노회와 당회 등에 의하여 다스림을 받는 것은 합법적이요 하나님의 말씀에 일치하는 것이다.

---

29) (딤전5:17) 잘 다스리는 장로들을 배나 존경할 자로 알되 말씀과 가르침에 수고하는 이들을 더할 것이니라. (히13:7) 하나님의 말씀을 너희에게 이르고 너희를 인도하던자들을 생각하며 저희 행실의 종말을 주의하여 보고 저희 믿음을 본받으라.

30) (고전12:28) 하나님이 교회 중에 몇을 세우셨으니 첫째는 사도요 둘째는 선지자요 셋째는 교사요 그 다음은 능력이요 그 다음은 병 고치는 은사와 서로 돕는 것과 다스리는 것과 각종 방언을 하는 것이라.

31) (고전14:26) 그런즉 형제들아 어찌할꼬 너희가 모일 때에 각각 찬송시도 있으며 가르치는 말씀도 있으며 계시도 있으며 방언도 있으며 통역함도 있나니 모든 것을 덕을 세우기 위하여 하라.

이 모임의 공통된 권리에 관하여

전항에 언급한 여러 가지 모임이 회의를 소집하고 당면한 교회 일에 관계된 사람이면 누구라도 소환할 권리가 있는 것은 합법적이요 하나님의 말씀에 일치한다. 저희는 순서를 따라 저희 앞에 주어진 문제를 경청하고 이유와 차이점을 결정할 권리가 있다. 이런 모든 모임에서 교회 책벌을 베풀 권리가 있는 것은 합법적이요 하나님의 말씀에 일치한다. [32]

개 교회의 모임

개 교회의 당회에 대하여는 다음과 같다. 개 교회 당회는 권세 있게 저희 앞에 교인 중누구라도 정당한 경우라고 생각되면 소환할 수 있다. 교인들의 지식과 영적 상태를 심의하고 권면하고 꾸짖는 일을 해야 한다. 이 세 가지 일은 히브리서13:17과 데살로니가전서5:12,13과 에스겔34:4로 증명된다. [33]

그리고 교회에서 아직 출교당하지 않은 자에게 권세로 성찬을 금지시키는 것도 성경과 일치한다. 그 이유는 다음과 같다.

첫째로, 그 제도(성찬)가 모독을 받아서는 안 되기 때문이다. [34]

둘째로, 우리는 규범 없이 행하는 자들로 부터 돌아서라는 명령을 받았기 때문이다. [35]

---

32) (마18:15) 네 형제가 범죄하거든 가서 너와 그 사람과만 상대하여 권고하라. 만일 들으면 네가 네 형제를 얻은 것이요, (마18:16) 만일 듣지 않거든 한 두 사람을 데리고 가서 두 세 증인의 입으로 말마다 증참케 하라. (마18:17) 만일 그들의 말도 듣지 않거든 교회에 말하고 교회의 말도 듣지 않거든 이방인과 세리와 같이 여기라. (마18:18) 진실로 너희에게 이르노니 무엇이든지 너희가 땅에서 매면 하늘에서도 매일 것이요, 무엇이든지 땅에서 풀면 하늘에서도 풀리리라.

33) (히13:17) 너희를 인도하는 자들에게 순종하고 복종하라. 저희는 너희 영혼을 위하여 경성하기를 자기가 회계할 자인 것 같이 하느니라. 저희로 하여금 즐거움으로 이것을 하게하고 근심으로 하게 말라. 그렇지 않으면 너희에게 유익이 없느니라. (살전 5:12) 형제들아 우리가 너희에게 구하노니 너희 가운데서 수고하고 주 안에서 너희를 다스리며 권하는 자들을 너희가 알고 (살전5:13) 저의 역사로 말미암아 사랑 안에서 가장 귀히 여기며 너희끼리 화목하라. (겔34:4) 너희가 그 연약한 자를 강하게 아니하며 병든 자를 고치지 아니하며 상한 자를 싸매어 주지 아니하며 쫓긴 자를 돌아오게 아니하며 잃어버린 자를 찾지 아니하고 다만 강포로 그것들을 다스렸도다.

34) (고전11:27) 그러므로 누구든지 주의 떡이나 잔을 합당치 않게 먹고 마시는 자는 주의 몸과 피를 범하는 죄가 있느니라.

35) 살후3:6) 형제들아 우리 주 예수 그리스도의 이름으로 너희를 명하노니 규모 없이 행하고 우리에게 받은 유전대로 행하지 아니하는 모든 형제에게서 떠나라. (살후 3:14) 누가 이 편지에 한 우리말을

셋째로, 합당치 않게 성찬에 참여하는 자와 그로 인해서 온 교회에 닥치는 큰 죄와 하나님의 진노 때문이다. [36]

구약시대에도 부정한 자를 거룩한 것에서 격리시킬 권능과 권세가 있었고[37] 그와 같은 권능과 권세는 유추하여 말하면 신약 시대에도 계속된다.

개 교회 당회원들이 아직 교회에서 출교당하지 않은 자를 성찬 금지시키는 권능을 가진 것은 다음과 같은 이유이다.

첫째로, 성찬을 받기에 합당한 자인가 판단하고 승인할 권세가 저희에게 있으므로 합당치 않은 자를 막을 권세도 저희에게 있다.

둘째로, 성찬은 보통 개 교회에서 행사하는 교회 일이기 때문이다.

교회가 갈라지는 경우에는 저희의 본질적인 연약과 상호 의존되어 있는 관계를 고려하고 또한 외부에 있는 원수들을 생각하여 저희는 상호 협조를 해야 한다.

노회에 관하여

성경은 노회를 제시한다.[38] 노회는 말씀의 봉사자들과 하나님의 말씀에 일치 보장되어 교회의 치리자로서 교회 행정에 목사와 함께 하는 공적 교직자들로(장로) 구성된다.[39] 그리고 성경에는 여러 개 교회가 한 노회 행정의 관리 하에 있도록 제시하고 있다. 예를 들면 다음과 같다.

첫째로, 예루살렘 교회를 보면 한 개 이상의 여러 교회들로 구성되어 있었고 이 모든 교회들은 한 노회 행정 아래 있었다. 즉 예루살렘 교회가 한 개 이상의 교회로 구성된 것이 분명한 것은 다음과 같다.

순종치 아니하거든 그 사람을 지목하여 사귀지말고 저로 하여금 부끄럽게 하라

36) (마7:6) 거룩한 것을 개에게 주지 말며 너희 진주를 돼지 앞에 던지지 말라 저희가 그것을 발로 밟고 돌이켜 너희를 찢어 상할까 염려하라. (고전11:32) 우리가 판단을 받는 것은 주께 징계를 받는 것이니 이는 우리로 세상과 함께 죄 정함을 받지 않게 하려 하심이라.

37) (레13:5) 칠일 만에 제사장이 그를 진찰할지니 그의 보기에 그 환처가 변하지 아니하고 병색이 피부에 퍼지지 아니하였으면 제사장이 그를 또 칠 일 동안을 금고할 것이며...

38) (딤전4:14) 네 속에 있는 은사 곧 장로의 회에서 안수 받을 때에 예언으로 말미암아 받은 것을 조심 없이 말며... (행15:6) 사도와 장로들이 이 일을 의논하러 모여...

39) (행15:6) 사도와 장로들이 이 일을 의논하러 모여...

1) 박해 때문에 신자들이 흩어지기 전과 흩어진 후 언급된 여러 곳에 있던 신자들의 무리를 보아서 그렇다.[40]

2) 예루살렘 교회에 있던 많은 사도들과 전도자들을 보아서, 만일 거기에 교회가 하나만 있었다면, 사도들마다 간혹 설교했을 터인데 사도행전6:2의 말씀과 부합되지 않는다.[41]

3) 신자들이 여러 가지 언어를 사용한 것이 사도행전2장과 6장에 언급되어 있는데 그 사실은 그 교회에 한 개 이상의 교회와 회중이 있었음을 논증하는 것이다.

또 이 모든 회중들이 한 노회 행정 아래 있었는데 그 증거는 다음과 같다.

1) 저희는 한 교회였다.[42]

2) 교회의 장로들이 언급되어 있다.[43]

3) 사도들은 그 교회의 장로들로서 장로의 보통 사역을 행했다. 이것은 사도행전 6장에 나오는 분산 전에 장로제의 교회가 있었음을 증거 한다.

4) 예루살렘에 있는 여러 교회가 한 교회임이 분명한 것은 그 교회의 장로들이 행정 행사 때문에 함께 회집한 사실이 언급되어 있고[44] 이것으로 보아 그 여러 교회들이 한 노회 행정 아래 있었음을 증명할 수 있다.[45]

---

40) (행9:31) 그리하여 온 유대와 갈릴리와 사마리아 교회가 평안하여 든든히 서가고 주를 경외함과 성령의 위로로 진행하여 수가 더 많아지니라.

41) (행6:2) 열 두 사도가 모든 제자를 불러 이르되 우리가 하나님의 말씀을 제쳐 놓고 공궤를 일삼는 것이 마땅치 아니하니...

42) (행5:11) 온 교회와 이 일을 듣는 사람들이 다 크게 두려워 하니라.

43) (행15:4) 예루살렘에 이르러 교회와 사도와 장로들에게 영접을 받고 하나님이 자기들과 함께 계셔 행하신 모든 일을 말하매 (행15:22) 이에 사도와 장로와 온 교회가 그 중에서 사람을 택하여 바울과 바나바와 함께 안디옥으로 보내기를 가결하니 곧 형제 중에 인도자인 바사바라 하는 유다와 실라더라.

44) (행15:6) 사도와 장로들이 이 일을 의논하러 모여...

45) (행15:22) 이에 사도와 장로와 온 교회가 그 중에서 사람을 택하여 바울과 바나바와 함께 안디옥으로 보내기를 가결하니 곧 형제 중에 인도자인 바사바라 하는 유다와 실라더라. (행15:23) 그 편에 편지를 부쳐 이르되 사도와 장로된 형제들은 안디옥과 수리아와 길리기아에 있는 이방인 형제들에게 문안하노라. (행15:24) 들은즉 우리 가운데서 어떤 사람들이 우리의 시킨 것도 없이 나가서 말로 너희를 괴롭게 하고 마음을 혹하게 한다 하기로 (행15:25) 사람을 택하여 우리 주 예수 그

교직자들이나 교인문제에 있어서 이 교회들이 독립 교회였던지 아니던지 사실상 그것은 모두 하나의 교회였다. 개 교회로 구성될 때 제직들이나 교인들이 있어야 한다는 점에서는 예루살렘에 있던 교회들과 현재 교회들 사이에 어떤 차이점이 있었던 것 같지는 않다. 그러므로 성경은 여러 교회들이 한 노회 행정 아래 있을 수 있다는 것을 제시하고 있다.

둘째로, 에베소 교회의 예를 들면 다음과 같다.

1) 에베소 교회에도 한 개 이상의 교회가 있었던 것이 사도행전20:31[46] 에 나타나는데 거기에 보면 바울이 에베소에 머물러 3년 동안 설교를 했고, 사도행전 19:18-20에[47] 보면 말씀의 특별한 효과가 언급되어 있으며, 또한 같은 장 10, 17절에 보면 유대인과 헬라 사람의 구별이 있고,[48] 고린도전서16:8,9에 보면 바울이 오순절까지 에베소에 머무는 이유가 있고,[49] 19절에는 아굴라와 브리스길라의 집에 있던 개 교회를,[50] 그 다음에는 에베소에 있던 것을 언급한 것이 사도행전18:19, 24, 26에 나타난다.[51] 이처럼 모

리스도의 이름을 위하여 생명을 아끼지 아니하는 자인 우리의 사랑하는 바나바와 바울과 함께 너희에게 보내기를 일치 가결하였노라. (행16:4) 여러 성으로 다녀 갈 때에 예루살렘에 있는 사도와 장로들의 작정한 규례를 저희에게 주어 지키게 하니 (행16:5) 이에 여러 교회가 믿음이 더 굳어지고 수가 날마다 더하니라

46) (행20:31) 그러므로 너희가 일깨어 내가 삼년이나 밤낮 쉬지 않고 눈물로 각 사람을 훈계하던 것을 기억하라.

47) (행19:18) 믿은 사람들이 많이 와서 자복하여 행한 일을 고하며...

48) (행19:10) 이같이 두 해 동안을 하매 아시아에 사는 자는 유대인이나 헬라인이나 다 주의 말씀을 듣더라. (행19:17) 에베소에 거하는 유대인과 헬라인들이 다 이 일을 알고 두려워하며 주 예수의 이름을 높이고...

49) (고전16:8) 내가 오순절까지 에베소에 유하려 함은 (고전16:9) 내게 광대하고 공효를 이루는 문이 열리고 대적하는 자가 많음이니라.

50) (고전16:19) 아시아의 교회들이 너희에게 문안하고 아굴라와 브리스가와 및 그 집에 있는 교회가 주 안에서 너희에게 간절히 문안하고.

51) (행18:19) 에베소에 와서 저희를 거기 머물러 두고 자기는 회당에 들어가서 유대인 들과 변론하니 (행18:24) 알렉산드리아에서 난 아볼로라 하는 유대인이 에베소에 이르니 이 사람은 학문이 많고 성경에 능한 자라. (행18:26) 그가 회당에서 담대히 말하기를 시작하거늘 브리스길라와 아굴라가 듣고 데려다가 하나님의 도를 더 자세히 풀어 이르더라.

든 것을 종합하여 보면 에베소 교회에는 신자들의 무리가 한 개 이상의 교회를 만든 것을 증명할 수 있다.

2) 이 교회들을 한 무리같이 다스린 많은 장로들이 있었음이 드러난다.[52]

3) 이 많은 교회들은 한 교회였으며 저희는 다 한 노회 행정 아래 있었음이 증명되고 있다.[53]

당회, 공회에 관하여

성경은 노회와 교단총회 이외에 교회의 일을 위한 또 다른 종류의 모임을 제시하고 있는데 이 모든 것을 당회라고 한다.[54] 즉 목사와 교사와 또 다른 치리자인 장로들이(편리하다고 생각될 때는 다른 적당한 사람들이) 합법적으로 부르심을 받고 공회의 회원이 된다. 공회는 합법적으로 여러 가지 종류가 있을 수 있으니, 지방적, 전국적, 전 기독교적 회의다. 교회의 일을 위하여 개 교회, 노회, 지방회, 전국적 회의가 종속 관계를 가지는 것은 합법적이요 말씀에 일치하는 것이다.

목사 안수에 관하여

누구도 합법적인 소명 없이 말씀의 봉사자의 직분을 스스로 취해서는 안 된다.[55] 안수는 항상 교회에서 계속해야 한다.[56] 안수는 교회의 공적 직분을 위하여 엄숙하게 사람

---

52) (행20:17) 바울이 밀레도에서 사람을 에베소로 보내어 교회 장로들을 청하니 (행 20:28) 너희는 자기를 위하여 또는 온 양떼를 위하여 삼가라 성령이 저들 가운데 너희로 감독자를 삼고 하나님이 자기 피로 사신 교회를 치게 하셨느니라.

53) (계2:1) 에베소 교회의 사자에게 편지하기를 오른 손에 일곱 별을 붙잡고 일곱 금촛대 사이에 다니시는 이가 가라사대...

54) (행15:2) 바울과 바나바와 저희 사이에 적지 아니한 다툼과 변론이 일어난지라 형제들이 이 문제에 대하여 바울과 바나바와 및 그 중에 몇 사람을 예루살렘에 있는 사도와 장로들에게 보내기로 작정하니... (행15:22) 이에 사도와 장로와 온 교회가 그 중에서 사람을 택하여 바울과 바나바와 함께 안디옥으로 보내기를 가결하니 곧 형제 중에 인도자인 바사바라 하는 유다와 실라더라.

55) (요3:27) 요한이 대답하여 가로되 만일 하늘에서 주신바 아니면 사람이 아무 것도 받을 수 없느니라. (히5:4) 이 존귀는 아무나 스스로 취하지 못하고 오직 아론과 같이 하나님의 부르심을 입은 자라야 할 것이니라.

56) (딛1:5) 내가 너를 그레데에 떨어뜨려 둔 이유는 부족한 일을 바로잡고 나의 명한대로 각 성에 장로들을 세우게 하려 함이니...

을 구별하는 것이다.[57] 말씀의 봉사자마다 안수 위원인 설교권을 가진 노회원들이 금식하고, 기도하며 손을 얹음으로 안수를 받는다.[58] 안수 받는 사람들이 어떤 개 교회 혹은 다른 성력에 봉직하도록 계획을 세우는 것이 하나님의 말씀에 일치하고 아주 편리한 것이다.[59] 또한 안수 받은 목사가 될 사람은 반드시 자격이 있어야 하는데, 사도들의 규칙에 따라서 생활과 성역에 대한 능력이 있어야 한다.[60]

그는 안수 위원들에게 시험을 치고 승인을 얻어야 한다.[61] 한 교회라도 교인들이 정당한 이유를 들어 안수를 반대할 때는 그 사람은 안수 받은 목사가 될 수 없다.

안수의 권한에 관하여

안수는 노회에서 한다.[62] 그리고 안수의 모든 일을 규제하는 권한도 노회 전체에 있

---

57) (민8:10) 레위인을 여호와 앞에 나오게 하고 이스라엘 자손으로 그들에게 안수케 한후에 (민8:11) 아론이 이스라엘 자손을 위하여 레위인을 요제로 여호와 앞에 드릴지니 이는 그들로 여호와를 봉사케 하기 위함이라. (행6:3) 형제들아 너희 가운데서 성령과 지혜가 충만하여 칭찬 듣는 사람 일곱을 택하라 우리가 이 일을 저희에게 맡기고 (행6:6) 사도들 앞에 세우니 사도들이 기도하고 그들에게 안수 하니라.

58) (딤전5:22) 아무에게나 경솔히 안수하지 말고 다른 사람의 죄에 간섭지 말고 네 자신을 지켜 정결케 하라. (행14:23) 각 교회에서 장로들을 택하여 금식 기도하며 저희를 그 믿은바 주께 부탁하고 (행13:3) 이에 금식하며 기도하고 두 사람에게 안수하여 보내니라.

59) (딛1:5) 내가 너를 그레데에 떨어뜨려 둔 이유는 부족한 일을 바로잡고 나의 명한대로 각 성에 장로들을 세우게 하려 함이니... (행20:28) 너희는 자기를 위하여 또는 온 양떼를 위하여 삼가라 성령이 저들 가운데 너희로 감독자를 삼고 하나님이 자기 피로 사신 교회를 치게 하셨느니라.

60) (딤전3:2) 그러므로 감독은 책망할 것이 없으며 한 아내의 남편이 되며 절제하며 근신하며 아담하며 나그네를 대접하며 가르치기를 잘하며 (딤전3:3) 술을 즐기지 아니하며 구타하지 아니하며 오직 관용하며 다투지 아니하며 돈을 사랑치 아니하며 (딤전3:4) 자기 집을 잘 다스려 자녀들로 모든 단정함으로 복종케 하는 자라야 할 지며 (딤전3:5) (사람이 자기 집을 다스릴 줄 알지 못하면 어찌 하나님의 교회를 돌아보리요). (딤전3:6) 새로 입교한 자도 말지니 교만하여져서 마귀를 정죄하는 그 정죄에 빠질까 함이요 (딛1:7) 감독은 하나님의 청지기로서 책망할 것이 없고 제 고집대로 하지 아니하며 급히 분내지 아니하며 술을 즐기지 아니하며 구타하지 아니하며 더러운 이를 탐하지 아니하며 (딛1:9) 미쁜 말씀의 가르침을 그대로 지켜야 하리니 이는 능히 바른 교훈으로 권면하고 거스려 말하는 자들을 책망하게 하려 함이라.

61) (딤전3:10) 이에 이 사람들을 먼저 시험하여 보고 그 후에 책망할 것이 없으면 집사의 직분을 하게 할 것이요...

62) (딤전4:14) 네 속에 있는 은사 곧 장로의 회에서 안수 받을 때에 예언으로 말미암아 받은 것을 조심 없이 말며...

다. 노회가 한 교회 이상일 때는 이 교회들이 제직이나 교인들 문제에 있어서 고정이 되었든지 안 되었든지 안수의 조건에는 무관하다. 어떤 개 교회도 편리하게 어울릴 수 있는데 결코 단독으로 안수의 권한을 가질 수는 없다.

1) 그 이유는 편리하게 어울릴 수 있는 어떤 개 교회가 단독으로 안수의 권한을 취한 예가 성경에 없으며 그런 행위를 보장하는 아무런 규칙이 없기 때문이다.

2) 성경에 여러 교회를 다스리는 노회에서 안수한 예가 있는데 많은 교회로 구성된 예루살렘 교회가 그렇고, 이 많은 교회들은 한 노회 안에 있었고, 이 노회가 안수를 했기 때문이다. 도시에서나 이웃 촌락에서 규범 있게 연합한 노회원들은 각각 저희 경내에 있는 교회들을 위하여 안수할 소관을 가진 사람들이다.

목사 안수의 교리적 부분에 관하여

1. 합법적으로 부르심을 받지 않고는 누구도 스스로 목사가 될 수 없다.

2. 목사 안수는 언제나 교회에서 계속 시행해야 한다.

3. 목사 안수는 교회의 공적 직분을 위하여 사람을 따로 분리하여 구별하는 것이다.

4. 말씀의 봉사자마다 기도와 금식으로 손을 얹어 안수를 받을 때 안수 할 사람은 노회원이다.

5. 목사 안수의 전체적인 일을 규제하는 권한은 노회 전체에 있다. 노회가 한 교회 이상일 때는 그 교회들이 제직이나 교인들 문제에 있어서 고정이 되었든지 안 되었든지 안수하는 조건에는 무관하다.

6. 안수 받고 목사가 될 사람은 어떤 개 교회나 다른 성역에 봉직하도록 계획을 세우는 것이 말씀에 일치하고 대단히 편리한 것이다.

7. 안수 받고 목사가 될 사람은 반드시 자격이 있어야 되는데 사도들의 규칙에 따라서 생활과 성령의 능력이 있어야 한다.

8. 그는 안수할 안수 위원들에 의하여 시험을 치르고 승인을 받아야 한다.

9. 한 교회라도 그 개 교회 교인들이 안수를 반대하는 정당한 이유를 제시할 때는 그 사람은 목사로 안수 받을 수 없다.

10. 도시에서나 이웃 간에 규범 있게 연합한 노회원들은 각각 저희의 구역 안에 있는 교회들을 위하여 목사 안수의 소관을 맡은 자들이다.

11. 특별한 경우에 특수한 일을 해도 되지만 안정된 질서가 설 때까지는 그것은 가능

한 한 규칙에 가까이 준해서 할 것이다. [63]

12. 지금은 현재 목사들을 공급하기 위하여 목사 안수에 있어서 특수 방법을 사용해야 하는 경우이다.

목사 안수 규칙서

합법적으로 부르심을 받고 안수 받을 때까지는 누구도 복음의 봉사자의 직분을 스스로 취할 수 없다는 것이 하나님의 말씀에 분명히 나타났으므로 목사 안수의 일은 필요한 모든 조심과 지혜와 진실함과 엄숙함을 가지고 수행할 것이니 우리는 반드시 지켜야 할 것으로 이 규칙을 겸손히 제출한다.

1. 안수 받을 자는 교인들로 말미암아 지명을 받았든지 혹은 어떤 자리를 위하여 노회의 추천을 받았든지, 반드시 노회에 자신이 청원을 하고 세 왕국의(영국, 스코틀랜드, 아일랜드) 계약을 수락하는 증거를 가지고 오고 그의 공부에 있어서 부지런함과 능란함과 대학에서 무슨 학위를 했으며 얼마나 수련했으며 연령은 몇 세이며(24세 이상) 특별히 그의 생활과 교제에 관한 증거를 가지고 와야 한다.

2. 이 모든 것을 노회가 고려한 후에, 노회원들은 그 안에서 일어난 하나님의 은혜에 관하여 문의하며, 복음의 봉사자로서 필요한 생활의 성화가 이루어졌는지를 검토하고, 그의 학문과 능력을 검토하며, 거룩한 성역에 부르심을 받은 증거에 관하여, 또한 특별히 그 자리에 그가 공평무사한 부르심을 받았는가의 여부를 시험한다.

시험하는 규칙은 다음과 같다.

1) 시험받을 자를 형제의 예로 다루되 온유한 심령과 그 사람의 진실성과 겸손과 우수성에 특별히 유의하여야 할 것이다.

---

63) (대하29:34) 그런데 제사장이 부족하여 그 모든 번제 짐승의 가죽을 능히 벗기지 못하는 고로 그 형제 레위 사람이 그 일을 마치기까지 돕고 다른 제사장의 성결케 하기까지 기다렸으니 이는 레위 사람의 성결케 함이 제사장들보다 성심이 있었음이라.(대하29:35) 번제와 화목제의 기름과 각 번제에 속한 전제가 많더라 이와 같이 여호와의 전에서 섬기는 일이 순서대로 갖추어지니라.(대하29:36) 이 일이 갑자기 되었을지라도 하나님이 백성을 위하여 예비하셨음을 인하여 히스기야가 백성으로 더불어 기뻐하였더라.(대하30:3) 이는 성결케한 제사장이 부족하고 백성도 예루살렘에 모이지 못한고로 그 정한 때에 지킬수 없었음이라. (대하30:4) 왕과 온 회중이 이 일을 선히 여기고…

2) 그는 원어를 다루는 기술에 관하여 시험을 받을 것이다. 시험은 히브리어와 헬라어 성경을 읽음으로 치루고, 그 어느 부분을 라틴어로 번역하게 하는데 만일 그가 그 점에서 결함이 드러나면 다른 공부도 철저히 살피고 특별히 그가 논리학과 철학을 습득했는가를 검토할 것이다.

3) 신학 서적 중에 누구의 것을 그가 읽었으며, 어느 것을 통달했는지, 또 종교의 기초에 관하여 시험을 치고, 그가 거기에 포함된 정통 교리를 불건전하고 잘못된 의견들 중에도 특별히 현대의 것을 대적하여 잘 변호할 능력이 있는가, 그에게 내어준 성경 부분을 양심의 경우와 성경의 연대와 교회사적 면에서 잘 해석하는가를 검토한다.

4) 만일 전에 공적 설교를 하여 시험관의 승인을 얻은 적이 없으면 그는 그에게 배정된 시간에 노회 앞에서 자기에게 주어진 성경 부분을 강해해야 한다.

5) 그는 또한 요구하는 시간 안에 라틴어로 신학에 관한 문장이나 논쟁에 관한 논문을 배정 받은 대로 작성하여 그 논문의 요약을 노회에 제출하고 자기주장을 논쟁한다.

6) 설교를 해야 하되 노회 앞에서나 임명받은 목사들이 참석한 앞에서 해야 한다.

7) 부름 받은 위치와 그의 은사의 균형을 심사 받아야 한다.

8) 설교의 은사를 시험하는 것 말고도 제 2항에 있어서 수일간 혹은 시험관들이 필요하다고 생각되는 대로 더 여러 날 시험을 쳐야 한다.

9) 전에 목사로 안수 받았다가 다른 임지로 전근하는 목사에 대해서는 안수증과 능력과 교제 증명서를 가지고 오게 하고 거기서 설교함으로 적임자인가의 여부를 시험할 것이며 필요하다고 판단되면 더 시험할 수 있다.

3. 이 모든 승인을 받으면 섬길 교회로 파송될 것이요 거기에서 그는 여러 번 설교를 하고 교인들과 사귀며, 저희는 저희 건덕을 위하여 그의 은사를 시험해 보고 그의 생활과 교제 범위에 대하여 물어도 보고 더 잘 알게 될 시간을 가진다.

4. 설교에 있어서 그의 은사를 시험하기로 정해진 마지막 3일 동안에 노회에서는 그 교회에 서면으로 공적 통치서를 보낼 것이요 이것을 회중 앞에서 읽고 나중에는 교회 문에 붙일 것이요 이로써 어느 날 교인들 가운데서 지명 받은 사람들이 노회에 출두하여 그를 저희의 목사로 동의 찬성하는 것을 표할 것이요 아니면 모든 그리스도인의 분별과 온유함을 가지고 반대할 조건을 제시할 것이다. 그리고 정한 날에 반대할 만한 정당한 조건이 없으면 교인들은 찬성할 것이요 노회는 안수를 진행할 것이다.

5. 안수 받기로 정한 날에 섬길 교회에서 안수식을 거행하되 온 교회가 엄숙히 금식

할 것이요 그리하여 그리스도의 규례에 큰 축복을 받도록 열심히 함께 기도할 것이요 저희의 유익을 위하여 하는 그리스도의 종의 수고에 복이 내리도록 기도할 것이다. 노회는 그 장소에 올 것이요 적어도 서너 사람의 노회원이 노회의 파송을 받아 가서 한 사람은 임명받은 대로 그리스도의 종의 직분과 의무에 대하여 또한 목사를 영접하는 교인의 도리에 대하여 설교할 것이다.

6. 설교 후에 설교한 목사는 회중 앞에서 안수 받을 이에게 요구하되 예수 그리스도에 대한 그의 믿음과 개혁교회의 진리에 대한 확신에 대하여 성경대로 요구하고 이 소명에 임하는 그의 진지한 의도와 목적, 기도에 부지런함과 읽는 것과 묵상하는 것, 설교하는 것, 성례의 집행, 훈계와 맡은 바 양떼를 위한 모든 목회 의무와 복음의 진리 수호와 모든 오류와 분리를 대적하고 교리의 동일을 위하는 그의 열심과 성실을 요구하고, 그와 그의 가족이 책망할 것이 없을 것과 그의 형제들의 권면과 교회의 훈계에 자신을 복종할 일과 모든 고난과 핍박을 대항해서 자기 의무를 끝까지 계속할 것을 요구한다. (렘23:2) 그러므로 이스라엘 하나님 나 여호와가 내 백성을 기르는 목자에게 이같이 말하노라 너희가 내 양무리를 흩으며 그것을 몰아내고 돌아보지 아니하였도다. 보라 내가 너희의 악행을 인하여 너희에게 보응하리라 여호와의 말이니라.

7. 이 모든 것에 대하여 대답한 후 하나님의 도우심으로 기꺼이 힘써 노력할 것을 약속하면, 주례 목사는 또한 교인들에게 그를 그리스도의 종으로 알아 기꺼이 받고, 주 안에서 저희를 다스리는 자로 그에게 순종하고 복종하며 그의 직분의 모든 부분에서 도우며, 지지하며 격려할 것을 요구한다.

8. 교인과 노회와 혹은 안수를 위하여 파송 받은 목사들이 이것을 상호 약속한 후에 그에게 손을 얹음으로 저를 목사의 직분과 일을 위하여 구별한다. 그리고 안수할때 다음과 같은 요지로 간단한 기도와 축복을 할 것이다.

그 백성을 구원하시기 위하여 예수 그리스도를 보내 주신 하나님의 크신 긍휼을 감사하고 또한 승천 하사 하나님 우편에 앉아 계시면서 저리로서 그의 성령을 쏟아 부어 주시고, 사람들에게 선물과 사도와 복음 전하는 자와 선지자와 목사와 교사를 주사 그의 교회를 모아 세우시고 이 사람을 그 위대한 일에 적합하게 하시고 일하고자 하는 소원을 주신 것을 감사하고 성령으로 도우사 그 일에 적합하게 하시고 그에게 그의 이름으로 우리는 이와 같이 거룩한 일에 0 0 0 이 사람을 구별하옵나니 모든 일에 그의 성역을 완성하게 하시며, 자기도 구원받고 자기에게 맡겨진 사람들도 구원받게 하도록 하옵소서...

그리고 그의 머리에 안수할 것이다.

9. 이와 같은 내용의 기도와 축복이 끝나면 설교한 목사가 간단히 그를 권면하되 그 직분과 사명의 위대함을 생각나게 하고 게을리 하면 자기와 자기 백성에게 닥칠 위험과 성실하면 이 세상과 오는 세상에서 받을 복을 생각하게 하고 교인들을 권면하여 저를 주 안에서 저희의 목사로 받아 전에 엄숙히 한 약속대로 그 앞에서 행동하도록 권면할 것이 다. 그리고 나서 그와 그 양떼를 하나님의 은혜에 부탁하는 기도를 하고 시편 찬송을 부 른 후에 축도로 회중을 해산시킨다.

10. 만일 영국 교회의 안수 형식을 따라 전에 이미 안수 받은 노회원이 교회에 부임할 때는 그의 안수는 본질상 유효하며 누구도 자기 안수 받은 것을 포기할 수 없으므로 시험 할 때는 조심 있게 하고 새로 안수하지 말고 입회하게 할 것이다.

11. 스코틀랜드나 다른 개혁 교회에서 이미 안수 받은 목사가 영국에 있는 교회로 부 임할 때는 그 교회에서 부임할 교회가 있는 현지 노회로 안수증과 그의 생활과 거기 사 는 동안의 교제에 대한 증명과 이동 사유서를 가지고 올 것이며 그의 적성과 능력에 대 한 시험을 치고 시험과 입회에 관하여 바로 전에 기재한 법칙에 따라서 다른 부분에서도 같은 수속을 밟을 것이다.

12. 노회마다 목사의 이름과 증명서와 안수 받은 때와 장소, 안수한 노회원, 임명받 은 교회명에 대한 기록을 잘 간수할 것이다.

13. 안수 받은 사람들에게서나 혹은 그를 대신하여 안수를 위하여나 또는 거기에 관 련된 무슨 일로라도 노회원이나 그에게 속한 사람은 돈이나 선물 또는 기타의 것을 아무 구실로라도 받을 수 없다.

이상은 안수의 규칙과 안수 진행의 통상적인 예이고 현재 실행할 특수한 예는 다음 과 같다.

1. 현재 긴급한 때에 우리는 전체의 권한과 일을 시행할 노회를 구성할 수 없고 많은 목사들을 육군, 해군, 또는 목사가 없는 교회를 섬기게 반드시 안수해야 하고 교인들은 공적인 재난 때문에 신실한 목자를 스스로 구할 수도 없고 파송 받을 수도 없고 통상례에

언급한 엄숙한 시험을 안전하게 치게 할 수가 없으며 특별히 저희 가까이 일을 착수하거나 적합한 사람을 보내어 그 교회에서 그 교인들을 위하여 안수 할 노회는 없지만 그럼에도 불구하고 적합하고 합당한 사람을 저희 목사로 성역을 위하여 구별하여 반드시 안수해 줄 사람이 필요한 처지에 있다. 이런 경우 하나님의 축복으로 이미 말한 난관을 어느 정도 제거할 수 있으니 런던 부근에 있는 신령한 목사들로 하여금 함께 연합하여 공적인 권세로 말미암아 그 도시의 주변에 있는 교회에서 목사를 안수하게 하되 이미 언급한 통상적인 예의 규칙을 가능한 한 따라서 하게하며 이 연합은 다른 의도나 목적으로가 아니라 단지 안수의 일을 위해서만 할 것이다.

2. 그와 유사한 연합이 같은 권세로 다른 큰 도시와 현재 조용하고 말썽 없는 여러 지방의 이웃 교회 간에 있게 하여 인접한 부근을 위하여 그와 같이 하게 할 것이다.

3. 택함을 받은 자나 혹은 육군이나 해군에 군목으로 입대한 자들은 미리 말한 대로 안수를 받게 하되 런던 연합회나 혹은 다른 지방 회의에 의해서 하게 할 것이다.

4. 누가 정당하게 또 합법적으로 어느 교회의 추천을 받아 그 교회에서 목회를 하고자하나 그의 신분이나 능력을 시험 칠 자유를 가질 수 없어서 그렇게 연합된 목사들의 도움을 요청할 때는 그 교회와 교인들을 섬기기에 적합하다고 판단되면 저희에게 그런 사람을 보내 주기 위하여 같은 식으로 안수할 것이다.

5. 웨스트민스터 예배모범

웨스트민스터에 회집한 성역자 총회에서 스코틀랜드 교회에서 파견한 대표들의 협조로 스코틀랜드, 영국, 아일랜드 세 왕국에 있는 그리스도의 교회 간에 약속한 신앙 일치의 일환으로 가결됨.

1645년 총회와 의회의 법령으로 상술한 예배 모범을 채택 인준 함.

서문

복된 종교 개혁 초기에 우리의 지혜롭고 경건한 조상들은 많은 것을 시정하기 위하여 예배 모범을 진술하였는데 이는 저희가 말씀에 의거하여 당시에 하나님께 드리는 공중 예배에 헛되고 잘못되고 미신적이요 우상 숭배적인 것들을 많이 발견 하였기 때문이다. 이것이 계기가 되어 많은 경건하고 유식한 사람들이 당시에 진술된 공동 기도 서적을 기뻐하였으니 이는 미사와 라틴어 예배를 제거한 모든 공적 예배를 우리말로 드리게 된 까닭이다. 전에는 봉한 책이었던 성경을 저희 말로 읽는 것을 들을 때 많은 사람들이 크게 유익을 얻게 되었다.

그럼에도 불구하고 오랜 경험을 통하여 드러난 것은 그것을 작성한 사람들의 고생과 경건한 의도에도 불구하고 영국 교회의 의식이 본국에 있는 교인들에게 뿐만 아니라 외국에 있는 개혁교회들에게 까지 장애물이 된 것이다. 그 이유는 말할 것도 없이 기도마다 다 읽으라고 권면하여 대단히 부담감을 증식하며 거기에 있는 쓸데없이 짐스러운 예식들이 대단히 많은 수의 목사들과 교인들의 양심을 편치 못하게 하며 많은 불행을 낳는 동기가 되고 있기 때문이다.

그 예법을 받아 순종할 수 없는 사람들은 하나님의 규례들을 박탈당하므로 이 예법에 순종하고 복종하지 않으면 그것을 누릴 수가 없게 되었다. 그러므로 여러 교인들이 주의 성찬을 받지 못하게 되었고 여러 유능하고 성실한 목사들이 교역 정지 처분을(충성된 목사들이 귀한 때에 수 천 명의 심령이 위험을 당하게 되고) 받아 저희와 저희 가족의 생계가 막연해 졌다. 고위 성직자들과 저희 부류는 그 예법을 끌어 올려서 우리에게는 예배나 하나님을 예배하는 방법이 이 예배서적 외에 다른 것이 없는 것처럼 가치를 올리려고 애를 쓰며 말씀이 전파되는 것을 크게 방해하고 있는데, 말씀이 필요 없다 혹은 제일 좋게 표현해서, 말씀은 공동 기도서를 읽는 것보다 열등한 것이라고 밀어내는 경우가 생겼으니 많은 무식하고 미신적인 사람들이 그것을 우상으로 만든 것이나 다름없게 되었다. 저희는 예배에 참석하여 입술로만 한 몫 하다가 저희 무지와 부주의로 구원의 지식과 참된 믿음에 관해서는 자신을 강퍅하게 하고 있다.

그러는 중에 로마 카톨릭 교인들은 그 책이 저희의 예배의 대부분을 순응한다고 하면서 저희의 미신과 우상 숭배에 적지 않게 자신을 가지고 저희가 개혁할 노력은 하지 않고 우리가 돌아오기를 기대하며 최근에 와서는 대단히 힘을 얻어서 전의 예식을 천거한다는 구실 아래 새로운 것들을 교회에 억지로 매일 부과시키고 있다.

여기에 부가하여 예배 의식이 한편으로는 게으르고 덕을 세우지 못하는 교역을 증가시키는 큰 수단이 되었으니 다른 사람들이 써 준 형식을 손에 들고 만족하여 그 직분에 불러 주신 예수 그리스도께서 허락해 주신 바 기도의 은사도 행사하지 않고 있으며 반면 그것은 이 때까지 교회의 끊임없는 싸움과 논란의 문제가 되어 왔고, 경건하고 신실한 목사들의 올무가 되어 왔으니, 저희는 핍박을 받아 침묵을 지키게 되었고 아니면 소망 있는 목사들이 전에도 그랬고 앞으로도 그럴 것이지만, 교역에 대한 모든 생각에서 다른 공부로 정신을 팔게 되었다. 특별히 지금은 말세에 하나님께서 그 백성에게 잘못과 미신을 발견하고 믿음의 비밀에 관해서 지혜를 얻고 설교와 기도의 은사를 얻기에 더 좋은 방법을 허락하신 때이다.

이런 것들과 또 그와 같은 많은 중대한 문제를 고려하되 전권에 대한 일반적인 문제와 또한 그 책에 있는 여러 가지 세부 사항 때문이요 결코 무슨 새로운 것을 좋아하거나 우리의 초대 개혁자들을 비방하려고 하는 것이 아니다. 이 문제에 있어서는 우리가 확신하거니와 초대 개혁자들이 지금 살아 있다면 저희도 이 일에 우리를 도울 것이요 그 개혁자들에 관해서 우리는 하나님께서 주의 집을 정결케 하시고 세우시려고 하나님께서 일으키신 우수한 도구들임을 승인하고 우리와 우리 후손이 저희를 늘 감사와 존귀로 영원히 기념하기를 소망한다.

우리는 어느 정도 하나님의 은혜로우신 경륜을 이루어 드리는 것이 되기를 원하며 하나님께서 현대에 우리를 부르사 종교 개혁을 더욱 발전시켜 우리의 양심을 만족케 하고 다른 개혁 교회의 기대에 부응하며, 우리 가운데 있는 많은 경건한 자의 소원을 만족케 하며, 그렇게 함으로서 우리가 "엄숙한 연합과 계약"에서 약속한 대로 하나님의 예배에 통일성을 이루기 위하여 노력하는 우리의 증거를 보이게 되기를 원한다. 이를 위하여 우리는 열심히 하나님의 이름을 부른 후에 많이 의논하고 혈육으로 하지 아니하고 하나님의 거룩하신 말씀으로 가결하였으니 이전 예배 의식을 그 여러 가지 의례와 이전에 하나님의 예배에 사용하던 예식들과 함께 버리고 다음 모범을 보통 때나 특별한 때에 공중 예배에 사용하기로 하였다.

이것을 행할 때 우리가 특별히 주의한 것은 모든 규례에 있어서 하나님께서 제정하신 것들은 고수하고 다른 일은 신자의 지혜의 법칙을 따라 진술하려고 노력하였으니 하나님의 말씀의 일반적인 법칙에 준한 것이다. 이것을 행하는 데 있어서 우리의 의도는 총괄적 제목, 기도의 의미와 범위, 그리고 공중 예배의 다른 부분들이 만인에게 발표될 때, 하나님의 예배와 봉사의 내용을 포함하고 있는 이 일들에 모든 교회가 승인하기를 바라는 것이다. 이로써 목사들은 인도를 받고 행정과 교리와 기도에 있어서 동일하게 건전함을 지키고 필요하면 보조를 얻게 하려 함이다. 그러나 저희가 이로써 게을러지거나 저희 속에 있는 그리스도의 은사를 불 일듯 하게 하기를 게을리 하라는 것이 아니요 각각 묵상과 스스로 조심함으로 하나님께서 저희에게 맡기신 양무리를 돌아보아 하나님의 경륜을 따라 필요한 대로 그 마음과 혀를 기도와 권유의 재료로 준비해야 할 것이다.

회중의 집합과 공중 예배의 태도에 관하여

회중이 공중 예배를 위하여 집합할 때에는 백성들은 미리 저희의 마음을 예비하고 다 나와서 함께 참여해야 한다. 게으름이나 다른 사사로운 모임을 구실로 공중 규례에 결석해서는 안 된다. 모든 사람이 다 예배당에 들어가되 불경건하게 행동하지 말고 신중하고 품위 있는 태도로 들어가서 이곳저곳을 예배하는 자세로 무엇을 향하여 절하지 말고 자리에 앉는다. 회중이 다 집합하면 목사는 엄숙하게 위대한 하나님의 이름을 예배하자고 초대한 후에 기도를 시작한다.

모든 경건과 겸손으로 주님의 측량할 수 없는 위대성과 위엄을 승인하고(그 보좌에 그 때 저희는 특별한 태도로 나타난다) 저희의 악함과 주께로 가까이 갈 수 없는 무자격, 그러한 위대한 일을 해낼 수 없는 저희의 전적인 부패를 인정한 후 겸손히 용서를 간구하고, 이제 드리는 예배, 순서 순서마다 용서하시고 도와주시고 받아 주시며, 그 때 읽을 하나님의 말씀에 복 주실 것을 겸손히 간구하여 이 모든 것을 주 예수 그리스도의 이름과 중보로 기도할 것이다.

공중 예배가 시작되면 회중은 전적으로 주의를 기울여서 목사가 그 때 읽거나 암송하는 것 외에 다른 것을 읽지 말고 사사로이 소근대는 것, 이야기하는 것, 인사하는 것, 거기 참석한 사람이나 늦게 들어오는 사람에게 인사를 하는 행동을 하지 말고 멍하니 바라보거나 잠자거나 그런 보기 흉한 행동을 하여 목사나 예배하는 사람들을 방해하고 자기도 하나님을 섬기지 못하고 남도 못하게 하는 일이 없어야 한다. 누가 부득이하여 예배에 처음부터 참석하지 못했으면 교회 안에 들어올 때는 혼자 앉아서 예배를 드려서는 안 되고 그 때 진행되고 있는 하나님의 규례에 회중과 함께 참가해야 한다.

공중 성경 낭독에 관하여

교회 안에서 말씀을 읽는 것은 우리가 하나님께 의존하여 있는 것을 승인하는 것으로서 하나님의 공중 예배의 일부분이며 주님께서 그의 백성을 세우기 위하여 거룩하게 하시는 방편이요 목사와 교사들이 행해야 할 것이다. 그러나 목사 후보생도(강도사, 전도사) 노회가 허락하는 한 경우에 따라서는 회중에서 말씀을 읽는 것과 설교하는 은사를 같이 행사해도 된다. 신구약 성경 전부를 자국어로 회중 앞에서 읽되 본문을 정확하고 분명하게 읽어 모든 사람이 듣고 이해하게 해야 한다.

한 번에 얼마나 읽을 것인가는 목사의 지혜에 맡겨져 있다. 그러나 편리한 대로 보통 신구약에서 각각 한 장씩 모일 때마다 읽을 것이요 장수가 짧거나 그 문제의 연관성이 요구되면 더 읽을 수도 있다. 정경에 있는 모든 책을 순서대로 읽어서 사람들이 성경 전체를 더 잘 알게 해주는 것이 필요하니 보통 신구약 어디든지 한 주일에 끝난 데서 다음 주일에 시작한다.

읽는 자가 듣는 이들의 건덕을 위하여 가장 좋다고 생각되는 대로 시편과 그런 성경을 자주 더 읽어 주기를 부탁한다. 성경을 읽는 목사가 읽은 부분 어디라도 해석해 줄 필요가 있다고 생각될 때는 그것을 한 장 다 읽고 난 후 또는 시편 낭송이 끝날 때까지는 하지 말고 또 항상 주의할 것은 시간을 잘 생각하여 설교나 또 다른 규례에 지장이 있거나 지루하게 만들지 않도록 해야 할 것이다. 이 규칙은 모든 다른 공중 행사에서도 지켜야 한다.

성경을 공중 앞에서 읽어 주는 것 외에 읽을 줄 아는 사람마다 성경을 사사로이 읽으라고 권면해야 한다. 즉 읽을 줄 모르는 사람들은 나이나 무슨 특별한 일로 무능해지지 않은 한 읽는 법을 배우라고 권할 것이다. 또한 성경을 각각 소유하라고 권해야 한다.

설교 전 공중 기도에 관하여

말씀을 읽은 후 시편을 찬송하고 그리고 설교를 할 목사는 자신과 청중의 마음이 지은 죄를 바로 깨닫고 저희가 다 함께 주님 앞에서 죄를 통회하고, 수치심과 거룩한 황송한 마음으로 죄를 완전히 자백함으로써 예수 그리스도 안에 있는 하나님의 은혜에 굶주리고 목마르게 되도록 노력하되, 다음과 같은 내용으로 주님께 기도드려야 한다.

우리의 큰 죄악성을 고백해야 하는데, 첫째는 원죄 때문이다. 이 원죄는 우리로 하여금 영원한 형벌을 면할 수 없게 하는 죄책 외에도 다른 모든 죄악의 씨앗이며, 영혼과 육신의 모든 기능과 힘을 부패시키고 망가뜨렸으며, 우리의 제일 선한 행위도 더럽혔다. 따라서 그 죄가 억제되지 않거나 우리의 마음이 은혜로 새롭게 되지 않는다면, 헤아릴 수 없는 범죄를 저지르며 사람의 자녀 중에 가장 악한 자라도 이제까지 저지르지 않은 가장 큰 반역을 주님께 대항하여 뿜어낼 것이다.

다음에, 실제로 짓는 본질적인 죄들 때문이다. 즉, 여러 면에서 우리가 그 본질적인 죄들에 결합된 우리 자신의 죄, 관리들의 죄, 목사들의 죄, 나라 전체의 죄들 때문이다. 우리의 죄는 무섭게도 더욱 악화되었으니, 우리는 하나님의 거룩하시고 공의로우시고 선하신 율법을 깨뜨렸고, 하지 말라 하신 것은 하고, 하라 명하신 것은 하지 않는 자들이며, 무지나 연약에서 뿐만 아니라 주제넘게 우리 마음의 빛을 거스르고 양심의 가책을 누르며 성령의 감동을 역행하여 죄를 지었다. 그 결과 우리는 자신의 죄를 가리 울 수 없고, 진실로 우리는 하나님의 선하심과 인내와 오래 참으심의 부요하심을 멸시했을 뿐 아니라 주님의 많은 초대와 복음 안에서 제공하시는 은혜를 대적하고, 믿음으로 그리스도를 우리 마음속에 영접하거나, 우리 생활 가운데서 주님께 합당하게 행하려고 노력하지도 않았다.

또한 우리의 마음의 눈먼 것과 마음이 굳은 것과 불신앙과 회개하지 않음과 육신의 안일함과 미지근한 것과 메마른 것과 죄에는 죽고 생명으로 새롭게 되도록 노력하지 않는 것과 경건의 능력을 얻기 위해 경건을 연습하지 않은 것을 몹시 슬퍼해야 한다. 그리고 우리 가운데 가장 선한 자 조차도 마땅히 행해야 하는 것만큼 하나님과 꾸준하게 동행하지 않는 것과, 우리 자신의 의의 옷을 흠 없이 지키지 못한 것과, 하나님의 영광과 다른 이들의 유익을 위해서 열심을 다하지 못한 것을 애통해야 한다. 또한 우리 하나님의 많고 크신 긍휼과 그리스도의 사랑과 복음의 빛과 종교개혁을 주셨음에도 불구하고 우리 자신의 목적과 약속과 서원과 엄숙한 계약과 다른 특별한 의무에 역행하여 그 회중이 특별히 잘못한 다른 죄들을 슬퍼해야 한다.

우리는 우리의 죄를 확실히 아는 만큼 깊이 뉘우치는 마음으로 죄를 인정하고 고백해야 한다. 즉 우리는 가장 작은 은혜조차도 받을 자격이 없고 하나님의 맹렬한 진노와 모든 율법의 저주와 가장 반역적인 죄인에게 선고되는 최고의 엄한 판단을 받아야 마땅하다고 고백해야 한다. 그리고 비록 하나님께서 그분의 왕국과 복음을 우리에게서 취하여 가시며, 우리를 이생에서 영육 간에 온갖 심판을 하시고, 우리를 바깥 어두운 곳에 내어 던지심으로 인해서 우리가 불과 유황이 타는 못에서 영원히 슬피 울며 이를 갈게 된다 하더라도 아주 공의롭게 행하신 것임을 고백해야 한다.

이 모든 것에도 불구하고 주 예수 그리스도께서 드리신 그 부요하시고 완전히 충분하신 유일의 희생제물 곧 속죄와 자신의 아버지이며 우리의 아버지이신 하나님의 오른편에서 간구하심으로써 우리의 기도에 응답하시리라는 은혜로운 소망으로 우리 자신을 격려하면서 은혜의 보좌로 가까이 나아가야 한다. 그리고 새 언약 안에서 대단히 크고 귀한 긍휼과 은혜의 약속들을 주실 것을 신뢰함으로 새 언약의 그 동일한 중보자를 통하여 우리의 힘으로써는 피할 수도 없고 질 수도 없는 하나님의 그 엄하신 진노와 저주에서 벗어나기를 구해야 한다. 그리고 우리의 모든 죄를 값없이 온전히 씻어 주시되 우리의 유일하신 구세주 예수 그리스도의 쓰라린 고통과 보배로운 공로만 보시고 받아 주시기를 겸손하게 열심히 간구해야 한다.

또한 주님께서 우리 마음에 성령으로 그분의 사랑을 쏟아 부어 주시고, 동일한 양자의 성령으로 죄 용서 받음과 하나님과 화해됨의 완전한 확신으로 우리를 인쳐 주시며, 시온에서 슬퍼하는 모든 자를 위로하시고, 상하고 괴로운 심령에 평강을 말해 주시고, 마음에 낙심한 자를 싸매주시기를 간구해야 한다. 안일하고 뻔뻔한 죄인들과 관련해서는, 주님께서 그들의 눈을 열어 주시고, 저희 양심으로 죄를 깨닫게 하시며, 어두움에서 빛으로 사탄의 권세에서 하나님께로 돌이켜 주셔서, 그 결과 저희로 죄 사함을 받고 예수 그리스도를 믿음으로 거룩하게 된 자들 가운데서 기업을 얻게 해 주시기를 기도해야 한다.

그리스도의 피를 통한 죄 사함과 더불어 그분의 성령으로 이루어지는 성화를 위해서도 기도해야 한다. 우리 속에 거하여 자주 우리를 억압하는 죄를 죽여주시고, 우리의 죽은 심령을 그리스도 안에 있는 하나님의 생명으로 살리사, 은혜를 주셔서 믿는 자의 모든 의무와 하나님과 사람에 대한 소명을 감당하게 하옵시며, 시험을 이길 힘을 주시고, 하나님의 축복과 고난들을 성화의 수단으로 사용하게 하옵시며, 끝까지 믿음과 순종으로 견인하게 하옵시기를 간구해야 한다.

복음과 예수 그리스도의 왕국이 모든 족속에게 전파되도록 기도해야 한다. 즉 유대인들이 예수 믿고 돌아오는 것과, 이방인의 수가 차는 것과, 적그리스도가 무너지는 것과, 우리 주님의 재림이 속히 이뤄질 것과, 고통 받고 있는 외국 교회들을 '반 기독교적 파당의 압제'와, '오스만 터키족(이슬람) 사람의 잔인한 핍박'과, 신성모독으로부터 구해 주시기를 기도해야 한다.

모든 개혁파 교회들에게, 특별히 지금 '엄숙한 국가 동맹과 언약'으로 더욱 엄격하게 신앙적으로 연합된 스코틀랜드와 잉글랜드와 아일랜드 왕국들과 교회들에게 하나님의 축복이 임할 것을 간구하고, 세계 먼 지방에 있는 우리의 식민지들과 더욱 특별히 우리의 지체로 있는 나라와 교회를 위하여 기도해야 한다. 즉 그 교회에 하나님께서 평화와 진리와 하나님의 모든 규례의 순수성과 경건의 능력을 확립시켜 주시고, 이단과 분파와 신성모독과 미신과 안일함과 은혜의 수단 아래서 열매 맺지 못함을 방지하고 제거해 주시며, 우리의 찢어진 것과 분열된 것을 싸매 주시며, 우리의 엄숙한 언약이 깨어지지 않도록 우리를 지켜 주시기를 간구해야 한다.

또 권위를 가진 모든 자들 특별히 국왕을 위하여 기도해야 한다. 즉 하나님께서 국왕 자신과 국왕의 정부에 축복이 넘치게 하시고 국왕의 왕권을 신앙과 의로 세우시고 악한 계획에서 그를 건지시며, 그가 복음을 보수하고 전파하는 복되고 영광스러운 도구가 되도록 하시고, 선을 행하는 자들에게는 격려와 보호가 되고 악을 행하는 자들에게는 공포가 되며, 모든 교회와 왕국들에게 큰 유익이 되게 하시며, 왕비가 예수님을 믿고 왕자와 그 외 모든 왕족이 종교교육을 받게 하시기를 간구해야 한다.

우리 국왕의 자매인 고난 받는 '보헤미아의 왕비'에게 위로를 주시고, 또한 라인의 팔츠 선제후(選帝侯) 찰스 왕자가 자기 영토와 위엄을 회복하고 확립하도록 기도해야 하며, 세 왕국 중 어느 왕국의 의회이든지 각각 참석한 때에 그 상원 의회의 축복을 위하여 기도하고, 귀족과 하급 재판관들과 관원들과 지배층들과 모든 평민들을 위하여 기도하고, 모든 목사와 교사들에게 성령으로 충만케 하사, 저희로 하여금 거룩하고 절제 있고 공의로우며 평화롭고 은혜로운 생활의 모범이 되게 하시며, 그들의 목회사역에 있어서 건전하고 성실하며, 능력 있게 하시고, 저희 수고에 성공과 축복이 풍성하게 하시며, 하나님의 모든 백성들에게 하나님의 마음에 합당한 목사를 주시도록 기도해야 한다.

그리고 대학교와 교회와 공화국에 속한 모든 학교와 신학교를 위하여 기도하되, 저희로 배우는 일과 경건에 점점 성장하게 하시며, 특정한 도시나 회중들을 위하여 또한 기도하되, 하나님께서 말씀과 성례와 치리의 목회사역에 복을 부어 주시고 시민 정부와 거기서 있는 모든 각각의 가족들과 사람들을 축복하시고, 어떤 내적이거나 외적인 고통 때문에 고난 받는 자를 불쌍히 여기시고, 계절에 맞는 날씨와 풍작을 맺는 때를 필요한 대로 허락하시고, 기근과 전염병과 전쟁 등과 같이 우리가 느끼거나 두려워하거나 이제 받아야 하는 심판들을 제거해 주시도록 간구해야 한다.

주님의 모든 교회에 주실 그분의 긍휼과 우리의 대제사장인 주 예수의 공로와 중보를 통하여 우리를 받아 주실 것을 확신하면서 경외하는 마음으로 정당하게 하나님의 거룩하신 규례를 사용함으로써 우리의 심령이 하나님과 교통하기를 원한다고 고백해야 한다. 그리고 그 목적을 위하여, 하나님의 은혜롭고 효력 있는 도우심으로 말미암아 주님의 거룩하신 안식일인 주님의 날을 거룩하게 하사 공적이며 사적인 모든 의무를 다 하게 하시되, 우리 자신과 주님의 백성 중 모든 다른 교회들이 복음의 부요함과 우수함을 따라서 이 날을 기념하며 즐길 수 있게 해 주시기를 열심히 간구해야 한다.

그리고 우리는 과거에 무익한 청중으로 있었으며, 지금도 우리 자신으로는 하나님의 깊은 것들, 즉 영적으로라야 분별하는 예수 그리스도의 비밀을 마땅히 받을 만큼 받을 수 없기 때문에, 유익을 얻도록 가르치시는 주님께서 은혜롭게 외부적인 은혜의 방편과 함께 은혜의 성령을 부어 주시기를 매우 기뻐하사, 우리 주 예수 그리스도를 아는 지식이 탁월한 정도에까지 이르게 하시고, 그 안에서 우리의 평강에 속한 일들을 알게 하사, 그리스도와 비교해서는 모든 것을 배설물 같이 여기게 하시기를 기도해야 한다. 또한 우리는 이제 장차 나타날 영광의 첫 열매를 맛보면서 주님과 더욱 충만하고 온전한 사귐을 사모하게 하시며, 주님 계신 곳에 우리도 있고, 영원히 하나님의 우편에 있는 기쁨과 즐거움의 충만을 누리게 해주시기를 간구해야 한다.

더욱 특별히 하나님의 가족들에게 생명의 떡을 나누어 주라고 지금 부르신 주의 종에게 하나님께서 지혜와 믿음과 열심과 말씀을 넣어 주사, 주의 종이 하나님의 말씀을 바로 해석해서 성령과 능력의 증거가 나타남으로 각자에게 그의 몫을 주게 하시고, 듣는 자의 마음과 귀에 주님께서 할례를 행하사, 저희 영혼을 능히 구원하는 말씀, 즉 그들의 마음에 심겨진 말씀을 온유함으로 받고 사랑으로 듣게 하시기를 기도해야 한다. 그리고 말씀이라는 좋은 씨앗을 받아들일 수 있는 좋은 땅으로 만들어 주시어, 사탄의 유혹과 이생의 염려와 저희 마음의 완악함 및 그들을 유익하게 하고 구원받게 하는 설교청취를 방해할 수 있는 것은 무엇이든지 맞서 싸울 수 있도록 강건하게 해 주시기를 간구해야 한다. 그 결과 그들의 모든 생각이 사로잡혀 그리스도에게 복종하게 하시고 그들의 마음이 모든 선한 말과 행실에 영원토록 서게 될 정도로 그리스도의 형상이 그들 안에서 이뤄지고 그리스도께서 그들 안에 사시기를 기도해야 한다.

우리는 이것이 일반적인 공적 기도를 위해 적합한 지침이라고 판단한다. 그러나 목사가 모인 사람들을 신중하게 살펴보고 난 후 이 기도의 어느 부분을 설교 이후로 늦추어도 되고 설교 전에 하는 기도에서 장차 정해질 감사기도의 일부를 하나님께 올려도 된다.

말씀의 설교에 관하여

말씀의 설교는 구원에 이르게 하는 하나님의 능력이요 복음의 직분에 속하는 가장 위대하고 가장 탁월한 역사에 속하므로 일하는 자가 부끄러움을 당하지 않고 자기도 구원하고 그 말씀을 듣는 자들을 구원하도록 수행해야 한다.

그리스도의 사역자는 합법적인 안수의 규칙에 따라서 그런 중대한 봉사를 할 수 있도록 원어들과 신학에 부종된 인문과학에 관한 습득과 전체에 대한 지식과 무엇보다도 성경에 보통 신자들 이상으로 마음과 뜻을 쏟아 연습하고, 하나님의 성령의 조명과 그 외 다른 건덕의 은사들로 말미암아 어느 정도 상당한 은사를 받은 사람이어야 하고, 그는 하나님의 말씀을 읽고 연구함과 동시에 하나님께서 그에게 알게 하시고자 하시면 어느 때이고 아직까지 이르지 못한 진리를 승인하고 받을 결심을 하고 기도와 겸손한 마음으로 성령의 조명과 건덕의 은사를 간구해야 한다. 이 모든 것을 그는 그가 준비한 것을 대중 앞에 전달하기 전 개인적인 준비 가운데 사용하고 개선해야 한다.

보통으로 그의 설교 주제는 신앙의 원칙이나 어떤 항목을 설명하는 성경 본문이어야 하고, 아니면 그 때 처한 특별한 경우에 맞는 것이거나, 혹은 그가 보아서 적당한 대로 시편이나 성경을 몇 장씩 계속해서 설교할 수도 있다. 또한 본문의 서론은 간단명료하게 하고, 본문 그 자체나, 문맥 혹은 유사한 곳이거나, 성경의 일반적인 문장에서 인출해야 한다. 만일 본문이 긴 경우에(역사서나 비유를 다룰 때에) 그는 간단한 개요를 말해 주고 짧은 경우에는 필요하면 말을 바꾸어서 설명해 줄 수도 있다. 어떤 경우에서든지 본문의 범위를 부지런히 살피고 거기에서 그가 드러내고자 하는 교리의 주요 항목과 근거를 지적해야 한다.

본문을 분석하고 분해함에 있어서 그는 말보다는 그 일의 순서를 더욱 중시하고, 설교 초에 너무 많은 분류 점을 주어서 듣는 자들의 기억력에 부담을 주지 말고, 애매한 기술 용어로 저희의 생각을 괴롭히지 말 것이다. 본문에서 교리를 끌어내는 경우 조심할 것은, 첫째, 그것이 하나님의 진리일 것과, 둘째, 그 진리가 본문에 포함되어 있거나 본문에 근거한 것이 되어 듣는 자들로 하여금 하나님께서 그 교리의 가르치심을 분별하도록 해야 하며, 셋째, 주로 하고자 한 교리들을 강조하며 듣는 이들의 덕을 가장 많이 세울 것으로 해야 한다.

교리는 평범한 용어로 설명하고, 만일 그것과 관련된 어떤 것이라도 해설이 필요하면 그것을 공개하고, 본문으로 그 결론을 명백하게 해야 할 것이다. 그 교리를 인정해 주는 유사한 성경 말씀을 쓸 때는 많은 것보다는 명백하고 적절한 것을 쓸 것이요 필요하면 해당한 목적에 적응하여 주의를 끄는 것이어야 한다. 논조나 이론은 견고해야 하고 할 수 있는 대로 납득이 가는 것이어야 한다. 예화들은 어떤 종류를 막론하고 정보가 충만한 것이어야 하고 듣는 이의 마음에 영적 기쁨을 주며 진리를 전달할 수 있는 것이어야 한다.

만일 듣는 사람들 가운데 성경에 대한 어떤 명백한 의심이나, 이유나 편견이 일어나는 것 같으면 그것은 반드시 제거해 주어야 하는데, 상이점으로 보이는 것을 일치시켜 주거나 그 이유에 대답을 해주거나, 편견과 오해의 이유를 발견하여 치워 줌으로써 가르쳐야 한다. 그렇게 하지 않고 듣는 자들로 헛되고 악한 변론을 설명 해답하게 하는 것은 합당치 않고 그 변론도 끝이 없어서 그것을 설명하고 해답하는 것이 덕을 세우는 것보다는 듣는 이들에게 해를 끼친다.

그는 비록 더할 수 없이 해명되고 확증된 것이라 하더라도 일반적인 교훈으로 만족할 것이 아니라 그것을 듣는 이들에게 적용하여 그 특별한 소명을 명심시킬 것이다. 이것은 설교자에게 대단히 힘든 일이고, 많은 지혜와 열심과 묵상이 필요한 것이고 본성적으로 타락한 사람에게는 대단히 불쾌한 일이 분명하지만, 그래도 그는 그것을 다음과 같은 태도로 수행하도록 노력해야 한다. 즉 그의 청중으로 하여금 하나님의 말씀은 살았고 권능이 충만하여 마음의 생각과 뜻을 감찰하는 것을 느끼고 만일 그 중에 불신자나 무식한 자들이 출석하였으면 자기 마음의 비밀을 고백하고 하나님께 영광을 돌리게 해야 한다.

그 교훈의 결말로 어떤 진리에 관한 지식을 가르치거나 알려줄 때 그는 편리한 대로 그것을 당면한 본문과 또 다른 성경 구절이나 그 진리가 이루고 있는 신학적 상식으로 확고한 이론을 가지고 그것을 확증할 것이다. 그리고 거짓된 교리를 반박할 때, 그는 옛날 이단을 무덤에서 꺼내거나 필요 없이 하나님을 모독하는 의견들을 언급하지 말며 사람들이 잘못할 위험이 있으면, 그는 그것을 건전하게 모든 반대를 대적해서 저희의 판단과 양심을 만족시키도록 힘쓸 것이다. 의무 감당을 권면할 때, 그럴 이유가 보이는 대로, 그는 아울러 그것을 수행하는데 도움이 되는 방법까지 가르칠 것이다. 간언, 질책, 그리고 공적 권면을 할 때 이것은 특별한 지혜가 필요한데, 이유가 있는 대로 그로 하여금 그 죄의 성격과 중량과 거기에 따르는 비참함을 드러내게 할 뿐만 아니라 듣는 이들에게 이제 그것 때문에 갑자기 닥칠 위험을 보여주고 동시에 구제책과 그것을 피할 방법을 알려주어야 한다.

위로를 할 때 그것이 모든 시험에 대비하는 일반적인 것이거나 어떤 특정한 고통이나 공포에 대비한 특수한 것이거나를 막론하고 그는 조심스럽게 시련을 당하는 마음과 곤고한 심령이 그와 반대로 암시하고 나설 그런 이의들에 대답해 줄 것이다. 또한 때로는 다가올 시련을 예고하는 것이 필요한데, 이것은 특별히 유능하고 경험 많은 목사들이 신중하고 지혜롭게, 성경에 명백하게 근거한 징조들을 대면서 하면 대단히 유익하다. 즉 이로써 듣는 이들이 각각 자신이 그런 은혜에 도달하였는가, 또한 그가 권면하는 의무를 감당하는가, 혹은 견책하는 죄에 빠져 당면한 심판의 위험에 처해 있는가 아니면 위로 받기로 명시된 사람들 가운데 속하였는가, 자신을 살펴볼 수 있으며 자기의 처지에 따라서 생기를 얻어 의무에 열심하기도 하고, 저희 부족과 죄를 생각하고 자신을 겸비케도 하며, 저희의 위험을 느끼거나 위로에 힘을 얻게 될 것이다.

그리고 본문에 있다고 모든 교리를 다 설명해야 하는 것은 아니므로, 그는 자기의 양 떼와 살면서 사귀어 보는 대로 가장 필요하고 적절하다고 또한 그 중에서도 저희의 심령을 빛과 성결과 위로의 근원되시는 그리스도에게로 가장 잘 이끄는 그런 것을 선택 사용할 것이다. 이 방법은 모든 사람에게 혹은 모든 본문에 필수적인 것으로 처방된 것이 아니라 경험을 통하여 하나님의 많은 축복을 받고 사람들의 이해와 기억을 돕는 데 아주 유익한 것으로 천거된 것뿐이다. 그러나 그리스도의 종은 그 방법은 여하 간에 그의 전 직분을 다음과 같이 수행할 것이다.

1. 주의 일을 게으르지 말고 공을 들여서 해야 한다.

2. 가장 비천한 사람도 이해할 수 있도록 평범하게 전해야 하며, 또한 진리를 사람의 지혜의 권하는 말로 하지 않고 성령의 나타나심과 능력으로 하여 그리스도의 십자가를 효력이 없게 만들지 않도록 주의하며, 또한 알지 못할 말, 이상한 문구나 소리와 단어의 운율로 무익하게 쓰는 일을 삼갈 것이다.

3. 충성되게 그리스도의 존귀를 바라보며, 사람들이 예수 그리스도를 믿고 덕을 세우며, 구원에 이르게 하되, 자기의 유익이나 영광을 구치 않아야 하며, 거룩한 목적을 이룰 것이면 아무 것도 꺼림이 없이 각 사람에게 전할 바를 전하고, 가장 미천한 자라도 멸시하지 않고, 위대한 자라도 그 죄를 아끼지 않고, 모든 사람을 균등하게 대해야 한다.

4. 그의 모든 가르침과 권면, 특별히 책망을 현명하게 구성하여 가장 잘 설득할 태도로 하되 각 사람의 지위에 합당한 경의를 표하고, 자기의 감정이나 원한을 섞지 말고 행해야 할 것이다.

5. 하나님의 말씀에 합당하게 신중한 태도로 하여 인간의 타락성이 그와 그의 성역을 멸시할 그런 몸짓이나 목소리나 표현을 일절 피할 것이다.

6. 사랑하는 마음을 가지고 사람들로 하여금 모든 것이 그의 신앙의 열심과 저희에게 유익하게 하려는 간절한 소원에서 나오는 것임을 볼 수 있도록 할 것이다.

7. 하나님에 관하여 배운 대로 그리고 자기가 마음으로 믿는 대로 그리스도의 진리를 가르쳐야 한다. 그리고 그의 양떼를 앞서 걸으면서 저희의 본이 되어야 하며, 간절하게 개인적으로나 공중 앞에서나 자기의 수고를 하나님의 축복에 부탁하며, 자신을 조심하여

살피며 주께서 자기를 세워 목자로 삼으신 바 그 양떼들을 돌아보아야 하며, 이와 같이 하면 진리의 교리가 타락하지 않고 보전되어 많은 심령이 예수를 믿게 되고 몸을 세우게 되며, 자신도 그 수고로 이 세상에서도 많은 위로를 받고 후에 장차 올 세계에서 자기를 위하여 예배된 영광의 면류관을 받을 것이다.

한 교회에 여러 목사가 있는 경우, 그리고 저희의 은사가 각각 다른 경우, 각자가 각각 전적으로 가르치는 일이나, 권면하는 일이나, 자기의 우수한 은사에 따라서 또한 저희 가운데서 합의하는 대로 한 가지에 전념할 것이다.

설교 후 기도에 관하여

설교가 끝나면 목사는 "그의 아들 예수 그리스도를 우리를 위해 보내 주신 하나님의 사랑을 감사하고, 성령의 교통하심과 영광스러운 복음의 빛과 자유를 위하여, 그리고 그 안에 드러나 풍성하고 신령한 축복을 위하여, 즉 선택하심과 부르심과 양자 삼으심과 의롭다 하심과 성화시키심과 영광의 소망을 위하여 감사하고, 온 나라를 적그리스도의 흑암과 독재에서 자유케 하시는 하나님의 선하심을 위하여, 그리고 종교개혁을 위하여, 언약과 이 세상의 많은 축복을 위하여 감사하고 기도할 것은, 복음과 거기에 있는 모든 율례가 순결과 권능과 자유 안에서 계속될 것과 설교의 주되고 가장 유용한 항목들을 간구 제목으로 만들어 청원하고, 또 기도할 것은 그것이 마음에 심기어져 열매를 맺게 하소서" 할 것이다.

또 기도할 것은 "사망과 심판을 예비하고 우리 주 예수 그리스도의 오심을 깨어 기다리게 하시고, 우리의 신령한 일들의 죄악을 용서해 주시고, 우리의 영적 제사를 우리의 대제사장 구주 예수 그리스도의 공로와 중보를 통하여 받아 주옵소서" 할 것이다. 그리고 그리스도께서 제자들에게 가르치신 기도는 기도의 모형일 뿐만 아니라 그것이 바로 가장 포괄적인 기도이므로 우리는 주기도문을 교회에서 기도할 때 사용할 것을 추천한다.

그리고 성찬 집례시나 공중 금식 혹은 감사 기간이나 특별한 행사 때 등 특별한 간구와 감사를 드려야 할 때는 우리의 대중 기도에 그것을 표현해야 한다. 예를 들면, 지금 이때는 교직자 총회에 축복해 주시기를 기도하고, 해군과 육군을 위해 기도하고, 왕과 의회와 왕국을 보호해 주실 것을 기도하는 것이 우리의 의무이다. 그리고 목사마다 그런 행사때를 당하면 설교 전이나 후에 그것을 위하여 기도하여야 한다. 그러나 어떤 태도로 할 것인가에 대해서는 자유롭게 하나님께서 인도하시고 그 의무를 감당할 믿음과 지혜를 주시는 대로할 것이다. 기도가 끝나고 나서 그 때 온 교회가 해야 하는 다른 행사가 없으면 목사는 엄숙한 축도로 회중을 해산할 것이다.

성례의 집행에 관하여

세례

세례는 필요 없이 늦출 것이 아니요 어떤 경우라도 개인이 행할 것이 아니고 하나님의 비밀을 맡은 청지기로 부르심을 받은 목사에 의하여 행해 질 것이다. 세례는 또한 개인 집에서 사사로이 행할 것이 아니요 공중 예배 시에 회중 앞에서 사람들이 가장 편리하게 보고들을 수 있는 곳에서 행할 것이며 교황 시대처럼 세례대가 합당치 않게 미신적으로 설치된 곳에서 하지 말 것이다.

세례 받을 어린아이는 하루 전에 목사에게 통지를 하고, 아버지가 데리고 나올 것이요, 없는 경우에는 그 대신 다른 신자 친구가 데리고 나와서 어린아이가 세례 받기를 원하는 소원을 진지하게 진술할 것이다. 세례 전에 목사는 성례 제정의 말씀을 쓰고 이 성례의 제정과 성격과 용도와 목적에 관하여 다음과 같이 설명할 것이다.

세례는 우리 주 예수 그리스도께서 제정하신 것이요, 우리가 그리스도께 접붙임을 받은 것과 그와 연합된 것과 죄를 사함 받은 것과 중생과 양자됨과 영원한 생명을 받는 은혜의 언약을 인치심이요, 세례의 물은 그리스도의 피를 대표하고 의미함이요, 원죄와 실제로 짓는 모든 죄를 제하고 거룩하게 하시는 그리스도의 성령의 효력으로 죄와 우리 죄악된 성품의 타락성을 대적하는 것이요, 침례나 물을 뿌리는 것이나 혹은 물로 씻음은 예수 그리스도의 피와 공로로 죄를 씻음을 의미하고 그리스도의 죽으심과 부활의 효력으로 죄가 죽는 것과 동시에 새 생명으로 일어나는 것을 의미함이요, 믿는 자와 그 후손에게 주신 약속으로서 교회 안에서 태어난 믿는 자의 씨와 후손들은 출생과 동시에 그 언약에 참예하여 그 인치심에 참예 할 권한이 있고 복음 시대에 외형적인 교회의 특권에 참예하는 권한을 가진 것은 구약 시대의 아브라함의 자손들보다 못하지 않은 것이요, 은혜의 언약은 본질상 같으므로 하나님의 은혜와 믿는 자들에게 주시는 위로는 전 보다 더욱 풍성한 것과 하나님의 아들은 어린아이들이 그 앞에 나오는 것을 용납하시고 안고 축복하시며 '하나님의 나라가 이런 자의 것이니라.' 말씀하신 것과 어린아이들은 세례를 받으므로, 유형교회의 품안에 엄숙하게 용납되어, 세상과 외인들에게서 구별되어, 모든 믿는 자와 연합된 것과 그리스도의 이름으로 세례를 받은 자는 누구나 다 마귀와 세상과 육신을 거부하고 그것을 대적하여 싸우게 된 것과 저희는 그리스도인들이 요, 세례 전에는 언약적으로 거룩하므로 저희가 세례를 받는 것과 내적 은혜와 세례의 효력은 세례가 집행되는 그 순간에 매인 것이 아니고 세례의 열매와 권능은 우리 일생 전체를 통하여 있는 것과 표면적 세례는 필요 불가결의 것이 아니고 어린아이가 그것을 못 받으면 멸망의 위험에 빠지는 것도 아니요, 받을 수 있는 때와 장소가 있었는데 그리스도의 규례를 멸시하거나 무시하지만 않았으면 부모에게 죄가 되지 않는다는 것을 보여 줄 것이다.

이렇게 또는 이와 같이 가르침으로 목사는 세례의 교리에 대하여 무지와 잘못이 있는가 보고 사람들의 건덕을 위하여 필요한 대로 자기의 자유와 신앙적인 지혜를 사용할 것이다. 그는 또한 출석한 모든 사람에게 다음과 같이 권고할 것이다.

저희의 세례를 돌아볼 것과, 하나님과의 언약을 배반한 저희의 죄를 회개할 것과, 저희의 믿음을 힘 있게 할 것과, 저희의 세례와 하나님과 저희 사이에 인친 바 언약을 개선하고 바르게 할 것이다.

그는 부모들에게 다음과 같이 훈계할 것이다.

자기와 자기 아이에게 주신 하나님의 긍휼을 생각하고 아이를 그리스도인의 신앙 근거에 대한 지식과 주님의 양육과 훈계로써 기르게 하고 만일 게으르면 그와 아이에 대한 하나님의 진노가 어떠함을 깨우치고 의무를 이행하겠다는 엄숙한 약속을 받아 낼 것이다

이것을 한 후에 제정의 말씀을 하고, 이 영적 용도를 위하여 물을 거룩하게 해 주실 것을 기도하고, 목사는 다음과 같이 혹은 그와 같은 내용으로 기도할 것이다.

우리를 약속 없는 외인들같이 남겨 두시지 않고 주님의 율례의 특권을 누리도록 불러 주신 주여! 이 시간에 주께서 베푸신 세례의 율례를 은혜로 거룩하게 하옵소

서! 비옵는 것은 이 외형적인 물세례에 내적으로 주님의 성령으로 세례를 아울러 베풀어 주시사 이 유아 세례가 양자됨과, 죄사함 받는 것과, 중생과, 영생과, 모든 다른 은혜의 언약의 약속들을 받는 인치심이 되게 하옵소서! 비옵는 것은 이 아이가 그리스도의 죽으심과 부활하심과 연합되어 죄의 몸은 그 안에서 죽고 새 생명으로 그의 일생을 통하여 하나님을 섬기게 해 주시옵소서!

그 다음 목사는 아이의 이름을 묻고 대답을 듣고 나면 다음과 같이 말한다. 아이의 이름을 부르면서 "나는 성부와 성자와 성령의 이름으로 세례를 주노라." 이렇게 말하면서 목사는 아이에게 물로 세례를 준다. 더 다른 의식을 가하지 않고 이렇게 어린아이의 머리에 물을 뿌림으로 세례를 주는 방법은 합법적일 뿐 아니라 충분한 것이요, 가장 적절한 것이다. 이렇게 한 후 그는 감사를 드리고 다음과 같이 기도를 한다.

주님은 그 언약과 긍휼을 지키시는 데 참되시고 미쁘신 것을 감사히 인정하오며, 하나님은 선하시고 은혜로우사 우리를 그 성도 중 하나로 여겨 주실 뿐만 아니라 우리의 자녀들에게까지도 그리스도 안에서 하나님의 특별하신 사랑의 징표와 표식을 허락해 주심을 감사하오며, 또한 하나님의 진리와 특별하신 섭리 가운데서 주께서는 나날이 하나님의 사랑하시는 아들의 피로 값 주고 사신 사람들을 주님의 교회 품으로 더해 주시사, 주님의 헤아릴 수 없는 은택을 받을 수 있게 하시고 주님의 교회가 지속 성장하게 하심을 감사합니다. 그리고 기도 하옵는 것은 주님께서는 주님의 이 말할 수 없는 은총을 더욱 계속 더해 주시옵시고, 지금 세례 받고 엄숙하게 믿음의 가족에게 들어온 이 아이를 하나님 아버지의 가르치심과 보호하심으로 영접해 주시고, 주께서 자기 백성에게 보여 주시는 은총으로 그를 기억해 주시옵시며, 또한 간구 하옵는 것은 만일 이 아이가 어려서 이 세상에 취하여 감을 당하면 긍휼에 풍성하신 주여! 이 아이를 영광중에 영접하여 주옵시고, 그가 살아서 분별하는 연령에 이르거든 주께서 말씀과 성령으로 그를 가르치사, 그가 받은 세례가 그에게 효력이 되게 하시고 하나님의 권능과 은혜로 그를 붙드시사, 그가 믿음으로 마귀와 세상과 육신을 이기고 마침내 최후의 온전한 승리를 거둘 때 까지 구원에 이르는 믿음을 통하여 하나님의 권능으로 지켜 주시옵기를 우리 주 예수 그리스도의 이름으로 기도하옵나이다.

주님의 만찬, 성찬식 집행에 관하여

성찬 혹은 주의 만찬은 자주 거행해야 한다. 그러나 얼마나 자주 해야 하는지는 목사와 개혁교회 당회원들이 저희 손에 맡겨진 사람들의 위로와 건덕에 가장 편리한 대로 결정할 것이다. 그리고 성찬식을 거행할 때는 아침 설교 후에 하는 것이 편한 줄로 우리는 판단한다. 무식한 자와 후욕하는 자는 주님의 성찬을 받는 것이 합당치 못하다. 성찬을 자주 행하기에 불편한 곳에서는 반드시 성찬식 거행 일 주일 전에 공적으로 경고를 내보내야 하고, 또한 그 때 혹은 그 주간 어느 날이라도 그 규례에 관하여, 성찬 참예에 대비하여 가르쳐야 할 것은 하나님께서 그 목적으로 거룩하게 하신 모든 방편을 공적 사적으로 부지런히 말씀으로 모든 사람은 천국 잔치에 들어갈 준비를 더욱 잘 한다는 사실이다. 그리고 성찬식 거행 날이 되면 목사는 기도를 끝내고 아래와 같이 간단한 권고를 할 것이다.

우리가 이 성례를 통하여 받는 측량할 수 없는 은택과 성찬의 용도와 목적을 같이 설명하고 우리의 인생행로인 생활 전선에서 성찬을 통하여 위로와 새 힘을 받는 것이 얼마나 필요한가를 설명하고 아울러 우리는 지식과 믿음과 회개와 사랑과 그리스도와 그의 은택을 주리고 목마름같이 사모하는 마음으로 성찬에 임해야 하는 것과 합당치 않게 먹고 마시는 것은 얼마나 위험한 것인가를 설명해야 한다. 그 다음 그는 그리스도의 이름으로 먼저 모든 무식한 자, 거역하는 자, 불경스러운 자, 혹은 어떤 죄 가운데 살고 있는 자, 이런 자들은 거룩한 식탁에 나아 올 수 있으리라 생각지 말라 하고 다음으로 그는 죄악으로 짐과 진노의 두려움에 눌리어 더 큰 은혜를 받고자 사모하며 수고하는 모든 사람들을 극진한 태도로 주의 만찬에 나오라고 격려할 것이다. 그는 같은 주의 이름으로 저희의 연약하고 피곤한 심령에 평강과 시원함과 힘을 보강해 주어야 한다.

이렇게 권고와 초대를 한 후에 편리한 곳에 설치하여 규범 있게 덮어두었던 성찬 상에 성도들은 질서 있게 둘러앉거나 둘러서서 목사는 자기 앞에 차려진 떡과 포도주를 거룩하게 하고 축복하는 예식을 시작할 것이다. 여기서 떡은 보기 좋고 편리한 그릇에 담아서 목사가 떼어 주면 성도들 사이에 분배가 되게 할 것이요, 포도주도 역시 큰 잔에 담을 것이 좋을 것이다. 그는 첫째, 간단한 말로 이 떡과 포도주는 보통 것과 같은 것인데 이제 제정의 말씀과 기도로 이 거룩한 목적에 쓰이도록 구별되어 거룩하게 된 것임을 알려주어야 한다.

복음서 가운데서나 고린도 교회에 보낸 사도 바울의 서한 고전 11장 23절 "내가 너희에게 전한 것은 주께 받은 것이니"에서 27절까지 읽을 것이요 목사가 필요하다고 생각되면 설명하고 적용해 주어도 된다. 그리고 떡과 잔을 놓고 기도하고 감사 혹은 축복하는 예는 다음과 같다.

우리 인간의 비참함이 큰 것과 거기에서 우리를 구원할 사람도 없고 천사도 없으며, 또한 하나님의 긍휼을 받을 가치가 우리에게 조금도 없는 것을 겸손히 또한 진심으로 인정하며 하나님의 모든 은택을 감사하되 특별히 우리를 구원해 주신 크신 은혜와 하나님 아버지의 사랑과 하나님의 아들 예수 그리스도의 받으신 고통과 그 공로와 그로 말미암아 우리가 받은 구원과 모든 은혜의 방편, 즉 말씀과 성례를 감사하되 이 성례를 위하여 감사할 것이니, 그로 말미암아 그리스도와 그의 모든 은총이 우리에게 적용되고 인친 바 된 것이요, 오랫동안 너무 남용되어 다른 사람들은 받지 못한 것을 우리는 계속 받게 된 것을 감사할 것이다.

예수 그리스도의 이름 외에 천하 인간에 우리가 구원받을 수 있는 다른 이름이 없는 것을 믿고 고백하고, 그 예수의 이름만 의지하여 우리가 자유와 생명을 얻고 은혜의 보좌에 나아감을 얻고, 주의 식탁에서 먹고 마실 허락을 받았으며, 하나님의 성령으로 말미암아 행복과 영생 얻은 것을 인치신 바 된 것을 고백할 것이다.

간절히 하나님께 기도할 것은 모든 긍휼의 아버지, 모든 위로의 하나님께서 은혜로 우리 가운데 임하시고, 우리 안에서 성령으로 효능 있는 역사를 이루사 이 떡과 포도주를 거룩하게 하시고, 주의 율례를 축복하사 우리가 믿음으로 우리 때문에 십자가에 돌아가신 예수 그리스도의 몸과 피를 받아먹게 하시고, 주께서 우리와 하나가 되시고, 우리는 주님과 하나가 되어 주께서 우리 안에 사시고, 우리는 주 안에 살게 하시고, 우리를 사랑하사 자신을 주신 하나님께 기도합니다.

이 모든 것을 그는 알맞은 감정, 즉 거룩한 행동에 합당한 감정을 품고 수행하여 사람들도 같은 마음을 품도록 할 것이다. 떡과 포도주는 이제 말씀과 기도로 거룩하게 되었으니 목사는 상에 서서 손으로 떡을 잡고 다음과 같이 말한다. 아니면 그와 비슷한 것으로 예수님이나 사도들이 이런 예식 때 사용한 말씀을 써도 된다.

다음으로는 '거룩한 제정과 명령과 우리 복되신 구주 예수 그리스도의 본을 따라, 나는 이 떡을 가지고 사례하고 떼어 너희에게 주노라.' 여기서 성찬을 베푸는 목사는 떡을 떼어 성도들에게 주면서 "받아먹으라. 이것은 너를 위하여 드려진 그리스도의 몸이니라. 이것을 행하여 그를 기념하라." 같은 식으로, 목사는 잔을 취하고 다음과 같이 말한다. "우리 주 예수 그리스도의 제정과 명령과 본을 따라 나는 이 잔을 들어 너희에게 주노라." 그리고 성도들에게 준다. 그러면서 "이 잔은 많은 사람의 죄사함을 얻게 하려고 흘리는 바 예수 그리스도의 피로 세운 새 언약이라. 너희가 다 이것을 마시라." 라고 말한다.

모든 사람이 성찬을 마친 후에 목사는 간단한 말로 저들의 마음에 이 성례를 통하여 나타난 예수 그리스도 안에 있는 하나님의 은혜를 기억나게 하고 그에 합당하게 행하기를 권고한다. 그리고 목사는 엄숙한 감사를 다음과 같이 하나님께 드린다.

이 성례를 허락하신 그 풍요한 긍휼과 말할 수 없는 선하심을 감사하고, 전체 예배에 미흡했던 것을 용서해 주시기를 간구하여 하나님의 선하신 성령께서 은혜로 도와 주셔서 모든 사람이 오늘 그렇게 위대한 구원의 가르침을 받은 자들로 합당하게 능히 은혜를 힘입어 행할 수 있도록 해 주시옵소서!

가난한 자들을 위한 연보는 공중 예배의 어느 부분도 그것 때문에 방해를 받지 않게 순서를 정할 것이다.

주의 날을 거룩하게 하는 데 관하여

주일은 미리 기억하여 우리의 평상시 일이나 세상일을 때맞게 옆으로 밀어 놓고 주일이 오면 그 날을 거룩하게 지키는 데 방해가 되지 않도록 해야 한다. 하루 종일 주의 날로 거룩히 지키되 공적과 사적으로 그리스도인의 안식일로 지킬 것이다. 그 목적을 위해서는 모든 불필요한 노동을 그치고 거룩하게 종일 쉬어야 하며 모든 오락과 유흥을 금지할 뿐 아니라 세상 말과 세상 생각까지 금하여 하지 말 것이다.

그 날의 식사는 종들이 필요 없이 하나님을 예배하는 공중 예배에 참석하지 못하는 일이 없게 잘 정돈하고 어느 누구도 그 날을 거룩하게 지키는 데 방해를 받지 않게 할 것이다. 각 사람과 가족마다 개인적인 준비를 하되, 저희를 위한 기도와 목사님을 하나님께서 도와주실 것과 그의 성역에 축복해 주실 것을 위하여 기도하고, 공중 규칙들을 지킬 때 거룩하게 실행함으로 더욱 하나님과 평안히 교통할 수 있게 처신할 것이다.

모든 사람은 시간을 맞추어 공중 예배에 참석하여 온 회중이 시작할 때부터 출석하여 엄숙하게 마음을 다하여 예배의 모든 부분을 행해 나가고 축도를 마칠 때까지는 먼저 나가지 말아야 한다. 그리고 대중으로 온 회중이 모여 엄숙하게 예배드리기 전후 빈 시간은 설교를 읽고, 묵상하고 반복하는 데 쓰되, 특별히 저희 가족을 불러서 들은 바를 물어 보고, 요리 문답을 공부시키고, 거룩한 의논을 하고, 공중 규칙에 축복해 주실 것을 기도하고, 시편을 노래하며, 병든 자를 방문하고, 가난한 자를 구제하고, 그와 같은 경건과 자선과 긍휼의 의무를 감당하여 안식일을 기쁨으로 삼을 것이다.

결혼식 집례에 관하여

결혼은 비록 성례도 아니요, 하나님의 교회에만 있는 것도 아니요, 온 인간에게 공통으로 있고, 모든 나라에 공적 이해관계가 있는 것이지만, 그래도 결혼하는 자는 주 안에서 결혼해야 하므로 하나님의 말씀을 통하여 특별 교육과 지도와 권고를 받고 새로운 생활로 들어가는 데 하나님의 축복을 받아야 하므로, 우리는 합법적인 말씀의 종에게 주례를 받고, 그가 저희를 합당하게 상담하며 저희를 위하여 축복해 주는 것이 타당하다고 판단한다.

결혼은 한 남자와 한 여자 사이에만 이루어진다. 그리고 저희는 하나님의 말씀에 금한 혈연관계나 인척 관계에 저촉되지 않는 사이어야 한다. 그리고 결혼할 사람들은 분별의 나이에 도달한 자로 선택을 하기에 적합하거나 건전한 근거 위에 상호 승낙을 할 수 있어야 한다. 그리고 결혼식을 올리기 전에 목사는 계속해서 3주 동안 회중에게 저들의 결혼 목적을 공고하되 저희가 늘 자주 거처하는 곳이거나 그런 장소에 공문을 붙여야 한다. 그리고 이 공문에 대하여 결혼 주례를 할 목사는 결혼식 집례를 하기 전에 충분한 증거가 있어야 한다.

결혼 목적을 발표하기 전에 만일 쌍방의 연령이 미달되었으면 부모나 혹은 보호자가(부모가 죽었을 경우) 승인한 것을 교회 제직들에게 통지할 것이요 교회는 그것을 기록하여 둘 것이다. 비록 연령이 된다 할지라도 부모가 생존해 있으며 첫 번 결혼인 경우에는 같은 절차를 밟을 것이다. 쌍방의 어느 한 쪽이 재혼인 경우 저희는 먼저 부모와 상론하여 허락을 받으려고 애써 보지 않고는 결혼 약속을 맺지 말 것이다.

부모들은 자기 자식들을 억지로 결혼하게 강요하지 말 것이며 정당한 이유가 없이 허락하기를 거부하지 말아야 한다. 또한 결혼 목적 혹은 약속이 그렇게 발표된 후에는 결혼식을 오래 지연하지 말아야 한다. 그러므로 목사는 경고문을 내고 아무 것도 그것을 방해한 것이 없을 때는 공적으로 공중 예배를 위하여 지정된 장소에서 믿을 만한 증인들의 수가 참석한 가운데 편리한 날과 시간을 잡아서 결혼식을 집례 하되 대중 겸비의 날을 제외하고는 연중 어느 날도 다 할 수 있다. 그러나 우리는 주일에는 하지 않아야 한다. 모든 관계가 하나님의 말씀과 기도로 거룩해지는 까닭에 목사는 저희를 위하여 축복을 다음과 같은 내용으로 기원할 것이다.

우리의 죄로 하나님의 긍휼을 조금도 받을 수 없고 하나님의 진노를 격발하여 위로를 받지 못하게 된 우리들임을 자백합니다. 예수 그리스도의 이름으로 간절히 간구하는 것은 여호와께서 저희의 기업이 되사(주의 임재와 은총이 곧 모든 상황의 행복이요 모든 관계를 다정하게 하시오니) 이제 하나님의 언약하신 귀한 결혼으로 지금 연합하게 된 저희를 그리스도 안에서 받으시고 여호와의 것으로 삼으시옵소서. 주께서 주의 섭리로 저희를 연합케 하셨사오니, 주님의 성령으로 저희를 거룩하게 하시고, 새 생활에 맞는 새 마음을 주시고, 모든 은혜로 풍성하게 하사 저희가 의무를 감당하고 주의 주신 위로를 누리며, 모든 근심을 참고, 거기에 당하는 시험을 신자답게 다 물리치게 하옵소서!

기도가 끝나면 목사는 저희에게 간단히 성경에서 몇 가지를 다음과 같이 선언한다.

제정과, 용도와, 결혼의 목적과 성심을 다하여 서로 상대방에게 행해야 할 부부의 도리를 설명하고 하나님의 말씀을 공부할 것과, 믿음으로 사는 법을 배울 것과, 결혼 생활의 모든 근심과 걱정 가운데도 자족하는 것과, 감사함과 근신함으로 모든 부부의 기쁨을 거룩하게 씀으로 하나님의 이름을 거룩하게 하며, 서로를 위하여 또 함께 많이 기도할 것과, 서로 살펴 서로를 사랑하게 하고 선행을 할 것과, 영생의 은혜를 함께 누릴 자로 같이 살 것을 권한다.

모든 심령을 감찰하시고 마지막 날에 각자가 그 앞에서 행위대로 심판을 받게 되는 크신 하나님 앞에서 이 두 사람 중 누구라도 미리 약혼을 했거나 다른 이유로 정당히 결혼식을 할 수 없다면 지금 말하라고 엄숙히 물어 본 후에 목사는 아무 방해할 조건이 없으면 신랑으로 하여금 오른 손을 들게 하고 이렇게 말하게 한다.

나(신랑 이름)는 그대(신부 이름)를 나의 아내로 삼아 하나님께서 우리를 죽음으로 갈라놓으실 때까지 그대를 사랑하고 그대의 성실한 남편이 될 것을 하나님 앞과 이 회중 앞에서 약속하고 선언합니다.

그 다음 신부도 오른 손을 들고 이렇게 말하게 한다.

나(신부 이름)는 그대(신랑 이름)를 나의 남편으로 삼아 하나님께서 우리를 죽음으로 갈라놓으실 때까지 그대를 사랑하고 그대의 성실하며 순종하는 아내가 될 것을 하나님 앞과 이 회중 앞에서 약속하고 선언합니다.

그 후에는 더 다른 의식이 없이 목사는 회중 앞에서 저희가 하나님의 규례대로 부부된 것을 선언하고 다음과 같은 기도로 식을 마친다.

주께서 주의 지으신 율례에 복을 내리시사 지금 결혼한 부부에게 풍성한 은혜를 부어 주시고 하나님께서 정하신 다른 사랑의 약속과 마찬가지로 특별히 결혼의 위로와 열매로 충만케 하사 주님의 풍성하신 긍휼이 그리스도 안에서 또 그리스도를 통하여 찬송을 받으시기를 간구하옵나이다.

그리고 결혼한 사람들의 기록을 조심스럽게 간직하여 누구라도 필요하면 자세히 볼 수 있게 할 것이다.

환자 심방에 관하여

목사는 자기에게 맡겨진 양떼들을 공적으로 뿐 아니라 또한 사적으로 가르칠 의무가 있다. 그의 시간과 능력과 개인적인 안전이 허락하는 한 모든 경우에 저희를 권고하고 권면하며 책망하고 위로해야 한다. 그는 저희가 건강할 때 사망을 예비하도록 충고해야 하고 그 목적으로 저희는 자주 자기의 심령 상태에 관하여 목사와 상담을 해야 한다. 그리고 병중에 있을 때는 저희의 기운과 이해력이 없어지기 전에 목사의 충고와 도움을 때맞게 요구하여야 한다.

질병과 고생의 때는 하나님께서 피곤한 심령에게 하나님의 말씀을 전하는 좋은 기회로 그 손에 주신 때이다. 왜냐하면 그 때 사람의 양심은 영원에 대하여 저희의 심령 상태가 어떠한가 생각해 보게 되는 때이기 때문이다. 사탄도 역시 이 기회를 이용하여 더욱 괴롭고 힘든 시험으로 짐을 지운다. 그러므로 목사는 병자의 회복을 위해 부름을 받아 가면, 부드럽게 사랑을 가지고 환자의 심령에 영적인 도움을 다음과 같이 줄 것이다.

그는 현재의 질병을 생각해 보고 성경을 가르치되 질병은 우연히 혹은 육신의 고장으로만 오는게 아니고 병고에 걸린 각 사람마다 하나님의 지혜로우시고 선하신 손길의 인도를 받고 있다. 그것이 죄로 인한 것이면 죄를 고치고 바르게 살게 하실 것이며 하나님의 은혜로 시련과 연단을 위해 왔던지 혹은 다른 특별하고 좋은 목적을 위해 왔던지 이 고난을 거룩하게 쓰도록 진정으로 애쓰고 하나님의 견책을 경시하거나 하나님의 징계에 지치지 않으며 모든 고통이 다 그의 유익으로 변하며 모든 것이 합력 하여 선을 이룰 것이다.

그가 보기에 환자가 신앙에 대하여 무지하다 싶으면 그는 신앙의 원칙에 있어 특별히 회개와 믿음에 관하여 환자를 시험해 보고 필요한 대로 이 은혜의 성격과 용도와 우수성과 필요성을 가르치고 또한 은혜의 언약과 하나님의 아들 그리스도에 대하여 설명하고 또한 그를 믿음으로 죄 씻음을 받는 도리를 설명할 것이다. 또한 그는 앓는 자에게 자신을 돌아보아 전에 살던 행위를 살펴보고 하나님을 향한 그의 심령 상태를 살피게 한다.

그리고 환자가 거리끼는 것이나 의심이나 시험이 닥친 것이 있다고 하면 지도하고 해결해 주어 만족하고 안정하게 할 것이다. 만일 환자가 자기 죄에 대한 마땅한 느낌이 없는 것 같으면 자기 죄를 깨닫게 해주고 그 죄악 됨을 보응과 그로 인하여 영혼에 묻은 더러움과 오염, 율법의 저주, 거기에 따르는 하나님의 진노를 힘써 깨닫게 하여, 환자가 진실로 그 죄로 인하여 마음이 상하여 자신을 겸비하게 하도록 하고 회개를 미루는 위험과 어느 때고 구원이 주어졌을 때 멸시하는 위험을 알게 하여 그의 양심을 깨우고 어리석고 안일한 상태에서 그를 불러 일으켜서 자기의 망한 것을 깨닫고 믿음으로 그리스도를 붙잡은 자 외에는 누구도 감히 그 앞에 설 수 없는 하나님의 공의와 진노를 깨닫게 할 것이다.

비록 실패도 많고 연약한 것도 많으나 환자가 하나님을 바로 섬기려고 하고 거룩한 길로 행하였으면, 또한 그의 심령이 죄악감으로 상하였거나 하나님의 은총을 받지 못한 것에 낙심하였으면, 그에게 하나님의 은혜가 값없이 주심과 충만함과 그리스도 안에 있는 의의 충분성과 복음에 나타난 은혜로운 제공, 즉 회개하고 자기의 의를 거부하고 그리스도를 통하여 오는 하나님의 긍휼을 전심을 다하여 믿는 자는 주 안에서 생명과 구원을 얻으리라는 복음을 보여주어 그를 일으켜 세우는 것이 합당하다.

또한 그에게 보여주면 유익할 것은 그리스도 안에 있는 자들에게는 사망도 그 안에 두려워할 영적 악함이 없다는 것, 죄 즉 사망의 독이 그리스도에 의하여 제거되었다는 것이다. 그리스도는 사망의 두려움에 매여 종노릇하는 사람을 구원하셨고 무덤을 이기고 우리에게 승리를 주셨으며 자기 백성을 위하여 처소를 예배하려고 스스로 영광중에 들어 가셨으므로 생명이나 사망이나 그리스도 안에 있는 하나님의 사랑에서 저희를 끊을 수 없고 그리스도 안에서는 비록 저희가 흙에 묻힌다 하더라도 기쁘고 영광스러운 부활로 영생을 얻을 것이 확실한 것이다.

역시 충고할 것은 긍휼에 대하여 잘못 근거한 신조나 자신의 선함을 근거하여 천국에 간다는 생각을 조심하게 할 것이며 자신에게 있는 모든 공로는 다 부인하고 전적으로 긍휼을 바라고 하나님께 자신을 의뢰하고 오직 예수 그리스도의 공로와 중재를 의지하게 하여야 한다. 예수님은 신령과 진정으로 자기에게 오는 자를 결코 버리시지 않는다. 또 조심할 것은 죄 때문에 내리는 진노를 너무 무섭게 보여주어 환자로 하여금 절망하게 하는 일이 없어야 한다. 그리하여 회개하는 신자마다 소망의 문을 주시는 그리스도와 그의 공로를 제의해도 진정하지 못하게 되어서는 안 된다. 그리고 환자가 마음을 진정하고 편안할 때, 그리고 다른 일들로 방해받을 것이 가장 적을 때를 얻어, 목사는 원하면 환자와 함께 환자를 위하여 다음과 같이 기도할 것이다.

원죄와 실제로 짓는 본질적인 죄를 슬퍼하고 자백하오며, 진노의 자식으로 저주 아래 있는 비참한 상태를 자백하오며, 모든 질병과 질고와 사망과 지옥을 그 죄값으로 당연히 찾아올 것인 줄로 인정하오며, 환자를 위하여 그리스도의 보혈을 통하여 하나님의 긍휼을 간구합니다. 하나님께서 그의 눈을 열어 주시고, 자기 죄를 보게 하시며, 스스로는 망한 것을 알게 하시고, 예수 그리스도를 그의 심령에 보여 주사 의와 생명을 보여 왜 주께서 자기를 치셨는가? 그 이유를 알게 하시고, 예수 그리스도를 그의 심령에 보여 주사, 의와 생명을 보여주시고, 강하게 해주시며 주의 사랑이 위로되는 증거를 그 안에서 역사 하사 모든 시험을 대비하고, 세상에서 그 마음을 끊어주시며, 지금 받는 고난을 거룩하게 하사 그것을 견딜 수 있는 인내심과 능력을 주시사 끝까지 믿음을 지켜 갈 수 있게 하여 주옵소서!

하나님께서 그의 날을 연장하시기를 기뻐하시면, 회복시키시는 방편을 축복하시고, 거룩하게 하시고, 병을 제하시고, 그의 능력을 새롭게 하시고, 하나님께 합당히 행하게 하사, 사람들이 앓을 때 서원한 것을 성실하게 기억하고, 부지런히 서원과 약속을 갚아 거룩함과 순종함으로 행하여 그의 평생 동안에 하나님을 영화롭게 하는 자가 될 수 있게 하옵소서!

현재의 고난으로 그의 생명을 거두시기로 결정하셨으면, 저로 하여금 그 모든 죄 사함을 받은 증거를 보게 하시고, 그리스도 안에 있는 저의 분깃과 그리스도로 말미암아 오는 영생을 보게 하사 겉 사람은 후패하나 속사람은 새로워지게 하시고, 죽음을 두려움 없이 보게 하시고, 자기를 의심 없이 전적으로 그리스도에게 의지하여, 차라리 몸을 떠나 그리스도와 함께 있기를 사모하게 하사 그 믿음의 목적인 그 영혼의 구원을 받게 하시기를 우리의 유일하신 구주요 온전히 충분하신 구주이신 예수 그리스도의 공로만 의지하고 주님의 간구하심을 통하여 기도합니다.

목사는 필요하면 환자에게 가사를 정리하라고 권하여, 불편이 없도록 하고, 빚을 갚도록 하고, 잘못한 것이 있으면 보상하거나 갚을 것을 갚게 하고, 관계가 좋지 않았던 사람들과는 화해하게 하고, 그에게 잘못한 사람들의 죄는 이제 하나님의 손에서 그도 용서를 받아야 하니까 온전히 용서하게 할 것이다.

끝으로, 목사는 그 기회를 환자 주변에 있는 사람들로 하여금 자신의 죽음을 생각해 보고 주께로 돌아와 그와 화평을 누리도록 권면하는 기회를 삼을 것이다. 건강할 때 병고와 사망과 심판을 예비하게 하고 저희의 정한 날이 지나가는 동안 우리의 생명 되신 그리스도께서 나타나실 때 저희도 영광중에 그와 함께 나타날 그 변화를 기다리게 할 것이다.

죽은 자의 매장에 관하여

누가 이 세상을 떠나면 죽은 시체는 매장하는 날 집에서 매장지까지 규범 있게 옮겨가고 더 다른 의식을 하지 말고 즉시 묻을 것이다. 시체 앞에서 무릎을 꿇거나, 그 옆에 서서 죽은 시체를 향하여 기도하거나, 매장지에 실어 가기 전에 안치해 놓고 그 곳에서 하는 어떤 행동과 습관은 미신적인 것이다. 그리고 매장지까지 가는 동안 또 매장지에서 기도하고 성경을 읽고 찬송하는 것도 많이 잘못되어 있다. 그것은 죽은 자에게 아무 유익이 없고, 유가족에게 많은 상처를 주는 폐단이 있으니, 모든 그런 일은 하지 않는 것이 좋다. 그러나 매장지까지 따라간 믿는 친구들이 그 경우에 합당한 성경말씀을 상고하고 상론하는 것은 대단히 편리한 것이라고 판단한다. 목사가 참석하였으면 그런 경우 다른 때와 마찬가지로 저희의 의무를 생각나게 할 것이다. 그렇다고 해서 매장할 때 죽은 자에게 그가 살았을 동안 누리던 지위와 계급에 맞게 예의, 존중, 혹은 경의를 표하는 것을 거부하라는 것은 아니다.

공적 금식에 관하여

백성에게 무슨 크고 주목할 만한 심판이 내렸거나, 또는 내릴 것이 분명하거나, 혹은 어떤 비상한 범죄로 마땅히 심판 받을 것이 주지의 사실이 드러나게 되면, 또한 그와 마찬가지로 어떤 특별한 축복을 구하여 얻기를 원할 때는, 공적 금식을 엄숙히 하는 것(하루 종일)이 하나님께서 그 민족이나 백성에게 원하시는 것이다.

종교적 금식은 전적 금욕을 요구한다. 음식뿐만 아니라(육체적으로 약하여 금식이 끝날 때까지 견딜 수 없는 자는 무엇을 조금 아주 조금 먹어서 기절할 것 같을 때 몸을 부축해 주어도 된다) 모든 세상적인 일과 말과 생각과 육체적 향락과 그와 같은 것들과(비록 다른 때 같으면 할 수 있는 것이라도) 화려한 옷과 장식품과 그와 같은 것들은 금식하는 동안 제하고 더구나 무엇이고 중상적이요 비열한 성격이나 용도에 필요한 것은 다 금해야 한다. 즉 비싼 옷차림, 음탕한 의복과 몸짓과 남자나 여자의 허영을 다른 때도 그렇지만, 특별히 금식할 때는 경우가 허락하는 대로 얼굴도 보지 말고 열심을 품고 꾸짖을 것을 우리는 모든 목사에게 추천한다.

회중이 모이기 전에 각 가정과 개인은 그 엄숙한 일을 위하여 개인적으로 저희의 마음을 예비하고 모이는 시간에 일찍 가도록 할 것이다. 그 날은 할 수 있는 대로 종일을 대중이 그 의무에 맞는 감정을 불러일으킬 말씀을 읽고, 설교하고, 시편 찬송을 하는 데 보낼 것이다. 그러나 특별히 기도를 중심으로 하는데 다음과 같은 내용으로 할 것이다.

모든 세상의 창조주시요 지키시는 자시요 최고의 다스리시는 이인 하나님의 위엄에 영광을 돌리며 그렇게 함으로 더욱 하나님을 경외하고 두려워하옵니다. 주의 많고 크고 사랑에 넘치는 긍휼이 특별히 교회와 국가에 넘침을 인정하오며 그렇게 하므로 더욱 우리의 마음을 부드럽게 하시며, 주 앞에서 사랑으로 모든 죄와 더욱 죄로 죄 되게 한 여러 가지를 겸손히 자백하며, 하나님의 의로우신 심판을 정당하게 받아들이며 우리의 죄값에 비하면 오히려 그 심판은 적은 것임을 아옵니다. 그러나 겸손히 또 간절히 간구하오니 하나님의 긍휼과 은혜를 우리에게와 교회와 국가와 왕과 권세 잡은 자들과 그 외 우리가 위하여 기도할 의무가 있는 모든 사람에게 내려 주시옵소서.

또한 기도할 것은 믿음으로 하나님의 약속과 선하심을 적용하여 용서와 도움과 지금 느끼고 있는 혹은 두려워하고 있는, 혹은 마땅히 받을 악에서 구원해 주실 것을 기도하고, 우리가 필요로 하고 기다리고 있는 축복을 받게 하시고, 우리로 전적으로 영원히 주님께 헌신하게 하옵소서라고 해야 할 것이다.

이 모든 것에 있어서, 목사는 하나님을 향한 백성의 입이니 만큼, 그 모든 것을 심각하게 또 철저하게 생각해 보고 진심으로 말해야 하며 그리하여 목사와 백성이 함께 감동을 받고 함께 녹아지되 특별히 저희 죄를 인하여 슬퍼하며 진실로 깊은 겸손과 영혼을 괴롭게 하는 일이 되게 할 것이다.

읽을 성경말씀과 또한 설교 본문을 특별히 선택하여 듣는 이들의 마음에 그 날의 목적을 이루도록 역사하고 사람들을 겸비와 회개로 이끌게 할 것이며 목사가 각각 살피고 경험하는 대로 자기가 설교하는 회중의 덕을 세우고 바로 고치는 데 필요한 사항들을 강조할 것이다. 그리고 그 공적 금식을 마치기 전에 목사는 자기와 자기 백성의 이름으로 자기와 저희 마음을 주님께로 결합하게 하여 저희 가운데 잘못된 것은 무엇이나 고칠 목적과 결심을 고백하고 특별히 저희가 눈에 띄게 잘못한 죄에 대하여서는 더욱 그리하고 하나님께 가까이 나아가서 전보다 더욱 새로운 순종으로 하나님과 가까이 성실하게 행할 것을 고백하고 결심할 것이다.

그는 또한 그 백성을 권면하되 모든 끈질긴 간청으로 하루 종일 기도해야 하며 그 날의 일이 공적 예배와 함께 다 끝날 것이 아니라고 해야 할 것이다. 그 날의 나머지를 다 하고 또 저희 전 생애를 통하여 회중 앞에서 고백한 사랑과 결심을 개인적으로 저희와 온 가족이 더욱 강화시킬 것과 그 모든 것이 저희 마음에 영원히 있게 하라 하고, 저희 자신이 더욱 깨달을 것은 하나님께서 그리스도 안에서 저희의 한 일을 흠향하시고 저희를 향하여 마음을 푸시고, 은혜로 응답 하사, 죄를 사하시고 염병을 거두시고 방지하시며, 심판을 제거하시며 그 백성의 상태와 기도에 맞는 축복을 예수 그리스도로 말미암아 주실 것이라고 할 것이다.

당회의 권세로 명령한 엄숙하고 일반적인 금식 외에도 다른 때 교회들은 금식일을 하나님의 섭리가 특별한 기회를 만들어 주는 대로 지키고 각 가정들도 그와 같이 하되 저희가 속해 있는 교회가 금식을 하거나 다른 공적 예배의 의무를 감당하는 기간은 피하는 것이 좋은 줄로 우리는 판단한다.

공적 감사일을 지키는 데 관하여

어느 날을 감사일로 지키려면 먼저 어떤 편리한 때를 타서 그것에 대하여 공포를 하여 사람들이 잘 예비할 수 있게 해야 한다. 그 날이 오면 회중은(개별적으로 준비를 한 뒤)

모이고, 목사는 권고의 말씀으로 시작하여 사람들이 모여서 하고자 하는 의무에 사람들의 마음을 불러일으키고, 하나님께 도우심과 축복을(다른 공적 예배 때와 같은 식으로) 저희의 모임에 내려 주시기를 기도해야 할 것이다.

그 다음에 그는 간결하게 구원받은 이야기와 받은 긍휼, 혹은 그 회중이 모이게 된 동기에 대하여 이야기를 추려서 해주고, 모든 사람이 그것을 잘 이해하게 혹은 생각나게, 혹은 더욱 감화를 받게 할 것이다. 그리고 시편 찬송이 무엇보다도 기쁨과 감사를 표현하는데 가장 적합한 규칙이므로 해당하는 시편이나 시편 여러 장을 그 목적을 위하여 부르되 당면한 문제에 적합한 하나님의 말씀을 읽기 전후에 할 것이다.

그 후에 설교하는 목사는 한 걸음 더 나가서 권면과 기도를 설교 전에 하되 해당된 일에 특별히 관련을 지어서 하고 그 후에 그 때에 맞는 성경 본문으로 설교할 것이다. 설교가 끝나면 그는 다른 때의 설교 후와 같이 교회와 왕과 국가에 필요한 것을 기억하고 기도할 뿐만 아니라 범위를 넓혀서 전에 받은 긍휼과 구원을 감사할 것이다. 그러나 더욱 저희가 모여서 드리고 있는 감사 제목에 대하여 특별히 하고 하나님의 긍휼을 필요한 대로 계속 새롭게 해주시고 그것을 바로 쓸 수 있도록 거룩하게 하는 은혜를 주옵소서라고 할 것이다. 그리고 그 후에 긍휼에 맞는 다른 시편을 노래한 후 회중을 축도로 해산시켜서 저희로 먹고 쉴 편리한 시간을 갖게 할 것이다.

그러나 목사는 해산시키기 전에 저희에게 권고를 엄숙하게 하되 모든 과도한 짓과 소란을 피하고 먹고 마시다가 폭식과 술취함 등의 죄를 짓지 말고 저희의 즐거움과 기뻐함이 육신적인 것이 되지 않고 영적인 것이 되도록 조심하여 하나님의 찬송이 영광스럽게 하고 저희는 겸손하고 맑은 정신으로 살면서 저희의 모든 먹고 기뻐하는 것이 저희를 더욱 명랑하고 기쁘게 하여 저희가 남은 날 다시 교회에 돌아올 때까지 저희 회중 가운데서 하나님을 더욱 찬송하게 하라고 권면해야 할 것이다.

회중이 다시 모일 때 같은 식으로 기도, 성경읽기, 설교, 시편찬송, 또한 찬송과 감사를 아침에 인도한 대로 다시 새롭게 하여 계속하기를 성전을 떠날 때까지 한다. 그 날 한 번이나 혹은 두 예배 중에 가난한 자를 위한 연보를 거두어 저희의 자식들로 우리를 축복하고 우리와 함께 더욱 즐거워하게 할 것이다. 마지막 예배 때는 사람들에게 권면하기를 그 날 남은 시간을 거룩한 의무와 그리스도인의 사랑과 구제를 서로 서로 베풀어 증거하고 주님을 더욱 기뻐함으로 사용하라 할 것이다. 여호와를 기뻐하는 것이 저희의 힘인 연고이기 때문이다.

시편 찬송에 관하여

하나님을 공적으로 찬송하는 것은 그리스도인의 의무이다. 회중에서 함께 또 개인적으로 가정에서 시편을 찬송할 것이다. 시편을 찬송하는 데 있어서 목소리는 곡조에 맞게 엄숙하게 낼 것이다. 그러나 제일 조심할 것은 이해를 가지고 마음에 은혜를 가지고 주님께 노래를 해야 하는 것이다. 온 회중이 다 함께 불러야 하므로 읽을 수 있는 자는 다 시편 책을 가질 것이요 다른 사람들도 나이나 다른 조건으로 불능이 되지 않는 한 읽는 법을 배우라고 권면할 것이다. 그러나 현재로는 회중의 많은 사람들이 읽지 못하므로 목사나 또는 다른 당회원이 임명한 적합한 사람이 시편을 한 줄 한 줄 노래하기 전에 읽어 줄 것이다.

부록

공적 예배의 날과 장소에 관하여

복음 시대에는 성경이 그리스도인의 안식일인 주일을 제외하고는 어느 날도 거룩하게 지키라고 명령하신 적이 없다. 각종 절기들이라고 말하면서 지키는 행해지는 날들은 하나님의 말씀에 보장이 없으므로 우리는 지킬 수 없다. 그럼에도 불구하고 특별히 하나님의 섭리를 따라 당하는 여러 가지 특별한 경우에 그럴 이유와 기회가 백성들에게 주어질 때에 하루나 여러 날을 금식이나 감사 날로 구별하는 것은 합법적이요 필요한 것이다. 어느 장소도 아무리 헌당이라 구별을 할지라도 거룩할 능력이 없고 또한 전에 미신적으로 썼어도 이제 구별하여 쓰면 그리스도인이 하나님을 공적으로 예배하는 것이 불법이 되거나 불편하게 되도록 더러워지는 것이 아니다. 그리고 우리는 회중이 우리 가운데서 예배 처소로 정하여 사용하던 장소는 그 용도를 위하여 계속 사용되어야만 한다고 주장한다.

한량없는 은혜를 베푸시는 주님! 오직 주님 홀로 영광 받으시옵소서!